U0897862

司法实务技能培养丛书
SIFA SHIWU JINENG PEIYANG CONGSHU

问话的科学

从纪检监察“问话”“谈话”到侦查讯问

吴克利 / 著

中国法制出版社
CHINA LEGAL PUBLISHING HOUSE

司法实务技能培养丛书
总　序

陈兴良*

中国法制出版社即将出版《司法实务技能培养丛书》，该套丛书的策划编辑邀请我作序，我欣然接受。

美国著名大法官霍姆斯的一句名言流行于法学界，法律的生命不在于逻辑，而在于经验。这句话道出了英美法系司法活动的精髓。在大陆法系国家，司法活动更关注法理，然而司法的技能仍然是不可或缺的工具。可以说，法律理论与司法技能对于司法活动来说，都是必备的构成要素。我国传统上都比较重视法理，对于司法技能未能予以足够的关注。反映在法律出版物上，各种法律书籍可谓琳琅满目，但以法律理论著作为主。即使是司法工作者的作品，也以阐述理论为其追求。在这种情况下，法律理论工作者与司法实务工作者采取的是相同的话语体系和言说工具。由是之故，则道与器无由区分哉。

在司法活动中，司法人员既要有法律理念与法律原理的支撑，同时还要有操作规程与实践理性的指引。因此，我们既要注重司法工作者的法律素质的养成，又要提倡司法经验的总结与提炼。法治不是一句空话，每一个司法工作者都是法治的践行者。因此，司法工作者应当通过日常事务的处理，充分体现法治的精神。在这种情况下，必要的司法技能与技巧就是十分重要的。就以在法庭上公诉人讯问被告人而言，需要事先的精心准备，并且要根据法庭上被告人的回答情况进

* 陈兴良，北京大学法学院教授、兴发岩梅讲席教授，博士生导师。

行现场调整。只有这样，才能达到法庭讯问的目的。而在某些案件中，公诉人的讯问显得十分机械，甚至被被告人牵着鼻子走，这显然是公诉人的讯问能力不足所致。例如，我曾经见到公诉人按照被告人认罪准备讯问提纲。一旦在法庭上被告人翻供，不认罪，公诉人就显得十分被动，乱了自己的阵脚。而且，法庭上的讯问与侦查阶段的讯问，因其目的不同，讯问的方式方法也是完全不同的。侦查阶段的讯问，其目的是查明案件真相，或者对客观证据进行印证。因此，侦查讯问的过程是一个不断地从犯罪嫌疑人那里获得案件真实情况的过程。但法庭上的讯问是一个展示被告人的犯罪事实的过程，作为一个公诉人应当是对整个案情了如指掌。因此，法庭上的讯问是明知故问，而且对被告人的每一个回答都应当了然于胸。在这种情况下，公诉人应当掌握讯问的节奏，在被告人翻供或者未能按照预期回答的情况下，就应当及时调整讯问进路。而这些讯问技能与技巧的掌握，就不是一日之功，而需要以长期的出庭经历和经验为基础。当然，通过培训也能更好更快地掌握这些司法技能与技巧。

中国法制出版社组织出版的《司法实务技能培养丛书》，就是以总结司法实务经验为主要内容，并且为司法工作者进行技能培训提供教材或者参考资料的一套丛书。我认为这个出版创意值得肯定，也为法律书籍的出版开辟了一个广阔的领域。从陈兴编辑提供给我的拟出版的书稿来看，都是与司法实务密切相关的主题。例如，桑涛所著的《公诉语言学》一书，是一部应用语言学著作，将语言学的一般原理运用在公诉活动中，对公诉过程中的语言现象进行了深入的分析。该书既有对公诉语言的理论分析，又有对公诉语言的实际运用的讲解，可以作为公诉人培训的教材。值得说明的是，该书作者桑涛，长期从事公诉工作，具有丰富的公诉经验，而且还曾经荣获“全国优秀公诉人”称号。这样一种公诉经历，使得他对于公诉语言具有切身体会，因此论述起来可谓得心应手。除了《公诉语言学》一书具有较强的学理以外，吴克利所著的《镜头下的讯问》一书则将视角投向讯问这一侦查技能。之所以说是“镜头下”，是因为讯问时需要全程录音录像。在全程录音录像的条件下，如何对犯罪嫌疑人进行有效讯问，这对职务犯罪侦查人员是一个重大的考验。当然，我也见过极不规范的讯问，即讯问不是在全程录音录像的情况下做出的，而是时录时断，为我所需。这种讯问就是违反法律规定的。从这个事件可以看出，正确的讯问当然不仅仅需要高超的技能，更需要严格的规范与高度的素养。《镜头下的讯问》一书紧密结合职务犯罪的侦查实践，将讯问的技能与技巧讲述得十分透彻。尤其是对于职务犯罪嫌疑人心理的分析十分到位，而对被讯问对象的准确心理把握，是讯问成功的必要保证。该书作者吴克利也是长期从事检察工作的司法实务工作者，并且查办过许多重大疑难案件，潜心钻研调查讯问的奥秘，成功地总结出了一套系统完整实用的审讯方法，并撰写出版了《审讯心理学》等著作。该书结合其丰富的讯问实践经验，对职务犯罪的侦查讯问进行了系统阐述，具有重要的参考价值。

虽然我只是读了《司法实务技能培养丛书》的寥寥数本，但从中可以发现丛书策划者的创意是具有超前性的，这套丛书的出版必将有益于司法实务的培训工作，也将对侦查、公诉等司法实务工作有所裨益。

是为序。

谨识于北京海淀锦秋知春寓所

2016 年 6 月 18 日

目 录 contents

问话篇

第一章　问话的基本属性

第二章　问话的语体

第三章　问话的语用行为过程

第四章　问话的技巧与方法

第五章　问话语言信息转移的心理准备

第六章　问话的语言信息转移的截获

第七章 不同心理状态下的问话语用行为

第八章 “知己知彼”的问话语用行为方略

第九章 认知条件下的问话语用行为技巧

谈话篇

第十章　纪检监察案件线索的初步核实方略

第十一章 纪检监察调查人员“谈话”的心理准备

第十二章 新时期法制规则条件下的“谈话”方略

第十三章 领导干部贿赂案件的“谈话”实务

第十四章 领导干部渎职违法犯罪案件的“谈话”实务

讯问篇

第十五章 犯罪嫌疑人抗审的心理行为特征

第十六章　嫌疑人抗审的条件来源

第十七章　嫌疑人供述的条件来源

第十八章　讯问的语言技巧

第十九章　抗审中的谎言讯问技巧

第二十章　阳光监督下的讯问技巧

问话篇

第一章　问话的基本属性

问话的概念：问话是问话的主体即问话人对特定的对象提出问题，并要求其回答的一种口语表达形式，是语言的交流行为。问话的特点是它的互动性，问话不仅仅理解成为一个个问话的链条，它是由问话人提出一个问题并要求对方回答的完整过程，问话的主体根据问话的目的向问话对象提出问题，问话对象接收到信息，并很快做出反映——回答。这一问一答就是完整的问话过程。问引导答，答影响问，一问一答具有很强的互动性。

同时问话还有很强的策略性，问话的目的是获得被问话人就问话人的提问做出回答，而被问话人往往为了逃避罪行，竭力地隐瞒事实，做出虚假的回答，问话人为了获取真实的回答往往需要采取很强的问话技巧，来作为获取真实信息的保障，因此问话的策略性就显得尤为重要。

问话的涉及面很广，它是人们在社会活动中进行语言交流的重要形式，涉及社会活动的不同领域，问话的主体不同，就决定了问话对象的不同。本书集中篇幅针对的主体是“纪检监察查办违纪案件的办案人员”和“刑事隐匿行为语言交流活动中的侦查人员”的问话，由于这两大特殊的问话主体的语用行为的目的不同，都是希望通过问话的途径，获取被问话人真实的语用行为反映。而作为上述问话主体的被问话人，其特点是隐瞒话语回复的真实性，谎言是被问话人回答问话人的基本语用行为，这里作为两大特殊问话主体。为了完成问话的语用行为目的，纠正被问话人的谎言，使其说实话，本书以科学的语用行为的方法和技巧，以帮助问话人通过问话的语用行为技巧，获取被问话人说实话的行为目的。

第一节　问话的语音声调

语言是信息表达和传递的符号，问话就是在语言交流活动中由问话人传递给被问话人的符号。这种符号的传递必须要有传递的载体，才能使符号得以传递、发出并被对方感知。问话作为语言交流活动的重要交流工具，是由问话人口腔发出的声音作为问话符号的物质外壳。研究问话首先应当明白语言所使用的物质材料——语音，是如何传递问话人的信息符号的。在语言交流活动中，问话人为了使被问话人能够说实话承认自己的违法犯罪事实，总是要通过对其进行的心理分析，运用某些语言技巧和谋略，才能够满足问话人所需要的目的。这样的过程概括地反映了问话人面对被问话人的认知过程和心理过程，实际上是针对问话任务以及被问话人的理性、意识、精神思考问题的过程。思维的核心是逻辑，思维的工具是语言，思维的信息传递是语音。语音在问话信息的有声语言的传递过程中发挥着重要的作用。

在语言的发音过程中，贯穿整个音节的声音的高低、升降、曲直变化就是声调。问话人完整的意思表达就是通过语音和声调的完美结合，完成语言信息的传递任务，实现问话的目的。问话是一种声调语言，每一个字每一句话都有固定的抑扬起伏的声调。改变了声调，语言的意思就变了，甚至让被问话人听不懂，也就失去了语言表达的意义。

问话的声调不仅要表达得准确，使被问话人能够听懂每一句话的含义，更重要的是，问话是以平和的语调出现的，杜绝激情状态下的语调。在问话的过程中必须使用训斥性的语言的时候，也应当保持平和的语调。因为语言交流活动是语言的交流活动，交流的最终目的是转变被问话人的对抗心理。平和的语言声调是交流的基础，是取得对方信任的基础，是转变对抗心理的基础，是说服教育的基础，是运用各种语言技巧和谋略的基础。平和的语言声调是建立问话交流平台的重要方法和手段。相反，在语言交流活动中运用激情状态的语言声调，不但不能转变被问话人的对抗心理，而且还会强化被问话人的对抗心理。在语言学中研究问话的语音和声调的目的，就是为了顺应被问话人的心理特点，建立语言沟通的平台，减少或者消除被问话人的对抗因素，避免问话僵局的出现。在平和的语言状态下有利于刺激被问话人平静地思考，更能有效地降低语言交流活动中的语言冲突。

声调是语言的必需形式，而不是语言本身。语言声调虽然是语言表述的辅助手段，但是富于变化的语言声调能够增强语言信息的感染力，同时语言的声调也表现出心理活动的特征。被问话人在心情愉快放松的情况下，语言声调的表现是明快爽朗的，这对识别被问话人的心理状态有着非常重要的作用。语言交流活动中使用明快爽朗的语言声调，能够降低被问话人的心理压力。被问话人回答问题的语言表现使用的是低沉缓慢的声调，这表明被问话人的心理压力大，思想负担重。语言交流活动中使用低沉缓慢的声调，容易刺激被问话人的忧伤感，形成心理压力。

语言交流活动是特殊的语言对抗活动，语言表现的感染力的重要基础就是声调的运用，轻重缓急、抑扬顿挫相结合，是问话的基本功。通常语言声调的表现有：速度，语言表述的快慢；音强，语言声音的大小；音调，声音的高低；音质，声音的和谐程度。

在语言交流活动中，语言声调的掌握是以问话的谋略技巧为基础的。语言声调是实现问话谋略和技巧的工具，它的快慢、高低、强弱是问话技巧的重要体现。

在语言交流活动中其空间情境是不断变化和发展的，这种变化和发展必然引起语言交流的变化，导致语言速度表述的变化，表现出快中有慢、慢中有快、快中包含坚定、慢中隐藏着强制。当需要被问话人就某一具体问题必须做出回答的时候，可以使用快节奏的语言表述，这种快节奏的语言能够控制被问话人的思维活动，使之在处于困境的情况下，得不到联想的帮助。但是在需要被问话人积极思考的时候，问话的语言节奏应当放慢，如果语言的速度太快，被问话人对你输出的信息接收不迭，上句还没有反应过来，又连续听到了下句，根本就来不及进行思考和转化，没有思考的空间也就达不到问话的目的。语言交流活动中的语言速度是根据问话情境的需要快慢交替使用的。

问话中常见的音强大小，应当控制在被问话人能够听得清楚就行了，在正常的信息交流中，音量不能太大，大了容易导致对方神经紧张，但是音量也不能太小，小了会使对方麻痹，达不到刺激的作用。在需要对被问话人进行强刺激的时候，应当把音量放大一些，达到刺激的目的。语调的高低是根据问话的意思表达而确定的，音量高低的运用是以语言表达的目的性来决定的。音质在问话表述中主要是用于情感交流，和谐的声音容易使人产生亲近感，便于拉近情感的距离，不和谐的语言容易给人造成紧张感，过于和谐的语言容易给人虚伪的感觉。在问话中应当控制使用，不能乱用。

第二节 问话的修辞形式

修辞就是修饰词句，使语言表达得更准确，语言表达的效果更好。问话的修辞形式就是为了达到问话的修辞效果，而运用的特殊的语言手段。这里问话的修辞形式包括语音形式、词汇形式、语法形式和逻辑形式。

问话因为它的目的性因而表现出它的特殊性，问话是在与被问话人对抗的环境中，为了表达特定的意思以促进被问话人说实话承认某些事实为目的，选择最恰当的技巧性的语言词句和表达方式来完成问话任务的。问话的修辞表现往往是不露痕迹、平淡自然，但却具有巨大的攻击力和潜在影响力。问话的语音形式的修辞手段表现为停顿、重音和间断等特点。问话的词汇形式的修辞手段，体现为选择简练明确的词汇，也就是在特定的语言环境中选择表现力最强、最恰当的词语，正确地体现问话谋略的意图。问话的语法形式，实际上就是语言的规则形式，语言规则是大家说话的时候必须遵守的习惯，不是语言学家规定的，问话更是如此，是使用让被问话人听得懂的语言。

不仅如此，因为语言结构的复杂性，语言交流活动中可以利用的语法方面的修辞手段很多，例如，问话常常以强调主语来强化对被问话人的心理影响：你为什么要这样做？你不用解释！我不需要你的解释，这些证据已经告诉了我！还有用反语的修辞问句来强调肯定：这难道还要我问你吗？你不说难道别人不说吗？问话的修辞效果必须以满足转变被问话人的心理对抗为前提，否则就失去了修辞的意义。

问话的逻辑形式，犀利的逻辑语言形式可以驳斥荒谬，语言交流活动中运用逻辑语言不仅能够驳斥错误的观点，同时，具有逻辑性的问话能够超越问话的限制，达到理想的效果。例如，逻辑语言能够隐含一个存在的前提，促进被问话人心理证据的形成：你为什么要拿他的钱？这句话里隐含了“你拿钱了”。你银行里存的钱是哪里来的？这句话里隐含了“你在银行里存了钱”。并使之形成钱的事情已经暴露的认识误区，促进了被问话人拿钱的心理证据的形成。

第三节 问话的表述

问话的语言表述的特征是问话人运用语言工具，对被问话人进行语言信息影响和心理沟通的表现状态，它与日常生活中的语言表述有着重要的区别。

首先是语言表述对象的特殊性。问话的表述对象是被问话人，表述的前提是对表述对象的了解和掌握，在对被问话人进行语言表述之前，必须摸清被问话人的基本情况，把握与被问话人之间的对抗焦点，语言的表述才会有针对性，才能有的放矢。同时，在表述实质性问题之前首先要取得对方的信任，这是进行语言表述的基础，如果对方始终抱有排斥对抗的心理，再好的语言表述也不会起作用。

其次是语言表述的目的性。语言交流活动中的语言表述是以瓦解被问话人的对抗心理，促进被问话人说实话承认某些事实为目的的，因此语言表述既有目的性又有谋略技巧性。通常的语言表述方法有：循序渐进，逐步深入的方法；设定前提，以攻为守的方法；揭露谎言，进行心理限制的方法；示证引（隐）证，建立心理证据的方法等。

再次是语言表述的针对性。这里的针对性是针对被问话人的个体特征进行表述的，由于被问话人的个体特征不同，因此在问话的表述方面应当有针对性。针对文化程度比较低的被问话人，问话的表述要通俗化、多举例说明；针对脾气急躁的被问话人，语言表述应当简要直接，尽量减少喋喋不休的说教；针对性格沉默的被问话人，应当多鼓励、刺激他说话；针对顽固对抗的被问话人，应当找准目标迂回进取，切忌强攻，形成僵局，导致问话失败；针对刚愎自用的被问话人，应当运用反激的方法，直接攻击焦点和其弱点，不宜使用迂回、循序渐进的方法。

最后是问话表述的灵活性。贯穿于语言交流活动全部过程的语言表述，是随着对抗状态的不断变化和发展而变化的，语言表述的灵活性就是它的多变性。当被问话人出现激情状态的语言时，问话人就应当设法控制这种激情状态的发展，这时问话人的语言表述应当以缓解激情状态、转变激情状态为主。当问话人在语言表述的过程中，发现一句话表述完毕时可能引起被问话人的强烈不满，就应当立即终止，迅速转变话题。当一种语言表述方法对被问话人不起作用的时候，应当立即更换为其他的语言表述方法。总之，语言表述的灵活性是以问话环境和问话目的为前提的，它的多变性是以问话的针对性为基础的，多变的根据来源于问话对抗活动的多变性。

第四节　问话的情境

问话活动是问话人与被问话人之间的交流活动，是一种特殊的语言情境。与普通的语言交流有着重要的区别。也就是说，“情境”与“语境”不同，语境通常指的是“上下文”或某一事件的前后状况。而对于语言交流活动的语言情境而言，其本身是一个问话与被问话的双向互动过程，不是听和说的简单相加，是问话与被问话的双方处于互动的状态下“完整性”和“同一性”的表现。语言交流活动的语言情境主要表现在：（1）问话的物质背景——纪检监察查办案件的调查活动和司法机关的诉讼活动。（2）问话交流的场所——纪检监察和司法机关的问话室。（3）问话的操纵载体——办案人员与被问话人。（4）问话交流的场合——纪检监察和司法机关的办案人员和被问话人（少数人）之间的语言问答对抗。（5）问话交流的主题——涉案行为概念和信息的来龙去脉。这种完整统一的语言活动就是问话情境的特点。问话的语言情境几乎涉及与涉案人发生关系的整个外部环境或外部世界。

问话情境的互动性的产生。问话人为了使被问话人交代某种行为事实，运用语言对被问话人进行信息刺激，被问话人为了隐瞒自己的某种行为事实，积极地进行对抗，表现出了语言的对抗反应。这里的问话活动是在“问”与“答”的相互刺激、反应、影响的情境中完成的，刺激反应不仅仅是物质的，也表现出了情感的反应特征。问话的这个特点就是问话情境的互动性。因为在语言交流活动中，被问话人不仅对来自问话人的外部信息作直接的反射性反应，更重要的是被问话人必须首先审视和考虑这些信息，或定义这些信息对自己的利害关系，进而根据自己的定义来理解和对待它们，并且作出反应。例如，问话人问被问话人某天、某时在干什么？这时，被问话人并不直接对某天、某时在干什么作出反应，而是先有一个“审视和考虑的阶段”：某天、某时在干什么事情？能不能说？说了对自己是否有利？如果不能说又如何回避？这种审视和考虑阶段就是主观定义的过程。同样，问话人也有这样的主观定义的过程：某天、某时对方明明在干那件事情，为什么不承认？这里必然有不可告人的目的！问话人的反应并不是直接反驳被问话人的谎言，而是“审视和考虑”被问话人的谎言下面隐藏的其他问题。

问话的语言情境的重要表现是主体与主体之间的“符号互动”。在问话的过程中问话不完全以对抗性的特征出现，在很多时候还要表现出语言的亲切感，表现出对被问话人隐匿行为的理解和同情，以降低被问话人的对抗性。情感性语言的出现，就可能有情感性的心理反应，因此，问话的本质并非外在于人的问话活动的机械过程，而是人与人之间的直接情感交流，是主体与主体之间的“符号互动”。由于语言交流活动的参与人的个体的既定符号世界或共同定义之间本质上的存在的同构性，问话人与被问话人之间沟通、理解和转化，是必然的结果。因此问话的语言情境对实现问话任务有着重要的影响。

第五节　语言交流活动中的无声语言

语言是人们运用语音，按照一定规则表达思想的人类特有的交流工具，语言作为一种沟通的工具，在语言交流活动中发挥着至关重要的作用。根据语言交流活动的基本特点来看：问话由有声语言和无声语言组成，两者有机结合，相得益彰。与有声语言相比，无声语言是一种内在的语言，表现方式更细腻，更含蓄，更能够对被问话人产生重要的心理影响的语言。所谓无声语言，是指非语词性的无声信号，主要是人的身体语言表现，包括目光与面部表情、无声运动与触摸、无声姿势与外表之间的空间距离等。通过无声语言实现的信息交流，称作无声语言交流。在语言交流活动中问话人与被问话人交流的形态表情、眼神、动作、仪表等无声的语言因素即为语言交流活动中的无声语言。在大量的问话实践中，问话人通过有声语言与无声语言的有效结合，构建了满足语言交流活动的语言情境。问话实践发现：无声语言的效果很多时候要远远地超过有声语言，这绝不是简单的主观感受，而是科学实践的认识总结。问话人与被问话人在对抗状态下的面对面的交流活动，有声的语言交流只占 1/3，2/3 以上的信息交流是通过无声的语言实现的。无声语言在语言交流活动中，起着有声语言所不能替代的作用。

从当前语言交流活动的实际情况来看，无声语言的运用普遍体现个人心理特征、思维习惯。因为无声语言大多是在潜意识状态下形成的，是语言表现的又一种形态，具有心理活动的表现特征，多处于自然形态。因此这种无声的语言形态，直接影响到问话谋略信息的传递效果。在语言交流活动中易出现的弊病大体上有这样三种类型：

一是它的自然表现性。表现在语言交流活动中就是指无声语言使用混乱不统一，对带有问话目的的有声语言没有辅助作用，出现不包含“语义信息”的无声语言，甚至表现出相反的语言目的。比如，问话人在问话的过程中忽然想到了别的什么事情，心理语言发生了变化，下意识地出现有声语言的停顿，变成了无声语言的形态反应。被问话人就可能通过问话人的这种无声语言的形态反应的信息刺激，领悟到问话人的心理活动情况，作出对应的心理对策反应，更有甚者这种形态反应暴露了问话人问话的基本意图，导致语言交流活动的失败。因此，问话人在问话过程中应当时刻控制潜意识的外露，当非有声语言出现的时候，问话人应当迅速控制它的随意表现性，隐蔽心理语用行为意图。当然，在需要无声语言发挥作用的时候，应当积极地策划、推动这种无声语言的出现，达到强化对被问话人的信息刺激反应。例如，在语言交流活动中当被问话人涉及隐匿行为证据方面的有关问题时，问话人为了强化证据的存在，迅速地实施翻阅卷宗的行为，示意隐匿行为的证据就在卷宗内，便能够对被问话人的侥幸心理产生重要的影响，从根本上动摇被问话人的心理支点。

二是它的游离性。人的思维活动是由有意识与潜意识交替活动表现出来的，当潜意识处于主导地位的时候，便出现了无声语言，通过体态动作表现出来。例如，问话人在说到实施隐匿行为时间的时候，忽然想到了下班时间，便下意识地看了一下手表，这时，被问话人被看手表的无声语言所刺激，想到了时间问题：法律规定的询问时间不得超过 12 个小时，那么自己顶过了 12 个小时，他们就得放人，这时，被问话人利用时间进行对抗的对抗心理就被强化了。如果此时问话人在想到时间的时候，能够控制自己的行为，就不至于出现这种对抗效果。

三是它的分散性。问话人无声语言无规则地、频繁地、混乱地出现，不仅不能集中有效地攻击目标，而且还会分散被问话人的注意力。有的问话人还习惯地将两眼望着别处，眼睛不放在被问话人的身上，造成被问话人的注意力不集中。还有的问话人在问话时，东张西望、抓耳挠腮、心不在焉，造成了一种轻视态度，降低了语言交流活动对被问话人的心理压力。这些无声语言不仅无助于有声语言的表达，相反还对问话信息的传达起着阻碍作用。

在语言交流活动中不仅问话人在运用无声语言，被问话人也在运用无声语言进行对抗。在很多时候，被问话人的沉默对抗、沉默思考，就表现出了无声语言的形态。还有的时候被问话人对问话人的信息刺激所作出的反应，运用的也是无声语言。掌握了被问话人的无声语言，就掌握了被问话人的心理活动情况。关于被问话人的无声语言的表现特点，我们在后面章节里将作专门的论述。

第二章　问话的语体

第一节　问话的语体特征

所谓语体是指根据不同的语言交流的目的、内容、方式，在特定的语境中表现出来的、反复使用的语言材料，是相对稳定的语言特点的有机统一体。所谓问话的语体，是指在问话活动中问话人与被问话人进行交流，并按一定方式表述，以适应问话活动的需要而形成的一种言语特点体系。从问话的语体特征来看，问话的语体表现为口头语体形式，问话的语体在选用语言材料和修辞手段方面，形成一种比较独特的语言风格。这种语言风格就是问话的语体风格。语体风格又叫功能风格，是通过问话中的风格手段体现出来的。问话在运用的过程中有如下特点：

1. **客观性**。问话的语言对象是被问话人，语言交流的目的是让被问话人能够如实回答问话，这种特殊的语言环境是客观存在的，因此问话人必然受到它的约束，当问话人在使用语言与被问话人进行交流的时候，不仅要遵守问话在语音、语义、词汇和语法上的基本规范，而且在具体的交流对抗的活动中，更要善于利用相应的语体，才能满足问话活动的需要。

2. **合法性**。问话的方法，实质上最关键的就是语言“说”的方法，问话是一种在问话人与被问话人之间进行的特殊的社会交流活动，不但离不开“说”，而且使用着不同于其他社会活动的专门用语，被称为问话。这种语言的特殊性，是由问话所要达到的目的来决定的，问话的目的是让被问话对象如实地说出自己的某种行为事实，通常这是以某些规定或者法律为基础的，是依法进行问话的一种语言交流活动，也是调查取证的一种手段。当然，这种活动与手段是以法律或规定为前提的，问话的语言必须符合对问话所作的具体规定，否则问话的语言便不产生相关的效力。从问话的对象来看，大多是属于违纪或者刑事诉讼调查、侦查阶段的被问话人。从其问话的程序来看，问话必须符合相关的规定，应该制作问话笔录，笔录应该交给被问话人核对，在被问话人承认笔录与自己口述一致时，应当签名或盖章。同时问话人也应该在问话笔录上签字，在制作笔录时应注明问话的时间、地点、问话人（必须是二人以上）、被问话人，在第一次问话时，应详细地写明被问话人的基本情况，是否有共同隐匿行为人以及与共同隐匿行为人的关系。问话的结尾，应向被问话人说明其有权核对自己的说话记录，并注明必须进行的核对程序，以保证该笔录的合法性。问话的语言是一种特殊的语言，它带有很强的技巧性，在运用语言技巧的时候，应坚持法治原则，尊重被问话人的人格及其他合法权益，严禁利用语言进行指供、诱供、逼供。这种规定虽然是来自法律的禁止，但是在问话实践中采取违法手段得到的口供，终究要被事实所取代。

3. **容纳性**。由于问话目的的需要，问话往往涉及生活和行为的各个方面，有着广泛的范围，在语言的运用上容纳了各种词语，包括带有感情色彩的词语、民间家常俗语、交流说服的口语；在使用语言的材料上问话大量地使用具有坚定态度、鲜明感情色彩的语言材料，表现出了丰富的语调色彩，容纳了大量的疑问句、倒装句、感叹句，目的是强化词语的影响力。

4. **互动性**。问话活动的参与人是通过语言交流活动来完成的，在其语言交流的过程中表现为相互影响、相互刺激、相互衔接，其语言片段、形态表情对于此时此地的问话环境，有很大的依存性。因为在很多时候这种互动性是在特定的环境中、特定的场合下才能出现，只有在问话的语言环境中才能够被理解，如果将这些刺激反应的语句单独地从整个交流的语言链条中提取出来，就会让人难以理解。

例如，问话人问：你银行的巨额存款是哪里来的？

被问话人答：钱是我儿子的！

问：你的儿子刚刚参加工作哪里有那么多的钱？

答：……（不语）。

问：你的儿子是国家公务员，如果银行里的存款真是他的，那么你的儿子就有“问题”了。

答：这件事与我儿子无关，你们不要牵涉他……

问：不是我们要牵涉他，是你执意要把你儿子拉进来的！

这一段对话从表面上听起来是涉及被问话人的儿子，实际上这件事与被问话人的儿子无关，问话的关键是被问话人在银行里的巨额存款的来源出了问题，这段对话的目的是确定银行存款的来源与隐匿行为之间的关系。

5. **简明性**。问话的句子结构比较简单，意思表达明确，即便是表达比较复杂的意思组合，也都竭力地选用句子结构比较简单的言语形式。在很多的时候省略了主语甚至只说半句话，而且用语调、重音、停顿来予以强调。还有的时候问话人仅仅用形态来表达自己的意思。例如，被问话人用谎言来对抗问话："我那天没有在现场!"办案人员已经提取了被问话人在现场的证据，这时问话人只用了"嗯?……"来表示对被问话人不在现场的否定。

6. **依赖性**。问话的外部特征是对语境的高度依赖性，问话是口语交流，更是与被问话人面对面地在具体的情境中进行的。这就决定了问话往往使用不完全句。例如，问话人让被问话人如实回答问话，在问话的时候只说了"讲!"就够了，被问话人就明白了"讲!"的全部含义，不需要再加上"讲什么""谁讲"。

7. **正式性**。问话的外部特征的表情单一，表现为正式的、严肃的、认真的，因此问话的词语和形式很少出现非正式性的表情色彩。

8. **多变性**。问话常常是用语调来表达各种意思，通过语调来实现信息传递的目的，既然如此，那么语调的随时变化自然表现在情理之中了。

9. **逻辑性**。问话活动的本质是语言思维，作为思维本质之一的逻辑，它的规律、思维方法、思维形式，必然要通过语言的载体或者物质的外在表现形式，问话隐藏着逻辑特征。问话是通过问话人的思维表现出来的，这种思维的本质是由问话活动的目的性决定的，为了完成思维的目的，必然表现出它的逻辑特征。问话的逻辑特征不仅仅是语词形式方面，更重要的是深层次语义的逻辑性。问话是语言交流活动的一个重要环节，实践证明，案件中的某些情节非经当面问话是无法查清的，只有通过问话才能完成核实，才能为处理结果提供确实的证据。问话是通过特定的工作人员与被问话人之间的问与答来实现的，问话这一阶段充分体现了问话人间的思维逻辑的特征。因此，问话语体就是从逻辑思维的角度研究如何科学地提问，所以十分强调概念准确，判断恰当，推理连贯，论证严谨，因而语言又具有严密的逻辑性。

当然问话逻辑语言与问话逻辑又有着截然不同的区别和特点。逻辑语言是思维的本质，是语言形成的基础，带有思维的属性，语言逻辑是作为语言载体的物质表现，是语言表达的形式。例如，问话的目的是让被问话人实话说出自己的某种行为事实，作为问话人就要研究被问话人在什么情况下能够如实回答问话，才能使问话活动具有针对性。因此，问话的准备过程中就应该有一个组织、策划过程，这就是语言的逻辑思维过程，只有充分的准备才能有准确的语言形成。这是逻辑语言的思维基础，为了达到问话活动的目的，必须表现出来并传递给被问话人，这种传递的形式又表现出了语言的逻辑特征。

根据问话心理学阐述的被问话人说实话承认某些事实的基本特征之一：某种行为事实暴露的心理误区为前提，被问话人认为自己的某种行为事实已经暴露，便会放弃对抗，达到说实话承认某些事实的目的。这样，问话人在问话活动中就应当针对这一特征来组织语言，达到使被问话人认为自己某种行为事实已经暴露的认识目的。通常使用的语言是隐含一个存在的前提“你为什么要这么做?”“你为什么要拿别人的钱?”这里都隐含着一个存在的前提，这种语言的组织就是通过逻辑思维形成的语言基础，用跨越一个前提的方法表现出来，使被问话人误认为自己做的某件事情已经暴露，自己拿了别人钱的事情也暴露了，形成了语言的逻辑特征，达到了问话的目的。

问话的过程，实质上是问话人与被问话人的对抗过程，被问话人是通过对抗问话来保证自己的某种行为事实不暴露，逃避法律的惩罚，而问话人则是为了转变这种对抗问话的态度，达到使被问话人说实话的目的。由于这种相互关系的存在，必然要求我们问话的语言条理严密，深刻有力，无懈可击，无处可辩。集中起来反映在问话中，就是要看问话的语言是否符合逻辑，逻辑性强不强。询问语言的逻辑性，就是指要领明确、判断恰当、推理合乎规律。它是问话人对案件情况的正确认识的体现。思想认识的正确明晰是问话具有逻辑性的决定因素。推理合乎逻辑，决定于表达的各个判断之间有必然的逻辑关系，即是不是充分的条件，有没有必然的因果关系。没有正确地符合逻辑，思维就无从实现。因此，欲使问话具有逻辑性，就要在思维逻辑正确的基础上，力求语言正确明晰地表达出思维判断，表达出推理过程中判断之间的必然联系。

10. **针对性**。首先，问话的针对性是根据问话的目的来决定的。问话的目的是让被问话人能够交代自己的某种行为事实，全部的问话过程是围绕消除被问话人的对抗心理，转化消极为积极的说实话而进行的。问话的针对性就是围绕被问话人的说实话规律而展开的，根据问话心理学阐述的被问话人说实话承认某些事实的“六大基本规律”（在本书的其他章节中予以论述），问话活动所使用的全部语言技巧。这些技巧都是围绕着问话的六大基本规律进行的。其次，问话的产生和来源也是针对被问话人的心理特征进行的语用行为表现。问话活动所经历的语言过程，不是简单的对话过程，更不是一两句话就能够解决的，是一个综合的语言对抗和交流的复杂心理行为过程，是在不断变化中进行的，因而问话的每一段话、每一个词语都表现出信息反映的对抗的语境特征，这种对抗性与针对性是相互依赖的。最后，问话是针对被问话人的具体反应产生的。由于被问话人在对抗过程中其心理活动和语言的表现特征不同，问话人所使用的语言信息导向也在不断地发展变化，针对被问话人不同的发展时期使用不同的语言，问话不能偏离问话活动的目的信口开河，也就是说问话没有随意性，必须是针对问话的目的、问话的目标、问话的不同阶段而进行的。

11. **严密性**。问话的严密性是指问话必须严谨，也就是我们常说的“别留话把子”，实际上这种严密性不仅仅是语言运用的严谨、修辞用语的严谨，更重要的是语义表述的严谨。例如，问话人向被问话人直接声明“你已经构成了隐匿行为!”这句话被问话人听了以后立即反驳：“你说我构成了隐匿行为，你有什么证据？我还说你构成了隐匿行为!”这样的语言必然会引发对方的反击，形成被动的局面，导致僵局的出现。问话人这句话的出现并不是修辞本身的错误，也不是这句话表达得不严谨，而是言者无物、言者无据，是语义表述得不严谨。在问话的修辞方面，不仅语言的结构要完整，还有语音的声调运用要准确。例如，问话人在使用疑问句的时候，为了隐蔽自己，暴露对方，经常在疑问句里隐含着一个前提：“他（她）难道是主犯吗?”语调坚定，这里就隐含着他或者她不是主犯。再有，“你为什么要这样做?”这里就隐含了你已经做了。还有，“他（她）说他（她）不是主犯?”这里就隐含了那么你就可能是主犯。与此相反，如果把上述疑问句的声调稍微变化一下，就可能发生隐含的前提变化：把“他（她）难道是主犯吗?”疑问的语调降低、语气平和，这里隐含的前提就是：主犯是谁还不清楚。再有，“你为什么要这样做?”这里语调降低、语气平和，隐含的前提就发生了变化：你这样做有什么原因。因此问话人在运用语言技巧的时候，严谨、认真、准确，要求问话人在接触被问话人之前就要充分地准备，使每一句话都能够表达得严谨无误。

12. **主动性**。问话活动与正常的语言交流的重要区别是问话的主动性，问话人总是以积极主动的面貌出现，在语言的表现上也是积极主动的。从每一句话的开始到问话的结束，表现了积极的语言状态。从每一件事情结束向另外一件事情转换的时候，表现了语言变化的主动性。语境控制的主动性，语境就是

“语言环境”，问话对抗的强弱，表现为语境的特点，问话环境的变化实际上也是语言对抗情境的强弱变化，问话人的攻击力度直接影响到问话活动的语言环境，因此这种主动性又表现在语境变化的主动状态上，所以问话的语境变化和语境调整，是表现问话人控制语境变化的基本条件。问话活动需要问话人占优势、占主动的语境形态。如果相反，被问话人占了优势的语境状态，问话就可能导致失败。

13. **目的性**。语言的目的性，是建立在让被问话人交代、说实话的基础上的，由于在问话中被问话人有着自身的特点，表现出与其他被问话人相区别的个性和特殊性，这种个性是由于人的生理情况和长期养成的心理思维习惯的不同而形成的。从客观来源上讲，由于被问话人的行为所侵犯的对象不同，轻重程度不同，产生的社会影响不同，对被问话人的作用和刺激也不同，因而表现在问话活动中就出现了千差万别的态度，这就要求我们用不同的说话技巧来改变不同的态度，达到说服被问话人说实话的目的。反之，在问话活动中，被问话人的说实话和辩解也是通过说话来完成的。被问话人在接受问话时的语言是以问话人的“说”为基础的，从被问话人的语言目的来看，他们大多是通过辩解（说）达到对抗问话的目的。这种在问话活动中的语言，便成了问话与辩解的交锋，谁胜利了谁就完成了语言的目的。问话人使用语言得法，就能使被问话人从抗拒转化为实话实说。如果问话人使用语言不得法，被问话人的对抗问话态度会被强化，最后以问话的失败而告终，使得被问话人完成了“说”辩的目的。语言，也就是在相互影响、相互作用以改变对方的态度为目的而存在的。一旦不能改变对方的态度，这种语言便成了空话、废话，失去了语言的意义。

14. **严肃性**。在问话的过程中，由于法律法规的严肃性，必然要求问话的严肃性，不仅要对每一句问话或每一个字，细细地研究，严肃对待，而且对被问话人的说实话也应该是严肃认真的。从它的法定程序来看，问话活动是一项执法活动，问话人是这项活动的执法者，他代表国家机关和国家的法律，在执行问话活动的任务时，要严格执行法律的有关规定。实事求是是问话活动的主要精神，以事实为根据，以法律为准绳地进行问话，做到有根有据，准确恰当，合情合理，恰如其分，不“无中生有”，不任意夸大或缩小，不信口开河，有利于取得被问话人的实话，实事求是的语言就是严肃的语言。在问话中为了达到语言的严肃性，必须避开那些模棱两可、含混不清的语言。在问话时，经常会出现“可能是”“好像是”“大概”“差不多”等模棱两可的语言，这种语言若出现在侦查问话的笔录中，最后如何定案呢？因而为保证问话活动的准确恰当，必然要以严肃的态度对待问话。

问话的严肃性也表现为问话的文明、健康，反对采用刑讯逼供、辱骂、讽刺、侮辱人格的语言。在问话实践中，问话的对象有许多是国家工作人员，有的甚至是国家的高级干部，有着很高的文化修养和心理素质。如果问话人不注意问话的文明，问话的结果不仅降低了问话人自己的形象，让被问话人瞧不起，而且更不可能让问话对象在你面前认输，如实回答问话。

15. **隐蔽性**。问话是执法、执纪者与违法隐匿行为者对峙双方的攻守之争。问话人代表着国家法律法规的严肃性和权威性，要秉公办案，刚正不阿。而问话对象是可能负有违纪违法或刑事责任者，对他来说，这是利害攸关，关系到前途命运甚至是生死存亡的大事，为了趋利避害，必然竭尽全力想从问话人的言辞语句之间探悉司法机关所掌握的情况、线索和罪证，以考虑对策，实施顽抗，开脱罪责，逃避惩罚。在问话中，他们对问话人的言语非常注意，十分敏感，总是千方百计窥探获悉他们所需要的东西，问话人的每一句话都是对其心理的一种刺激语言，都会引起一定的反应。因而在问话时，就应该注意语言的隐蔽性，这种隐蔽性的语言特征，是意思表达单一、简练、明确，不含言外之意，不带语言的双重性，不设隐含性的语言，使被问话人无法刺探到该语言意思之外的信息。当然这与刻意使用言外之意让被问话人产生“错觉和误解”是两回事。

16. **策略性**。在问话时，用策略性的语言去问话，是取得被问话人说实话的基础。例如，有一个单位的纪检部门在收到群众举报以后，便对这位被举报的干部展开了调查，并成立了调查组，该调查组首先带着举报信找到了被举报人，并对其进行调查性的谈话：“根据群众举报，你在某项业务活动中，接受了他人的贿赂，根据这种情况，我们虽然没有掌握你的有关证据，但我们认为有必要把这件事情搞清楚，也是对你本人负责，所以这件事还要请你把它说清楚。”结果这位被举报的干部顺口便说出了这样一句话：“绝对没有这回事。”这句话把所问的和想问的话全封死了。最后这个调查组就得到了这句话，便只好草草收兵。此后，举报这位干部的举报信又被送到了检察院的反贪局，没过多久，这位干部便因受贿罪被逮捕进了看守所。从这件事情上我们不难看出前面的调查组在调查时说话的方法出现了两个问题：一个是暴露调查组没有掌握证据，另一个是暴露了调查组对此事所持的态度。在这种情况下，这位干部只要思维正常，就不会供述自己的受贿行为。因为在可供、可不供的情况下，有谁愿意供述自己的违法行为呢？问题出在调查组的这种问话方式是纯自然的生活用语，没有策略性的语言是导致失败的原因。

什么是策略性？实质上这种策略性就是方法、技巧、手段。在问话中对被问话人采取的常规性的策略是：侦查式的策略、突发式的策略、迂回式的策略、命题式的策略、跳跃式的策略、含蓄式的策略、纵横式的策略等。

怎样去运用上述的策略呢？从问话的对象来看，例如贪污贿赂被问话人与其他的刑事被问话人有着截然不同的特点。涉嫌贪污、贿赂隐匿行为，需要查清该被问话人的具体隐匿行为的事件，而其他刑事隐匿行为是先有案件发生再寻找隐匿行为人，问话的目的是确定该行为人与隐匿行为事件之间的关系。由于这些特点的存在，决定了问话的方法不同。通常对贪污贿赂被问话人的目的是要找出被问话人的某种行为事实，犯了什么罪，采取的方法，隐匿行为的情节，被侵吞的数额及性质，等等。由此也决定了问话所应该采取的方法。例如，在深挖被问话人隐瞒的还没有交代的某种行为事实时，常采用迂回式的发问方法，展开每个相关情节，找矛盾点，找隐匿行为的痕迹。在已掌握了部分隐匿行为的情节时，为了进一步地了解证实，多采用命题式的策略，让被问话人详细地说实话，让其自己把相关的情节填进“空缺”里去。在对被问话人没有过多了解的时候，一般采用侦查式的方法。比如，“你知道我们今天为什么找你吗?”“你的‘事’你自己想过吗?”等，通过双方的答话来了解对方。这种方法在初次问话的时候用得比较多，在被问话人的防卫体系比较坚固的情况下，例如，被问话人利用职务之便，采取隐蔽的方法将公款侵吞占为已有了。但是从对方想好的退路上，已暗示了这笔钱是要交给单位做招待费支出的，这是对方想好的辩解理由。在问话时就不能直问他这笔钱准备干什么用的，如果这样问，他就会顺杆而下，这里就应该采取跳跃式的策略，跳过这一环节，待把这一后路给堵死的时候，再返回来问侵吞的钱干什么用了，这样他就无路可退了。有时，出于案件的特殊情况，只有先把主要的某种行为事实啃下来，才能引出其中的细节，这时应该采取纵横式的发问，把那些该缓解的矛盾，该补充的细节，该纠正的错误，全面地、系统地、详细地解决好。有时为了确定某一情节与被问话人之间的关系，便采用含蓄式的方法进行试探。总之，在问话中能使用的策略性语言很多，我们在实践中要善于发现，为我所用。

第二节　问话的问答型语言体式

问话中的语言与日常的生活用语是有所区别的，从使用语言的目的来看，日常用语的目的是人际间的情感交流，而问话的语言是以让被问话人说实话为目的。它在意思的表达上，问话比日常用语的要求更为严格，更具有技巧性和方法的多样性。它的特点是在于有其自身的语言模式，问答型语言体式是问话活动的基本语言模式，有问有答，有问必答，一问一答，语言直截了当，意思明确，主动灵活，富有进攻性、策略性、多变性和规律性，常用的方法有：

1. 摸底式发问

“你知道我们今天为什么找你来吗?”“你不认为自己应该说说清楚吗?”这种方法主要用来试探对方的虚实，确定被问话人对自己行为所持的态度。多用在初次问话阶段，因为这个阶段问话人对被问话人的心理状态不清楚，需要进行了解。发问的内容一般不直接涉及被问话人的某一具体的行为事实。在使用的语言上不可过于严厉，语气要平和认真，对初次出现说谎时不要急于进行揭露，应认真分析，细心地研究，待全面掌握情况之后，选择有利的时机攻击其要害，一举拿下。同时还应注意在核查被问话人的姓名、年龄、籍贯、职业、经历的基本情况时，应多注意对方的反应，尽快地完成摸底的任务。实质上询问被问话人的基本情况，就是为了调查摸底，掌握被问话人的全部资料，以便对症下药，把握主动权。

2. 揭露式发问

“你对某件事情的回答，前后矛盾，漏洞百出，你认为谎言能混过关吗?”这种揭发式的目的，是为了加速被问话人的心理证据的形成。被问话人说实话矛盾被揭露后，假的东西被铲除了，紧接着被问话人必须用新的东西来填补谎言造成的“空缺”，他会在自己的大脑思维的记忆中寻找新的事件来予以填补，但这种过程不是在短时间内能完成的，由于问话活动的连续性，而被问话人铲除了“空缺”又必须立即填补，在这种情况下被问话人只有让原来的客观事实还其真实的面目，如实说出自己的某种行为。

3. 设题式发问

“你把汇往某银行的那笔款子的来龙去脉和详细的过程说一说。”这是给被问话人提出一个总的题目，让其说实话，便于问话人全面地了解案情的经过。

也能通过每次的说实话找出被问话人的矛盾。如果被问话人的“说实话”是谎言，那他不可能每次的“说实话”都是一致的。尤其是对细节的“说实话”，更会矛盾百出，问话时应注意捕捉。使用设题式发问的原因常有以下几种情况：一是被问话人多次回答的情况不能统一，已提取的证据又不能充分地证明客观事实的来龙去脉。二是被问话人的回答凌乱，不详细，为了明确目的，而使用设题式发问的方法。三是在深挖更深层次的内容时，被问话人回答了我们没有掌握的其他某种行为事实，为了进一步问清情况，可采用设题式的发问方法，同时也是对被问话人已供的事实和情节进行巩固和稳定，使口供系统化、条理化。四是为了防止被问话人胡拉乱扯浪费时间，也可采用设题式发问，以集中目标，节约时间。

4. 迂回式发问

首先不涉及问话的主题，从外围摸清情况，待时机成熟后，集中力量予以攻击。迂回式发问有两种情况：一种是有目标的，为攻击目标创造条件，清除障碍，堵其退路，保证主攻目标的成功。例如，问话的主攻方向是被问话人利用职权为走私汽车上牌，发问的方法是先堵其退路：“汽车上牌的规定是什么？走私车能否上牌？与办理走私车上牌的人是否熟悉，是否有亲属关系？”待这些后路堵死，再主攻其利用走私车索取贿赂的隐匿行为问题。另一种情况是无目标的迂回，目的是需要自己寻找目标，通过一步一步地寻找、试探的方法，先易后难，先小后大，先外后内，在对方放松警惕的情况下，一步步把对方逼向绝路，使其暴露隐匿行为目标。这是在没有直接证据，案情较为复杂的情况下，通常使用的发问方法。

5. 直追式发问

“这笔钱从哪里来的？为什么给你？”这种发问的方式是抓住被问话人的要害问题，发挥语气的威力，直接正面地突破。注意被直追的要害目标，要确实充分，不容置疑，态度要坚定，使用的语言要精练，语气要坚定有力，要使被问话人感觉到来势迅猛，压力大，不可回避，只能交代。

6. 疑问式发问

“为什么会这样？这是什么原因？”这种发问的方法是对某些情节、细节、事件没有彻底弄清楚，为了查明原因，解除疑问并弄明真相。常用来对付那些想蒙混过关，对编造的假情况、假情节进行盘根究底，因为假的东西不可能编得天衣无缝，通过“疑问”就可能露出破绽，陷入自己制造的矛盾中。发问时应严肃坚定，锲而不舍，虽然没有证据，但是这种发问的态势要足以使被问话人形成心理压力，使之在意志上发生动摇，言语中露出马脚，不得不供出真情。

7. 逻辑式发问

“你为什么这样做?”“你与老李是什么关系?”这两句话中就隐含着两个前提：你已经做了，你认识老李，正如常言说的“话中有话”。这种发问方法是首先设立一个前提，采取先入为主，让被问话人形成一种概念和观念，造成已掌握了某种行为事实的态势，对于促使被问话人心理限制的形成，起到积极的作用。这种发问方法的使用，通常是在被问话人有退路的情况下，问话人估计到将某些问题直接提出来，被问话人会不愿回答或否定回答，或者将某些问题直接提出来后就可能引起僵局。为了让被问话人顺水推舟，搪塞过去，中计上当，在问话时将所涉嫌的违法隐匿行为情节总是隐蔽在某一句话中，待被问话人做出回答时，所需要的问题就隐含在某一句话中了。如“你是在什么情况下干的这件事?”这里就隐含着“你已经干了这件事”。在问话活动中运用辩证思维的逻辑方法，能够有效地揭露被问话人的谎言，及时发现问话活动中出现的矛盾和逻辑错误，掌握问话活动的主动权。更重要的是运用逻辑关系的方法，通过推理、判断、证明的过程，达到有效揭露隐匿行为的目的，同时逻辑方法更是问话活动的重要手段和方法。

8. 限制式发问

限制式的问话，是问话人根据被问话人的隐匿行为情景，运用精练的富有控制性的语言技巧，达到对被问话人的心理限制的效果。从理论上看，它是问话心理学与问话学有机结合起来对被问话人进行心理限制的。控制性的语言为什么能达到心理限制?从心理限制的概念来看，心理限制是在外界信息压力的刺激下，产生的无法选择的心理状态。从其产生的条件可以看出是受外界的影响而产生的，而在问话中外界的影响便是客观证据。这一客观存在与被问话人的心理事实相呼应，被确认产生心理证据，这种心理证据的无法选择性，导致了心理限制，最终取得被问话人放弃谎言实现说实话的目的。

心理限制的方法为什么会使被问话人说实话?首先要有心理限制的依据，比如被问话人说话中的矛盾，被问话人口中的谎言，对自我行为假设的肯定，这些情节都是能把被问话人推向被心理限制的依据。我们先从被问话人的回答的矛盾来看，矛盾的出现是由其对抗问话特点来决定的。贪污、贿赂隐匿行为的对抗问话特点：直接对抗或转嫁他人这两种方法的共同特点是编造假情节、转移目标。这种编造出来的假情节如果不是身临其境，必然会出现矛盾，而在这种矛盾被暴露被揭穿以后，便使被问话人产生心理压力，导致其寻找对策的思维状态出现，人的大脑思维是在一定的思维空间进行的，空间越大，思维的范围越广泛；反之，思维的空间越小，思维的范围就小。这种思维空间的控制方法有两种：一种是自身思维的控制，大脑选择了某一情节进行思维，这种思维范围只局限在这一情节上。另一种是人为地设置思维范围，用语言限制不仅设置思维范围，而且还设置定向的思维。这种被人为地设置思维范围和思维定向，在被问话人的说实话矛盾暴露后，问话人迅速地控制对方急于寻找对策的心理状态，对思维范围加以限制，选择有利说实话的思维定向，不让其大脑转向其他的思维范围，这实质上就是限制思维范围和方向。为了达到控制的目的，首要的是不能给对方超范围的思维空间，这种空间是由时间来决定的，从一个思维空间转向另一个思维空间，是要有一定的时间来过渡的，如果控制了时间，他就无法过渡，所以问话人就应不断地用语言进行刺激、纠正、维护、限制，使得被问话人无法摆脱这种控制，只得按照被限制了的范围思考，而这种被限制的思维，又不能在大脑中进行循环，反而破坏原思维的规律，产生思维压力，这种压力达到极限的时候，就会迸发出来，顺着问话人的语言导向，进行实话实说，一吐为快。这就是问话活动中进行心理限制的方法和目的。

前面所说的是利用被问话人的回答矛盾来达到心理限制，同样利用谎言也是如此。实践中由于被问话人准备得比较细致，各个环节较周密，思维定式比较稳定，在短时间内无法发现矛盾。在无法揭露谎言的情况下，采取对自我行为假设的肯定来达到对思维的限制，其方法是越过假设的自我行为肯定，然后设立自我的行为范围进行控制，其前提在于对假设的行为进行肯定。例如，在问话中并不知道被问话人的具体行为情况，根据调查有重大违法隐匿行为嫌疑的时候，用跨越式的语言为其设定思维范围“那笔钱你干什么用了?”这句话就为这位被问话人设定了思维的范围，然后进行语言刺激、维护，不断纠正，达到对思维的限制。使用这种方法的基础，是建立在被问话人误认为他的某种行为事实已经暴露，产生了误解以后才能达到的效果。

用心理限制的方法使被问话人说实话的成功率是很高的。例如，某一公司经理业务交往中，从本单位财务部支取 2 万元的“好处费”，称“支付给了业务交往中的对方公司的业务员了”，而实际上这位经理只付给了对方业务员 5000 元，其余的 1.5 万元被自己侵吞了。案发后，这位经理一口咬定 2 万元全部付给了对方。负责调查的问话人在问话中采取了信息铺垫的方法，造成已全部掌握情况的假象，然后突然抛出“那些钱怎么回事?”（进行范围限制）对方出现了沉默，而其内心却在寻找脱离这一范围的方法和途径，这时应加强控制，不能让其思维越出这个范围，控制问答的时间差：“讲！钱呢？讲！讲!”这种语言控制的时间连续性，一般最好不要超过 4 秒钟，时间的间隔长了，会给对方提供思维循环的机会，就达不到心理限制的效果。在对方被心理限制达到极限的时候，便供出了自己截留了 1. 5 万元，并且让其爱人存进了银行，存折放在家里的写字台中间的夹缝里。办案人员提取了存折，最后证实了隐匿行为。

第三节　问话的劝说型语言体式

劝说型语言体式的特点是有问不一定有答，只有问但并不要求答，有时也无须回答。从语言表达的意义来看，这种语言方式以说服教育的方法为主，让对方明白道理，依据客观事实的存在对被问话人的影响来转变被问话人的态度，达到劝说的目的。具体有以下几种表现：

1. 宣讲式发问

“从你的情况来看，你不是贪财的人，你也不是缺少钱，那你为什么要收取别人的钱物呢？你是在满足心理上的不平衡，同时你平时放松了对自己管束和要求才能出现今天的这种局面……”这种发问的方法就是通过摆事实、讲道理，帮助分析原因使其有所认识，使之对自己的行为后悔，树立勇气走坦白从宽的道路。在方法上要注意认真、诚恳、耐心，切忌空洞说教，用大帽子吓人。讲“宽”“严”的规定，不能自己任意发挥，要以法律规定为前提，入情入理，使人产生“听君一席话，方知己不该”的效果。

2. 对比式发问

“某某隐匿行为的事情你是知道的，案发后主动交代自己的罪行，交回全部赃款，得到了司法机关的从轻处理。你为什么不能学他呢?”这个发问的方式是结合被问话人的具体情况，选择已经处理过的宽严典型，进行对比，促其结合自己的情况，展开对比思考，权衡利弊，放弃抗拒，走坦白从宽的道路。

3. 交谈式发问

“我知道你的家庭情况，你家的生活很困难，还有父母亲常年多病，很需要用钱，钱对你来说是非常重要的，这是你今天隐匿行为的主要客观原因。”

这种发问的方法：一方面，用真实的情感去感化对方，使其如实说出自己的罪行；另一方面，打开僵局，缓解被问话人的对立情绪。这种特殊的非常规的问话方式，有很大的随意性，便于交流思想，跳出了问话室里固有的严肃气氛，能通过交流思想向广度和深度方面发展，有助于确切地了解被问话人的思想动向，也有利于双方的情感交融，为消除对立提供有利条件，这对帮助那些畏罪绝望、敌视对立的人转化思想起了积极的作用。采用这种方法应注意语言要温和，态度要认真耐心。

4. 开导式发问

“现在有不少出租车被抢劫，驾驶员被杀，而这些被抢的车又哪去了呢？它被转手低价卖出之后，又堂而皇之地挂上了新的车牌照，这样循环往复下去，还会有多少驾驶员要惨遭毒害，多少家庭痛不欲生，你们在为来历不明的汽车上牌时，能一点不想到过这些吗？是‘钱’迷住了你们的眼睛！”这种发问的方法是利用被问话人身上尚存的一点好的因素来激发其良知，使他对自己所隐匿的行为有所悔悟，达到坦白交代的目的。运用此方法时，要注意开导的主题要有针对性，在选用开导主题时，根据被问话人的隐匿行为所带来的后果作为开导的主题，效果更佳。开导的目的是，使其对所隐匿行为表示悔悟，并为其指明前途和出路。

第三章　问话的语用行为过程

第一节　问话的语用行为

问话的语用行为，就是指在问话中运用语言的系统规则为基础，以问话为基本环境，所进行的信息传递行为。问话语言实际上是问话语用行为。所谓行为是人们受思想支配表现于外部的活动，运用语言作为问话的信息交流工具的行为，就是语言信息行为。根据语言学的研究，把这种行为分为信息行为和非信息行为。信息行为又分为语用行为和非语用行为，问话不仅仅使用语用行为，同时还要使用非语用行为，问话的形态语言的运用就是非语用行为，问话的语用行为过程是语用行为与非语用行为相互交替、相互伴随的过程。良好的语用行为是问话的重要基础，是目前推行的“侦查问话实行全程同步录音录像”所依据的前提，这种良好的语用行为是建立在娴熟的问话技巧和文明办案的基础上的。

语言学家们以语用行为过程为根据，把是否只传递信息区分为：述事行为和做事行为。所谓述事行为，是指只是叙述一件事情，传递某一客观信息，不对内容作出相应的行为。例如，天要下雨了！使用语言的行为就是述事行为。所谓的做事行为，不仅仅是要传递信息，而且还要完成相应的行为。例如，问话人告诉被问话人：“你已经涉嫌事件行为了！”问话人做了一件“告诉”的事情，在这一句话里，这个句子是一个做事行为，但是里面也包含了述事行为。很多的时候在述事行为里面也有做事行为的成分。语言学家研究述事行为与做事行为的目的是能够更好地去做事，使语用行为达到更好的效果。而问话研究语用行为的目的，就是为了取得问话的好效果。例如，两个问话人因为运用语言技巧和方法的不同，所产生的结果也是不同的，语言娴熟的问话人就能够取得好的问话效果，语言技巧贫乏的问话人就不可能有好的问话效果，这就是语言的做事行为的效果。问话能够使被问话人产生预计的反应，就是做事行为。当问话人对被问话人进行心理矫治的时候，一名问话人说："你天生就是事件行为分子!"而另外一名问话人说："你天生就是事件行为分子吗?"这两句话对被问话人的心理产生了两种反应，后者比前者更能够促进被问话人的心理转换。

语用行为的间接行为，是指用一种行为来达到另外一种行为；语用行为的直接行为，是指直接说出一种要达到目的的行为。问话的语言过程就是问话语言使用行为的发生过程，这里包括被问话人的合作特点、自我的心理准备、问话语言环境的利用、问话语言信息的准备和组织。

问话语用行为的双向行为。语言的使用者不仅仅是问话人一个人，还有听说话的被问话人，说与听的角色在一次的交流过程中发生了角色转换。但是有的时候问话人为了说服被问话人，问话室里只有问话人的"独白"，被问话人只是在听，说话人与听话人在一次交流过程中没有发生转换，这就是单向交流行为。问话语言使用的复杂技巧主要体现在双向交流过程中。在问话的交流过程中，最重要的一点就是要求问话人与被问话人双方的合作，不合作就不能产生交流行为。被问话人被请进了问话室是规定的必须接受问话的合作方式，从外部的表现看，这种合作带有强制性。问话人为了从被问话人那里提取某些行为事实和证据，要求被问话人必须合作；对被问话人来说，由于自己的违法违纪行为被暴露或者可能暴露了，在必须接受问话的情况下，带着侥幸心理和趋利避害的心理状态，产生了对抗性的不合作行为。在此过程中，不仅双方拥有共同的话题，在很多的时候围绕一个话题履行合作行为。有的话题被问话人并不喜欢，但是必须要合作，不合作就不能产生问话语言的交流行为，仅仅问话人一个人在说话，被问话人没有反应不理会不合作，即便是问话人磨破嘴皮，也无法把问话进行下去，也就是语言学家所说的"没有形成做事行为"。问话语用行为的合作一直伴随着这个问话过程，并且通过问话行为的语言原则来进行控制。由于被问话人的个体特点、违法事件行为对被问话人的心理影响，经常会出现不合作行为，通常是在对抗心理的影响下，故意保持沉默不合作，也有的时候因为问话人的方法不得当，强化了被问话人的心理对抗，而表现出不合作的状态。

在问话中无论是问话人还是被问话人要组织或者分析查找被利用的语境的时候，都要经过逻辑推理的过程。问话人组织语言的过程，就是对语言符号的组织和识别进行逻辑推理，这就是对问话语言的编码过程，在这个过程中发现语义不合常规，不能向被问话人说清问题时，就要进行语境过滤，然后进行语言推理，最后实现明确所表达的含义的目的。表达含义出现以后，还要进行逻辑推理，形成语言的表达含义，传递给被问话人。作为接收信息的被问话人，在接收语言信息的时候，也就是说接收了一句话的时候，也要进行逻辑推理，以发现问话人说的这句话是否符合正常的语法，说话的含义是否客观存在，如果是正常的客观存在，那么被问话人也就会按照正常的内容进行理解。如果不是客观存在，那么被问话人为了理解问话人真正要表达的做事行为的意义，就要通过对语境的过滤进一步推断其语用行为。例如，被问话人利用职务之便，收受贿赂，并且强调自己没有利用职务之便，钱是别人自愿给的。问话人问："别人为什么要给你钱？是亲戚还是朋友？"作为被问话人从语境推断，问话人当然不是在表述是不是亲戚朋友给的钱，而是借用了亲戚朋友的表述，以证明是利用了职务之便，为别人牟利，别人才会给钱。问话的语用行为过程可以分为直接的语用行为过程和间接的语用行为过程，直接的语用行为过程，是按照常规语法和语义搭配组织的句子，表述的内容是客观存在的，是应该按照正常的内容进行理解的，就是直接语用行为。

相反，语用行为过程是按照常规语法和语义搭配组织的句子，但是表述的内容不是客观存在的，是不能按照正常的内容进行理解的，偏离语言原则的就是间接语用行为。语言的逻辑推理是判断语义是否超长，是否偏离语言原则，是直接语用行为还是间接语用行为的工具。直接语用行为可以按照正常内容进行理解，间接语用行为就要按照深层意义进行逻辑推理，得出言外之意。问话的间接语用行为通常是隐含了一个存在的前提，让被问话人通过语言推理来进行确认。

第二节　问话的语言信息

一、问话语言中的新信息与旧信息

问话是为了提取行为事实而展开的，问话中提取行为事实就是为了获取事件行为信息，那么在成千上万的自然人中间，向谁提取事件行为信息呢？向被问话人提取事件行为信息。在成千上万的自然人中间是怎样找到被问话人的呢？

也是由事件行为信息提供的，这里的事件行为信息是已经存在的事件行为信息，因为有了事件行为信息才能确定被问话人，这里的事件行为信息是支离破碎不完整的信息，通常我们将已经获取的信息称为“旧信息”，这种已经获取的支离破碎的旧信息不能够有效地、完整地证明被问话人实施的全部的事件行为，需要有新的信息才能证明被问话人的事件行为。因此问话的语言过程就是以存在的旧信息获取新信息的过程。新信息是通过问话的语言过程获得的信息，旧信息是在问话开展以前就已经拥有的信息。

问话的开始是以旧信息为基础的，问话的语言过程也是围绕着旧信息而展开的，旧信息在确认了被问话人以后，问话人就要利用已经获取的旧信息在被问话人的身上发展出新的信息。例如，被问话人进了问话室以后，

问话人问：你知道我们为什么请你到这里来吗？

被问话人答：我不知道！

问：那我们来告诉你，你已经涉嫌实施了与你身份不相符合的行为！否则司法机关不会单独找你来接受问话的！

答：我知道你们说的是什么事，那也不是我一个人干的！

问：还有谁？

答：还有我们的工程科长，事情也是他介绍的、牵线的……

这一问话就体现了从问话旧信息获取新信息的过程。旧信息可以分为共同信息和单独信息，共同信息是在进行问话之前，问话人和被问话人共同知道的旧信息，是能否顺利获取新信息的基础，这里的共同信息因为是共同知道的，所以在问话语言过程中不仅可以在正常的句子之内体现出来，还可以在句子的结构之外进行体现。例如，“你为什么要干？”这个句子的结构是不完整的，但是被问话人能够听明白这句话的含义。因为这里干了什么是共同信息，是旧信息，是双方都知道的信息，无须句子的结构完整。这是问话语言技巧的重要特征，对于确认被问话人的心理事实有着重要的作用。在问话过程中问话人经常用“跨越前提”的方法，隐含一个存在的前提，让被问话人来确定这个前提，就是因为有很多共同信息。在问话中共同信息越多，信息量就越大，行为事实暴露得就越充分。

单独信息是问话中的某一方已经拥有的旧信息，这里问话人与被问话人各自都拥有单独信息，问话人掌握的单独信息，作为被问话人并不知道问话人掌握了哪些信息，当然，问话人掌握的信息有很多是被问话人实施事件行为的信

息，作为被问话人来讲是已经掌握的单独信息，原本是共同的信息，只是被问话人不知道问话人具体掌握了哪些信息，所以这里的信息仍然是单独信息。因此，问话人再以上述的方法问："你为什么要干?"那么被问话人就会这样回答："我干什么了?"就是被问话人听懂了那么他也会假装听不懂。所以当问话人掌握单独信息的时候，为了获取新信息，在与被问话人进行交流的时候，根据需要可以透露给被问话人，以此来获得共同信息，其目的是让被问话人知道自己的事件行为已经暴露。可是当被问话人掌握的是单独信息的时候，问话人并没有掌握，实际上问话的目的就是获取被问话人实施事件行为的单独信息，使被问话人的单独信息变为共同信息。从根本上来说问话的意义就在于把被问话人的单独信息转换成为共同信息。

从问话的语言过程来看，单独信息的语言结构应该是正常完整的语句结构形式，当这种单独信息转换成为共同信息的时候，语言结构可以是非正常不完整的语句结构形式，也就是说在共同信息的基础上，问话人需要获取被问话人的单独信息，可以打破句子的完整结构，减少废话，加深语义将深层意义传递给被问话人。

二、问话语言的表义和含义

表义是问话人运用正常的语言符号直接表现出来的语言信息，是直接的意思表述，是正常的普通交流的书面意义，就是一句普通正常的语言表述的本意。例如，问话人问："你的姓名、职业，因为什么罪被逮捕的?"这是一个正常的疑问句，目的是获取被问话人的基本资料，不隐含其他言外之意。表义在语言过程中只是表层性质的，在很多的时候具有引导意义，需要通过进一步的推理，才能得出表义的内在含义。含义是在表义的基础上通过语言推理和逻辑推理得出的实质意义和目的。表义是否真实地反映说话人的意图，取决于是否与含义一致。问话人在语言过程中采用了表义与含义不一致的语用行为时，如果被问话人只是停留在表义的理解上，那么就没有达到目的。例如，问话人问："在你进来以后我们专门为你开了一次会。"从表义上看是办案部门专门的案件讨论会，被问话人也是从表义上这样理解的。但是问话人说这句话的真实含义可不是这样的，问话人在办案的过程中发现了被问话人的赃款赃物已经转移了，根据迹象表明这些赃款赃物就在被问话人所在的单位内部，于是就在该单位召开动员大会，让那些帮助隐匿赃款赃物的人主动检举揭发。被问话人没有真正地理解其中的含义，所以问话人的这句话就没有达到目的。

通常在问话中在含义的使用上发生了问题的时候，应当通过表义的重复来进行弥补。就上述的例子来看，被问话人可以这样回答："你们开会与我有什么关系？"被问话人用这句话来提醒问话人"我不懂你的意思"。这时的问话人就应该重复表义，使之明确："关于你转移的款物，我们在你的单位开了动员会，你难道不想知道结果吗？"这样重复并且加强了表义，就会对被问话人产生震慑，达到含义的传递目的。这里在问话语言含义与问话语言表义的语义表述距离来看，含义与表义在有的时候是很接近的，甚至含义与表义基本相同，但是在问话的活动中很多时候语言含义与语言表义相差甚远，也就是说一般的交流含义与问话语言的逻辑含义距离表义甚远，表现为含义与表义的不重合。当含义与表义重合的时候，意义是最容易理解的，在问话的实践中由于问话人要从被问话人那里获取更深层次的信息，经常使用含义与表义相差甚远的语用行为来达到目的。

三、问话的语言背景信息

背景信息是预设的含义，是语言表达结构附带包含的信息。例如，问话人问被问话人："你存那么多的钱干什么？"被问话人答："那是我儿子的钱存在银行的。"这句话无论被问话人出于什么样的目的，但是问话人应该能够知道他的背景含义："他有儿子"，"银行里有存款"。这种背景信息正是问话人需要知道的，如果问话人事先不知道这样的附加的背景信息，就是获得了新的信息。实际上问话过程就是不断地获取新信息的过程。问话人获取了新的信息后，就要紧追不舍："钱存在哪家银行？存了多少钱？"一旦被问话人把银行存款的信息告诉了问话人，就等于交出了行为事实。通常在问话中问话人要设法隐蔽自己，不应该让被问话人知道的信息，就要特别小心地不在问话的语言过程中显露背景信息。同时要注意被问话人在回答问题的过程中的语言背景信息，问话人发现的背景信息越多，掌握被问话人的信息量就越大。

四、问话的语言前景信息

前景信息是语言表达结构主要包含的信息，也是语言表达的主要信息。与背景信息的区别是：背景信息是附带出现的信息，背景信息与表达的结构本身的逻辑关系并不是很密切的，但是前景信息与表达的语言结构本身有着密切的逻辑关系，有着严格的制约性。

第三节 问话的语言推理

问话的语言推理是根据问话的语言环境对表义信息进行否定，得出含义，再进行逻辑推理，得出语言意义结论。问话是一种对抗活动，是在动态的条件下进行的，因此问话语言含义也受这种动态因素的制约，它的结论是在动态中逐渐接近问话人和被问话人的说话意图，在动态的不固定的情景下，对问话的语言句子的理解就要经过逻辑推理。例如，问话人与被问话人在问话室内发生了激烈的言语对抗行为，问话人发现如果继续对抗下去就有可能形成僵局，于是为了缓解这种对抗的情景，问话人说："我们今天找你来的目的不是让你交代什么问题，主要是看看你对这件事情的态度。"从语言的表义上看，这句话的目的是告诉被问话人应该有什么样的态度，但是根据对其含义的推理可见：问话的目的是让被问话人交代事件行为事实，而在这句话里，问话人说不是让被问话人交代问题，这显然是说了反话，同时，紧接着问话人说，主要是看看态度。根据这句话的语言含义逻辑推理，被问话人的态度表现通常是三个方面：一是采取积极的对抗态度；二是采取积极的配合态度，交代行为事实；三是既不积极对抗，也不积极配合，根据问话的发展情况决定最后的行为。问话人说的主要还是态度的问题，实际意义还是让被问话人交代行为事实，这是问话人巧妙地运用了语言的逻辑含义，来达到转变被问话人对抗的目的。这里的语言推理指的就是语言的逻辑推理，是以语言符号直接提供的信息进行推理的，其结论也是比较固定的。

在问话中如何进行语言推理？首先，判断和检查话语是否违反语言原则，是否超长。判断的目的就是解决是否需要对该话语进行语言推理，如果话语完全符合语言原则，是正常的语用行为，那么就用不着进行语言推理。如果话语违反了正常的语言原则，就要认真地追查原因。这里违反语言原则的情况有两种：一种是积极的违反语言原则，一种是消极的违反语言原则。积极的违反语言原则的前提是违反原则又明显地让人感觉到是在诚心诚意的合作，存在着语言推理的意义和必要。消极的违反语言原则的表现是不合作，对此就没有必要进行语言推理。例如，在问话中常常有人表现为无理取闹、装疯卖傻的对抗行为，有意地表现不合作态度，显然对其进行语言推理已经失去了意义。再有，积极的违反语言原则，经过对其语言推理，发现了话语的真正含义，而这种含义因为涉及的领域复杂让问话人无法回答，这时的问话人只有装着没有听见，置之不理，跨过去用别的语言将其岔开。

其次，在对语言进行判断发现是超长合作以后，就要结合语言含义和语境的特点来查找原因。被问话人提出的问题，或者是被问话人回答问话人提出的问题，为什么不采取直接的方式？回避了什么？隐瞒了什么？必须要分析原因，查明其真实语言含义。例如，问话人直接告知被问话人："你已经涉嫌隐匿行为了！"这原本是问话人试探被问话人反应的语言含义，被问话人回答："既然你们认为我已经构成了隐匿行为，那么你们就处罚我好了！"这是一句超长合作的语言，从表义上看被问话人愿意接受处罚，并且没有直接回答问话人提出的问题，通常，被问话人直接的回答应该是这样的："你们说我构成了隐匿行为，你们拿出证据来！"被问话人没有直接回答，而是顺从地回答"你们处罚我好了"。分析被问话人的这种表面顺从，实际上他是认为问话人没有掌握隐匿行为的行为事实，在没有隐匿行为的行为事实的情况下，司法机关无法处罚他，同时这种侥幸心理的表现也是试探问话人到底掌握了哪些证据，那么这时问话人的语言重点就应该放在消除被问话人的侥幸心理上，设法破坏被问话人的侥幸心理。

最后，进行信息对比，把接收到的信息与所需要的信息进行对比，找出差异，结合语言含义进行逻辑推理的意义确认。语言含义可以分为符号含义和会话含义。符号含义是直接从语言符号中得出的直接语用行为中的超长意义。问话人在问话过程中故意绕弯子、话不直说，并确信被问话人能够通过逻辑推理明白其中的含义。例如，问话人在对一名受贿被问话人问话时，这样问被问话人："那天你们两个人在一起的时候，就有一个人从外面的窗户看见了。"针对问话人的这句话，被问话人通过逻辑推理得出符号含义是"事情有人看见了"。会话含义是通过语言符号本身，借助语境通过语言推理得出的间接语用行为的超长意义。问话人在提供一定语境的基础上，故意违反语言原则，语义、语法的逻辑规则，而确信对方能够通过逻辑推理明白其中的含义。例如，问话人告知被问话人："你不说别人不说吗？"被问话人就会通过语言推理进一步得出这句话的问话含义是"别人说了"。

实际上语言含义的运用和理解是语言技巧和难度最大的语用行为，虽然我们在问话中要按照法律规定和法定程序遵守语言原则来进行问话，但是在此前提下如果能够有技巧地利用这些原则，就能够获取非常好的问话效果。无论是何种行为，表达含义是从说话人的角度来说的，理解含义是从听话人的角度来说的，无论是听话的还是说话的，都要进行语言推理，目的是要能够准确地获取和发出信息。

问话实际上是从被问话人那里获取信息的过程，在很多的时候收到的信息与需要的不能重合，不是发出的信息的正常反馈，而是有意地违反适量原则。例如，问话人问："根据财务管理规定不准在账外巧立名目设立'小金库'，你为什么有章不循?"被问话人答："我多次跟财务部门说要把财务账做好。"这里问话人所要的回答是："为什么要设立'小金库'?"但是被问话人并没有按照问话人的设想来回答，而是通过另外一个途径，采取了说明性的回答。有意地避开了利用"小金库"进行贪污的问题。被问话人的回答与问话人的需要进行对比就能够发现差距的部分，利用"小金库"能够避开监督便于贪污。可是被问话人并没有这样回答，而是把责任推在了财务人员的身上，是财务人员没有把账做好。这里我们把被问话人在回答中使用的含义与问话人需要的含义进行对比，就能够确定是否需要进行下一轮的问话，以及下一轮问话的依据。

经过对比，问话人在下一轮的问话中问道："这么说你的贪污与财务人员没有把账做好有关喽?"这句话的含义来自于上一句话的接收信息，其目的仍然是获取上次所需要的信息。问话人需要的回答是"我没有这么说"。问："那你应该怎么说?"答："我不应该从'小金库'里拿钱，是我错了。"这句话是上句话里为什么有章不循需要的结果，但是没有达到所期望的结果。问话的语言信息对比就是根据已经接收的信息与需要的信息对比，确定含义，找出差距的空余部分，最终完成所需要的信息。

第四节 问话的语言原则

语言在问话中的运用，是以问话人与被问话人的语言交流合作为前提的，这里的合作就是问话人信息的发出与被问话人信息的接收遵守共同的原则，使问话能够顺利地进行下去。研究问话的语言原则就是研究能够使问话交流合作的规律，这里也叫合作原则。问话中的语言原则有两大类型，一种是物质语言原则，另一种是精神语言原则。

一、问话的物质语言原则

物质语言原则就是客观地调节语言信息的原则。这里的客观调节也表现为客观性，进行客观真实的语言信息的调节，真实可靠是调节的基础。

二、问话的语言质真原则

问话的基本特点是为了获取真实可靠的信息，也就是说问话人在问话中的一系列语用行为，都是围绕获取真实可靠的信息展开的；相反，被问话人也要通过与问话人的对话交流获取真实可靠的信息。如果问话人把虚假的话当作真实的话说，那么被问话人就会认为你是在欺骗，他也会用虚假的话来对付你，这就违反了质真原则。同样，被问话人用虚假的信息来对抗问话，就是违反了质真原则，问话人就会以事实来揭露被问话人的虚假信息，达到对被问话人的心理限制。

质真原则就是要求发出信息的人提供真实可靠的信息，不能把假话当成真话说，这是信息交流的基本原则。为了满足质真原则的要求，问话人与被问话人就要共同遵守该原则，不仅不能把假话当成真话说，也不能把没有把握的话、没有确定的事情，当作有把握、确定的事情，把话说得太绝对，这也违反了质真原则。由于问话是问话人与被问话人的智能对抗、生死较量，所以在语言方法上的要求特别严谨，无论是哪一方说错了一句话，都有可能陷入被动的地位。这就是质真原则能够贯穿整个问话的基本条件，实际上这也是在双方相互监督的基础上实现的。

可是问话又是智力较量的活动，有很多时候需要使用模糊性的语言来避开语言信息的精确性。例如，问话人根据已经掌握的证据材料证明被问话人有大量的受贿隐匿行为，但是具体的受贿数额并不清楚，因此，问话人在向被问话人询问的时候，只能采用模糊性的语言信息：“你家又不缺钱花，你收那么多的钱干什么?”根据质真原则被问话人收了别人的钱，是真实可靠的信息，但是问话人并没有掌握具体的数额，为了获取真实的受贿数额，问话人利用了模糊性的语言，以“那么多的钱”将信息提供给被问话人。这样问话人既维护了问话语言的质真原则，又达到了向被问话人提供“受贿的事件行为事实已经暴露”的信息。

问话中问话人既要维护语言质真原则，又要有技巧性和谋略性，这样才能满足这种语用行为。汉语丰富的语言宝库已经为我们准备了语言质真原则的特殊使用方法，以此满足在质真原则的限制下有效信息的传递活动。通常语言修辞中的夸张、比喻、比拟、概括等就是对质真原则的特殊使用。

三、问话的语言适量原则

在问话中问话人提供给被问话人的信息量与该语用行为所要达到的目的是相互适应的，也就是说提供的信息量不能超过目的的需要量，否则就是重复、累赘。但是也不能少于语用行为目的的需要量，如果提供的信息量少于目的的需要量，那么你说的话别人就听不明白，就含糊不清。这种语言原则就是语言学中的适量原则。

例如，问话人在问话时反复强调事件行为的危害性，甚至一句话反复说了好几遍，目的是让被问话人明白事件行为的危害性，可是他提供的信息量超过了需要量，其实他主要说："事件行为的危害性你知道吗?""那你为什么还实施这种行为呢?"就满足了问话语言目的的需要。再有问话人问："关于行贿人你是怎么认识的?"回答:"他是外地人，跟我的一个朋友熟悉，与我没有关系。"这里他提供的信息就超过了需要的量，实际上他只要回答是怎么认识的就可以了。同时这句话出现了多余的信息：（1）他是外地人；（2）跟我的一个朋友熟悉；（3）与我没有关系。

问话不仅需要适量原则来保证主要信息不受干扰，还需要剩余信息来发展、扩大、贯穿整个问话。例如前面的剩余信息："他是外地人你是怎么知道的?""你是怎么知道他跟你的朋友认识的?""与你没有关系那他为什么给你钱?"可以看出问话人利用和发展这些剩余信息，能够推动问话的深入进行。利用好适量与剩余的关系，是问话中的一个重要问题，问话是不断变化发展的，有的时候需要保持适量原则，让被问话人做出明确的回答，把行为事实挤出来。有的时候需要有大量的剩余信息的出现，以便发展利用，把行为事实从剩余的信息中"淘出来"。

四、问话的语言相关原则

问话的重要信息是：是否存在事件的行为事实和如何提取行为事实。这也是由问话的目的决定的，问话人的问话与被问话人的对抗都是围绕这一信息展开的，问话人提供的信息实际上也是被问话人想获取的信息；相反，被问话人提供的信息也是问话人想获取的信息。被问话人在接受问话的时候，总是要千方百计地探知问话人的底细：到底掌握了哪些事件行为事实？如何实施对抗的对策？这是被问话人需要问话人信息的原因。问话人为了提取行为事实需要被问话人的信息，其共同点就是“行为事实”。这里无论是问话人还是被问话人提供的信息，都是对方想获得的信息，并且与对方想获得的话题是一致的，这就是相关原则。首先，话题是双方感兴趣的，只要有一方不感兴趣，都很难进行交流。其次，是不能频繁地转移或者阻止对方陈述的话题，这样会降低陈述人的表达兴趣，当然在特殊的情况下可以采取转移或者阻止的方法，来限制被问话人谎言的出现。

五、问话的语言方式原则

问话应当以严肃认真、明白规范、条理清楚、身份相同的方式表达。问话是诉讼行为，这是要求问话语用行为方式必须严肃认真的基础，不可信口开河。提供的信息必须清楚明白规范，不可使用模棱两可的方式说话。语言方式不仅仅是能够让对方听明白，还体现了问话人的语言修养，因此问话人应当运用有条理的方式说话。问话人代表着国家司法机关，问话人的言行必须符合自己的身份和职业性质，因此在运用语言的方式表达时必须符合自己的身份。

六、问话的精神语言原则

所谓的精神语言原则主要是要求问话人在不违背语言原则的前提下，可以通过有意偏离物质语言原则或者其他手段，满足对方的精神需要，拉近与对方的情感距离，建立良好的交流平台。它包括尊重对方原则、维护安全原则、语言艺术原则。

人的需要不仅仅是生理的需要，还有心理上的需要、精神的需要，它包含着人需要被理解和尊重，作为被问话人更是如此，更需要别人的理解和尊重，这样，在问话中为了拉近与被问话人的情感距离，建立良好的交流平台，运用谦和的语言，多给对方一些好的评价，这样可以使对方获取精神上的满足，也为你能够从对方获得利益创造方便的条件。

人的需要还包括安全感的需要，趋利避害是人们的行为准则，利益受到侵害的时候，就会产生安全感的威胁，因此在问话的语言表达上要尽量避开敏感的话题，可以用含蓄的间接的语言。例如，“你贪污的那些钱都干什么用了？”

这句话就是敏感的话题，类似这样的话就要设法避开，将“贪污”改为“拿”，“你拿了那么多的钱干什么用了?”这样进行含蓄处理，它的刺激性就小得多了。

安全也包含自我安全，当我们攻击对方的时候应当给自己留有退路，问话人提供给被问话人信息的时候，就有可能引起被问话人的反击，如果问话人没有给自己留有退路，就有可能被被问话人逼上绝路。例如，问话人告知被问话人：“你已经构成隐匿行为了。”这句话已经打满了，没有伸缩性、没有退路，那么被问话人就可能这样反击你：“你说我构成了隐匿行为，请你把我隐匿行为的证据拿出来，否则你就是诬陷!”这样的问题作为问话人来说如何回答呢?问话人正是在没有证据的情况下，通过问话的途径，向被问话人索要证据的，那么现在反过来被问话人向自己索要证据，这就成了一个难对付的问题了。有的问话人这样回答：“我现在不需要给你证据，将来到法庭上你会看到的!”被问话人答：“那我们就法庭上见，你现在没有必要跟我谈了!”问话出现了僵局，这可是问话人自己把自己逼上了绝路。当然在问话的实践中为了“绝路逢生”通常采用“模糊性语言”为自己解决退路：“现在知道要证据，你早干什么了?”这里虽然有了退路，但是并不理想，从本质上来说他失去了问话的主动性，这种被动的局面下是很难取得问话成功的。

根据前面的例子，如果问话人这样告知被问话人：“现在的情况对你很不利呀!”那么被问话人对这句话的理解就会发生变化，认为司法机关可能已经掌握了行为事实，另外也表现出问话人的关心。这样，被问话人所做出的反应就不可能带有上述极强的反击状态，他就要思考如何能够将自己可能受到的惩罚降到最低程度。通常被问话人针对这样的信息有的采取沉默的态度，有的采取防卫式的回答：“我感觉我没有干过什么事。”可见，这样的方法就能够将被问话人逐步推向被动。

问话的语言艺术之美，是问话语言原则的最高境界。问话的语言艺术表现为运用优美平和、容易接受、情感交融、新颖别致的语言信息刺激力量，去完成在激烈的对抗状态中、你死我活情景下的问话任务。问话情景的本质就是对抗情景，问话的目的就是通过对抗活动来完成的，对抗的活动必然要出现对抗的语言，对抗的语言很多是激情状态的语言，问话的全部过程实际上是对抗性向非对抗性的转换过程，能够通过平和的语言达到转换的目的，就是美的语言艺术。问话的语言艺术也是情感的表现艺术，问话语言的艺术之美一般是通过调动情感来实现的，富有生动情感的语言其特征是生动形象，它能够唤醒人的视觉形象从而调动情感，达到缓解被问话人对抗的心理目的。在很多的时候由于被问话人的恐惧心理限制思维转换活动，问话人的优美平和、情感交融、幽默新颖的语言能够降低被问话人的恐惧感，缓解紧张情绪，促进对抗心理的转换。当然，问话是在严肃认真的环境下进行的，因此要时刻注意语境的特点和问话的目的，不可随意地解除严肃认真的语境，如果在问话过程中长时间地保持缓解状态，“问话室”就有可能变成“茶馆”，丧失了问话室的强制属性，对于转变被问话人的对抗心理是不利的。

第四章 问话的技巧与方法

第一节 问话的技巧与方法

问话是以语言来转变被问话人的对抗态度，实现其供述隐匿行为事实的目的，依靠普通的生活语言是无法完成这一艰巨的任务的。因为我们与问话中所面临对象的关系是执法者与被惩罚者的“你死我活”的关系，被问话者的供述与交代意味着将要受到党纪国法的制裁，因而这种抗拒心理始终贯穿在问话的过程中。要改变这种态度需要采取必要的手段和策略，通过智慧的较量，达到制伏对手的目的，这种智慧的语言表现便是“说”的技巧。

一、变更方程式

方程式是数学用来进行计算的一种方法，在某方程式特别复杂的时候，为了使方程式变得简单常常采取变更方程式的方法，这是数学上的技巧，但是这种技巧用在对问话对象的问话中，便能巧妙地达到问话的目的。

在问话中经常遇到被问话人已进入了“动摇”状态时，只有一步之遥就能实现供述的行动，却无法再向前迈进一步的时候，双方也都达到了最大的力量限度，这时如果问话人忽然改变方式，采用变更“方程式”的方法，改变紧逼的角度，给一个台阶或者重新为其选择一个出口，便会出现新的转机。问话中常用给台阶的方法来进行“方程式转换”。如“我们现在可以不记录，在你认为能记的时候我们再记，你看怎样?”对方在被逼得无路可走的情况下，遇到了台阶，大多数被问话人都会默认就范，供述自己的行为事实。

常用的变更语言：你现在有什么顾虑？是不是要其他人回避一下？你现在担心什么？而实际上被问话人只要回答了上述问话，就是一种默认。

二、标立形象

树立形象的目的是将被问话人的形象树立起来，让其维护自己的形象，顺应问话的要求。这种方法是采取对被问话的个人形象和品行进行公开评价，引起被问话对象做出有利的反应，一方面努力地去寻找这种被树立的形象的心理感觉，另一方面是积极去维护被树立的自我形象。

这种帮助被问话人树立形象的方法也有两种：一种是树立反面形象，采用丑化歪曲，扩大缺点的方法，他可以使被问话对象做出有利的态度表示或行为反应。因为对方感到这样对他不公正，不客观，因而本能地显示自己并非如此，以争回良好的形象。他的这种反应，正好达到我们问话要达到的目的。例如："你敢作敢为，事情出来了为什么却不敢承认?"

另一种就是正面形象的树立，选择有利于问话的形象将其嫁接在被问话人身上使其得到心理上的满足，其就会按照这种为其设立的形象去体会、去发展、去行动，来维护被抬起来的形象。例如：在询问一位正厅级领导干部时，就采用了这种树立形象的问话方法，取得了成功。首先对这位正厅级干部的工作、人品进行树立："你在工作上靠自己的实干，为社会作出了很大的贡献，改变了一个城市的面貌。在其他同志因工作不慎，出现了事故的时候，你敢于承担责任，保护自己的部下，表现出了大将风度，令人敬佩。"在把对方的形象树立起来以后，处在短时间的自我维护期间，将他侵吞国家财产的行为送上去，让他在自我形象维护的心理状态的驱使下，交代了自己的行为事实。

三、隐含前提

说话与办事都有一定的顺序，话应该一句句地说，路应该一步一步地走，这是规律。但是在问话中，改变这种说话规律，便会产生特殊的效应。日常生活中，为了向他人了解情况，总是从开始按照顺序问下去，如果采取隐含前提的问法，就会使人不明白你在说什么，有了因，才有果，这是说话的习惯。如果先问其果：他去了没有？别人就不明白，谁去了没有，去干什么。如果把"前提"补上：张三昨天要找李四打架，不知去了没有？这句话就完整了。

但是舍去前提的表达方式，在问话中，却有着一番妙用，这种隐含前提的妙处在于被隐含的前提是被肯定的前提、被假设的前提。如在向被问话人问话其是否拿了1万元公款，正常的问法是"那1万元公款你拿了没有?"而在问话中用隐含的问法“你拿了1万元公款干什么用了?”这种问法，首先肯定了1万元是你拿的，你就不能顺嘴否定自己没有拿1万元。再如，“你在涂改发票的时候，能记得是什么时间吗?”这句话的前提是肯定了你涂改了发票，如果回答是，那你正好中计，承认了你涂改了发票。

常用的隐含前提的问话方式：你在涂改发票时有没有人看见?你拿钱干什么用了?他送钱给你的时候，有没有其他人看见?你在银行的存款是存折还是存单?你把钱拿回家，你爱人是否知道?你怎么能干这种事呢?等等。具体的运用要根据案件的具体情况来设定。隐含的方法就是肯定一个前提，然后跨过去问。

四、另辟渠道

在问话中当某一个环节发展下去不利于问话，不能达到目的的时候，我们应该另辟渠道，展开其他的话题，进行分析、研究、说服教育，以达到使被问话人认罪交罪的目的。在被问话人因主要行为事实清楚被逮捕以后，还有余罪没有被发现，在这种情况下让其交代余罪是很困难的，因为被问话人的心理状态是“反正我已被逮捕了，还有一些没有交代的问题能隐瞒就隐瞒了”。在这种情况下我们的问话人如果还按着一条路往下追余罪，其效果不会太大。如果采取“另辟渠道”，重新选择一个话题：“你虽然已被宣布逮捕了，但也不能坐等重判呀！你自己要想想办法啊!”这时的对方会对你的问话产生兴趣，有时还会反问你，“有什么办法可想呢?”这便使你能顺势展开话题。“你要想从宽处理，靠你这样坐等是不会有奇迹出现的，抗拒更是得不到从宽处理。你的主要事实是清楚的，你自己也清楚，已是无路可退了，怎么能得到从轻处理，你自己需要选择一条路，既不会使你交罪后受到从重处罚，又能在原有的基础上从宽处理，这就是走投案自首、检举立功的路，这对你来说是一个机会，千万不能错过，你虽然已被逮捕，但这只是一种强制手段，不是最后的处理决定。”笔者认为这位被问话人会选择这条路的。这样既省时又省力，达到让被问话人认罪的目的。实践中用这种方法取得成功的例子很多，笔者就不一一列举了。

五、“说”半截话

一句话表达一个完整的意思，而“半截话”是不是就表达一半的意思呢?实则不然，说“半截话”，另半截没有说出来的话是让听话人自己填充和理解，留半截话含义则远远超过了“半截话”的意思范围，也是留给听话者对下半截没有说出来的话发挥的余地，这种表达方法的效果有时是一句完整的话所无法达到的。

常用这样的“半截话”来达到对被问话人的暗示。例如：在共同隐匿行为案件中为了瓦解被问话人，大多采用“离间”的方法。为了达到“离间”的目的，必须采用一定的手段，让对方确信，才能达到离间的目的。在实践中有的问话人为了达到离间的目的，“做话”直接相告，其效果并不太理想，有时甚至还落个用假话骗人诱供的话柄。怎样用“半截话”达到“离间”的目的？如对共同隐匿行为的张三语气很随便，并不认真地说出：“李四过去很讲义气，这回怎么搞的……”这样张三便怀疑李四出卖了自己。再如：“张三怎么说自己不是主犯……”这样李四便怀疑张三把责任推给了自己。“平时关系很好，怎么这回……”“他怎么说钱不是他拿的……”“他怎么会知道……”“银行的资料还是比较……”“你爱人希望你跟她一样……”“你哥哥对你比较关心……”等，让听话者充分发挥下“半截话”的想象力，为我所用。

六、正话反说

什么是正话反说？首先，正话是问话人的真实的意思表达，本来是要通过正面的问话达到目的，却采取用说反话的表达方式来达到正话所达不到的效果。例如：问话的目的是让被问话人供述交罪，而问话人在语言的表达上却反过来说“我们对你问话的目的，不是来让你认罪的，只是履行一下法律的程序。”这样一来便消除了对方的戒备心理，你越是说不是为了对方供述交罪，对方就会越往这上面考虑，是不是供述的对自己有利，否则问话人为什么说不是为了这件事而来的呢？他会在反常的情况下做出正常的联想，肯定与此有联系。这样对方便会在供述交罪这个问题上进行反复思考，权衡是否应该交罪。就像法院向欠款人进行执行的时候，常说“我们不是来找你要钱的，我们是来履行一下法律手续。”实质上履行法律的目的还是要还钱，但这句话说出来的效果不一样，欠钱人就会想到自己如果不还钱，会带来的法律后果，最终还是要还钱，不如趁早把钱还了完事。正话反说比正话正说效果要好，尤其是对那些持对抗戒备心理的被问话人其效果尤为显著。

常用的正话反说：“你最好不要交代钱是你拿的，否则我们还麻烦”；“对你的事，你说不说我们都不想听”；“关于那笔钱的下落，我们也不想知道，到后来被从重处罚你就后悔了”；“你的那些事，你最好现在不要说”；等等。

七、“昵称”

由于问话人与被问话人的特殊关系和客观存在的对立关系，形成了不平等的问话与被问话的关系。问话人严肃认真，语言强硬，占绝对优势的地位，而被问话人所处的是被动地位，由于自己的行为，客观上就是要接受问话人的训斥，并且这种被训斥、被盘查的地位已经得到默认，形成了规律，因而被问话人在接受问话的时候，对自己客观上所形成的地位，产生了应当接受的态度，已经有了心理准备，而且问话的语言也有其特殊性，问话人对被问话人总是直呼其名，以严肃的态度来维护这种不平等的关系，来达到问话的目的。被问话人为了免受法律的处罚，总是采取各种方式进行对抗，引发出了敌对状态，在这种对抗的敌视的心理状态下，是不可能交代自己的隐匿行为的行为事实的，问话人只有转变这种心理状态，建立良好的问话基础，才能使被问话人供述罪行。

那么如何才能改变这种敌对的心理状态？笔者根据实践中的体会，用改变称呼的方法来缩短这种心理距离较为有效。如把问话中直呼其名改称“老李”“老周”“老王”或偶然称原职务头衔，这样距离便一下拉近了许多。例如，在查办一起职务隐匿行为案件时，被问话人的抗拒心理相当强，面对面地坐着，而眼睛却往别处看，对问话不理不睬的，结果办案人员采取了“昵称”的方法，对其改变称呼，把他原有的头衔又给他挂上了，出现了反差效果，他渐渐地改变了原有的抗拒态度，达到了基本配合的效果。

八、间接转移

有的被问话人为了刺探问话人对案件事实的掌握程度，采取反问的方式向问话人质问，以达到了解案情的目的。例如：“你们说我构成隐匿行为了，你们拿出证据来。”如果问话人的回答稍有不慎便会暴露案情。在问话人还没有掌握证据的情况下，通常可能这样回答：“我们认为现在不是要拿证据的时候。”这样回答或多或少地暴露了问话人没有掌握证据的迹象，但是如果换一种“间接转移”的说话方法，其效果就不一样了，“你早知今日，何必当初呢?”这句话虽然有些牛头不对马嘴，似是而非，但它避开了暴露的风险，同时又暗示了今天的案发，是你当初作案时造成的，作案为什么不隐蔽点呢？证据为什么不销毁呢？为什么要这么干呢？等等。对那些难应付的质问、反问、疑问，采取这种间接作答法，转移问话者的视线，抵御外来的语言侵袭，是一种很好的方法。

九、交换位置

问话中常把这种方法称为助力器，在被问话人犹豫不决的时候，需要外力再促进一把的时候，问话人常采取“变换位置”的方法，使得对方产生外来的促动力，原来犹豫的状态产生心理倾斜，转化成了进一步的动力。“假如我是你”这句话是个很好的“心理助动剂”。因为对方在听到这句话的时候，便可能产生错觉，他认为你真的站在他的立场上，是他的同盟军，替他着想。另外还有随大溜儿的心理特点，别人都是这样想，这样做吗？于是他便按照你说的方法去做了。

问话中常用的变换位置的方法有：假如我是你，我会主动交代的；假如我是你，我会选择投案自首，走从宽减轻的路；假如我是你，我一定不会错过这次机会；假如我是你，我会想到怎样走从宽的路；假如我是你，我会动员“家里”把赃款全部退出去的，少交一分钱，多一分处罚；等等。

十、总结集中

大家在开会时的发言太多，各持己见，最后总要将有代表性的意见总结出来，否则便成了杂乱无章的无重点的茶话会了。在问话中也是如此，被问话人唯恐自己的辩解说不明白，滔滔不绝地说个没完，如果让他这样一直说下去，就无法完成问话的主题任务，因而为了暂时让其“刹车”，把前面的滔滔不绝所说的内容进行精简，简练地提出主要内容，就需要用总结式语言，如“你刚才说的主要内容是……”“是不是这种情况”等，确认后你可继续问你的主题了。用这种方法还能把偏离主题的话题“总结”出去。更重要的是对问话主题的确定，把模棱两可的事情予以确定。在被问话人的供述杂乱无章，企图浑水摸鱼，真假交杂，用假话蒙混过关时，宜采取总结式的语言进行更正，以便按照客观正常的问话方式进行下去。有时被问话人的供述前后出现矛盾，到底以哪一次供述为准呢？需要加以确定，也须采用总结式的方法。不仅如此，这种方法还能对问话的方向予以控制，因而被普遍地使用。

十一、对比教育

这是一种用对比的方式进行说服、教育的做法。用一些比较典型的例子来对被问话人进行教育，常用的对比例子，是现有的、大家都比较熟悉的、已被司法机关处理过的曾经是犯人的人，作为对照。“他当时也有事件行为了，但是他能主动认罪，走坦白从宽的路，现在不是对他从轻处理了吗？希望你也能走他这条路做积极的选择”，等等，以此事说服对方。但是用这种方法应注意对象，有的被问话人本身就认为自己没有事件行为，而你用事件行为的例子去做比较，其效果并不一定好。再者对比要有针对性，选用的比较对象必须具备坦白从宽，被从轻处理的典型，如果你将一个被判重刑的案例拿来比较，岂不是变成恐吓？反而增加了心理障碍，起反作用。所以要注意选择能起积极促进作用的对比对象，作为对比的根据，才能收到预想的效果。

十二、避强击弱

两军对垒，实力强的就占优势；反之，实力弱的就占劣势。要取胜，就得避其强攻其弱。怎样才能做到避其强攻其弱呢？首先仅从强弱的要领来看，强弱是比较而言的，两力相比，力的悬殊便是强弱的划分依据，自古兵法说：避其强，攻其弱。这便是胜之的根据，如果反其道而行之，便是自寻死路。问话也是这个道理，每一个被问话人在接受问话的时候，都带有很强的定势心理来抗拒问话。这种定势心理是被问话人经过认真思考，认为最为有效的方法，这种心理状态的特点是有很强的防御机制，难以突破。那么我们在问话时，就要避开这种定势心理，不要直接涉及对方的敏感部分，而是从枝节开始，一步步地深入，一点一点地剥离清除，使这种定势失去了支点的支持，强也就变成了弱，最后一举成功。所以在问话的时候，不要急于求成开始就直攻主题，这样一朝拿不下，就打草惊蛇了。

十三、“强制语”

顾名思义，“强制语”是达到对其限制和强制的语言表述。从问话对象交代供述的三种情况来看：首先，是经过启发教育，唤醒其良知，转变了思想。其次，是在谋略的“谋力”作用下上当中计。最后，是被心理限制，不得不交代。这三种情况是被问话人交罪的主要特点，职务隐匿行为的问话对象大多是贪污、贿赂隐匿行为，从问话的方法上来看，采用心理限制的方法问话较为普遍。这种心理限制的方法，就是通过揭露矛盾或出示已取得的证据，来达到对被问话人的心理限制，迫使其认罪服法。

达到对被问话人的心理限制，必须有“强制语”的配合才能达到目的，什么是“强制语”呢？简单地说就是能使对方某些方面受到限制不能改变的语言，如“说!”“讲!”“怎么回事!”必须做出回答，而且是强制性的回答。在使用“强制语”时应当注意使用的方法、使用的时间。这种“强制语”的使用，常用在最后的突破阶段。在全部的问话过程中首先通过找矛盾，把找到的矛盾进行精选集中，突破其心理防线，最后找准矛盾的某一点，使用“强制语”，进行心理限制。在进行心理限制的时候，坚持控制对方的思维，不能松，更不可用其他的语言插进，不给对方思考退路的时间和间隙，避免对方的思维循环找到退路，坚持到对方交罪为止。在反复使用“强制语”时，要掌握好节奏，让对方一个台阶一个台阶进入被强制的领域。在达到极限的时候，应当为其找一个台阶下，使其顺势而下，供述认罪。

十四、“以退为进”

人们常以“进一步刀枪相见，退一步海阔天空”来引导别人要忍让，不可争强好斗。这句话说得很有道理，忍让并不代表惧怕和失败，有时“让”还能起到“进”所达不到的效果。以退求进的范例举不胜举，这不仅适用于日常生活、军事战争，同时对问话也有着一番妙用。

问话中经常出现被问话人与问话人对峙的局面，继续发展下去就可能出现僵局，如果这时问话人向后退一步，而且退的这步又恰好是被问话人交罪的台阶，这岂不是一箭双雕吗？当双方经过一段时间的对峙有可能使对方进入了“趋向交罪”的心理状态，此时向后退一步，如“我们可以不记录”，或者“现在我们可以重新为你记录，你照实说吧”，“你还有什么顾虑吗?”让被问话人接上你的话茬，一吐为快，来减轻自己的心理压力。实际上这时被问话人的心理压力已达到了极限，正好有了出气降压的口子。从客观上，这是退了一步，可是从事实的结果上看，这是进了一步。有时问话人还暗示另一问话人暂时回避一下，创造一个退的环境：“现在他离开了，你说吧，我们现在不记录。”这种方法在实践中的成功比例相当大。因为在一对一的交流过程中，无论是问话人的态度好坏，无论自己如何被问话，如何难堪，只要没有其他人在场看见，被问话人则不必担心其他影响，甚至可以否认看见发生的事，他所面临的压力要小得多。但当他人在场的时候效果就不同了，会增加一份防御的力量。但是回避的问话人不可远离问话室的空间，因为办案需要两名办案人员在场，如果远离问话室的空间就成了违法操作，因为上述仅仅是告知，并非真的回避离开。

十五、“后发制人”

有经验的问话人在没有掌握证据的情况下，为了挖出事件行为，大多采取“后发制人”的方法。先引蛇出洞，让被问话人的矛盾暴露出来，然后再顺着这些已暴露的矛盾找出事件行为的实质。从矛盾暴露的必然结果来看，被问话人为了对抗，必然说假话，编造谎言，然而编造假的情节，必然会出现矛盾，此时用后发制人的方法，有利于发现矛盾。

后发制人在语言表述上常表现为：轻松自如，语气平稳，带着几分“信任感”，让对方有很大的随意性。比如“那件事你说说”，“你自己是什么看法”，“你想怎么解释这件事”，“你想怎样才能说明白这件事”。一旦假话的矛盾被暴露，揭发矛盾时就要加快语言的节奏，增加语言的强制力，如“这么多的矛盾你能说得通吗？讲！钱干什么用了！讲！讲！讲！讲!”反复重复某一特定的语言，语意话题不要轻易改变，坚持一举达到心理限制的顶点，再松一步下台阶，使其交罪。

十六、“先发制人”

先发制人的这种方法在问话中是先将问话目的底牌亮出来，抢在对手的前面发起进攻，迫使被问话人交罪的方法。使用这种方法时，要在掌握情况较为全面的基础上进行，在问话人的“退路”找好的情况下，才能使用，如果没有足够的条件匆忙上阵，先发制人常会出现被动的局面，审成僵局。

“先发制人”的常用语：“你把你的经济问题交代一下”；“你把重复报销的那笔钱的经过谈一谈”；“你是怎么涂改发票的”；“那笔钱你是怎么拿到手的”；“你把拿‘回扣’的情况说一说”。这种“先发制人”的语言特点是先定好调子发问，达到“强制”的目的。

十七、回避法

职务隐匿行为的问话对象大多是国家干部或公务员，有着较高的知识水平和较强的心理素质，在问话中，被问话的对象有时会提出一些令问话人无法回答的问题，在这种情况下大多采取“回避法”，假装没听见，跨过去，进入别的话题，以此来避开锋芒。

十八、最后通牒

这种方法是在被问话人处在犹豫不定的十字路口，如果不往前推一把，有可能就退回去了，在这种关键的时候，使用最后通牒。例如：“你不说我们走了，失去了机会别后悔”，“现在时间不多了，给你 5 分钟时间考虑，不然后果自负”，“今天是我们最后一次提问你了，这可是投案自首坦白从宽的最后机会了”。这种方法是把对方推向最危险的境地逼其就范。对优柔寡断的人，必须用最后通牒来转换他的“时机未到”的意识或“还有更好的机会”的意识。

十九、“权衡”

权衡的语言表达方法是将“利”与“弊”放在一起摆出来，让对方挑选，以达到问话的目的。在日常生活中我们也许会遇到这类的情况：儿子向父亲要 100 元钱，而父亲只想给儿子 50 元钱，但是如果直接给儿子 50 元，儿子是不会同意的，于是父亲便采取了“权衡式”的方法说：“我这里只有 50 元，如果你要就拿去不然连 50 元都没有了。”结果儿子“权衡利弊”还是收下了这 50 元。因为儿子明白，如果不要，就连这 50 元都没有了。在问话中这种权衡式的方法也被经常使用，如“你现在交代了，还能落个从轻处理，如果不交代连从轻的可能也不会有的，而且还要从重处罚”，等等。

二十、两难选择

这是把两个难题放在一起让对方进行选择。在问话中这两个难题对被问话人来说是难题，可是对问话人来说就是需要的结果。如“这笔钱你是存起来了还是平时花掉了”，“是别人让你干的还是你自己主动干的”，“那笔钱是你主动要的还是他们执意要给的”，无论被问话人选择哪一个，对被问话人来说都是不利的，其实都是承认了自己行为的存在，同时也是问话人问话需要的结果。

第二节　问话记录的文字表述方法与技巧

问话记录虽然在很大程度上表现为语言文字上的基本功，要求准确、快捷及时、全面地记录下问话的全部内容。但是尽管如此仅靠文字方面的技巧和基本功，是不能完成问话记录任务的。问话记录与其他形式的记录，有着本质的区别，根据问话记录的目的和要求，通常表现为两种类型，即核对式的记录方法和侦查式的记录方法。这两种记录方法是由问话本身的特点来决定的，因为问话的目的不同，也就表现出问话的方法不同，因而对问话记录的要求也不同。

问话记录的基本要求是：文字通顺、清晰准确、保持无病句、不漏字多字、克服错别字、少涂改，坚持问话记录的整洁通畅。在记录上乱改、乱画、乱批、乱加注解，对自己认为重要的地方画线条杠杠，做符号或打记号，这都是错误的，不严肃的，有甚者还让被问话人直接在书证上签字说明情况，这是不符合规范的，也影响了证据的完整性。在使用标点符号上力求准确，不可不打，也不可乱打，在遇到被问话人沉默时，应用省略号加以注明，例如：……（沉默），准确地将问话的当时情况记录下来，便于正确地认定事件行为。

问话记录的基本要求还表现在坚持准确性的原则，对被问话人的供述本着实事求是的精神，客观地如实地反映案件的实际情况，准确地反映被问话人供述的原意，不可主观臆断掺杂自己主观认识的成分。有时为了确定被问话人有罪，书记员随意改变被问话人供述的原意、原话，按照自己的意思任意扩大或缩小客观事实，这种方法将会给客观地公正地认定隐匿行为带来不良的后果。因此问话记录切忌画框框，先入为主，自己定好了调子来进行记录，虽然记录终结都要经过被问话人的确认，但有时因被问话人特殊的心理状态和情绪，并不大注意对记录的审阅，虽然眼睛在看记录，却根本就没往心里去，没有认真地看。这样，有时错误的记录被确定后，就为错案的形成留下了祸根。问话记录的语言应当使用日常的生活用语，出现方言的地方不仅要记录，而且还要加以标注让被问话人或者被询问人确认。

问话记录是为问话目的而服务的。问话记录从根本上来说，就是准确、全面、如实地记录问话的全部过程，为查明事件行为，确认是否有隐匿行为事实存在，提供文字依据。根据问话记录的任务来看，有时问话的目的就是为了确认侦查机关对被问话人的罪行认定是否准确，问话是以核对为目的；有时是侦查部门为查明隐匿行为所进行的侦查问话。根据上述两种情况特点，对问话记录也可分为两种类型，一种是核对式的记录方法，另一种是侦查式的记录方法。

一、核对式的记录方法

核对式的记录方法，是问话人根据已经掌握的情况，对被问话人是否有隐匿行为事实存在，进行核对确认而进行问话的记录方法。如检察院的批捕、起诉部门移送的案件，进行审查确认；自侦部门对已查明的隐匿行为事实需要进行确认，而进行的问话记录。

1. 被问话人基本情况的核对。记录的重点主要是问话的时间、地点，第几次问话（有的地区还要求记录当时的天气情况，问话室内的温度），问话人姓名，记录人的姓名，被问话人的姓名、职业、年龄、性别、主要社会关系、家庭基本情况、个人简历、同案人的姓名、何时被采取强制措施等个人基本情况。

2. 对问话内容的记录。核对式的问话大多是围绕被问话人已经供述的事实和情节展开的。书记员的记录要能保证问答记录的准确性、完整性、及时性、逻辑性，主次分明。这是对问话记录的最基本的要求。

问话记录的准确性，不仅是准确地记录被问话人对自己隐匿行为的供述，而且对被问话人的辩解也应该如实地记录才能保证问话记录的准确性。有的书记员只记被问话人有罪的供述，对被问话人的无罪或罪轻的辩解不能引起重视和注意，不是不记就是少记，任意取舍，这样对查明隐匿行为事实是极为不利的。问话记录的准确性最重要的一点就是对被问话人真实意思表达的记录，不能有利于认罪的就记，不利于认罪的就不记，要客观地反映被问话人供述的原意。

问话记录的完整性，是书记员必须掌握的重要环节。记录的“完整性”不仅表现在文字上的完整性、不丢字错字、语句通顺，而且在意思的表达上力求每句话、每段话的完整，同时对每一事件的前因后果的变化，也要完整地记录不留未知项。在问话的实践中，由于被问话人某些特殊的心理变化，经常出现一句话，前一段与后一段话，前半部分与后半部分，前次问话与后次问话出现不统一，发生矛盾冲突，这样对事实认定造成了困难。例如被问话人在前面供述盗窃了 3 万元，而在后面则交代自己盗窃 2 万元，到底是 2 万元还是 3 万元，必须要有统一的数额，才能有统一的结论，否则无法认定其事件行为的具体数额。书记员在发现供述矛盾或不统一时，应及时予以更正，并注明其原因。对于那些模棱两可、含糊其词的供述，例如“好像”“可能”“3、4 万元”等，应加以肯定，否则在定案时，无法下结论。

问话记录的及时性，是书记员的基本功，也是完成问话记录任务的必要条件。问话根据客观情况的变化，有时被问话人回答的速度比较快，如果书记员不能集中注意力，记录的速度慢，就无法将被问话人的供述全部完整地记录下来，待问话结束时，整个问话记录就会出现支离破碎，丢东少西，最终只能成为废纸一张。为了避免上述情况的出现，书记员在进行问话的记录时应注意力集中，认真地听，快速地记，如果当时实在记不下来，可暂时用符号代替，等问话结束或中途的空闲再予以整理补充完整。

问话记录的逻辑判断要恰当，概念要明确。问话记录是对问话的文字记载，是一种具有法律效力的文件。因而要求问话记录中的概念要明确，判断要恰当，如此确认客观的事件行为事实才能准确，认定事件行为才有依据。例如：检察机关在查处某一受贿案件时，在其住宅中搜出大量的存款凭证，为了确定这些存款的所有权，向被问话人进行问话："这张存款凭证是不是你的?"答："钱是我存的。"这句话回答得就出现了逻辑上的问题。虽然被问话人承认钱是自己存的，但是并不说明钱的所有权就是被问话人的，那么这个不大不小的问题很可能会造成对整个案件的影响。因而，在对被问话人供述记录时，应多注意对方供述的逻辑关系，不留"尾巴"、不留"后遗症"，经得起推敲。同时记录还要抓被问话人供述中的矛盾点，所谓"矛盾点"，是被问话人编造的谎言，是被问话人供述中出现的破绽、漏洞、前言不搭后语等自相矛盾之处。抓住矛盾点这根主线紧追下去，直到消除矛盾为止。注意记录不能有头无尾或者有尾无头。

问话记录的"主""次"是书记员必须遵循的要领。问话记录的要领就是要分清记录的主次，不能眉毛胡子一把抓，最终是捡了芝麻丢了西瓜。在问话与被问话中应当注意分清主次，才能使问话记录不偏离主题。有的书记员把问话人的问话记得比被问话人的供述还要详细，使问话人的问话在记录上所占的篇幅比被问话人回答所占的篇幅还大，变成了在记录自己的问话，主次颠倒。有的干脆边问边记，省略问话，变成一大块一大块的供述，让别人无法准确地判断和引用。对此应当明确地指出，问话记录就应该以被问话人的供述和回答问题为主。另外还有书记员在记录前对案件情况一无所知，在实际记录时紧要的地方没有记上，无关紧要的地方记了一大篇，主次不清，抓不住要害。问话记录要突出重点，抓住关键，这就要求在保持原意的前提下，注意重点和关键，把那些反复重复的话、过程话、无用的废话放在次要的位置上，可以简单地记，也可以不记。但是对被问话人供述的隐匿行为事实、行为特征、隐匿行为的时间、地点、手段、经过、目的、性质、后果、构成要件、同案人、书证的特征、赃款的数额、有关证据的全称，都要尽量记清、记全。对人称指代的"你"

“我”“他”，都应当明确注明，不要留下疑问给阅卷人。例如，“他”，所指的是谁？在“他”的后面就需要用括号加以说明。

问话记录还应当抓住关键性情节和关键性词语进行细化，充分地完整地记录该情节的发展、变化过程，在不失原意的原则基础上，也要做到“繁简得当，又不有言必录”，对供述的问题恰当取舍。反映关键性情节的关键性词语，要准确记录原话或原意，确保其客观性、真实性。

二、侦查式的记录方法

侦查式的记录方法，它是根据问话的特点来决定的，由于被问话人的抗拒心理和对抗的需要，在接受问话时总是千方百计地隐瞒自己的隐匿行为事实，用谎言和狡辩来对付问话，在回答问话人的提问时，不是拐弯抹角地胡言乱语就是东扯西扯，从根本上破坏了原来的问答式的规律，表现为有问不一定有答，问东有可能答西，该说的不说，不该说的乱说。这些特点表明，用常规式的记录方法显然是行不通的，东一榔头西一棒子，前言不搭后语，答非所问，这样的问话记录必然会出现杂乱无章，不知所云，这样的记录法官看都看不懂，何以再谈对其定罪量刑？一篇优秀的问话记录，如同行云流水、通畅自如、明澈见底、是非分明。为了完成问话记录的任务，在记录的方法上就应当采取相应的对策，笔者认为在侦查式的问话记录中，首先应注意对被问话人供述主题的捕捉，其次是对问话环节中的重点的把握，最后是审、记的配合与协调。

1. 对被问话人供述主题的捕捉。每个人的说话都有明确的意思表达，这就是说话的主题，问话记录就是围绕被问话人的供述主题而进行的。但是在常规的问话中，问话人的意思表达是清楚的，问话的主题是明确的，而被问话人的答话却并非如此，在很多的时候，被问话人对问话的回答并不是按照问话的主题来回答问题。被问话人为了达到对抗的目的，总是从自己的狡辩和谎言的角度来回答问题；有的被问话人为了蒙混过关，罗列了大量的虚假情节，喋喋不休地顺嘴溜。书记员如果抓不住记录的主题，紧要的地方没有记，无关紧要的地方记了一大篇，不仅费时费力，更重要的是漏掉了问话的主题。尽管记录的语句流畅，文字工整，也是无用的废话。因而书记员应该根据问话人问话的内容，在被问话人回答问题的过程中，将其回答的主题提取出来，得到真实明确的问话记录。这里笔者摘录一段受贿隐匿行为嫌疑人的问话记录：

问：刘某为了当副局长共送给你多少钱？

答：我家四口人生活，两个孩子都工作了，并不需要钱，钱对我来说已经够用了，我每个月的工资就有五千多元，我在当市长期间，工作上都是有目共睹的，我没日没夜地为党工作，一心想把工作搞好，为了市里的建设我很少能照顾家里。有些同志工作不顺心，想动动位置，往上提一提，都想来找我帮忙，有的送些物品，有的也送现金，目的是加强感情联络，实际上他们是看上了我手中的权力，认为只有我能帮助他们办些事，能解决一些问题。所以他们才送钱送物，更多的时候是过年过节送得比较多，因为这是本地的风俗习惯，实际上这也是借口。刘某我们比较熟，经济上往来也是有的，我们认识不少年了，他（刘某）爱人跟我爱人比较熟，他们（刘某夫妻俩）经常来俺家玩，他（刘某）爱人喜欢找我爱人打麻将。

问：你刚才说你与刘某有经济上往来，有什么样的经济往来？

答：他逢年过节到我家来送的都是现金。

问：说得具体一点。

答：他1996年春节来俺家给了二千元，1997年来俺家给了二千元，1998年春节给了五千元，1999年春节给了二千元。

问：1998年春节为什么要给五千元？

答：因为他想当副局长。

问：刘某当上了没有？

答：当上了。

问：怎么当的？

答：是我打招呼的。

问：你是怎么打招呼的？

答：我是跟他们局长打招呼的，也跟市里的有关部门打了招呼，要求他们提拔刘某当副局长，结果他（刘某）就当上了副局长。

问：按照条件刘某是否符合副局长的条件？

答：按条件可能差了一点。

问：那你为什么要提拔他呢？

答：……（不语）

问：刘某当上了局长又给了你多少钱？

答：在宣布刘某当副局长后没有几天，他又送给我一万元。

问：怎么送的？时间？地点？

答：1999 年 4 月份的一天下午（具体日期记不清了）下班后，他（刘某）到我家里来，钱是用大信封装着的，是直接交给我爱人的，此后说几句话就走了。

……

从以上的记录我们可以看出，第一段记录虽然一字不少，但是书记员没有注意问话内容的主题捕捉，记了不少废话，让人看不出答话的主题。实际上在前一大段的答话中，就已经从侧面回答了问话人的问话，例如："经济上的往来是有的"，其实这句话本身就在有没有受贿的问题上向前跨了一步。在这大段的答话中，问话人也帮助了书记员提取了出来，加以追问。在第一句问话中也表现出了很强的技巧性："刘某为了当副局长总共给了你多少钱?"这是一种"跨越前提"的问话技巧，这一句话里包含着几个前提：第一，刘某给了钱；第二，不止一次给了钱；第三，给钱的目的是当副局长。这里问话的一开始，问话人就给问话的全过程定好了调，被问话人的心里是明白的，只要下面回答问话人的问话，就等于承认了自己利用职权为他人提拔当官，而收受贿赂的事件行为事实。因而他必然要用一大堆废话和辩解，来掩盖自己的事件行为事实，书记员必须在那些假话、废话、家常话中将其真实的主题提取出来，不要让废话和无用的话把主题吞噬掉了。

2. 问话环节中重点的把握。在问话中被问话人并不是一开始就交代自己的隐匿行为事实，他有一个心理转化过程，这一过程带有很强的规律性。问话实践中表现为四个阶段：第一阶段是相互摸底阶段；第二阶段是对抗相峙阶段；第三阶段是反复动摇和供述心理形成阶段；第四阶段是交代供述阶段。这四个阶段要求书记员在记录时就要有所侧重，如果书记员不能把握住这四个阶段中哪些是重点，哪些是过程，哪些可有可无，哪些是无用的废话，而一字不少地记录下来，这不但不可能，而且也不需要。因为问话中有很多时候，问话与回答和隐匿行为无任何关系，不需要进行详细记录。例如，在问话过程中的对抗相峙阶段，双方处在相互较量的磨嘴皮的时候，有时长达数小时，你来我往唇枪舌剑，斗嘴磨牙。如果书记员都将其记录下来，最终不仅做的是无用功，等到最后被问话人真正的供述需要认真记录的时候，书记员却已经筋疲力尽、手酸、眼花、精神疲劳，无法再将该询问的每一句话都记录下来，造成被问话人交代的事件行为事实，书记员记不下来的后果，导致了问话的前功尽弃。

为了有效地掌握问话记录的重点，完成对被问话人供述自己事件行为事实的完整记录，必须把握住问话过程的各阶段的特点和记录重点，才能松紧有序，不会劳而无功。

在问话的第一阶段，是问话人与被问话人相互调查摸底的阶段。这一阶段记录的重点是被问话人的基本情况，例如：姓名、年龄、职务、身份证号码、简历……以及被问话人对本次问话所持的态度，应该记清、记明、记全。问话过程的第二阶段是对抗相峙阶段，也是磨嘴皮子的阶段，记录时可以简要一些，因为这一阶段没有更多的实质性的问题，主要是将斗争的过程和态度记录下来就可以了，无须全部记录。第三阶段是反复动摇趋向交罪供述阶段，这一阶段被问话人大多少言寡语或者是沉默，这是书记员放松休息的时间，只需用标点符号注明就可以了。第四阶段是被问话人供述交罪的阶段，是书记员最紧张的阶段，这时要全力以赴，抓住被问话人回答的重点，力求详细准确，全部及时地记录下来，这是记录的最关键的时候，是问话全过程的记录重点。问话过程的第四阶段，书记员必须要把握好，不能错过，一旦失去机会，再想补回来就困难了。

3. 问话人与书记员的配合与协调。问话人与书记员的配合是问话成功的基础。问话中配合默契有时表现在一个眼神，一个动作的暗示，都能达到心领神会的效果。因为在问话时哪些东西重要，哪些东西该记，有时书记员并不太清楚，但问话人又不便当着被问话人对书记员直言相告，为了使书记员明白，通常让问话人采取暗示的方法告诉书记员；有时书记员也发现一些问题，需要让问话人知道，也可采取暗示的方法。但是这种暗示只是瞬间即过，不可让被问话人发现，如果被发现就会引起被问话人的警觉，出现不必要的麻烦。在有些时候还可通过语言暗示来达到传递信息，让书记员明确地知道什么是重点，应该如何记录。常用的语言暗示有“归纳暗示”“重复暗示”“疑问暗示”“总结暗示”。

（1）“归纳暗示”。是在问话对象回答问题时，无条理性，意思表达松散零碎，缺乏统一性和连贯性，前因后果不成体系，问话人对此进行必要的整理归纳。将零碎的松散不统一的供述，经过整理加工正面帮助被问话人进行归纳，成为统一完整、明确的供词。

这种归纳的实质，一方面是告诉书记员应当记些什么，怎么记；另一方面是对被问话对象无条理的供述加以确认，避免事后出现反复。书记员对问话人的归纳必须全部准确地记录下来，包括归纳的语气都应当记准确。因为问话人的归纳，实质上是在帮助书记员捕捉重点，书记员应当时刻注意问话人的“归纳暗示”。例如：

问：你们在分这笔公款的时候某局长是否也拿钱了？

答：也拿了。

问：怎么拿的？

答：是我送给他的。

问：给他多少钱？

答：1.5 万元。

问：某局长是否知道这是什么钱？

答：我送钱给他的时候，钱是报纸包着的，他正好在办公室，他问我这是怎么回事，我说就是那次剩下的，他就没有问了。

以上是一起私分公款的案件的问话记录，问话人为确定某局长是否知道公款，确认其是否有占有公款的故意，如果仅从记录的情况来看，是不能充分地证明某局长就有占有公款的故意，因为这段话的意思被暗设省略了，不明确，可以有多种解释，如果不将最后一段话加以说明，日后势必要成为某局长狡辩的退路。比如某局长在辩解时可以这样说：“当时小张送来一包东西我问他这是怎么回事，他说是那次剩下的，我以为是小张给我喂狗的牛肉，因为他们都知道我有一条小狗，他们经常帮我搞牛肉，所以我认为小张送来的是牛肉，在当天下午我因公出差，几天后才回来，东西（牛肉）一直放在办公室里，等我回来时，估计牛肉已经坏了，变质了，就顺手甩到垃圾堆里去了。”被问话人的这种辩解不能不说没有道理，这将会给整个案件带来什么样的后果是可想而知的。从另外一个角度来看，被问话人还可有其他辩解，例如：“小张在给我钱的时候，我问是怎么回事，他说就是那次剩下的，我认为是我交的购房款退回来的，也没有打开，还放在我家里的箱子里，因为前段时间工作忙，也没有在意这件事，我现在才知道事情的真相，如果我知道这是公款，我是不会同意拿的。”问话对象这番辩解对确定被问话人是否有占有公款故意设立了一道难题。关键的问题是出在书记员的记录上，把暗设在答话中的意思表达没有注明清楚，才出现了多种解释的被动局面，对案件的认定造成不必要的麻烦。通常在问话中问话人边问边用眼睛瞅着书记员记录，如果发现情况时，问话人就会采取归纳的方法一方面让问话对象进一步地确认，另一方面暗示书记员记录。例如，问：“你刚才答的话没有说清楚，你看是不是这种情况：你在送钱给某局长的时候，他问你这是怎么回事，是什么钱，你说就是那次剩下的会议费，是不是这种情况？”答：“是的（确定）。”

书记员按照问话人所归纳的原意记录，就明确了被问话人的事件行为故意。“归纳暗示”的作用就是在被问话人回答的问题不明确、不完整、伸缩性太大而将其归纳为明确、完整、准确、肯定的供述。

（2）“重复暗示”。向被问话人问话时，对关键性的问题总是一边问，一边在观察书记员的记录，如果发现书记员没有将关键性的情节记录下来时，就会采取补救的方法让书记员把没有记录下来的供述补齐。通常问话人对没有记下的情节用重复的方法复述一遍，以此来告诉记录人这段话你没有记下来，应迅速补记，问话人重复的话是非常重要的，必须要记清楚，记明确，绝对不能漏记丢掉。虽然书记员在事前对案件有所了解，但是问话是千变万化的，书记人员在集中注意力听被问话人的供述时，还要特别注意问话人的重复暗示，才能达到审、记的默契配合，不使问话走弯路。

（3）“疑问暗示”。是因为被问话人的供述的节奏较快，书记员对某一句话或某一段话、某一情节没有记录下来，问话人以自己没有听清楚、听明白，提出疑问：“你刚才说什么？”让被问话人再一次重复自己所讲的原话，暗示书记员将其原话记录下来。这种疑问并不是问话人自己没有听清楚，而是要书记员将被问话人供述的原话记清楚、记准确，是以让书记员听清楚为目的的。

（4）“总结暗示”。有两种情况：一种是对过程的总结暗示；一种是结尾确认时的总结暗示。过程中的总结暗示，是因为被问话人为了逃避法律的惩罚总是以大量的谎言、掺杂着一些真实的供述来与问话人周旋，以此蒙混过关。对这样的供述，书记员的记录就比较困难。有时被问话人处在极度的思维混乱状态，供述的意思表达杂乱无章。有时被问话人处在反复动摇阶段，既想供又怕供，时供时翻，前面供述了一些隐匿行为事实，后面又设法去掩盖。为了解决上述的问题，将被问话人真实的供述提取出来，问话人采用总结式的方法，在杂乱无章的供述中总结完整的真实的意思表达。例如：“你刚才所说的我替你总结一下，他们行贿是有目的的，就是为了利用你手中的权力为他们服务。是不是这个道理？”答：“（点点头）……”（表示同意）这时书记员在记录时就明确了。记录时只要注意将问话人总结的原意记录下来就行。在有些时候书记员不仅要注意问话人的“总结暗示”，也要学会对杂乱的供述进行总结。

结尾时的“总结暗示”，是在问话的最后阶段，发现整个问话记录不完整、不全面，构成要件不明显，前后供述有矛盾，有少记、漏记、多记、错记的地方，有模棱两可、意思表达不明确的，通过最后总结的方法加以确认固定。例如："你今天的供述讲了这样的几个问题：（1）……（2）……（3）……"这样书记员就可以通过问话人的总结暗示，把问话记录记完整了。另外为了防止被问话人的翻供，在被问话人交代的主要的隐匿行为事实上，应当进行反复的确认，并且详细地记录相关的细节，使得被问话人无法翻供，同时也是为了进一步地确定被问话人口供的可靠性。

第五章　问话语言信息转移的心理准备

第一节　问话中的内部语言准备

在问话活动中问话人有时说错话，有时说出的话表达得不够严谨，有时出现自相矛盾的语言表述，更有的时候问话人不愿说的话却脱口而出，造成了问话被动。这是什么原因？有人说这是先说话后思维的原因。实际上这是没有“内部语言准备”的原因，内部语言实际上就是思维语言，思维是人的个体思维器官对通过感觉器官的客观信息进行处理的过程，一般先形成表象、概念，然后进行判断、推理。人们在思考问题时用的没有声音的相对不完整的语言就是思维语言。

思维与交流不同，问话活动中的思维是问话人个体思维器官通过感觉器官获取的行为信息进行处理的过程，是产生信息的过程。而交流只是转移思维产生的信息。思维中的信息活动是问话人自我完成的，问话活动中的信息交流是问话人与被问话人的互动完成的。从本质上说思维是全部问话活动的起点，也是全部问话活动的终点，问话对抗交流过程为问话人的思维提供了重要的信息来源，在问话过程中思维与交流是交替进行的，问话人经过内部的语言准备将信息转移给被问话人，被问话人接受了信息，并且经过判断、推理的过程形成的信息反馈又转移给了问话人，这里谁能够有准备地把想好了的内部语言信息转移给对方，就能够保持信息转移的准确性。相反，来不及准备的人或者不注意准备的人，一边说一边想或者先说出来再想，必然会出现“口误”，造成被动。因此问话人在接受问话任务时应当有充分的内部语言准备，这是取得问话成功的基础。

问话人内部语言准备，实际上也表现为问话前的心理准备，问话人根据已经获取的被问话人客观的隐匿行为信息，运用什么样的方法和技巧，使用什么样的语言能够获取隐匿行为信息即隐匿行为证据的准备。在进行语言规划和设计完成之后，就应将转移给被问话人的语言信息进行反复的推敲、琢磨，形成相对完整的思维成熟的问话语言信息，将精练、准确的语言信息传递给被问话人。同时问话人在内部语言准备的同时，应当注意被问话人反馈过来的信息，问话活动中的信息转移是互动的，是特殊的信息交流合作，问话人向被问话人发送的信息，被问话人会有什么样的信息反馈，问话人必须有心理准备，完善内部语言对策，充分地组织好下一轮信息传递，打有准备之仗。

第二节　问话的语言信息转移的心理基础

问话活动是问话人与被问话人的语言对抗活动，也是语言信息转移的互动过程，更是艰苦的意志对抗、智慧较量过程。

首先，问话人必须要具备坚忍不拔的必胜信心。向被问话人发问实际上也是与隐匿行为的一场攻心斗智的较量，也是一场复杂的心理战。从被问话对象来看，他们是不同类型、不同智商、不同特点的隐匿行为。上到国家公务人员、高级干部，下到地痞流氓，这些形形色色的人，实施了危害社会的行为，走上了违法犯罪的道路，为了逃避法律的惩罚，总是要千方百计、不计任何手段来与问话人对抗。因而问话人无论接受什么样的问话，都要做好充分的思想准备。但是被问话人在法律上很多时候是处于被指控的地位，被逮捕以后所处的是人身自由被限制的地位，被问话人实施隐匿行为有一定的证据被掌握而处于无法摆脱的地位，有国家法律的支持，这些是问话成功的重要保障。

其次，认真研究案情熟悉案情，奠定驾驭控制全案的基础。由于不同类型的问题的特点不同，与被问话人的关系不同，对被问话人产生的心理影响也不同。这就要求问话人有针对性地采取不同的方法和对策，根据问题的特点与被问话人的关系，把握问题的基本脉搏和本质。被问话人与问题的关系，是依靠掌握的证据来确定的，掌握的证据越多，就越能证明被问话人与问题及隐匿行为事实的关系，我们的问话活动实际上也是为了证明这一关系而服务的。能够证明被问话人隐匿行为的大量证据，只有被问话人自己掌握得比较全面，所以在很多的时候我们还要向被问话人要证据。至于要什么证据，怎样去要，只有在非常熟悉案情的情况下，才知道要什么不要什么，才知道什么是客观事实，什么是谎言。因此只有通熟案情，才能做到心中有数，才能驾驭全局。

再次，问话前对策的制定、方法和技巧的利用，是问话成功的条件。要取得问话胜利，必须在对策、方法、技巧上先胜，而后再求讯胜。只有做好问话前的准备工作，才能牢牢掌握问话主动权，才能抓住问题的中心和要害进行问话，保证问话效果。如果先问而后胜，就会出现盲目性和随意性，就会暴露问话意图和底细，导致问话失败，即使是问话取得了成功，那也是有很大的偶然性。

最后，树立良好的自我形象和权威是问话重要因素。问话人的良好形象和权威，是在问话过程中与被问话人的交往中形成的，它是在良好的仪表和风度的基础上，采取以理服人、以法服人的方法和原则，通过对被问话人施加一定的心理影响和压力，从而在被问话人心目中形成的权力、威望、信誉和敬意。同时，良好的心理基础，能够有效地刺激内部语言的积极反应，加速内部语言的判断、推理过程，提高内部语言的应对和反应能力。反之，如果问话人在被问话人的心目中的形象是蓬头垢面，语无伦次，狐假虎威，那么被问话人就会藐视你，就不可能心服口服地向你交代自己的隐匿的行为事实。因而问话人必须注意树立自己的良好形象，建立良好的权威感，忠实于事实、忠实于法律，养成高尚的职业道德。问话人执法如山，刚正不阿，实事求是，就能潜移默化地对被问话人的心理产生影响，有利于促使被问话人彻底坦白交代。同时问话人的一言一行，都会受到被问话人的关注，因此在问话时不要随便流露自己的情绪变化，做到不喜形于色、不怒形于容，镇定自若、沉着老练，语言生动、严密、合乎情理、富有逻辑，知识渊博、经验丰富，情绪饱满、明察秋毫，让其肃然起敬，形成一种威严的力量，才能使被问话人感觉到只有交代说实话才是唯一的出路。

问话本身是一种语言交流活动，这种交流活动的目的是查清被问话人的全部隐匿行为事实，追查其他应当追究违纪违法的行为责任的人，保障无罪的人不受纪律和法律追究，这是问话在语言交流活动中的重要地位和作用，根据这一特点和问话实践，要求问话人在问话之前要有充分的语言交流心理准备。问话本身是一场与被问话人进行心理较量的攻坚战，是一场非常艰苦的心理对抗过程，是人的智慧、才能、意志的较量，所以它不比上街买菜，顺手拿来，在很多的时候问话不是一次就能拿下来的，有时需要数十个回合，数十场的较量才能成功。更有甚者经过数十场的较量，仍然不能改变被问话人的抗拒心理。由于问话人求胜心切，缺乏临场前的心理准备，很容易产生畏难情绪，放弃对被问话人的追踪。如果问话人在事前就做好了心理准备，有计划、有步骤地从不同方向，采取不同的方法，选择好有效的攻击路线，根据在问话过程中可能出现的情况，准备好应变的措施，问话结果就可能出现另外一种状态。

第三节　问话的语言信息转移的对抗性

问话人在问话活动中的主动性和对抗性，是问话活动的基本特征，问话人为了获取隐匿行为证据，运用语言信息展开对被问话人的攻击，被问话人为了掩盖自己的隐匿行为事实，组织语言信息进行对抗，这是由问话活动的条件决定的。如果问话人采取被动的语言信息状态进行问话，必然会导致问话活动的失败。因此，这种主动性与对抗性是问话人在问话过程中的心理攻击状态的客观表现，是问话活动基本的特点，是问话任务的需要。它表现为，自觉的、积极的、主动的语言信息转移的活动状态。它的特点是为了达到目标的语言表述的主动性和语义的攻击性，它的产生是受内在动力的驱使而表现出来的。从问话人与被问话人的关系来看，他们是提取与被提取的关系，在语言交流活动中他们始终处在主动与被动的地位。在问话的实践中可以看出，被问话人在实施了隐匿行为以后，只要司法机关不去找他，他是不会主动去找司法机关的（除个别投案自首的例外），这就是被问话人的被动性。

被问话人为什么要采取被动的、消极的方法来对抗问话？从被问话人本身的情况和特点来看，被问话人暴露出来的隐匿行为事实或者是隐匿行为证据，只能是某一件问题的某一个部分，或者是某一部分中的某些情节。不可能把被问话人全部的隐匿行为事实都暴露出来，这是因为隐匿行为的隐蔽性而造成的。有的被问话人第一次实施危害社会的行为，就被抓获，他隐瞒的隐匿行为事实可能会相对少些，但是对那些多次实施违法犯罪行为，犯数罪的被问话人，他们有的是惯犯，有的是累犯，有的是以犯罪为业，有的是以犯罪为乐，有的是通过犯罪来满足自己的欲望。他们大多数人是在最后一次实施犯罪行为时被抓获的，这些人在接受问话时，不可能把以前所有的隐匿行为事实都供述出来，问话人知道多少就说多少，能隐瞒的就隐瞒，常常处于防守状态来对抗问话，所以，根据被问话人在问话活动中的特点，问话人必须主动发起进攻，不主动就等于放弃了问话，在这里被问话人不会有主动性的，你不问他永远也不会说。此外，为了深挖隐匿行为，问话人必须时刻保持良好的攻击状态，顺藤摸瓜扩大问题线索，紧追深挖，直到查明全部隐匿行为事实为止。因而，问话人的攻击性，对于改变过去“核对式”的语言方法，有着非常重要的作用。

从被问话人在接受问话时的心理特点来看，问话人的攻击状态对被问话人的心理产生重要的影响。问话人的攻击状态越强，被问话人的心理压力就越大，隐匿行为事实已经暴露的信息反馈就越强。反之，如果问话人的状态没有攻击性，就不可能对被问话人的心理形成压力，不可能掌握问话主动权，因为语言是心理行为的外在表现，语言没有攻击性，就会让被问话人认为你根本就没有掌握他的隐匿行为事实，就会认为你的底气不足，被问话人就会转守为攻，向问话人发难，转被动为主动。

问话人心理的攻击状态有利于克服各种消极因素。首先，问话人心理的攻击状态有利于问话人对问题全身心地投入，维护注意力的高度集中。在问话活动中问话人注意的分配与转移直接影响问话语言的攻击效果，人的注意由于受到各种不同因素的影响而发生分散，注意的分散是一种消极的心理现象，是注意效率消失的反映，会通过语言的攻击性的力度表现出来。攻击性的心理状态，是受较强的内在动力的驱使，能排除其他信息的干扰，剔除与隐匿行为无关的多余的信息，保持注意不向他处游离。其次，问话人心理的攻击状态，有利于限制被问话人的思维，使之思维集中在回答问话人提出的问题上。通常当被问话人的谎言被揭穿，处在走投无路的时候，在问话人语用行为的攻击状态的控制下，被问话人就可能走向供述交罪之路。与此相反，如果放松了对被问话人攻击状态的控制，语用行为软弱无力，即便是被问话人处在无路可退的情况下，被问话人的思维也会被扩展，通过联想来帮助其摆脱困境。

第四节　问话的语言信息转移的侦查意识

问话语言信息转移是互动过程，是经过往复的交替变化不断发出和不断接收过程，问话人正是通过这种信息转移过程，来发现提取隐匿行为证据的通道。被问话人暴露这一通道的语言信息就是信息转移的语境。为了达到问话目的，有效地完成问话任务，就要善于从特定的问话语言环境中去理解被问话人说话的含义，截获内外包含的意义，并根据截获的信息使用有针对性的语言转移给被问话人。问话人语言信息转移的目的是截取隐匿行为信息，但是，被问话人的隐匿行为信息不会简单明了地转移给问话人，通常是隐藏在语言信息的语境内，必须经过认真的分析才能予以截获，因此，问话人对被问话人转移过来的语言信息必须要有紧追深挖的侦查意识。

什么是侦查意识？它是公安、检察机关的问话人，根据法律的规定，在办理刑事问题的活动中，为了查明隐匿行为、证实隐匿行为，运用感觉、知觉、思考、记忆等心理活动，对问题中的人、事、物变化的综合觉察与认识。在问话活动中，问话人为什么必须具备深挖隐匿行为的侦查意识。从问话活动本身的特点来看，问话活动在很大程度上是侦查活动的继续。因而它不仅仅是向被问话人索取已经暴露的隐匿行为的口供证据，更重要的是向被问话人索取被问话人已经实施的、暂时还没有暴露的、被其隐瞒的全部的隐匿行为事实和口供证据，以及他人隐匿行为的线索和口供证明。从意识的角度上来看，问话人的侦查意识，也是与被问话人进行心理交流、心理影响和心理透视的综合觉察与认识。这种意识的存在，是以被问话人的对抗的心理特征为前提的。作为问话对象的被问话人的全部心理活动，总是围绕如何逃避惩罚而展开的，以最大的限度承担最小的责任为目的，以已经暴露的隐匿行为去掩盖还没有暴露的隐匿行为，以小的隐匿行为掩盖大的隐匿行为，以某一次隐匿行为掩盖其他数次隐匿行为为基础的。在对抗的方法上经常采用：能赖的就赖，能推的就推，能瞒的就瞒，不该说的坚决不说，能少说的不多说。在他们中间流传这样一句顺口溜：坦白从宽，牢底坐穿，抗拒从严，回家过年，争取宽大，重要的别发。这些概念根深蒂固地埋藏在被问话人的心灵深处，只有深挖才有可能全部暴露出来。按照“核对式”的问话方法，只能就案办案，出现一件办一件。例如，一盗窃案件的犯罪行为人，是以盗窃为业的惯盗，当在某一次盗窃时被抓获，如果问话人没有深挖隐匿行为的侦查意识，仅仅局限在被抓获的这一次盗窃上，定罪量刑也只能是一次盗窃行为，不可能掌握其他以盗窃为业的惯盗的全部犯罪事实，不可能起到深挖犯罪、打击犯罪的作用，更不可能连带地牵出其他的人和其他的隐匿行为。

问话人对隐匿行为目标紧追深挖的侦查意识，是问话基础，也是问话的发展方向。多年的侦查问话工作的实践证明，完全复核式的问话方法，已经不利于打击隐匿的犯罪行为和侦审工作发展的需要。从复核式的问话方法来看，它着眼于查明问题本身的隐匿行为事实，通过问题的主、客观证据来证实隐匿行为。另一方面是为防止冤、假、错案的发生而进行的复核。它的局限性在于不能强化问话的侦破功能。而对隐匿行为目标紧追深挖的侦查意识，不仅不会妨碍侦审的复核功能，还是对其重要的发展和补充。因为深挖的前提是以核对案情为基础的，只有对案情有了进一步的了解，才有可能在此基础上进行深挖。才能使问话工作适应新形势下出现的新问题、新特点的需要。

第五节　问话的语言信息转移的意志过程

问话活动中的语言信息转移，是问话人与被问话人的心理较量的过程，是意志对抗的具体表现，坚强的意志是战胜对手的基础，是保障语言信息转移的重要条件。从意志的一般概念来看，意志是人为了达到一定的目标，为了一定的目的，自觉地组织自己的行动，并且与排除障碍、克服困难相联系的心理过程，语言信息转移是心理过程的行为表现。从其特点来看，意志是人的心理过程，通过语用行为实现改造客观世界的积极性和能动性。它总是与人的有目的、有组织的行动密切相联系的，无行动的目的，很少有意志的存在。例如，下意识的习惯动作、盲目的冲动行为，就不可能与意志发生联系。另外不是所有排除障碍克服困难的行为都需要意志的努力，因为有时克服困难无须努力就能完成，比如天气热了自己的衣服穿得比较多，为了克服天气对身体带来的不适，顺手把衣服脱下来就行了，无须用更大的意志努力就能完成。由此可见，意志与困难的程度有着密切的关系，意志的强弱主要是以克服困难程度来衡量的。问话人在面对极其狡猾负隅顽抗的被问话人时，不仅要有娴熟的问话技巧，更重要的是要有坚强的意志，才能战胜自己的对手。

问话人与被问话人相互对抗的意志行为过程，可以分为两个阶段。首先是问话人和被问话人各自做出行为决定的阶段，是确立目标、准备计划、进行语言信息转移的准备活动，是意志行动的开始阶段，决定着语言信息转移的方向。其次是问话人和被问话人执行语言信息转移的决定阶段，使他们心理的意图、希望、计划、措施和方法通过语言信息的转移达到目的，是意志行为的完成阶段。在这两个阶段中，包含着许多复杂的又相互联系的心理过程。他们从动机冲突开始、确定行动的目的、选择达到目的的行动方法、实施心理定向。

第一，从动机的冲突来看，人在行动之前，首先在心理上便会产生行动的动机，当行为动机受到困难的阻碍时或者当行为动机发生矛盾时，就会产生矛盾冲突，在问话过程中，经常能够发现被问话人紧张不安的心理状态，只有当矛盾冲突被解决以后，行为的目的才能被确定。当问话人接到某一起问题的问话任务时，总是想取得该问题的问话成功，但是又怕被问话人顽固不化，自己拿不下来，出现畏难心理，或者被问话人还有可能出现对问话不利的难以预料的情况，由此而产生动机冲突，这种动机冲突的结果便会产生新的动机，具有相对的稳定性，只有动机冲突解决了，行动的目的才能确定。很多问话人在动机冲突之后，产生出先摸底、试试看的动机。从被问话人的动机冲突来看，当被问话人第一次被问话的时候，他就可能清楚地知道自己的隐匿行为事实已经暴露，那么如何来面对问话人的问话？是交代还是抗拒？如果交代了罪行，就要被判刑，如果抗拒下去，会不会有从重处罚的结果，他们到底掌握了我多少隐匿行为事实？这两种动机产生了矛盾冲突，只有当他们的冲突被解决以后，才能确定行动的目的。有许多被问话人的动机冲突的结果，选择了先抗一抗试试看，实在抗不过去了再交代。由此可以看出：怎样对待和处理动机冲突，可以衡量一个人的意志品质。

第二，从确定行为目的来看，经过冲突后的动机，产生了行为的目的。根据人的行动的目的有当前的和以后的，即有近有远。问话人的行为目的是让被问话人如实地交代自己的隐匿行为事实，这是当前近的目的。此后的目的是以铁的隐匿行为事实，将隐匿行为移送法院审判。而在对抗中被问话人的行为目的却与此相反，眼前的行为目的就是掩盖自己的隐匿行为事实，此后的行为目的就是逃避法律的惩罚。但是，行为的目的并不是仅仅局限在远、近两个层次，在近的行为目的里又可分为最近的和远的，远的行为目的又可分为远的和更远的。因而它们是由不同的层次来表现的，从它们相互间的特点和联系来看必须保持一致，才能取得成功。也就是说为了完成远的行为目标，必须首先完成近的行为目标。只有取得一个个层次的成功，才能取得最终的成功。

第三，选择达到目标的行为方法，当我们确定了目标以后，必须要考虑选择什么方法来实现这一目标，由于人本身的特点不同，世界观不同，专业水平不同，完成同一目标的方法也是不同的。根据客观存在的特点，为了完成同一目标其本身就需要采取不同的方法。例如，在向被问话人发问的时候，为了完成被问话人认罪服法的行为目的，首先必须消除被问话人的抗拒心理，建立问话人与被问话人正常交流的心理基础。其次是改变被问话人对自己隐匿行为的心理认识，建立自我说服的心理机制。最后是引导被问话人走坦白从宽、认罪服法的路。因此当问话人接受问话任务的时候，必须根据主、客观的条件，来选择有效的行为方法，达到制服罪犯的目的。

相互对抗的意志行为过程的执行决定阶段，也是意志行为的完成阶段。确定了行为的目标，制订了完成目标的行动计划，并不等于实现了目标，那仅仅是意志活动的开端，要达到目标还必须付出艰苦的努力，不断地产生矛盾冲突，又不断地克服困难，这是意志活动的中心环节。实际上这也是意志冲突和意志较量的结果。克服了困难就能达到目的，相反意志薄弱者只能以失败而告终。问话人和被问话人在执行决定阶段，在很大的程度上表现为意志较量的结果。问话人如果能克服畏难情绪，不断总结经验、选择正确的方法，不获全胜绝不收兵，就能在意志上战胜被问话人。相反，如果被问话人能够克服胆怯，无论外来的压力有多大，始终坚持，只要自己不开口，神仙难下手，在其意志强过问话人的意志的时候，他就能取得对抗的成功。

问话活动中意志过程的障碍的克服，是非常重要的环节。问话人和被问话人的意志行动，是不断地克服障碍来完成各自的意志过程，谁能不断地克服障碍，谁就能以坚强的意志战胜对方。人的意志行动的产生，是在某种程度紧张的情况下出现的，而这些紧张的状态又来自各个阶段所遇到的不同的困难和障碍，它是动机冲突的基本原因，问话活动中“问”与“抗”各自在确立行为目的之后，总会引起多种起作用的动机之间的矛盾冲突，如何能在这些动机中分辨出自己所需要的主导动机，这与我们的业务水平、知识修养、信念和责任心以及达到目的客观条件有密切关系。当主导动机出现时，应当判断它是否有利于促进已经确立的行为目的，如果不能，就要及时地进行调整、改变动机的状态。其方法在于：

首先，是要了解自己的动机是明确的还是隐蔽的。人在进行一系列的活动时，有明确的动机，自己可以意识到。而有时动机却是隐蔽的、伪装的，不容易意识到。例如，当问话人的意图被被问话人识破以后，处在被动的状态和不利的状态时，出现了混乱的心理状态，而此时问话人仍然表现出镇静，实际上这个动机可能就是伪装的，他的目的是担心被问话人发现，造成自己的难堪处境和局面。只有了解自己的动机是真实的还是伪装的，才能接受它、改变它，主导动机才能出现。

其次，是了解自己的动机所处的位置。动机是为了满足需要的时候产生的，有的被问话人的动机是为了满足自尊的需要，有的被问话人的动机是满足缓解心理压力的需要，实际上在问话过程中它们仅仅是眼前的需要。有的被问话人的动机是满足逃避的惩罚的需要，这是与长远利益相联系的动机，长远利益相联系的动机是通过近期的动机需要和眼前的动机需要的过程来完成的。例如，被问话人为了逃避惩罚的需要，就必须忍住近期的动机，忍住近期自尊的动机，才能有以后更多的自尊，忍住近期缓解心理压力的动机，才能最终彻底解脱心理的压力，逃避惩罚。同样如此，问话人在问话过程中经常会出现畏难和速成的动机，这就是眼前的动机，如果问话人能够时刻注意自己最终的动机，是让被问话人如实地交代自己的隐匿行为事实，他就会努力地克服、抵抗眼前需求的满足，控制住近期的动机。如果只顾眼前低层次的动机，就不可能完成与长远利益相联系的动机。因此了解动机冲突和各种动机所处的位置水平，就可以从中选择主导动机。

最后，是学会调整、增加和改变自己的动机。问话人与被问话人在问话活动中的冲突，实际上是动机冲突，这种冲突经常会出现相互对峙的局面，其结果大多表现为意志坚强的一方战胜意志薄弱的一方。但是从问话人和被问话人的双方的意志比较来看，并非问话人的意志就强过被问话人的意志。因为人的意志在很大的程度上受到人的生理条件的制约和生活经历的影响，因而，问话人在遇到意志坚强的被问话人，就要学会自我调整动机，始终保持积极的攻击状态。

怎样调整自己的动机？当双方的动机冲突出现相持不下的时候，再设立新的动机来予以支持，其目的是增加动机来增强意志。例如，问话人对贿赂问题的问话，确定被问话人有受贿行为，而被问话人则否认自己有受贿行为，出现了相互对峙的局面，最后形成双方意志的较量，结果是，强者胜、弱者败。如果问话人假设被问话人坚持不了多长时间就会交代的，那么问话人就会坚持下去，直到被问话人供述为止，这样从根本上就起到了增强意志的作用。就像一个走长途路的人，走了很长的时间到不了目的地，产生了急躁和畏难情绪，如果这时他能设立一个动机，告诉自己每走一步，就接近目的地一步，这样他就会强制自己能多走一步就多走一步，直到目的地。人的意志就是在不断调整动机、增加动机、改变动机的活动中来完成意志过程的。当某一动机不能支持意志达到目的时，或者出现了意志过程的障碍时，说明主导动机此时需要在其他动机的支持下，强化意志过程，达到最终目的。例如，问话人在对一名行贿被问话人问话时，对方的“口”封得比较紧，一连几个小时的对峙僵局，问话人就开始怀疑自己掌握的材料是否准确，对方是否真的有行贿隐匿行为？问话人问自己是否还有必要继续再问下去？也就是说问话人的主导动机出现了障碍，结果问话人还是放弃了继续问话。当问话人第二天仔细阅读材料继续进行问话时，被问话人很快地就交代了自己的隐匿行为事实。当问话人问被问话人昨天为什么不说实话时，他回答："昨天你们再坚持问下去，我就准备交代了，因为当时我已经坚持不住了，可是就在这个时候你们停止了问话，我也就混过了这一关。"如果问话人在前一天能及时发现或者遏制动机障碍的出现，及时调整增加新的动机来支持主导动机，根据有关的材料反映被问话人有重大的隐匿行为嫌疑，对方坚持不了多长时间就会交代的，只要自己有坚强的信心，就能取得问话成功。这一新增加的动机很明显地支持了主导动机，强化了问话人的意志过程。

这里应该指出的是：在问话过程中增加新的动机其目的不是更换主导动机，而是支持主导动机，如果新增加的动机不能支持主导动机，就失去了增加的必要，相反新增加的动机也就成为主导动机的障碍。问话活动中的主导动机不可随便更换，因为它是由问话任务和目的来决定的，问话目的就是要让被问话人交代隐匿行为事实，这就是问话主导动机。如果把主导动机更换了，其目的也更换了。在日常的生活中，人的主导动机是可以随时改变的。例如，一个人为自己订立的目标是拿到博士学位，他的主导动机是博士学位，可是当他经过一番努力之后发现目标对自己不实际，根本不可能达到目的，然后他就会重新来评价自己、重新为自己设置目标，退而求其次，选择低一个层次的目标去努力，这种更换主导动机的方法有利于减少挫折感，增加获得成就感的机会。

第六章　问话的语言信息转移的截获

第一节　问话的语言信息转移的条件

问话人运用语言信息的目的，是通过问话语言信息的转移合作，从被问话人的问话语言信息转移的反馈信息中获取所需要的信息。问话活动中的问话语言信息转移与日常生活中的语言交流有着截然不同的特点，问话活动中的问话语言信息转移是在特殊的语境下进行的，是带有强制性的问话语言信息转移的合作。因此，问话中问话语言信息转移的另一方是被动的问话语言信息转移，这种被动的基本特征就是不愿意暴露自己已经被掩盖的隐匿行为信息，这是被问话人问话语言信息转移的基本特点。

但是，这种被掩盖在被问话人心灵深处的隐匿行为记忆，伴随着问话活动中问话语言信息转移的过程，又经常不自觉地跳出来参与心理活动，随着问话语言信息转移的不断变化、不断激烈，心理压力不断增加，这种被掩盖的不愿意暴露的信息就会随着问话语言信息的转移而表现出来。当这种问话语言信息表现出来以后，通常是不完整的，需要问话人的填补，才能成为完整的信息。例如，被问话人回答说："我没有亏待他。"这句话需要截获的问题有：他是谁？怎么没有亏待？为什么没有亏待？根据截获的问题进行填补就能够发现：他就是行贿人；怎么没有亏待，是为行贿人获得了利益；为什么没有亏待，是因为自己获得了好处受贿了。问话人截获了这些信息以后，就能够组织新的问话语言信息转移，以此获取明确的隐匿行为证据信息。问话活动中对问话语言信息转移的截获方法如下：

首先，是对问话活动中语言意义的认识。问话中问话语言信息转移表现为问话活动的语用行为过程，从语言信息的特征来看，语言信息类型包括：新信息和旧信息，共同信息和单独信息。这里新信息是问话过程中才获得的信息，旧信息是问话活动开始以前就已经拥有的信息，问话活动的目的就是不断获取新信息。这里的旧信息又可以分为共同信息和单独信息，共同信息是问话人与被问话人在问话活动开始以前就共同知道的旧信息，是问话活动能够顺利进行的基础。例如，被问话人知道自己已经涉嫌隐匿行为，要接受问话人的问话，问话人也知道对方涉嫌隐匿行为需要进行问话，这是共同知道的旧信息，是开展问话活动的合作基础。单独信息是问话活动的某一方拥有的旧信息，这种旧信息对拥有者是旧信息，而对获得者来说就是新信息，问话活动在很多的时候就是为了获得被问话人的单独信息，不断地用共同的信息获取单独信息。

其次，是对问话活动中问话语言信息转移的语言意义的推理识别，这里语言意义包含着背景含义和前景含义。含义又包含着表义和含义，表义就是说话的字面含义，是正常的语言符号直接表现出来的问话语言信息，是保障普通问话语言信息交流的基础，是问话语言转移过程中表层的引导性的语言，不是目的性的语言意思。如果需要得出含义，必须经过进一步推理才能得出。表义是否真实地反映表述的意图，取决于表述人的表述含义是否与表义一致。语言含义是在语言表义的基础上通过语言推理和逻辑推理得出的实质性意义，问话人话中有话，就要设法让被问话人明白，而被问话人的言外之意问话人更应该及时地接收，挖掘出深层次的语言含义。深层次的语言含义在哪里？就在前景含义和背景含义里，前景含义是语言表达结构包含的主要信息。例如，前面所述的“我没有亏待他”。前景含义是“我给过他好处，善待过他”。背景含义是语言表达结构附带包含的信息。例如，被问话人回答说“我没有亏待他”。他是谁？怎么没有亏待？为什么没有亏待？根据推理就能够发现：他就是行贿人；怎么没有亏待，是为行贿人谋取了利益；为什么没有亏待，是因为自己获得了好处受贿了。前景含义跟背景含义不同，前景含义是主要信息，背景含义是附带的隐含信息，问话活动在很多的时候通过背景含义找出需要的目的信息，展开语言攻击。这是在问话语言信息转移活动中，截获问话语言信息的重要手段。

最后，是如何动用问话人的耳朵截获问话语言信息转移过程中的背景含义。用“耳朵”听，是人们在日常生活中获取信息的重要方法之一，也是获取信息的重要手段，它不仅仅在人们日常生活交往中起到很重要的作用，而且在我们与隐匿的违法犯罪行为的斗争中也有着重要的作用。“听”是向被问话人提取信息的重要途径，因而在问话被问话人时的听，与日常生活中人们交往中的听，有着重要的区别，有更深层次的要求，这种听，要听出被问话人内心深处不愿供述的隐匿行为信息，要听出被问话人在接受问话时不同时期的心理状态，要听出被问话人下意识暴露的信息，要听出被问话人在对抗阶段的谎言，不仅要听出话中话，还要听出话外话，充分地发挥听的作用。

第二节　问话语言信息的传递

问话活动中问话人发出的信息与获取的信息都是围绕获取隐匿行为信息而展开的，而被问话人发出的信息与接收的信息大多是以掩盖隐匿行为事实为目的。因此，被问话人总是将隐匿行为的信息量控制在最小的程度。问话人为了获取更多的信息，不仅要全身心地投入，而且还要研究如何能够摄取问话语言信息的方法。

摄取问话语言信息的特点是感性认识到理性认识的过程，通过问话语言信息的接收的感性阶段到理性认识的推理判断阶段。问话活动就是问话语言信息的传递和接收的行为，与日常的生活用语有着很大的差异，它不仅表现为问话语言信息本身的对抗性，而且还存在着很强的技巧性、谋略性和语言含义的隐蔽性。因此要求问话人在接收信息的第一阶段必须仔细地听。

首先，要取其精华，去其糟粕，抓住对方说话的要点。在问话时候由于被问话人的特殊心理状态，在接受问话时总是拐弯抹角、模棱两可、支支吾吾、藏头露尾，有话不直说，问话人必须加以梳理过滤，去掉水分留下干货。那么，怎样才能去“水”留“货”呢？这就需要我们掌握听的方法，这种方法就是仔细地听。听的信息来源是被问话对象供述的语用行为，这种供述的语用行为过程是通过被问话人的说，经过一定空间的传递，由问话人接受。这一信息接受的全过程只有在没有任何障碍的情况下，大脑在接受听的信息循环的时候，才能完整地接受对方发出的语用行为信息，如果大脑在接受别的环节思维的时候，没有处在接受信息的状态，便产生了接受信息的“盲区”，即便你是有耳在听，也是听不到东西的，是取不到外来的信息的。要完整地取得外部信息，必须控制自己的大脑始终保持在接受信息的状态下，排除其他的环节思维的干扰，排除外界空间的客观干扰，也就是我们通常所说的“静静听”，才能获取完整的语用行为信息。“静静听”的目的，就是要主观上始终保持着吸取的状态，别让其他思维环节加入，这种吸取状态，也包括随时吸入，随时进行加工处理的功能。

其次，要防止客观空间障碍或其他信息的透入，保持信息的来源渠道畅通。另外还要时刻注意发送源的障碍透入，一旦发现障碍信息侵入信息发送源时，应及时排除予以调整。要让对方完整地把信息传递完毕，不要中途打断对方的说话，要耐心地听完对方的全部意思表达。

最后，要努力地记。一名合格的问话人首先应该能将被问话人交代的全部信息记下来，放到全部问题中去分析、研究，确定被问话人是否有隐匿的犯罪行为，犯什么罪，与其他被问话人的联系的主客观依据。被问话人在对抗中，所采用的方法，供述的语用行为的矛盾点、谎话，心理活动的特点，语言的特征，气质和性格，只有努力地记住被问话人的每句话，每句话的音符、节奏、强弱、间隔等，才能吸取到全部的真实的信息，才能去其糟粕，取其精华，进行分析研究采取对策。要努力地记住被问话人的语言特点，语言中的断句，供述的内容，忽然转变的话题，语调中的强弱调，语句的半句话、刺激语，为的是广泛地收集资料，加深对被问话人的了解，根据隐匿行为的特点，不放过任何一个可疑的细节和对方下意识表现出来的信息。通过这些能反映对方心理变化的特征，找准促使被问话人供述的方法和对策。

问话人在接收信息的第一阶段必须细心地分析推理。收集来的信息，必须通过加工整理，去"水分"，找出问题的核心，才能为我们问话所用，这一过程就是分析推理、判断的过程。分析的过程也就是对被问话人发出的信息加工、整理、去伪存真的过程。被问话人所供述的每句话，都是有其原因和目的的。在对抗中的被问话人总是要千方百计地掩盖自己的隐匿行为事实，因而在接受问话时所表现出来的语言特点、表达方式、心理的反应也不相同。例如，有的被问话人在接受问话时，忽然火冒三丈，有的忽然转变话题，有的说"半句话"，有的在一句连续性的话中多次出现断句，有的说话的语调时强时弱，这就需要问话人细心地分析，找其原因，去发现"有用"的东西，找准目标，有的放矢。同时对那些经过信息刺激的反应和细微的语言变化，都要认真地分析研究，多问几个为什么。在这些"为什么"中找原因、找结果。

第三节　问话语言的信息表现

一、问话活动中问话语言信息表现的基本特征

首先，积极的语言合作本身就反映出对说话者的态度。每个人都希望别人在自己讲话的时候能认真地听，在问话活动中也是如此。问话人对被问话人的陈述辩白应该重视，认真地听取。这不仅是为了从这些陈述与辩白中获取隐匿行为证据，同时也是对被问话人的人格尊重。每个人在交往中能理解他人的愿望，同时也希望自己被别人理解。认真地“听”，积极地合作，不仅是消除误解的途径，其实听本身就是一种理解。在问话活动中被问话人由于受到环境条件和认识水平的限制，其陈述的语用行为往往表现得很乱，有时被问话人还会喋喋不休，他对问话人讲述自己的隐匿行为原因、生活情况以及工作中的许多问题，以求得问话人对其隐匿行为事实的谅解与宽恕，对被问话人的这些语用行为及其供述特征，问话人应该耐心听取。反之，被问话人就会认为问话人在整他，增加其抗拒心理。有些被问话人为了在问话中，对某些关键问题的陈述，采取“打哈哈”的模糊语言，他往往利用问话人听得不注意、不专心的机会，开开玩笑为自己打圆场，企图混过去。因此，认真听取被问话人的陈述与辩白，不仅表示对他人人格的尊重，更是说明问话人对被问话人的重视，这无疑对其陈述的真实性起到监督作用，造成其心理压力，迫使其交代问题。

其次，在“听”的时候，问话人要控制自己的情绪。被问话人的陈述与辩解，不一定每句话都紧扣隐匿行为事件的中心，有的人在工作和生活中也有一本难念的经，此时他会把平时生活中遭受到的一些陈芝麻烂谷子统统倒出来。如果问话人认为啰唆就错了，他们的目的是表示对问话人的信任，希望得到问话人的理解。如果这时问话人一会儿看表，一会儿倒水，一会儿打断陈述，显得不耐烦，马上叫其言归正传，就会在双方的交流中间产生隔阂。同时，问话人表现得不耐烦或三心二意，被问话人就会明白你不重视他的陈述或者你根本就不在听，使问话无法顺利进行下去。问话人听到被问话人的供述正是自己急需知道和了解的情节，立即表现出感兴趣的情绪；反之，被问话人的供述与自己想要的“东西”不相干时，马上又表现出不耐烦的情绪，这种情况不仅暴露了问话目标，还把自己的底露了出去。

最后，“听”中的“不听”。不听也是听，在问话活动中问话人对被问话人的供述采取否定的态度，以此来调整、影响被问话人陈述的内容。说到底，“不听”就是为了更好地“听”。在问话阶段，被问话人一般都想推脱责任，减轻处罚或逃避追究。有的编造谎言、制造假象、迷惑问话人、避重就轻、不谈实质问题，专拣鸡毛蒜皮的小事讲。在这种情况下，我们就不能采取认真听的态度了。采取“不听”或不愿听的方法，对被问话人的供述持否定的态度，使其认为我们对你这部分陈述不感兴趣。被问话人这时也会想到对什么感兴趣，这是不言而喻的问题，以此迫使其交代关键问题。

二、被问话人的语言表达与其性格特征

语言的信息表现能够反映出语用行为人的性格，不同性格的人，在语言的表达方法上也是不同的。问话过程中，要从被问话人的语言表达方法和特点中听出其性格特征来，有针对性地采取相应的方法，达到促其供述交代的目的。

首先，从语言的表达听其特点。语言习惯能表现一个人的个性，同时通过语言习惯也可以透视出人的更深层次的心理状况。语言是心理行为的表现，因此，有时被问话人顺口而出的语言，往往比他经过认真思考后的内容更能说明问题。通常显示的语言习惯有这样几种较为普遍的特征：

（1）有意识地强调自我，多用第一人称“我”。这种强调是自我意识很强且过于自信的表现，由此可以明显看出其自我显示欲很强的性格。

（2）借别人的话来表达自己的意思。这是一种自我扩大欲在起作用，表示还有更多的人和自己意见一致。其实，这正说明自己的力量不足，要借助别人的力量。在问话被问话人时，有的人就说这种“回扣”拿得是合法的，比如某某说也是合法的，这就是借用语，实质上是在借外力。

（3）表现相互关系的恭维语。在社会生活中，恭维语是维护良好的人际关系的润滑剂。在人们的观念中，使用恭维语最妥当，不会出现什么问题，因而，有些人在附加堆砌一些过度的恭维语，为的是达到某种目的，或是某种企图。这种恭维语也经常反映在问话过程中，有的被问话人为了达到某种目的，而向问话人传递恭维语。如你年龄不大，却有很高的水平，很高的人品，等等，用恭维语来换取对他的“好感”，或达到其他的目的。

（4）表现思考状态的思考语。思考语是表达人在思考时的语言状态，它反映了说话的人为了达到语言连贯性和意识表达的准确性，在当即不能表达、需

要慎重思考的情况下，而选用的一种掩饰性语言，常用的“呃”“啊”“唔”“这个……”“但是”，这时所说的就是“思考语”。在问话中出现“思考语”则表明对方的回答和心理状态处在极慎重的情况下，而不是随意的。

（5）双方谈话的“附和语”，是表示对其所表达的意思表示赞同，主要是让对方知道，我正在专心听你说话，消除对方的顾虑。

其次，从语气的变化上听其特征。有的表情和情感，不仅是通过脸部表现出来，而且还可以通过说话的语气来表现，这种语气能增强说话的感染力，它不仅能表达说话者的内心情感，还能表达言外之意，如果说话没有语气的配合，就会让人难以理解，不知所云。语气在语言的表达上起着重要的作用，从语气中能听出表情，听出内心的思想和感情来，因而在向被问话人发问时，为了了解其心理特点和性格特点，就要注意研究如何听对方说话的语气。从其变化的特征来看，说话的语气特征之一是速度，说话速度快的人，多半是能言善辩，反应快。说话慢的人，其反应也慢。

被问话人在接受问话时的语言速度，是异常说话速度与深层次心理的关系，研究他们忽然改变原来正常说话速度的原因，这种原因是由于被问话人因某一事件的关系，引起心理的变化，而导致讲话速度的变化。比如在问话中，问话主题忽然涉及被问话人隐匿行为的关键问题时，这时被问话人说话的速度会不自觉地放慢起来，甚至让人觉得好像不会说话。而在其心理平静的时候，说话的速度比较平稳；在其激动的时候，说话的速度会忽然加快；在其烦恼不安或恐惧的时候，说话的速度会快得异乎寻常。与说话的速度一样，声调是语气的又一特征。首先人的心理状况在激动的时候，声调往往很高；内心处在不安的状态时，声调也会异乎寻常地高；在无法掩盖的隐匿行为事实面前，其声调会越来越低。其次是声音的频率，它是随着人的年龄的变化而变化的，年龄大了，音频会越来越低；如果人处在任性的心理状态时，别人的什么话他都听不进去，由此而发出较高的声音频率。说话的节奏感，是语气的另一特征，主要表现在抑扬顿挫，有时语言节奏也能反映心理活动，当人处在理直气壮的时候，说话的节奏感很强；相反，心理有某种压力的时候，说话则慢慢吞吞无节奏。

最后，根据语言运用特征听其性格特点。（1）豪爽型性格的语言特征：言语直率，不善掩饰，敢于公开顶撞，不瞻前顾后，语言的防御体系不严密、漏洞多、粗糙、草率、情感容易冲动，在问话人的信息刺激下，容易推动抑制力。这类人自尊心和自信心很强，抗拒心理一旦形成，则不容易改变，但只要摸准其心理特点，对症下药，也会使其就范的。

（2）外露型性格的语言特征：这种人在接受问话时表现得较为灵活，善辞令富机智，能照顾到说话的不同环境与对象，讲究说话时的技巧，话不直说，善拐弯，能言善辩，一般不顽抗，善于根据问话人的问话态度，投其所好。有时会用多变的情感来掩饰自己，有时编造谎言为自己开脱，有时痛哭流涕，捶胸顿足，有时转悲为喜，破涕为笑。这点对问话人来说，要特别注意，不被其辞令所迷惑，不被其感情所感染，要保持冷静与独立的思考。在问话实践中，针对这种性格的人，在问话方法上要顺逆结合，因势利导，声东击西，转移其注意力，放慢问话速度，用平缓的声调，让其放松戒备，便于抓准空缺，找出矛盾点，进行心理限制，当被问话人觉察到败局已定的时候，会一举交代自己的隐匿行为事实。

（3）理智型性格的语言特征：这类人有着沉静、果断、稳重的性格特点，对外部信息适应较慢，不灵活，有惰性，言行稳重，慢条斯理，不带感情色彩。在被问话时，循规蹈矩，不轻易插话，不爱多说话，更不爱空谈，对“听”比较用心，并且有言不由衷、心口不一的特点，在问话时应注意判断。

（4）内向型性格的语言特征：这类人腼腆少语，优柔寡断，顺应性差，供述刻板，有很多“潜台词”，需要问话人自己去补充和琢磨，但这类人说话时不善兜圈子、设迷障，说话时语气平缓，语调变化不大，善独自地猜疑和臆想，心理状态较为冷漠。问话时首先要改变其缄默寡语的状态，调动其说话的兴趣，问话速度要慢、平稳，多注意对方的反应，利用其情感脆弱，促其产生内疚心理，在有证据的情况下适时地使用证据，逼其交代罪行。

第四节　问话语言意义的摄取

语言意义也叫作含义，就是在字面含义的基础上通过语言推理和逻辑推理得出实质性的目的意义。被问话人在对抗问话的时候，很多的心理行为就是通过语言的背景含义流露出来的，被问话人通过语用行为表现出的语言意义就是被问话人的心理行为表现。例如，被问话人在回答问话人的问话时这样回答：“我没有隐瞒，如果你们说我已经涉嫌隐匿犯罪，你们拿出证据来！”被问话人在这里的前景含义是辩解，否认自己隐匿行为。但是，他的语言意义却不是这样的，他的这句话的背景意义是试探问话人是否掌握了自己的隐匿行为证据，目的是探听问话人的虚实。那么问话人就应该迅速地摄取被问话人的语言背景含义。通常问话人为了隐蔽自己掌握隐匿行为的信息量，采取了另辟蹊径的方法来回答被问话人的探问：“既然如此，你又何必当初呢?”这里问话人运用了信息的间接转移，避开了被问话人的试探，封锁了是否掌握证据的信息。摄取被问话人的语言意义能够有效地掌握被问话人的心理行为。问话活动中的摄取方法就是依靠问话人“如何听和如何分析推理”来实现的。

摄取的第一任务是“听”。常言说：“听话听声，锣鼓听音”，要知话中之声、锣鼓之音，就要学会“听”。“听”在问话活动中也是一门艺术。有的学者认为问话活动是一个完整的信息交换系统，那么在这一信息交换系统中，“听”占有特殊重要地位。“听”和“说”的活动由问话人和被问话人组成，问话人处于控制信息的一方，被问话人处于被控制一方。双方进行信息交流象征着“取”和“给”。在问话中“听”即“收取”，其重要作用在于：通过听来收取反映的信息，在搞清案情的同时又要发出信息。再者，在问话中，怎样去“听”又反过来直接研究“说”的比较多，但很少有人去研究“听”，问话中的“听”其实是一种特殊意义上的“听”，它的意义在于“听”的范围之外，“听”出被问话人的心理活动。

在问话时被问话人的语调较平衡，没有过多的起伏，叙述较完整，没有过多的停顿，这是一种平静的表情。即使受到外来的刺激，也没有产生某种心理的特殊变化，仍然处在平静的状态。这说明刺激的程度不够，问话人的压力不强，没有击中要害，问话中的语言对被问话人来说无关紧要。

在问话时由于打消了思想顾虑，心里像落了一块石头，显得比以前善于言辞，有问必答，语言的速度比以前缓慢。这是轻松的表现，但问话人应注意，被问话人是否交代了全部的隐匿行为事实，还有待深究。

在问话时出现语气委婉，近似于商榷的口吻，比较容易接受所提的问题，出现较多的“是的”“可以”，这属于满意的表情。这种表情是问话人通过宣传教育，得到了被问话人的信任，才有此反应。这时问话人可按原计划追查有关隐匿行为问题。反之，问话人还应考虑是不是在某个环节上出了问题，及时调整问话计划。

在问话时对手说话的音量加大，嗓音变粗，说话有力，语句比较简短，这是激动的表情。这时问话人应判断其真假，真的话是为了否认和狡辩，假的话是为了破坏问话、搅乱问话环境，发现后立即揭穿，则能起到震慑和打击作用。

在问话时，对方的语音出现颤抖，说话减少，语调较轻，叙述停顿较多，反应迟钝，这是紧张的表现。问话人对这种表现应该分析属于正常还是非正常的，就问话来说，本身就是一个紧张的过程，这属于正常的。另一种是由于说谎和思想矛盾的原因引起的，属非正常的。由于其心理和生理上的某些原因属非正常，如眼神不敢正视，思想矛盾时只盯着一个地方看，动作单调，坐立不安，声音小，速度慢，结巴颤抖，等等。

问话时对方说话突然减少，语调生硬，这是不满意的表情，除了问话人某种失误外，就是出现了与对手自身利益相关的问题，这是一种畏罪心理的反映。

问话时对方说话的声音抖动得厉害，说话含糊不清，语无伦次，有时会出现哭喊，这是一种恐惧的表情。这种心理状态对我们的问话是不利的，这时问话人应放慢问话速度，缓和情绪，在自由交谈中发现矛盾，引导被问话人进行权衡利弊的选择，实现供述的动机。

问话中对手在回答问题时，较多地出现“是不是”“会不会”等探测性语句，说话声量减小，有些话只说一半，这是猜疑的表现。这说明对手在关心什么问题，处在某种矛盾状态，此时有可能已进入反复动摇阶段。问话人在说话时要注意多听少说，寻找对手“关心”的事情，集中力量使其供述心理形成。

问话中对手出现嗓音极度颤抖或沙哑，说话断断续续，带有责备自己的语气，这是悔恨的表现。这种表现大都是对自己罪过有了认识后才出现的，问话到了这个阶段就胜利在望了。

摄取的第二任务是分析推理出被问话人供述的背景含义。最关键的就是分析供述矛盾。问话被问话人的目的，就是让被问话人如实地供述自己隐匿行为的客观事实。实践中除少数投案自首主动交代自己的隐匿行为事实外，大多数被问话人为了逃避法律的惩罚，总是千方百计地用各种假话来掩盖自己的隐匿行为事实。这种掩盖的行为和方法必然导致诸多方面的矛盾出现，这是因为隐匿行为是一种特殊的社会现象，它的发生、发展、结束，有其不以人的意志为转移的客观规律性。被问话人要掩盖自己的隐匿行为事实，必须去改变这种客观规律，因此而造成较多的矛盾出现。这些矛盾的出现正是问话人问话的目的，是让被问话人交代隐匿行为事实的重型炮弹之一。

在向被问话人问话的实践中，迫使被问话人交代自己的隐匿行为事实的有效途径之一，就是加强对被问话人的心理限制，而达到这种心理限制的条件最重要的一点就是利用供述矛盾。利用被问话人的供述矛盾达到对被问话人的心理限制，这是多年来在问话实践中取得成功的基本经验。这种矛盾怎样才能被发现，这就需要问话人设法通过自己的耳朵“听”出来。从隐匿行为的特点来看，在时间上有客观的连续性；在隐匿行为活动中的环节上有相互联系的规律性；隐匿行为证据与隐匿行为活动的统一性；隐匿行为证据之间，隐匿行为情节之间以及隐匿行为证据与隐匿行为情节之间，有其客观存在的关联性。这些特点就是我们推理出矛盾的基础和途径。

摄取的基础就是听被问话人供述的语用行为表述。在被问话人的供词中推理出矛盾，这种矛盾的本身就存在于供词中，因为问话过程实质上也是被问话人供述的过程，被问话人在供述过程中，总是在不断地回忆当时的隐匿行为情景，从这些隐匿行为情景中寻找“对抗环节”，是编造谎言、隐瞒事实，还是嫁祸他人，寻找有利于自己逃避惩罚的最有效途径，这种途径是被问话人主观臆造的，而这种主观臆造的情节与客观的存在有一定的差距，被问话人按主观想象的情节供述，必然会出现与之相矛盾的地方，因为要谎供就必须删去不利于自己的真实情节和事实。问话人所得到的经过“加工”了的“情节”，这种“加工的情节”是粗糙的，有时本身就隐含着矛盾。当被问话人处于被问话被动状态时，由于强大的心理压力和主要的注意目标在掩饰真实情节和回避真实情节上，而对自己“加工的情节”不可能注意得那样周密，在供述中进而不知不觉地便出现了矛盾，这种矛盾属于客观静止的，存在于供词中，只要作虚假的供述，这种矛盾便会存在。另一类矛盾属动态型的，随着供词中谎言的不断发展，这类矛盾便在不同情节的细节中进行运动而成为谎言的克星。

怎样才能通过推理、判断找出矛盾呢？首先，注意每一次问话供词的前后矛盾点，从时间、地点、事件与人以及相互联系的细节、客观性、逻辑性、情理性、完整性方面去认真听，听出供词中客观静止的矛盾，听出某事某物发展的可能性，如向并不熟悉的人借钱并且数额巨大，有这种可能吗？有谁会干这种蠢事，一听便知是编造的谎言。

其次，推理、判断出运动在不同阶段和细节中的矛盾。这种运动中矛盾的产生，有时要依靠问话人创造机会，提供“动力”，矛盾才能运动起来，涉及每一环节和细节中去。在问话中，问话人不能完全地坐等供述的静态矛盾，还要积极地去开发运动的矛盾。这种开发矛盾的方法，就是要采取各种技巧，使被问话人从不同的角度、侧面、细节来对自己“加工的情节”进行供述，让其谎言得以充分的暴露，使矛盾在不同的细节中运动出来，这种运动出来的矛盾，被我们“听”取、集中，最后变成对其进行心理限制的客观证据，促使其认罪服法。

再者，分析、推理“残缺”语言的整体含义，这里的“残缺”语言我们通常称为“半句话”。什么是“半句话”？在人们的正常语言表达中，一句话是表达一个完整的意思，如果遇到特殊的情况，在意思表达者不愿将意思表达出来的时候，在进行一半的情况下忽然中止了表达，便出现了“半句话”的情况，这在日常的生活中也是普遍存在的，但有时并不太会引起别人的注意。但在问话活动中，却要注意“听”这半句话，甚至还要将后半句没有说出来的话添加上来，连接出完整的意思表达。根据这一意思的发展线索，直追下去，直到追出“半句话”出现的原因。

为什么要对“半句话”进行研究呢？在问话中，“半句话”的出现并不太普遍，但有时被问话人在说明某件事情的时候，正说到半句，忽然发现这句话说出来之后对自己不利，便将后半句话吞了回去。这吞回去的“半句话”对被问话人不利，而反过来，正是问话人所需要的。这“半句话”多半是在被问话人下意识状态下出现的。在接受问话时的被问话人的大脑思维始终处在对隐匿行为情景的追忆之中，对钱如何拿到手的关键细节和数量不停地在大脑中循环，这是行为人无法控制的。在人的大脑进入其他的思维状态时，一旦外界的信息涉及贪污、贿赂隐匿行为的情况时，大脑会迅速地将过去的隐匿行为细节再现，并加入思维的循环，而那些隐匿行为时的关键情节又总是作为这些思维循环的开始或结尾，在问话过程中，这种思维的特点又根据外界信息进入大脑的频率而不断地加快或减慢，这个信息就是我们问话主题。

问话人频繁地加大思维压力，加速隐匿行为情景在被问话人思维中的循环速度，而且当被问话人不愿说实话的时候，处在对抗的状态时，大脑的思维就要分出一部分来，编造对抗的谎言，把隐匿行为的中心问题从自己的身上转移出去，这种思维的特点就是设法编造对自己更为有利的谎言即“环节的选择”。

这两种思维会交替地在大脑的思维中循环，有时相互影响，相互渗透，这种渗透便通过语言表现出来，出现了“半句话”的情况。我们问话主要目的就是找出被问话人的隐匿行为情节，这些隐匿行为的关键情节在被问话人不愿主动说出来的情况下，就要靠我们问话人将其从大脑的思维中挤出来，被问话人的下意识出现的“半句话”，有可能就涉及我们所需要的关键情节，因而问话人不要轻易放过忽然出现的“半句话”，同时还应该将“下半句”没有说出的

“半句话”找回来追下去，发展成完整的意思表示，进行分析研究，把被问话人的行为细节从其大脑思维循环的记忆中挤出来，达到让其交代隐匿行为事实的目的。

有时被问话人还没有来得及说出“半句话”就发现了这句话说出去会带来不良的后果，对自己不利，便忽然改变了话题，将意思表示引向别处。这种忽转的话题与已说出的“半句话”的区别，就在于发现不利自己的时间上。早发现不利的情况，还没有来得及说就停止了，为了掩饰而转变其他的话题；而“半句话”只能先停下，在一时没有找到有机联系的意思表达把“半句话”发展下去，就无法转变话题。因而“半句话”较为明显，而忽转的话题则较为隐蔽，这就需要问话人注意“用心”去认真地听。

最后，分析、推理攻击型的“刺激语”的语言意义。在对贪污贿赂被问话人的问话活动中，由于问话对象的特点各异，采取的问话方法也不同。有的被问话人为了达到对抗的目的，采取了以攻为守的方法，向问话人主动发起进攻，以此来扭转自己的被动地位。有些没有经验的问话人不知道如何采取对策，丢失了原来属于自己的主动的优势地位，处于被对方控制的劣势地位而不知所措，只好被牵着鼻子顺着对方设计好的路子走，一步一步地走进了对自己不利的被动圈子最后只能以失败而告终。这种情况在问话实践中有其普遍性，应引起重视。

问话活动中双方的较量虽不是兵戎相见、你刀我枪地对搏，但是，在打击贪污贿赂犯罪的战场上也是短兵相接，生死之争。从这些被问话人以攻为守的方法的表现来看，用强词夺理、颠倒是非的方法，对问话人进行刺激，激发问话人急于驳倒对方的冲动感，造成问话人失去正常的理智以致出现僵局，以此来破坏问话人为了达到问话结果所采用方法的思维定势，达到蒙混过关的目的，同时也是对我们问话人心理素质、问话技能的试探，以便乱中取胜。实践证明这一方法确有其成功的效果。从问话人与被问话人的主体来说，其主体都是人，在正常情况下，人的机体保持着一定的稳定状态，这在生理学上称为平衡状态。客观刺激作用于人会导致生理、心理的变化，打破体内平衡状态。外界对心理的强大刺激则会引起生理及其心理的一系列变化，加剧其不平衡状态，引起心理失调，甚至失去自我控制。如果问话人在没有心理准备的情况下，受到这种外来的刺激语的影响，产生了激动的情绪不能加以克制，就会影响问话人的听，破坏问话人的正常思维，导致忙中出错，给对方可乘之机。

针对这种情况，问话人必须要注意对问话中“刺激语”的语言意义的识别。只有识别出“刺激语”的目的，才能采取相应的对策。这种识别的方法，就是用我们的耳朵去“听”，听得越耐心、越仔细、越完整，越能真正弄明白对方的想法是什么，目的是什么，心理处在什么样的思维状态，以便于采取相应的对策。在通常的情况下，针对“刺激语”的对策是静听、默想、引而不发。这种方法不仅使对手震慑，也有利于对自己形象的树立。例如，问话人在向被问话人提问一个问题时，被问话人首先就是采取以攻为守的方法，对问话人斜眼相视，出言不逊，“你们除了捕风捉影，还能干什么事，你如果查不出来我的问题，我一定会叫你们好看。我的贡献你们比得了吗？你不就是比我多穿了件虎皮吗？……”对方越说越来劲，当看到问话人两眼平视，一言不发地静听他狂言乱语时，他感到有点不好意思，有些过分了，便立即偃旗息鼓，不作声了。这种静听、默思、一言不发的反应会使对方难以捉摸、不知所措，从而不攻自破。

第五节 谎言的语用行为特征

谎言在问话活动中存在的必然性，是对被问话人对抗规律的客观总结。问话活动中对抗的规律，实质上就是运用谎言的规律。问话全过程，也就是揭露谎言、去伪存真的过程。揭露谎言必须先识别谎言，怎样识别谎言？我们发现，耳朵也能听出谎言。由此这种用“听”的方法测谎，便成为问话活动中又一可以利用的武器。

一、利用失言来辨别谎言

在问话活动中，问话人总是要通过不同的角度来证明被问话人的隐匿行为事实，而被问话人总是把已编造好的谎言用来掩盖自己的隐匿行为事实。但是令人十分惊奇的是，很多被问话人在说谎的时候都是由于语言方面的失误而露馅的，而成为问话人的攻击目标和“切入点”。被问话人的这种失误并不是因为他没能仔细地编造好想说的话，而是说谎者在回答问话时，常会受到理念的干扰。著名的精神分析心理学家弗洛伊德指出：“即使是十分谨慎的说谎者，也会有失口露馅的时候。”这就是我们常说的失言。这种失言并非偶然，它体现了说谎者内在的心理冲突。一旦问话人投入“关键语”，这种失言就会趁着被问话人不注意的时候突然出现。其原因可以证实，最单纯的失言，也是理念干扰的结果。失言从其含义来说，都是说话人不想说或不愿说的事，所以一旦发生这种情形，它就成了暴露自我的一种印迹。

案例：某一公司的 A 业务员与 B 经理同去某处购货，B 经理带了 10 万元现金，并且将 10 万元现金全部交给了售货方，由于售货方品种不全，只有 8 万元的货可以出售，余款 2 万元退给了 B 经理，A 业务员也在场。A、B 在付款后离开了售货方，B 经理因为有其他业务要在某处逗留，B 命 A 将货送回，并将 2 万元余款一同带回，分别交仓库和财务会计。此后财务在结算时，发现 2 万元余款没有交回财务处，便找 B 要剩余的 2 万元货款，B 说交给 A 带回来了，在找 A 要款时，A 称只负责将货送回单位，并没有受 B 的委托带 2 万元回来。二人都没有足够的证据证明 2 万元在何处，最后只有将该案交给检察院反贪局。反贪局接受此案后，了解某处销售货物的单位，该单位证实余款 2 万元直接交给了 B 并有 A 在场。在反贪局找 B 谈话时，B 称：2 万元在交给 A 时，因急需办理其他事，没有让 A 写收条，也没有其他第三人证实。在找 A 询问时 A 称：我只将货带回，没有拿 B 的余款 2 万元。有出售货物的单位人证明。这一案变成了“一对一”，在 A 与 B 之间必然有一人说了假话，在问话时，对这两位被问话人如何购货、如何送回的每一细节都做了详细的问话，并将详细的情节提取出来，作为“信息刺激语”来辨别其对当时情景的反应。结果没经过两个回合 A 业务员便出现了失言，A 说：“我要告他。”我们问话是购货的细节，而 A 却脱口而出“要告他”。这一失言便是我们前面所述，是理念干扰的结果。于是我们的问话人抓住了这一失言紧追不放，问：“你告谁?”答：“告 B 经理。”问：“为什么?”答：“他欠我的集资款不退。”问：“他欠你集资款没有退，你可以通过正常渠道解决，也不能采取这种办法（暗示)。”答：“我错了。2 万元我愿退出来。”因为找准了说谎的失言处，成功地审结了此案。

当然，也应注意在判断是否说谎时，不能简单地把任何失言都当作说谎的证据，需要上下联系来加以鉴别。也不能简单地认为没有失言的回答就是完全正确的，在有的情况下说谎者并不一定会出现失言，因为说谎者最为留意的也正是说话时言辞或字眼的选择，掩饰、伪装别人最注意的地方。

二、注意谎言的特征

心理学研究表明，从一个人说话的音调中能够相当准确地判断出他的情绪状态或内在感受。比如，激动时声音高且尖，语速快，音域高低起伏较大，带有颤音。悲哀时声音低沉，语速慢，音域高低起伏较小，有间断。通过音调的变化还能辨别出欣喜、愉快、感叹、烦闷、惊讶、恐惧、愤怒、厌恶等。正常人的情绪变化在音调上的反映是极难加以掩饰的。但是说谎者则不然，他为掩盖自己内心的恐惧，常常表现出来的是相反的音调。再者，谎言表现在说话的语言速度上与正常说话是相反的速度，平常说话慢，而在说谎时会加快说话的速度，而平常说话快，在说谎时就会放慢说话的速度，这些特征在问话时应加以注意。

问话活动中被问话人在回答问题时，常出现频繁的停顿或长久的停顿。其原因在于，被问话人在接受问话时，大都带有定势心理，预先准备好了台词，但对自己预先准备好的台词能否让问话人相信，这是没有把握的，因而在临场时产生犹豫，出现了语言的停顿。另外，被问对象虽然把台词准备得很充分，但又怕露馅，临场忘了台词，而重新组织台词为了能够自圆其说，必然出现语言停顿。有时他们在回答问题中重复的句子较多，爱改变话题，用“啊”“呃”“嗯”的字较频繁。在问话中还发现被问话人总是避开使用“事实”这两个字，实践中应注意听。

三、注意把握被问话人的辩解

问话活动中几乎每个问题都会出现被问话人的辩解，这种辩解有的是真实的，有的是假的，有的只有部分真实，有的是真假相混。这些情况需要问话人认真去听，加以识别，做出正确的反应。以保证准确及时查明被问话人的隐匿行为事实，正确适用法律、惩罚隐匿行为。同时也是保障无罪的人不受刑事追究，保证问题质量的关键。

在问话实践中一些问话人常常带“有”的观点，展开对被问话人的问话，以自己在法律关系上特有的优势地位对被问话人发起进攻，对被问话人给足了“炮弹”，却很少从被问话人身上吸取什么，听听被问话人的辩解。有的被问话人则认为在此处的辩解得不到保护，处于对问话人的不信任的心理状态，便将应该辩解的情况和事实隐瞒了下来，等侦查阶段结束以后，进入审判程序时忽然将那些应该在侦查阶段提出来的情况和事实提交给法庭，而这些辩解又恰恰是该案的实质性问题，导致了办案机关在起诉的事实上发生了冲突，出现了被动的局面。因而对被问话人的辩解不论是处于何种情况，都应该引起重视，认真地听，细细分析，正确地对待。

从被问话人在接受问话时的辩解原因来看，由于问题的结局与自己有着直接的利害关系。出于防卫的本能，必然要从自身的利益出发，作有利于自己的供述和辩解。从被问话人在问话中所处的特点来看，有的是主动认罪，有的是被动认罪，有的是不认罪。这三种情况引出了被问话人在接受问话时的三种辩解态度，即真实的辩解、虚假的狡辩、真假相混的辩解。这就需要问话人在重证据、重调查研究和不轻信口供的基础上，采取实事求是的科学态度，认真地听，仔细地鉴别，做出正确的判断，采取有效的方法，确保问题的质量。

怎样去“听”被问话人的辩解呢？首先，是“听”被问话人的辩解理由与客观存在的逻辑关系。在反贪贿赂案件的侦查实践中，经常遇到“案着点”落在两个人身上的情况，也就是通常办理的行贿、受贿问题。一个人“送”（行贿），一个人“收”（受贿）。出现了“一对一”局面，如果一个人说给了，而另外一个人说没有给，那么两者中间必然有一者是假供述，假的辩解，这就要依靠问话人的耳朵能听出假辩解。例如，行贿方为了向受贿方购得钢材 50 吨，由于受贿方的支持，行贿方给了受贿方主管人员 1 万元人民币。案发后，受贿方主管不承认收到 1 万元。到底是行贿方没有给呢，还是受贿人拿了不说？经查，50 吨钢材在市场上盈利差价，毛利只有 2000 多元，从常理上说，只有 2000 多元的毛利为什么要给 1 万元的好处费呢？在常理上出现了矛盾，不符合客观的逻辑联系，因而受贿方的辩解就要引起问话人的注意和认真对待，查其原因，弄清事实。所以，听被问话人的辩解，首先就是要从客观的逻辑联系中，听出矛盾，辨明真假，确定是非，实事求是地弄清症结的所在。

其次，是“听”被问话人的辩解是否与证据本身反映的客观情况相统一。由于隐匿行为的行为活动是在一定的空间、时间和特定的场所进行的，其行为必然留下物质痕迹或记忆印象，因此，就形成了证明隐匿行为事实的物证、书证、证人证言。这些证据与被问话人的辩解之间存在着客观的内在联系，并与之共同证明问题的真实情况。在辨别被问话人所说的辩解是真是假的时候，就要看证据本身所反映的客观情况是否真实，如果是真实的，就以此来作为目标，去听被问话人的辩解是否与之相统一，以此来确定辩解的真伪。如果证据只反映部分客观事实，那么就要听被问话人的辩解是否能对证据起到补充的作用，来确定被问话人的辩解与证据之间的关系。如果证据不能证明客观的隐匿行为事实，而且被问话人的辩解又不能与之相统一，通过听辩解，反而能找出证明是否构成隐匿行为的证据来。也就是说，通过听被问话人的辩解反找证据，用这些证据来反证被问话人的辩解，以此获取“再生证据”。

最后，被问话人的辩解（除了自己投案自首外），都是以罪轻或无罪来进行辩驳。为了达到这种辩驳的目的，有的编造谎言嫁祸他人，有的隐瞒情节断章取义。这些辩解必然会引出其他的情节，而这些情节又将起到反证的作用，成为派生的证据。这一环节在办案过程中有着重要的作用，这种听辩解的方法实际上也是一种特殊的取证手段，若不认真地听辩解，这些证据将无法取到。

听被问话人的辩解，就其问题本身来说有其客观的必要性。听被问话人的辩解，能够对问题全部情况有更深层次的了解，是取得正反两个方面证据的有效途径和对证据完整性的重要补充。从主观上来看，通过听被问话人的辩解，使得问话人对被问话人有进一步的认识，做到心中有数，知己知彼，百战不殆。

第六节　“情景选择”的语用行为

一、“情景选择”概述

“情景选择”是被问话人为了掩盖自己的隐匿行为事实，逃避法律的惩罚，采取某种特定的方法来对抗问话。这种方法就是被问话人在自己的隐匿行为事实和隐匿行为中找出某一有利于自己的情景，来掩盖自己的隐匿行为事实和行为。被问话人的这种行为被称为“情景选择”。被问话人在实施违法犯罪行为以后，在没有积极的投案自首的心理动力存在的时候，消极心理便占主导作用，从而出现了畏罪心理、侥幸心理、戒备心理、优势心理、对抗心理，表现在问话中统称为抗拒心理。由于这种心理在问话中有着相对稳定性，又被称为定势心理，这种定势心理是建立在一定的心理基础之上的。被问话人在实施犯罪行为以后，犯罪时的情景总是不断在大脑中出现，处于思维循环状态。他们从这些循环的状态中找出有利于自己的某一情景作为对抗问话根据，这些被选择好的情景，便成了被问话人罪轻、无罪的理由，这就是对抗的“情景选择”。

二、“情景选择”的语用行为特点

在刑事犯罪案件中，被问话人对“情景选择”普遍的语用行为特点：一种是直接对抗，另一种是嫁祸他人。直接对抗是指被问话人根据自己的隐匿行为情节而选择的情景。通常在以下两种情况下，被问话人会采用直接对抗。第一，被问话人认为自己作案的手段比较高明，别人发现不了。第二，被问话人将自己的隐匿行为情景拉回到自己追忆的情景中进行循环思维，找出某一有利的细节、理由作为自己不构成犯罪的对抗根据。例如，有的贪污犯罪嫌疑人通过重复报销发票进行贪污的时候，以某次领款没有自己的签字为由来否认自己两次领款的事实，在这里“情景选择”是自己没有在第二次领款的单据上签字，所以自己没有两次领款贪污，以此来直接对抗。另一种“情景选择”是在自己无法直接对抗的时候，采取转嫁他人的方法来对抗。通常如下情况下用此方法：钱的落脚处被客观证据证明在自己手里而无法否认，就声称这笔钱已作为“回扣”或“好处费”付给了别人，用这种方法转嫁他人，进行对抗。这两种对抗方法的“情景选择”有其自身的内在特点和规律，掌握了这种特点和规律，便能找出“情景选择”的矛盾点，一旦这种矛盾点出现，被问话人的对抗大门便被打开了。在问话过程中，发现“情景选择”矛盾点的方法主要是依靠问话人用心去“听”被问话人的语言表述。

1. 直接对抗的语用行为特点

在某一情景无直接证据证明与自己有关系的时候，通常采取的“情景选择”是否定与自己的联系，例如：“这事我不知道。”当某一情景有部分证据与自己有部分联系时，其对抗的方法均以没有证据证明的那部分情景来作为“情景选择”，以此来推翻有部分证据证明的那一部分。例如，被问话人实施了开假发票的手段（有证据证明），但是用假发票去骗取公款的情节却没有证据证明，为此被问话人便以自己没有用假发票去提取公款作为“情景选择”，推翻用假发票骗取公款的犯罪事实，“我虽然开了假发票这是错误的，但我没有取钱呀!”这种“情景选择”便选择了“无证证明”的客观情况，用对自己有利的情景推翻对自己不利的情景，达到对抗的目的。当客观情况能直接证明其实施的犯罪行为时，比如在某一发票、合同上签字，对方无法否认，这种情况最能使其承认发票、合同内容。问话目的是使发票和合同的内容得以发展和延伸，追出结果。如果被问话人面对直接的证据采取“进”的方法，就顺应了问话意图。而采取“守”的方法，便能暂时保住不被暴露的危险，如“时间长了”“我不记得了”“想不起来了”等。这种直接对抗的“情景选择”，在被问话人的对抗活动中虽然能起到一定的作用，有时还能在很大程度上取得对抗的成功，但是这些对抗情景毕竟不是客观存在的事实，因此不会符合客观存在的逻辑性，必然会在不同的程度上出现矛盾。问话实践中只要多注意“听”“情景选择”的每一个语用行为表述的细节，便会发现矛盾，听出逻辑错误。

例如，挪用公款放高利贷的问题，被问话人系某国家大公司经理，经调查发现该被问话人在某一房地产经销商处存有巨额投资款 400 万港元，年息为 75% 的高利贷。在询问被问话人时，其称放债的港元是亲戚、朋友的钱，是加拿大商人的钱（采取无法取证的“情景选择”）。

在问话人问其加拿大商人的名字时。

答：姓顾，叫什么名字记不清了。

问：怎么认识的？

答：记不清了，可能是在和朋友一起吃饭时认识的。

问：哪些朋友在一起吃饭认识的？

答：记不清了。

问：在哪里吃饭认识的？

答：在我国香港特别行政区的“香格里拉”。

问：姓顾的加拿大人住在什么地方？

答：不知道。

问：怎么联系？

答：有时通电话。

问：电话号码呢？

答：弄丢了。

问：你们认识多长时间了？

答：一年多了。

问：平时有什么往来？

答：没有什么往来。

问：一年多来你们接触过几次？

答：只吃过一两次饭。

问：他是做什么生意的？

答：不清楚。

问：在哪里做生意？

答：不清楚。

从上述的对话中可以发现，一个能借上百万港元给别人的人，而双方又没有多深的了解和特殊关系，能符合逻辑存在的常理？这些不符合常理的矛盾，就是问话时应利用的根据和进行心理限制的基础。

2. 转嫁他人的语用行为特点

转嫁他人的对抗方法，最突出的特点是用虚假的谎言来掩盖真实的行为，用编造的谎言把自己应该承担的罪责转嫁到别人身上。当客观的隐匿行为情节的焦点落在自己身上的时候，这种隐匿行为的焦点又把全部的情节与行为人客观地联系在一起，失去了直接对抗的可能性的情况下，则通常采用此法。比如自己在领款处签了字，若否认自己领款的意义就不大了，从常理上站不住脚了。在问话实践中被问话人在无法进行直接对抗时，大都采取转嫁他人的方法。在刑事犯罪案件中，有很多问题是贪污与受贿联系在一起的。被问话人经手收取了一笔公款没有上缴，被自己侵吞了。在案发以后，检察机关对其进行问话，若采用直接对抗的方法否认自己拿了钱，显然是不可能的，事实已证明该款的最终落脚点是在自己的身上，被问话人要摆脱自己，必须嫁祸他人。因而当时的隐匿行为情景不时地在大脑中进行思维循环的时候，谁与这笔款子较为符合逻辑的联系，便自动参入这种“情景选择”的思维循环，最后被确定成嫁祸的对象，成了对抗中的“情景选择”。问话时常见的“一对一”的现象，即一方说钱给了对方而对方说没有收到钱，出现了真假难辨的局面，就是这个原因。

转嫁他人的对抗方法在问话时的常用语：“这事是他们搞的与我无关”，“这事是经过他们同意的”，“钱给对方拿去了”，“不给钱对方不会提供帮助的”，等等。问话时多在被问话人与转嫁对象的关系上入手，深追每个情节中的细节，因为编造的情节与客观的事实之间存在着一定的差距，必然要经过细节暴露出来，一步步地扩大细节范围，一次次地重复每一细节，因为是编造的谎言，不可能每次细节都记得那么准确，这就使得谎言在这些细节里无法生根，最后只得暴露自己的谎言与客观事实之间的矛盾。实际上，被问话人采取这种转嫁的情景选择，并不是最佳的选择，因为被问话人首先要组织好情节和细节，其次还要对付被转嫁方的否定信息，作出第二轮的“情景选择”。这时思维的焦点是：对方不承认怎么办？“情景选择”对方不承认我也没有办法，但我把钱已给了对方，对方不承认是他的事，这又变成了直接对抗的情景，这两种情景的选择是根据问话阶段的变化而变化的。

无论是直接对抗，还是转嫁他人，都应该抓住语言的“情景选择”不放，展开被利用的情景进行深化、细化，无限地扩展下去，直到矛盾全部暴露为止，而这些矛盾的暴露主要是通过我们的耳朵，从被问话人供述的语言细节中听出来的，听的对象就是被问话人在对抗中利用的情景和细节——“情景选择”。

三、注意从语用行为特点上把握被问话人的心理转变

被问话人从对抗到供述是一个错综复杂的心理转变过程，经历了“试探摸底→对抗坚持→反复动摇→趋向交罪→实现供述”的阶段。要完成这一心理的转变过程，可不是一件容易的事，不知要耗费问话人的多少苦心和汗水，有时还不一定能奏效。因为从抗拒到交罪不是一步到位的，中间还有一些环节进行过渡转化，而每一环节又有其自己的心理特点，如果把握不好，方法不对，这种转化会向相反的方向转变，强化被问话人的抗拒心理，达不到让被问话人交罪的目的。有时被问话人的思维状态已进入了趋向交罪的状态，但是问话人没有发现，没能把握住这一有利的心理瞬间，被其他信息干扰，使其思维循环又转向了别处。问话目的是让被问话人供述隐匿行为事实，问话全过程是消除被问话人抗拒心理的过程。这种抗拒心理的过程又分为两个阶段：第一个阶段是从抗拒到动摇。第二个阶段是趋向供述到实现供述。第二个阶段在实质上也是问话活动的关键阶段，把握得好，临门一脚便能促使被问话人交代，把握得不好即便是达到了趋向交罪的心理，也会退回去。第二个阶段最关键的是对趋向交罪的心理控制，从抗拒心理的动摇到供述心理的转化，这一过程反映了被问话人趋向供述的心理状态。

怎样把握这一心理状态呢？首先必须先发现它，除了用眼睛观察外，更重要的是用问话人的耳朵去听！听被问话人的语用行为特征。被问话人的供述心理一经出现，必然要通过语用行为表现出来，听的对象和方法就是对方的语用行为特征。被问话人在供述心理状态下的语用行为特征与被问话人的心理相呼应。被问话人在进入供述心理状态以后，心里想得最多的是交代后自己所承担的结果，这种结果将给自己以后的生活带来的后果，顾虑多，牵挂多，害怕顾此失彼，处于是供还是不供的矛盾状态，其内部力量在相互干扰。这种干扰发展到混乱的地步，常常会用试探性语言问问话人“会不会”“可不可以”“怎么样”“再让我考虑考虑”“能不能让我见见家人”“我喝点水可以吗”“给我抽支烟吧”等。表现出语调偏低，语气梗塞、无节奏、唉声叹气。这类语言的出现，表明被问话人此时此刻的心态已进入趋向供述的心理状态，问话人应能听出这种心理状态下的语言特征，把握住时机促成供述的实现。每一隐匿行为人

在接受问话直到最后供述交代，都要经过反复动摇趋向交罪的心理过程。但是，趋向交罪心理状态下的被问话人固然有许多的供述语用行为反应，但并不能说明他就会立即供述。因为趋向供述心理的实现与供述的实现中间还有一道环节和过程，也是被问话人的思考和斗争的权衡过程，需要问话人有针对性地加大问话信息刺激，加强对其心理限制的力度，使得趋向供述心理向更高层次的转化，全部供述的结果才会出现。如果没能将趋向供述的心理的出现把握好，失去了这一有利的心理状态，将会给问话带来许多消极后果。因而在问话中，问话人要充分地发挥“听”的作用。从被问话人不同阶段的心理状态中听出趋向交罪的心理，实现供述交罪的目的。

第七章　不同心理状态下的问话语用行为

第一节　促进供述动机形成的问话语用行为

由于社会的进步、经济文化的飞速发展，法律的普及和逐步的健全完善，使得被问话人在对事物的观察上，表现得也是越来越成熟、准确。因而在其违纪违法犯罪以后接受问话时所采取的方法也是不相同的。如在过去有的被问话人容易受激动情绪的驱使，在受到特定的问话环境及各种信息的刺激时，表现出明显的失控个性，容易接受暗示，容易冲动。在情绪受到刺激时，理智系统被迅速解体，达到极点时，心理状态就会以一种特殊的形式表现出来。有的一吐为快，信口开河，急于表白，顾此失彼，一语道破“天机”。有的歇斯底里，竭力争辩，胡搅蛮缠，钻牛角尖。有的在说到激动的时候甚至能把违纪违法犯罪时的激情、感觉经历再找回来，向问话人诉说，至于诉说以后将会带来什么样的后果没有过多地考虑。

而现在的被问话人却与这类人所处的环境、接受的社会影响不同，表现出来的心理状态也不同。有的因为其社会地位不同，受优势心理的影响，对问话不理不睬，认为你们纪检部门、有关部门对我不能怎样。有的受畏罪心理的影响，表现出对事情发生的结果尤为重视，说话小心谨慎，权衡利弊，不轻易答话。有的在侥幸心理的影响下，认为自己的作案手段高明，只要自己不说，你们就发现不了，没有办法治我的罪，以此来不断巩固自己的心理防线。这些人对问话的结果是非常清楚的，一旦交代了，将意味着自己的一切全完了，半生的心血，苦熬的结果，权力和地位全没有了，就连家庭、孩子的前途都会受到影响。这种思维的后果，所带来的强烈的精神压力会产生连锁的反应，表现出强烈的抗拒心理，为问话的顺利进行设置了重重障碍。为了排除这些障碍，最根本的方法是要对被问话人的供述动机和供述障碍予以了解，才能做到对症下药，取得成功。

什么是供述动机？从心理学的角度上来说，动机是行为的内部驱动力，它的产生与需要和目标直接联系起来。而行为是个体在环境影响下引起的内在生理变化和心理变化的外在反映。在问话的过程中，供述动机是支配被问话人在被问话中如实供述其违纪违法犯罪事实的内在起因，供述障碍是阻碍其如实地、顺利地供述的诸种因素。被问话人之所以供述或抗拒，是根据行为人的需要的驱使来决定的。在问话中当出现了能满足其需要的情景或可能出现的追求目标时，便产生了供述的动机。人渴了要喝水，为了使口渴，让其多吃盐或剧烈运动导致口渴，产生了喝水的需求，为了满足解渴的需要而追求喝水的目标。我们研究动机的目的，就是如何制定这种需要的目标。例如，问话人采取何种问话方法，能够使被问话人产生较大的压力，而这时的被问话人的需要和目标便是要减轻这一压力，如果某一目标能达到减轻压力的目的，因而目标的动机便出现了。

被问话人的供述动机是什么？虽然被问话人的个体特点不同，但是产生供述的动机却有共同的特点，首先就是为了解脱被限制的心理。如有一被问话人在看守所与问话人有这样一段话。被问话人："我的事全交代了，当初我要是不交代的话，你们也没有办法。"问话人："那你为什么交代呢?"被问话人："就是，我也不知道当时为什么交代了，当时我只感觉不交代不行了，有一种必须交代不可的感觉，交代过后就轻松了，其他什么也没想，但事后就后悔了，当初不该交代的。"这段对话说明了一个问题，被问话人是在被心理限制的情况下，交代了自己的违纪违法犯罪事实。在正常情况下，正常人是不可能出现心理限制的。由此，被问话人的供述动机是在被问话人被心理限制的情况下，为了缓解这种心理限制的压力，满足心理平衡的需要，而产生的动机，引出了供述的语用行为，实现了供述目的。由于心理限制产生了供述动机，那么，在什么情况下能达到心理限制呢？在实践中可以看出主要有两个原因。

第一，客观原因。它包括：（1）在客观证据确凿的情况下，无法抵赖而达到心理限制的目的。（2）在矛盾和谎言被揭露不能自圆其说而达到心理限制。（3）在假设的违纪违法犯罪被默认，思维被控制而达到心理限制。这种心理限制破坏了心理平衡，因而产生了排除限制的需求，引发了排除的动机，这种限制状态只有在交罪供述的情况下，才能解除，由此而成为动机满足的目标。为了使被问话人在问话中都能达到目的，只有人为地制定这种目标和需求，通过对其进行心理限制来引发供述动机。

第二，主观原因。它包括：(1) 情感冲动。被问话人在经过思想教育和自身的觉悟认识，对一时的糊涂带来的后果感到后悔、自责、惭愧。为了摆脱被唤起的道德、良心、罪责感的压抑而产生的悔过自新、痛改前非、重新做人的冲动，这种冲动便成了满足动机的目标。(2) 在问话活动中，由于问话人的问话技巧、使用的谋略，也能使被问话人产生某种冲动，引发供述动机，这种冲动大多属于被问话人趋利避害心理的反映。(3) 被问话人出于对问话人的畏惧或信服而产生交罪的动机。在一般的情况下被问话人与问话人是对立的关系，但是如果问话人注意自己的方法，能够针对被问话人的个性特点，尊重其人格，肯定其过去为社会做的贡献，关心其前途，帮助他分析客观的原因，在问话时使用的语言"有理""有力""有据""有节"，这样动机的某种成分也是被问话人自我维护自尊的一种冲动。如果问话人在问话时能转变对立关系，帮助对方树立自尊，这样对方为了维护自尊就能走供述交代的路。

第二节　导入心理证据的语用行为

问话的语用行为的核心是获取违纪违法犯罪证据，其实质是取证——用证——取证的过程。通过问话来的证据再为问话服务，扩大完善证据，形成从小到大，从零散到完整的循环过程，最后达到可以证明违纪违法犯罪的目的。如何才能完成这一循环过程？如何在没有证据的情况下从被问话人那里获取证据？

根据法律规定，"证据是证明案件真实情况的一切事实"。它有一个最基本的属性，即证据的客观性。它是指客观存在的事物和被人们感知并存入记忆中的事实，它是不以人的主观意志为转移而客观存在的事实。同时，证据也是用以证明未知事实的已知事实，又是未知事实的证明依据。但是，这种用来证明未知事实的依据，有其一定的局限性，这种局限性表现在它不可能完全彻底地证明当时行为人的所作所为，它只能通过行为人所留下的行为痕迹的多少来推断证明。行为人在实施违纪违法犯罪行为时不可能将全部的行为痕迹全部留下，有时是某环节的痕迹，有时是某环节中某一点的痕迹，被提取而作为法律上的证据。因此这种证据证明的并非是案件的全部事实。

而这种全部的行为事实只有被问话人自己最清楚，违纪违法犯罪行为人在实施违纪违法犯罪以后，他的记忆里总是摆脱不了与案件事实存在的联系，总要不时地对当时情景、作案过程与细节、赃款、赃物的处置与去向，利害关系人的态度、行为、可靠程度，推测案发后同案人将会怎样回答有关部门的问话，等等。都会在心里打下深深的烙印，并且这种心理烙印渗透在各个不同层次的潜意识中，连睡梦中都会有所反应，做噩梦，疑神疑鬼，做贼心虚。平时一旦思维循环再现违纪违法犯罪时的行为情景时，便情绪低落，陷在对当时情景的追忆中。于是当时的案件事实便通过心理的复制而储存下来，形成案件的心理印痕、心理真相，也是心理事实。这种已知的心理事实便能准确、彻底、完整地记录被问话人在实施违纪违法犯罪时的具体行为。当然，这种情景留在被问话人的大脑记忆中，是被违纪违法犯罪行为人的心理记忆所确认的事实，当这种记忆的事实与客观信息进行确认就形成了心理证据。

心理证据不仅是主观记忆与客观存在的统一，同时客观的存在，真实地反映了某一客观事实，又反过来证实主观的记忆。如果客观的事实与主观记忆相吻合，便形成心理证据，如果不能吻合，就不能成为心理证据。这种能否吻合的情景来源于行为人的主观判断和主观心理思维，它是自我思维过程，外界不能强加。当然这种主观的心理判断也有其两重性，即对客观存在做出正确的反映，也有对客观存在做出错误的反映，客观存在的错误反映在行为人的记忆中，也能形成心理证据，这种心理证据就是对客观存在的错误认识。在问话中，问话人在证据较为充足的情况下，出示给违纪违法犯罪行为人辨别，得到心理记忆的证实而形成心理证据。但是在更多的时候，违纪违法犯罪行为人留下很少的证据，甚至没有留下任何证据，而问话人为了使被问话人产生心理证据，只有让被问话人将已获取的信息联想扩大产生更多的证据想象物，扩展心理思维的回忆，幻想出一些并不存在的情景，产生变形的心理证据，即想象的心理证据，或者是联想出来的心理证据，其成功的效果通常是与问话人的问话策略、迷惑程度、谋略方法紧密相连的。

如何能把违纪违法犯罪行为人在实施违纪违法犯罪时的行为记忆转换成心理证据，即心理证据的导入。心理证据是心理事实与客观事实达到相互印证的产物。心理事实具有稳定性和不变性，而客观事实能被人为地控制，可以根据需要来使用客观事实。实际上问话的技巧在很大程度上就是对客观事实的使用，用掌握的点滴事实，证明某一件违纪违法犯罪事实，用某零散事实，证明全部的违纪违法犯罪事实。问话中更重要的是用“假设”的事实引出真实的心理事实，要完成这一任务，必须有媒介来予以支持，这个媒介就是行为人的联想和假设存在，即通过“假设”的证据或者逻辑矛盾，使之成为对心理事实的联想，产生心理证据，在问话人外力的作用下被心理限制，达到供述真实的违纪违法犯罪事实的目的。通过违纪违法犯罪行为人的心理联想过程与心理事实产生共振，形成心理证据。联想为什么能充当这种媒介作用？心理学认为，联想是指感知或回忆某一事物连带想起其他有关事物的心理过程，由于事物之间的联想是客观存在的，反映在人们的头脑中形成的联想就成为一种不可抗拒的心理活动。例如，提到冬天想到雪，提到白天想到太阳，提到苹果想到梨子，提到善想到恶，提到交通想到汽车，提到受贿想到行贿人，提到发票想到重复报销，提到银行想到自己所存的赃款，等等。

通过联想取得心理证据的情况有三种：第一种情况是客观事实所证明的某一违纪违法犯罪行为完全达到对其心理事实的印证，产生心理证据。第二种情况是点滴事实证明某一违纪违法犯罪行为达到对其心理事实的印证，产生心理证据。第三种情况是没有任何客观事实作证，只有依靠寻找、假设、推理、判断、逻辑矛盾“再生”等假设的客观事实信息，达到对其心理事实的刺激而产生的心理证据。前两种情况是比较可靠的、比较容易导入的心理证据，也就是人们常说的在事实面前是无法抵赖的。而后一种则是比较困难的，必须具备一定的技能，这种技能反映了问话人的计谋，谋略性越高，迷惑性越大，对方获得再生的“客观事实”的可信程度越高，产生的心理证据就越充分。被问话人从问话人那里获得的少量证据信息（有时是假设的证据信息，有时是寻找矛盾的逻辑证据信息），也就是通过违纪违法犯罪行为人联想成许多的证据想象物被扩展幻化，误解成为客观证据。

心理证据的导入方法：首先，是选择假定的语用行为。问话人在没有掌握违纪违法犯罪行为人的客观事实证据时，采取假设的语用行为进行刺激，寻找客观的事实。如在没有掌握被问话人是否收取了“回扣”“手续费”的情况下，而将其假设为客观事实存在，问对方“拿钱干什么用”，如果真的拿了钱，那么他总要寻找没有拿钱的理由，经过大脑急速的思考，回答的语速比较缓慢。如果确实没有拿钱，其回答就会比较坚定迅速。这种刺激方法的目的，是为了找出真的客观事实。再如有两名证人证明某人受贿，而某人也承认当时确实拿了他人的贿赂，但在事发后的第三天又还回去了，并直接交在行贿人的手里，而事实上并没有交还回去。被问话人采取这种方法的原因是：自己受贿已经有人证明，无法抵赖，但是自己如果说钱已经交还回去了并没有人证明，同时也能与行贿人串供。因而，被问话人就采取了钱我已经还回去了的方法来进行对抗。这样的案件可采取“假设”行贿人当时不在家的情况：“第二天行贿人住院了，你怎么送的?”这样受贿人会用一些臆想的语言或转移目标的方法来回答，“那可能是我记错了，可能交给了他爱人或家里什么人”。实际受贿人的这种回答已进入“客观事实”的领域，根据这一情况只要问话人坚持“钱没有还回去”的语用行为刺激，受贿人便会通过联想的牵连与心理事实印证，产生心理证据。这种“假设”的方法，是对违纪违法犯罪行为人在实施违纪违法犯罪时所留下的能充当证据使用的违纪违法犯罪痕迹非常少的情况下的重要补充。

其次，是寻找供述过程中的语言矛盾。被问话人在供述中产生语言矛盾是客观的，从其客观存在的情况来看，违纪违法犯罪事实的经过在时间上有连续性，每一环节、每一具体行为连在一起构成违纪违法犯罪的整体性，各种证据材料是违纪违法犯罪活动的客观反映，具有系统性，违纪违法犯罪的证据、情节之间有着内在联系的逻辑性。被问话人的供述过程，实质上就是被问话人重置于违纪违法犯罪的记忆中再现当时的违纪违法犯罪情景，并对这一情景进行解说的过程。由于违纪违法犯罪人畏罪、侥幸、抵触、逃避的抗拒心理的存在，他们在供述中总要竭尽全力运用语用行为编造谎言、虚构情节、隐瞒事实真相，由此必然与客观规律产生矛盾。这种矛盾被揭露以后，便自然地进入客观事实的领域，这种矛盾被揭露后，形成了“再生的客观事实”，被问话人的心理事实被印证产生了心理证据，同时也是实现心理限制的内在根据和基础。

第三节 心理限制的问话语用行为

问话人都很清楚，被问话人在事实和证据面前都能交代自己的违纪违法犯罪事实，而且占有很大的必然性，这种必然性就是供述规律。有人说“这是他无路可走，无法抵赖，不得不交代”。实质上证据面前不得不供述是有一定的心理基础的，这种心理基础是以心理被限制为条件的。心理限制是指思维对象受到强制性的限制和制约，失去了任意思维的对象。如被问话人在客观的事实和证据面前无法抵赖，无路可退，对自己的违纪违法犯罪行为无法否定，失去了对其否定的选择性和对其心理思维应如何辩解的限制性。它与人身强制有着一定的区别。人身强制是慑于法律的强制力，对人身自由进行限制，强制性地指定人身的活动范围，并进行强制性的对话，这是一种外在的限制，对人的外部身体产生作用，而不能对人心理的思维活动进行限制。内在的心理限制是对心理行为的限制，也称为心理限制。从正常人的思维特点来看，有着思维的广泛性和前思后虑的任意性。在正常信息刺激的情况下，思维较为活跃，思维的路子较为宽广，思维的方向带有任意性。而被心理限制后的思维状态就不同了，这时的思维只能按照问话人指定的方向进行思维，没有任意性，这种心理被强制的状态，有利于被问话人按照问话人的指令，如实地交代自己的违纪违法犯罪事实。

中外的有关部门的侦查机构，为了使被问话人交代违纪违法犯罪事实，对被问话人采用“心理测试仪”进行测谎，而被测后的被问话人均能如实地交代自己的罪行，效果良好。这是什么原因？这是因为违纪违法犯罪行为人的客观事实被心理测试仪证实，对心理事实产生了作用力，形成了心理证据，实现了心理限制的内在根据。客观的行为被证实，无路可退，思维进入这段领域后被堵塞，无法循环下去，停留在被限制的状态，达到了心理限制的效果。在这个阶段，如果问话人能坚持将被问话人的思维控制在这个范围，那么随着时间的推移，被问话人的心理压力将越来越大，产生某种需要和对某一目标的追求，这便出现了供述的动机。

对被问话人的心理限制是促其交代违纪违法犯罪事实较为有效的途径，是供述动机产生的基础。在问话实践中，为了实现对被问话对象的心理限制，不能仅仅局限在“心理测试仪”的使用。更重要的是通过客观证据的出示，点滴证据的暗示，供述矛盾的揭示，来实现对被问话人的心理限制。另外还可根据案情的特点采用问话谋略与技巧，实现对被问话人的心理限制。如采用“假设”的客观事实信息，提供给违纪违法犯罪行为人，也能起到以假乱真的效果。行为人对假设信息的误解，通过扩展的联想与心理事实的共振，形成心理证据，取得了心理限制的基础。再者在问话过程中被问话人透露出来的客观事实信息是不可忽视的环节，也是我们在问话过程中“无证取证”，以现象引出违纪违法犯罪事实的有效途径。由于违纪违法犯罪总是在一定的时间、空间内进行，与一定的人发生关系，并且在接受问话时，总要或多或少地将自己的违纪违法犯罪事实的信息洒落出来。例如受贿案件，违纪违法犯罪行为人在某项业务中，从业务关系的对方收取贿赂，给国家带来巨大损失。在接受问话时，行为人总会将该项业务的经过情节一五一十地道来，为了更进一步说明问题，总会强调自己没有得到好处。而问话人并没有问其是否拿了“好处”，这是自己主动说出来的，这就是问话人要收取的客观事实信息。

当然，问话人不能完全消极地坐等被问话人在供述中自动抛出客观事实信息，而是要积极主动地去寻找、开发，甚至要创造机会让被问话人通过自己对抗的语用行为暴露出来。常用的做法是：首先，是有间歇的多次深追语用行为的细节，因为细节容易被忽视，被问话人常常没有留意供述的细节。于是供词的语言特征在细节上一次一个说法，有时文不对题，有时此地无银三百两，矛盾百出。问话人利用这些语用行为细节上暴露出来的客观事实信息，去转换事实，实现心理证据。其次，是对同一事实情节从不同角度的发问，或是以不同的顺序进行提问，使被问话人在完全没有心理准备的情况下供述，将提取的语言信息进行比较，找出洒落的客观事实信息。最后，是把某一事实情节混杂在其他问题中提问，在被问话人对拆散的事实情节不知不觉中作了零碎的供述，然后综合比较，便能发现客观事实信息。从无到有，从小到大，从弱到强来发展这种客观事实信息，然后转换成客观证据，达到用心理证据来实现心理限制的目的。

实现心理证据并不意味着被问话人就一定能进入心理限制阶段，原因在于强化的心理证据才能产生心理限制，而淡化的分散的心理证据就不一定能产生心理限制。

如何强化心理证据产生心理限制，常用的方法是以语用行为限制对方的定向思维，控制被问话人在心理证据的范围内进行思维，做出决断。注意不要任意改变这种范围。在对方努力地岔开，试图寻找新的范围时，问话人应设法把岔出来的话题收回去，让对方向主话题方向发展，促使对方向供述状态运行。

用语用行为实现心理限制有三个特点：第一，语言平抑，内含强制力。其目的是用平抑的语言，避免出现僵局，被问话人出现心理证据以后，其心理行为被客观的证据限制，无路可退，处在进退两难的境地，形成心理压力，寻找“出气口”。如果问话人使用过激、过硬的语用行为，必会充当“出气口”引起僵局。如常见的语用行为，“我违纪违法犯罪你们枪毙我好了，我没有什么可说的”。这就是僵局性的语言特征，原因在于问话人使用的语用行为不当。

第二，语意单调。通常运用的是前景含义，其目的是限制违纪违法犯罪行为人的定向思维，在有了心理证据的情况下被问话人会尽全力来摆脱目前的窘境，扩展自己的思维范围，寻找“出路”，问话人如果使用背景含义，其语意复杂、含义深，就等于是帮助违纪违法犯罪行为人产生联想扩大思路，这样很难再收回到原来的被限制的思维范围中去。

第三，语言重复。使用重复单一的语句，其根本目的是增加被问话人的心理限制，咬定咬准关键性的一句话，而这句话必须是有利于被问话人供述的关键语。如："钱怎么处置了?"或"钱哪里去了?""钱干什么用了?"等等，咬准一句话紧追，直到交代为止。

第四节　趋利避害的问话语用行为

趋利避害心理是被问话人的基本心理规律。这种心理状态就像很大的磁场吸引着被问话人做出有利于自己，避开不利于自己的选择。被问话人面对问话人的问话，总会进行权衡，是交代违法犯罪的罪行还是拒不认罪。有时在受到消极因素影响的时候，认为交罪的后果将会对自己不利，因而这种趋利避害的心理就提醒他"不能交代"。而有时在问话人耐心的帮助教育、动员说服下产生了积极心理状态的时候，这种趋利避害的心理又在督促他还是交代吧，交代了自己也解脱了。这两种力量斗争的结果，实质是利与害在心理上的选择结果，也是趋利避害的结果，它贯穿于问话的全过程，从问话过程中的各个不同的阶段，又表现出不同的特点。这种现象的存在，使得问话人让被问话人交代自己的罪行，提供了依据。在问话的实践中，为了顺应被问话人的这种趋利避害的心理特点，提出了"坦白从宽，抗拒从严"，为问话人设置利、弊关系，让被问话人选择，促使被问话人走坦白从宽的路，本身就是顺应了被问话人趋利避害的心理特点。

首先，从被问话人与问话人进行交锋的初始阶段来看，这是相互试探摸底的阶段。被问话人要通过问话人了解其对自己隐匿行为掌握程度如何，然后采取对策，确定趋利避害的选择，选择有利于自己的环节进行对抗。同时问话人在这阶段也是为完成试探摸底的任务，找准被问话人的对抗特点，对症下药，为促使被问话人交代罪行打下良好的基础。实质上一方是在寻找方法，另一方是在寻找趋利避害的根据。被问话人通过对问话人的试探摸底，掌握对方对自己罪行的了解程度，权衡利弊，及时地调整这一阶段的思维定势来进行对抗，其目的也是强化趋利避害的心理。这是问话的初步阶段被问话人普遍存在的定势心理的内在根据。

其次，是对抗相峙阶段。被问话人对自己的违纪违法犯罪情景设立了趋利避害的环节，进行对抗，而问话人对被问话人的这种趋利避害的选择进行针锋相对的斗争，表现为揭露与回避，追问与抵赖，也是双方意志、素质、水平、智力的相互较量，处在对抗僵持的状态。被问话人所坚持的趋利避害是进行对抗的选择，其利是与进行对抗是否成功画等号的。相反，问话人为了达到问话的成功，也是采取了趋利避害的方法，与被问话人展开较量，即语用行为的对抗，这种方法只有战胜了被问话人的趋利避害的心理，才有可能渗入被问话人的心理领域，取代了被问话人的趋利避害依据，在问话人为其设置的趋利避害关系中，进行选择，通常问话人所设置的利害关系的依据是“坦白从宽，抗拒有害”，让被问话人以此作为选择，使其向交罪的方向做出转化。

再次，对问话人所提供的利害关系的选择。经过前两个阶段的语用行为较量后，取得了一定的成功，表现为采用了针对性的语用行为对被问话人达到了心理限制。为了解脱这种心理的压力，而产生了某种动机，这时的利害关系被缩小了范围，形成了交罪能够摆脱心理被强制的压力，不交罪心理压力无法摆脱的利害关系，这种利害关系对被问话人来说是进退两难的，向前进交代罪行，要受到惩罚，向后退不交代，又过不了关，表现为问话中的反复动摇的心理状态。这时的趋利避害的依据和特征，是问话人为被问话人设置的，与被问话人的趋利避害心理有着本质的区别：第一，目的不同，问话人将“利”设定为交罪，“害”设定为抗拒。第二，方法不同，设定违纪违法犯罪行为人进行对抗的退路被堵死，罪行已定没有选择性，唯独的利只有交代，还有一线从轻处理的希望，以此来指定被问话人选择，实质上在反复动摇阶段，被问话人两难选择的原因是被问话人还抱有幻想，抗拒有可能成功也可能失败，坦白有利也有害，被处在“十字路口”出现反复动摇的供述表现。

最后，交代供述阶段。被问话人出现的心理状态证明被问话人的心理防御体系已完全崩溃，精神一蹶不振，无法重新唤起抗拒的意志力，从心理状态上趋向交罪，当然这时也更关系到交罪后的情景和后果会怎样，因为罪行已定，不交罪是不行了，交了罪对自己能有多大的利是他最为关心的事。这时他的趋利避害的心理表现最为突出，问话人应当努力运用语用行为去顺应被问话人的这种心理状态，帮助被问话人拓宽交罪的阳光大道，强化被问话人趋于交罪的心理，堵塞抗拒的退路，逼迫被问话人选择交罪的出路，彻底地走出罪行困扰的境地。

问话人如何去顺应被问话人趋利避害的心理？首先要消除和否定被问话人

自己带进问话室里的趋利避害的定势心理，帮助被问话人设立、更换新的、有利交罪的趋利避害心理，这就是问话阶段对被问话人的心理顺应的转换。

下面的这个案例，充分地说明了被问话人在整个问话的过程中的趋利避害的心理变化。安徽省某境外公司财务部经理利用职务之便，侵吞公款数十万元并且多次使用巨额公款在我国香港特别行政区炒股，牟取暴利。案发后，其被检察机关多次传讯但拒不认罪，并畏罪潜逃被抓获，在被逮捕后的很长时间里，该被问话人选择了抗拒问话，不是一问三不知就是嫁祸他人，推托罪责。在办案人员多次的教育帮助、思想开导下，其抗拒心理有了一定的转变，在提问时其语用行为暴露了进行对抗的心理状态，“如果我交代了违纪违法犯罪事实，法院一定会重判我，因为我的数额巨大，罪行严重。如果不交代有的证据你们拿不到，就无法定我的罪，说不定还有从轻处罚的可能性，而交代了那什么可能性都没有了，只有任其重判了”。这是被问话人在进行对抗的第一阶段的趋利避害的语用行为表现。在第二阶段，问话人问：“你知道我们现有的证据、材料，能够判你多少年徒刑吗?”“我知道，你们没有证据是不会逮捕我的，我也知道我的罪是比较严重的，这么长时间我在号房里看了刑法，少说也得判我十年以上的徒刑。”问话人又问：“难道你不想得到从轻或减轻处理吗?”“谁不想，我看过刑法的规定，要有立功表现、投案自首主动交代自己的罪行，才有可能得到从轻、减轻的处理。”“那你为什么不走这条路呢？你的违纪违法犯罪事实已基本清楚，国家的法律并不是以你的口供来定罪的，而是靠事实的证据来认定犯罪，你现在已经构成犯罪这是无法选择的（堵退路），法院会根据证据与事实，对你做出公正的判决。此外你如果想得到从轻或减轻处罚，你就应该按照法定的条件做出选择，为自己找出路，另外你的爱人和孩子多么希望你能受到政府的宽大处理，你自己看着办吧!”（问话人在为被问话人设立趋利避害的方向和范围）此后，被问话人泪流满面交代了自己的犯罪事实和境外的存款，并揭发了他人的犯罪事实。

问话人的语用行为，为被问话人设立了趋利避害的方向和范围，为什么能得到被问话人的认可？这是因为问话人设立的供述方向和范围，顺应了被问话人趋利避害的心理。这里应该注意的是，设立被问话人认可的趋利避害的条件，是建立在堵住被问话人退路的基础上的，在被问话人无路可退的情况下，问话人设立的出路才能被认可，才能得到被问话人的心理行为的顺应合作。

第五节　证据运用的问话语用行为

问话活动中通过交流合作，问话人把掌握的违纪违法犯罪证据信息传递给被问话人的语用行为，我们称之为证据语用行为。证据是证实被问话人实施违纪违法犯罪的依据，是促使其如实交代罪行的最有效的方法。使用证据不仅仅是就事论事，而是通过证据的使用来扩大证据的范围；通过点滴的证据获得全案的突破；通过点滴暴露的证据，深挖隐藏较深的违法犯罪；通过小的证据获得大的违法犯罪事实。如果使用了证据不能达到攻击一点、全面开花的目的，则说明没有用好、用准证据。有时不但没有发挥证据最起码的作用，还暴露了其对证据材料掌握的程度。

例如，某部门的财务人员王某重复开发票报销，侵吞公款，案发后，问话人首先向被问话人出示重复报销的发票，并问其“为什么购买复印机重复报账贪污公款？你看这两张发票是不是你签的字？”（这一语用行为彻底地端出了问话人的老底）被问话人王某接过发票辨认后说：“发票是我签的字，但我没有拿钱，也许是财务上让我补签的字，钱我没有拿。”（对抗、否定性的语用行为出现了）问话人接着问，“你既然签了字，怎么会没有拿到钱呢？”王某答：“字虽然是我签的，但是并不证明我就一定拿到了钱！”

问话出现了僵局。该单位的财务账已将该款支出，王某否认自己拿了钱，而会计坚持钱已被王某拿走，到底谁说了假话呢？经过对王某的多次问话，最后王某交代了自己侵吞公款的事实。那之前王某为什么在铁的事实面前不认账呢？事后再问他当时为什么不承认，王某说：“当时你们忽然拿出我重复报账的两张发票，我很害怕，不知道怎么回答才好。你们传我来的时候，我估计可能就是这件事，我在路上就想好了，不到万不得已，是坚决不能承认的，但是发票有我的签字是赖不掉的，你们问我发票是不是你签的字？这句话提醒了我签字不代表就拿了钱，所以我只好说没有拿钱。”

上述案件，实属证据充分既简单又明了的案件。为什么会出现在证据面前还狡辩抵赖的情况？这是因为问话人运用语用行为的时机和方法没有把握好，上述的语用行为应当是分阶段来完成，不是一次就能够达到目的的。问话人掌握的全部的证据信息，被一次性地全盘托出，必然会造成失败的结果。在初次问话阶段，双方均处在试探摸底状态，被问话人刚刚进入问话室，情绪还没有稳定，紧张的心理还没有平静下来，同时在初次问话阶段，大部分被问话人都带有很强的戒备心理，这种戒备心理大多出于自卫的本能，再者被问话人在接受问话的初始阶段还带有很强的定势心理，这时使用证据的语用行为很可能会起反作用。

在问话中使用抛证据的语用行为，一定要选择有利时机，才能达到预期的目的。如果掌握不好抛证据的时机，不仅达不到出示证据的目的，反而暴露了问话的意图，增加被问话人进行对抗的侥幸心理。在办案实践中，有的问话人就是依靠抛证据，来换取被问话人的供述，很多的时候问话人抛一点，被问话人就讲一点，待证据抛完了，被问话人也就不说了，问话人再也无法让被问话人开口了。还有的问话人无论被问话人在什么样的精神状态下，任意地采用抛证据的语用行为，有时被问话人情绪激动，对抗心理相当强，知道自己罪行严重，处在破罐子破摔的消极心理状态，在这个时候使用抛证据的语用行为，被问话人是不容易顺应合作的。因而要掌握有利的时机，即便语用行为传递的是少量的证据信息，也能达到促使被问话人坦白交代的目的。如果不注意时机，即使使用了大量的证据，被问话人也会狡辩抵赖，对问话人所提供的证据信息进行种种辩解，削弱证据的利用力。

什么时机使用证据最佳呢？在实践中被问话人与问话人经过数回合的较量，在出现了精神疲倦、意志薄弱的情况下，使用证据效果较好，这时被问话人的动机是尽快解脱这种心理和生理带来的不适，这时使用证据能收到事半功倍的效果。

从问话的阶段上来看，通过初次问话阶段双方都有了初步的了解，被问话人公然对抗是建立在初次问话阶段的基础上的，在进入对抗相峙阶段以后，实质上是双方的心理交锋的较量。这时被问话人的心理基础是侥幸的心理在支持，他认为自己作案时的手段比较狡猾，没有留下多少把柄和痕迹，同时在共同违纪违法犯罪中订立了攻守同盟，尤其是贿赂案件“一对一”无第三者插足，隐蔽性强，通常他们还建立了严密的防御体系。尽管如此，但是他们最担心的还是忽然出现的证据信息，一旦证据信息出现，他们的侥幸心理就会被瓦解，因此在这个时候，使用证据效果最佳。

从被问话人的心理状态来看，被问话人权衡利弊的心理状态，是使用证据的最好时机。在这一阶段被问话人最需要一定的外力，加速动摇心理的转化，被问话人经过一段时间的问话，原来的定势心理开始瓦解，处于反复动摇的状态。如果交罪，自己不仅要坐牢而且前途都没了。可是如果继续顽抗下去，又怕落个抗拒从严的下场，权衡利弊，进退两难。在这个时候，问话人能恰当地使用证据，给被问话人形成一种观念，使被问话人向有利的交罪方向转化。在不同的情况下使用证据的时机不同，其目的都是使被问话人交代自己的全部罪行。但是在问话中证据还有一项重要的任务：在问话进入最后阶段，在侦查过程中提取的语言证据信息，需要鉴别，因为语言证据信息是以语言为载体的信息证据，不是客观的物质存在，只有通过证据锁链的确认，才能成为客观证据。所以，在问话的结尾阶段，为了深挖余罪，问话人一定要抓住时机，使用证据，用证据信息去震慑被问话人的最后一道心理防线，逼其彻底交代罪行。

这里应当注意，抓住时机使用的证据，不是与被问话人对证已掌握的证据，使用证据是促使被问话人交代自己违纪违法犯罪事实的手段。因而使用证据不能将自己所掌握的证据全部使用，这样便将全部的底细透露给了被问话人，一旦出现其他情况，问话人便处在被动的地位。所以使用点滴证据信息要能够达到证明全部违纪违法犯罪事实的效果。使用时就要带有迷惑性、隐蔽性，做好证据使用前的基础准备工作，保证证据信息发出后能出现最佳效果。同时对关键性的重要证据信息，不要轻易使用，要慎重地考虑，周密地研究，应当严格地把握，做到轻易不拿来，拿了必胜，才可使用。

运用证据的方法应当根据案件的需要，考虑到被问话人的个体特点进行分解使用。例如，“为什么购买复印机重复报账，贪污公款？你看这两张发票是不是你签的字？”问话人的语用行为可分解为：你们单位买过几次复印机？谁去买的？款是怎么付的？发票是怎么开的？在哪里买的？什么时间买的？发票是什么时间报销的？谁去报销的？这样的语用行为被问话人是不可能扯到“自己只签字没有拿钱”的语用行为上的。分解细化语用行为，有利于堵住被问话人的退路。问话活动中的语用行为就是语言的证明行为，是从点滴的行为事件到完整的违纪违法犯罪证明，是一个复杂的心理转变过程，这种心理的转变过程，是通过心理行为的语言表述被一个个地否定、证明、肯定，形成了一个完整的心理证明过程，这种被证明的心理过程，通过心理行为的语言表现才能完成问话活动的全部过程，即真实供述。完整的心理过程实际上是一个完整的心理结构，在被问话人的心理证明的过程中，因为某一段过程的缺失就会导致心理阻碍，在心理结构中受到控制，就不能形成完整的供述动机。所以在初次问话阶段问话人一次性地端出全部的证据，急于求成，没有经过心理的行为证明过程，没有构建好完整的心理证明结构，是不能达到供述目的的。

第六节　转化定势心理的问话语用行为

什么是定势心理？被问话人接受问话时，准备用什么方法来接受问话的心理准备，在问话中称为定势心理。这种心理准备带有相对的稳定性，也带有很大的普遍性。被问话人几乎都带着事先准备好的心理状态来接受问话，这种相对稳定的心理状态，贯穿于问话的全过程，在问话的试探摸底阶段和对抗相峙阶段表现得较为明显。问话中这两个阶段的任务实质上也是为了转化被问话人的定势心理，被问话人在这个阶段的攻守程度，也取决于定势心理的程度。

定势心理作为被问话人在接受问话时的相对稳定的心理准备，并不是短期内形成的。根据贪污、贿赂犯罪的特点，被问话人在实施违纪违法犯罪时，就已经存在了反侦查的心理准备，这种心理状态的稳定程度决定了存储的时间，存储的时间越久越不易改变，因为这种心理定势会反复在自己的大脑中进行思维循环而被加固。

被问话人的定势心理程度还依赖于产生这种定势的根据，那些依据多种事实而形成的定势或与多种需要相联系的定势，稳固程度较高。假如某种定势只依赖于某一环节或事实，那么只要否定了这一环节和事实，就可以改变这种思维定势。但如果其定势心理所依赖的环节和事实很多，其定势心理就不容易改变。如受贿人已收取了钱物以后，其心理状态立即会涉及日后有多少暴露的可能性。首先，没有第三者目击，行贿人出于感谢不会揭发。其次，可以拉上朋友交往的礼尚往来。最后，没有损害国家利益等。只要自己不说，天知地知，你知我知。这一系列的环节和根源，稳固了受贿人的定势心理。

定势心理是否能承受其他外力的攻击，是否有免疫性？如果被问话人仅就此案的违纪违法犯罪事实受到过其他人或单位问话，那将是脆弱的，容易被改变的。如果多次受到问话，并且是几进宫的被问话人，那么，他就会增强抵抗力和免疫性，从而变得更加顽固不易改变。

贪污、贿赂被问话人的定势心理，有其自身的特殊性。这些被问话人在问话时可分为两类：一类是已知违纪违法犯罪事实的被问话人，通过检举揭发和初查发现了违纪违法犯罪事实。另一类是未知违纪违法犯罪事实的被问话人，有被问话人，但没有发现具体的违纪违法犯罪事实。这两种情况下被问话人在接受问话时的定势心理是有区别的。第一类的被问话人在接受问话时多采用嫁祸他人的方法。第二类情况下被问话人多采取直接进行对抗的方法，这类被问话人的定势心理是：只要我不说你们就查不出来或你们知道多少我就说多少，再者即便是你们已知道了一些情况，但违纪违法犯罪的某一环节对自己有利我还有退路，不逼到最后我是不交代的。情绪平稳、侥幸心理是这类被问话人的定势的心理支柱。

如何转化被问话人带进问话室的定势心理，是突破案件促进交罪的基础，是一项难度较大的工程。首先，设定被问话人有贪污、贿赂犯罪的嫌疑。如："你是×××吧？你知道今天为什么找你到这里来吗？打击贪污贿赂犯罪是我们的任务。我们调查的结果表明，你的某些行为与我们的工作有关。"（此时不需要急于发展下去，要注意观察对方的反应）前面的几句话被问话人很可能会做出这种反应：我不知道你在说什么！（回避）我没有贪污受贿！（直接）谁？我？（防御）什么？我贪污受贿？我这么多年付出的心血……（证明）你们可以查？（侥幸）天大的笑话，我贪污受贿！（反证）等。接下来问话人应尽量阻止被问话人的插话（不能让其插话，把自己形象树立起来，加固定势心理）。然后采取迂回的方法扩展问话的问题。

用迂回的方法扩展问话所要捕捉的目标，是对其定势心理转变的最有效的方法。完成这一方法的途径有两种，一种是通过情感的途径，一种是通过逻辑的途径。情感的途径在问话中起着辅助作用，而逻辑途径则起着决定的作用。这种逻辑的作用，是展开迂回的每个环节，捕捉逻辑矛盾的目标，利用被问话人的心理事实的联想，达到对被问话人进行心理限制，以此取代了被问话人的定势心理。

同情是在特定的情景下做出的行为：提出被问话人实施违纪违法犯罪行为的可能性及前因后果，然后提出为其开脱的理由。这种开脱的理由必须是与问话主题有着密切的关系，才能对其涉案的事实产生共振。如，"朋友找你帮忙，给一些答谢，如果拒绝不要，别人会说你看不起他，容易产生误解，要了不符合法律规定，所以'进退两难'""面对这种情况，许多人都不太好处理……"如果这一方法在被问话人处产生共鸣，对方便开始用附和性的语言表示赞同。如："就这样，你不收人家不高兴，还认为你有什么想法，如果收了你们又在找……"这时就注意把这种对被问话人的理解和同情继续下去，设法激发被问话人对自己行为的忏悔感、自责感和自尊感。

树立认识错误改正错误的信心，控制自我辩解的障碍。被问话人这种本能的自我保护，表现在对自己违纪违法犯罪行为的否定状态上。如：“我可以说我不干那种事，我又不缺钱花。”问话人在这时就应注意捕捉附加语“我可以说我……”而无罪者通常直截了当地说：“我没拿。”被问话人由于心理的特定状态，总爱用附加语。问话人不仅要辨明这种语言的特殊性，而且还应对其加以控制，不能让这种辩解和否定涉入问话的主题，因为这将是问话主题继续发展的障碍。

第七节　动摇阶段的问话语用行为

有的学者把被问话人趋向动摇的供述心理状态称为临界心理。在问话实践中，这一心理状态有其两重性，根据问话人的问话方法，这种心理状态会向两个方面转化，一种是向供述的方面转化，另一种是向拒供的方面转化。这种被称为“临界心理”状态的特点是可变性极强。被问话人一旦进入这种心理状态，总要权衡利弊，反复寻找选择对自己有利的方向发展，一旦选准了方向，这种临界心理状态便会立即消失。这一特点表明动摇阶段的临界心理来得慢，走得快，注意对这种心理状态控制，可收到事半功倍的效果。发现动摇的状态，是对其控制的基础，接受问话的被问话人，从抗拒问话转化到动摇阶段，其大量思维活动是处在激烈的斗争状态中，是供还是不供，形成思维过程中相互干扰的情景，表现在外部的形体方面便是多次出现无根据的下意识动作。如双手抱头，两脚颤抖，双手托额，抬手抱胸，搓手，捏拳，两脚搓地，浑身不停地颤动，坐的椅子向前半部移动，莫名其妙的下意识动作频繁出现，等等。从面部的表情来看，被问话人的目光呆滞，双眼无神，游移不定，眼圈含泪，有时痛哭流涕，不敢正视问话人；有时脸色苍白，肌肉紧张地抽动，满脸是汗；有时低头深思，欲言又止。

从语言特征来看，这一阶段的被问话人在交代问题上还表现出讨价还价的特点，提出各种条件。如：“我交代以后你们会不会给我‘取保候审’，能不能从轻、减轻处理。”被问话人的这一心理过程的变化，是从抗拒交代到趋向于交代。在语言的运用上从否定的强硬状态趋向于含糊其词、动摇不定的回答。例如，被问话人的常用语“让我想想再说”，“能否让我跟家人见一面再说”，“让我回监房好好想想再回答你们”。有时问话人为了深挖违纪违法犯罪，常说："你还有事情交代。"正常的回答是"我确实没有了！"以没有余罪做出坚定的回答。而隐瞒着某些问题的被问话人常用"我好像没有什么交代的了，我认为我好像都交代完了"。有时被问话人还能直接向问话人暴露思想"我交代了我的一切全完了！"等。在语言的节奏上，表现为缓慢梗塞，无节奏、下意识地唉声叹气，语言的声调变低，有气无力。

被问话人的动摇状态只是在抗拒的前提下向前跨了一步，离供述交代的实现还有一定的距离。尽管如此，这种动摇心理状态如果控制不好，不仅不会向供述方向发展，而且还会强化抗拒心理。因此在被问话人进入动摇状态时，必须准确地掌握其语用行为特点来加以控制。

如何控制动摇状态的被问话人的心理行为？首先，是强化已发生作用的方法和技巧，加大攻击力度。问话使之从抗拒问话到动摇状态形成，并不是偶然的，它是问话人根据被问话人的个体特点，有针对性地施加心理影响而形成的。因而在问话中问话人要注意发现是在什么情况下，用什么样的方法，以什么情节和事实成为被问话人的心理行为动力。当出现动摇反应时，就应该抓住不放，加强对这一领域的攻势。如果是逻辑矛盾引起的，就应抓住矛盾点不放，限定在某一细节范围做供述，形成心理证据的压力，促使其向心理限制方面转化。注意对"题外语言"的控制，不要让与其无关的语言干扰被问话人的思维倾向。在这一状态下被问话人的思维已受到客观的控制，被禁锢在某一极小的范围。一旦外力插入，便将这张被禁锢的网撕开了出口，让思维的目标转向别的领域，去寻找解脱这种心理压力的方法。问话人应咬定某一关键性词，不断重复达到对其思维的控制，如：讲！讲！讲！如果被问话人的思维忽然转向别处，问话人应立即采取迂回的方法将其思维再拉回到原来的状态，进行控制。

其次，是对被问话人提出的要求，要根据情况针对性地解决，不要随便承诺许愿。对那些"让我回去想想再说"或"让我回号房想想明天再说"等，不能答应，应紧追下去。经验表明，有 90% 以上的被问话人"让我回去想想再说"，都是缓兵之计，待第二天再提问时，就变卦了，又转回到了原来的起始状态，还要重新采取方法来进行问话，而这一次的问话难度会比前次的问话难度要大得多。被问话人经过长时间的思考和总结，找出在被问话时出现问题的原因，再次问话时被问话人多半会避开前次失败的环节，防守更加严密，从而加大了问话的难度。

再次，被问话人在动摇阶段的心理特点是趋利避害的心理。是交代还是不交代，是进还是退，他要权衡利弊，如果问话人将其退路给堵死封住，被问话人才能做出向前进的选择。问话中常用的封其退路的方法是：“你的问题已经明了，你对问题交代是迟早的事，但迟不如早，应争取主动，争取立功，争取从宽处理。”又如，“有关部门办案件是以事实为根据以法律为准绳的，不轻信口供，你的口供只证明你自己对问题的态度，主动交代能从宽处理，不交代从严处理，你的问题已经清楚，两条路由你选择”。这时的被问话人实质上只有一条路的选择，把被问话人推到交代的主线上来，此时被问话人便向供述方向做出行动。

最后，是对被问话人实施心理共振，这种方法主要是对被问话人的行为给予同情和理解为基础的。如，“对你的情况我们是比较理解的，从你本人的心愿来说并不想要他们的钱，有其他的原因……你干工作的目的我想并不是为了多捞些外快，这不是你的性格，有时碍于情面，又不好推脱，有的人也是真心出于感谢，推脱了伤人家的面子”。站在被问话人的角度，对其行为给予同情，使其产生心理共振，能有效转移被问话人担心交罪后自己承担后果的畏罪心理，问话实践中经常会出现动之以情，晓之以理，才能达到让被问话人交罪的结果。同时还应该注意，在被问话人难以张口供述的情况下，要选准时机给“台阶下”，让开一条路对方才能做出交罪的行动。这就是被问话人在反复动摇阶段进行心理控制的最佳结果。

第八节　供述矛盾的问话语用行为

多年来在问话的领域里，一些有经验的问话人都喜爱利用被问话人的供述矛盾，通过对其揭露，来达到使被问话人交代供述的目的。这种揭露矛盾的方法，不仅在国内被普遍使用，在国外尤其是在美国的司法部门，在问话的方法上还仍然采用“逻辑的途径”进行问话。这种问话方法的普遍性、一致性证明矛盾的揭露在问话中有着重要的作用。

利用逻辑推理找出矛盾予以揭露，其目的是对被问话人进行心理限制达到供述的目的。首先，问话中从矛盾的来源来看，应该将矛盾分成两大类，一类是与被问话人有直接联系的矛盾；另一类是问话人为其设定的矛盾。在贪污、贿赂案件中，行贿人与受贿人都是为了达到某种目的，满足某一需要，进行了钱权交易。由于道德品质上的自私、贪婪、嫉妒、多疑，在相互关系上的地位不同、利益不同、作用不同决定了违纪违法犯罪主体之间的矛盾结果。

其次，被问话人主观方面的心理矛盾。被问话人在接受正面问话时，处于被指控的地位，由于法律规定使得问话人与被问话人形成了特殊的关系，心理受到的影响极大，便被动地与违纪违法犯罪事实联系到一起。当问话涉及违纪违法犯罪事实的时候，便产生了拒供还是供述两种对立的心理活动，两种意念的此起彼伏，反映出反复动摇的矛盾的心理状态。

最后，是被问话人的主观心理状态与客观存在的矛盾。被问话人实施了违纪违法犯罪以后，违纪违法犯罪时的情景总是不断在大脑的思维中迂回，被储存起来，形成心理事实。案发后的畏罪心理的表现，反映在问话中大多采用谎言、假话来进行对抗，这些假话、谎言与客观事实的存在必然会产生矛盾。这种矛盾表现在：供词与供词之间的前后矛盾；情节发展的内在联系的矛盾；证据之间的矛盾；行为人与某情节的矛盾等。另一类是问话人为了促使被问话人供述而编造的矛盾，并且将其假设在某一违纪违法犯罪情节中，让被问话人继续深化、发展这一矛盾，达到暴露谎言的目的。

如何在问话中寻找矛盾，发现矛盾，这是问话活动中最关键的环节。一些有经验的问话人在问话的习惯上大多采取迂回的问话方法，来寻找案件中的矛盾。这种方法是：首先不涉及问话的主题。从外围步步深入，以情节找主干，从小到大，从案件发展的每个情节到细节，有间歇性地让被问话人重复，进行深追，从案件情节的不同角度、不同顺序进行深化细追，在整个情节中把关键性的细节抽出来，混杂在次要的问题中让其供述，进行推理、比较发现矛盾。

例如，某一公司经理涉嫌经济违纪违法犯罪，其在经管公司的几年中，为国家造成数千万元的巨额损失。在数百笔的业务交往中发现一笔 200 万元的投资款有疑点，投资的对象是北京的某公司，第一笔汇款 150 万元，第二笔提现 50 万元，总计该项投资 200 万元，汇款的时间分别是 1995 年 8 月和 1995 年 9 月。而北京公司的收款收据是 1995 年 6 月收投资款 200 万元。从这一汇款的时间与收据的时间上分析，北京某公司是先开收据，而后收的款。其一，从常理上不符合规律；其二，200 万元本可一次性汇款，为什么要提现 50 万元，不用汇款的方式呢？

在问话时，被问话人称：1995 年 6 月在北京某公司谈投资项目时签好协议，定下 200 万元投资款后，对方便先开出 200 万元的收据，我在当时就付了 50 万元的现金给该公司作为启动的经费，而后在 1995 年 8 月汇了 150 万元来北京，前后200万元。1995年9月提交现金50万元是还借朋友的50万元，这50万元就是第一次付北京某公司的启动资金50万元。这一大段的陈述似乎合情合理。但是如果这50万元是在北京借的，那么可以通过汇款，也应该通过汇款的方式付出，不该将这样大的数额以现金支付，不符合现金管理规定。如果是在本地带过去的现金，当时为什么要带现金去北京，现金又是从哪来的？可见这50万元现金的来龙去脉有疑点，应作为重点突破对象。

问话时，问话人单刀直入，直指50万元现金的来源：这50万元的现金是从哪来的？

答：是我从朋友处借的带到北京去的。

问：从哪个朋友处借的？

答：是从我国香港特别行政区的一位医生手里借的。

问：医生叫什么名字，怎么认识的。

答：叫章某，我找他看过病。

问：你跟他怎么联系。

答：电话联系。

问：电话号码呢？

答：忘记了。

问：章某住什么地方。

答：记不清了。

问：你们平时有来往吗？

答：没有多少来往（此时矛盾已渐渐地暴露了）。

问：从你讲的情况来看，你与这位“是否存在”的章某，并没有多少深交，忽然借给你50万元，你觉得这合乎情理吗？

答：（沉默）

问（紧追）：这50万元到底是怎么回事？讲！……讲！……讲！……

（数分钟后）答：（痛哭）……这件事我说了，我的家庭和我的一切全完了……

问：只要你说实话，会有出路的。

答：我说实话，这50万元不是我借的，是我以公司的名义与别的公司联营，炒房地产，赚了近500万元，对方公司分给我230万元，我从这笔钱中取出50万元，个人本想投资北京某公司，后来我改变了主意，以单位的名义投资，便抽回了这50万元现金。这些钱我愿意退出来。

该案通过50万元现金的矛盾牵出230万元的炒房地产情节，无论这230万元事后属于什么性质，如何定罪，这在问话中不能不说是一重大突破。

如何为被问话人设置矛盾，是问话过程中又一重要的方法和手段。设置矛盾的方法是根据贪污、贿赂犯罪案件的具体情节而设定的。在直接进行对抗中，问话人的矛盾设置应顺着被问话人编造谎言、假话的路子，顺下去，把编好的矛盾情节加进被问话人编造的谎言中，让被问话人自己去扩展，待最后时机成熟时一举揭露。如前面所讲的案例，关于50万元现金的问题，加进问话人设置的情节，可以这样设入，问："你借50万元带到北京去，可能是因为当时你们公司的账号上没有钱，为了能抓住这样好的投资项目你才向别人借50万元的，是不是这种情况？"因为这番话是帮助被问话人圆其谎言，因而被问话人会默认当时的情况就是这样。此时的矛盾已设进被问话人的谎言中，但当问话人出示当年当月该公司财务存款余额尚有数百万元的事实时，被问话人的谎言便会一一地暴露出来，变成客观的事实和证据。

采用嫁祸他人的方法进行对抗的矛盾设置。如自己贪污了公款，称该款付给了别人。自己收到了钱，称没有收到，最后出现了"一对一"的情况，这是普遍存在的特点。有具体的嫁祸对象，问话中就把矛盾设置在被嫁祸对象的身上。如果没有具体的对象，可以将矛盾设置在某一具体的情节里。从嫁祸他人的违纪违法犯罪的心理特点来看，其注意力的重点是摆脱自己，而对自己嫁祸的对象并不十分重视，因而把矛盾设置在被嫁祸的对象上，不太会引起被问话人的注意。例如：

问：你在付钱给对方时，是什么时间，他在什么地方，干什么，有谁在场？

答：9月15日他在家里看电视，他爱人开始也在看电视，看我来了，就出去了。

问：据我所知他爱人9月13日就生病住院，住了半个多月，怎么会在家里呢（设矛盾）？

答：那可能是我记错了。（为自己找退路，同时暴露了假话）

还可以这样设问："那天停电他怎么看电视呢？"可能出现的回答："当时没有停电，或停电时他点蜡烛，后来有电时才看电视的。"再者，"他当时出差了，单位有他的差旅费报销单，你看了没有，他怎么会在家里看电视呢？"这时他可能还会以"我记错了"来为自己寻找退路。总之，设置矛盾要让被问话人信以为真，才能达到效果。

实践中常用方法还有：

1. 气象设置法。某天下雨，他带的是雨伞还是雨衣？（实际那天根本没下雨）

2. 情景设置法。你那天在剧院看电影，剧场的电线着火，引起混乱你知道吗？（实质上根本就没有的事）

3. 存在设置法。他当时根本就不在家，怎么能收钱呢？是不是他爱人代收的？

一旦被问话人承认了或默认你为其设置的矛盾，由此可能引起一系列的矛盾的出现。但在什么时候揭露矛盾并不是随心所欲的，应根据被问话人个体的心理状态来决定。如果在被问话人对抗心理极强的情况下揭露矛盾，不仅不会起到促进被问话人交罪的作用，而且还会使其感觉到自己受骗，强化其对抗心理。

此外，时机尚未成熟就盲目地揭露矛盾，容易形成僵局，导致被问话人更加小心谨慎，阻碍了矛盾的进一步暴露。揭露矛盾的最佳时机，是被问话人反复动摇的阶段，这时的被问话人处在激烈的矛盾斗争状态中，思考着是供还是不供的利弊关系。在这个阶段被问话人已经完成了编造谎言的任务，大多数的被问话人都不太可能再重新编造新的谎言，因而问话人也完成了寻找矛盾的任务，处在如何利用已发现的矛盾，迫使被问话人交代供述。在这一阶段利用矛盾的方法，应该将说服教育和动之以情结合起来。如果单方面地揭露矛盾，容易引起僵局。问话时采取平和的语言，一边揭露矛盾，向被问话人说明其违纪违法犯罪了，应该认识到自己的问题，不该用假话欺骗有关部门，事实的存在是否定不了的，应该走从宽处理的路。一边利用矛盾所涉及的关键情节，逼其供述自己的违纪违法犯罪经过，使得被问话人心理压力越来越大，最后达到心理限制的时候，他想发怒也怒不起来。因为问话人揭露矛盾的语言是平和的，被问话人没有发怒的基础和条件。如果问话人采取生硬的态度去揭露矛盾，势必会给被问话人提供发怒的理由，出现问话的僵局。利用矛盾对被问话人的谎言进行心理分析，能进一步激化被问话人内心的矛盾斗争，有效地推动供述交罪的心理转化。

第八章 “知己知彼”的问话语用行为方略

第一节 问话失败的原因

在问话实践中，问话失败的原因主要有以下几个方面：

1. 问话前准备得不充分

问话本身就是有计划、有准备、有技巧地与被问话人进行斗智、斗谋的心理较量，这种较量的结果有成功的也有失败的，成功的经验固然要总结，以此来提高我们的问话技巧，但更重要的是对失败原因的总结，只有找出失败的原因，才是取得成功的基础，由于问话对象不同，失败的原因也是多种多样的。如两军对垒，知己知彼，方能百战不殆，战胜对方的条件是建立在对对方充分了解的基础上的，否则，仓促上阵必然一败涂地。

问话中由于盲目上阵造成问话失败的屡见不鲜。问话的失败在很大程度上关系到侦查案件的成功与否，因为，被问话人在实施违纪违法犯罪时或违纪违法犯罪以后，总是要千方百计地少留痕迹或不留痕迹，在客观上留下的违纪违法犯罪证据就更少了，要查明违纪违法犯罪很大程度上还依赖违纪违法犯罪行为人自己提供证据，问话的目的也正是让被问话人能主动交代自己的罪行，提供证明自己行为的违纪违法犯罪证据。而被问话人在不到万不得已的情况下，是不会主动就范的，只有通过问话征服了对手，他才能把自己的违纪违法犯罪事实交代出来。

这是一项复杂而又艰苦的工作。这种复杂情况表现在：被问话人的个体特点不同；违纪违法犯罪的情节不同；违纪违法犯罪行为与客观的联系也不同。由于这些复杂的特点，客观上就要求问话人在接手问话时，应做仔细的研究，有计划、有步骤地打有准备之仗。有的问话人在接手案件后，不对已掌握的材料做仔细研究，不事先去了解自己的对手，仅靠已掌握的支离破碎的证据仓促上阵，其结果必然是骑虎难下，不可收拾，最后以失败而告终。这是问话失败的原因之一。

2. 不恰当的问话方法

问话的方法是问话成败的又一重要的条件。不同的对象，不同的案件，同一案件的不同特点，在使用的方法上应有所不同，要有针对性。如贪污、贿赂犯罪案件与其他杀人抢劫案件就有着明显的区别。贪污、贿赂案件的被问话人大多是有知识、有文化、有职务的国家工作人员，有的是国家的高层干部，这些人成为问话对象的时候，会凭借自己的智商高、社会阅历深，来与问话人展开较量。如果问话人不去研究和掌握对手的这些特点，问话中东一榔头西一棒子，无的放矢，必然会失败。

贪污贿赂犯罪案件中，高级领导干部与普通干部以及其他刑事被问话人，在使用的问话的语言上就要有所区别，如果眉毛胡子一把抓，不但达不到效果，有时还会形成僵局。如在对高级干部的问话时，使用的语言应平和，少带刺激性，多注意内在的逻辑联系，因为这些人多年来在领导岗位上指挥别人已成了习惯，常年生活在恭维、赞扬的环境中，一旦成为问话对象，便产生不平衡的心理状态，聚积心中的怒气，寻找发泄的目标。如果问话时不注意语言的表达方式，就很可能变成他们发泄的出气筒，造成问话中的僵局，最终不是一问三不知，就是火冒三丈，使问话无法进行下去，而宣告失败。

因此针对不同的对象应采取不同的方法。问话语言对被问话人来说，敏感性很强，很容易唤起被问话人的畏罪对抗心理，一旦重新出现这种心理状态，再消除就困难了。再者是针对不同案件特点，采取不同的方法。贪污贿赂犯罪案件从总体上虽属一个范畴，但是每一具体的案件还有其自身的特点，有的案件在初查阶段获取的证据较为完整，直接对被问话人进行心理限制的力度较大，而有的案件暴露的证据支离破碎，无直接的证据，同时又因违纪违法犯罪行为人侥幸心理较强，进入心理限制的过程较为缓慢，问话时应抓住重点，该问的问清问细，不该问的就不如不问。

在使用的语言上注意每一句话，让每一句话都产生效应，无用的话不说，说了就要击中要害。在对被问话人进行感化、教育时，要把握好时机，不注意时机，不根据被问话人的心理状态的乱用，等于枉费口舌，而且还会给被问话人造成问话人软弱无能的印象，有求于他的误解。在使用证据上，应该有计划、有目的地使用，尽力做到少抛多取。有的问话人完全靠证据来问话，从开始就抛证据，抛一点被问话人就说一点，不说了再抛，等证据抛完了，被问话人轻而易举地掌握了案情的全部底细，造成了问话的被动局面，导致了问话的失败。

问话的过程，实质上也是主体之间素质的较量，业务能力的较量，理论水平和知识水平较量的过程，问话人主体素质的优劣，是问话成败的基础条件，并且客观地表现在问话的方法上，方法不对路这是失败的原因之二。

3. 不能正确地分析判断

问话人在问话中的分析判断能力是问话成败的关键。问话对象是被问话人，即有证据证明有违纪违法犯罪事实的人，但是在问话的实践中，由于各种主客观条件的限制，并不是在完全掌握证据情况下对被问话人进行问话的，这类案件是最有代表性的。

例如，贿赂案件，行受贿双方都有自己的根据和理由，从表面上看都能自圆其说，因此问话人应审时度势，仔细推敲，细心研究，不轻信口供，盲目地轻信就会吃败仗。再者，大多数被问话人都不会轻易承认自己违纪违法犯罪，总会千方百计地找理由，找根据，发毒誓，老泪横流，问话人的轻信导致问话失败原因是：以自己的认识衡量被问话人，以“君子之心度小人之腹”，对被问话人的辩解信以为真，不多问几个为什么，不深追细究，致使问话失败。这是问话失败的原因之三。

4. 不适度的同情

同情恻隐之心人人有之，但是在问话时表现出来的同情、怜惜则是问话中的大忌。在问话时被问话人处于不同的心理状态，表现出心理恐惧，紧张害怕，泪流满面，喊冤叫屈，引发了问话人的同情之心，导致了问话语言的软弱无力，问话的内容无深度，发现矛盾不紧追，使得被问话人有机可乘，应该成功的案件中途流产，这是问话失败的原因之四。

5. 缺乏心理的持久力

问话不仅仅是与被问话人智力的较量，也是双方心理耐力和持久力的较量。有时问话处在双方对峙的状态，谁能坚持到最后，谁就是胜利者，贪污、贿赂犯罪均为国家工作人员，有的是领导干部。这些人能有今天的职务和身份也是他们多年来呕心沥血、发奋努力的结果，一旦接受问话承认了自己的违纪违法犯罪，将意味着他们所拥有的一切都会随之消失，其后果不堪设想。因而他们在问话中表现出坚忍的耐力和持久力，不坚持到最后是不会举手投降的。这也要求问话人要以顽强的斗志，坚持到最后的胜利。但是在问话中有不少问话人由于自己的惰性，缺乏信心，仅坚持一两个回合便匆忙收兵，退下阵来，导致了失败的结果，强化了被问话人的对抗心理，这是问话失败的原因之五。

6. 被问话人的串供

被问话人的串供，是问话工作的大敌。问话工作的要求是将被问话人控制在内外隔离的严密的环境中进行的，这是问话工作起码的条件和要求。其目的是保证被问话人的供述真实可靠，但是在问话中有的被问话人为了逃避法律的惩罚，用假口供、谎言来抗拒问话，为了证实自己的谎言，而与案件有关的人进行串供，统一口径，同时又坚定了进行对抗的信心，给问话带来难度，为辨别是非真假，人为地设置障碍使问话陷入困境。这是问话失败的原因之六。

第二节 问话语用行为的“切入点”

何谓“切入点”？在问话活动中通常将易于攻破被问话人的薄弱环节或薄弱对象称为“切入点”。研究“切入点”的目的就是要以最小的力量、最容易的方法攻破被问话人固守拒供的心理防线，迫使被问话人交代自己的违纪违法犯罪事实。

在对贪污、贿赂犯罪案件的问话中，对被问话人的“切入点”选择一般分为两大类：一类是以客观存在的“切入点”的选择；另一类是被问话人主观心理特点的“切入点”的选择。兵法上称为“避其强，攻其弱，方能胜之”。如何避其强，攻其弱，取决于如何正确地选择好“切入点”。选择“切入点”实质上也是对被问话人的弱点的选择，被问话人在问话时的弱点，应该是问话人的强点、长处。问话的语用行为是以获取违纪违法犯罪证据信息为目的，违纪违法犯罪证据信息不是公开地表露出来的，它是隐蔽在“坚硬的堡垒”内部，攻克壁垒必须找准堡垒的薄弱环节，才能一举攻克。堡垒的薄弱环节就是“切入点”，攻克“切入点”是获取违纪违法犯罪证据信息的重要途径。

1. 以客观存在的逻辑联系作为“切入点”

被问话人最普遍的特点是用谎言来作为自己进行对抗的手段。当被问话人由于畏罪、侥幸心理的支配，在不愿主动交罪的时候，总是要千方百计地用假话来证明自己的清白，这样编造的情节与事实必然在客观的逻辑联系上出现矛盾，而这种矛盾也会在问话中暴露出来。问话人一旦捕捉到了这一矛盾，进行揭露，这一矛盾便成了客观存在的事实，与被问话人的心理事实对应、共振形成了被问话人的心理证据，发展成对被问话人的心理限制，最后交代自己的违纪违法犯罪事实。因而在问话中，大多数问话人在问话时采取迂回的方法，寻找被问话人在供述中的逻辑矛盾，以此作为“切入点”来揭露矛盾，揭露谎言，达到对被问话人的心理限制。这种以逻辑方法作为问话“切入点”，有很强的实用性，成功率很高，因而是问话人普遍采用的有效方法之一。

2. 以客观的事实证据作为“切入点”

被问话人由于自己在实施违纪违法犯罪时留下了大量的行为痕迹和证据，在事实面前无法抵赖的情况下，在接受问话时被迫交代自己的违纪违法犯罪事实。用这种方法使被问话人交代罪行，是最省时的方法。这种问话成功的条件建立在证据较为确实、充分的基础上。被问话人与问话人在问话的最初阶段——试探摸底阶段，被问话人摸底的目标就是问话人是否掌握证据，然后再根据情况确定自己的对抗方法，一旦被问话人得知问话人还没有掌握确凿的证据，被问话人进行对抗的心理便被强化，与问话人周旋、狡辩，其方法也会变得更为狡猾。故此不会轻易交代自己的违纪违法犯罪事实，而当问话人将某一细节、某一事实的证据出示在被问话人的面前时，被问话人感觉到自己的违纪违法犯罪事实已被掌握，再抗下去也是徒劳，只有放弃侥幸心理交罪供述。但是在使用证据作为“切入点”的时候，应注意方法，要正确地把握使用证据的“切入点”，如果不注意选准证据的“切入点”，就会变成了抛证据换口供。

有些没有经验的问话人，问话时唯一依靠的就是抛证据，等到问话人证据抛完了，被问话人也什么都不说了。更有甚者，被问话人掌握问话人的证据收集情况，从而为其狡辩提供了条件和依据，造成了有的被问话人在事实面前不认账，这说明问话人在使用证据的“切入点”上没有选择好，没有把握住使用的隐蔽性和悬念性，没有让证据尤其是点滴证据，与被问话人的心理事实产生联想，被扩大、补充、自相完善，起到使用证据的“抛砖引玉”的效果。因此在使用证据的“切入点”上应选择隐蔽性、悬念性较强的证据作为“切入点”，尽量少使用“关键性证据”，在主要证据与次要证据之间应先选择次要证据为“切入点”。在大量的事实证据较为充分的情况下，应选择某一点有代表性的证据作为“切入点”。在证据较弱、较少的情况下，选择“切入点”时应注意隐蔽性，以促使被问话人产生心理证据为最佳效果。

3. 以被问话人关心的环节作为“切入点”

被问话人最关心的环节也是最容易暴露的环节，更是被问话人怕问话人掌握的环节。问话人如果抓住这一环节，作为问话的“切入点”，更能迅速地达到对被问话人的心理限制。因而首先必须弄清被问话人所关心的环节是什么环节，是处在什么状态下的环节。从常规来看被问话人最初用说假话来掩盖自己违纪违法犯罪事实的环节。被问话人说假话必然在某一环节的细节上出现“盲区”，如没有到过北京的人说去过北京，那他对北京的火车站是什么样子根本不知道，这便是说假话的“盲区”，也是说假话的人最关心的问题，最怕涉及的问题，一旦涉及这个环节或领域便暴露了谎言。在某些细节上，因为在自己没有经历过的环节，不可能对其细节上有更多的了解，一旦问话人在问其经过的细节，必然要用假话来搪塞。自己编造的谎言能否蒙混过关，这是被问话人最关心的问题。

问话实践中为了证实被问话人对某一环节的供述真伪，常用假设的情景来做试探。例如，某公司的经理从本单位财务部门领取 5 万元“回扣”款，给有关业务单位，而实质上该款被自己侵吞了，在问话经理送钱的经过时，他必然编造假话，凭空设想一套送钱的过程。而这一过程必须要设定时间、地点、送钱对象的特征等，这些条件都必须是客观存在的，如果问话人能证明上述条件是虚构的，其谎言才能被证实。为了达到这一目的，问话人在此基础上为其重新设立送钱的环节，让被问话人回答。如问话人问：你说的送钱时间，那天正好是下雨，你送钱去时是打伞还是穿雨衣。不论被问话人选择的是用伞还是雨衣，都进入问话人为其设立的环节，因为某天根本就没有下雨。这是利用被问话人对某一情节并不清楚的环节，也是其关心和担心的环节作为“切入点”，有很大的迷惑性。

4. 利用被问话人已知的客观存在的某一环节作为“切入点”

客观存在的某一环节，一旦暴露，便会充分地证明被问话人的罪行。如收了公款不交公，这时被问话人关心的是在领款处自己留下的痕迹，这也是被问话人已知的客观存在的环节，一旦案发，被问话人最关心的就是领款的对方信息，最怕的是问话人掌握了这一信息。问话人如抓住这些环节作为问话的“切入点”，便能取得最佳的问话效果。

5. 以被问话人的行为所指向的对象为“切入点”

在贪污、贿赂犯罪案件中，被问话人最怕涉及的对象是“钱和物”，这些人的违纪违法犯罪就是因贪得钱财，抓住了钱财的来龙去脉，便抓住了贪污、贿赂犯罪的主攻方向，以此来作为“切入点”，便能起到攻击要害的效果。

例如，在对某被问话人的住宅进行搜查时，发现巨额财产，在问话中就可以选择这些巨额财产的来源作为“切入点”。如果在搜查中就连最起码的生活费都没有搜查到，那问话时就应将财产的去向作为“切入点”，一位国家干部不可能连少量的生活费和正常的存款都没有，这种不正常的现象就是问话的“切入点”。

又如，某公安机关负责办理车辆入户的某局长，利用为走私车入户办牌照索取贿赂。在检察机关对其住宅进行搜查的时候，不但正常的存款没有，就连妻子女儿的金银首饰都没有发现，这在已有30年工龄的公安局局长家里就不正常了，在问话时问话人以金银首饰的去向为“切入点”，展开了问话。

问：你给爱人和孩子买过金银首饰吗?

答：买过好几次，每次出差去南方都要给他们买些回来，有手链、项链、戒指。

问：这些东西送给别人吗?

答：没有，都是给自己家里人买的。

问：现在这些东西在什么地方?

答：（不语）……（这时被问话人知道上当了，但为时已晚了）

问：讲，在什么地方?

答：我爱人知道。

问：但是你更清楚。

答：东西和钱都在我爱人的妹妹家里。

结果在其爱人的妹妹家里提取了大量的金银首饰、高级手表和巨额存款，在铁的事实面前，被问话人只得将自己利用走私车入户上牌照收取贿赂的违纪违法犯罪事实一一交代，成功地审结了一起难度较大的贿赂犯罪案件。

再如，安徽的某县民政局局长，将全县收集来的养老保险金不按国家指定银行存储，而是私自转存一小储蓄所，将收取的利息差价侵吞。案发后，这位局长否认自己拿过利息，而储蓄所主任证实利息差价3万元是在自己的家里交给该局长的，并有家人证明，那天该局长是骑自行车，晚上到家里来拿的。在调查中还有邻居证实看见某局长去储蓄所主任家。在问话中，问话人以利息作为“切入点”对其展开了问话。

问：你们局里有存款放在某储蓄所吗?

答：有!

问：为什么要存在某储蓄所?

答：储蓄所利息高，想搞点利息差。

问：存款的期限是多长时间?

答：半年。

问：现在半年到了没有。

答：早过了，都一年了，现在利息和本金都收回来了。

问：3 万元的利息差呢?

答：我没拿。

问：你要了没有?

答：从来没要过。

问：为什么不要?

答：(不语)……

问：我知道你家在农村，家里有事急用钱，但是你要说清楚，组织上会理解的。

答：钱是我拿的，给家里用了，这 3 万元我退出来，希望有关部门能从宽处理。

这是在问话实践中利用行为对象作为“切入点”所取得问话成功的范例。

6. 以利害关系人的主观心理特点为“切入点”

首先，以利害关系人的薄弱部分为“切入点”。在贪污、贿赂犯罪的案件中，利害关系的范围很广。在贪污违纪违法犯罪中有共同违纪违法犯罪人；在贿赂犯罪中，有行贿人，介绍贿赂人；在挪用公款案件中，有赃款的使用人等。如何在这些人中选择“切入点”是一个关键问题。选择得好，案件便能迎刃而解，选择得不好，便会起到连锁反应，有时打草惊蛇，有时为串供提供了条件和时间，不仅案件攻不下来，而且弄得“满城风雨”，造成了自己的被动局面。因而在问话中选择利害关系人作为“切入点”，应注意选择的对象。通常在共同违纪违法犯罪中“切入点”的选择在薄弱一方，起次要作用的一方。在贿赂犯罪中选择行贿方作为“切入点”。因为这些人在案件的利害关系上处在次要的地位，在应负的法律责任上也是次要的。他们在问话中的抗拒心理，并不像负主要责任的被问话人的抗拒心理那么强，较容易突破。再者选择利害关系人作为“切入点”，也是为堵住主要被问话人的退路，是防止串供、翻供的最好方法。

其次，以趋利避害的心理作为“切入点”。趋利避害心理人皆有之，哲学家爱尔维修说：“快乐和痛苦永远是支配人的行为的唯一的原则。”去“苦”求“乐”是人的本能，在被问话人的身上，这种趋利避害的本能，更是时刻在指挥他的行为。

趋利避害的心理状态常有几种表现：其一，抗拒心理状态。认为交罪供述，交代了要受惩罚，不交代说不定还能混过去，利害权衡选择了“避”。

其二，反复动摇状态。这是一种左右为难的心理状态，如果交代了违纪违法犯罪事实，就要受到法律的惩罚，如果不交代又过不了问话关，处在两难境地。

其三，供述交罪心理状态。认为自己的违纪违法犯罪事实已败露，定要受到法律的处罚，没有退路了，如果主动坦白交代，说不定还有从宽处理的希望，选择了坦白交代的路。可见如果“利”大于“害”，则趋之；而“害”大于“利”，则避之。如何选择趋利避害的心理作为“切入点”呢？通常问话人以固定“害”的程度，加大利的诱惑性来满足被问话人趋利避害的心理。

例如，某一国家工作人员的贪污犯罪案。在案发后，被问话人已认识到自己贪污的数额巨大，会被严惩，畏罪心理非常强，对犯罪事实不愿交代，而且对赃款的去向也咬死不讲。从被问话人心理状态分析可以看出，反正自己的罪行已败露，要被判刑的，把赃款隐瞒下来，待日后还可以使用。在接手这件案件的问话时，问话人以其趋利避害的心理为“切入点”展开了问话。

问：你知道你的罪行会带来什么样的结果吗？

答：我知道，少说要判我15年。

问：有从轻的办法吗？

答：有什么办法？

问：你为什么不想办法呢？想办法走从宽的路？法律不是规定得很清楚吗？

答：这我知道，揭发检举有立功表现的，投案自首的，能减轻处理，主动交代罪行的能从轻。

问：既然知道你为什么不走这条路呢？你的违纪违法犯罪事实已经很清楚了，是无路可退的，你幻想着日后还能使用那笔钱？你想错了，这笔钱有关部门是一定要追回的，因为这是赃款，再者你虽然存在境外但你能保证境外的银行不破产吗？那时你的家庭会是什么样的你能知道吗？况且你赃款不交还要从重处罚，这种结果你想过吗？

答：(沉默不语)……那我坦白交代了，能得到从宽处理吗?

问：这是法律的规定，你为什么不相信法律呢?

答：那我愿意交代，我愿意将境外的存款交给你们，我可以写“授权书”给你们，争取宽大处理。

这是一件以趋利避害心理为“切入点”的成功案例。

再次，从被问话人的违纪违法犯罪动机上找“切入点”。从贪污贿赂犯罪的主体来看，这些人并非思想品德坏、见钱眼开的人，他们违纪违法犯罪是在一定的条件下，一定的对象、一定的思想状态下促成的，带有一定的偶然性。例如，贿赂犯罪，一些国家工作人员利用手中的职权，为别人办了一些事，别人为答谢，送了一些钱、物，在这种情况下违反了法律的规定，被动地收受了贿赂。又如，有一位领导干部利用自己的职权，为他人赚了不少钱，赚钱的人没有自己独吞，而是将其中的一部分送给了这位领导干部。当时这位领导干部想收但又怕日后出“问题”不敢收，当听到对方说，这笔钱如果你用不着还可捐献出来，在这种心理状态的支配下，才收下了这笔钱。对这样的被问话人，在问话中，只要能认真帮助被问话人分析犯罪的原因，被问话人认为问话人讲得有情有理，就有可能主动供述自己的违纪违法犯罪事实。

最后，从被问话人的性格上找“切入点”。每个人由于自己性格的不同，在对待问题的态度和反应上也是不同的。不同性格的人在接受问话时，会反映出不同的特点，问话人如能根据被问话人的性格特点，找出其性格弱点，作为“切入点”，便能收到事半功倍的效果。如性格直爽的人，较为讲义气，问话时就应选择讲义气作为“切入点”，强化讲义气的性格特点，消除被问话人自己犯罪嫁祸他人的犯罪心理，让被问话人自己维护自己的形象。如果被问话人的性格为外向型的，喜于夸大其词，而且耐力差，问话中注意抓住这一弱点为“切入点”，让其充分表现，找准矛盾点，发起进攻。对那些情感较为脆弱的被问话人，“切入点”应选择在情感的感化上，动之以情，晓之以理，引导其走供述交罪的路。

问话中“切入点”的选择的目的，是要找准被问话人的薄弱环节，以较小的力量获得较大的成功。

第九章　认知条件下的问话语用行为技巧

问话虽然是以语言为载体的语言交流活动，是以获取被问话人的真实供述为前提的，是以获取违纪违法犯罪证据为目的的。虽然问话的载体是语用行为，如果这种语用行为不能针对被问话人的供述规律提取违纪违法犯罪证据，那么再漂亮的语用行为也是无意义的。问话的语言必须有针对性和技巧性，才能够满足问话活动中提取证据的需要。在长期的问话实践中，问话是根据被问话人在问话活动中的对抗特点，总结出了被问话人真实供述的特点和基本规律。这是问话活动中运用问话语言技巧的基础，是实施语用行为的对象，离开了这个对象，偏离了这一属性，问话活动就会失败。根据在问话活动中被问话人的个体和客观方面的特点，表现出真实供述的基本规律：认知条件的“条件”丧失；解脱自我心理限制的困境；趋利避害的交换条件；意识经验的习惯反应；“人格”道德系数的整合和“需要”的基本属性。这些规律概括了被问话人供述与对抗的基本特征，是问话活动的语用行为的重要任务。

第一节　回答、供述的认知条件

认知条件是被问话人对抗问话的心理认识基础，条件也是因素，是被问话人意识活动过程中选择自我在被问话情景下，如何面对问话的心理因素和认知基础，也是对自己是否需要对抗问话能力的认知。被问话人在自我的认知过程中认为自己有条件有能力选择对抗，那么他就会选择积极的对抗行为来否定自己的违纪违法犯罪事实。如果被问话人在认知过程中认为自己的违纪违法犯罪事实已经暴露，失去了对抗的条件，对抗失去了意义，那么他就会放弃对抗，选择供述。

通常违纪违法犯罪事实暴露的认知条件是被问话人真实供述的内在动力，

被问话人在问话活动中的对抗特点是：只要有条件对抗的，就不能放弃，因为放弃了对抗就意味着有危害的结果，要承担相应的责任。所以不到无路可退的境地，就不会自动放弃对抗的。放弃了对抗，交代供述自己的违纪违法犯罪就等于把自己的一切交给了问话人，就意味着等待自己的是惩罚。因此只要有条件对抗的被问话人就会坚持对抗。被问话人坚持对抗的“条件”，就是建立在违纪违法犯罪行为是否暴露的基础上的，也就是说自己违纪违法犯罪的证据是否被对方掌握。

这里对抗的“条件”在于被问话人的违纪违法犯罪行为还没有暴露或者还没有全部暴露，还有对抗的余地。如果被问话人通过自己认识的感知，意识到自己的违纪违法犯罪行为已经暴露，已经被对方掌握，就会自发地进行自我行为意义的评定。坚持对抗已经失去了意义，对抗的结果与放弃对抗的结果是同样的，每当被问话人处于这种情景状态的时候，他们的注意力从原来的如何进行对抗，不断地分析问话人的语用行为，判断“事态”发展对自己的危害程度，迅速转移到这种行为可能给自己带来的惩罚结果，对可能给自己带来的结果考虑得比较多，他们会从不同的角度来分析自己将要承担的法律后果，以及测定法律后果所面临的处境。这时他们会从任何可降低自己的损失角度来考虑自己当前的行动趋向。根据当前的情况看：对抗的条件已经失去，显然已经不能降低损失，全盘托出也不是最好的办法，这虽然符合问话人的意图，但是如果问话人不能给自己从轻或者减少损失机会，那么自己是一点退路都没有了，如果交代一点再留一点，自己不但保留了退路，也能根据情况随机应变，以问话人的语用行为的反馈来做决定。

这里被问话人如果希望从问话人那里得到“好处”的话，这种希望和需要越强烈，其动机也就越强烈，供述交代的行为实现的就越快。反之，如果被问话人希望不是从问话人那里得到“好处”，而是从自己的身上挖掘得到“好处”的方法，那么这种供述的动机是不会强烈的，甚至是没有供述动机。这种情况在很多的时候被问话人是不可能交代犯罪事实的。

这里当被问话人认识到自己的违纪违法犯罪事实已经暴露，自己的退路已经被堵死了，自己已经无力回天了，在这种情况下被问话人就希望从问话人那里得到“好处”，这种希望和需要越强烈，其供述动机也就越强烈，供述交代的行为实现的就越快。被问话人对违纪违法犯罪事实是否暴露的认识，来源于自己的判断。这种判断依据对外部情况反映的认识和自我心理的客观记忆的认识两个方面：（1）正确的认识，即违纪违法犯罪事实确实已经暴露，问话人已经掌握了确定的违纪违法犯罪证据。（2）错误的认识，即违纪违法犯罪事实暴露的心理误区，也就是误认为违纪违法犯罪事实确实已经暴露，问话人已经掌握了确定的违纪违法犯罪证据。在大量的调查问话实践中，问话人是在没有掌握违纪违法犯罪证据的情况下，对被问话人进行的问话，目的就是从被问话人那里获取违纪违法犯罪证据。因为调查或者侦查活动的特殊性和问话人的隐蔽性、技巧性，使被问话人自我封闭了对抗因素和对抗条件出现，给供述动机让出了通道。如果问话人提供给被问话人的语用行为是：问话人还没有掌握被问话人的违纪违法犯罪证据，问话的目的就是要被问话人自己提供自己违纪违法犯罪的证据，那么被问话人就不可能有供述违纪违法犯罪事实的动机产生。在很多的时候被问话人对自己的处境的认识是正确的，表现在问话活动中的积极对抗。但是随着问话活动的不断深入，在问话人语用行为的不断影响下，被问话人的认识发生了变化，出现了根本的转变即认知条件的丧失。这就是被问话人在问话活动的开始进行对抗，而经过问话后才交代违纪违法犯罪事实的根本原因。

被问话人的认知条件不是客观条件。认知条件是心理的自我意识功能所反映的因素，不一定是客观条件，也就是说认知条件不一定是正确的认识，只有当认知条件与客观条件相符合的时候，认知条件才是正确的认识。如果认知条件与客观存在的条件不相符，那就是错误的认知。这里被问话人的认知条件的丧失就是问话人的语用行为结果，是被问话人产生供述动机的基础。

被问话人的认知条件的丧失供述认识产生的根源。首先，来源于问话人的态势，问话人强大的攻击态势是被问话人产生认知条件丧失的直接根源。在被问话人的认知过程中，问话人积极的攻击态势，说明了问话人掌握违纪违法犯罪证据的程度，有心理基础。相反，如果问话人消极地问话或者是没有积极的语用行为状态，说明问话人掌握违纪违法犯罪证据的程度比较低，没有心理行为基础。因为对问话人来说，对没有违纪违法犯罪行为的人（因为没有证据）就没有积极推行语用行为的必要，这同时也给被问话人提供了认识根据。这是被问话人认知条件丧失的自我意识产生的根源。

其次，问话人语用行为的隐蔽性，是被问话人认知条件丧失的自我意识产生的基础。被问话人的认知条件丧失的认识的产生，来源于自我意识与客观信息的有机结合，在被问话人这里，问话人语用行为的表现就是客观信息（包含旧信息是共同的，新信息是单一的)，客观信息的重要特点就是问话人拥有的违纪违法犯罪事实的“量”，对被问话人来说就是对抗条件。问话人语用行为的隐蔽性，就是控制着拥有的违纪违法犯罪事实的“量”。被问话人在实施违纪违法犯罪行为以后，违纪违法犯罪行为就变成了客观存在，被问话人对违纪违法犯罪的记忆就成为其“心理存在”，只要问话人发出的某一点的语用行为信息，与被问话人的心理存在相确认，被问话人就会认识到客观的违纪违法犯罪事实已经暴露。

最后，被问话人自我意识的知觉经验：一方被否定了，那么另外一方就被肯定了，这种肯定的情形就是违纪违法犯罪事实，这是被问话人认知条件产生的内在根源。被问话人记忆中的违纪违法犯罪情景与外来的情景信息相确认，是产生认知条件的基础。人们的行为特点是不做无用的“功”，这是被问话人放弃对抗的本质原因。对利益的追求是被问话人真实供述的基本特点。

第二节　对抗条件丧失的自我意识的来源

问话的语用行为是为了满足被问话人的供述规律而展开的，认知条件的丧失是被问话人的基本供述特征，问话活动所运用的语用行为是围绕着被问话人供述的基础。依靠语用行为的特殊规律即问话活动的语用行为规律，这是日常语用行为不能胜任的，它需要很强的技巧性和对语用行为结果的期待性。例如，一位将军听下属的战况报告，士兵按照日常的语用行为报告说：“某团屡战屡败。”将军听了暴跳如雷。第二次士兵改变了原来的语用行为方式又来报告说：“某团屡败屡战。”将军听后感觉很满意。实际上士兵报告的结果是一样的，仅仅一句话的词语颠倒位置，可是得到的效果却截然不同。这是什么原因呢？这就是语言技巧。根据被问话人的认知条件丧失的供述规律，运用问话的语言技巧，就是为了促进或者加速实现“认知条件丧失”的意识形成。被问话人的认知条件丧失的意识，不是在问话一开始就形成的，是通过问话人的语用行为技巧的实施逐步形成的。虽然是逐步形成的，但是如果问话人运用的语用行为不对路，这种认知条件就会向相反的方面发展，就会成为认知条件的获取，这样就强化了被问话人的对抗意识。

在问话活动中，问话人的语用行为是被问话人产生认知条件丧失的重要原因。在这里被问话人对抗的心理依据，很多的时候是侥幸心理。通常是让被问话人意识到自己的违纪违法犯罪行为已经暴露，对抗下去已经失去了意义，例如，“你拿了钱你不说别人不说吗?”（语言的背景含义是对方已经交代了），目的是攻击被问话人的“侥幸心理”，转变心理状态，推进认知条件丧失的意识目的。

被问话人的进行对抗条件丧失的认知行为，在问话中有着非常重要的作用。这是根据问话的客观条件决定的，被问话人实施了违纪违法犯罪以后，很少将自己的违纪违法犯罪证据留下来，因而在问话时除了利用被问话人留下的少量客观证据，还要利用被问话人自我意识产生出来的心理证据，例如，贪污行为的被问话人在被检察机关传讯的时候，很快会联想到可能是自己某一笔账单被发现了，否则为什么要传讯自己呢？由此唤醒了违纪违法犯罪的心理事实，产生了问话人掌握了某一账单依据的自我意识。

1. 问话目标的自我意识的认识差异

自我意识的认识差异是被问话人对客观存在的认识差异，被问话人所违纪违法犯罪行为，有时有关部门并非十分清楚，很多的时候只了解某些现象，因而在问话时就没有固定的目标，问话的目的也是捕捉、寻找目标。这些情况被问话人并不知道，总以为自己的某一违纪违法犯罪行为被发现了，处在寻求怎样的方法应付问话的状态中，这是初次问话阶段被问话人对问话目标的自我意识的普遍性。在这一阶段问话的方法应该具有隐蔽性，不能暴露问话的目标，一旦问话目标暴露，被问话人的自我意识就会发生根本性的变化，更重要的是引发了认知条件的变化。

初次问话阶段被问话人对问话目标的自我意识是自发的，并不是外来信息刺激造成的。如果被问话人对我们问话的目标了解得一清二楚，那么问话人在问话中所采用的方法和问话技巧只能是一句空话。因为我们在问话中所采取的方法和技巧是建立在对方的自我意识产生错觉的基础上的，是自我意识的差异而形成的，研究使用问话技巧的目的就是要让被问话人产生认识上的差异，不断地麻痹对方，声东击西隐蔽问话的主攻方向和目标，削弱对方的防御强度，避其强攻其弱，使得被问话人首尾难顾，以失败而告终。让被问话人产生办案机关已经掌握了违纪违法犯罪证据的错觉意识——自我意识的认识差异。

问话实质上也是发现证据、收集证据、提取证据的过程，其目的是利用收集证据来证实违纪违法犯罪，用手中已获得的少量证据获取大量的证据，以零散的证据获得完整的证据，以枝节性的证据获得关键的证据。这种取证方法的成功，是建立在被问话人不了解问话人掌握证据的程度的基础上的，如果被问话人知道问话人手中的证据松散无力，不足以证明其违纪违法犯罪，还需通过他自己的交代才能定罪，那么被问话人大多不会交代自己的违纪违法犯罪事实，他会用不同的方法来对付问话人。

被问话人不了解问话人是否掌握证据，掌握证据的多少，是其自我意识的认识差异和错觉意识产生的基础。问话说明被问话人与违纪违法犯罪事实有关，有关部门不会凭空无故乱找人的，这是被问话人错觉意识产生的根据。因此在问话时问话人应当在证据的使用上注意技巧性和隐蔽性，尽量少出示证据，杜绝出示模棱两可的证据！出示证据时应注意证据的效应，每出示一次证据，应该起到令被问话人对问话人掌握证据程度错觉的扩大和强化的作用，加速对被问话人对“对抗条件丧失”的心理认识。问话成功与否，在很大程度上取决于被问话人对问话人掌握证据程度的意识，产生暴露证据程度的意识越大，对被问话人产生的心理压力就越大，趋向供述交罪的距离就越近。对被问话人“对抗条件丧失”意识的利用是问话成功的最有效的方法。因为证据已被掌握，抗拒已失去意义，在趋利避害心理的驱使下，而选择供述交罪的路。

2. 被问话人对“利害关系”人产生的自我意识的认识差异

利害关系人顾名思义是与本案件有一定关联的人，这些人掌握了被问话人的一定的违纪违法犯罪事实，与被问话人有一定的利害关系，有时能对案件的成败起到重要的证明作用，因而也是被问话人在接受问话时较为“关心”的问题。

受贿犯罪案件中，被问话人最担心的是行贿人的处境情况，是否也被抓获了？是否交代了全部的违纪违法犯罪事实？订立的攻守同盟是否被瓦解？在挪用公款给他人使用的案件中，使用赃款的人，是否将该款的来龙去脉全供了？巨额财产来源不明的案件，为了款项来源而订立的攻守同盟是否被揭穿，假设的对象是否讲了实话？等等。这些都是被问话人急于想知道的问题，直接关系到被问话人真实供述的程度，因而这些人总是千方百计从问话人的口中、神态中、行为动作中了解判断这些利害关系人的情况。

如果问话人在问话中注意隐蔽自己的语言、神态行为，那被问话人会根据自己的主观臆测和判断产生各种不同的“认识差异”，被我们所利用。如果问话人在审问中抛出同伙人的点滴信息，便会造成被问话人更多的联想，产生认识差异即错觉意识，如“你不说有人说”，它的语言背景是“利害关系人”是要说的。这时被问话人便会产生他人已供述的认识，联想出对自己的不利因素，加速了心理证据的形成。因而在审问中应注意对案件的保密，否则对被问话人的“认识差异”之词无从谈起。

3. 被问话人对客观事实存在产生的自我意识的认识差异

问话中为了使被问话人对客观事实存在产生自我意识的认识差异，将这种客观存在分为实际存在和假设存在两大类。将客观存在分为两大类的原因是：客观存在是指被问话人实施违纪违法犯罪时留下的行为痕迹和与此相联系的各种情景。而假设的客观存在，是问话人为了使被问话人产生某种错觉而假设的违纪违法犯罪痕迹和相联系的各种情景。因为被问话人在违纪违法犯罪以后，尤其是贿赂犯罪，留下来的客观存在的痕迹极少，而这些痕迹和情景又是被问话人在被审问时赖以顽抗的基础。

从这类违纪违法犯罪特点来看，时间长，隐蔽性强，有时几年以后才能发现其违纪违法犯罪，大量的痕迹和相关的情况都消失了，这对于问话是极为不利的。为弥补这一缺陷，采取假设的痕迹，使被问话人产生认知错觉，是较为有效的方法。例如，某一单位私设“小金库”私分公款，案发后将“小金库”账簿全部销毁，让有关部门无据可查。问话时被问话人表现出了极强的侥幸心理，认为账已销毁无证可取你们就定不了我的罪，问话时不是一问三不知，就是全部记不清楚了。结果审问人员采用了“假设的客观情景”：“你认为账销毁了就无据可查了吗？但是你忽略了一件事，你们的财务会计怕日后对公款的去向说不清楚，在笔记上又作了记录，这一点你可能没有想到吧！”这一信息的出现使违纪违法犯罪人乱了阵脚，他不但没有怀疑这一情景的真实性，而且把“小金库”以外的款项也联系起来，最后交代了各个款项的来龙去脉及数额，取得了问话的成功。

4. 自我意识的认识差异设置的语用行为

让被问话人产生自我意识的认识差异，是建立在被问话人对某些信息确信的基础上，合情合理的客观的逻辑联系，才能取信于被问话人。如果胡乱地给被问话人输入一些语用行为信息，不但不会使被问话人产生自我意识的认识差异，还会使被问话人看出问话人在骗他，反而强化了对抗的心理。所以在设置自我意识的认识差异的语用行为时，问话人应顺着案情的发展，合乎情理的将假设的信息推销给被问话人。

但不能滥用、乱用，否则适得其反。因此在设置自我意识的认识差异时：

（1）应对案情有充分地深入调查了解，掌握了一定的实际情况，摸准了被问话人的心理脉搏，做到不用则已、用则奏效。

（2）自我意识的认识差异信息的语言的运用。自我意识的认识差异信息的语言特点，从表面上看似乎具有模糊性，而实质上具有很强的针对性，这是常用自我意识的认识差异信息的语言特征之一。

另外，“自言自语”也是自我意识的认识差异信息的又一语用行为的重要特征。在问话中有些话不便直说但又必须要说，通常采用“自言自语”的方法将信息输出。这是设置自我意识的认识差异的又一语言特点。再者合情合理的语言是自我意识的认识差异产生的基础，因为被问话人最爱听的就是合情合理的语言，这些语言最容易取得被问话人的相信和认可。如果被问话人不相信问话人的话，自我意识的认识差异便无从谈起，从设置的方法来看，就是人们常说的：“无事生非，无中生有。”

第三节　设置自我意识认识差异的问话技巧

被问话人的自我意识的认识差异的重要表现是对心理对抗条件的认知，是对抗条件丧失的意识基础，没有自我意识的认识差异，就不能在违纪违法犯罪证据没有暴露的情况下，使被问话人形成对抗条件丧失的意识条件。因此，在问话活动中促进或者导致被问话人自我意识的认识差异的形成，是使被问话人形成对抗条件丧失意识的基础，语用行为技巧则是重要手段。基本的语用行为技巧有：

1. 直接告知“存在”

这是让被问话人产生自我意识的认识差异的基本方法之一。在问话进入试探摸底阶段，直接告知被问话人已经构成违纪违法犯罪，让被问话人产生问话人已经获得了违纪违法犯罪的证据的自我意识的认识差异。这种自我意识的认识差异是问话人送给被问话人的，但并不是当时就能取得被问话人的信任并使之产生自我意识的认识差异的，这要通过被问话人的观察和体验之后才能获得，问话人为了达到这个目的，通常采用的方法是阻止或者否定被问话人对问话人提出的违纪违法犯罪存在的辩解，进一步强化被问话人对违纪违法犯罪存在的自我意识的认识差异，只要被问话人产生罪证已经被对方掌握的自我意识的认识差异，这对问话人来说就等于基本完成了问话任务。

在问话的活动中只有让被问话人产生证据已经被有关部门掌握的自我意识的认识差异，被问话人才能放弃抗拒，在趋利避害心理的驱使下，被问话人会选择对自己有利的方向做出行动。当被问话人认为供述对自己最为有利，那么被问话人就会选择真实供述的结果。通常使用的语言是：你已经涉嫌违纪违法犯罪！在这个问题上你没有退路了！你不要说了，我们都清楚！

2. 语言环境的设置

从问话的准备阶段来看，问话室的环境会对被问话人产生重要的心理影响。问话人的桌上应当放些什么东西，平时可能不大被人们所注意，但是这对被问话人来说是至关重要的。被问话人进了问话室，首先注意的就是问话室里桌上放了些什么东西。被问话人通过观察问话室桌子上的物品和资料，可以判断出自己的处境。如他一眼就看见问话人桌子上放着的只有两张纸内容的卷宗，他就会感觉到有关部门还没有掌握多少违纪违法犯罪情况，就会产生相对稳定的定势心理来与问话人周旋。但是如果适当地将其他材料也放在桌子上，此时被问话人会自然地产生联想，把桌子上的卷宗与自己的违纪违法犯罪联系到一起：有关部门已开始大量调查，并收集了大量的资料，这些资料是记载了我哪些违纪违法犯罪的事实呢？这就达到了进门就让其迷惑不解的目的，越看越觉得违纪违法犯罪事实已经暴露。这是问话室里桌上的“空城计”。通常使用的语言是：为了你我们已经奔波很长时间了！我们是靠这些证据说话的！你应该知道这么多东西说明了什么！

3. 语言背景中的证据存在

问话活动中最忌讳的是用抛证据的方法来获取被问话人的供述，原因在于当已经掌握的违纪违法犯罪证据抛完了，被问话人的供述也就结束了。问话的目的是让被问话人提供证据，是通过点滴的证据获取更多更大的违纪违法犯罪证据，依靠抛证据的方法只能是以证取证，在无证的情况下问话人只能束手无策。

有人说证据是让被问话人开口的“法宝”，为什么不去直接使用呢？直接出示证据固然容易使被问话人供述，既省事又省时，但是这种被直接出示的证据，问话人只能得到该证据范围内的供述，而对于该证据范围之外的其他罪行便会一无所获。问话中不是不可出示证据，而是为了使现有的证据发挥更大的威力和作用，这就要求出示证据的方法上要带有迷惑性，也就是说出示证据最好不要“明示”，而采用暗示证据的方法、迷惑的方法，产生证据存在的信息影响。

在语言的使用上，更重要的是运用问话语言要有更深的含义，这个含义就是让被问话人知道问话人这里有证据，但又不清楚证据的具体内容。例如，因为贪污、贿赂犯罪大多是合同、票据、证书、财务资料、银行资料等，在放置的方法上既要让被问话人看见这些资料，又要让其不清楚具体内容。问话人有时还可以抽出一些资料，读其中的某一内容和情节，来通过被问话人联想的发展扩大，最后系统化，达到证据材料的“无中生有”。

在设置问话语言背景上，背景语言要有迷惑性。背景语言的迷惑性能使被问话人一步一步地走进“迷宫”。让其相信自己的违纪违法犯罪事实已全部暴露了，但自己又不明白这件事是怎么暴露的？什么环节出了问题？使用迷惑性的语言是建立在找准被问话人的进行对抗的条件和依据之上的。“在贿赂犯罪案件中，行贿人只要不告发就没事，即便行贿人告发，但没有其他人证明，‘一对一’无凭无据也没事。”这是受贿被问话人在进行对抗中的“心理支点”。迷惑性背景语言都是围绕这一“支点”展开的：“你早知今日何必当初！纸是包不住火的，你说不说并不要紧，有多嘴的替你说了；你们的关系虽然是有‘基础’的，但有谁不是为自己着想呢？要想人不知，除非己莫为；是否是贿赂你心里明白，我们也十分清楚”等。这种迷惑性的背景语言，实际上存在隐含的前提，这一隐含的前提是让被问话人扩展自己的心理证据，达到以假引真的目的。

4. 语用行为的神态背景

语用行为的神态背景是问话人本身所表现出来的语言情境特征，神态背景是包含在语用行为过程中的语用行为的统一体。例如，发自内心的微笑所表述出来的语用行为：“你真行!”就会被对方认为是善意的真心的称赞；带着嘲笑的口吻表述出来的语用行为：“你真行!”就会被理解成恶意的讽刺。其原因就是因为语用行为的神态背景使语义发生了变化，问话活动中问话人就是要利用这一背景特征，完成问话的目的。因为问话人在问话活动中的喜怒哀乐都会对被问话人产生影响，有时被问话人为了刺探问话的重点和目标，会用各种方式来达到自己的目的。如果问话人对被问话人的供述能符合自己的意图就表现出满意的神态，不符合自己的心愿的就表现出不耐烦的神态，那么被问话人就会知道问话人要什么，不要什么，对什么感兴趣，对什么不感兴趣，久而久之就连问话人手里有多少“货”都能知道得一清二楚，出现这种情况不可能会有问话的成功。问话人只有隐蔽了自己才能“迷惑”对方，只有管好自己的“神态”别让神态“乱说话”，才能在需要神态产生迷惑作用时起作用。

问话人的语用行为的神态背景，是通过问话人的声调、语气、面部表情、形态表现出来的，因此保证问话人神态的隐蔽性是控制语用行为的神态背景的基础，神态的迷惑性是重要的条件。神态的迷惑性是根据问话的目的来决定的，神态的迷惑性也就包含在实现这一目的过程当中。如问话人急需的东西，而被问话人就是不给，问话人为了完成这项任务，首先表现在神态上要有迷惑性，虽然急需，但神态的表现应漫不经心无所谓，越急越应沉着冷静。如果对急需的东西表现出急不可待的神态，就会引起被问话人的重视和猜想，权衡对自己是否有利或引起警惕性，出现了不予配合的局面。由此对被问话人的供述不论是“轻重缓急”还是“有用无用”，都不能在神态上表现出来。所以问话人在问话中要态度庄重，沉着、冷静、注意力集中，以不变应万变。通常问话人对被问话人供述与否在语用行为的神态背景上的表现是“漫不经心”，即便是重要的供述也是如此。例如，被问话人供述：“我那天确实去了老李那里拿了些钱！”说完后等待问话人的反应，问话人漫不经心地答：“我知道你还有事情要说！”这样对方就可能不得不把还拿了老张钱的事情也说出来。

5. 利害关系的语用行为

与被问话人有某种利害关系的人，如杀人后帮助转移尸体的人，盗窃后帮助销赃的人，介绍贿赂的中间人，挪用公款的使用人，赃款去向的窝藏人。案发后虽然被问话人在不同程度上与这些人订立了攻守同盟，但还是时刻担心这些人会供述案情，把自己送上绝境。从违纪违法犯罪的赃款处置特点来看，大多数被问话人都以转移赃物、赃款的存放来逃避惩罚。赃款、赃物的转移目标又都是自己较为信赖的亲朋好友。这是贪污、贿赂犯罪普遍存在的特点，有很多的时候，在被问话人住宅搜查一无所获，就连日常的生活费用都没有，这就不正常了，因为案发后，稍有风吹草动，这些人便如惊弓之鸟，迅速转移罪证，加之在办理这类案件时，因程序、手续及各方面的原因不能及时进行搜查，贻误了战机，留给了被问话人转移赃物的时间。赃款、赃物的转移对被问话人来说算是吃了一颗“定心丸”，也成了他们进行对抗的心理支柱。

因此问话的语言背景就要向违纪违法犯罪的利害关系方面靠拢，语言背景的行为目标是让被问话人误认为窝藏的赃款、赃物已暴露。如语用行为背景：“虽然是亲朋好友，但谁愿意背窝藏的罪名，况且还是替别人背黑锅。”又如

“你是为了保护自己，但有时亲戚也是为保护自己，毕竟是违纪违法犯罪的，谁不为自己考虑呢?”如果被问话人的赃款并没有转移，那么他对上述的语言不会有多大的注意，如果对方真的将赃物转移了，那就会非常重视这里的语言背景含意，会认真地加以分析研究，通常的表现是心不在焉、愣神，实际上他是在激烈地思考——窝藏的对象会不会向有关部门交出赃物、赃款。追赃款和赃物的去向，实际上也是问话取得成功的有效方法。

6. 语言背景中的背景

迷惑莫被迷惑误。被问话人为了取得进行对抗的成功也会用假象来迷惑问话人，通过语言背景表现出来。有的被问话人为了取得问话人的同情，大讲特讲自己的丰功伟绩，自己辛辛苦苦大半辈子，工作勤勤恳恳，多次拒绝贿赂，可以说是两袖清风，可到头来落个被检察院调查的被问话人的下场，这是从何说起……还有的被问话人故作镇静，表现出轻松自然的情绪，对问话人表现出顺从协助，态度老实，问什么说什么，对答如流，以此来迷惑问话人。更有甚者发毒誓，通常的语言背景是声泪俱下：“我要是拿了他的钱我不是人养的。”因此问话人必须注意在这种语言背景的假象背后，将会隐藏着更大的违纪违法犯罪，不要被这种表面现象所蒙蔽，自己的心中应有根主线。

第四节 直达主题目标的问话语用行为技巧

在问话的初期被问话人处于心神未定的状态，也是被问话人的试探摸底阶段，其心理的对抗认知条件不稳定，能够对抗问话的条件有多少他自己也不清楚。原因在于被问话人这时并不知道问话人到底掌握了哪些证据。因此，在这一阶段抽取被问话人的对抗认知条件，是问话活动的重要手段；抽取被问话人对抗的认知条件是直接点击违纪违法犯罪的目标和违纪违法犯罪的行为结果的方法。如常用的语言是：“你为什么要重复报销发票? 你在银行有那么多存款是哪里来的? 你不该拿他的钱! 他一边给人钱，一边又不心甘情愿地到处说!”讯问杀人案件的常用的语言是：“你为什么要杀他!”这种方法有两个目的，一是对被问话人心理状态的侦查，掌握被问话人对“环节选择”的内容；二是能够发现特征因素的对抗反应，如果被问话人作出否定或者反驳，应当立即阻止，维护以此而产生的压力的连续性，为后来的转变服务。

被问话人在初次接受问话时，大多是处于被动的心理状态，由于被问话人对违纪违法犯罪行为的情景记忆的存在，当他与问话人接触时，这种违纪违法犯罪情景就会再现，通过问话人实施的不利的危险信息的刺激被激活以后，产生了强大的心理压力，当这种强大的心理压力达到一定的程度，就会自发地选择降低这种压力的方法，有的选择对抗、狡辩来进行自我心理维护，以达到降低心理压力的目的；有的选择供述、配合的方法，以达到降低心理压力的目的，这就转化成了认罪、供述的心理动机。被问话人这两种方法的选择的共同特点，仍然是处于被动的心理状态。如果问话人不能够抽取被问话人的对抗认知条件，不能对被问话人的认知产生威胁的时候，或者外部信息刺激没有触及该违纪违法犯罪行为的情景记忆，那么被问话人在接受问话时的心理压力会逐渐减小趋向平稳，继续下去就会发生本质的变化，这时如果问话人不能改变被问话人的平稳的心理状态，被问话人就会从被动转为主动，直接影响问话活动的顺利进行。在很多时候因为上述原因，将直接导致问话活动的失败。

被问话人对抗认知条件产生的重要因素是违纪违法犯罪行为的情景记忆，记忆痕迹比较稳定的阶段是违纪违法犯罪行为的结果，任何违纪违法犯罪行为必然有违纪违法犯罪行为结果，违纪违法犯罪行为的结果也反映了违纪违法犯罪行为的目的。例如，贿赂案件的违纪违法犯罪行为结果是利用职务之便，收了别人的钱财；杀人案件的犯罪行为结果是夺取了别人的生命；交通肇事逃逸案件的犯罪行为结果是肇事后逃逸。这些犯罪行为的结果会清晰地留在被问话人的记忆里，一旦有类似的信息刺激，这种犯罪的情景就会在被问话人的脑海里再现，引起紧张导致心理压力。当问话人直接询问违纪违法犯罪行为结果的时候，违纪违法犯罪的情景就会在被问话人的脑海里再现，由于问话人的控制，被问话人必然要设法摆脱这种控制，选择摆脱控制的方法是进行自我保护。被问话人的这一认知反映过程，需要一定的时间，这是区别真正的违纪违法犯罪行为人和无违纪违法犯罪行为人的时间值，而无违纪违法犯罪行为人的认知反应过程时间比较短，当我们的问话人询问无违纪违法犯罪行为人，让其回答违纪违法犯罪行为结果的时候，他们会迅速作出否定的反应，时间差比较小。这是调查、侦查被问话人是否有违纪违法犯罪行为的基本方法之一，问话人通过这种方法确定被问话人有违纪违法犯罪行为存在的时候，应当立即对被问话人的否定和辩解进行阻止，把被问话人的认知限制在违纪违法犯罪行为结果的范围内展开攻击。不断地促使被问话人心理压力达到最大化，从而实现向供述动机方面的转化，达到供述违纪违法犯罪事实的目的。

在问话的语言方法上，通常采取直达违纪违法犯罪目标的语用行为来唤醒被问话人对违纪违法犯罪行为目标结果的记忆反映："为什么有资质的优秀的大工程公司你不用，而用没有资质的个体小公司?""你跟他不沾亲带故为什么要违章操作?""你以为银行里的存款不会说话吗?"根据其他的刑事违纪违法犯罪案件来看，问话的语用行为直达违纪违法犯罪的行为目标，能够收到很好的问话效果。

案例：甲某驾驶一辆摩托车，逆行撞倒了放学回家的学生乙某后逃逸，目击者提供了不太准确的摩托车牌号和肇事者的特征，公安机关通过排查走访群众，证实甲驾驶摩托车去过肇事现场，公安机关找到了肇事者甲。现提取当时的一段问话笔录：

问：姓名、年龄、职业……?

答：……

问：驾驶证号码?

答：……

问：你在7月25日下午骑摩托车撞倒了人，为什么逃跑?（直达违纪违法犯罪行为结果）

答：（声音降低、语言速度减慢）我没有撞人，没有逃跑……

问：我现在就问你为什么逃跑?（再次确立违纪违法犯罪行为结果）

答：（不语）……

问：说！为什么逃跑?（进一步强化违纪违法犯罪行为结果）

答：（不语）……（被心理确认）

问：你以为你能跑掉吗?（让开供述的空间）

答：我也不是为了跑，我是怕他家里来人打我。（认知条件被转换，供述开始）

问：你是怎么撞倒他的（指被撞者乙）?你把经过讲一下。

答：我从城里的朋友那里回家，骑着摩托车到了四和路的时候，前面有一台农用车，我就超车了，超过了车准备从前面向左拐弯，不知道从什么地方冒出来一个小孩，当时我刹车已经来不及了，就撞了过去，撞过以后我也没有看，就开车回家了。

问：你撞的小孩有多大年龄?（进一步确认违纪违法犯罪结果）

答：我也没有注意看，大概有十几岁。

问：穿的什么衣服？（提取并且核对违纪违法犯罪证据）

答：上身穿的是白色衣服，下身我没有注意。

问：你的肇事摩托车哪去了？

答：我藏在朋友家里了。

问：哪个朋友？姓什么？在哪里住？

答：叫章建某，在化肥厂工作，就住在化肥厂家属区。

问：肇事后你的车怎么样了？

答：车灯摔坏了。

问：对这起交通肇事你打算怎么办？

答：我愿意接受处罚，不知道我撞的那个小孩伤得重不重？

问：（实际上被撞的小孩经过抢救无效已经死亡）关键不是那个小孩伤得重不重，而是你的认罪态度，肇事后逃跑已经错了，现在你就不能错上加错了，你要有一个好的认罪态度才行！（使肇事者彻底放弃对抗认知条件）

答：我一定争取好的态度。

第五节　直达违纪违法犯罪动机的问话语用行为技巧

动机是导致人类心理和行为产生的促动因素，是人类愿望的最基本的促动力，一种动机就是一种欲望或者希望，动机作为一种欲望存在于个体内。动机包含了内在的驱动力，从某种程度上讲，动机是实现欲望和行为的内在动力。违纪违法犯罪的动机就是实现违纪违法犯罪结果的直接原因和动力，违纪违法犯罪行为是由违纪违法犯罪动机引出的结果。当被问话人在实施了违纪违法犯罪行为以后，留在大脑里的记忆不仅仅是违纪违法犯罪的结果、违纪违法犯罪的过程，还有违纪违法犯罪的原因、违纪违法犯罪的心理动力——动机。无论在什么时候，只要被问话人的大脑里出现违纪违法犯罪的过程和违纪违法犯罪的结果，他就会联想起违纪违法犯罪的原因即动机。他们会这样问自己，我为什么要去干那件事？可见动机在被问话人的记忆里是非常容易被激活的。动机的问话语用行为就是根据被问话人容易被激活的违纪违法犯罪动机，帮助被问话人分析违纪违法犯罪动机，通过违纪违法犯罪的动机找出违纪违法犯罪的结果。

一、直达违纪违法犯罪动机的语用行为技巧

首先，从违纪违法犯罪行为的结果开始，追问违纪违法犯罪的原因和违纪违法犯罪的动机。这种方法有利于被问话人产生自我意识的认识差异，消除侥幸心理。而直达动机的语用行为容易使被问话人产生心理上的顺应性，加大“心战”的力度和效果，从源头上排除侥幸心理。

其次，封住违纪违法犯罪行为和违纪违法犯罪事实不让其涉入，那么被问话人只得选择原因和动机来进行否定，这种单一地对原因的否定越细、越具体，与违纪违法犯罪行为和违纪违法犯罪结果的联系就越大，暴露的程度也就越大。因为问话人已经封住了违纪违法犯罪事实和违纪违法犯罪行为，不让被问话人涉入，足以使其产生违纪违法犯罪行为已经暴露的自我意识的认识差异，“堵其一面，逼其就范”。

最后，注意问话语言技巧的使用。问话人要有意识地避开违纪违法犯罪的结果、违纪违法犯罪事实和违纪违法犯罪行为，直接进入违纪违法犯罪心理的深层次进行追讯，围绕普通违纪违法犯罪产生的动机，嫁接到被问话人的身上，“引蛇出洞”追出违纪违法犯罪结果。例如，询问贪污贿赂犯罪时的语言：“我现在不想听你的那些拿钱的事，你也不用跟我说了，我现在只想问你，又不是缺吃少穿的，何必要去贪那些财呢?”“你的那些事不用告诉我，可我不明白的是：你的前途还很远大，为什么非要选择这样的事做呢?”“事情的经过你就不要说了，你就说说原因？是不是必须要去贪那点财?”这时被问话人就会设法否定自己的贪财，他会选择自己的否定方法，通常是选择对违纪违法犯罪行为的否定，来否定自己的贪财。但是违纪违法犯罪行为和违纪违法犯罪事实，已经被问话人封住，不让其涉入，只得从行为动机开始。

二、直达违纪违法犯罪动机的语用行为技巧的特点

最大的特点是否定一面肯定另外一面，来挖掘违纪违法犯罪的行为动机。这里的否定一面就是为了堵住被问话人的退路，在违纪违法犯罪的全部过程中，被问话人否定违纪违法犯罪通常是选择对违纪违法犯罪行为的否定，很少有从违纪违法犯罪动机上进行否定的。因为违纪违法犯罪动机是心理意识行为，自我进行否定不能够被客观确认，例如，问话人通常会说：“你心里是怎么想的我怎么会知道?”因此很容易被否定。而对行为的否定能够被客观确认，例如，

我与他素不相识，怎么会找他要钱呢？这里我与他素不相识是客观存在，是否定的成功条件。但是这里又隐含着另外一个条件，素不相识不等于就不会送钱给你，因为他要找你办事情，不给你钱你就不可能给他办事，这也是客观的。但是，这一条件是隐含的条件，不容易被客观确认，所以被问话人通常采取否定行为的方法来否定违纪违法犯罪。当问话人把违纪违法犯罪行为和违纪违法犯罪结果封起来，不让被问话人涉入，留给被问话人的只有违纪违法犯罪动机了。问话人虽然把违纪违法犯罪行为和违纪违法犯罪结果封起来，不让其涉入，但是由于人好奇的心理特征——越是不让涉入就越想涉入，他就会调动一切力量来探索为什么不让其涉入的原因，思维的结果很简单——行为与结果已经被掌握了，所以才（无须）不让涉入。这是被问话人产生错觉的基本原因，既然自己的违纪违法犯罪行为都被掌握了，问话人并没有硬追，是对自己的宽容，自己谈谈心理原因也是应该的，同时说说自己的原因也是一种辩解，也能够取得问话人的同情和理解，所以涉入违纪违法犯罪动机比涉入行为结果要容易。更重要的是被问话人的趋利避害心理在问话活动中表现得尤为突出，具体表现就是要从问话人那里得到“好处”，让被问话人说动机、谈思想这就是理想的平台，能够顺应被问话人的趋利避害心理。

否定一面肯定另外一面的语言特征更重要的是表现在否定一面的语用行为背景上。从否定一面的情况来看，其语言背景是肯定的，是让被问话人进行意识上的肯定。从不让涉入违纪违法犯罪行为和违纪违法犯罪结果的情况来看，问话的语用行为表现为“我现在不想听你的那些拿钱的事，你也不用跟我说了”，这句话的语言背景是“你拿钱的事情我们已经知道了，不需要你再说了”。语言背景达到了“否定一面的肯定”，也就是通过阻止得到让被问话人对违纪违法犯罪行为和违纪违法犯罪结果的肯定。从否定的方法上来看，问话的目的是让被问话人交代违纪违法犯罪的行为证据，“我现在不想听你的那些拿钱的事，你也不用跟我说了”，这正是问话人说的反话，问话人正是要通过问话的方法查明“那些拿钱的事”，更是要让被问话人自己说出来、自己把证据拿出来。这里的语言是否定，可是语言的背景含义是肯定。因此这里只要让被问话人把违纪违法犯罪的动机交代出来，那么违纪违法犯罪的行为和违纪违法犯罪的结果也就自然出来了。

第六节　满足意识存在的问话语用行为技巧

意识存在是对客观存在的概念认识，假设存在是意识对客观存在的设想，是抽象的存在，是思维的产物，所以说它是假设的，因为假设的东西本身是看不见的、摸不着的，因此也是不确定的。说它是思维的产物，因为它是想出来的，不是以实践为依据的。比如，“本我”的概念就是一个假设的概念。“本我”谁也没有见过，包括理论家本人。因此假设存在的行为和物质，必须是合理的、符合逻辑的，更进一步说是可信的，否则假设存在就失去了意义。

怎样能使假设的证据产生作用？关键是让被问话人确信问话人假设的证据存在，这是问话活动中能否有效地运用“假设法”的关键。例如，被问话人只要去过违纪违法犯罪的现场就会留下痕迹，如脚印、毛发、指纹、烟头、排泄物等。被问话人对留在现场的遗留物，并不会很留心。有时被问话人对现场留下了什么东西自己也不清楚，而遗留物是不可避免地留在现场的，如毛发、衣服纤维、人体气味等。问话活动中就是利用被问话人对现场遗留物的不留心不注意的特点，帮助被问话人假设现场的遗留物，导致被问话人确信自己在现场留有遗留物，被问话人的心理事实被确认，最后只有放弃抗拒，走真实供述的路。例如，某市卫生学校的一名女学生，在深夜被人入室强奸后杀害在宿舍里，经过公安机关的排查确定了被问话人，在对被问话人采取了强制措施以后，问话一直处在僵持的对抗状态，由于现场没有发现遗留物，没有直接的证据证明其犯罪，问话进行得非常艰苦。为了取得这起案件的问话成功，问话人采用了假设法，直接告知被问话人：“为什么在现场有你遗留的毛发？并且经过科学的鉴定已经确定无疑，你的毛发为什么会在案发现场？几个月来对你的问话其目的就是挽救你，希望你不要再错过机会了”。这样一来被问话人感觉再抗拒下去已经失去了意义，强烈的求生欲望使被问话人交代了强奸杀人的全部经过，成功地审结了一起疑难的强奸杀人案件。

假设存在的语用行为表现在问话活动中，就是要运用逻辑关系。假使某一事情的存在，用客观逻辑联系的方法，直接满足被问话人意识的假设存在，促使被问话人把客观的违纪违法犯罪事实，与违纪违法犯罪记忆中的心理事实进行确认，转化成为心理证据，达到使被问话人真实供述的目的。常用的假设存在的语用行为表现有：“你为什么会有那么多的存款？”（假使存在，因为受贿的财产不会飞走的）“你为什么收别人的钱?”“你收那么多的钱干什么用了?”目的是让被问话人形成行为意识的存在，这种存在就是暴露的存在，由此动摇被问话人的侥幸心理。再如，杀人案件中，“为什么有你的遗留物?”“为什么有你的脚印和毛发?”“杀人的第一现场在被害人死亡的时间范围内，只有一个人去过!”（假设只有一个人去过，那么去的人就是杀人的人）如果被问话人是真正的杀人凶手，那么他就会立即把当时的杀人现场与自己记忆中的行为进行确认，并且能够迅速回忆当时现场的某些情景，分析毛发与脚印遗留的可能性。这种思维过程需要一定的时间，可以从被问话人的外部神态中反映出来。一旦被问话人出现这种情况，问话人应当立即采取措施，帮助被问话人形成意识的假设存在，不要给被问话人喘息的机会，语用行为特征为：“说！怎么回事?你到现场干什么去了?”“你为什么要杀他?”这样被问话人就会顺着问话人为其设置的路径，走进包围圈。如果被问话人不是真正的杀人凶手，那么他就会立即起来反驳，反驳的语用行为特征是：“我绝对没有去过杀人现场”“我为什么要杀人?”“这是不可能的事情”等。问话人在问话的实践中一定要认真把握，不能选错了“帮助”对象。

假设一般是指：“假如是这样，姑且认定。”为了在问话活动中更能清楚地表达原意，我们把假设解释为：虽然目前不是这样或者虽然目前不存在，但是我们可以假设它是这样或者假设其存在，其目的是便于说明问题。在问话的时候，由于缺乏直接的证据证明被问话人违纪违法犯罪，而被问话人由于畏罪心理、侥幸心理等困扰，拒不交代自己的违纪违法犯罪事实。在很多时候，被问话人知道问话人没有掌握被问话人的直接违纪违法犯罪证据，故此坚持进行对抗直至逃避法律的惩罚。在这里被问话人赖以坚持进行对抗的心理依据，就是问话人的手里没有能够证明其违纪违法犯罪的直接证据。假如问话人手里有证明被问话人违纪违法犯罪的直接证据，再顽固的违纪违法犯罪分子也不会抗拒，因为事实清楚证据确凿，已经失去了抗拒的意义。问话人在接受问话任务的时候手里没有“炮弹”，被问话人是不会向你投降的，那么问话人手里有“假炮弹”或者是假设的“炮弹”，而被被问话人误认为是真“炮弹”，那么被问话人仍然可能会向你投降。借用这个道理，在问话活动中虽然没有直接的证据，但是可以假设直接证据的存在，使得被问话人产生违纪违法犯罪事实已经暴露的自我意识的认识差异，促其认罪服法。

第七节 剥离行为关系的问话语用行为技巧

问话活动中剥离违纪违法犯罪关系，主要是剥离被问话人与其相联系的违纪违法犯罪利害关系，包括违纪违法犯罪的关系人、与违纪违法犯罪有联系的物品和行为。违纪违法犯罪关系是被问话人对抗问话所依赖的条件，违纪违法犯罪关系的隐蔽性越强，对抗的侥幸心理就越强，被问话人对抗的基础是以是否有违纪违法犯罪关系存在为前提的，因为违纪违法犯罪关系能够证明违纪违法犯罪的存在。能够证明违纪违法犯罪存在的有关系人、物品、事件的相互关系等，他们的存在是对被问话人的最大威胁。通常违纪违法犯罪行为人在实施了违纪违法犯罪以后，总是千方百计地掩盖违纪违法犯罪证据，通知知情人不要说出去，订立攻守同盟。这是被问话人赖以对抗的重要条件，一旦失去了这些条件，被问话人就会从对抗向供述方面转化。尤其是在共同违纪违法犯罪的案件中，当得知另外的行为人没有遵守攻守同盟的诺言的时候，就会产生被出卖的心理认知，引发出报复行为，促使双方相互检举揭发，最后达到查清违纪违法犯罪的目的。

“剥离”对人来说就是挑拨。这是有意识制造敌人内部的矛盾斗争，采取借刀杀人的方法造成两败俱伤，渔翁得利。剥离的作用，有时胜过百万雄师。在兵法上使用剥离方法杀掉敌人的心腹、强将，打乱敌方的计划，消除敌人的战斗力，以此除掉强敌，不战自胜。剥离的方法在问话活动中，也是克敌制胜的良方。在一些刑事犯罪案件中，涉嫌人并不是孤立一人存在的，总要与其他人有着某种联系，这是使用剥离方法的基础。再者，大多数被问话人都是利己主义者，都有求生恶死的本能，这是剥离成功的思想根源。无论攻守同盟多么坚固，只要是生或者死的选择，这些人会为求生恶死出卖朋友，保存自己，甚至有的被问话人在进行对抗中为保护自己而嫁祸他人。

使用剥离方法的重要性还在于：在共同违纪违法犯罪的案件中，被问话人订立的攻守同盟，强化了被问话人在问话活动中的对抗心理，是我们问话成功的一大障碍。我们只有将他们剥离，然后进行各个击破，才能尽快达到问话成功的目的。有的案件被问话人的防卫非常坚固，但是一旦问话人剥离成功，订立攻守同盟的共同违纪违法犯罪的行为人，就会相互揭发来争取主动，这是问话共同被问话人的一大法宝。

剥离违纪违法犯罪关系的语用行为特点：

首先，对违纪违法犯罪关系人的剥离。例如，某行贿者为了承接某“写字楼”的工程出手大方，一次性给了发包方负责人“见面礼”5万元，轻而易举地将该“写字楼”的工程拿到手了。并且为了5万元的见面礼还订立了攻守同盟：“死都不说。”案发后，被问话人一口咬定自己无任何受贿行为。在讯问他时就采用了剥离方法：“你以为你将写字楼承包给他们，他们就不揭发你，不出卖你啦？”被问话人真的以为对方已将5万元的事说出来了，只好交代了自己拿了5万元违纪违法犯罪的事实。这里的语用行为特点不仅要有明确的目的性，在语言背景含义上应当保持它的针对性。如“你以为订立了攻守同盟他就不说了吗？”“谁不为自己考虑呢？”（暗示他人已经说了）。剥离被问话人对他人的依附，扩大被问话人意识中的行为暴露量，消除“侥幸心理”，加大心理状态的反向动力。

其次，对违纪违法犯罪存在关系的剥离。贿赂犯罪的结果是财产关系，被问话人对抗问话的心理支点是财物被隐藏了起来，没有违纪违法犯罪的行为结果的联系，一旦他的财产关系暴露，那么这种隐蔽的关系就会从游离的空间中剥离出来，与被问话人进行对接，形成违纪违法犯罪证据。问话的语用行为特征是：“你的住所以及相关的地方我们已经搜查过了，你的那些存款是怎么回事？”（通过剥离游离的存款，以空间的存在将存款与被问话人进行对接联系）根据近几年的违纪违法犯罪隐匿财产的特点，大多喜欢在外地购买房产，然后将受贿的账款存放进去。

2006年某地检察机关的反贪局在对当地的交通局局长的受贿问题进行侦查时，通过搜查没有发现赃款、赃物，甚至连日常用的现金都没有，这就不正常了，可以肯定地说财产已经被转移。为了寻找赃款的下落，问话人展开了问话。

问：你自己现在已经有房子住，而且条件又非常好，为什么还要在外地购买商品房呢？

（被问话人听了这句话脸色速变，沉默了一段时间后）答：我购买的房子是给我儿子准备的，他在上海上学，以后还要留在上海，不能没有房子。

问：还有房子呢？（继续追问是否还有其他的房子）

答：另外一套房子在建国西路。

问：还有呢？

答：没有了。

问：购买商品房都是有登记的……我不想再跟你说什么了，你自己看着办！

答：在以前还买了一套，因为环境不好，准备卖还没有卖。

问：房子里面都放了些什么东西？

答：都是空房没有东西！

问：我看不需要再去搜查了吧！

答：（沉默不语）……

问：我再跟你说，你购买商品房已经清楚了，存折哪儿去了，还有现金哪儿去了！

答：（不语）……

问：这个时候应该是你清醒的时候了！

答：在空房子里。

办案人员随后提取了赃款、赃物，取得了受贿犯罪的证据。

最后，对违纪违法犯罪行为关系的剥离。受贿犯罪的行为关系是受贿人利用职务之便，为他人谋取利益的行为关系，如违法贷款、工程发包、任用干部等。剥离违纪违法犯罪行为关系就是剥离被问话人依赖的进行对抗基础，有的被问话人在进行对抗中辩解：“他虽然给了我‘好处’，但是这仅仅是朋友间的友情交往，本人没有利用职务之便为他人谋取利益。”问话活动中的语用行为就要围绕“利用职务之便为他人谋取利益”展开。

问：你给过某人好处吗？

答：给过！

问：怎么给的？

答：他经常到我家来吃饭。

问：他为什么经常到你家吃饭？你家开餐馆吗？

答：不开餐馆他也来吃饭。

问：为什么？

答：因为他喜欢到我家来吃饭。

问：为什么他喜欢到你家吃饭？

答：不知道！

问：别人也喜欢到你家吃饭吗？

答：没有！

问：为什么呢？

答：（不语）……

问：你还给过某某什么好处？

答：没有给过其他好处！

问：仅仅在你家吃了几顿饭，就会给你那么多钱吗？

问：经过我们调查你在其他的方面给过他好处！（试探性的）

答：（不语）……

问：你回答不回答不是重要的，因为那是客观存在的事实……（强化客观存在，剥离依赖的行为关系）

答：只有下属单位的一个工程是我打招呼让某某去做的。（剥离后开始松口了）

问：还有哪个工程，哪个人？

答：还有某县的办公大楼也是我打招呼让他去做的。

通过步步深入地剥离了一个个行为关系，大量的违纪违法犯罪事实显现了出来，最后形成了受贿犯罪的证据锁链。

第八节　借助关系的问话语用行为技巧

用力的技巧在于“借力”，问话活动也是如此，问话活动中借助他物、他人、亲情关系、空间关系、被问话人个人某些行为细节等关系，进行合理利用，使被问话人产生自我意识的认识差异。

问话活动中运用借助关系，首先，把对抗的心理状态转变成服从的心理状态。例如，从亲情关系来看，利用被问话人的亲情关系：“你的父亲为了你的事情吃不好饭，睡不好觉，他是多么希望你能早日回到他的身边。”问话人语重心长的语用行为，对被问话人的对抗心理起到抑制作用，这是从情感的角度来借助的。

其次，促进“对抗条件丧失意识”的形成，目的是对案件知情方面的借助。贿赂案件的被问话人，在进行大量的敛财索取贿赂的时候，不可能不透露给与自己有亲情关系的人，甚至其他的人，这就为违纪违法犯罪的暴露提供了一个条件，为问话借助关系提供了依据。例如，一起盗窃案件，被问话人因为要结婚没有钱，就开始盗窃，一次得逞之后，继续多次盗窃，女友离开了他，父母在他被逮捕的时候相继去世，家里只有一个未成年的弟弟。在这个案件中，被问话人的女友和其弟弟，应当是知情人，这也是被问话人最担心暴露的方面。在问话的时候问话人借用这个条件：“你的女朋友和你共同生活了一段时间，可以说对你的情况非常了解，难道你不开口就能隐瞒过去吗?”被问话人在无法否认的情况下，供述了自己的违纪违法犯罪事实。借助关系可以借助一切可以借助的人、物和情景，来攻击被问话人。

借助关系的语用行为技巧，通常以表示语言背景含义为着力点。如“你作案多次，尽管时间和地点不同，但是你作案的方法和手段是一样的。”（这是对其行为的借助，语言背景含义是多起案件已经证明是你的行为结果）“从你的家里提出来的那些物品，它们不是‘哑巴’，它们会成为证明你违纪违法犯罪的证据的。”（这是对物品的借助，语用行为的背景含义是“那些物品”能够证明违纪违法犯罪）借助一切的客观条件，打开被问话人心理记忆的大门，促进“对抗条件丧失意识”的形成。被问话人在自己的生活范围内，有“亲信”和“保护伞”，这是被问话人比较信任的客观对象。这种信任不仅仅是对其个体本质的信任，关键是对其提供信息的信任，是自己能够从中获得利益的信任。因此借助这种信任关系，可以摧毁被问话人的心理支点。问话的语用行为特征是：“你最信任的人，也是最关心你的人，他关心你的方法我们是赞成的，他是为了能够让你得到从轻处罚。”这一语用行为的背景含义是：你最信任的人，采取了问话人赞成的方法，实际上是配合的方法，使你能够得到从轻处罚。而能够得到法定从轻的条件只有“投案自首或有立功悔罪表现”。问话人的语言背景借助了被问话人最信任的人的行为，促进被问话人顺应心理意识的形成，从对抗转变为“问话人的赞成”，当然问话人赞成的条件是以被问话人的真实供述为基础的。

第九节 再现心理行为现场的问话语用行为技巧

一、违纪违法犯罪心理现场概述

违纪违法犯罪现场是违纪违法犯罪行为和违纪违法犯罪结果的客观存在，是违纪违法犯罪行为和违纪违法犯罪结果的再现，是记载和反映违纪违法犯罪行为和违纪违法犯罪结果的场景，是对违纪违法犯罪情景的客观反映，是违纪违法犯罪行为的可见结果，是可见的单一的物质存在。

违纪违法犯罪现场虽然是客观存在，但是它也包含着“空间存在”。违纪违法犯罪行为人实施了违纪违法犯罪行为造成的违纪违法犯罪结果是客观存在的，一旦违纪违法犯罪行为人再次进入现场便能进行确认，可是在很多的时候违纪违法犯罪行为人没有再次进入现场，却能够准确地反映出现场的情景，这是因为违纪违法犯罪行为人对行为现场的记忆结果，即违纪违法犯罪的心理现场，也是违纪违法犯罪行为人心理的“空间存在”。违纪违法犯罪行为人的心理现场是违纪违法犯罪行为的心理事实，“空间存在”实际上是虚拟的存在，是对客观存在的虚拟。违纪违法犯罪行为人的心理事实与客观存在的现场进行诉讼确认形成心理证据，由于“空间存在”是对“客观存在”的虚拟，所以违纪违法犯罪行为人的心理事实与空间存在的确认也能够形成心理证据。

但是心理证据是在语言交流活动中形成的，不是自我意识形成的。例如，违纪违法犯罪行为人用匕首刺进了被害人的腹部，行为人刺完之后便离开了现场，由于行为人不知道被害人死了没有，又返回现场查看结果，发现被害人已经死亡，便形成了自己用匕首致使被害人死亡的心理事实。但与此相反，行为人刺完之后便离开了现场，没有再返回现场查看结果，却听到别人议论那个被害人已经死亡，那么违纪违法犯罪行为人也会形成了自己用匕首致使被害人死亡的心理事实。

更为重要的是，实际上被害人已经死亡，但是当犯罪行为人听到别人议论那个被害人没有死亡，正在医院接受治疗，那么违纪违法犯罪行为人就会形成了自己用匕首刺伤了被害人的心理证据。这种原因是空间存在的意识结果，因为行为人对行为的记忆是客观的，因此对行为导致的结果会产生必然的联系，是违纪违法犯罪行为人的行为记忆与结果联系的心理基础。同时“空间存在”与“客观存在”是否存在差异，违纪违法犯罪行为人有时是无法确认的，它直接受到获取的信息量的限制，所以在违纪违法犯罪行为人获取的信息量受到限制的时候，就会以心理事实与“空间存在”进行确认，在语言交流活动中形成心理证据。被问话人的心理证据是被问话人产生供述动机的基础。

“空间存在”的特征就是违纪违法犯罪情景，问话活动中通过推理、研究、找出相似的违纪违法犯罪情景，进行重复模拟，再现给被问话人，让被问话人进行复合认识，重现心理事实，达到客观事实与心理事实的确认，形成心理证据。心理证据是被问话人真实供述的必要条件，是被问话人真实供述的理由和根据。

被问话人实施了违纪违法犯罪行为以后，其行为导致的违纪违法犯罪事实是客观事实，这种客观事实是物质的，其本身不能跟违纪违法犯罪的行为人联系在一起。例如，杀人案件，当凶杀案件出现以后，这是存在的客观事实，但是这仅仅证明凶杀案件的存在，并不能证明与某个特定的人的联系。即便是真正的凶手，如果没有充分的认知条件的相互联系和证明，那么他也不会承认自己是杀人凶手。

由此可知，违纪违法犯罪的客观事实如果不能被违纪违法犯罪的心理事实确认，就形成不了心理证据，这种心理证据是被问话人通过客观事实的认知条件和理由，经过诉讼过程的侦查活动的影响，与自己实施的违纪违法犯罪行为的记忆的痕迹即心理事实的确认，而形成的对违纪违法犯罪的确认和认知过程，即心理证据的形成。心理证据是被问话人真实供述的基础和必要的条件。

心理证据依赖于心理事实，违纪违法犯罪的心理事实来源于违纪违法犯罪行为人的记忆，这种记忆痕迹就是心理事实。为什么违纪违法犯罪的心理事实会持久地存在，而其他的行为事实常常会被遗忘？人的行为结果是心理行为结果，这种行为的结果会在大脑的记忆里留下痕迹，有短期的记忆痕迹、中期的记忆痕迹和长期的记忆痕迹，它的特点是随着时间的推移而逐渐遗忘。可是违纪违法犯罪活动的记忆痕迹却相反，它不但不会随着时间的推移而渐渐遗忘，反而会一直保留在被问话人的记忆中，有时在外来信息的刺激下和自我意识的作用下，违纪违法犯罪的情景会重新复活起来，就像过电影一样在被问话人的大脑里重现，这种违纪违法犯罪行为的记忆痕迹通过被问话人的认知记忆保存下来的就是违纪违法犯罪的心理事实，一旦重现的时候，违纪违法犯罪行为人就会感觉到恐惧、不安和焦虑。因为违纪违法犯罪行为是社会的否定行为，是要受到法律惩罚的行为，如果在客观上这种违纪违法犯罪的行为与自己联系在了一起，自己就要付出接受惩罚的代价。这里讲的客观联系，是经过有关部门干预而形成的违纪违法犯罪行为与被问话人的联系。不是主观的违纪违法犯罪事实与心理事实的联系，主观的联系如果没有客观的有关部门的信息干扰，就不能形成心理证据，违纪违法犯罪行为人就不可能将自己的违纪违法犯罪行为向有关部门公布，因为违纪违法犯罪的心理事实在没有经过违纪违法犯罪行为人的确认过程以后，就形成不了心理证据，就不会选择真实供述。

二、再现违纪违法犯罪心理现场的语用行为技巧

再现违纪违法犯罪的心理现场就是在问话的活动中，找出被问话人实施违

纪违法犯罪的心理事实，通过问话人的语用行为的模拟，帮助被问话人将客观存在的违纪违法犯罪事实与被问话人的心理事实进行确认，形成心理证据，使之达到真实供述的目的。违纪违法犯罪事实是有形的物质存在，是违纪违法犯罪行为的可见结果，是可见的单一的物质存在。而违纪违法犯罪的心理事实却是无形的存在，有的时候常常是多种、多层次的复合存在。单一的物质存在只能证明某一次或者某起违纪违法犯罪的存在。而多种、多层次的复合存在则是由多次违纪违法犯罪行为引起的存在，因此被问话人的心理事实多数是复合存在，是证明违纪违法犯罪比较完整的存在。寻找确定被问话人的心理事实是查明违纪违法犯罪的重要途径。再现违纪违法犯罪心理现场就是通过问话的语用行为模拟违纪违法犯罪情景，再现违纪违法犯罪的结果。

语用行为技巧是根据问话人已经掌握的部分违纪违法犯罪情节，经过逻辑推理和分析研究，把被问话人隐藏在心里的无形的违纪违法犯罪的心理事实重现出来，使违纪违法犯罪事实与心理事实进行对接，逼着被问话人将客观的违纪违法犯罪事实与自己隐藏起来的心理事实进行确认，最后形成心理证据。

这种心理证据通过被问话人的自我心理加工的过程，便会产生违纪违法犯罪事实已经暴露的心理误区，这是产生真实供述动机的心理依据。心理学的研究表明，一个人处于不安状态时，如果得到某种含糊的情报，与自己不安的原因有着某种联系，他就会围绕自己的“不安情景”进行揣测，并且有越揣摩含义越多的感觉，从而使自己忐忑不安，陷入心理焦虑的境地、思想溃散。例如，被问话人的翻供，虽然自己翻供了，但是这种翻供是否对自己有利的焦虑使其处于不安状态时，如果得到某种含糊的关于翻供的问题的情报，从而使其陷入忐忑不安，心理焦虑、思想溃散的境地。聚集的对抗因素散了——“散了心”，被问话人的对抗是因为聚集的对抗心理因素的集散程度决定的，对抗因素越是聚集对抗力就越强；反之就越弱。

国外有些相关部门，在问话的时候，会利用给被问话人画像、模拟违法犯罪情节等方法，对被问话人进行问话，达到实现心理证据的目的，这已经成为一个比较有效的方法。具体而言，由于违纪违法犯罪的心理事实隐藏在被问话人的心灵深处，不会轻易暴露出来，因此问话人必须从被问话人实施违纪违法犯罪的自然属性和社会属性中，找出违纪违法犯罪行为与违纪违法犯罪事实之间的内在联系，去开启心理事实的大门。这里的自然属性是对违纪违法犯罪行为的结果所形成的个体的特点、内在联系和行为规律进行分析研究、推理、填补再现违纪违法犯罪的行为过程。这里的社会属性是被问话人的人格关系的体现，即社会交往的人际关系、认识倾向和情感反应，这些属性总要通过违纪违法犯罪的行为表现出来，因此我们不仅要详细地分析和阅读卷宗，更重要的是必须对被问话人的社会背景、个体情况、因果关系进行认真的调查研究，多问几个“为什么”，通过“疑”点、“空白”点，找出违纪违法犯罪的行为规律，较为准确地把违纪违法犯罪的行为与结果联系起来，呈现出违纪违法犯罪的心理事实。

案例：2005 年 1 月 29 日上午，在皖北检察机关，犯罪嫌疑人王某被法警带进讯问室，他的个头中等偏高，消瘦，皮肤偏黑，没有刮去的胡须隐藏着一股怒气。不知道是什么时候那件看守所特有的狱服——黄色马甲，已经被脱了下来，搭在了手臂上（问话人想这可能是他的虚荣心的表现），法警为其打开了手铐，他将黄马甲搭在了椅背上，斜坐在椅子上。

问：你叫什么名字?

答：王某。

问：年龄和职业?

答：我 1965 年出生，大学副教授，兼职律师。

问：因为什么罪行被逮捕的?

答：伪造证据。

问：（示意黄马甲）你怎么把它脱了？穿上吧！（试探对方的对抗反应程度）

答：……（不太情愿地将马甲穿在了身上，没有继续把纽扣扣上，服从了一半，保留了一半的对抗）。

问：我们通过社会上的走访和了解，对你的评价是很高的，你为人比较实在，乐于帮助别人，同时你也是一个非常有水平的人，你是通过自己的努力读完了博士，当了大学教授，这是不容易的。但是帮助别人应该有一个原则，不能触犯法律。

答：我没有触犯法律，都是他们有意要整我，你不了解情况，我为了这个案件的辩护，得罪了他们（指检察院）。

问：据我所知，事情不是你说的那样，检察院不久前还邀请你作为专家组的成员，参与检察院的执法活动，态度怎么就变化得这么快呢？关键是你不应该帮助他人伪造假证据。

答：不是我帮助他人伪造假证据，这件事情确实不是我干的，他们为了让我承认还打我，这件事我怎么说呢，这个事情我怎么能够说清楚，不是我干的非要说是我干的，我是有口难辩哪！

问：王教授啊！你是一个聪明人，又精通法律，检察机关能凭空逮捕你吗？在你的问题上是靠证据来说话的，不是凭空跟你过不去就逮你。

答：他们有什么证据！就是没有证据才逼我承认的，我要是承认了，他们才好收场，不然他们就没法交代。

问：你的这种想法正好把你自己逼上了绝路，本来你干的这件事情，并不是什么大不了的事情，干错了事情，能够有一个好的态度，争取检察机关对你的谅解，有可能检察机关不起诉你或者判处缓刑（给予希望让其转变态度）。可是你拒不认识自己的犯罪问题，给检察机关的公正执法造成障碍，提供了难题，你不但没有认识到自己行为的危害性，而且采取了积极的对抗行为，采取串供的方法隐瞒事实，法院是肯定要判你实刑的，你是大律师是应该清楚的。我没有想到在处理这件事情上，你怎么就这么糊涂，实在是太不聪明了，不像是你处理事情的风格。

答：他们（指检察院）非要这么说，我有什么办法呢？我要是说假话死我一家人！

问：现在你可能也知道了，在你们几个人中间，你不说别人也都说了，这样的结果对你能有利吗？你替别人干事情，到后来让别人把你卖了，你说你愚蠢不愚蠢，你这叫干的什么事情！（离间）你也是太实在了！（利用矛盾）。

答：我知道他们已经说了，他昨天回去就跟我说了。他胡说八道是他的事情，他是想讨好检察院。

问：这你就错了，他这样做最起码能得到从轻处罚，把自己的损失降低到最低的程度。如果你当时不翻供，如果你像起初那样积极交代自己的犯罪事实，检察院根本就不会逮捕你，因为你能够主动交代，就没有逮捕你的必要，检察院也会谅解你的，你不该翻供啊！

答：现在我能够说什么呢？真假难辨，他们非要让我承认假的担保协议是我让江某签字的，这不是事实。他们非要把假的东西栽在我的身上来，让我承认他们好结案，我不能违背良心。我跟你说实在的，当时的情况就是这样，我不承认是我干的，就把我关起来，逼着我顺从他们，他们才好下台阶。

问：王教授啊，你不应该翻供啊！你在律师界是很有名望的，在同行中间你要树立一个榜样，敢作敢为，教育同行，引以为戒（给下台阶）。以后不能感情用事，无原则地帮助人，通过这次事情来教育他们，并且树立一个样子给他们看，作为律师这样的事情不能干，给他们敲一个警钟，也是一件好事。实际上你是为了江某而不是自己，并不是什么丑事情，根本就没有必要对抗、否认、翻供（增强心理承受力）。根据客观情况来看，你说不说都构成了犯罪，因为客观事实已经存在，不说、抗拒的后果只能是量刑重，认罪态度好是从轻的情节，你比谁都清楚，你能够积极地配合，检察机关是不会为难你的，同时也能够谅解你，过去做错了事情，现在改正了，检察机关会理解你的，会对你进行从轻处罚的，你是律师应该清楚这一点的。作为我们来说能够拉你一把，不会推你一把的，我劝你能够听我一句话，对你只有好处，没有坏处（再现心理事实）。你作为律师在代理案件的过程中，为了帮助他人开脱罪责，你利用去看守所会见的便利条件，帮助委托人制造假证，并且将假证带出看守所，交给了有关人员进行处理和完善后，由你送交了法庭，导致本来事实清楚、证据确凿的案件无法审判，阻碍司法活动的顺利进行。事发后，检察机关发现了问题，直接找你问话，你当时还能够认识到自己“问题”的严重性，供述了自己的制假行为。可是当公安机关再次找你问话的时候，你带着“侥幸心理”想蒙混过去，于是你进行了翻供，推翻了前面的供述。由于你在这件事情上的错误处理，才导致了你目前的不利的处境。我想跟你说两句话不知道你是否愿意听？

答：我愿意听你的。

问：你的翻供已经失去了意义，实话实说才能改变你目前的处境！

答：你们想让我怎么说我就怎么说吧！（找台阶下）

问：不是我们让你怎么说你就怎么说，你要说实话。

答：实际上我以前说的都是实话，他们非要让我这样说，那我就这样说吧，你们记录吧。假的担保协议是我带进看守所让江某签字的，江某签了字的假协议是我带出来交给赵某的，再由赵某将假协议进行复印，再把复印的假协议交给陈某，然后我与另一合肥的律师从陈某处取出后，交给了法庭。至于假的担保协议的原件在什么地方，你们要问赵某。

问：你说的这是实话吗？

答：唉！（叹气）是实话（非常不情愿的）。

问：那我们现在对你进行录像，固定你的供词，你同意吗？

答：我同意。

记录、录像、固定证据同时进行，该案件的最关键的人物全部供述交了犯罪事实，经过查证属实，顺利地将该案交付了审判。

第十节　认知概率运用的问话语用行为技巧

从概率的概念来看，它是某事物的此与彼的比值和占有率。概率对于我们每一个人的认识都有着重要的影响，人们的认知错误在很多时候是因为概率的影响而发生认知错误的。例如，在一起团伙的犯罪案件中，有三名犯罪嫌疑人被刑事拘留，分别是A犯、B犯、C犯，在问话的过程中，问话人有意透露给A犯，在他们三个人中间要放一个人回家，其他两个人要转逮捕。按照概率来看每个人都有1/3的可能性，A犯为了打听消息，又不敢直接问办案人员准备放谁回家，于是他就转变一种方法来问办案人员："在我们三个人中间谁会直接转逮捕?"办案人员告诉他："C犯会直接转逮捕的。"他听到后心情轻松了许多。按照概率来看，被放回家的概率从1/3的可能性，上升到了1/2，A犯的心情轻松了许多，原因是被放回家的概率上升了。但是相反从这件事情的本质来看，A犯被直接转逮捕的概率也上升了。再者从根本上来说，A犯被放回家的概率仍然还是1/3的可能性，这就是概率跟我们开的玩笑，导致了认知错误。在问话活动中，被问话人在很多时候把自己卷入了概率的盲区不能自拔，这就为问话人抽除"对抗条件"创造了条件。在很多时候被问话人面对问话人的心理状态并不是单一地对抗，而是在权衡对自己有利的概率是多少，是交代还是不交代？在各占50%的情况下，如果趋向于交代认罪的概率增加了20%，那么真实供述的概率就会从50%增加到70%，对抗拒不认罪的比率就会下降到30%，这样被问话人的内在的动力就有70%，就会选择真实供述的结果。相反，当抗拒不认罪的比率上升了20%，那么对抗拒不认罪的比率就会从50%上升到70%，这样阻碍供述的内在动力就会增加到70%，被问话人就不可能选择真实供述的结果。

认知概率的语用行为，是利用被问话人普遍存在的认知错误的概率因素和问话活动中的被问话人心理特点，把被问话人带进概率因素的认知误区，转化和增加真实供述的内在动力，促使被问话人选择真实供述的行为结果的一种方法。这里应该注意的是：利用被问话人概率因素的认知错误，不是对被问话人进行诱供，而是建立在让被问话人说实话，提供真实可靠的证据的基础上，达到供述违纪违法犯罪事实的目的。同时，不轻信口供，让证据来证明被问话人供述的真伪，达到提取真实可靠证据的目的，是问话语用行为的方法原则。被问话人对抗不愿意真实供述的内在原因，就是认为自己的违纪违法犯罪行为可能没有暴露。只有对抗的不利因素的概率高于60%，才会选择真实供述的结果。

概率问话法就是不断提高这种对抗对自己不利的概率，降低对抗对自己有利的概率。通常采用的方法是：在问话活动的最后阶段，被问话人处在是供述还是对抗的十字路口的时候，在拿不定主意的摇摆过程中，把被问话人拉入违纪违法犯罪行为已经暴露的认知错觉圈。问话的语用行为特征是直接告知被问话人：有关部门在没有接触或者在没有找被问话人的时候，该被问话人暴露的概率为50%，当有关部门确定了被问话人的时候，该被问话人的违纪违法犯罪行为暴露的概率就上升到60%以上。这是有关部门确定被问话人的根据。确定的依据就是：违纪违法犯罪行为留下的物质对象、现场遗留的痕迹和遗留物、违纪违法犯罪行为留下的侵害对象、贪污贿赂犯罪留下的财物、银行的存款。违纪违法犯罪行为留下的人的证明，如共同违纪违法犯罪人、案件的知情人、违纪违法犯罪行为的侵害对象的供述和陈述。违纪违法犯罪行为涉及的“关系”，如人与人的关系、人与物的关系、人与行为的关系、物与物的关系、物与行为的关系、行为与行为的关系等。这些因素就是违纪违法犯罪行为暴露概率高的基本原因。

案例：某犯罪嫌疑人利用职务之便买官卖官收受贿赂，经举报收受李某5万元的贿赂。问话人的语用行为表现：“在贿赂案件中，如果行贿的人心甘情愿地送钱给别人，那么你暴露的概率是50%，另外的50%掌握在被问话人自己的手里，可是世界上有80%以上的人，不会心甘情愿地把自己的钱送给别人。这样你受贿犯罪暴露的概率就是80%以上，这就是现在检察机关找你的原因。”“同时既然已经暴露，还仍然采取对抗的方法，那么审判机关一定会100%从重处罚，如果认罪态度好，主动交代自己的罪行，还有50%的从轻处罚的概率。”当被问话人听到这样的话的时候，被问话人的自我意识开始启动了，在所有向自己行贿的人中间，推测谁暴露自己的概率最大？结果推测出有80%的概率是张某，既然他已经说了，自己隐瞒的意义已经不大了，不如争取主动，还有从轻的可能，于是供述了自己收取张某3万元的犯罪事实。经过问话人的紧追深挖，被问话人不仅交代了收受李某5万元的犯罪事实，还交代了其他的收受贿赂的犯罪事实。

在有的时候还可以利用“加减”法，来帮助被问话人形成概念错觉。把客观事实与处理结果和认罪态度作为“加减”关系，客观事实不变，态度的变化直接引起处理结果的变化。根据“加减”来看：客观事实＋认罪态度＝处理结果。这道公式可以看出认罪态度决定了处理结果。

帮助被问话人设置概率的语言方法。根据违纪违法犯罪行为相互联系的对象，如：“人”“物质”“关系”，首先帮助设置违纪违法犯罪行为的暴露概率，然后再用对抗与供述所获得从轻处罚的概率比较，引发被问话人的内在供述动力。注意使用这种方法的时机，是在被问话人处在供述的动摇阶段的效果最好，语用行为的表现要诚恳、可信、严肃认真。

第十一节　激活间隔心理效应的问话语用行为技巧

根据心理实验表明，当个体处于某种特定的“空间间隔”或者“时间间隔”的环境时，会对个体产生某种新异的刺激。在此刺激的作用下，个体原来的某种反应不但没有因为“空间”或者“时间”间隔而终止，相反这种心理活动的反应会愈加强烈。例如，当别人在窃窃私语的时候，然后用一只眼睛看着自己，那么你就会感觉到别人的窃窃私语与自己有关。这种现象叫作“间隔心理效应”。这种效应运用于问话活动中有着非常重要的作用。例如，在拘押嫌犯的隔壁房间里，故意安排人员透露案情，此举作用在干扰嫌犯意志、增加疑虑。再如，在问话的时候，为了使被问话人产生某种心理反应，故意安排人在被问话人能够看到的地方，进行窃窃私语，并且把视线与被问话人联结起来，让他感觉到有“事情”发生了，使其产生间隔心理效应。另外根据“时间间隔”的特征，在问话的过程中，问话人适时采取忽然停止问话的方法，增加被问话人的不安感和焦虑感，使其在焦虑困惑中暴露出违纪违法犯罪的痕迹。

激活被问话人间隔心理效应的语用行为，是对被问话人的沉睡的心理焦虑领域的涉入，在语言方法的运用上，不是让被问话人听到某种信息，而是让被问话人感觉到某种信息，目的是为问话人利用某一信息创造条件。有的时候需要被问话人感觉到“那个”证据已经被取回来了，或者“那个”人已经替自己开口了，自己最担心的那件事发生了等。

激活被问话人间隔心理效应语用行为，是在特殊“语境”中完成的语用行为，特殊的“语境”就是要严格地把握住能够使被问话人产生间隔心理效应反应的语言情境。问话实践中被问话人的间隔心理效应不是任何时候、任何情景下都能够被激活的，必须满足激活间隔心理效应的“语境”条件。这个条件大多是问话人为其创造的，在问话的整个过程中的不同阶段，都能够设置“语境”条件：在传讯阶段被问话人到位没有进行问话之前，采取搁置、冷落的方法，不审不问积极地调动其联想，然后让办案人员的窃窃私语与被问话人视觉、感觉联结。

这种方法联结能够使被问话人产生积极的联想，联想的结果就形成了另外的一种联结，即办案人员与违纪违法犯罪行为与被问话人的联结，展开来就是违纪违法犯罪的心理事实与空间的违纪违法犯罪事实的联结，经过确认过程就能够形成心理证据。这种语用行为只能是让被问话人感觉到，是听到又不能完全听到的程度，语用行为过程还要注意被问话人的合作状态，如果当前的“语境”不能吸引被问话人的合作，那么就要等到合作的“语境”状态出现再使用间隔行为。激活被问话人间隔心理效应语用行为，无论是问话的过程中还是问话的结尾阶段都可以使用，但是关键的问题是要能够产生间隔效果，在运用之前就要做好充分的准备。通常是让被问话人感觉到问话室以外还有不少的人在调查取证。如：“你的问题已经牵动了整个部门的办案人员，现在有多少人在为你服务哟!”此后通过窃窃私语的联结或者通过隐现“利害关系人”的联结，达到激活被问话人间隔心理效应的目的。

第十二节　态势语言的运用技巧

态势语言，是人类以面部表情、身体动作、空间距离等态势元素为物质材料的信息载体。问话活动不仅凭借着运用这些有意有序的态势元素完成传递信息的任务，更重要的是凭借着观察这些态势元素让被问话人领悟语义。同时解剖灵魂则是态势语言所独有的个性特征。态势语言的视读，能够有效挖掘被问话人深层心理活动状态。被问话人在接受问话时的心理基础，是本能的自我保护心理，这种心理通过意识的发展，表现为对抗的行为，这种行为所依赖的心理基础是侥幸心理和自信心理。这种侥幸心理的产生来源是意识对违纪违法犯罪行为的心理估价，是自我意识的产物。这种自我意识在没有进入问话对抗之前，是比较稳定的，一旦进入问话对抗活动中，侥幸心理的这种自我的心理意识，会根据问话人的信息刺激而发生变化。如果问话人的信息刺激不能对被问话人的侥幸心理产生威胁、不能改变被问话人的侥幸心理，也就是说问话人表现出来的信息刺激“空洞”“无力”，让被问话人感觉到问话人手里“无货”，这样问话的结果不仅不能消除被问话人的侥幸心理，同时还强化了被问话人的侥幸心理，增强了被问话人的对抗信心。与此相反，如果问话人提供的信息刺激，表现为一种违纪违法犯罪存在的态势，同时还表现出坚定的决心，就会对被问话人产生重要的心理影响，把被问话人拉入其隐瞒的行为已经暴露的认识误区，就能够直接对被问话人的侥幸心理产生威胁，改变被问话人的侥幸心理。侥幸心理是被问话人对抗的基础，失去了侥幸心理就失去了对抗的心理基础。

通常问话人选择的“造势”的语用行为是：为了显示问话人的坚定决心，选择一个与案件有着某种关系的环节，逼其说明原因，再顺着原因追下去，违纪违法犯罪的事实也就可能出现。例如，某一银行的行长把自己单位经营黄金生意介绍了一部分给自己的弟弟倒卖，行长的弟弟走私黄金的来源，并不是直接从某一银行出来的，而是直接从对方那取走的，要认定行长伙同其弟弟走私黄金的直接证据没有。问话人选择了行长与其弟弟的经济关系进行“造势”展开攻击。

问：你知道今天为什么找你到这里来吗?

答：不知道。

问：你应该知道！你不但知道而且你还非常清楚！因为这不仅仅是你弟兄俩人的事情，我们现在不需要你说别的，只要你说说你和你弟弟在去年都干了些什么事！包括经济关系！

答：我跟我弟弟没有干过什么事，兄弟之间经济上互相支持是有的。

问：你是知道我们问你的是什么！这也是你和你弟弟不该干的事情，更是你作为行长不该干的事！我们为什么知道得这样清楚，因为你干的事情没有不透风的墙……你现在有顾虑，怕吃官司，但是这个官司吃到什么程度，取决于你的认识问题！什么态度什么处理这是法律规定的！侥幸混过去对你来说已经是不可能的了……

答：（不语）……

问：讲！

答：……

问：讲！

答：你们说的是不是我弟弟买黄金的事情？

问：你自己说！

答：我跟我弟弟做过几次黄金的生意……（交代了做黄金买卖的全部经过）

问话的语用行为态势包括“造势”的语用行为和态势语言。“造势”的语用行为通过对语义的强化，来达到对被问话人的心理影响。问话的语用行为态势传达给被问话人的就是一种态度，是不挖出违纪违法犯罪绝不罢休的态度。这种态度不仅仅是直接的语言传递，还有态势语言的传递。态势语言是一种非口头语言，它是通过问话人的身体形态、手势动作、眼神表情等来传达的。它是语用行为重要的信息传递手段。

态势语言的视读，之所以能解剖灵魂，是因为态势语言本身直观、快捷、真实地反映思想。因为视读的主要“工具”是人的眼睛，敏锐犀利的眼睛，如同匕首最能触及被问话人的灵魂。在问话活动中问话人为了把自己坚定的信心和态度传递给被问话人，通常使用的是眼神，即眼睛的神态，眼睛的神色变化，帮助问话人传达复杂甚至难以言传的心态。问话活动中问话人的眼睛或者眼神是不能离开被问话人的，最好是保持对视状态，使态势语言的视读能够有效地传递。从纵向角度看问话人的视线应当与被问话人的视线保持平视。从横向角度看眼神的视线范围就是被问话人的个体空间。因为眼神是问话人为了传递信息而使用的，所以问话人要自觉赋予眼神以一定的内容，明确使用的目的性。因为眼神本身总带有一定的思想含义，如果你不能有意识地使用它，或者失去自我感觉地乱用一通，势必引起被问话人的误解。因此眼睛的活动不但要有内涵，而且还要和脸部的表情协调一致，和有声语言和态势密切配合，才能收到更大的信息传递效果。因为协调一致才容易为被问话人所理解，也才能有效地把眼睛的神色变化烘托出来。通过眼神向被问话人传递行为态势，其目的就是让被问话人更清楚地感觉到问话人的决心和攻击力。问话活动中对被问话人攻击力的强弱，直接对被问话人的对抗心理产生重要的影响，通常是“你进我退，你退我进”。态势语言，不仅仅是通过眼睛传递来作为载体，还有整个的面部表情、身势动作、空间距离等，因其所涉及的范围比较大，在问话活动中发挥重要的作用。

谈话篇

第十章　纪检监察案件线索的初步核实方略

第一节　案件调查概述

腐败问题关系到国家盛衰、人心向背和党的生死存亡。因此严肃党的纪律、坚决查办违法违纪案件是党章赋予纪检监察部门的重要职能，是坚持党要管党，从严治党的基本要求，是推进党风廉政建设和反腐败斗争的重要任务，是维护纪律、惩治腐败最直接、最有效的手段，是广大群众评价反腐成效的重要标志。坚持做好案件调查工作对于保证党的路线方针政策和国家法律法规的贯彻执行，保障改革开放和社会主义现代化建设事业的顺利进行，巩固党的执政地位，有着十分重要的意义。

从纪检监察案件调查的概念来看，案件调查是指纪检监察机关依据《中国共产党纪律检查机关案件检查工作条例实施细则》（以下简称《案件检查工作条例实施细则》）、《中华人民共和国行政监察法》（以下简称《行政监察法》）等有关法律法规规定，依据职权和管辖范围，对反映党员、党组织和监察对象违犯党章、党纪政纪和国家法律法规的行为，进行核实和调查的活动。

从纪检监察案件调查的地位和作用来看，纪检监察案件调查是《中国共产党章程》（以下简称《党章》）和《行政监察法》赋予纪检监察机关的一项基本工作职责。对该类案件的调查是纪检监察机关履行职责的重要方式和手段，是建立健全教育、制度、监督并重的惩治和预防腐败体系的重要工作。案件调查的作用主要是维护党纪、政纪的严肃性。在案件调查中，通过严肃查处党员、党组织、行政监察对象的违纪违法行为，严厉惩处腐败分子，保证党的路线方针政策和国家法律法规正确执行和实施，及时解决在党风政风方面严重影响国家经济发展的突出问题，有效地维护人民群众的利益。通过案件的调查，严厉惩处腐败，能够有效地保证党的路线方针政策和国家法律法规的贯彻执行，维护改革发展和稳定，促进社会和谐；通过案件的调查，严厉惩处腐败，能够有效地净化党的组织和干部队伍，保持干部队伍的先进性和纯洁性，增强党的凝聚力和战斗力，提高党的领导水平和执政水平。从预防职务违纪违法行为方面来看，通过案件的调查，能够起到标本兼治的作用。在案件查办工作中通过对重大典型案件的剖析，查找腐败发生的原因，针对案件中暴露出来的苗头性、倾向性问题和薄弱环节，及时建章立制，堵塞漏洞，铲除腐败滋生蔓延的土壤，从源头上解决腐败问题，达到标本兼治的目的。

纪检监察案件调查的任务就是查明案件事实真相，为案件定性处理提供真实可靠的材料和意见。案件调查的任务是提取确实、充分的证据，为认定案件事实提供真实可靠的根据，使违法违纪者受到惩处，清除腐败分子，保持党政组织的纯洁性。从案件调查的要求来看，案件调查就是要坚持事实清楚、证据确实充分。通过调查所提取的违纪事实，必须事实具体、准确、符合客观实际，所查证的事实必须能够清楚、真实反映违法违纪问题发生的时间、地点、手段、情节、后果以及有关人员的责任，能够作为定案所依据的事实。案件调查中的证据确实充分，就是通过调查所取得的证据，必须符合客观真实情况，准确无疑，能够确实、充分、清楚地证明被调查对象的违法违纪事实。这里的证据确实充分，就是指证据的客观性，案件调查中提取的证据材料必须是真实、客观，能够经得起现实和历史的检验。证据确实的要求，是提取的证据必须与认定的事实之间有着客观的联系，构成一个完整的证据链。证据充分，是查清事实的重要条件，也就是说，认定的每一个事实都要有相应的一定量的证据予以证明。

第二节 “谈话”的分类与作用

“谈话”是以促进官员廉洁勤政为教育目的的教育形式。关于“谈话”的行为表现，大致包括：廉政谈话、诫勉谈话、调查谈话这三种行为方式。

首先是廉政谈话，这是根据《中国共产党党内监督条例》的规定，为了加强对各级领导人员的监督管理，促进领导人员廉洁自律，开展的谈话活动。廉政谈话主要是立足教育，着眼防范，主动监督，严格管理，促进领导人员廉政勤政。从其“谈话”的领导和组织实施的情况来看，廉政谈话是由各级党委统一领导，各级纪委、纪检监察部门或组织人事部门组织实施，按照干部管理权限分级负责。从“谈话”的主体来看，廉政谈话的谈话人为各级党委书记、纪

委书记、纪检监察部门和组织人事部门的领导。谈话对象是需要进行廉政教育的各级党员干部。从“谈话”的分类和方式来看，廉政谈话可分为一般廉政谈话、任职廉政谈话、提醒谈话、履职谈话和调查谈话。

一般廉政谈话，是指本单位的领导、纪检监察部门的领导或者上级党委、纪委领导，对管辖范围内的党员干部或领导班子成员，围绕加强党风廉政建设和促进廉洁从政进行的，以关心爱护党员干部为目的，以交流思想、沟通情况、交换意见、研究问题为基本内容的谈话。一般廉政谈话的主要内容：贯彻执行党的路线、方针、政策和上级党委决议、决策及重大工作部署情况；执行《中国共产党党员领导干部廉洁从政若干准则》贯彻廉洁自律规定情况；作风建设工作情况；落实党风廉政建设责任制，履行“一岗双责”情况；党风廉政建设和反腐败工作情况；其他情况。任职廉政谈话，是指各级纪检监察部门和组织人事部门与提拔任职或调动岗位的领导人员进行的，以提高领导人员拒腐防变能力为目的、以廉洁从政教育为基本内容的谈话。任职廉政谈话的主要内容：如何正确对待和使用权力；如何转变和改进工作作风；如何加强领导班子民主集中制；如何贯彻执行党风廉政建设责任制，切实履行“一岗双责”；如何加强自身修养，带头廉洁自律；如何遵守政治纪律和组织纪律，自觉接受监督。

提醒谈话，是指纪检监察部门对有群众反映或已在政治思想、履行职责、工作作风、道德品质、廉洁勤政等方面出现苗头性问题的领导人员的谈话。纪检监察部门与谈话对象进行谈话，了解核实问题，由谈话对象做出检讨或说明，实施教育提醒。提醒谈话的主要内容：向谈话对象说明谈话原因，要求谈话对象如实说明情况；认真听取谈话对象对有关问题的解释和说明，必要时可要求谈话对象写出书面说明和提供证明材料；根据了解核实的情况，对谈话对象提出有针对性的希望和要求。

诫勉谈话，是根据党委（党组）要求，纪律检查机关和组织（人事）部门按照干部管理权限，对党员领导干部进行的谈话，及纪检监察部门对有群众反映或已出现违纪行为，但情节轻微无须追究党纪政纪责任或进行组织处理的领导人员进行的谈话，主要情况：不能严格遵守党的政治纪律，贯彻落实党的路线方针政策和上级党组织决议、决定以及工作部署不力；不认真执行民主集中制，作风专断，或者在领导班子中闹无原则纠纷；不认真履行职责，给工作造成一定损失；搞华而不实和脱离实际的“形象工程”“政绩工程”，铺张浪费，造成不良影响；不严格执行《党政领导干部选拔任用工作条例》，用人失察失误；不严格执行廉洁自律规定，造成不良影响；其他需要进行诫勉谈话的情况。进行诫勉谈话时，不仅要向谈话对象说明谈话原因，还要认真听取其对有关问题的解释和说明，指出需要注意的问题，并要求其提出改正措施。针对诫勉谈话对象存在的主要问题的改正情况进行了解。对于没有改正或者改正不明显的，可根据党委（党组）的意见，予以批评教育并督促改正，或者作出组织处理。

调查谈话，是纪检监察部门查办党员干部违法违纪行为的重要方法，是纪检监察工作中常用的办案手段，纪检监察部门在查办违法违纪案件中，“谈话”所起的作用已经占据了不可忽视的地位，违法违纪案件办理的成功与否，在很大程度上取决于“谈话”的成功与否。因此案件检查的谈话技巧问题，关系到能否顺利而有成效地完成案件检查任务，它是实现案件检查任务与目的的重要手段和有效途径。从一定意义上讲，案件检查离不开与人谈话。谈话技能和技巧的高低，运用得是否得当，是衡量案件调查人员思想水平和工作能力的重要标志之一。加强学习和掌握谈话的技巧和技能，提高谈话水平，对做好案件检查工作，顺利完成案件检查任务，提高案件检查效率，具有重要的意义。案件检查中的谈话主要是指与案件关系人的谈话，大体包括证人、知情人、检举揭发人和被调查人。

这里主要突出讲的是，对被调查人的谈话，成功的谈话对于查清违法违纪的事实有着重要的作用，成功的“谈话”能够使一个看上去不起眼的小案件办成大案件，使单一线索的个案办成“窝案”和“窜案”。相反如果调查人员不注意“谈话”的技巧，那么所查案件就有可能出现相反的效果，原本能够成为大案也办成了小案或者不能称其为案件。在纪检监察机关查办违法违纪案件的活动中，谈话效果的好坏在一定程度上影响着案件的调查和办案的质量。从案件调查的目的来看，调查谈话是在调查人员掌握一定证据材料的基础上，与被调查人的一次正面交锋。在案件检查工作中，如何掌握案件的直接证据，除了凭借已获得的部分物证和书证外，最基本的途径就是调查人员与证人、知情人、检举人等案件关系人和被调查人进行的调查谈话。在大量的调查实践中，能够有效地证明被调查人的违法违纪行为，常常依赖的不是直接的物证，而是大量的言词证据，因为违法违纪案件很少有可视性现场，纪检监察机关所办案件没有可视性现场可以鉴定，违法违纪案件的现场是空间的，它的属性是依赖“谈话”获得的言词条件予以证明，由此案件调查中的“谈话”，不仅要依靠被调查人的交代和承认来证明、定案，还需要证人、知情人、检举人的陈述，才能最后形成完整的证据链，达到违法违纪行为证据。可见调查谈话是纪检监察机关查清案件事实的重要手段。

调查谈话，是突破案件、扩大战果的重要途径。证据材料收集得是否充分，将直接影响谈话效果。在案件检查工作中，调查人员发现一些违纪违规案件开始时显得比较小，违纪违规性质看上去也不严重，但最后却办成大案要案，这正是“谈话”取证的结果。通过“谈话”不断发现新的问题，获取新的证据，使一个接一个的问题被暴露，一个又一个的被谈话人浮出“水”面，从一开始的小案，逐渐办成大案、要案，从个案逐渐办成“串案”“窝案”，最终实现全案的突破。可见，调查谈话是突破案件、扩大战果的重要途径。与此相反如果调查人员不注重“谈话”技巧的把握，就很难获得被谈话人的真实的言词证据，导致了本该受到违纪违法处罚的被“谈话”人逍遥法外。

调查谈话，是突破案件获得定案关键证据的重要环节。获得关键证据是调查人员查办案件成功与否的关键环节，也是案件定性量纪的根本依据，直接决定着案件性质和涉案被谈话人违纪违规的程度。在案件调查工作中，调查人员针对被调查人对自己违纪的隐蔽性深信不疑、抱着纪检监察机关掌握不了关键证据的侥幸心理，选择一些已获取的直接或间接的证据，利用被调查人的一个或几个错误，在“谈话”中给被调查人强烈的心理刺激，使其内心产生巨大压力，最终彻底消除原有的侥幸心理，为其如实承认错误打开缺口。从而使调查人员通过合法的途径及时取得被调查人真实可靠和完整彻底的供述，进而获得定案的关键情节和违纪构成要件。因而，调查谈话也是调查人员获得定案关键证据的重要环节。

从调查谈话的特点来看：调查谈话要有明确的目的性。调查谈话是在案件检查工作中，通过提问、回答、记录等一系列活动获取证据的一种方式，其谈话效果往往决定整个案件的成败。因此，调查人员在谈话前一定要准备充分，有的放矢。一是把握好被调查人的基本情况，了解其年龄、职业、家庭、爱好、经历、曾经获得的荣誉，了解其在案件中所处的地位，了解可能涉及案件的其他人名、地名、专业基本知识和与案件相关的纪律条例和法律规定等，以便从中寻找切入点和突破口，使谈话方式更合理，更容易被调查人所接受。二是调查谈话要拟好谈话提纲。根据已经掌握的被谈话人的特点、涉案的基本情况，有效地运用案件检查的谈话技巧，这是关系到能否顺利而有成效地完成案件检查任务，特别是能否顺利而有效地完成案件调查任务的关键，它是实现案件检查任务与目的的重要手段和有效途径。

谈话在案件检查中运用得比较普遍，它是案件检查的重要工作形式或基本方法之一，同时也是纪检监察人员应该具备的基本技能。从一定意义上讲，案件检查离不开与人谈话。谈话技能和技巧的高低，运用得是否得当，是衡量案件调查人员思想水平和工作能力的重要标志之一。因此，学习和掌握谈话的技巧和技能，提高谈话水平，对做好案件检查工作，顺利完成案件检查任务，提高案件检查效率，具有重要的意义。

第三节　“谈话”目标的来源及调查

一、“谈话”目标的来源

“谈话”目标就是纪检监察机关受理的违法违纪的案件，通常这类案件有的是通过举报、相关部门移送、其他案件的牵连，有的是媒体的曝光、管辖范围内的调查等途径出现的违法违纪案件线索。既然是违法违纪的案件线索，其实质也只是违法违纪的嫌疑或者是有违法违纪的可能性。纪检监察部门对违法违纪案件的处理，必须要满足违法违纪的事实清楚、证据确实充分，能够有效地证明违法违纪行为的存在。因此纪检监察机关在获取案件线索以后，还需要通过调查、谈话、提取违法违纪行为的证据，才能够完成对“谈话”目标的调查。

二、“谈话”目标的调查

针对谈话目标的调查，首先是确定违法违纪的案件线索是否有可查性、可靠性、真实性，以此来确定“谈话”目标的性质。案件线索的可查性是确保案件调查工作顺利开展的前提，最终的目的是达到对职务违法违纪的惩处。例如中央纪律检查委员会（以下简称“中纪委”）对薄某来违法违纪案件的调查：薄某来案缘起于王某军事件，重庆市副市长王某军于2012年2月6日进入美国驻成都总领事馆，滞留1天后离开，此行为在国内外造成恶劣影响，是严重的政治事件，并且此事件还涉及外国某公民在华死亡案，是一起涉及党和国家领导人亲属和身边工作人员的严重刑事案件。同时该事件牵涉薄某来本人，其行为严重违反了党的纪律，给党和国家的事业带来了严重损失，对党和国家的形象造成很大损害。2012 年 4 月 10 日中共中央决定对薄某来严重违纪问题立案调查。中纪委受理了此案后随即对其线索展开调查，经调查发现薄某来的行为涉及受贿、贪污、滥用职权的刑事违纪违法行为，根据职务违纪违法行为的管辖范围将此案移送给了检察机关。山东省济南市中级人民法院以薄某来受贿、贪污、滥用职权案作出判决，认定薄某来犯受贿罪、贪污罪、滥用职权罪，数罪并罚，决定执行无期徒刑，剥夺政治权利终身，并处没收个人全部财产。违法违纪案件线索的可查性要从以下几个方面来考察：

首先是确认违法违纪案件线索的内容是否属于纪检监察机关的管辖范围。如果受理的案件线索不属于纪检监察机关管辖范围，应该转交有管辖权的机关和部门处理。纪检监察机关受理的案件范围是党员干部利用职务进行的违法违纪行为。而党员干部的杀人、抢劫、强奸等其他刑事违纪违法行为案件的线索就要移交给相关的纪检监察机关办理。再有一些反映某党员干部和邻居有土地纠纷的问题的线索，就不具备违纪性，无须纪检监察部门调查。

其次是受理的违法违纪案件线索是否具有真实性。一般情况下，真实性强的案件线索，应有清楚的纪检监察的对象和违纪行为发生的时间、地点、人物、情节，有涉案人员、相关证人、关系人的具体姓名及违纪问题发生的原因、背景以及产生的后果。

最后是要确定案件线索反映的内容和问题是否具有违纪违法性。确定为案件调查的线索，应该有明显的违纪性质。即属于利用职务之便贪污、受贿、挪用公款、渎职等符合党纪处分和公务员处分条例里规定的违纪行为。

在纪检监察机关调查案件的实践中，判断案件线索是否有可查性，主要是通过案件线索的来源渠道进行理性分析和判断得出结果。案件线索的来源渠道通常有以下几种情况：贿赂违纪违法行为知情人提供的情况，这里包括行贿人、送财物经办人，这些人因为某种利益关系，从而揭露对方，这类举报人亲身经历了送钱、送物的过程，对事情发生的时间、地点、见证人等都能说清楚，一般具有可信性和可查性；其他案件的涉案人员牵连交代和检举揭发线索，因为其他案件牵连的情况其真实性也比较强。还有另外一类是为了立功，主动交代和检举别人的违纪线索，一经查实，可认定其有立功表现，从而为自己减轻处罚，也具备了一定的可靠性，这种渠道得来的线索一般具有可查性；行政执法机关渠道得到的案件线索，这些部门移交的案件线索，大部分是运用经济监督、行政执法手段，提取有关证据后梳理出来的，一般情况下这类案件线索真实、可靠、具备了很强的可查性；其他刑事违纪违法行为牵连到的职务违纪违法行为线索，例如渎职违纪违法行为案件牵涉到的贿赂违纪违法行为案件、矿难事故、桥梁坍塌事故、药品、食品卫生导致的重大、特大事故等牵连出来的职务违纪违法行为案件的线索，亦具有很强的可查性。

上述线索的来源具备了违法违纪的可能性、可靠性、真实性、可查性，以此能够确定“谈话”目标的基本性质。

三、“谈话”目标的核查

对线索进行必要核查，以确定能否满足定案的构成要件。纪检监察机关在受理案件线索后，按照《党章》和《行政监察法》等有关法律法规的规定，在立案前对受理和发现的反映纪检监察对象的违纪违法线索进行初步了解、核实，以此来确定是否应当立案调查。也就是说，对反映纪检监察对象的违纪违法线索，需要进行立案前的核查，这里核查的主要任务是：了解、核实所反映的主要问题是否存在，以及是否需要给予所涉及的纪检监察对象党纪、政纪处分，为立案提供依据。

对案件线索的初步核实需要履行和办理初步核实的程序和手续：纪检监察部门在受理案件线索后，纪检室通过分析，决定进行初步核实的线索，需填写《初步核实呈批表》报分管领导批准后实施。如果需要委托下级纪检监察机关进行初步核实的，还要制作《委托初步核实通知书》，受委托的机关应及时办理，并将办理结果报告委托机关。

核查工作在不少于两名核查人员的条件下进行，开展核查工作首先要制订初步核实方案，其内容包括：初核依据；初核内容；初核方法、步骤、时间、范围、程序；注意事项等。

在准备进行核查之前应当制订核查的计划方案，初步核实的计划方案制订得好与坏，直接影响到核查的结果。核查计划的有效实施，是有效地解决问题、拿到客观真实的证据、达到初步核实目的的前提。制订有效的核查计划要做到以下四点：首先是制订的初步核实计划的针对性要强。从核查内容的针对性来看，违纪违法行为的主体资格的成立是组织部的任命，还是聘任委派或者是其他性质的主体。其次是危害的对象是国家财产还是集体或者个人财产，其行为是职务行为还是个人行为。再次是行为特征是否违反党纪政纪和法律法规的规定。最后是行为人的主观特征，是故意还是过失。调查人自己要明白初步核实到什么程度可以解决问题，这样制订的计划内容的针对性就会很强。

另外初步核实的途径和方法也要有很强的针对性，违法违纪事件调查的切入点非常重要，切入点选择得好与坏、准确与否直接关系到初步核实的效果。纪检监察的调查人员必须掌握娴熟的技巧和灵活多变的谋略手段，才能走好初步核实的第一步。这是因为被查人身份特殊，而且有些案件案值大、影响大、涉及人员和触动的层面较多。初步核实前期必须在先吃透案件线索的情况下，再对初步核实方向、范围、方法、步骤、谋略等进行具体安排，同时对初步核实目的、任务、重点、突破口的选择以及对实现上述目标所需要采取的方法、步骤和必要措施等作出有预见性的分析、判断和构想，同时初步核实所需的人员、装备、时间等都应当做出周密的计划，做好全案的整体布局，以科学合理的方法开展初步核实，争取突破案件的成功。

对案件线索的初步核实，以此确定了“谈话”目标，为“谈话”的目标来源提供可靠的条件保证。

第四节　初步核实的技巧

常规的初步核实技巧是：先密后明、先外后内、先弱后强、先下后上、先纵后擒、先支后主、先易后难、先近后远。

一、先密后明

初步核实阶段调查人员应当先秘密调查，待有关证据到位立案以后，再转向公开的明查。这种方法不仅能够有效保障不过早地暴露案件的初步核实目标，防止被查对象串供，更重要的是，能够防止出现对无罪的人因初步核实造成的负面影响。秘密初步核实的目的：首先是不暴露初步核实的对象，其次是不暴露初步核实的内容。初步核实时为了不暴露初步核实的对象，在询问证人时，就要注意对初步核实对象的保密，在涉及的问题上应多找几个其他问题来陪衬做掩护，隐藏真实的初步核实对象，达到声东击西的效果。在初步核实某事件和问题时，不要单一地提出来，要与其他问题混同在一起，在其他问题的掩护下进行初步核实，达到既隐蔽意图又提取证据的目的。待初步核实的任务完成以后，再转入明查。

二、先外后内

由于违法违纪的职务行为的特殊性，案件的隐蔽程度表现出鲜明的层次性，内部核心的隐蔽程度要比外围的隐蔽程度深得多。因为内部的核心问题与初步核实的对象有直接的利害关系，在很多时候内部的核心问题就是初步核实对象的违法违纪行为证据，所以内部的核心问题比外围的问题隐蔽得要深，提取的难度要大得多，初步核实时很难一下子接触到最核心、最根本的证据，这就要求调查人员在初步核实中必须灵活运用谋略，要像剥竹笋一样有耐心地层层深入，可以先把较易查清的违法违纪事实和较易获取的违法违纪行为证据作为突破口进行排查，初步认定了违法违纪行为的事实后迅速立案调查；然后将难度较大、把握不准的其他违法违纪事实和较难获取的违法违纪行为证据放到立案后去解决。

先外后内不仅能够顺利地完成初步核实的任务，还能够有效地隐蔽初步核实的意图，使被查对象放松警惕，不至于在案件还没有形成的时候，就打草惊蛇。同时先外后内的秘密核查，能够避免没有违纪违法行为的人受到不该承受的负面影响。先外后内的秘密核查对有多个突破口或牵涉有其他多条线索的线索，应该注意在突破其中一点的同时，对其他线索严密控制，以防止被查对象串供、毁证或逃逸，避免阻碍进一步初步核实工作的开展。对匿名举报线索，一般从外围查起，采取迂回调查，看举报的事实是否与被查对象职务上的便利及社会上的不正之风有联系，以核实举报事实真伪。对反映多个重大问题的线索，集中力量突破一点初步核实；对反映多个一般问题的线索，一一排查；对有关部门已查且公开的线索，利用矛盾进行初步核实。

三、先弱后强

凡是初步核实的案件都有突破口，这个突破口对违纪违法的行为人来说就是案件暴露的弱点，有的案件甚至有几个突破口，这对被查对象来说就有几个暴露的弱点。案件线索调查就是要选择被查对象暴露的弱点来提取违法违纪行为的证据。违法违纪职务违纪违法行为案件一般都会有几个突破口可供选择，如果我们找到案件的攻击弱点，就等于找到了案件的突破口，案件就能够迎刃而解。如果强弱不分，就有可能给案件的突破带来不必要的麻烦。在很多时候案件的“弱项”不易被被查对象察觉，选择被查对象较为轻视的问题进行初步核实，一来成功的把握比较大，一击便能奏效；二来撕开了案件的裂口，还能暴露出被查对象或其他涉案人员的弱点。在成功突破这些“弱项”后就可以直接获取有力证据，这时候再直接攻击被查对象拼死抵赖的“强项”。避其强、攻其弱，是以弱制强的方略，也是我们调查人员突破案件的重要条件。

四、先下后上

在职务违纪违法行为案件中，违法违纪职务违纪违法行为案件的被查对象往往是单位的“一把手”或主要领导，而秘书、驾驶员和单位的财务人员等关键岗位的人员，则一般都是这些被查对象违法违纪的行为的“助手”或共犯，他们熟悉并且应该掌握被查对象违法违纪的行为的证据，所以可以通过他们获取证据。通常来说，这些人一般都是被查对象的亲信，他们为了协助被查对象违纪违法行为，会对证据进行伪造或隐藏甚至销毁，他们以为利用这样的反初步核实手段就不会有漏洞，但不知这样反而容易暴露疑点。突破这样的人，要比突破直接的被查对象容易，只要仔细缜密地开展初步核实，侦破案件就会有较大的成功可能性。

五、先纵后擒

初步核实期间收集和调查有关事实证据时，难免会打草惊蛇，这就要求调查人员要随机应变，采取欲擒故纵的策略。要欲擒必须先故纵，内紧外松，故意迷惑对方，使其产生错觉，放松警惕，这时再根据案情进展情况掌握突破案件的有利时机，迅速出击，从而取得案件突破的成功。通常这种先纵后擒的方略是通过调查人员释放的信息表现来完成的，有时候调查人员在某处调查取证，就有许多“好事”者帮助被查对象打听案件情况，调查人员可以利用这种时机和对象来传递信息，让被查对象感觉到检察机关的调查人员的调查只是例行公事地走过场，没有掌握什么实质性的问题，以此放松警惕，一旦违纪违法行为的证据到位便立即擒之。

六、先支后主

根据案件本身的特点，先从枝节开始进行初步核实，然后再进入主干问题的调查。这样不易过早地暴露初步核实的目标，减少不必要的客观阻力，同时有利于证据的提取和保存。此外在对枝节问题初步核实的过程中，还能够发现新的问题，扩大战果。在违法违纪职务违纪违法行为案件中，案件的枝节问题比较容易暴露，在很多的时候违法违纪职务违纪违法行为案件的事发，也是由枝节的问题引起的。例如枝节的问题是违反规定贷款，主干问题是利用贷款的职务之便收受贿赂。初步核实部门在收到举报进行初步核实的时候，首先从违反规定的贷款问题进行初步核实，这样就能够比较容易接触受贿违纪违法行为的实质性问题。如果反过来先进入主干问题进行调查，然后再对枝节问题进行初步核实，则成功率比较低，其原因在于在初步核实主干的时候，调查人员直接接触主题，在涉及案件的主题以后，因为自己掌握案件的情况比较少，可能形成无的放矢的局面，这样就为被查对象的串供、销毁证据赢得了时间。因为被查对象知道自己被调查的时候，不会束手就擒，他必然会积极地采取阻碍的措施和行为，破坏初步核实活动的进行。

七、先易后难

违法违纪职务违纪违法行为案件的特点就是证据难取，有的案件的证据甚至无法提取，在这种情况下，我们应当本着先易后难的原则，先提取那些已经浮出水面的、容易提取的证据，比如查阅银行的存款记录、现金往来、汇款的时间地点、工程项目的审批等，这些证据都比较容易取得，就先把它取回来，作为提取其他证据的条件。再者，对那些容易灭失的案件证据，应当迅速提取，防止证据灭失影响案件的成立。对那些难取的证据，在初步核实阶段提取有一定难度的时候，也不要急于求成，能够提取的及时提取，不能提取的，待立案以后再根据情况重点解决。

八、先近后远

由于违法违纪职务违纪违法行为案件的隐蔽周期比较长，在近期发现的问题，很可能是以往发生的或者是几年前发生的，被查对象实施的违纪违法行为不是仅有一次，很多时候是几次或者是更多。为了查明被查对象数次以上的违纪违法行为，根据被查对象多次违法违纪的行为的特点，按照先近后远的原则，便于案件初步核实的顺利进行。因为时间越近人的记忆就越强，时间越近证据的真实性就越强，近期发生的案件与远期发生的案件相比较，从证人证言、物证、书证提取的简易程度来看，近期发生的案件要比远期发生的案件容易得多；从真实性来看，近期发生的案件比远期发生的案件要可靠得多。

第五节 初步核实的基本程序

一、初步核实的实施

一是初核意见的通报。一般先向被反映人所在单位党组织或行政机关负责人通报，如果认为通报不利于工作，也可选择适当时机再通报。

二是开展初步核实工作。基本方式主要有以下几种：其一，向检举揭发违纪问题的单位或者个人了解情况；其二，向被反映者所在单位或反映违纪问题有关单位及个人了解情况；其三，调阅反映违纪问题的书面材料；其四，进行现场勘查。

在初步核实过程中，要深入细致地做好知情人的思想工作，使知情人讲真话、道实情，要注意保护证人和举报人，防止其受到打击报复。与知情人谈话应个别进行，不能搞当面对质和采取座谈会的形式。要注意深入被反映人的单位走访，听取反映，了解情况，从群众的反映中来发现和反映的主要问题有关的内容，掌握更多的证据。初步核实要查清所反映主要问题发生的时间、地点、情节、发展过程、造成的后果和现状，以及涉及的相关人和事，查清事实真相。如对张某在公路建设工程中利用职务之便收受李某资金为李某谋利益的问题进行初步核实时，重点要查清张某收受李某资金的时间、地点、收取方式、数额。还要查清张某给予李某工程关照的方式、具体过程、涉及些什么人、造成的后果等。

二、撰写初步核实情况报告

初步核实结束后，要撰写初步核实报告，向有关组织或领导作出书面报告，对初步核实的问题要作出结论和处理建议。

初步核实情况报告的结构分为标题、导语、初核对象的基本情况、初步核实的事实、处理建议、署名等六个部分。

标题由被反映人单位、职务、姓名、反映的问题等内容构成。如关于反映××镇××村委会支部书记杨××贪污公款等问题的初步核实情况报告。

导语部分要写明违纪线索的来源、批准初核的机关和领导、初核人员的组成、初核的方式方法及起止时间等。被初核对象的基本情况。写明被初核对象的姓名、性别、籍贯、年龄、民族、文化程度、入党时间、参加工作时间、历任主要职务及现在工作单位职务、是否受过重大奖励或惩处等。

初步核实的事实是主要内容。根据纪律调查工作的有关规定的要求，实事求是地对所核实的问题进行客观叙述。要注意抓住主要问题，对主要问题的具体情节经过和各种证据应全面反映，对是否存在问题做出肯定或否定的答复，对不能做出肯定或否定回答的问题要如实反映，对次要问题可以简略地叙述，在结论部分一般用属实、基本属实、部分属实、失实等几种表述方式。

处理建议就是要根据初步核实结果，实事求是地提出建议。对需要立案调查的，应写明认定违纪性质的依据；对政策界限不清，性质一时难以认定的，可采用写实的办法；对不需要立案调查，但需要做出批评、写出调查等处理的，要明确提出意见；对是否需要在一定范围内予以澄清的问题也要提出建议。

署名就是报告应写明承办人的姓名、单位、职务及制作初步核实情况报告的时间。

三、对初步核实结果的处理

初步核实结果的处理总的来说有两种情况：一种是初核了结，其中包括反映问题不实和情节轻微不必追责刑罚；另一种是转立案。经初核有下列情况的进行了结：

一是反映问题不实的。这种情况纪检监察机关除向被反映人所在单位党组织或行政机关说明情况外，还应注意按照《案件检查工作条例实施细则》第十条的规定做好有关工作。《案件检查工作条例实施细则》第十条规定，对经初步核实，反映问题不实的，纪检监察机关除应向被反映人所在单位党组织说明情况外，还应注意做好以下工作：

1. 在初核过程中如向被反映人作过了解或纪检监察机关认为必要的，应向本人说明情况；

2. 因反映问题不实而对被反映人造成不良影响的，应采取适当方式在一定范围内予以澄清；

3. 发现被反映人在工作中做出显著成绩的，应向有关党组织反映；

4. 对检举人因了解情况不全面而错告的，应帮助其总结经验教训；

5. 对蓄意诬告、陷害的，应调查处理或建议有关组织严肃追究责任。

二是虽有违纪事实，但情节轻微，不需追究党纪、政纪责任的。这种情况纪检监察机关应建议有关党组织或行政机关按照《案件检查工作条例实施细则》第十一条的规定作出处理：

1. 党组织负责人同被反映人谈话，进行批评教育；
2. 责成被反映人作出口头或书面检查；
3. 召开民主生活会，对被反映人进行批评帮助；
4. 纠正被反映人的违纪行为或责令其停止正在实施的违纪行为；
5. 对被反映人的工作或职务进行调整；
6. 在一定范围内进行通报批评；
7. 责成被反映人退出违纪所得。

三是对经初核，确有违纪事实，需要追究纪律责任的，应予以立案。依法应当由其他部门处理的，纪检监察机关应将材料移送给其他行政执法部门进行处理。

四、初步核实的时限

根据《案件检查工作条例实施细则》规定，初步核实的时限为两个月，必要时可延长一个月，重大或者复杂的问题，在延长期内仍不能初核完毕的，经批准后可再适当延长。

五、初步核实工作中几点要求

一是要抓住时机。初步核实是一项对时间要求很强的工作，必须准确地把握时机，迅速及时，以快取胜，不给涉案人员以串通、逃逸的机会。初核工作一旦确定，就要集中力量、集中时间，抓住主要的问题线索迅速调查取证，尽可能用最短的时间查明事实真相。如果行动不迅速，稍一放松，就可能贻误战机，走漏风声，给工作带来困难。

二是要突出重点。在初核中一定要抓住所反映的主要问题收集证据。无论涉案问题有多么严重、线索有多复杂，涉案人员有多少、范围有多广。首先要集中力量查实一件或者两件能够定性处理的问题，以尽快立案。在接到举报反映的问题比较复杂的信访案件时，根据实践看，要遵循“先抓违纪、再抓违法，先取小胜、再取大胜”的原则，紧紧抓住和选择违纪行为比较明显、易于取得突破的问题，进行低调、隐蔽稳妥、审慎的调查取证。一般要选择反映的时间、地点、人物情节、动机、后果比较具体的，涉及对象贪污、受贿、挪用公款，违反财经纪律或者失职渎职线索作为初核的重点。

三是要注重细节。初步核实是一项艰苦复杂的工作，必须认真细致、注重细节，一丝不苟。在核实过程中，当事人或者证人出于多方面的考虑和顾虑，可能会讲假话、造假账、提供假情况。因此，要特别注意细节，识别真假，做到核查工作不走弯路。

四是要保守秘密。在工作中，要注意保守秘密，缩小影响，工作人员自觉遵守保密纪律，不能将案情向无关人员透露，核实工作要尽量在小范围内进行。如果案情泄露，一方面可能使有问题的对象串供、毁灭、伪造证据，订立攻守同盟，为核查工作制造障碍，另一方面会对情节轻微或者反映问题失实的对象造成不良影响。

第六节　立　　案

立案，是指纪检监察机关按照其管辖权限，对检举、控告以及发现的纪检监察对象违纪违法问题，经初步核实，认为确有违法违纪事实，并需要追究党纪政纪责任的，依照规定决定案件成立并进行调查处理的活动。

一、立案要求

立案要求准确及时，分级立案，一案一立，手续完备。根据《案件检查工作条例实施细则》规定，党的中央以下各级委员会、纪律调查委员会常务委员（基层党委、纪委书记、副书记）违反党纪的问题，与党委常务委员同职级的党委委员违反党纪的问题，由上一级纪委决定立案；其他委员违反党纪的问题，由同级纪委报请同级党委批准立案。其他党员干部违反党纪的问题，均按照干部管理权限，由相应的纪委或纪工委、纪检组决定立案，在决定立案前应征求同级党委或党工委、党组的意见。不是干部的党员违反党纪的问题，由基层纪委决定立案。未设立纪委的，由基层党委决定立案，属于下级纪检机关立案范围的重大违纪问题，必要时上级纪检机关可直接决定立案。

二、立案程序

1. 撰写立案报告或填报《立案审批表》。这是审批机关及其负责人审查批准立案的主要依据，纪检监察机关对反映的问题进行核实后，认为需要立案的，撰写立案报告或填报《立案审批表》按规定进行报批。实际工作中可采用《立案审批表》来报批，《立案审批表》后附初步核实报告，被批准立案的《立案审批表》上必须有批准机关主要领导的签字。

立案报告一般由以下内容构成：

（1）标题。呈报纪委常委会或监察机关负责人批准的，只写“立案报告”；呈报本级政府或上级监察机关的还要在“立案报告”前加上呈报机关的名称，并应标示该《立案审批表》的行文编号。如中共××纪律调查委员会关于对××同志（或××组织）××问题的立案报告。

（2）批准立案单位（主送单位）。

（3）正文。包括案件线索来源、被反映人的自然情况、经初步核实认定的主要违纪问题、呈报单位意见四个部分。

案件来源主要要交代清楚案件线索的来源，初步核实后由哪一级机关批准立案。

被调查对象的自然情况要交代清楚被调查对象的姓名、性别、年龄、民族、文化程度、入党时间、参加工作时间、现在工作单位、职务、是否受过重大奖励或惩处等。

初步核实后的主要问题应写明经反映并初步核实被调查人的主要错误事实，应概括说明问题是否存在、重要情节、重要证据及造成的危害和影响。

呈报单位意见要写明呈报立案的党纪政纪依据。主要依据就是《中国共产党纪律处分条例》《中华人民共和国公务员法》《行政机关公务员处分条例》《中华人民共和国行政监察法》及《案件检查工作条例》等法规。

（4）落款。呈报以单位署名和盖章，写清呈报日期。单位名称要写全称，呈报日期包括年、月、日。

2. 审查批准立案。立案审批时限不得超过一个月。如纪检监察机关与本级党委、政府对是否立案的意见不一致时，应当请示上一级纪检监察机关作出是否立案的决定。立案必须通过集体研究决定，有会议讨论记录的，由有关负责人在立案呈批报告上写出审批意见并签名。

3. 制作《立案决定书》《立案通知书》。批准立案后，要制作《立案决定书》和《立案通知书》。《立案决定书》是批准立案的机关对违纪党员、党组织决定立案的正式文件，也是对立案报告的正式批复，要发给提出立案报告的机关。《立案通知书》是批准立案的机关对违纪党员、党组织决定立案后，向被调查人和所在单位党组织进行通报的文件，要发给被调查人和其所在单位党组织。送达《立案决定书》《立案通知书》要有回证。如乡镇党委对纪委或者某党支部提交关于某人经济问题立案的批复，就要发给纪委或某党支部《立案决定书》。同时向立案对象和其所在单位党组织发出《立案通知书》。

《立案决定书》和《立案通知书》的主要内容包括：

（1）标题：一般写法是“中共××纪律调查委员立案决定书（通知书）”。

（2）发文字号：一般写成“×纪立〔××〕×号”。

（3）发往单位：写明发往党组织的名称。

（4）通知的正文：包括立案依据、批准的组织和机关、被调查人的单位、姓名、职务、立案调查的问题等内容。

（5）落款：写出批准机关组织的名称。

（6）报送和抄送单位。

第七节 调　　查

调查，是指对客观情况进行考察了解。调查的主体是纪检监察机关及其调查人员；调查的对象是已立案的违反党纪政纪的案件涉及的证人、被调查人等有关人员；调查的任务是收集证据查清案件事实；调查必须按照规定的程序进行。

一、调查前的准备工作

1. 成立调查组。选定调查组长、组织相应的办案力量、合理搭配人员、注意调查人员的回避，调查组人员不得少于 2 人。

2. 熟悉案情和相关法规。调查组成员要认真阅读、分析初步核实材料，对案件线索来源、案件基本情况、案件涉及的单位和人员的具体情况及其与案件的关系进行认真的研究，尽快熟悉案情。与此同时要认真学习和掌握有关政策、法律法规和党纪政纪的规定，有助于在调查中更好地明确取证任务和方向，圆满地完成取证工作。如接到参加调查反映交警在交通事故处理中徇私舞弊的任务后，就必须要尽快熟悉国家、各级政府制定的关于交通管理方面的法律法规，要熟练掌握交通事故处理的法定的程序和手续，这样在对这个案件查起来时，才能做到心中有数，得心应手。

3. 拟定调查方案和调查提纲。调查方案包括需要查清的主要问题、调查的步骤和方法、预计完成任务的时间、调查人员的组成、领导关系以及应注意的事项。调查提纲包括已收集掌握的案件线索、调查内容的先后顺序、确定的调查对象。

二、调查实施

实施调查要求坚持原则、客观全面；严肃认真，深入细致；突出重点，把握时机；着眼教育，促使转变；保障被调查人的合法权利；定期分析，及时报告。具体程序是：

1. 宣布立案决定

也是第一次与被调查人谈话。由调查组会同被调查人所在单位党组织或行政机关负责人与被调查人谈话，向被立案调查人宣布、送达《立案决定书》《立案通知书》（送达要有回证），宣布立案决定、立案纪律，对被调查人员提出要求。同时，要问清被调查人的自然情况、工作纪律、家庭住址及担任的职务等。

2. 实施调查方案

调查内容包括被调查人的基本情况、案件事实、证据材料三个方面。

被调查人的基本情况包括姓名、性别、民族、年龄、籍贯、文化程度、入党时间、参加工作时间、工作经历、现在工作单位及职务、家庭住址等情况。

案件事实就是要按照事先拟定的需要查清的主要问题来逐项调查认定，包括案件违纪行为发生的时间、地点；违纪行为发生的原因、条件；违纪行为的发展过程及情节；违纪手段；涉及的人和事以及有关问题的状况；造成的后果等六个要件。

证据是认定案件事实的关键，是案件定性处理的依据和基础，是促使违纪者认错服纪的有力武器，是保证被调查人合法权利的重要依据。证据材料包括：物证、书证、证人证言、被调查人的陈述、视听材料、现场笔录、鉴定结论、勘验和调查笔录、受到纪律处分、处罚的证据等。这里对以上的几个重点证据材料分别讲一下：

物证，是指以其外形能证明案件真实情况的一部分或全部的物品和痕迹。如违纪者收受他人的贵重的金、银、玉饰品、名贵手表、高档家电等，收集物证要尽可能提取原物。

书证，是指以其记载内容证明案件真实情况的文字，表现形式可以是文字、符号、图画。制作方式可以是手书也可以是印刷、刻制。适用的材料可以是纸张，也可以是金、石头、竹等材料。收集书证尽可能提取原件，也可用摘抄、复印方法提取，收集的书证要在右上角注明此件提取或复制于哪儿，与原件是否一样，提取人要签名（要有两人以上），并注明提取日期后由原件保存单位加盖公章。一般的写法为“此件复制于某某单位，与原件无异。经办人：××，×年×月×日”。要注意的是对私人日记、信件等原始材料不得强行收集。

证人证言，是指了解案情的人就自己知道的有关情况向纪检监察机关所作的陈述。收集证人证言要符合规定程序，要有针对性地做好谈话提纲，要选择好适当的地点和时间，必须一人一证，证言材料可以由证人书写，也可由调查人员作笔录，制作成《谈话笔录》。与证人谈话不得少于两人。要注意的是生理上、精神上有缺陷或者年幼，不能辨别是非、不能正确表达真实意思的人不能作为证人。说不清来源的检举、揭发材料不能作为证言。

被调查人的陈述和辩解，就是指被调查人的交代、申辩和对同案人员的检举。

视听资料，是指可以重现原始声响或录像等用作证明案件事实的材料。包括录影带、录像带、电影及其胶卷、传真资料、电视检测器及雷达扫描获得的资料、电子计算机储存的数据和资料等。要注意的是调查人员对证人的陈述作了录音、录像或输入计算机，只能算是辅助手段，不能作为证据。

3. 实施调查的方法

（1）及时收集实物证据

一是通过查账、查档案来收集物证和书证，包括账册凭证、档案材料、会议记录、介绍信、文件、个人记录、日记等。

二是做好被调查人的思想工作，促其交出所持有的物证、书证。

三是要求有关组织提供与案件有关的文件资料等书面材料以及其他必要的情况。

四是必要时对案件有关人员和事项进行录音、拍照、摄像。

五是对于能够证实被调查人有违纪行为或者无违纪行为，以及违纪违法行为情节轻重的证据都应该收集。

六是通过调查现场、向群众调查，加强与公安、司法、行政执法、经济管理和新闻部门的联系收集实物证据。

（2）询问证人

在案件调查中，能否做好证人的思想工作，使他们能够实事求是地向调查人员提供证据，是决定案件调查质量和效率的重要因素，因此应注意：

一是准确确定证人名单，避免盲目性。既不把与案件无关的人当作证人，又避免将与案件有关的人遗漏。

二是认真拟定询问提纲。在询问中如果思路不清，边想边问或对同一证人就同一问题询问次数过多过频，都容易引起被询问人的反感，使询问受阻，影响询问效果。

三是要熟练掌握询问技巧，询问要因人而异、区别对待；要把握目的，说明范围，启发思维，帮助回忆，交代政策，讲明责任。不能作提示性发问，更不能采用胁迫、引诱、欺骗的方法使证人提供证言。

（3）与被调查人正面谈话

与违纪违法人员的正面谈话，是案件调查工作的重要内容，是提取言词证据的关键环节，需要精心准备，如果没有做好准备工作，谈话时就抓不住要害，击不中要害，难以制服被调查人。因此，在与被调查人谈话时要充分地做好与被调查人正面谈话取证的准备工作：

一是要正确认识有利条件和不利条件。通常情况下，调查人员已经掌握一定的证据，处于主动地位。被调查人处于被审查地位，政治上孤立、道义上失助，精神上处于劣势。因不知道调查机关掌握多少证据，思想处于被动、猜疑、动摇状态，调查人员有一定的违纪证据支撑这些都是有利条件。被调查人为了逃避处罚，对自己的前途命运担忧，对法律、政策产生误解，总是会千方百计地抵赖，不会主动交代，甚至会和调查人员产生对立情绪。加之调查人员掌握的证据不够充分，无疑会给办案工作带来一定困难，这些是不利因素。正确掌握这些有利和不利因素，有利于我们制订正确的谈话方案，取得谈话的突破。

二是要根据案件的具体情况组建谈话班子。指派能够胜任的调查人员进行谈话，要实行专人负责，指定主谈话人，不能在谈话过程中随意更换人员，以确保谈话成功。

三是调查人员要全面熟悉和掌握案件情况及案件涉及的有关专门技术知识。

四是要研究被调查人的基本情况。包括其基本个人经历、先后担任的职务、社会关系和个性特点、兴趣爱好、心理状态等，针对这些情况，选择恰当的谈话方式和策略，进行谈话。

五是要制订谈话计划，拟定谈话提纲。包括简要案情、目的要求、方法步骤等，要提出需要查清的问题，分析可能的几种回答，预计什么情况下使用证据，明确哪些问题需要采取其他措施等。

与被调查人正面谈话的几种方法：

一是全面兜底，找出破绽，从正面进行突破。也就是说一般不要先暴露谈话主题和掌握的证据，向被调查人提出纪律要求后，按工作、生活、人际交往等层面与其开展交谈，从谈话中发现关键问题和关键人物抓住不放，深问细抠，取得突破。

二是政策攻心，恩威并用，从政策法律的角度突破。即对其深入进行政策法律宣传教育，晓以利害，促其心理防线动摇，在此过程中适时出示证据，交代从宽政策，使其认识到不说不行，说了能得到从宽处理，从而取得谈话突破。

三是以情动人，以理服人，从情理角度进行突破。要研究被调查人在心理上怕什么，担心什么。找准其感情上的薄弱点作为突破口。如以父母、妻儿朋友之情动人，击垮其心理防线。

四是顺藤摸瓜，投石问路，从逻辑合理的角度不断进行突破。即要用漫谈的方式与被谈话人反复谈同一个问题，当他们在谈话中流露出一些线索和问题后抓住不放，按事物逻辑关系步步紧逼进行问话，取得谈话突破。

谈话要注意的问题：

一是主谈话人在谈话前，一定要了解掌握被谈话人的经历、性格、家庭成员等情况，以便在谈话中有针对性地对其晓之以理、动之以情，打开突破口。

二是问话要选主题，不能让对方摸底从而知道我们还未掌握的违纪事实。

三是适时使用证据，我们掌握的证据是真实的、有分量的，不能随便出示，要用在关键时候。如对方正在动摇，在考虑说与不说的时候及时出示部分证据，就能击垮其心理防线，起到突破作用。

四是谈话时副谈话人不能随便插话、提问，以免影响主谈话人的谈话主题和思路，更不能就有关问题和主谈话人讨论，从而使被谈话人认为调查人员什么都没掌握，影响谈话效果。

（4）精心做好调查笔录

调查笔录，是纪检监察机关调查处理被调查人问题的主要言词材料。调查笔录由基本情况介绍、谈话内容、对笔录内容的认定三个要件构成，要求要件要完整、内容要真实、准确全面、清楚，一人一录。记录人要事先熟悉案情，明确重点，记录要求有简有繁，调查笔录要客观记录被调查人对自己问题认识的态度和表情。调查笔录必须经被谈话人认可。根据这些要求，在找人谈话后，谈话笔录要给被谈话人看（不识字的要念给其听），如果记录和被谈话人说的不同可以补充和修改，要保持修改的原样并由被谈话人盖章或捺手印认定。调查笔录经被谈话人核对修改，认定后，被谈话人要在笔录最后一页最后一行下面签署“以上笔录经我看过（或者念给我听过），与我讲的一致”的明确意见，并签名盖章或捺手印。同时，被谈话人要在笔录的每一页签名，并在页码和签名上盖章或捺手印。

4. 调查中可采用的措施

在案件调查中可以采用的措施分组织措施，调查措施，协调措施，具体有停职调查，暂停执行公务，“两规”“两指”措施，要求有关部门，组织和人员提供相关情况，对相关人员和事项进行录音、拍照、摄像，查阅复制相关资料，暂予扣留、封存物品和非法所得，查阅提请人民法院冻结银行存款，责令停止侵害行为，提请鉴定，与公、检、法、审计、税务等机关组织协调措施等。这里主要讲一下下面几种措施：

（1）停职调查措施

根据《案件检查条例实施细则》第二十六条规定，被调查人确犯有严重错误，已不适宜担任现任职务或妨碍案件调查时，可以建议对其采取停职调查措施。停止被调查人党内职务的，党委或纪检组织在作出停职调查决定后，应制作《停职调查决定书》报同级党委、党组备案，并通报同级党委组织部门。属于停止被调查人党外职务的，应制作《停职调查建议书》并送达党外组织，党外组织一般无正当理由应予采纳，并应将结果及时报告纪检监察机关。停职调查期限不得超过办案期限。

（2）“两规”“两指”措施

“两规”是指纪检监察机关在案件调查过程中，有权要求涉案党员在规定的时间、地点就案件所涉及的问题作出说明，这是纪检监察机关依据党内规定查办重要复杂案件时，对涉嫌严重违纪党员采取的党内审查措施之一，“两规”是比较严厉的一种措施，要从严掌握、谨慎使用。根据云南省纪委［2006］2号文件要求，县级派出机构和乡镇纪委不得使用“两规”措施。

“两指”措施是指行政监察机关有权责令有违反行政纪律嫌疑的人员在指定的时间、地点就调查事项涉及的问题作出解释和说明，但是不得对其实行拘禁或者变相拘禁。监察机关使用“两指”措施，应严格执行《行政监察法》有关规定。

（3）暂予扣留、封存物品和非法所得

一是根据《案件检查工作条例》及其《实施细则》规定，经县以上（含县级）纪检机关负责人批准，可暂予扣留、封存可以证明违纪行为的文件、资料、账册、单据、物品和非法所得等。纪检机关在行使该措施时不得少于两人，要填写《暂予扣留、封存物品登记表》，调查人要签字，要专人保管，扣留封存期限不得超过办案期限。

二是根据《行政监察法实施条例》规定，监察机关在调查违反行政纪律行为时，可暂予扣留、封存可以证明违纪行为的文件、资料、财务账目及其他有关材料。在执行该措施时要出具监察通知书，要有清单，要有各方当事人签字。

三是根据《行政监察法实施条例》规定，监察机关在调查贪污、贿赂、挪用公款等违反行政纪律的行为时，经县级以上监察机关领导人员批准，可以暂予扣留有关的财物，采取此措施时，要出具监察通知书，要有清单，并由各方当事人签字。

（4）查询、提请人民法院冻结银行存款

根据《行政监察法》规定，监察机关在调查贪污、贿赂、挪用公款等违反行政纪律的行为时，经县级以上监察机关负责人批准，可以查询案件涉嫌单位和涉嫌人员在银行和在其他金融机构的存款，必要时，可以提请法院采取保全措施，依法冻结涉嫌人员在银行或者其他金融机构的存款。

5. 案件调查时限

党纪案件的调查时限为三个月，必要时可延长一个月，案情重大或复杂的案件，在延长期内仍不能查结的，可报经立案机关批准后延长调查时间。政纪案件的结案时限：监察机关立案调查的案件，应当自立案之日起六个月内结案；因特殊原因需要延长办案期限的，可以适当延长，但是最长不得超过一年，并应当报上一级监察机关备案。

三、调查终结，形成调查报告

调查终结，是指调查人员在调查取证结束后对全案进行综合分析，认定事实，提出定性处理意见的活动。它既是对调查实施的总结，又是对移送审理的准备。

1. 综合分析案情

一是进行材料审核。应对各调查事项进行认真细致的分析调查，如果有遗缺，应及时补证。二是鉴别证据。要根据各种证据材料的具体特征，逐个进行审查和分析研究，鉴别其真伪，经过鉴别，确实符合客观实际，与案件事实有内在联系的证据，才能作为定案的依据。三是认定错误事实。根据取来的证据，实事求是地对每个问题做出客观的结论，划清违纪者的责任。抓住违法违纪的主要事实，把握好关键情节，证据证明是什么问题就认定什么问题，不人为地拔高或降低。应注意的是仅凭言词证据认定错误事实时，必须有两个以上（含两个）直接证据，才能认定；在没有直接证据的情况下，运用间接证据认定错误事实时，所有间接证据必须查证属实，每个证据与案件事实都要有客观联系，所取得的证据必须形成一个完整的证明体系，并且这个证明体系足以排除其他可能性，才能认定；如果不能排除其他可能性，或证据之间、证据与案件事实之间有矛盾的不能认定。

2. 错误事实材料与本人见面

错误事实材料与本人见面，是指调查组把经过核实认定的错误事实写成错误事实材料，与被调查人见面，认真听取其意见和申辩。错误事实材料中不仅要写明能够作为处分依据的主要错误事实，还要写明错误性质和应承担的责任，但不得泄露立案依据、调查过程、检举人、证明人等内容。错误事实材料同本人见面时，由二名以上调查人员进行，必要时可请被调查人所在单位党组织或行政机关负责人参加。被调查人如果同意调查组所认定的错误事实，要签上同意的意见和姓名；如有不同意见，可以在材料上作出说明，也可以另写申辩材料；如果拒不签意见，调查组应在错误事实核对材料上注明。如果被调查人对调查组认定的事实和责任、定性的结论有不同意见，则调查组应根据事实和有关规定来加以说明。

3. 征求意见

根据《党章》和《行政监察法》规定，在提出定性处理意见之前，要向违党内和行政纪律的对象所在的党支部和单位征求处理意见。如果是违反党纪的，其所在的支部必须召开支部大会讨论提出意见，经上级党委同意后，报调查组。

4. 提出定性处理意见

在前期调查取证、违纪违法事实材料与被调查人见面、征求意见的基础上调查组应按照党纪政纪的有关规定，对违反党纪政纪案件的性质和处理提出具体意见。意见要求定性准确，处理恰当。在提出处理意见时应注意：一是必要时处理意见要留有余地，给被调查人改正错误的机会和条件；二是对重大、复杂案件要多方听取意见，便于统一思想认识，顺利处理案件。

5. 撰写调查报告

调查报告是调查组对被调查人的问题进行调查核实后所写的说明案件事实真相，提出定性处理意见的书面综合材料，是用文字形式表达出来的调查成果。调查报告必须符合公文格式的规范要求，表达要准确，内容要完整，条理要清楚，结构要严谨，论点要统一，文字要精练。一般来说，调查报告应由标题、导语、正文、结尾和署名五部分组成。调查报告须由调查组全体成员署名，并写明调查报告制作日期。

调查报告的正文要写清五个方面的内容：

一是立案依据及调查的简要情况。案件来源及立案依据，即根据什么人或什么单位的检举、揭发、交代或是根据哪一级组织及领导的决定、批示进行调查的，反映的主要问题是什么，调查组的组成情况，调查的起止时间及工作的大体经过。被调查人的基本情况，包括姓名、年龄、职务、工作单位以及以前犯过什么错误、受过何种处分等。

二是主要错误事实及性质。写清每一事实的时间、地点、当事人、原因、后果，特别是主要情节要详细具体。对调查否定的问题也应交代清楚。对错误的性质作出准确的概括，提出定性结论并写明定性依据。

三是有关人员的责任。对有关人员要分清责任。对涉及一级组织的违纪问题，要分别写清有关领导应负的责任。

四是被调查人对错误的态度。要用概括的词语写明被调查人的一贯表现和认错态度，对态度的表述不能太笼统，要写明具体表现。

五是处理建议。调查组在事实清楚、证据确凿的基础上，根据调查的违纪事实，按照党纪政纪的有关规定，对违反党纪政纪案件的性质和处理提出具体意见。应写明处理建议的依据。

四、移送审理

案件在调查终结后，要向审理部门或者案件审理组移送进行审理。具体内容是：对经过立案调查并需要追究党纪政纪责任的案件提出移送审理并呈报分管领导审批，对决定移送审理的案件，按照规定整理涉及案件报批、证据等材料。

第八节　违法违纪案件线索初步核实概述

违法违纪案件线索的初步核实就是初步调查，是纪检监察机关在立案前对线索材料进行调查的检查活动。它不同于纯粹的书面审查和立案后的正式违法违纪案件线索的初步核实，是一种特定的纪检监察办案环节和办案方法，违法违纪案件线索的初步核实的目的并不是仅仅局限于违法违纪案件线索的初步调查，它更重要的任务是通过初步调查来确定是否有违法违纪案件存在，以及案件的性质和种类，确定由什么部门查处。违法违纪案件线索的初步核实，也称立案前的核实，是违法违纪案件线索的初步核实的基础，每个贪污贿赂案件只有经过违法违纪案件线索的初步核实，才能有立案后的查处。根据《中国共产党纪律检查机关案件检查工作条例实施细则》（以下简称《条例》）规定："纪检机关依照党章和本条例行使案件检查权"，是指纪律检查机关在党章和《条例》规定的职权范围内，对党员和党组织的违纪问题有权进行初步核实、立案和调查。行使检查权必须依照《条例》第四条所称"事实清楚、证据确凿、定性准确、处理恰当、手续完备"其内容指的是：1. 案件发生的时间、地点、手段、情节、后果和有关人员的责任等应清楚明确；2. 认定的每一案件事实都应有经过鉴别属实的充分证据；3. 确定错误性质和提出处理建议，均应以事实为依据，以党章、党纪和国家法律、法规为准绳；4. 案件检查的各个环节都应符合《条例》和本细则规定的程序，并履行相应的手续；收集的证据和形成的案件材料也应符合规定的要求。

违法违纪案件线索的初步核实的意义在于：纪检监察机关根据查办案件的管辖范围，及时有效地针对贪污贿赂、渎职等国家工作人员的职务违纪违法行为案件，进行查办，具有十分重要的意义。对违法违纪案件线索的初步核实，能够为立案调查打下坚实的基础，通常一个案件都是从违法违纪案件线索的初步核实开始的，违法违纪案件线索的初步核实，关系到案件成功与否。违法违纪案件线索的初步核实，实际上是查办案件工作的开始，开头的好坏必然牵涉到案件的结果，有了好的开头才会有好的结尾。违法违纪案件线索的初步核实有利于澄清事实、防止冤假错案，保护公民的合法权益，有利于答复控告人不服不立案决定的复议申请。违法违纪案件线索的初步核实，有利于避开违法违纪案件线索的初步核实对象的注意，减少违法违纪案件线索的初步核实过程中人为的阻力，保证违法违纪案件线索的初步核实活动的顺利进行。

从违法违纪案件线索的初步核实的任务来看，对案件线索的初步核实是确定有无利用职务之便的违法违纪行为存在，以及案件存在的性质，决定有无调查的必要。对案件线索的初步核实，还能够有效地解决突然出现的紧急情况，及时地制定应急措施，例如，携款出逃的案件，在纪检监察机关介入之前，进行违法违纪案件线索的初步核实，能够有效地控制案件影响面和损失面的扩大，把国家的损失降到最低。纪检监察机关做到有举报必查，鼓励人民群众举报，并且将举报的违法违纪案件线索经初步核实后的结果，向举报人通报，不仅能够有效解决矛盾，而且还能不断提高举报人的积极性。向办案部门交办违法违纪案件线索的初步核实线索，能够有效及时打击违纪违法行为，推进违法违纪案件查办工作的健康发展，积极进行违法违纪案件线索的初步核实，能够尽快地消化处理案件线索，减少问题的积压，及时地解决问题、处理问题、化解社会矛盾。

根据违法违纪案件线索的初步核实的原则来看：第一，违法违纪案件线索的初步核实的一切活动必须符合法律的规定。违法违纪案件线索的初步核实是纪检监察机关的检查活动，由于违法违纪案件线索的初步核实阶段尚未进入司法程序，所以不能采取强制措施，不准对被调查对象限制人身自由，也不准查封、扣押、冻结被查对象的财产。违法违纪案件线索的初步核实中可以采取与有关证人“谈话”、查询银行存款、向有关单位调取证据等不限制被查对象人身和财产权利的法律措施。

第二，初步核实应当秘密进行，由于违法违纪的主体都具有职务身份，在违法违纪案件线索的初步核实的实践中，大量的违法违纪案件线索的初步核实活动都是在外围进行的，一般不直接接触被查对象。一旦惊动被查对象，就不利于违法违纪案件线索的初步核实的顺利进行。因为在违法违纪案件线索的初步核实活动中，调查人员对核实对象不了解，即便是违法违纪案对象有违法违纪行为事实存在，在没有对他采取强制措施之前，他就会有很多的退路，如串供、销毁证据、转移财产、逃跑自杀等。因此，尽管违法违纪案件线索的初步核实可以用公开调查、秘密调查和公秘结合调查的方式进行，但在大多数情况下，违法违纪案件线索的初步核实还是应当秘密进行。秘密核实还有利于排除外界干扰，有利于核实人员适时采取相应措施。秘密核实包括内外两个方面的保密。在内部应严格控制知情范围，防止跑风漏气。对外应隐蔽核实意图，以迷惑被查对象。

第三，进行初步核实一方面是确定是否有违法违纪行为事实存在，确定是否要对违法违纪案件的线索进行立案调查；另一方面初步核实也是为立案后的调查做准备，是立案前的准备材料阶段，因此初步核实的工作要选择重点问题、关键性问题进行。在违法违纪案件线索的初步核实的实践中，线索材料提供的大都是表面现象。调查人员要善于从表面现象中抓住主要问题和矛盾的主要方面，这是保证案件线索初步核实成功的重要因素。在违法违纪案件线索的初步核实中，当证人和证据同时出现时，对证实违法违纪行为事实起关键作用的人和事就是主要问题，也就是违法违纪案件线索的初步核实的重点。而足以影响立案定罪的证据，就是矛盾的主要方面。抓住了主要矛盾和矛盾的主要方面，就解决了违法违纪案件线索的初步核实的主攻方向，就能够实现违法违纪案件线索的初步核实的最终目的。

第四，对证据的把握。证据是定案的依据，是违法违纪案件线索的初步核实的主要目的，重点是违法违纪案件线索的初步核实中要尽可能地多提取涉嫌违法违纪的相关情况和证据，重视收集与职务违纪违法行为有关的证据材料。围绕线索材料提供的内容，抓住违法违纪案件线索的初步核实的主要问题，向线索指向和线索内容延伸，尽可能地收集到完整涉嫌职务违纪违法行为的人和事，为立案和进一步违法违纪案件线索的初步核实奠定证据基础和条件。在核实的实践中，案件线索的初步核实阶段不可能把违法违纪案件线索的初步核实对象的违法违纪行为证据全部收集齐，但是所收集的证据要能够起到一定的证明作用，以能够确定是否立案调查。

第五，初步核实的力量协作。从违法违纪案件线索的初步核实线索的来源来看，有的举报线索不仅纪检监察机关有，纪委和其他部门也有，如果各自为政都要去核实一遍，不仅浪费人力、物力，而且也不利于案件的保密和统一。因此，纪检监察的办案部门应加强与相关部门的配合。如加强与被查对象上级单位纪检监察部门的联系，争取纪检监察部门对违法违纪案件线索的初步核实的配合与协调。为了隐蔽违法违纪案件线索的初步核实意图，纪检监察办案部门还应与公安、金融、工商、税务、审计等单位联系，善于利用这些单位的工作条件，有效地完成初步核实的目的。

第六，及时快捷地处理初步核实的结果。处理初步核实的结果应当及时快捷，尤其是突发案件，如携巨款潜逃的案件。在接到报案以后，应当立即采取措施，寻找补救的办法，力求将损失降到最低。违法违纪案件线索的初步核实的结果应当及时处理。对不属于纪检监察机关查办的，需要转交其他单位处理的，应当及时移交。经过违法违纪案件线索的初步核实没有发现违纪违法行为的，或者不构成违纪违法行为，不需要以违纪违法行为处理的，应当通知举报人。经过违法违纪案件线索的初步核实，有违法违纪行为事实需要追究刑事责任的，应当及时移交。

第七，初步核实活动中对安全性的把握。在对违法违纪案件线索的初步核实活动中，由于对违法违纪案件线索的初步核实对象没有深入地了解，有的被核实对象涉案数额巨大，问题特别严重，稍有风吹草动就会引起被查对象内心的巨大风波，导致恶性事件发生。因此，违法违纪案件线索的初步核实中本身就存在安全防范的隐患和险情。有的单位和调查人员对违法违纪案件线索的初步核实阶段的安全防范意识不强，工作措施未落实，存在不少隐患和险情。所以，违法违纪案件线索的初步核实阶段更要提高安全防范意识，保证不出问题。

第九节 案件线索的初步核实方略

一、违法违纪案件线索的初步核实的基本方法

（一）案件线索的筛选

书面审查筛选有价值的线索。纪检部门应根据受理的控告、举报或者其他方面收集到的案件线索材料进行审查筛选，并对案件线索进行客观、全面的分析。

党员干部违法违纪案件的来源，通常都是一些案件的线索信息，这种信息是否属实，需要纪检部门进行鉴别和判断。主要应从案件线索的准确性和可查性两个方面进行客观、全面的分析研究。涉嫌职务违纪违法行为的人和事是否准确，涉嫌违法违纪的人员，是否具有利用职务之便实施的行为属性，是否符合纪检部门管辖案件的范围。

由于举报人的主观认识，与被查对象的关系以及主客观条件的限制，所提供问题的性质、程度、情节、时间、地点、数额等情况不具体，有时仅仅是提供了一个现象，缺乏实质性的问题，要对这些线索材料作出正确的判断，就必须对这些线索材料进行深入细致的分析和研究。分析判断问题的性质、程度和

可能性，避免违法违纪案件线索的初步核实工作的盲目性。首先是确定被举报人、被调查人的主体身份，来确定是否满足违法违纪的构成条件。其次是判断问题的性质和程度，确定是违法违纪还是违纪、违规。再者是根据线索反映的情况，判断是否有贪污贿赂违纪违法行为存在的可能性，进一步分析线索材料的来源，根据提供线索者与被举报人两者的关系状况，来分析、判断提供线索者所反映问题的可靠性。最后是根据线索材料中反映的情况，来分析、判断被举报人的行为，有无法定不予追究刑事责任的条件等情况。

（二）确定违法违纪线索的初步核实的目标

根据案件的来源信息，确定违法违纪案件线索的初步核实的目标，以此确定是否有职务违纪违法行为和违纪违法事实的存在，是否需要追究刑事责任和纪律处分。违法违纪案件线索的初步核实的展开，要按照违法违纪案件线索的初步核实计划确定的违法违纪案件线索的初步核实任务，寻找有关证人，获取相关信息，收集有关证据，经综合分析，判明是否有违法违纪行为事实存在并需要追究刑事责任，从而决定是否立案。因此，找出成功率比较高的案件线索，是违法违纪案件线索的初步核实的目标。基本方法是：以事为先，首先查明涉案事项。例如贿赂案件，为了避免先接触涉案人，造成不必要的麻烦，先从涉案的事开始调查，如果是贿赂违纪违法行为案件，就先查行贿人钱和物的来源，直接调查行贿人出钱的账目，再向行贿人追寻钱和物的去向，最后接触受贿人。其次是查明案件的关系人，从行贿人入手追出行贿的具体情节和有关证据。并且将收集来的证据材料，进行核查，鉴别其客观真实性，为立案和进一步违法违纪案件线索的初步核实做准备。之后是接触违法违纪案件线索的初步核实对象，确定是否存在刑法规定的违法违纪行为事实。最后是收集储存分析判断案件的证据，确定是否立案调查。

（三）精心分析案情

违法违纪案件线索的初步核实计划要认真按照分析确定的目的、方向、方法进行周密考虑和筹划。查办贪污贿赂等职务违纪违法行为案件，要实现“立得住、查得准、送得出”的成效，违法违纪案件线索的初步核实是关键，初步核实是否成功，直接关系到能否顺利立案调查、决定案件质量的高低。违法违纪案件线索的初步核实是案件成功的关键和基础，任何一个案件都必须从违法违纪案件线索的初步核实开始，有了初步核实的成功，才会有案件的成功。因此，制订违法违纪案件线索的初步核实计划，有利于秘密调查，有利于及时确定是否立案，有利于避免关系网的干扰，有利于避免串供、销毁证据、转移赃款赃物，有利于麻痹被调查人。

根据违法违纪案件线索的初步核实过程中出现的情况，应当不断调整初步核实的计划和策略。因为案件的特点不同，在对违法违纪案件线索进行初步核实时，案件的线索会不断地发生变化，发现情况及时调整，能使调查人员的核实方法更具有针对性和实战性。

（四）隐蔽初步核实意图，展开多层次深挖

隐蔽违法违纪案件线索的初步核实意图，展开多层次的深挖。在很多时候调查人员拿到的违法违纪案件线索的初步核实线索，仅仅是问题的现象或者是捕风捉影，并不知道违法违纪案件线索的初步核实对象更多的、更深层次的问题，所以在违法违纪案件线索的初步核实的时候，不能仅仅就违法违纪案件线索的初步核实线索进行调查，而是要注意扩大范围，寻找更深层次的实质性问题。因此，无论是在违法违纪案件线索的初步核实阶段，还是在调查阶段，都应该隐蔽调查的真实意图，麻痹被调查人，以便扩大战果。在办案的实践中，调查的违法违纪行为事实不是一次性暴露出来的，就像埋在土里的山芋，是通过藤芽暴露出来的，俗话说顺藤摸瓜。同时，隐蔽违法违纪案件线索的初步核实意图，也能够避免关系网的干扰，减少违法违纪案件线索的初步核实阻力。

（五）抓住获取立案证据的主线

违法违纪案件线索的初步核实要抓住获取立案证据的主线，并将其贯穿于违法违纪案件线索的初步核实全过程。涉嫌违纪违法行为的人员，是否具有和利用了职务之便，其实施的行为的属性，是否符合纪检监察部门管辖案件的范围。违法违纪案件线索的初步核实就是要抓住获取立案证据这一主线来进行的，其目的是迅速地取得违纪违法行为的立案证据，将违法违纪案件线索的初步核实迅速转入调查及立案后的调查谈话活动，能够有效地采取调查手段，能够及时控制被调查人，防止被调查人串供、毁证。涉嫌贪污贿赂违纪违法行为的案件，一般都有其薄弱环节，违法违纪案件线索的初步核实应抓住被查对象的薄弱环节，选择事实比较清楚、取证把握较大、牵涉范围较小、取证时间较短的环节，围绕可以证明罪与非罪的关键情节进行调查。寻找最能说明违法违纪行为事实，确定最有利于尽快立案的主要证据。

二、违法违纪案件线索的初步核实的途径

（一）提取书面文字资料

书面文字资料包括会计凭证、规章制度文件、会议记录、工作活动值班考勤记录，以及能够证明违纪违法行为因果关系的所有书面文字资料。违纪违法行为存在因果关系，也都会留下痕迹，公安机关在查办刑事案件的活动中，总是从违纪违法行为留下的痕迹来寻找违纪违法行为线索，纪检监察机关查办自侦案件也是如此。如贪污贿赂案件在很大程度上，会把违纪违法行为痕迹留在财务凭证上，因此提取会计资料是违法违纪案件线索的初步核实的一个重要途径。例如，通过财务凭证可以找到有关违纪违法行为关系人、事件、时间、地点和去向，有利于发现案件的证据、确定案件的范围、指明违法违纪案件线索的初步核实方向。通过会计资料证明违纪违法行为包括：1. 通过会计资料的假发票、假单据来发现行贿的线索和贪污的线索。例如，某市矿产资源勘测部门在2002年勘测某工程项目，施工费38万元，其中白条12万元，在这12万元中有8万元是20多年前凤阳县某人民公社盖的公章的收条，这显然是假的。于是提取收条，进行追查，结果是用假发票报销的钱拿去行贿了，这样就找出来行贿和受贿的违纪违法行为线索。2. 通过会计资料的往来账可以发现做假账的违纪违法行为线索。3. 通过会计资料单据能够发现最原始的违纪违法行为线索。例如，有一笔转账业务，10万元去向没有对应的收款业务单位，三个月以后又原封未动地转回来了，这笔转账业务10万元就有可能是挪用公款。

（二）提取银行资料

我们每个人可能都要与银行打交道，通过贪污贿赂得来的钱，在正常的情况下应该有以下几个去向，即存入银行、把现金存在家里、转换成其他物品、支付其他开支、其他投资。存入银行里的钱有利于提取违纪违法行为证据，许多职务违纪违法行为案件的线索都是来源于银行。1. 提取银行资料有利于发现案件的线索（个人的存款）。如有一次纪检监察机关收到一份举报某单位领导受贿违纪违法行为的举报信，办案部门在没有惊动被举报人的情况下，首先查阅了银行存款，发现在其儿子的名下有巨额存款，一个正在读书的学生怎么能有那么多的存款呢？显然来路不正。调查人员利用这一线索查出其受贿200多

万元的违法违纪行为事实。2. 有利于提取违纪违法行为证据。这里大家都很清楚，在打击违纪违法行为的活动中，有许多书证是从银行业务的记录中提取的，这对于调查人员发现违纪违法行为和调查违纪违法行为提供了许多便利的条件。但是，我国香港特别行政区的银行，在没有本人许可的情况下，不容许任何单位和个人查阅银行资料，致使调查人员办案无法提取证据，导致案件调查夭折。

（三）向证人和知情人提取资料

证人就是了解案件事实情况，向纪检监察机关进行陈述的国家公民。特点是：1. 知情性，他本人就是知情人。2. 是当事人以外的诉讼参与人。在违法违纪案件线索的初步核实阶段证人或者知情人常常是获得案件信息的重要来源。例如，调查人员在一单位发现了假发票，首先就寻找开假发票的人，顺着知情人的线索摸下去，开假发票的人说："这是我们领导让我开的，因为对方单位有一笔开支不好报销，让我们给开了一张发票，这笔钱我们没有收到。"仅仅开了一张发票，再进一步与让其开发票的领导"谈话"，证实开发票的人说的是实话，那么通过开假发票报销，就成为重要的案件线索。经过进一步调查发现，这笔通过开假发票报销的钱，行贿给了上级有关单位的某一领导。于是就涉及了违纪违法行为问题。

（四）向行贿人和介绍贿赂人提取资料

在贿赂案件中行贿人和介绍贿赂人是违法违纪案件线索的初步核实重要的对象，也是重要的突破口，是贿赂案件的薄弱环节，许多重大特大案件都是从这里突破的。例如，在一起发生在工程建设领域里的贿赂违纪违法行为案件的调查谈话活动中，违法违纪案件线索的初步核实活动的切入点，首先选择了建筑工程的包工头作为初步核实的突破口展开调查，结果查出了大量的违法违纪行为事实，有数十人构成了违纪违法行为。

（五）从反常的逻辑关系中提取资料

这里反常的逻辑关系是指违反人们正常行为规律的行为关系，如采购价格舍低求高，供应价格舍高求低，地点舍近求远，发票来路不明，费用消耗明显过高，"小金库"数额巨大，反常的消费行为，生活奢侈、糜烂等。抓住这些进行深入调查，就会发现破绽，为突破案件提供证据。在贿赂案件中因为金钱的原因，正常的逻辑关系就会发生反常的变化。例如，某市建造人民广场的土方工程，发包方将该工程包给了个体包工头张某，首先就预付 10 万元的工程款，该工程进行到三分之一的时候，发包方就将全部工程款付给了张某。这在现行的工程项目承建活动中，还是少见的。有的工程已经全部结束其工程款还没有结回来一半。为什么发包方将该工程款这么痛快付了出去，并且连保证金都没有扣下来呢？这就违反了常规。经过对张某“谈话”发现，在这批工程中有5%的回扣给了发包方的主要领导。这一重要的违纪违法行为线索，直接引向了该市人民防空办公室主任金某，经查，金某利用发包工程的手段受贿42万元。

三、初步核实线索的来源及特点

违法违纪案件线索的初步核实的线索就是违法违纪案件线索的初步核实的事实依据，在办案实践中纪检部门的案件线索来源有：

（一）公民举报

长期以来，公民举报是违法违纪案件线索的初步核实线索的重要来源，从举报人的类型来看，举报人与被举报人的关系直接影响违法违纪案件线索的初步核实线索的质量，因为这种关系表现在举报人与被举报人对举报内容的知情程度，如果举报人与被举报人的关系开始比较密切，知道案件线索的情况，后来因为某种原因举报了被举报人，那么这种案件线索的可信度就比较高。如果举报人与被举报人的关系长期不和谐，那么举报人对被举报人的行为就不可能了解得非常清楚，这样举报人举报的线索的价值就要大打折扣。有时，举报人为了发泄私愤对被举报人的行为捕风捉影，这样的线索就很难成案。

此外，举报人与被举报人的关系是行贿与受贿的关系，或者本身就是案件的参与人，那么他举报的可信程度就比较大。例如，举报人曾经送给被举报人5万元，目的是让被举报人提拔他当领导干部，但是由于种种原因，举报人没有能够满足心愿。事隔不久，举报人自己写了一份举报信，寄给了纪检监察机关。纪检监察机关经过违法违纪案件线索的初步核实，证明了被举报人的违法违纪行为事实的存在，其中有很多的违纪违法行为证据还是举报人提供的。这样的案件线索的初步核实的成功率就比较高。

也有的举报人本着对贿赂违纪违法行为的痛恨，通过有些现象、社会信息和因果关系的推理进行举报，这样的举报常常是不具体的，目标的准确性比较差，违法违纪案件线索的初步核实难度比较大，违法违纪案件线索的初步核实的线索比较难掌握。这样的案件就要求调查人员灵活掌握违法违纪案件线索的初步核实线索和目标，根据违法违纪案件线索的初步核实的实际情况不断改变违法违纪案件线索的初步核实的目标，以查出真正的违纪违法行为线索为目的。

例如，某单位会计开出一份“会议费”的转账支票去本地某宾馆账户，正在去银行办理转账手续的时候，忽然有事情需要马上离开，于是该会计就委托了本单位的其他同志帮助办理转账手续，这位受委托转账的同志看到了转账支票上的“会议费”的内容，便琢磨起了本单位开会的事情。可是几个月过后，这位受委托转账的同志发现本单位并没有在本地的宾馆开过会，感觉这张支票有问题，于是就把自己的想法告诉了第三人。因为这位第三人平时与会计的关系不太融洽，得此信息以后便向纪检监察机关写了举报信。

举报人称：某单位某会计利用职务之便，大肆贪污公款，利用转假账提取现金的方法，侵吞会议费 5 万元。今年我单位从来就没有在某宾馆开过会议，但是财务账目就支出了 5 万元，你们一查便知。纪检监察机关收到举报信以后，首先查阅该转账银行的往来记录发现：有一笔 5 万元的会议费转进了某宾馆。紧接着调查人员又查阅该宾馆账目，发现这笔 5 万元的会议费，确实又让被举报人以退会议费的名义，用普通收据取回了现金。在查阅被举报人的记账凭证时，发现这 5 万元的会议费已经做了会议支出，并且有某宾馆的会议发票，但是该会计又用普通收据将现金取回去了，这在该会计的账目里没有记录。显然该会计有贪污公款的重大嫌疑。违法违纪案件线索的初步核实到这里已经证明被举报人的单位里少了 5 万元的公款，被举报人是这 5 万元公款的直接经手人，违法违纪案件线索的初步核实取得的证据直接指向了被举报人，被举报人当然也就成为该贪污违纪违法行为嫌疑的重点违法违纪案件线索的初步核实对象了。

被举报人被请进了纪委。因为在违法违纪案件线索的初步核实过程中，一直没有直接接触被举报人，经过取证后才让其交代侵吞 5 万元公款的经过。被举报人称：自己确实经手了这笔钱，但是自己并没有侵吞，而是放在单位的“小金库”里，单位的领导指示用这笔钱作为单位的福利和其他开支，并且开支和收入都有记录。在案件调查中，该单位的会计从宾馆取回 5 万元“会议费”的时候，留下了一张普通的收据，号码为 N00047。这本收据共计 50 份，根据收据可见，该单位用收据收款不仅仅这一笔。在向会计追缴其收据存根时发现，该单位仅用收据收款不入账存在“小金库”里的钱就有 100 余万元。

案件查到这里，目标出现了转移，调查人员迅速提取了“小金库”的账目，发现该单位采取开假发票报销的手段，私吞公款 100 余万元的违法违纪行为事实，违法违纪案件线索的初步核实取得了成功。在这起违法违纪案件线索的初步核实过程中，案件情况出现了重大变化，调查人员根据案件的发展情况，灵活地调整了违法违纪案件线索的初步核实的目标和对象，挖出了一个窝案。

（二）关系人举报

这里的关系人是指与案件有着内在联系的知情人，他们与案件的发生、发展以及结果有一定的牵连关系，是案件的重要知情人。这类人的举报可靠性比较强，在某种情况下就是案件的直接参与人。某纪委在初步核实一起贿赂案件时，违法违纪案件线索的初步核实对象系高级干部，在违法违纪案件线索的初步核实过程中由于一些客观原因走漏了消息，被调查人不仅大肆串供，还转移了大量的财产。在转移财产的时候，被调查人让A某开车送一大包现金去其亲戚家藏匿。此后，当社会上传开以后，A某感觉到事情的严重性，便向纪检监察机关举报了自己帮助送钱和转移财产的经过。随后，纪检监察机关的办案人顺利提取了被调查人的赃款，为以后的违法违纪案件线索的初步核实奠定了坚实的基础。

（三）被调查人检举其他被调查人

在纪委的专案组实施“双规”的被调查人，由于寄予立功、从轻处罚或者其他的原因，向纪检监察机关检举他人的违法违纪行为事实。这些人的举报有的是道听途说来的，有的是自己的案件牵涉的人和事，有的是通过其他渠道得到的信息。这类人的举报有一定的可靠性。例如，某被调查人与朋友谈心时得知，这位朋友曾经因为要获得某城市规划项目的工程招标，送给负责该招标工程项目的某副市长50万元人民币，在纪检监察机关的调查人员找其“谈话”的时候，他将从朋友那里得知的信息报告给了办案人，并且详细地说出了行贿人的姓名、行贿的经过、事由和对象。办案部门立即展开了调查，发现：这位负责全市招标工程项目的领导，不仅收受这位朋友的50万元人民币的贿赂，还多次利用招标工程项目的权力收受他人贿赂数百万元的违法违纪行为事实。针对被调查人的举报，应当注意的是，很多已经涉嫌违纪违法行为的人，为了能够立功赎罪，捕风捉影、道听途说，收集了一些所谓的违纪违法行为信息交给了纪检监察机关，这样的线索就要注意它的可靠性，应当从不同的角度来判断线索的真伪，违法违纪案件线索的初步核实的时候要尽量避免对被查对象造成不良的影响。

（四）单位控告

单位控告的案件线索的来源，主要是本单位、组织或者本部门，在自己的职能工作范围内，发现本单位的工作人员或者本单位与外单位的工作人员，有侵吞本单位财产的情况或者有损害本单位的经济违纪违法行为，要求纪检监察机关查处。这类控告的特点是，该单位已经掌握了一部分案件的线索材料，违法违纪案件线索的初步核实中这类案件的线索比较清晰，成功率比较大。同时，因为是本单位的举报，有该单位的支持，阻力小，取证比较方便。例如，某税务局的会计，采取做假账和收入不做账的方法，大肆侵吞公款，经过定期的内部审计被暴露了出来，此后该税务局便将审计获取的材料一并交给了纪委。纪委拿到这样的案件举报材料后，进行违法违纪案件线索的初步核实就比较顺利了。当然，也有的单位举报的材料和线索在很大程度上是捕风捉影，这样的材料线索在可靠程度上就要大打折扣了。

（五）调查的案中发现

纪检监察机关在办案过程中，查了此案连带发现了彼案。在很多时候办案部门不仅发现了案中案，而且还能够通过办一案发现多案甚至是窝案和串案。近几年来，纪检监察机关在办案过程中发现的案中案、窝案、串案，占有重大的比例。案中案的发现过程实际上也是违法违纪案件线索的初步核实的过程，调查人员在违法违纪案件线索的初步核实过程中能够努力发现、寻找案中案，不仅能够有效地开拓案源，而且还能够有效地减少违法违纪案件线索的初步核实的环节，提高成案率。

（六）办案部门自行发现

多年来由于举报的案源比较少，纪检监察机关的办案部门案件线索匮乏，为了改变这种状况，他们改“等米下锅”为“找米下锅”，主动出击，深入有关单位去寻找案源。如审计部门负责对有关单位、有关项目的审计，他们在审计过程中就能够发现案源，在他们的审计报告中就可能有案件的线索，办案部门可以与审计部门协商提取相关的案件信息，这也减少了办案部门为了获取案源，无目标地“大海捞针”所消耗的人力和物力。在很多时候，调查人员也能根据违反常规的社会现象或者案件的易发单位所反映出来的热点问题，获得案件的线索和信息，经过深入细致的外部调查，获得案源材料。

（七）其他纪检监察部门移送

纪检监察部门近几年来加大了反腐败的力度，在查处大量的违纪、违规案件时，连带出了许多贪污贿赂违纪违法行为案件，根据案件的管辖范围，移交给了有检查权的纪检监察机关。这类案件在纪检监察部门移交以前，已经基本成形，有的案件的证据也基本到位，但是更多是需要在违法违纪案件线索的初步核实阶段下大力气，花大量的人力和物力才能完成。例如，纪检监察部门在调查一起违纪案件时，发现本地区某单位领导干部与数千公里外的黑龙江省一个做粮食生意的个体户，在购销粮食的过程中有个人之间的经济交往，交往的时间长达数年之久。根据纪检监察部门提供的情况，通过知情人介绍，每次粮食购销的差价均为两人平分。从这一信息的实际情况来分析，如果这个线索能够成案，就不会是小案件。根据秘密核实提取的有关证据来看，对方提供的粮食价格要比本地同样质量的粮食高出许多，这样看来，对方是有利润可赚的，也就是说该单位领导有重大的违纪违法行为嫌疑。这样的案件，只有去数千公里外的黑龙江省找这个做粮食生意的个体户调查，案件的情况才能水落石出，至于是否需要外出取证，这就要根据投入的“成本”和案件能否成功的可靠性来决定了。

（八）司法、行政执法部门移送

这里主要的表现是司法、行政执法部门，在执法过程中，发现违法违纪案件的线索，并且将这些线索移送纪检监察机关查处的行为。例如，某公安机关在调查一起盗窃案件时，盗窃案件的被调查人在潜入一民居实施盗窃时，发现了大量的现金，数额特别巨大，经过后来确认，这一民居的主人是某单位的主要领导。公安机关便将这一线索移送给了纪检监察机关。纪检监察机关拿到这个线索以后，只需要查明该现金是否有合法来源，也就基本上完成了违法违纪案件线索的初步核实的任务。

（九）兄弟单位案中挖掘

兄弟单位在办案过程中，发现了一些其他人的违纪违法行为线索，因为管辖权的问题、依法回避问题以及其他原因，将案件移送来进行核实的情况。从这类案件的情况来看，在某种程度上兄弟单位已经完成了一部分的核实材料，有的甚至完成了全部的违法违纪案件线索的初步核实过程，主要的违纪违法行为证据都已经到位，违法违纪案件线索的初步核实任务只需要将证据完善即可。

（十）上级机关和领导交办

由于案件性质的某些原因，上级机关或者领导将违法违纪案件线索移送或者交办的情况。这些案件的线索有些还是跨地域的案件线索，有的还属于有社会影响的案件，初步核实难度大，因此案件线索的初步核实工作必须慎重对待，严格履行保密制度，案件线索的初步核实过程中发现问题和难题时应当及时请示报告，在很多时候这类案件的阻力大、取证难，在进行初步核实之前必须进行周密的计划，制订周密的核实方案，尽可能把将会出现的问题想得全面些，做到胸中有数，在计划成熟以后再开始行动，要打有准备之仗。

（十一）筛选往年沉淀线索

在常年的调查“谈话”活动中，总会有许多案件线索“沉淀”下来，有的是来源于群众的举报，有的是案件中连带出来的一些案件线索，这些线索因为案件的性质、轻重缓急、线索的难易程度和人力物力等诸多方面的原因，使得当时没有能够得到及时的查处，被“沉淀”了下来，将这些“沉淀”的案件线索筛选后，找出可靠性比较强的案件线索进行核实。

（十二）受理自首

对被调查人主动到纪委投案自首的案件，应当立即组织人员对自首涉及的有关情况进行核实，提取相关证据，防止因为其他的种种原因使证据灭失。同时，这类案件还有可能涉及其他人的违纪违法行为，当他们发现自己的同伙或者知情人已经投案自首，就可能采取一些反调查措施，或者逃跑，或者串供，或者隐匿证据，来阻碍案件的调查。因此，调查人员在接受被调查人投案自首以后，应当迅速弄清楚是否还有同案犯，是否有其他的案件牵连情况，及时掌握、及时处理，防止出现其他不利的情况。

四、违法违纪案件线索的初步核实目标的选择

违法违纪案件的线索来源多出自公民的举报，更多的是来源于公民的举报信，由于举报公民的个人素质、特点、目的、关系的不同，反映出举报人所举报的特征的不同。具体表现在：无特指内容的现象举报；有特指内容无特定对象的举报；有特定对象无特定内容的举报和有特定对象有特定内容的举报。

无特指内容的违纪违法行为（现象）举报是指举报人所举报的违纪违法行为内容不具体，也就是说，举报人举报的问题没有具体目标，没有举报对象、

时间、地点、行为，仅仅就某一现象向纪检监察机关进行举报。例如，举报信称：某单位滥发奖金，私分公款，侵吞国家财产，为了保护国家财产不受损失，请纪检监察机关严肃处理。这前后几十个字的内容，仅仅反映了某一现象，并没有具体的人，更没有时间、地点、数额和具体的违纪违法行为手段。从表面上看该举报的线索无从查起，有的纪检工作人员甚至还将其视为“捕风捉影”系无可查必要的举报，这就从根本上忽视了举报的基本特征，忽视了特殊条件下产生的特殊情况。

从举报人的角度来看，由于举报人所生活的环境、所处的条件、案件信息的来源以及本人的个性特点，所反映的举报心理，直接通过举报的内容和形式表现出来，有的举报人怕把问题说具体了，暴露了自己，遭到打击报复；还有的举报人只是看到或者知道违纪违法行为的某些现象，对更深层次的具体的违纪违法行为问题不可能涉入，更不存在知情的问题。所以，这就必然会表现出无特指内容的违纪违法行为（现象）举报，或者说是捕风捉影的举报。如果纪检监察机关认为这些举报属于“捕风捉影”，不引起重视，就有可能放纵违纪违法行为。纪检监察机关在对上述举报违法违纪案件线索的初步核实后发现：国家财产被侵吞、私分了200余万元的违法违纪行为事实。举报人的信息来源，是无意中听到违纪违法行为人的爱人说“该单位又发了上万元的奖金”，但自己从来就没有领过这个奖金，所以怀疑是少数人的行为，因此就出现了无特指内容的违纪违法行为（现象）举报。

针对无特指内容的违纪违法行为（现象）举报应做好以下几个方面的工作：

首先是对举报内容进行确认。举报内容所涉及的情况是否属于纪检监察机关案件受理的范围，这里不仅仅是涉及举报的内容，还涉及该单位的违纪违法行为主体，是否满足职务违纪违法行为的主体要件。对违法违纪案件线索的初步核实的举报内容的确认，还包括对已知条件和未知条件的推理分析，判断出已知条件下可能隐蔽的违纪违法行为，以及通过违法违纪案件线索的初步核实后案件可能发展的趋势。如果通过确认，该举报内容系“捕风捉影”，且举报内容所涉及的目标事件不但不属于刑法调整的对象，更不属于纪检监察机关的管辖范围，这样的举报当然可以另当别论。但是，针对属于纪检监察机关管辖范围内的举报案件，必须认真对待，前面的案例中反映的某单位是国家机关，反映的内容是滥发奖金、私分公款、侵吞国家财产，这样的举报就必须重视，经过这样的确认为违法违纪案件线索的初步核实做准备，防止核实走弯路。

其次是针对违法违纪案件线索的初步核实目标进行分类。贪污贿赂案件的违法违纪案件线索的初步核实目标可以分为两大类：一类是通过取证发现违纪违法行为人，另一类是通过行为人来提取违纪违法行为证据。在贿赂案件中，由于违纪违法行为的特点，表现出单独的人与人的关系，行贿人送钱，受贿人拿钱，违纪违法行为证据就在他们（违纪违法行为人）的身上，很少有贿赂违纪违法行为的直接证据出自违纪违法行为人或者违纪违法行为参与人之外，这一特点就决定了案件线索的初步核实的目标是违纪违法行为人或者违纪违法行为参与人。根据案件线索的初步核实目标的分类，明显属于后一类，即通过行为人来提取违纪违法行为证据。

但是贪污违纪违法行为案件则相反，它的违法违纪案件线索的初步核实证据是通过取证发现违纪违法行为人，最后达到违纪违法行为证据。例如，前文提到的举报信，明显与贪污违纪违法行为有关，因此违法违纪案件线索的初步核实的目标选择就应该是：该单位是不是滥发奖金、私分公款、侵吞国家财产？其违法违纪案件线索的初步核实的行为就是提取相关的材料，来证明是否有违法违纪行为事实的存在。在确定违法违纪行为事实存在以后，还要根据提取的证明材料，来证实谁是违纪违法行为人。从前面的举报案例来看，经过初步核实发现：该单位采取公款转移、设立“小金库”的方法私分公款，侵吞国家财产200余万元。可见违法违纪行为事实已经存在。那么谁是违纪违法行为人？经过进一步的调查，该单位的财务人员为了达到侵吞公款的目的，伙同该单位主要负责人采取隐瞒真相，以收入不入账、做假账、开假发票的方法，将公款转入“小金库”进行私分。通过初步核实提取的材料证明，该违纪违法行为是财务人员伙同个别领导所为，通过取证发现了违纪违法行为人。

最后是制订初步核实方案。以贪污贿赂违纪违法行为案件为例。首先是贿赂违纪违法行为的违法违纪案件线索的初步核实方案：贿赂违纪违法行为的违法违纪案件线索的初步核实特点是“以人取证”，在没有发现违纪违法行为赃款的前提下，贿赂违纪违法行为的证据大多集中在违纪违法行为的关系人身上，违纪违法行为证据的提取主要是依靠违纪违法行为关系人来提供。当然，在实践中，违纪违法行为关系人是不愿意主动提供违纪违法行为证据的，这就要靠调查人员通过“谈话”技巧，让违纪违法行为关系人能够主动地把违纪违法行为证据交出来。因此，“谈话”技巧和“谈话”的准备是制订贿赂案件初步核实方案的重要基础。初步核实方案就是围绕如何能够使违纪违法行为关系人主动地把违纪违法行为证据交出来为前提。其次是贪污违纪违法行为案件的初步核实方案：贪污违纪违法行为的初步核实方法是通过取证发现违纪违法行为人，也就是“以证找人”的方法。

这里主要是确定以什么“证”来找人？贪污违纪违法行为的最根本的特点是利用职务便利，因此，应当根据被举报的对象的职务范围来提取违纪违法行为证据。贪污违纪违法行为大多是财务人员或者与经济有联系的管理人员，贪污违纪违法行为的事实首先是国家财产蒙受损失的客观存在，提取这种客观存在的凭据，其次是确认使国家财产蒙受损失的行为人，也就是说国家财产的损失与被调查人之间是否存在着必然的联系。因此，贪污违纪违法行为的初步核实是以国家财产蒙受损失的客观存在为重点，具体的初步核实方法主要是通过国家财产蒙受损失的记录情况反映出来的，所以违法违纪案件线索的初步核实的基本特征，是以查账的方式为前提，寻找违纪违法行为案件发生的客观情况，以及违法违纪行为事实与被调查人之间的客观联系，达到以最快的速度证明被调查人的贪污违纪违法行为。

五、案件线索的初步核实的介入

（一）核对检举材料，掌握案情扩大线索

根据纪检监察机关的受理范围：

1. 针对党组织、党员和监察对象违反党纪政纪问题的检举、控告；

2. 依法应由纪检监察机关受理的党组织、党员和监察对象不服党纪政纪处分和其他处理的申诉；

3. 针对党组织、党员和监察对象违纪违法、失职渎职，损害党员和群众合法权益的诉求；

4. 对党风廉政建设和纪检监察工作的批评、建议。

举报材料所涉及的问题大多牵涉职务违纪违法行为，尤其是贿赂违纪违法行为。职务违纪违法行为案件由纪检监察机关受案后，应立即指定调查人员，根据不同情况，从四个方面对检举材料进行认真审查和违法违纪案件线索的初步核实：

1. 对署名的检举材料，应首先“询问”检举人。通过“询问”了解检举人的一般情况，如检举人的姓名、性别、年龄、政治面貌、职业、工作单位、

职务、爱好、现在住址、检举人与被检举人的关系，包括：何时何地怎样认识被检举人，平时与被检举人的关系密切程度，这种关系的发展、变化情况，为什么要检举，所检举控告的事实来源，还有何人因何与被检举人有何关系，以及检举人所知道的与此有关的其他情况等，这样做的目的就在于核对检举材料的可靠性。

2. 对未署名的检举控告材料，一般可从两个方面进行审查：一是通过被检举人单位的组织人事和保卫科、街道居委会及有关的知情人了解被检举人的基本情况。例如：被检举人的工作职责、职务、工作态度、现实表现、平时与什么人交往、在交往中有什么异常表现、家庭生活有无突出变化等。二是通过对检举人具体情况的了解和分析，尽量找到检举人，进一步了解被检举人涉及职务违纪违法行为的事实和情节。

3. 对行贿人或行贿单位的控告检举材料，要让检举人或检举单位如实陈述行贿的原因，事情的原委始末以及与此有关的一切事实和情节，并让他们尽可能提出确实可靠的证据。

4. 调查人员在办案中发现了解到的情况，都要详细记录，必要时，可让检举人（包括单位）根据谈话内容写出亲笔材料。

（二）分析案情，确定违法违纪案件线索的初步核实方向

调查人员在核对检举材料，并做了初步调查的基础上，对所获材料进行分析研究，例如举报领导干部贿赂违纪违法行为的材料，在核对检举材料时，首先确定行贿、受贿的事实是否存在，这是确定是否立案调查的前提。通常需要重点分析的问题是：

1. 行贿的原因。从客观上讲，要具备两个条件：一是行贿人急需获取某种利益，而且这种利益对行贿人来说，是必需的，有利可图的；二是获取某种利益的方式，一般用正常的手段、渠道及现有关系是无法实现的。比如，行贿人希望获取的某种利益是政策不允许的，市场紧俏或人为制造障碍的，或者虽然政策允许，但为了更有把握，或者在时间上争取快点办到等。从主观上讲，也有两种情况：一种是行贿人为获取某种利益，主动行贿；另一种是行贿人为取得某种正当利益，而受到刁难、要挟而被迫行贿的。这种情况多发生在乡镇企业、建筑招投标领款中。客观地分析行贿原因，有利于确定调查工作的重点方向。

2. 受贿人是否得到贿赂钱物。只有受贿人实际得到了贿赂钱物，贿赂违纪

违法行为案件才能成立。行贿人为谋取利益，必须设法把贿赂款物送到受贿人手中，为达到此目的，行贿人往往在行为发生之前先做些必要准备。一是要选择对象，就是要把贿赂款物送给那些对谋取利益有定夺取舍权力的关键人物；二是要摸清受贿人的为人处世、脾气秉性、个人喜好、生活急需等，以决定用钱还是用物，及用什么物行贿；三是要选择时机和方式。分析研究行贿的准备和贿赂款物送达的方式，是确定行贿、受贿行为的重要情节。

3. 行贿人对受贿人是否提出想获取某种利益的要求。如果只是送了物品，没有提出取得某种利益的要求，那可能只是一种亲友间的礼尚往来。如查行贿人确有获取某种利益的要求，而受贿人利用职权为实现其利益制造了条件和实施了某种行为，且情节严重，行贿受贿案件即可成立。

（三）查对事实，获取违纪违法行为证据

从利用职务之便的贿赂违纪违法行为的事实来看，一般应主要抓好以下四点：

1. “询问”行贿人。应逐项弄清下列问题：（1）何时何因，经何人介绍，用何物何款向何人行贿。（2）行贿受贿交易是怎样达成的。双方都讲了什么话，有什么约定，何时何地向受贿人交付贿赂物款。（3）贿赂款物的来源，包括形状、面额、品名、数量、牌子、价格以及贿赂款物、存放在何处、物品和现金的去向等。对行贿人所得利益，也要一一“询问”清楚，并详细记录在卷。如属物质利益，应逐一清点，查验，或复制，或拍照，或提取实物，或查封，要尽量设法获取或保全证据。

2. 与受贿人“谈话”。实践表明，与受贿人“谈话”要有充分准备，要先做些调查研究，查清一定事实，获取一定证据，并写出详细的“谈话”提纲，然后再接触受贿人，不要打无准备、无把握之仗。但也不宜把准备时间拖得过长，以免发生订立攻守同盟、毁灭或伪造证据、转移赃款、赃物等情况，给核实工作造成不应有的困难。

与受贿人“谈话”，应紧紧围绕据以定罪的事实和情节，有重点、分层次地展开。行贿、受贿的提起，行贿人获取某种利益的要求，事情的发展和经过、情节，受贿的次数、数量、物品种类、价值，赃款、赃物的使用情况及去向，受贿人是如何利用职务便利为行贿人谋取利益，获取到什么利益，等等。要令其逐一交代清楚。同时，要动员其主动交出赃款、赃物。

3. 对于不便于触动行贿人、受贿人的案件，可以先从受贿人利用职权为行贿人谋取的利益开始核实。一般地说，这种利益暴露得比较明显，问题比较清楚，比较容易突破。如行贿人获取的是物质性利益，有账可查。如系非物质性利益，可以从审查获取该项利益的有关证件、手续开始，待掌握了一定的情况和线索后，再找行贿人和有关知情人核对事实，获取证据，最后接触受贿人。

4. 在查处党员干部贿赂违纪违法行为案件中，调查人员经常会遇到一个棘手的问题，就是被调查人为了防止罪行暴露，逃避法律制裁，采取“三人不谈事，两人不签字”的手段，形成证据“一对一”的状况，给核实工作造成极大困难。“一对一”形式的贿赂违纪违法行为，也是一种客观存在的社会现象，因此不可避免地会留下某些痕迹，只要能进行扎实、细致的工作，案件是可以突破的。有经验的调查人员在同职务违纪违法行为的较量中，积累了不少经验，可供借鉴。这些经验主要有：（1）集中力量先突破行贿一方。从行贿、受贿双方的心理分析，他们虽然都怕问题暴露，都有抗拒和畏罪心理，但比较而言，在一般情况下，受贿人抗拒心理强于行贿人，尤其被刁难、要挟被迫行贿的更是如此。因此，先集中力量突破行贿一方，获取证据，为查清全案铺平道路，是行之有效的办法。（2）利用矛盾，因人制宜，有针对性地采取措施，制伏受贿一方。主要方法是：搞好核实前的准备，摸清行、受贿双方的情况，巧妙运用证据，用点而不破的方法，迫使受贿人交代问题，必要时还可以采取更有效的灵活的方法，打破受贿人的侥幸心理和精神防线，迫使其交代罪行。（3）追赃与取证同步进行，防止翻供。（4）及时掌握被调查人的思想动态和核实他们供述的情况是否真实可靠，为制伏违纪违法行为奠定基础。

总而言之，调查人员必须十分明确，查处贿赂违纪违法行为案件自始至终都要以获取证据为目的。而要获取扎实可靠的证据、固定证据，必须体现一个“快”字，行动要迅速、保密，动作要快、要果断，尽快拿到关键性的证据，不能给被调查人任何活动的机会。工作要深入细致。调查中对任何问题都不能采取简单肯定或简单否定的态度，要力求把与案件有关的事实和证据查个水落石出。不能因调查核实工作不细而使违纪违法行为人漏网，导致调查核实工作的失败。

第十节　知情人的调查

在案件线索的核实活动中，核实的对象主要是知情人和被调查人。知情人是证明违法违纪的重要证明人。知情人有时不仅仅知情，甚至还是参与人，能够提供真实可靠的证据。由于知情人与该案存在着相互联系的各种关系，所以还包含知情人本人的论证、判断、推理、目的，以及知情人个体情况的差异，这种差异不仅表现为证明客观事实之间的差异性，还表现为积极的证明与消极的证明或者不愿意证明的差异。关于被调查人，违法违纪案件线索的初步核实活动，其本身就是一次“谈话”活动，也是与被调查人的第一次接触，双方的信息都会在这个阶段表现出来，被调查人通过第一次与调查人员接触，获取了一定的信息，为下一步的行为提供了准备和基础。调查人员通过第一次与被调查人接触，也获取了一定的信息，为下一步如何提取违法违纪材料提供了心理准备和认识基础。因此在案件线索的初步核实中第一次“谈话”直接关系到以后成功与否，违法违纪案件线索的初步核实活动中的“谈话”是获取对方信息的基本途径，这就表现出在违法违纪案件线索的初步核实活动中“谈话”的方法和技巧的重要性，它对案件的成功与否起着重要作用。

纪检监察机关在违法违纪案件线索的初步核实的过程中，通过向有关知情人调查取证，以证实是否有违法违纪的存在，确定是否立案调查。在违法违纪案件线索的初步核实实践中，为了证实违法违纪，必须要通过知情人证言的证明，才能够确定是否有违纪违法行为的存在。知情人是指就其自己所了解的案件的真实情况向公安、纪检、检察、法院以及国家安全机关作陈述的国家公民，是了解案件真实情况的第三者。知情人就自己所了解的案件情况向纪检监察机关所作的陈述，被称之为证言，证言的构成是知情人经过对客观事物的观察、感受、思维，即感受器官和大脑的机能把客观事物转变为主观印象。

知情人证言对于我们调查取证有着非常重要的意义。知情人证言的特征表现在：知情人的知情性表现在知情人是以知道案件的真实情况为基础的，他所掌握的案件信息，不仅仅是关于违法违纪事件的信息，而且还掌握关于违纪违法行为前和实施了违法违纪行为后以及与纪检监察机关所调查的事实有因果关系的那些信息。

知情人其知情的客观对象与纪检监察机关违法违纪案件线索的初步核实的案件有密切的关系。这种密切的关系表现在，能够证明案件的产生、发展和结果的全部过程，或者是案件的某一部分、某一点的情况。而这些情况又是必须查明的情况，因为这些情况对查明案件、证实违法违纪存在着必要性。

一、知情人证言的基本特点

知情人的证言是通过“谈话”的方法获取的，如果知情人所了解的事件不能用“谈话”的方法提取，即使是对案件的全部情况都知情，也失去了知情的意义。比如，不能辨别是非、失去正确表达能力的人，即使知情也不能将其知情转换为证据。知情人的知情性是由他所知道的事实材料组成的，并且决定于具体案件的情况，他所证明的范围不仅仅是被调查人，而且还包括案件的参与人和其他知情人以及他们之间相互关系的情况。

知情人证言的内容，不仅仅是关于事实材料的信息，而且还包括知情人本人的论证、判断、推理。在知情人证言的内容里，难免带有知情人本人的论证、判断、推理的部分。如果把论证、判断从知情人证言的内容里排除出去，是不客观的。所以在知情人证言的内容里应该容许知情人本人的论证、判断、推理、意见的存在。知情人在接受“谈话”时，就被调查的事实、情景以及行为性质，不仅仅是就事件的表面现象作陈述，知情人为了说明事实、情景的性质和客观属性，总要用论证、判断、推理来进一步加以说明。例如，贿赂案件知情人陪同行贿人向受贿人家里送钱，行贿人让知情人在受贿人家的楼下等着，自己上楼去送钱，知情人看着行贿人将一包钱送上了楼，空手回来的。知情人并没有亲眼看见行贿人把钱交给了受贿人，行贿人虽然上了楼，但是有两种可能：一种是进了受贿人的家里，把钱送给了受贿人。另一种是行贿人并没有进到受贿人的家里，并没有把钱给受贿人，而是把钱放在了楼梯的某一隐蔽处，待知情人离开时再取回。这里知情人证明行贿人把钱送给了受贿人，就是知情人的推理、判断，显然它有可能产生证据意义。因为它是产生在事实的基础上的，在有的时候知情人对被调查人或者某些相关情景的描述是这样的：这个人不爱说话，非常内向，也不爱交际……他并不是简单地介绍这个人的特点，而是从主观上的评价来反映他自己对被证明人的看法，其目的是为了详细地阐述行为人，为了寻找证据提供指南。所以知情人的知情内容里，应当包含其论证、判断、推理。但是必须要对知情人的论证、判断、推理进行查证，使其证言完全符合客观事实。

由于贪污贿赂案件暴露的周期比较长，有的案件在几年以后才被举报、被发现，这样知情人的记忆就会对案件事实的表述有着重要的影响。知情人证言是就法律所涉及的客观事实，以自己的主观意识和对客观事实的记忆所作的陈述。实际上知情人证言的形成过程，是作为知情的人，对违法违纪案件所涉及的客观事实的感觉、知觉、记忆和陈述的过程。可见，记忆是一个相当复杂的心理过程，影响记忆的因素有主观的和客观的，主观因素是由于个体生理素质的差异、社会经验、知识水平的不同，它对人曾经体验的事物通过记忆的再现的准确性，有着重要的影响。这种影响主要表现在：对感知过的事物遗忘得比较快、比较多，当事物在脑中重现印象的时候，经常会出现对事物的本来面貌产生歪曲、变形、短缺或者增补的情况。

从影响记忆的个体主观因素来看：(1) 个体年龄对记忆有着重要的影响。从年龄的客观规律来看，年龄小的、年纪轻的比年龄大的、年纪老的记忆要强，记忆的特点也会根据年龄的变化而变化。如儿童着重机械记忆、中青年着重理解性记忆，而老年人的记忆不仅带有意义记忆而且还带有回忆记忆的特点。(2) 知识、经验对记忆有着重要的影响。知识量决定着接受过程的效率和记忆质量。例如从事外语工作的人对外语字母的记忆，要比不懂外语的人的记忆质量高得多。出租车司机对道路和地名的记忆，要比从事其他工作的人对道路和地名记忆能力的感知高。(3) 身体健康状况对记忆的影响。人的身体健康情况直接影响到人的情绪，当人身体患疾病的时候，心情不佳时，对外界事物的反应较弱。(4) 情绪、情感对记忆的影响。人的情绪情感直接影响人的心理活动，影响人的记忆效率。同时，人的记忆与人的兴趣爱好有直接的联系，如对某一事物非常爱好、感兴趣，那么他对该事物就易于记忆。

从影响记忆的个体客观因素来看：(1) 客观事物刺激的强度对人的记忆有很大的影响。如被调查人在违法违纪的行为的时候，违纪违法行为的情景对被调查人的刺激越大，对违法违纪行为事实的记忆就比较深刻。同时，知情人在无意中目击了他人正在实施违法违纪行为，由于是国家法律禁止的行为，其刺激的强度较大，产生的吸引力也比较强，因而对违法违纪行为事实的记忆也会非常深刻。(2) 感知的频率次数对记忆的影响。当某一事物出现在自己的面前时，当时不一定能记住，但是当该事物多次出现在你面前时，你的记忆就会留下深刻的印象。(3) 感知的时间对记忆的影响。根据人的记忆经验可知，记忆效率与时间有关，在一天的时间里上午的记忆效率较高。(4) 感知的顺序对记忆的影响。事情的发生有先后的顺序，根据记忆的经验，新近发生的事情容易记忆，随着时间的推移就会遗忘。人不可能将所有经历过的事情都记住。总会在新旧交替的过程中，被逐渐遗忘。所以我们在提取知情人证言的时候，应当抓紧时间尽快提取，防止时间长而被遗忘。

知情人对感知案件事实的陈述，是通过语言来实现的，调查人员在向知情人提取证据的时候，经常会遇见知情人的动作表示，如点头、摇头、耸肩、摆手等动作表示。这些虽然能表示一定的意思，但它终究不是有声语言的直接陈述，不能直接明确表明所表达的意思。

“谈话”实践中对知情人的动作表示，调查人员应当帮助其转换成直接的语言表示。如你点头是什么意思？你摇头、耸肩是什么意思？这样就会通过知情人的动作表示，转换成直接的语言表示。因为知情人的动作表示有很大伸缩性，所以当知情人用动作表示的时候，应当及时地将其转换成直接的语言表示，尽量获得完整可靠的证言。

什么样的证言才是真实可靠的证言？由于知情人受案件中的主客观因素的影响，证言的完整性和可靠性也会发生变化。知情人的主观因素的影响表现在：（1）知情人的语言能力和表达能力是证言的基础，有语言能力的人不一定有表达能力。例如反应迟钝、不善言辞、语无伦次的人，或者是疲劳、醉酒、精神失常的人，都不能将应该表达的思想予以完全表达。（2）知情人对被证明的对象所持的态度。基于法律规定的义务和社会的责任感、正义感，对违纪违法行为的痛恨，对社会腐败现象的厌恶，持这种态度的知情人所作的证言，是比较客观公正的。基于某些个人私利所作的证言，就可能歪曲本来的客观事实。如知情人与被调查人的关系不和，出于私愤，就可能主观地任意扩大、添加、歪曲客观事实。与此相反，知情人与被调查人有亲情关系，就可能缩小或者隐瞒某些违法违纪行为事实。另外，知情人因其他个人因素影响证言的客观性。如知情人曾经牵涉过类似的事件或者曾经有违纪违法行为的历史，或者曾经是受害者，就有可能带着偏见和自己的主观态度提供证言。还有消极怕事的知情人，多一事不如少一事，多了事就会得罪别人，引来报复。因而他对客观事实的证明，就会出现打折扣的情况，知道的说不知道，知道关键的只说皮毛的。（3）心理障碍引起的虚假陈述。这些人有的对纪检监察机关持敌视态度，故意不作证或者作虚假的证明。由于某些原因或者某一信息的干扰，产生的瞬间心理障碍，知情人所陈述的事实就会出现偏差。

影响知情人陈述的客观因素表现在：（1）调查人员的态度对知情人的陈述有着直接的影响，调查人员的态度简单粗暴、方法不当，容易引起知情人的反感，导致知情人的抵触情绪，这时知情人满脑子都是如何抗击调查人员的粗暴行为，根本就无心作证，更不可能对客观事实作公正的陈述。(2) 知情人受到某种信息的暗示对陈述的影响：受到威胁的知情人不敢作证；受到贿赂的知情人就有可能作伪证、假证；受到调查人员的诱导的知情人就有可能出现错证。(3) 提取证言的时间对知情人的情绪有很大的影响。有时因为案件非常紧急，需要连夜取证，深更半夜把知情人叫起来，再好的心境也会出现不满的情绪，因而能够避免夜间找人的尽量不在夜间找人，应该尽量选择白天，不能避免的，应当与知情人说明情况，取得谅解。再者，知情人如果正在处理比较重要的事情，这时你找他作证，就容易出现不配合的情况，即便是与你配合，他也会敷衍了事。因而对时间的选择非常重要。(4) 提取证言的地点对知情人的影响。选择提取证言的地点对知情人的陈述有着重要的影响，有些地点是知情人不太乐意去的，比如，忽然把知情人带进纪检监察机关的办公室，严肃紧张的气氛就有可能影响知情人的陈述。还有些场所因为来往的人很多，有的知情人害怕在这种场合接受调查，怕别人看见……所以在向知情人提取证言的时候，应当尽量满足知情人对地点的选择。这当然不是无原则的，应当选择没有干扰的地点进行即可。(5) 提取证言的环境对知情人的影响。有时调查人员为了迁就知情人或者为了知情人的方便，就地提取证言，这样看起来双方都方便，但是由于该环境人员嘈杂，有时还会出现他人插话的情况，这对知情人陈述的可靠性影响较大。所以在对环境的选择时，应该避开人多的环境。最重要的是调查知情人时应当杜绝他人在场，避免干扰。

二、知情人拒绝作证的心态表现

在对案件线索的初步核实过程中，几乎每件案件都离不开对知情人的调查以及知情人证言的提取。知情人证言是案件调查的一种表现形式，在纪检监察调查案件的实践中占有非常重要的位置。可靠的知情人证言是一种最基本的证据，使用最普遍，应用也最广泛。从知情人对案件的相互关系上来看，知情人可分为两类：一类是无关知情人，即知情人除知道案情及相关的事情之外，与案件毫无相干；另一类是相关知情人，这类知情人除了证明他人是否违法违纪外，自己在某种程度上也涉及违法违纪，也就是通常所说的“污点知情人”。这些人由于自身的主客观原因，在纪检监察机关需要其证明某人、某事的真实情况时，经常采取回避态度——拒绝作证，给案件线索的核实增添了一定的难度。为了有效地解决这一问题，使每一位知情人都能如实作证，必须对知情人不愿作证的原因及心理状态认真研究，找出有效的方法和策略，保证案件“水落石出”。

从知情人拒绝作证的原因来看是多方面的，有的认为与自己无关，多一事不如少一事；有的认为被调查人与自己有着特殊关系，出于袒护、包庇的目的，拒绝作证；有的是畏惧打击报复的心理而拒绝作证；有的是出于对调查人员的反感而拒绝作证；有的是知情人与被调查人有某些隐私，出于保护自己的需要而拒绝作证；等等。

从上述原因来看，这类知情人怕作证会招来麻烦，总认为“事不关己，少说为佳”，缺乏正义感。这是当前最常见、最具普遍性的一种。这类知情人大多与案件无直接利害关系，出于怕受连累的动机不愿作证，有的甚至以利己主义的态度来看待作证义务，对自己有利的就说，不利的就不说。

袒护、包庇性的知情人，一般都与被调查人有利害关系：有的人直接参与某种违法违纪活动，与本案有着直接的关系，甚至也涉及违法违纪，保护被调查人与保护自己是一致的；还有的虽与案件无关，但被调查人是自己的亲属，出于保护家庭的利益，采取种种借口拒绝作证，隐瞒事实真相；还有的与被调查人并非是亲属关系而是朋友关系，出于对哥儿们、朋友讲义气或有某种默契，有相互利用的关系，因而拒绝提供证言，在客观上起到包庇、偏袒的作用。

有畏惧报复心理的知情人，拒绝作证的动机是恐惧作证后遭到被调查人及其同伙、亲属的报复。另外在诉讼程序上，知情人最终还是要出面亮相，由于对知情人的保护措施跟不上，知情人作证后得不到合法保护，有的甚至遭受打击报复，有的知情人甚至为此付出了巨大的代价。久而久之，知情人拒绝作证的比例越来越大。

知情人反感心理的出现：首先是因调查人员工作方法和态度而产生的。在调查知情人的时候，有的调查人员不注意“谈话”方法，不注意态度所涉及的对象，把“谈话”当谈话，造成了知情人的反感情绪；有的知情人对调查人员信不过，在调查人员找其作证时产生反感情绪，不愿提供证词，还有一种人由于过去受到纪检监察机关的处罚，有抵触情绪，故而不配合作证。再者，知情人在作证之后，不仅要经过纪检监察机关的核实调查，在该案件移送给检察机关的批捕、起诉、开庭审理等多个环节上还要找其谈话、核实，这种取证活动直到判决书下来，才算完事。这样给知情人带来许多麻烦，造成知情人的反感而不愿作证。

遗忘是知情人拒绝作证普遍存在的特点。由于时过境迁，虽然当时了解情况，但是由于时间长久，记忆不清，同时根据违纪违法行为的特点来看，虽然知情人在现场或者目击了现场，但是，由于是瞬间发生的事情，不可能看得那么准确、记得那么清楚，另外，有的案件并不是在实施行为当时被发现的，而是经过一段时间后才可能被发现，有的甚至在几年以后才可能被发现，这样对当时的知情人来说，并不可能将当时的情景回忆得十分清楚，有的根本就无法准确回忆，因为怕出现证明上的差错，遂借口遗忘，拒绝作证。

隐私是知情人拒绝作证的主观原因，有的知情人与被证明对象有某种个人隐私，一旦作证，说了事实真相，很可能就会暴露自己的个人隐私，这种隐私有的涉及与被调查人的关系，有的涉及被证明的某项事情的联系，知情人出于保护自己而拒绝作证。如某知情人是被调查人的前妻，从表面上看已离婚，断绝了夫妻关系，而实质上还"藕断丝连"，暗地里还往来密切，但不愿让外人知道他们的关系，因此在调查人员向其了解情况，要其证明被调查人的某些事情和行为的时候，"他"或"她"就会以已经断绝关系为由来搪塞，拒绝作证。

从贪污、贿赂案件的知情人特点来看：知情人的特点首先是"知情"，贪污、贿赂违纪违法行为案件的知情人，一般都是与案件有联系的关系人，例如利用假发票进行贪污，提供假发票的人，就成了这个案件的知情人；购买物资拿"回扣"，给"回扣"的人便成了拿"回扣"的人的知情人。此外，在贿赂案件中，有的知情人就是该案件的行贿人，或者是介绍贿赂人。有的案件涉及的人数不只是一两个，而是多人的串案、窝案。有的在此案是知情人，在彼案又是被调查人，形成了知情人→被调查人→知情人环环相连的串案、窝案。除此之外，贪污、贿赂违法违纪案件与其他刑事案件相比，有其自身的特点，这类被调查人为了避免暴露而缩小知情的范围，多数只有被调查人自己，因而能直接证明违法违纪行为人违纪违法行为的知情范围比较小，在很多时候还需间接知情人证明，实际上这是属于派生出来的知情人的证言。除上述知情人的特点外，间接知情人也有自身的特点。这些知情人心态各异，当调查人员向其取证的时候，他们所持的态度一般不采取直接拒绝作证的方法来与调查人员对抗，而是采取间接回避的方法，不是以"时间长了、记不清了，材料找不到了"，就是以自己没有时间，没有空回答问题，以消极的方法来搪塞，拒绝作证。

三、与知情人"谈话"的方法

知情人拒绝作证表现得最普遍的就是与被调查人有利益关系的知情人，由于这些关系的存在，直接影响了知情人的作证心态，关系越密切，拒绝作证的态度就越坚决。另外，由于案件的特殊性，有的案件的知情人极少，如果不能迅速打开局面，就会贻误战机，给整个案件带来困难。针对这种情况，调查人员必须冷静、耐心，进行“谈话”时要特别慎重，切不可采用简单粗暴的方法。

“谈话”前要先了解知情人的一些基本情况，如家庭、性格、与被调查人的关系等，做到胸中有数，要能理解知情人拒绝作证的合理成分，深入细致、合情合理地矫正拒证的心态。这是一项复杂的心理转变过程，在某种程度上不比调查、谈话一名顽固不化的违法违纪行为人省力。因而在“谈话”时要注意选择合适的场所以不受外界干扰为宜，同时注意“谈话”内容的保密，不该让第三者知道的情况，尽量不要扩大范围，“谈话”采取个别“谈话”的方法，杜绝无关人员参加旁听。

在“谈话”知情人前，应当先以交谈的方式接触知情人，以便具体地掌握知情人的性格和特点，随时调整“谈话”方法，研究知情人的心理活动，在没有摸清知情人的特点之前，最好先不要涉及“谈话”的主题。在摸底过程中，要注意运用平和友善的语言，努力取得知情人对自己的信任和尊重。取得知情人的信任和尊重，是转变知情人拒证心理状态的基础；掌握知情人拒证的心理状态，有针对性地对症下药，是消除知情人心理障碍的有效途径。但是，有的知情人与案件有着某种特殊的关系，建立了比较稳定的“攻守同盟”。

在“谈话”时调查人员要根据自己掌握的情况，不断改变方法：首先，用“证据”引出证言。由于有的知情人与案件和被调查人的特殊关系，有很多是建立在经济交往关系上的，有“合同”“协议书”，各类证明的审批档案、公款单据、记账凭证等都可成为证明违纪违法行为的证据。还有的知情人因为对纪检监察机关存在着敌对情绪，因对被调查人的私情在作证时不予配合，并且错误地认为，只要自己不作证，纪检监察机关就定不了案。他们的这种心态，是出于对被调查人的包庇，同时也是为了自己的心理需要。在这种情况下调查人员就要果断地使用证据，迫其就范。其次，是善于利用谋略进行分化瓦解。从知情人在该案件中所处的角色，找出他最关心的“痛点”进行攻击，晓以利害，促其分化，瓦解其拒供心理，促使其揭发、作证。

此外，还有一种作伪证的人，这种人多数是与案件和被调查人有密切的关系，出于某种需要故意为被调查人开脱责任。伪证在本质上虽然同拒绝作证一样，都是隐瞒事实，但是从某种意义上讲，它的危害比拒绝作证还要大。因为伪证除了出于庇护违纪违法的被调查人的目的外，有的还出于陷害好人的目的，故意捏造事实，扰乱调查人员的视线，制造冤案、错案，把违法违纪案件线索的核实目标引向歧途。遇到这种情况时，调查人员应及时指出作伪证应负的刑事责任，迫使其讲真话，作真实的陈述。

第十一章　纪检监察调查人员“谈话”的心理准备

第一节　“谈话”空间的能量掌控

一、概述

调查谈话的势能是指调查活动的要素总和构成的能够影响调查活动的目的实现具有积极意义的能量。谈话人对调查空间势能的把握其基本要求就是谈话的“能力”，主要是指谈话力量合理的积聚、运用和充分地发挥，表现为有利的态势和强大的攻击力，表现出对调查活动的目标的主动性、积极性和攻击性。但它又不是各项调查谈话活动效能的简单相加，而是具有系统特性的完整的体系，是调查空间的整体组合和控制，是把握、影响整个调查空间的能力所在。

二、谈话人对调查空间势能的掌控

谈话人员身上所持有的谈话势能，是谈话人员在调查谈话中的整体素质的体现，是调查人员的自身形象、气质、执法水平能力的客观存在和表现，这种表现就是让被调查活动的对象能够进行直观感知，并对其产生重要的影响，从而成为调查活动的有力支撑。调查人员个人素质的高低直接决定其办案和谈话调查活动的水平，其个人特点的行事风格与被调查对象的个人特点是否契合，往往能直接影响谈话调查活动的效果。例如，在调查谈话时，哪怕谈话人只是不合时宜的一句话、一个姿态、一个眼神，都可能导致调查活动的成果的锐减，甚至谈话失败。实践中，同样内容的调查活动的信息由不同的人传达出来，其效果大相径庭，有些被调查对象往往愿意向他自认为信得过或自以为投缘的调查人员交代问题。谈话人员对势能的把握，显现在对被调查人认错、认罪的心理影响和冲击上。谈话的势能可以造成对被调查人的心理震撼和心理威慑，这种势能影响被调查对象的心理与行为选择，有些被调查人若感到大势所趋就会做无奈的投降。

首先是把握自我谈话势能的负面影响。在实践中，由于调查人员无意识地释放传达某些负面信息，或与案件侦破无关的信息，而导致被调查活动的对象对抗心理加强乃至顽抗到底的例子并不鲜见。谈话人员对所有与调查活动的目的相悖的信息都应该结合案件当时发展的状况进行充分细致的甄别与判断，对与事实证据不符的部分都应该排除在谈话势能的范畴之外，否则就会削弱谈话势能的积极意义。

其次是势能空间的矛盾冲突的排除。因为谈话的目的性所在，就要求在谈话的空间里，要保持谈话势能包含的信息必须具有同一指向，即推进调查活动的目的的实现。例如，调查人员的语言态势、面部的情感表现、形体动作的差异，表现出对违纪违法行为的"怀疑"和"不确定"或者出现空间势能的中断和空缺，这种势能的方向性就会出现偏差，连续性就会受阻，给被调查人让出了对抗的空间。因此，在谈话的空间里，应当保持势能方向上的同向性、力度上的连续性、内容上的相容性、心理干预上的确定性。明确哪些信息可以使用，哪些信息应该抛弃，对于那些容易引起歧义的信息，一定要严格控制。因为在谈话的空间里，被调查人的心理是十分敏感多疑的，猜忌是他们的心理特点，摸底是他们的途径和对抗的依据，一旦势能的指向混乱、相互矛盾，或者不同的信息之间存在不属于谈话势能的范畴，就可能弱化或消耗谈话势能的作用，导致谈话失败。

再次是谈话势能的多维性。调查空间的势能是为了被调查人供述目的的需要产生的，被调查人的供述需要外来的空间压力，但这不是唯一的。谈话势能还包含多维性，包含着与被调查人相关联的情感的需要，这是建立信赖和利益方向转移的基础。亲情关系是情感势能的重要组成部分，是重要的心理依托。因此，获取被调查人的个人信息及家庭信息，是满足谈话势能多维性的调查谈话之势的需要。这里的个人信息诸如其学历、经验、阅历、年龄、职级、性格、气质等；其家庭信息包括其家庭人员组成、夫妻关系、父母子女关系、家庭财产状况等。对这些信息的了解、揭示，可以使被调查人对调查人员建立心理依赖关系，这种势能的存在与把握有利于调查人员对症下药，选择较为适合的调查活动，特别是谈话方案，也有利于选择合适的调查人员参与谈话。例如，在一起调查谈话活动中，调查人员了解到被调查人的丈夫是纪检监察机关的干部，曾经多次劝说被调查人不要干违法的事情，谈话人将这一信息传递给了被调查人，在这种亲情势能的影响下，被调查人放弃了对抗。对被调查人个人信息的把握，可以使被调查人产生其违法违纪行为事实已被全盘掌握的感觉，加速其无法隐瞒只得认错、认罪的进程。被调查人的个人信息及家庭信息要能够成为谈话所需要的谈话“势能”，但必须是准确、全面与及时的信息。对于被调查人某一阶段的行为信息的掌握与适时揭露，往往会产生出其不意的调查活动的效果。

还有势能的通情性。通情性是根据被调查人的内在情感和心理需要而提供的，被调查人的拒供是因为实施了违法违纪行为后果给自己带来的损害而产生的，这种损害不仅是要面临着党纪国法的处罚的结果，更重要的是精神的损害、外来的评价、面子和名声。很多被调查人实施了违法违纪行为后，看重的是名声而选择自杀，因此，根据被调查人的心理和情感的需要，建立起通情性的势能空间，降低被调查人引以顾忌名声的社会评价的道德标准，帮助被调查人放下“包袱”。通情性势能的创建，首先应当把握对象的文化背景来营造势能。文化背景是被调查人受教育程度、专业、地域文化、知识结构等，其实质上也是个人信息的一部分，但因为人作为社会人，从其文化背景可以看出其价值取向的倾向性，进而判断其决定行为选择的方向，找准话题作为谈话势能的要素，是因为谈话的过程是信息交流、碰撞的过程，如果交流没有共同的话题，碰撞没有同质的反应，调查人员只有掌握有用有理有据的事实，加上逻辑严密的论证，被调查人才会思考他此时此地的行为选择。其次是情感类型的势能影响，是针对被调查人的个人情感元素，也包括调查人员的情感特质。被调查人的情感类型对其行为的选择有重要影响，有的重感情、有的重名声、有的讲义气、有的重理性等。通情性势能的建立，必须在调查人员摸清其情感经历及类型的前提下，有的放矢才能形成势能的情感攻势。例如，被调查人情感上有割舍不下的对象，如父母年长、子女优秀，则往往成为情感上的牵挂，这时施以情感攻势往往能取得出乎意料的效果。人性的弱点是通情性势能建立的基础，被调查人总有担心的事，他总有牵挂的人和顾忌的利益。关键是谈话人员找准通情的目标，问题就会迎刃而解。

最后是空间场所与人格本性的势能需要。谈话场景是一个特殊的空间，谈话场景的设置是为了营造增加被调查人心理压力的心理暗示。可是谈话的目的不是仅仅营造增加被调查人心理压力的心理暗示，而是解决被调查人供述认错、认罪的问题，所以谈话空间场所还要与人格本性联系，才能形成整体的势能需要。谈话室的特点是使被调查人既有压抑、弱小、陌生、孤独和肃静的感受，又有使被调查人的心理产生直接的示范和催化作用的势能，因此，谈话人员认为空间场所与人格本性的势能是一套组合元素。在谈话的空间里，人格本性因素产生的势能需要，是围绕着人格的趋利避害的本性而展开的，选轻弃重是被调查人的行为规律，很多的时候调查人员选择两个已经调查活动的成功的案例进行比较，来演化为谈话的势能。在调查谈话的成功案例中受到惩罚的从轻从重的判决案例是再现的谈话势能，能够使在谈话中的被调查人把自己的违纪违法行为情节和程度与已判案例相类比的强烈愿望相结合，从中进行选择找到解脱的理由和根据。案例产生势能的来源是案例的真实性、对比性和知情性。

第二节　谈话人的能量的储备

谈话人实际上也是与违法违纪行为你死我活的斗争，是一场攻心斗智的较量，也是一场复杂的心理战。作为谈话的主体，拿什么来进行针锋相对的心理较量？要保证在针锋相对的较量中获胜，就必须具备相对应的条件。任何一个被调查人都不会轻易交代自己的违法违纪行为事实，要使被调查人能够交代自己的违法违纪行为事实，谈话人必须具备超过被调查人对抗的“能量”，才能够在这场针锋相对的心理较量中胜出。谈话人在调查谈话活动中的能量储备，是谈话活动性质的必然要求。这种能量的储备包括：拥有与违法违纪行为相关的信息量的心理储备；攻击性和主动性的行为储备；违纪违法行为目标紧追深挖的调查活动的意识的动力储备；谈话人的坚强意志和应变能力的强化。

一、拥有与违法违纪行为相关的信息量的心理储备

调查人员在接受谈话任务时应当有什么样的心理准备，是取得谈话成功的基础。谈话活动跟打仗一样，要打有准备之仗。

首先，调查人员必须要具备坚忍不拔的必胜信心。谈话人实际上是一场攻心斗智的较量，也是一场复杂的心理战。从被谈话的对象来看，他们是不同类型、不同智商、不同特点的刑事违法违纪行为。上到国家公务人员、高级干部，

下到地痞流氓，这些形形色色的人，实施了危害社会的行为，走上了违法违纪行为的道路，为了逃避法律的惩罚，总是要千方百计、不计任何手段，来与调查人员对抗周旋。因而调查人员无论接手什么样的案件，首先要做好充分的思想准备，了解掌握相关的纪律条例和法律规定，这些条件是调查活动的谈话成功的重要保障。

其次，要认真研究案情，熟悉案情，奠定驾驭控制全案的基础。由于不同类型案件的特点不同，与被调查人的关系不同，对被调查人产生的心理影响也不同。这就要求调查人员有针对性地采取不同的方法和对策，根据案件的特点与被调查人的关系，把握案件的基本脉搏和本质。被调查人与案件的关系，是靠调查活动的人员掌握的违纪违法行为证据来确定的，谈话人员掌握的证据越多，证明被调查人与案件的违法违纪行为事实的关系就越强，调查活动的谈话活动实际上也是为了证明这一关系而存在的。能够证明被调查人违纪违法行为的大量证据，只有被调查人自己掌握得比较全面，所以谈话人员的行为目的，是向被调查人要证据，至于要什么证据，怎样去要，只有在非常熟悉案情的情况下，才知道要什么不要什么，才知道什么是客观事实，什么是谎言。因此，只有通熟案情，才能做到胸中有数，才能驾驭全局。

再次，谈话前对策的制定、方法和技巧的运用，是谈话成功的条件。为了取得谈话的胜利，只有在对策、方法、技巧上先胜，才能牢牢掌握谈话的主动权，才能抓住案件的中心和要害，保证谈话的成功。

最后，树立良好的自我形象和权威，是谈话的重要因素。调查人员的良好形象和权威，是在谈话过程中与被调查人的交往中形成的，它是在良好的仪表和风度的基础上，采取以理服人、以法服人的方法和原则，通过对被调查人施加一定的心理影响和压力，从而在被调查人心目中形成威望、信誉和敬意。如果调查人员在被调查人心目中的形象是蓬头垢面、语无伦次、狐假虎威，那么就形成不了谈话的势能，就不可能有震慑力；相反，被调查人就会藐视你，不可能心服口服地向你交代自己的违法违纪行为事实。调查人员代表纪检监察机关的形象，执法如山，刚正不阿，实事求是，就能潜移默化地对被调查人的心理产生影响，有利于促使被调查人彻底坦白交代。同时，调查人员的一言一行，都会受到被调查人的关注，因此，在谈话时不要随便流露自己的情绪变化，做到“喜不形于色、怒不形于容”，镇定自若、沉着老练，语言生动、严密、合乎情理，富有逻辑性；知识渊博、经验丰富，情绪饱满、明察秋毫，让其肃然起敬，形成一种威严的力量，才能使被调查人感觉到，只有交代才是唯一的出路。因而，调查人员必须注意树立自己的良好形象，建立良好的权威感，忠实于事实、忠实于法律，养成高尚的职业道德。

谈话本身是一种调查活动，是调查活动的重要组成部分，是纪检监察调查活动的重要环节，在保障被调查人行使辩护权利的同时，查清被调查人的全部违法违纪行为事实，追查其他应当追究违纪违法责任的人，没有违纪违法行为的人不受纪律和法律的追究，这是谈话行为在调查活动中的重要地位和作用。根据这一特点和谈话的实践，要求调查人员在谈话之前要有充分的谈话心理准备。

从根据纪检监察条例和有关的法律规定来看，不同的主体、不同的行为、侵犯不同的对象、所触犯的纪检监察条例和有关的法律规定不同，处罚也不同。不同的案件有不同的特点，有不同的构成要件，由于案件之间的行为和罪名，有的较为类似，经常容易混淆，在谈话过程中就要抓住案件的构成要件和特点来进行谈话。有些时候有问题的和没有问题的的界限，仅限于被调查人是否有违法违纪的故意，确定被调查人是否有违法违纪的故意，是非常复杂、非常关键，也是非常重要的环节，稍有不慎就会失之千里，导致错案出现，因而，在谈话之前必须要有心理准备，在谈话过程中必须要注意把握每一个关键环节。还有的时候，由于案件的情节比较复杂，被调查人的退路比较多，而这些退路经常是对被调查人准确定罪量刑的关键，在谈话过程中如果事先没有心理准备，没有堵住其退路，就可能使违法违纪行为人逃出法网。所以，调查人员在谈话之前要有充分的谈话心理准备。

谈话本身是一场与被调查人进行心理较量的攻坚战，是一场非常艰苦的心理对抗过程，是人的智慧、才能、意志的较量，在很多时候谈话不是一次就能拿下来的，有时需要数十个回合、数十场的较量才能成功。更有甚者，经过数十场的较量，仍然不能改变被调查人的抗拒心理。如果调查人员缺乏临场前的心理准备，很容易产生畏难情绪，放弃对被调查人的追踪。如果调查人员在事前就做好了心理准备，有计划、有步骤地从不同方向、采取不同的方法，选择好有效的攻击路线，根据在谈话过程中可能出现的情况，准备好完整的应变措施，谈话的结果就可能会是另外一种状态。

二、攻击性和主动性的行为储备

调查人员在谈话过程中的心理攻击状态，是调查人员必须具备的心理状态，是谈话活动的特点，是谈话任务的需要。它表现为自觉的、积极的、主动的心理活动状态。它的特点是为了达到目标的主动性和攻击性，它的产生是受内在动力的驱使而表现出来的。从调查人员与被调查人的关系来看，他们是调查活动的与被调查活动的关系，在调查活动中他们始终处在主动与被动的地位。在调查活动的实践中，被调查人在违法违纪的行为以后，只要纪检监察机关不去找他，他是不会主动去找纪检监察机关的（除个别投案自首的例外），这就是被调查人的被动性。被调查人为什么要采取被动的、消极的方法来对抗调查谈话？首先，从被调查人本身的情况和特点来看，被调查人暴露出来的违法违纪行为事实或者违纪违法行为证据，只能是某一案件的某一个部分，或者是某一部分中的某些情节。不可能把全部的违法违纪行为事实都暴露出来，这是由违纪违法行为的隐蔽性造成的。有的被调查人第一次违法违纪的行为就被抓获，他隐瞒的违法违纪行为事实可能会相对少些，但是那些多次违纪违法行为、犯数罪的被调查人，他们有的是惯犯、有的是累犯、有的是以违纪违法行为为业、有的是以违纪违法行为为乐、有的是通过违纪违法行为来满足自己的欲望。他们大多数是在最后一次违法违纪的行为时被抓获的，这些人在接受谈话时，不可能把以前所有的违法违纪行为事实都供述出来，调查人员知道多少就说多少，能隐瞒的就隐瞒，常常处于防守状态来对抗调查谈话，所以，根据被调查人在调查谈话活动中的特点，调查人员必须主动发起进攻，不主动就等于放弃了谈话。其次，为了调查违纪违法行为，调查人员必须时刻保持良好的攻击状态，顺藤摸瓜扩大案件线索，紧追深挖，直到查明全部违法违纪行为事实为止。因而，调查人员的攻击性，对于改变过去“核对式”的谈话方法，有着非常重要的作用。

从被调查人在接受谈话时的心理特点来看，调查人员的攻击状态对被调查人的心理会产生重要的影响。调查人员的攻击状态越强，被调查人的心理压力就越大，违法违纪行为事实已经暴露的信息反馈就越强；反之，如果调查人员的状态没有攻击性，就不可能对被调查人的心理形成压力，不可能掌握谈话的主动权，就会让被调查人认为你根本就没有掌握他的违法违纪行为事实，就会认为你的底气不足，被调查人就会转守为攻，向调查人员发难，转被动为主动。

调查人员心理的攻击状态有利于克服各种消极因素。首先，调查人员心理的攻击状态有利于其对案件全身心地投入，维护注意力的高度集中。在调查谈话活动中，调查人员注意力的分配与转移直接影响谈话的效果，人的注意力由于受到各种不同因素的影响会发生分散，注意力的分散是一种消极的心理现象，是注意力效率消失的反应。攻击性的心理状态，是受较强的内在动力的驱使，能排除其他信息的干扰，剔除与违纪违法行为无关的多余的信息，保持注意力不向他处游离。其次，调查人员心理的攻击状态有利于限制被调查人的思维，使其思维集中在回答调查人员提出的问题上。通常，当被调查人的谎言被揭穿，处在走投无路的时候，在调查人员攻击状态的控制下，被调查人就可能走向供述交代的路。与此相反，如果放松了对被调查人攻击状态的控制，即便是被调查人处在无路可退的情况下，被调查人的思维也会被扩展，通过联想来帮助其摆脱困境。

三、违纪违法行为目标紧追深挖的调查活动的意识的动力储备

调查活动的意识是公安、检察机关的调查人员，根据法律的规定，在办理刑事案件活动中，为了查明违纪违法行为、证实违纪违法行为，运用感觉、知觉、思考、记忆等心理活动，对案件中的人、事、物变化的综合觉察与认识。调查活动的意识是调查谈话活动的动力趋向，动力的来源是调查活动的假说，调查活动的假说是调查活动的人员根据初步掌握的案件情况，对违纪违法行为人的违法违纪行为事实的推测性解释。调查活动的假说是查明事实真相的一种从已知探求未知的科学工具和认识手段，属于认识论的范畴。

作为调查活动的规律体现的调查活动的假说与作为人权保障的无罪推定原则，既是不同司法认识层面的不同问题，又具有相互影响、相互作用的紧密联系：首先，作为刑事司法活动的重要组成部分，调查谈话活动离不开法律价值论的指引。坚持无罪推定原则就是坚持刑诉法确定的以事实为依据、以法律为准绳原则。在无罪推定原则指导下的调查活动的假说，要求调查活动的人员除了具备积极的敬业精神、熟练的业务水平，更要具备现代司法的公正、平等、民主的执法理念。

其次，无罪推定是假设性命题而非事实性命题，在诉讼理论上，无罪推定是一个可以被事实推翻的假定，推翻的基础就是证据。调查活动的假说虽有假定推测性质，但并非凭空臆测，调查活动的结果是通过调查取证加以检验，而不是以调查活动的假说来框定证据，强化内心有问题的确信。因此，无罪推定原则是法治建设层面的人权保障机制，而不是具体调查谈话工作思维方法，并不排斥谈话谋略，它只是反对“强迫自证其罪”和“有罪推定，先入为主”，

以想象而运用谈话谋略寻求供述吻合点的行为。

第三节 调查人员如何使用自己的眼睛

调查人员在接触被调查人的时候，最先看到的是眼睛，通过“看”来了解自己的对手。眼睛是全身接受非语言交流的重要的组成部分，被誉为“心灵的窗口”，这表明它具有反映深层心理的功能，其动作一向被认为是最明确的情感表现。在与被调查人初次接触时，出现的四目对视实际上是调查人员与被调查人员的较量，谁的眼睛先避开对方，谁多半就是失败者。“谈话”的成功与否，首先要看了解自己的对手多少，只有了解了对方，才能制伏对方。怎样以最快的速度了解对方？实践证实，用眼睛看是最快的了解方法。

一、观察被调查人外部气质特征以及所采取的对策

气质特征实质上也是人的较为稳定的心理特征。人的情感活动产生的速度、强度，注意力集中时间的长短，思维的灵活程度，心理活动指向性以及情感的外部表现习惯，都是由于心理活动的动力引起的。但是由于每个人的心理、生理素质以及受外界环境的影响不同，其心理动力的特点也不同，表现为内向型、外向型、性情急躁型。由于这种人格特点的不同，学者们把这些不同气质特征的人，分为四大类，即英雄型气质、外露型气质、理智型气质、内省型气质。

（一）各个不同气质类型的特征

1. 英雄型气质：动作迅猛、性情急躁，有强烈的兴奋过程，抑制能力较差，喜欢引人注目，容易激动，容易为情感左右，语言直率，不瞻前顾后，反应迅速，但耐力差。

2. 外露型气质：动作灵敏，性情活泼，反应迅速，理解力强，适应性强，想象力丰富，感情容易表露，好动不好静。

3. 理智型气质：言行稳重，慢条斯理，因循守旧，灵敏性不足，沉着冷静，不狂热，不带感情色彩。

4. 内省型气质：动作迟钝，感情脆弱，孤僻，容易固执己见，适应力差，反应慢，优柔寡断，有耐力，戒备心强。

（二）各个不同气质类型的外部表现

1. 英雄型气质：这种人的表现是心直口快，爱发火，爱说话，控制力差，

说话时不加思考，比较草率，防御体系不严密，情感容易冲动，在外力的刺激下，较难控制自己，其人自尊心强，一旦形成一种观念，不容易改变。

2. 外露型气质：适应性强，领会意图快，能言善辩，应变力强，好动不好静，注意力不容易集中，主见差，善于顺从别人。

3. 理智型气质：循规蹈矩，不轻易答话，说话时都要反复思考，对外来信息反应慢，动作迟缓，但有较强的耐力和韧性，好固执己见，其防御体系强，态度顽固。

4. 内省型气质：情感怯懦，瞻前顾后，多愁善感，对外界的刺激冷漠，戒备心强，顺应性差，思想偏执，爱钻牛角尖。

（三）各个不同气质类型的“谈话”方法

1. 英雄型气质：利用其情感容易冲动、抑制力差的弱点，采取强弱、快慢相结合的方法，引其激动，追准一个目标不放，让其暴露耐力差的弱点，对矛盾点施加心理压力不放松，直到交代为止。注意在利用矛盾发现谎言的时候掌握力度，保持在对方心理能承受的压力范围内，不能过弱，也不能过强，弱了达不到效果，强了超过对方心理的承受压力，容易引起僵局。

2. 外露型气质：“谈话”时有意放慢“谈话”的速度，违反其反应快的思维习惯，逐步使其放松戒备找准矛盾的空缺紧追不舍，迫使其交代。为了打乱其较强的防御体系，可采取跳跃式的发问方法找目标，对要害问题不要急于涉及。要注意不断转移目标，摸准对方的防御“工事”，出其不意攻其要害，有时也可以搞“火力调查”，故意刺激对方的情绪，使其激动，暴露其心理特点即定势心理的环节，然后给其“下台阶”，给对方“面子”，使其有个转变的机会，走自首坦白交代的路。

3. 理智型气质：这种人的特点是节奏慢，“谈话”时要耐心沉着，不可急于求成，从一件事情向另一件事情过渡要有一个铺垫的过程。这类人一般不容易激动，一旦被激怒了，是不计后果的。在进行心理限制的时候，应一步一步地挤上去，速度不可过快。在其达到一定的限制范围和紧张程度的时候，调查人员不要用“形”来影响对方，而应多用“势”来逼对方交代。

4. 内省型气质：此类人胆子小，容易紧张，性情孤僻，适应性差，“谈话”时要从一些比较容易回答、感兴趣的事入手，消除其紧张情绪，也可用自由交谈的方法，逐步进入实质性的问题。同时这类人悲观的情绪来得快，对自己始终缺乏信心，这就须为其指明前途，鼓励其树立认识自己、纠正自己的勇气。

要注意利用对方的感情脆弱处，找准其感情脆弱的相关处，如家庭、社会、他人、工作单位、前途、事业等，利用上述这些关系，进行某一特定的信息输入，促其产生“内疚”，将事先准备好的“关键语”及时地送上去，便可使其交代。当然在有证据的情况下，要充分地加以利用，减少不必要的弯路。

二、观察被调查人心理深处的奥秘

“谈话”的过程实质上是调查人员与被调查人交流的过程，“谈话”的目的是让被调查人如实地交代自己的违纪违法事实。“谈话”中调查人员如何通过这种语言的交流来证实违纪违法，就是调查人员常说的“谈话”，实质上这是一种心理交锋的攻心战术。既攻心就需知心，兵法说：“知己知彼，方能百战不殆”，“谈话”中只有找准了被调查人的心理特点和心理障碍才能有的放矢，取得成功。通常把被调查人的心理变化划分为四个阶段：（1）试控摸底阶段；（2）对抗相持阶段；（3）反复动摇阶段；（4）供述认错交罪阶段。在这四个阶段中，试探摸底阶段是基础，这个阶段带有双重性，它既是被调查人摸调查人员的底，探明调查人员掌握了多少违纪违法事实以及调查人员的特点，同时也是调查人员向被调查人调查摸底的阶段。被调查人在接受“谈话”时不同的心理状态，会通过不同的言行表现出来，谈话人应注意察言观色，掌握被调查对象的心理状态，做到对症下药。

被调查人在实施违纪违法以后，其畏罪恐慌心理较为突出，这是被调查人惧怕罪行被揭露而受到党纪国法的制裁的一种普遍的心理状态。在其心理思维的过程中失去了平衡，发生了紊乱，在“谈话”中表现为情绪高度紧张，神态恍惚，肌肉抽搐，两眼发呆，面色苍白。有的被调查人则为掩盖自己的心理紧张状态，两眼半闭，面部表现为半睡半醒状态，让调查人员产生错觉，如：2010 年 4 月纪检监察部门在办理一起某厅级干部受贿案件时，被调查人为了掩盖自己巨额受贿的违纪违法事实，在“谈话”时，神态恍惚，反应冷漠，对提问不予理睬，漫不经心，两眼半闭，面部表现为半昏睡状态，以此来掩盖自己的紧张心理。

在“谈话”中被调查对象的心态各异，调查人员对被调查对象所施加的心理影响不同，反应被调查对象的各个阶段的心理状态也不同，调查人员应注意观察——察言观色，以便采取相应的对策。

三、观察被调查人的神态变化

（一）被调查人神态变化之一——脸部信息

1. 面部表情

面部表情是人的内在心理活动的外部表现，也是思想情感的外部表情，是一种传递“心理活动”的媒介。但是人的面部表情既可以说实话也可以说谎话，而且常常在同一时间里既说实话又说谎话。在“谈话”活动中，被调查人时常利用面部表情，来作为掩饰和伪装其真实思想和违纪违法事实的“假面具”。一般而言，面部表情可提供两类信息：一类是被调查人想让调查人员知道的信息；另一类则是被调查人想隐瞒的信息。有的面部表情可以帮助被调查人骗人，使调查人员产生错误的印象和判断，而有的面部表情则一看就知道是假装的。

那么怎样才能通过面部表情来发现被调查人的心理活动轨迹呢？从面部表情动作的两重性来看，它既包含了情不自禁、下意识的表情，这种表情是生理上的自然反应的表情，也包含了有意控制的表情，这种表情是人为控制的。前者是不自觉产生的，因此可以看到对方真实的表情，而后者是人为地加以控制而产生的，是以虚假的表情来干扰真实的表情。不过要想通过控制面部表情来隐瞒真实的情绪并不是件容易的事，其面部表情与真实感受之间是难以和谐的，常会被人看出隐瞒的印记。这是因为，当情绪发生时，生理上所发生的某些变化是自然而然的，而且往往来得极快，人无法加以控制，只能被动地加以感受。如果人为地要隐瞒自己的真实感情的时候，那么其面部表情也会明显表现出来。例如，在掩饰恐惧的情绪时装出愤怒的样子来，因真实的恐惧所自然产生的面部肌肉动作和因伪装愤怒所控制的面部肌肉动作的变化趋向会发生矛盾或冲突。具体来说，在产生恐惧时眉毛会不自觉地抬起，而在伪装愤怒时却必须将眉毛往下压，这两种反应是不同的。但在某些时候，调查人员不能从表面上去判断对方的原因是真实的情感和心理活动常常被隐藏在伪装之下，难以识别，所以调查人员要学会从不同的表情和动态中，探视对方的性格特征和真实意图。

罗曼·罗兰说：“面部表情是多少世纪培养成功的语言，是比嘴里讲的更复杂到千百倍的语言。”如：失去平衡的表情。如果被调查人的感情很激动，使得他的面部表情失去平衡，你会清楚地看到他的脸上是如何刻画这些变化的。如果对方的心情比较平静，他的面部肌肉就会松弛，而一旦遇到悲哀的事情时，那么他的面部肌肉就会绷直，并且一脸的“哭相”。要知道佯装一种与感情不符的表情，对于一般的人来说，是件非常不容易的事。因为内心的活动，倘若不呈现在脸部的肌肉上，那人会显得相当的不自然。“谈话”过程中被调查人不管如何压抑和控制强烈的对抗心理，如果你仔细观察他的面孔，你会发现他的脸色有不对劲的地方，会出现令人注目的僵直的面孔。

2. 脸色的变化

被调查人从对抗到交代问题，总要经过错综复杂的心理过程，这种复杂的心理活动过程，通过脸色的细微变化表现出来。脸色的变化是极其复杂的，再通过眼睛、嘴和面部肌肉的配合，更是细微莫测，虽然如此，调查人员还是能在这些复杂细微的变化中找到规律。有经验的调查人员大多采取“少说、多看”的方法，一个小小的肌肉变动，应仔细观察、领悟，得出对方的心理活动特点，有针对性地去行动，比盲目地乱讲一通的作用要大得多。所以，禅家主张：破除语障，重在自己内心感悟。这也说明了面部（脸语）语言的重要性。人的脸色随时随地都在变化，像天上的云彩变化无常，调查人员在观察对方的反应时，要注意时间、环境、事件、关键语的变化对脸色变化的影响。

3. 面部肌肉的变化

形成面部表情的肌肉是多种多样并且是有区别的。但有些面部肌肉是可靠的测谎依据，同时也是心理活动轨迹的表现，因为装出来的表情不可能使其面部肌肉正常地运动；当它们正常运动起来的时候，要想加以控制，也是不太可能的。这些极难人为控制的面部肌肉，只有在人感受到某种情绪的情况下，才会自然地有所动作。比如某些人虽然不能故意地把嘴角往下拉，但是在觉得悲伤、忧愁的时候，其嘴角却会自动下拉。

因为这一类的肌肉难以用意志加以控制，所以情绪心理学家把它称为“可靠肌肉”。“可靠肌肉”的主要活动点是额头。当人们在悲伤、忧愁、焦虑以及产生负罪感时，面部最引人注意的是额头，其余的部分常常没有特殊的表情和动作。由于眉毛的里侧往上拉，常常就牵动上眼皮使之形成三角形，并且在额头中部形成皱纹。有人曾经做过实验，表明可以随意做出这种表情的人不到15%，因而有人即使想装出悲伤、忧愁、焦虑等情绪，也无法有效地牵运这些肌肉，相反，一旦对方真的感到悲伤、忧虑或产生负罪感时，想隐瞒也非常困难。当被调查人在害怕、恐慌、着急、担忧自己的事情败露时，眉毛会奇特地扬起来，这种面部肌肉动作是两类动作的混合结果，也是极难随意做出的。当人产生这些情绪的时候，上眼皮会抬起而且拉紧，引起眉毛的变化和面部肌肉表情动作来加强语气信号。此外，脸上专门有一块肌肉可以把眉毛往下拉，而且是拉在一起，达尔文把它称为“困难肌肉”，一旦遇到困难、危险、难解的问题、搬起重物等，这种肌肉便开始出现了，在“谈话”时应时刻注意这种肌肉的变化。

4. 不说话的嘴

被调查人的嘴唇颤动，其内心状态是非常激动的，大多是为了否认自己的罪行，为自己或别人的违纪违法事实进行狡辩。

嘴唇上提，是蔑视或看不起调查人员，对这种情况采取两个极端的方法，一是给“下马威”，对其震慑；二是用谦卑之词“戴高帽”。

嘴唇前伸，表现为询问，说明对方没有弄明白调查人员提出问题的真正含意。嘴唇上下在不住地接触，是在思考。调查人员在这时就应送上“关键性”语言，让对方的思考顺着调查人员的思路走。

舔嘴唇，这是一种恐惧的表现，这种心理状态是不利于“谈话”的。因为与恐惧情绪伴随产生的戒备心理带有极强的防御机制，采取强攻难以奏效。调查人员要及时判断，放慢速度，让其情绪缓和一下，在自由的交谈中发现矛盾。

咬嘴唇，这是一种猜疑的心理状况，出现这种情况，说明他一定是在关心着什么问题，并且与自己有很大的关系。如果调查人员没有搞清楚对方关心着什么问题，不要轻易透露与案情有关的情况。把不该透露的东西告诉了对方，就会给“谈话”带来不必要的麻烦。

（二）被调查人神态变化之二——眼睛的变化

根据观察，从被调查人员的眼睛中也能看出其微妙的心理变化，无论是眼睛、眼神、眉毛，甚至视线。当对方的眼睛始终注视着调查人员的眼和嘴之间回答问题，说明被调查人员的心理状况是平静的，漫不经心的，这一情况表明其交代的问题，在他认为不是重要问题。用眼睛注视对方的眼和头顶回答问题，其心理状态是严肃认真的，态度比较坚定。对待这种情况，调查人员应认真地分析对方回答的问题，为下一轮“谈话”做准备。用眼睛看着调查人员的眼和胸部之间回答问题，显示出对调查人员的信任和好感，这是调查人员“谈话”得以成功的基础。

1. 眼神的变化

心理学家告诉调查人员，人内心的隐秘、情感的流露、胸中的冲突，总是不自觉地在不断变幻的眼神中流露出来。还有人说："只要你送我一个眼神，我会知道你想的是什么，你想说什么。"在中国汉语中表达"看"这一意思的词汇就非常丰富：看、瞧、观、望、瞅、溜、扫、视、览、相、盼、顾、张、瞩、眺、瞟、瞪、盯、瞄、眈、窥、睹、睁、眯、眨等。在"谈话"中学会了观察"眼神"，它就能帮助你看透被调查人心灵深处的奥秘，这是语言本身所无法代替的。

在调查"谈话"中，与对方的眼神交流时，你务必要懂得双方的这种眼神不是无缘无故随便表现出来的，而是经历复杂的心理反应过程，在大脑的支配下，通过他的主观意识的取舍后才注入他的眼睛，出现不同的神态反应。即他们的目光来自这样的渠道：首先是通过自己的眼睛看到对方是什么样的情况，然后表现出自己对对方的态度，同时又用眼睛去捕捉对方对自己的态度。如：互相正视，表示坦诚；互相瞪视，表示敌意、仇恨；斜着眼扫一下，表示藐视、鄙夷、憎恨、鄙视；不住上下打量对方，表示挑衅；低眉偷觑，表示困窘心虚；注目正视，表示尊敬、关注；白他一眼，表示反感；双目大睁或面面相觑，表示吃惊、突然；眼睛眨个不停，表示疑问、思考；眯着眼看，表示不高兴或者轻视。从目光中可以看出对方的内心"密码"，识别真假"心里话"。

眼睛闪烁不定，反映出精神上的不稳定，这时对手的心理状态是处在交罪和畏罪的矛盾斗争状态中；眼神呆滞，往往用眼睛盯着一个地方看，即便有所移动也显得呆滞，这是由于紧张的心情和思想矛盾而造成的。但是有时大脑在急剧思考也会使眼睛反应呆滞，这时回答问题处于应付状态，讲话的声音也比较轻，速度也比较慢。"谈话"时应注意掌握"谈话"节奏，使用关键性的刺激语言，使其向着积极的方向发展。

眼睛转动较快是一种索求的眼神，这时的被调查人的心理状况多半是猜疑，说明他一定是在关心着什么问题，这个问题与他有着某种关系。如果调查人员不能及时判断这种情况，可能会把一些不该告诉对方的话，在不知不觉中透露给对方，就会使"谈话"计划遭到破坏，带来不必要的麻烦。

眼睛睁大是一种激动的表情，被调查人的激动有着真激动和假激动两种，即真激动是被调查人为了竭力否认或狡辩而伴随产生的，而假激动则是为了否认和狡辩，纠缠一些次要问题，以达到破坏"谈话"和搅乱事实真相的目的，应该予以揭穿，严厉打击其嚣张气焰。

瞳孔的变化也能反映人的心理变化，瞳孔扩大说明心情兴奋，对某种事态的反应迎合了自己的心理要求，或其满足了对某种情景的追求，达成了共识，产生了内在的心理亢奋，刺激了瞳孔的变化。如赌徒在拿到好牌时，判断肯定能赢钱的时候，心情兴奋，瞳孔扩大，有经验的赌徒为了掩盖这一生理反应，常以戴墨镜的方法，来避免对方的观察。瞳孔缩小，说明心理压力大，有敌对情绪。“谈话”时要注意改变问话的节奏，转移对抗情绪。找出敌对情绪的原因，对症下药。

关于瞳孔的变化情况是调查人员在平常的生活中观察出来的，许多人也许都会感觉到，在光线弱的情况下交流情感，比在强光下显得轻松自如、甜蜜、亲切。因为只有瞳孔扩大，才能表示兴趣和欢愉，而在弱一些的光线下，人的瞳孔是自动扩大的。

2. 注意的时间长短

根据观察，在“谈话”中被调查人用眼睛注视调查人员的时间与说话的时间的比例均占全部说话时间的1/3～2/3，如果高于这个平均值，则表明被调查人对涉及的内容是感兴趣的，愿意谈这部分内容。这是什么原因？因为被调查人觉得这部分内容对他利多弊少；如果低于这个平均值，则表示对手隐藏了实情，或有恐惧心理和敌对情绪，他不敢正视调查人员，此时应设法判断对手隐藏了什么具体实情。由此也能看出被调查人对什么感兴趣对什么不感兴趣，“谈话”时就能辨别出重点。如果双方注视时间相等，那对手的心情是平静的，说明调查人员“谈话”的语言和内容对其刺激的力度不够，这时就要及时改变“谈话”力度和速度。

3. 眉毛的变化

被调查人眉毛紧锁，有时会下意识地抿嘴咬牙，这种表情属于紧张的表情。被调查人的这种紧张情绪是怎样产生的？从常规的情况看有两种产生的原因：一种是“谈话”气氛的自然紧张；另一种是说谎，思想矛盾，触及了要害问题。这两种紧张情况通过比较、细心观察才能分清。如果是谎言被戳穿，应趁热打铁，紧追不舍，迫使其丢掉幻想趋于交罪。

眉毛上耸，表现出惊恐、惊讶、激动的否定状态。这是受特种语言环境的刺激而产生的。其表现是竭力否认自己的罪行；为自己或别人的违纪违法事实进行狡辩；或为自己受冤屈而辩解。上述情况还要根据被“谈话”人所处的环境和外来信息的程度与整个“谈话”过程所反映的规律来比较才能确定。

眉毛下拉，表现为恐慌、思考，这是在眼的配合下表现出来的，通常是谎言被揭穿的瞬间出现的情况。“谈话”时应加快“谈话”速度，不给对方思考余地。

双眉舒展，这是一种轻松的表情。调查人员与被调查人经过激烈的交锋，被调查人交代了自己的问题出现的轻松表现。这里应该注意两个要素，一是必须经过紧张的交锋；二是被调查人交代了自己的罪行，两者缺一不可。这是从心理学角度来分析的，但是被调查人究竟交代的彻底程度如何，还要具体分析面部肌肉的放松程度和血色的正常程度以及姿势恢复自然的程度。

双眉微皱，是一种不满情绪的表现。在正常情况下，被“谈话”人认为处理不公正，对其人格不尊重，正当要求没有得到满足。这种情绪发展下去便是对抗情绪。看到这种情况调查人员应主动控制这种情绪的变化。不满的表情是与满意的表情相对的，它是人们在接受刺激过程中的否定态度。由于否定态度存在，会使人们出现暂时拒绝接受外界刺激的现象，如果在案件的调查中，被“谈话”人出现不满情绪，此时调查人员的教育和“谈话”对其就没有多大的效果了。因此，作为一名优秀的调查人员，必须能够在“谈话”的整个过程中，主动地控制被调查人的情绪变化，避免对立情绪、不满情绪的出现。当然有时被调查人出现不满情绪，不一定就是调查人员造成的，也可能是自身的畏罪心理造成的。

（三）被调查人神态变化之三——体态信息

1. 头部的变化

从头部的“体态语言”来看，头向后微仰、两眼半闭，这是一种优势心理的信号，这时调查人员应迅速摸清对方“定势心理”的活动脉搏，打乱对方的“定势心理”防线，在一时找不准对方的“定势心理”时，采取迂回的方法，找出弱点，予以攻击。与此相反，头向前微低，两眼微上视，这是一种胆怯的心理表现，在这种情况下，多用开导性语言，促使被调查人交代。

歪头，将头从一侧倾斜到另一侧，这表明对方对调查人员提的问题产生了某种兴趣，这时继续引导就有让对方交罪的可能。

摇头，这种动作有时不仅代表反对，而且常常是对方心理活动的外部反应，经过激烈的心理斗争，持反对态度，摇头便是下意识的反应，在这种情况下，如果没有好的方法一举拿下时，应注意改变“谈话”的速度，相应对方在思考时就要放慢速度。

点头，点头一般是表示赞同，点头动作的快慢、强弱，表示赞同的程度。

被调查人和调查人员之间的信息交流，若能不断地点头表示赞同，这就是“谈话”成功的基础，调查人员需要继续抓住对方的心理脉搏，促进其供述动机的产生。

2. 上肢的变化

双臂交叉在胸前，这种姿势后面的潜台词，是一种预防信号，同时也反映消极态度的存在。当被调查人员听到他不喜欢或对他有威胁性的“谈话”时，就会将双臂交叉起来。如果对方将双臂紧紧地交叉在胸前，而且双手紧握，这就暗示一种很强的抗拒心理。如果稍微变换上述的手势，手掌放开，双臂交叉并且手握住两只胳膊，这就告诉调查人员他是不会轻易交代的，这种情况说明调查人员的“谈话”方法不对路，应改变“谈话”方法。

用手搓后脖颈，是一种自行谴责的信号，说明调查人员发出的信息已起到作用。

搓手掌，常常是被调查人对结局的一种急切期待的心理，表明被调查人对调查人员提出的某些问题或发出的某种信息，急切地想找到答案。调查人员看到这种手势，应注意控制不要说不该说的话，防止对方摸底。

3. 手部的变化

十指交叉，这是一种“焦虑”“沮丧”的心理反应，有时也是敌对情绪的反应，一旦紧紧交叉的十指自动打开，则表明被“谈话”人心理上开始缓和，可以再进一步“谈话”了。

塔尖式手势，这种手势显示了高傲的心理状态，由于客观条件产生的某种优势支持了被调查人的抗拒心理。调查人员要立即消除这种心理状态，因为这种心理状态不利于调查人员的“谈话”。

双手插兜拇指伸出，这是一种自负的心理信号，这种手势同人的性格和社会地位有着一定的关系。从性格上来看，这是属于外向型，自认为有社会地位，“有钱”或“有势”表现出来的“高傲”态度。“谈话”时要注意“张弛结合”，利用矛盾揭露谎言、攻其锐气，同时还可采取动之以情、以柔克刚的方法。

4. 腿部动作的反应

双腿底位交叉、双脚相别，这是一种控制消极思维外露，控制紧张情绪和恐惧心理的姿势。通常还把紧握的双拳放在膝盖上，或用手紧紧抓住椅子的扶手。这时调查人员应消除对方的紧张，采取“自由交谈”的方式，利用有效的证据，使其坦白交代。

摇足抖腿，这种动作表现为焦躁、不安、不耐烦或是为了摆脱紧张感。调查人员应注意对方出现这种动作的原因，一般说谎时经常也会有这种形态表现。

大腿交叉、小腿相别，这一动作表明对方虽然认真倾听，神态庄重，但他“入耳”并没有“入心”，根据正常的心理状态，对方此时在想着与自己利害攸关的或者是认错、认罪交代后将会给自己带来什么样的结局和今后的退路问题。这时调查人员应注意使用引导型的语言。

5. 脚部动作

脚尖，一个人脚尖的方向是他感兴趣的方向，一个人往什么地方去，首先是脚尖指出去的方向，例如：写字楼的电梯是分单双号，在等电梯的时候，有些人站在两个电梯的中间，而脚尖却指向其中的一个电梯，说明他已经准备上那个电梯。“谈话”时如果被调查人的脚尖指向你，说明暂时还愿意与你谈问题，如果脚尖立起，或脚尖指向别处，那就是对调查人员不感兴趣的信号。

6. 坐姿的变化

被“谈话”对象均是坐姿接受调查人员的“谈话”，而坐势又根据对方的心理特点不同，表现也是不相同的，可以说是“千奇百怪”“丰富多彩”。尽管有时调查人员要求被调查人员正坐，但有时随着被调查对象的心理变化，而下意识地引起坐姿的变化。不同的坐姿又反映出不同的心理状态，在“谈话”中经常发现被调查对象将左腿交叠在右腿上，双手交叉放在左腿跟两侧，这类人此时带有很强的优势心理和自信心。另一种坐姿是将两腿和两脚的后跟紧紧地并拢，双手放于两膝盖上端端正正，这时被调查对象的心理大多是顺从状态，愿意接受调查人员的信息。相反两腿和两脚的后跟紧紧地并拢靠在一起，双手交叉放于大腿两侧，属于反感、厌烦、不愿接受信息的心理状态。还有一种坐姿，忽然将两腿的距离分开，两只手没有固定的搁放处，其心理活动处于激动的状态。与其相反，当对方自然将身体半躺而坐，双手自然下垂于两腿之间，其心理活动则是平静的。

在对被调查人进行“谈话”时，首先进入“谈话”室的应该是调查人员，而多数被调查对象在调查人员之后进入“谈话”室，被调查对象向椅子上坐下的一瞬间的动作就能反映出其此时此刻的心理状态。当被调查对象进入“谈话”室猛然坐下，表现出极端随意的态度，其实其内心深处隐藏着极大的不安。这是由于人不愿被对方识破自己心情的抑制心理，尤其面对“谈话”。那么，舒适而深深坐入椅内则表现出有很强的心理优势。还有些人小心翼翼地坐在椅子的前半部，其心理状态是紧张的。而当这种坐态逐渐向后移位，变成身体靠在椅背，两腿伸出的姿势，其心理状态是平静的。心理学家认为，坐着的人必然在潜意识中想着立即可站起来的姿势，心理学上称它为“觉醒水准”的高度状态，随着紧张的解除，该“觉醒水准”也会因此降低，这就是上述的原因所在。

以上是通过看人体动作的不同变化，判断被调查人员的内心世界，这就要求谈话人集中思想注意观察，不放过对手微细的形体变化，掌握“谈话”的主动权。

（四）被调查人神态变化之四——空间信息

当被调查人愿意把事情的经过讲清楚或者对“谈话”人提出的某一类事情感兴趣的时候，下意识将凳子向前拉，接近调查人员，缩短相互的距离，这是被调查对象愿意接受调查人员的信息。

美国学者爱德华·霍尔有这样的一句名言：“空间也会说话。”他认为人们都有一种保护自己的个体空间的需要，这并非表示拒绝与他人交往，而只是想在个体空间未受侵占的情况下自然地交往。同样心情愉快、舒畅、愿意与别人交流时，这种个体空间就会有较大的开放性。如果愿意接受对方的信息，这种个体将会主动缩短这种空间的距离，反之，就会加大这种空间的距离。所以当被调查对象愿意接受调查人员的信息，有时会下意识地拉凳子来缩短与调查人员的距离。心理学还把这种空间分成“情的空间”和“知的空间”，即把坐在身旁的横向空间叫作“情的空间”，因为这种情景和恋人谈心的方式相似。恋人多半谈情感方面的内容，它能产生亲密的感觉。而面对面坐的纵向空间叫作“知的空间”，这种形势容易精神集中说明事情。调查人员在“谈话”时就采用这种面对面的坐势，它便于把全部的精神集中到调查人员与被调查人员的相互交流上。这种“知的空间”没有可容情意进入的余地。

为了洞悉对方的心理状态，控制并掌握对方的心理，有时故意破坏个体空间，往往会强烈影响对方的情绪，收到出其不意的效果。在“谈话”时为了消除对抗心理，打破僵局，有时故意将“知的空间”变换成“情的空间”，有意识地走到与对方平行的位置上与其交流，采取这种方法来打破僵局消除对抗心理，也常常会收到良好的效果。

四、谎言的辨别

被调查人普遍采用的对抗方法是“谎言”，用谎言来掩盖违纪违法事实，由此在“谈话”中经常遇到被调查人睁着眼睛说瞎话的情况，例如在贪污、贿赂违纪违法案件中，一方说钱给了对方，对方称没有收到钱。那么到底钱给了对方没有，由此而引出了谁在说谎。只有确定了谁说谎才能确定“谈话”的主攻方向，找出真正的违纪违法人。

1. 对抗中谎言的产生。被调查人在实施违纪违法行为以后，为了逃避党纪国法的惩罚，总要千方百计地隐瞒自己的违纪违法事实。因此，在接受“谈话”之前就做好心理准备，有着相对稳定的“定势心理”，确定了对抗的方法。这种心理在被调查人实施违纪违法行为以后，就已经产生了。每个被调查人在实施违纪违法行为以后，其违纪违法时的情景、环节、行为总会不时地再现在行为人的脑海里。在没有外界干扰的情况下，那些违纪违法的情景会一遍又一遍在其头脑中迂回，而每周转一次，违纪违法行为人总要在这些情节中找出最能隐瞒违纪违法行为的环节——“环节的选择”，准备日后“东窗事发”作为隐瞒违纪违法行为的“根据”，这一“根据”便是经过反复思考、选择、捏造出来的谎话。在贪污、贿赂违法违纪行为中这种谎言有两个特点：一种是嫁祸他人，另一种是直接用谎言对抗，选择有利于自己不构成违纪违法的细节或某一环节，达到以假乱真的目的。

2. 说谎者的具体表现。怎样才能从面部表情中找出说谎的痕迹呢？首先必须从面部表情本身的特点来观察。面部表现情绪的方式是生物进化的结果，当情绪发生时，生理上所发生的某些变化是自然而然地反映出来的，而且来得极快，人无法加以控制，只能被动地加以感受，所以，随着情绪而来的表情是难以通过自制力加以隐瞒的，旁观才可以明显地看出来。例如在产生恐惧时眉毛会不自觉地抬起，而在伪装愤怒时都必须将眉毛往下压；当人在悲伤、忧愁、焦虑产生负罪感的时候，最引人注意的活动部位是额头；当人在害怕、着急、担忧之时，眉毛会奇特地扬起，伤心时嘴角下撇，欢快时嘴角提升，委屈时嘴巴微噘，惊讶时嘴巴张开，情绪激动时，瞳孔会扩大，这些都是说谎者无法控制的。

在“谈话”活动中，常见的谎言有这样几种表现：当谈话人提出某种问题进行“谈话”时，对方总是回避调查人员的视线，表明不愿被看穿自己的心理活动，不敢正视，心虚。有的被调查人视线闪烁不定，左顾右盼，有的眼睛不住地向下看，寻找内心的稳定，以降低紧张程度，减轻心理压力。另外，面部表情的控制因所表达的情绪类型的不同而有所不同：大脑左半球更多地参与积极情绪的处理，右半球则更多参与消极情绪的处理，如果在说谎，面部表情就会出现不对称的印迹。

3. “谈话”中谎言的辨别。这是“谈话”活动中极为重要的问题，在“谈话”实践中，大多被调查人采用的对抗的方法，多是用“谎言”来掩盖自己的违纪违法事实，达到“对抗”的目的。世界上很多国家为了解决这一问题，研究出了很多测谎办法，最有代表性的就是测谎仪的问世，它象征着违纪违法心理测试技术的发展。这种违纪违法心理测试技术主要是用于违纪违法调查和辅助侦讯，是运用现代心理学和实验技术成果以及神经生理学、生理电子学等学科研究成果，同时同步记录人的多项心理生物反应指标，进而评判心理痕迹对应相关的技术。多年来人们把这项技术称为测谎技术，将这种技术的测试仪称为测谎仪。它是通过对人的皮电、血压、呼吸、肌肉等指标的变异，把作案人、知情人或无辜人准确地分离开来。从违纪违法心理测试的原理来分析，并非测试被测人是否在说谎，而是测评被测人有无违纪违法事实的特殊事件的记忆痕迹。心理科学为此提供了依据：人的大脑对外界刺激都会留下一定的印迹，其主要表现为心理痕迹的记忆，实际上也是外界刺激的记录和储存，这种记忆从时间的层次来看，有瞬间的、短时的和长时的；从记忆的来源又可分为视觉的、听觉的、嗅觉的、感觉的、动作的等，其深刻的程度取决于对个体生活刺激的强度。

对于作案人或知情人来说，因为违纪违法是一种反社会行为，是被明令禁止的行为，在人们的脑海里都有不可磨灭的印记。一旦出现了违反社会的行为，便会留下深刻的记忆，这种记忆是相当清晰的、持久的，有些甚至是终生难忘的，因为在违纪违法以后，在受到外部信息刺激时，总会再现违纪违法时的情景和某些行为的细节，出于畏罪的心理，作案人对于案件事实极端敏感，会极力回避“当时的违纪违法情景”。一旦违纪违法心理测试技术设计的相关问题被提起，作案人或知情人对作案事实的记忆痕迹立即会在大脑的记忆区域恢复起来，复现并唤起被测试人相关的情绪记忆、动作记忆、视觉记忆等。这种大脑记忆区的复活兴奋性变化，必然会引发邻近的情绪中枢的心理生物反应，一般难以受别人的意识调控。因此，被测试人皮电、血压、呼吸、肌肉等指标的变异，人的情绪中枢心理生物反应，即便是保持沉默，始终不回答问题，但在相同的语言测试题下，作案人或知情人心理生物指标的物异反应，比起无辜者会非常显著地表现出来，并被实时同步地显现在电脑的屏幕上。目前国家公安部门使用的测试方法为“准绳问题测试法”“区域比较测试法”“知情、参与测试法”“违纪违法情景测试法”“气象信息测试法”等。

人在受到刺激的情绪反应下可以引起心率、血压、血容量、皮肤电位、肌电、脑电波和呼吸、体温、唾液、瞳孔、胃蠕动的变化。被调查人在作案的时候，心理处于异常紧张的状态，对一些细节问题都会留下深刻的印象。在“谈话”时，实际上是把违纪违法人的记忆带入违纪违法的特定情景中去，相应便会引起一系列的心理活动，受到刺激后的中枢神经系统的控制中心丘脑，又发出信息到自主神经系统，使机体做好应付心理和生理的刺激，导致适应性防御机制的变化。植物性神经系统所控制的人们机体活动不是随意的，欲掩饰恐惧情绪的心理活动会在能记录放大生理信号的多道生理记录仪——测谎仪上显示出来，而且有时还能通过人的外部形体反映出来。在没有条件使用测谎仪的情况下（目前纪检监察机关还没有使用），调查人员可以通过观察法来辨别被调查人是否说谎，并通过这一手段来确认谁是真正的违纪违法人，让真正的违纪违法人如实地供述自己的违纪违法事实。

如何在没有测谎设备的情况下发现被“谈话”对象的谎言，迫使真正的违纪违法人说真话，如实地交代自己的罪行，其方法就是使用“信息刺激语”。什么语言才是“信息刺激语”？首先，这种刺激语能使被调查人产生心理和生理等反常的变化。经过多年的实践证明，将“仅罪犯才知道的问题”作为信息刺激语，才能使真正的罪犯产生反常的生理和心理变化。例如某人涉嫌贪污，将公款侵吞之后，谎称这笔钱给了某业务单位负责人了。“谈话”时，只要让被调查人将如何把钱送给别人的细节描述出来，被调查人必然要用谎言来编造送钱的一系列细节。因为被调查人根本就没有把钱送给别人，而是自己贪污了，因而让其交代送钱的细节，那只能用编造的谎言来陈述所谓的送钱细节，而这一“细节”时常又是调查人员促使被调查人交罪的突破口，因而这种“细节”越客观、全面，越能彻底地暴露谎言，为我所用。

人的面部表情的变化是由自主神经系统造成的，是难以人为控制或掩饰的。当调查人员对被调查人进行信息刺激时，其自主神经系统便会直接指挥面部表情发生变化。通常使用“假定”的信息来作为刺激语。这种“假定”的信息刺激语，就是直截了当地假定某件事情的存在来进行刺激验证。当这种刺激语向对方释放以后，在对方没有任何心理准备的情况下，如果对方与违纪违法有关，在接受信息刺激以后面颊的颜色最明显的是变红或变白，而这种表情的停顿时间也比较长；反之，正常、自然的表情，停顿时间不会拖得那么长，如果对方与违纪违法事实无关，在接受信息刺激以后，便会出现较大的反差，表现为惊讶的表情。而这种表情起始得快，消失得也快。

4. 设谎捉谎之术。被调查人在用谎言编造某些情节的时候，最担心的是涉及情景的细节，正如“一根链条的强度取决于它最弱的那一环”。细节是谎言链条上强度最弱的一环，于说谎者来说，是最容易对付的地方，而于设谎者来说，恰好就是可以利用的地方。要使对方暴露谎言，盯住其细节不放，是最好的捉谎方法。抓细节的同时，利用细节再设置谎言，引发被调查人继续说谎，来扩大谎言的范围，达到充分暴露谎言的目的。

贪污、贿赂的被调查人的谎言经常表现为：自己将公款贪污了，而谎称公款已行贿给了别人。“谈话”时只要让被调查人反复叙述送钱时的细节经过，并且另外再设置假的情节混入细节中去，被调查人必然要用谎言来编造送钱的一系列细节，并且把调查人员为其设置的假情节也编造进去。例如：某单位领导干部与财务人员合伙将公款私存，将所得利息进行私分贪污，案发后，他谎称该款已作为某项工程的预付款，给了某施工单位的领导，而该施工单位的领导根本就没有收到这笔钱。在询问时调查人员从送款的细节入手。

问：送款的时间、地点、方法、票面？

答：2012 年 5 月 1 日，放假，直接送到对方的家里，票面是 100 元一张，用报纸包着送去的。

问：2012 年 5 月 1 日正是“五一”劳动节，正好是该领导家的儿子结婚，你是怎么送的（设置假情节）？

答：那天他家里人很多，都是来贺喜的，我是把他叫出来单独给他的。

其实 5 月 1 日那天根本就没有儿子结婚的事，这一假情节的设置使得这位说谎者的谎言暴露得淋漓尽致。

第四节 调查人员自我形象的树立

随着社会科学文化的进步与发展，违纪违法主体的文化程度、社会修养也发生了根本的变化，在这些被调查人中间，有的属于高智商的智力型违纪违法行为人，有的虽然属于普通的违纪违法，但是由于这些人见多识广，社会知识比较丰富，因此对调查人员的个人素质提出了更高的要求。例如贪污、贿赂违纪违法，其主体是国家工作人员，由于这些人的身份和地位的特殊性，习惯上为自己树立一定的形象，同时还养成了注意观察别人的心理状态的习惯。在其接受“谈话”的时候，更注意观察调查人员的形象和心态，他观察的目的，在于了解对方权衡自己是否能战胜对方。因而谈话人树立什么样的形象，将会对调查人员产生直接的影响。由于特殊的诉讼地位，决定了调查人员应当具备良好的心理素质、高尚的品质、严谨公正的工作作风、随机应变的观察能力以及丰富的社会科学知识。这是战胜以特殊主体为对象的必备条件。

“谈话”本身就是与被调查人进行心理较量的一种活动。党纪国法赋予调查人员在“谈话”中的优势，这种优势心理的产生从某种意义上来说，是自我调节、自我控制的结果。人们既可以进行自我心理调节与控制，也可以影响制约他人的心理，并通过其心理影响、制约、控制其行为。同时自身又可能接受他人的影响、制约与控制，有其自主性和接受性。加拿大有位心理学家提出了人格结构的 PAC 理论。他的基本观点是：人们的个性可由三种心理状态构成，即“父母”状态、“成人”状态和“儿童”状态，PAC 分别表示这三种状态。“父母”状态表现为权威、优越感；“成人”状态表现为客观和理智；“儿童”状态表现为冲动、服从和听其摆布。这三种心理状态与年龄无关，任何人都同时具备这三种心理状态。在“谈话”中什么样的心理状态是调查人员的最佳心理状态？从上述的三种心理状态来看：P 型的心理状态表现为权威和优越感，并带着很强的优势心理；A 型心理状态表现为客观理智。这两种心理状态才是谈话人的最佳心理状态，它是在调查人员的自我心理调节和自我心理控制下而产生的。

自我心理调节和心理控制是建立在思维定势的基础上的，调查人员如何面对被调查对象，如何去寻找能支持优势心理产生的因素，克服消极心理因素，这是战胜对手必须具备的基础条件。在与被调查人进行心理交锋的时候，调查人员应当有主宰、控制、影响被调查人的心理状态，调查人员与被“谈话”人之间从心理状态的对比上看，调查人员应该处在优势地位，且优势心理从“谈话”的初始阶段就应当具备，在“谈话”的过程中，通过调查人员的自我调节又不断地加强和巩固。

从贪污、贿赂违纪违法的主体来看，这些人在平时的工作和生活中养成了自己特有的优势心理，这种心理自然会被带进“谈话”室与调查人员进行对抗，有的还以此作为对抗的资本，如果调查人员在心理上被其气势压倒了，如何再谈对其“谈话”呢？因而调查人员应当意识到：调查人员永远是强者，我的对手就是被调查人，被“谈话”的对象，这里没有领导干部。再者，“谈话”中的情况是千变万化的，在遇有突变的情况时，要防止被调查人耍花招，要注意克服消极因素的影响，使得自我心理调节适应不同情况的变化，掌握主动权，立于不败之地。有的被调查人为了对抗，在“谈话”时一问三不知；有的编造谎言以假乱真；有的蓄意挑衅，蛮横顽抗，制造僵局，更有甚者把自己从事的职业也拿来作为对抗的资本。如：“我是公安局局长，也干过案件调查，你们那些东西我懂”等，藐视调查人员。在这种强烈的刺激下，调查人员应当有极大的心理耐力和坚强的自制能力，控制和调节自己的情绪，保持镇静，冷静地考虑和处理问题。如果动辄激愤、冲动、烦躁、感情用事，不仅会中其奸计暴露调查人员的底细和意图，还会带来更严重的消极后果。

在这里笔者摘录一段“谈话”记录，被调查人是某基层法院的一名助理审判员，“谈话”一开始这位助理审判员就反客为主、先声夺人，气势汹汹地叫道：“怎么今天是你们三个人来审我？我先告诉你们，我是法官，我和×××无任何关系。你们审我是非法的。我知道你们三个人是受人指使的，我劝你们趁早不要搞这种犯法的事，一是你们从我这里得不到任何口供；二是我要控告你们，非把你们搞去坐牢不可……”调查人员端坐在“谈话”席上，“欣赏”着这位助理审判员的表演，一言不发，看不见调查人员有任何反应，这位助理审判员尴尬地停住了。此时，调查人员心平气和地问：“你讲完了没有？如果没有讲完，还可以继续讲下去，调查人员依然会‘洗耳恭听’的。”于是，对方又继续干嚎：“法官成了被调查人，真是千古奇冤，‘谈话’我的人也将成为千古罪人……”调查人员等他无话再讲了，才开始发问：“某某，你有多大年纪？”“我拒绝回答任何问题，你们无权‘审问’我。”调查人员用蕴含威严的口气问道：“你口口声声说你是‘法官’，怎么连起码的党纪国法常识都不懂？你是被依法请到这里来接受审查的……”这位助理审判员在“谈话”中企图以“法官”的身份作挡箭牌，调查人员将计就计，顺水推舟，以法制敌，灭其气焰。这时他才自知理亏，看调查人员一眼，无可奈何地说：“那你们问吧……”

与被调查人的“谈话”，“谈话”固然是非常重要的环节，然而调查人员用自己高尚的品质、严谨的作风去影响被调查人，在“谈话”活动中将会起到更重要的作用。曾经有一位被调查人对自己的违纪违法事实咬死不交代，其原因在于其违纪违法行为重大，交代了将会受到党纪国法的严惩，为此产生了强烈的抗拒心理和畏罪心理。在该案移送到纪检监察机关以后，调查人员帮助其分析原因，使其认识到“自己错了，错在什么地方，为什么会出现错误，怎样才能去修正错误”。在短短的时间内交代了自己的重大违纪违法事实。事后在问其为什么会交代自己的重大违纪违法事实时，这位被调查人畅快地说：“调查我的办案人品质高尚，水平高，交代自己的违纪违法事实是我心甘情愿的。”这短短的几句话说明一个问题：“谈话”不仅是与被调查人对立的交锋，还是一种心理上相互影响的结果。被调查人只有信服你，才能交罪于你。这种“信服”是建立在调查人员具备高尚的品质及严谨的工作作风的基础上的。

调查人员的活动是以党纪国法为准绳履行自己的职责。在调查人员的工作对象上，应该遵守道德规范，尊重被调查人的人格，帮助他们，关心他们，使其积极地修正自己所犯下的罪行。因而调查人员必须具备以下品质，即：要秉公执法，不徇私舞弊；要坚持原则，不收受贿赂；要严守机密，不透露案情；要调查研究，不搞伪证；要忠于事实，不刑讯逼供。

随机应变的能力、丰富的社会知识也是调查人员树立自己形象的一个重要方面。“谈话”活动中的观察，主要是了解掌握被调查人的特点及其“谈话”过程中的心理变化，以便采取相应的对策。有位形体学家曾经这样说过：“没有人可以隐藏秘密，假如他的嘴不说话，他则会用指尖说话。因为当人的大脑进行某种思维活动时，他的大脑会支配身体的各个部位发出各种微细信号，这是人们不能控制而且也是难以意识到的。”这一理论为调查人员在与被调查人的“谈话”中观察其心理的变化提供了依据。优秀的调查人员必须具备敏锐的观察能力，能看透被调查人的“五脏六腑”。通过捕捉被调查人细微的变化，进行剖析、洞察，及时采取相应的对策，掌握“谈话”的主动权。

“谈话”过程不是静止不动的。从过程的发展特点来看，有其阶段性和规律性。从被调查人的心理发展特点看，有其瞬息变化的突变性。被调查人受到调查人员的刺激，会做出相应的反应，调查人员要根据这种反应，制订“谈话”计划，采取适当的“谈话”方法，始终保持进攻状态，处在优势的地位。与此相反，调查人员不能随机应变地观察被调查对象，无法掌握主动权，跟着被调查人的谎言团团转，只能被被调查人牵着鼻子走，不仅失掉对被调查人的控制，更重要的是让被调查人理解为“无能”，看不出破绽，破坏了调查人员的形象。有的被调查人虽然对抗失败了，但对调查人员能察言观色看透人的心灵深处的秘密的能力不得不折服。

“谈话”在很多的时候牵涉各类不同的社会知识。例如：对于财会人员的贪污违纪违法事实的调查，调查人员必须懂账务才能对被调查人进行“谈话”，如果调查人员不但不懂账，就连最起码的账理都不懂，这时被调查人就可能利用这一弱点在账上做文章，来进行对抗。因为账目的真假，调查人员分不清，审到后来变成“糊涂官审糊涂案”。记得有一位同行在“谈话”贪污罪的被调查人时，由于自己对财会方面的知识一无所知，刚刚开始“谈话”就被被调查人拉进了财务的账理中，被调查人一面为自己辩解，一面给调查人员讲财会、账理知识，几个小时的“谈话”，调查人员当了几个小时的“学生”，其“谈话”的结果如何便可想而知了。

当今的时代，已经是高科技的信息时代，再不是那种用算盘拨、账本记的时代了，利用高科技手段进行智能化、技术化违纪违法行为的数量日渐增长，计算机违纪违法行为，证券、期货违纪违法行为等已经出现，这些新形式违纪违法迫切需要纪检监察机关的自侦部门尽快掌握这些蜂拥而来的社会科学知识。调查人员的素质、科技知识水平，从根本上决定了“谈话”的质量和效果。调查人员要在“谈话”中立于不败之地，就必须加强自身素质的培养，丰富自己的社会科学知识，树立自己的形象。

第五节　调查人员消极心理的克服

调查人员消极心理是指调查人员在“谈话”活动中，由于受到主观和客观的不良因素的影响，产生了一些不适应“谈话”活动需要或者阻碍“谈话”活动正常进行的思想状态，它是通过调查人员的思想、行为、语言表现在“谈话”的全过程中的消极的心理现象。它包括：对外界信息刺激的反应迟钝、联想能力差、注意力分散、逻辑思维能力差、思维品质低下。调查人员如果不设法克服这些消极的心理状态，就不可能在“谈话”活动中居于主导地位，取得“谈话”的成功。

一、对外界信息刺激的反应迟钝

我们每个人都是依靠感觉与知觉来了解周围的世界，“谈话”活动也是如此，调查人员也是通过自己的感觉和知觉来了解被调查人的内心世界的，并且通过自己的感觉和知觉去发现被调查人的心理变化，掌握“谈话”的主动权。调查人员对外界信息刺激的反应迟钝，实际上就是感觉与知觉方面的迟钝，它表现在：对被调查人瞬息万变的心理变化，不能及时、全面、正确地做出反应。根据感觉和知觉的历程调查人员可以看出，人们从接受外界信息刺激的反应的表现，要经过生理和心理的两个历程。首先是由具有生理功能的感觉器官接受刺激（如眼睛、鼻子、耳朵所接受的刺激），它属于物理性质的刺激，继而迅速转化为生理作用，再经过神经传导至大脑，成为心理性的讯息，从而对外界环境中的刺激有所感觉、有所知觉，此后根据个人的需要便表现出适当的反应，于是便由内心的心理作用转化为外部的行为。调查人员和被调查人同样如此，都是在为了各自的需要和目的进行信息刺激反应，调查人员要从被调查人的身上发现、寻找制伏被调查人的方法，而被调查人也要对调查人员输送出来的信息，及时地采取应变措施来对抗调查人员的“谈话”。它们共同的特点是捕捉瞬息万变的信息变化，来判断对方心理活动的真实情况，并采取相应的措施和对策来满足自己的需要。积极地捕捉对手的信息变化和消极地感觉对手的心理变化，其结果是截然不同的。消极地等待感觉的刺激，就不能准确、及时地感觉到对方的瞬间的心理变化。例如，被调查人经过自己激烈的思想斗争，认为主动交罪对自己有利，产生了准备交代的心理趋势，这种心理活动趋势就会有相关的信息反应表现出来，如果调查人员不能及时地感受到这一有利的信息，那么他就失去了这次促使被调查人供述交代的机会。被调查人的心理信息反应只是瞬间的过程，这一瞬间过去了他又重新回到原来的隐蔽状态。这是在“谈话”过程中经常出现的情况，有的调查人员甚至多次地错过突破机会，一次一次地失去成功的机会，其原因就是对外来信息的感受性低、反应迟钝，这是调查人员非常典型的而且也是普遍的消极因素。它产生的原因有以下几个方面：

首先，是调查人员认识上的偏见和固执，他认为被调查人都是狡猾的，他们的言行都是在为自己狡辩，不需理睬。因而对被调查人传递出来的信息无动于衷。

其次，是调查人员的错觉。错觉是调查人员对客观信息的错误的认识，关于错觉笔者在后文作了专题论述，在这里就不再赘述。为了说明调查人员的错觉，笔者这里有这样一个案例：不久前笔者在观察一位同事的“谈话”时，就发现了这样一个问题，被调查人在经过一段时间的“谈话”之后，忽然情绪放松了，而且面部还微带笑容。这下可把调查人员气坏了，他误认为是被调查人在嘲笑自己，顿时怒火冲天、火冒万丈，这时被调查人的脸也拉长了。事后调查人员在问被调查人为什么发笑时，她说：“我不是在笑，在这种环境我又怎能笑得出来呢？当时不知道是什么原因，我已经准备把事情全都交代出来算了，谁知道你们忽然发那么大的火，又把我吓回去了。”由此可见调查人员的错觉所造成的误解，经常会给“谈话”活动带来难以弥补的损失。

再次，是调查人员对信息反应的理解能力差。由于调查人员不注意对“谈话”业务的研究，不注意对被调查人的特点进行观察，对被调查人在“谈话”活动中表现出来的信息不去总结，这样，即使是被调查人做出了明显的信息反应，你也无法判断出其真实的心理活动。

最后，是调查人员自身的对立情绪降低了对外来信息的感受性，由于调查人员与被调查人之间的关系，存在着相互对立的客观性，它表现在“谈话”的全过程中。被调查人为了使自己不受党纪国法的惩罚，总是千方百计地来与调查人员对抗，而调查人员为了让被调查人说实话，也总是千方百计地与被调查人周旋，来达到惩罚其违纪违法行为的目的。由于这一客观特点，调查人员就要设法控制对立情绪的发展，有的没有经验的调查人员不注意对对立情绪的控制，任其发展最后导致僵局的出现。同时调查人员自身的对立情绪（在条件反射的作用下），不仅影响被调查人的情绪，而且也影响了自己对外来信息的感知，因为这一对立情绪所产生的内在动力，阻碍了感觉与知觉的联系，从而降低了对外来信息的感受性，出现了感觉、知觉的迟钝。

减少和克服对外界信息刺激反应迟钝的方法是：首先，“谈话”开始之前就必须调整好自己的心态，要学会理解被调查人。调查人员的“谈话”活动的目的，不仅仅是让被调查人交代自己的违纪违法事实，更重要的是教育和帮助被调查人，使之以后不再违纪违法，重新做人。其次，还要注意对自己的观察能力的训练，不断地总结才能不断地提高对外来信息判断的准确性。最后，是要有意识地帮助大脑清理出足够的空间让外界信息摄入，提高感觉、知觉方面的能力。

二、联想能力差

联想是指通过感知或者回忆某一事物连带想起其他有关事物的心理过程。人们为什么能通过自己的感知而连带地想起其他的有关事物？这是由于事物之间的联系是客观存在的，事物之间的联系在人们头脑中的反应，就形成了人的联想的心理过程，这是不可抗拒的心理过程。在“谈话”活动中，丰富的联想力对调查人员来说，是不可缺少的基本条件。被调查人在接受“谈话”的过程中，由于心理活动的不断变化，经常会说出莫名其妙的话、做出莫名其妙的动作来，如果调查人员通过联想，把它们连接起来，这些莫名其妙的话和行为，就会成为真实的信息反应。例如，调查人员有一次在与被调查人的“谈话”时，他忽然莫名其妙地说出这样的一句话来：“我还要告他呢。”调查人员问：“你要告谁?”他说：“告公司的经理。”调查人员又问：“你为什么告你们的经理?”他说：“他欠我的集资款不给我。”这时调查人员才联想起被调查人自己侵吞了公款，谎称自己将公款给了本单位的经理被其贪污了，于是调查人员直接告知被调查人，他欠你的集资款，你可以通过合法的途径来解决，不能通过侵占公款的方法来充抵，更不能采取嫁祸他人的方法来解决。最后他只得承认公款是自己贪污的，从而使得这起久拖不决的疑难案件终于水落石出了。

在“谈话”的过程中，丰富的联想能帮助调查人员解决很多的疑难问题。相反，联想能力差就可能贻误战机。例如，一名涉嫌巨额财产来源不明的被调查人，被调查人已经将财产转移，并且拒绝提供财产的去向，他在“谈话”中忽然向调查人员打听，自己家旁边的公路开始修建没有？他问这句话的时候，调查人员并没有太在意。事后调查人员才知道他问这句话的真实意图：因为修路他家的房子就会被拆迁，而在他家的房子里埋藏了大量贪污来的现金，只要房子拆迁，贪污的现金就会全部暴露出来。如果调查人员当时能抓住这一情况进行联想，就会争取很多的时间提前取得案件的突破。

调查人员联想力差的原因是：对外来信息的刺激只是消极地接收，不能积极地将外来信息内在的因果关系联系起来。在很多时候，被调查人提供的信息，就是他自己通过联想的结果。从前面的案例可以看出，被调查人担心埋藏在自己家里的财产可能会暴露，并且分析了在什么情况下有暴露的可能性：只有拆迁动土的情况下才能暴露。所以他在“谈话”的过程中，莫名其妙地问调查人员那条路修了没有？“是否修路了”这一信息就是被调查人联想的结果。如果调查人员消极地对待这一信息，那也只能是随便问问是否修路了而已，不可能联系到其他的事情上来。如果调查人员积极地将修路这一信息内在的、外部的因果关系联系起来，再把自己追缴赃款、赃物的目的联系起来，就有可能把追缴赃款、赃物与动土、修建工程方面的事情相联系，更进一步地接近了调查人员的调查目标。所以要提高联想能力，必须对客观事物的因果关系进行积极地联系，追根溯源，这样才能在关键的信息来临之际，不至于麻木不仁，错过良机。

三、注意力分散

注意是心理活动对一定对象的指向和集中。注意的指向是指：人处在注意状态的时候，其心理活动总是指向一定的对象，有选择地反映一定的对象。注意的集中是指人选择了注意的对象以后，注意使认识在一定的时间内，始终集中在这一对象上，并且抑制、克服与此无关的活动，以便认识的顺利进行。注意的对象可以分为：外部的注意和内部的注意。在“谈话”活动中注意的外部对象就是调查人员的“谈话”对象，也就是被调查人。内部的注意，也就是对自己情感、思想和体验的注意。注意是心理活动的重要组成部分，但是，注意本身不是一种独立的心理过程，它是和心理过程紧密结合在一起的，没有注意，所有的心理活动都难以顺利地进行。缺少注意的感知就可能出现“听而不闻、视而不见”的现象，缺少注意的思维就会胡思乱想。因此注意是保证心理活动能够顺利进行的必要条件。调查人员在“谈话”过程中的注意是“谈话”活动成功的基本保证，调查人员的注意分配和注意力的转移直接影响“谈话”的效果。

根据注意的产生和目的性以及需要注意的程度不同，注意又被分为无意注意、有意注意和有意后注意。

首先，从无意注意来看，它是事先没有预定目的，不需要作意志努力的注意，因为它不是由意识控制的，同时也被称为不随意注意。例如调查人员在“谈话”的过程中，调查人员全神贯注地听被调查人供述的时候，忽然窗外传来一声巨响，那么在“谈话”室里的人员，都会不由自主地去注意窗户外面的那声巨响，这就是无意注意。它直接影响调查人员注意的定向性，直接转移了调查人员的注意力，是“谈话”活动中的不利因素，并且这些不利的因素时刻都会发生。有时调查人员带进“谈话”室的手机响了，有时“谈话”室墙壁上的挂钟忽然响了，有时正在“谈话”的时候忽然看守所开饭的铃声响了，有时还会出现莫名其妙的噪音，如此等等，直接转移了调查人员的注意力。由于无意注意的产生和维持不是依靠意志的努力，而是自然而然地产生心理活动的指向和集中，因此它对转移人的注意力占有绝对的优势。它会不失时机地来争夺人们的注意阵地，因为它的出现是突然的，所以它又具备了时刻转移人的注意力的条件，这对“谈话”活动来说是不利的。但是它对人和动物适应环境变化、保护自己的安全却是很重要的。

其次，从有意注意来看，它有预定的目的，是需要有一定意志努力的注意，是人有意识地控制的注意，是一种特有的心理现象。“谈话”活动就是调查人员有意识的注意活动，为了使被调查人如实交代自己的罪行，必须时刻注意被调查人的一言一行，才能做到有的放矢、制伏违纪违法行为。“谈话”成功的基本条件就是注意力集中。但是，有意注意需要意志的努力，消耗能量较大，容易引起疲劳，这是客观的原因和生理条件造成的。因而，当调查人员长时间高度紧张的注意，必然会引起疲劳现象的发生，这是调查人员注意力分散的首要原因，也可以说是生理方面的原因。此外，还有一个内在的原因就是：有意控制注意的能力差，引起内部注意的转移。由于调查人员缺乏工作责任心和完成任务的愿望、动机，就可能出现人在“谈话”室，心里想着其他事。再者，有些调查人员带着许多不愉快的心事进入“谈话”室，这就需要调查人员用更强的意志来克服不愉快的心事的干扰，清除与“谈话”无关的多余信息。如果不注意筛选和控制多余信息的干扰，那么注意就会发生转移，离开调查人员有效的心理活动，就不可能完成“谈话”任务。

最后，有意后注意是指事前有预定的目的，不需要意志的努力的注意。有经验的调查人员在对被调查人进行“谈话”的时候，不需要意志努力的注意，就能顺利地完成对目标的注意。

“谈话”过程中如何调节和掌握注意的分配与转移？从人们的生理情况和外界事物的客观反映可知，人的注意不可能长时间地集中在某一事物或某一点上，无论是外部信息的干扰，还是内部思想、情感的体验，都会引起注意的分散和偏离，调查人员的“谈话”工作需要全身心地投入，如何能使调查人员的注意有效地集中在定向的对象上，心理学的研究已经为调查人员提供了许多科学方法。认知心理学认为注意是心理加工的一种内在机制，它的基本作用在于对信息进行选择并调节行为，并且提出了注意的过滤器理论，他们把注意看作一个控制系统，主要负责对一定量的信息进行加工处理，过滤器犹如一个开关，当人在同一时间内面临大量的信息时，过滤器就做出某种选择，让一些信息通过，并阻断其他的信息。因此，在“谈话”活动中，调查人员应当发挥注意的过滤器功能，利用信息之间的相互关系，鉴别、筛选违纪违法信息，剔除与违纪违法无关的信息，阻止不同类型的干扰信息渗入，保证与违纪违法有关的信息“线路”畅通无阻。

在“谈话”活动中，调查人员如何去操纵注意的过滤器？主要是依靠调查人员的有效注意的心理活动，以及“谈话”活动的任务和目的来决定的。除此之外，心理学家们还为调查人员提供了“注意的资源分配理论”。该理论认为：人类加工信息的心理资源是有限的，注意只能在心理资源许可的范围内承担有限的任务，在人们同时面临两种或者更多种的任务时，形成了系统对资源的竞争，人类信息加工系统会根据不同的任务目标分配有限的资源，选择一定的输入信息进行加工，其他没有选中的输入信息因为资源的限制得不到加工而被放弃。这一理论告诉调查人员，在“谈话”活动中，调查人员的有效的信息加工资源，只能限制在对“谈话”对象的违纪违法信息的加工和处理的范围内，超出了这一范围，就会造成对资源的竞争状态，就可能出现注意的转移，使得“谈话”对象的违纪违法信息得不到加工而中断。

那么如何才能保证心理资源不受干扰，不被竞争？首先，必须加深对“谈话”的目的和任务的理解，了解它的艰巨性和复杂性。因为在很多的时候，调查人员在对被调查人久攻不下的情况下，会出现注意的偏离，信息加工被迫中断。其次，经常提醒自己去注意正在进行的“谈话”活动，特别是当注意处在动摇或者需要特别注意的时候，要提醒自己“必须注意”。当其他的信息输入时，应尽快地放弃，迅速地把注意恢复到原来的对定向信息加工的状态上来，把跑丢的注意对象再捉回来。最后，用坚强的意志与内外信息干扰做斗争，清除内心的杂念，不要把生活中不愉快的情绪带进“谈话”室。排除外界干扰，选择安静、无干扰的“谈话”环境，这不仅有利于调查人员注意力的集中，同时也有利于被调查人集中注意力，摄取调查人员提供的信息。

四、逻辑思维能力差

逻辑思维能力差是调查人员在“谈话”活动中存在的又一消极现象，从逻辑思维的概念来看，它是以客观事物的发展规律为思维对象的科学，是研究思维和思维规律的科学。在“谈话”活动中的逻辑思维，是以被调查人的所作所为的言行发展是否符合事物发展的客观规律所进行的思维。逻辑思维能力是调查人员重要的基本功，在“谈话”或者在“谈话”活动中，被调查人总是千方百计掩盖自己的违纪违法事实，他们普遍采用的方法，就是以谎言来掩盖自己的违纪违法事实，被调查人的供述也常常跟谎言联系在一起，因而，在很多时候这些谎言使纪检监察机关的调查人员无法弄清被调查人的底细，使之逍遥法外。可是谎言又总是与客观事实相违背，与客观事物的发展规律背道而驰，因而在“谈话”活动中被调查人必然会出现供述矛盾，一些有经验的调查人员，都善于利用逻辑规律的思维方法，利用供述矛盾来揭露被调查人的谎言，迫使其交代自己的违纪违法事实。

2012 年 7 月纪检监察机关在对一名涉嫌受贿的被调查人进行调查时，发现该被调查人的大部分赃款已经转移，为了证明其违纪违法、追回赃款，纪检监察机关对有重大窝赃嫌疑的 A 某进行了重点调查，在传讯 A 某时，A 某称自己家有存款 300 万元，并且声明此款是自己做生意赚的钱。否认自己替别人保管过任何钱财。当调查人员问其现在做什么生意？生意是否好做？A 某告诉调查人员：“我现在准备做房地产生意，现在的生意非常难做，什么都要现钱才能买来，这不，上星期因拖欠几十万元的工程款，对方就是不开工，后来好不容易才从银行贷到款，工程队才愿意开工。”这段话很明显地出现了破绽和漏洞，存在逻辑矛盾，既然自己家里有 300 万元的存款，为什么还要付高利息向银行贷款呢？由此可以推断 A 某的 300 万元的存款根本就不是 A 某自己的钱。调查人员抓住了这一矛盾，问其自己家里有钱为什么还要向银行去贷款？A 某自知自己说漏了嘴，无言以对。最后 A 某只得承认 300 万元的存款是替别人保管的，并且供述了当时帮助某被调查人窝藏赃款的详细情节和赃款的数额，这与后来被调查人的交代数额完全一致。从这一案例调查人员可以看出，调查人员首先为被“谈话”对象设立暴露逻辑矛盾的条件，然后根据前因后果对事物的发展规律展开逻辑思维。很顺利地完成了这起窝藏赃款案件的“谈话”。如果调查人员不注意采用积极的逻辑思维的方法，而是让对方主动交出 300 万元赃款，可能就不是一件容易的事情了。

调查人员的逻辑思维能力差的根本原因在于，对客观事物的发展规律采取消极的态度，对事物内部发展的因果关系不做积极的判断、推理，对事物发展的现象和本质、必然性和偶然性、普遍性和特殊性不做综合的分析，这种消极的主观因素，不可能产生积极的逻辑思维。从前面的案例来看，A 某向银行贷款的原因是因为自己没有钱付工程款，才向银行贷款，也就是说：因为没有钱才贷款。这是符合事物的发展规律的。反之，因为自己有了 300 万元的存款才向银行贷款，这就违背了事物发展的基本规律。再继续探寻原因又不难发现：

因为300万元的存款是别人的，所以自己才向银行贷款。由此恢复了事物发展的本来面目，这样才符合事物发展的客观规律，同时也符合了调查人员的“谈话”目的。A某称300万元是被调查人B某的，而被调查人B某交代300万元转移给了A某，所以这300万元是被调查人B某的。

如何提高调查人员的逻辑思维能力？首先调查人员认识违纪违法行为离不开抽象思维，离不开概念、判断、推理、范畴等抽象思维的基本形式。调查人员在“谈话”活动中的逻辑思维形式与概念、判断和推理有着密切的关系。

概念是反映事物特有属性和范围的思维形式。调查人员在“谈话”的实践中，概念是调查人员对被调查人进行认识的过程中的一种抽象概括，是对被调查人以及其违纪违法行为的这一客观对象的主观反映，任何一个概念都必须依赖于认识主体而产生，是人的思维对客观事物认识的一种主观形式。为了完整、真实地反映客观事物，根据概念的特征，调查人员在认识案件、认识被调查人的违纪违法事实的过程中，必须做到：（1）概念的主观性和客观性的辩证统一。通过概念反映案件中的违纪违法事实的时候，必须做到主客观的一致性。调查人员在认识案件形成概念或者使用概念时，必须理解、认识概念的主观性与客观性的辩证统一，也就是说，既要准确地使用概念，目的是正确地反映案件的实际情况，同时又要对案件情况进行深入细致地分析，把握案件的本质，获取正确的概念，来指导调查人员的“谈话”活动。（2）概念的抽象性和具体性的辩证统一。调查人员在认识被调查人形成概念的时候，经常是提取被调查人的违纪违法事实的个别的和偶然的现象后的一般的、本质的和规律性的东西，而这些一般的、本质的和规律性的东西，并不像具体案件那样，可以看得见、摸得着，而必须依靠理性思维去理解和把握。例如，调查人员在与被调查人“谈话”的时候，被调查人采取隐瞒真相的方法，非法占有国家财产，这只是一个抽象的概念，当被调查人交出了赃物的时候，这一赃物就成为证明违纪违法事实的证据。赃物便成了物证，这一概念只有调查人员通过主观认识并把握了它的具体本质与案件的内在联系时，才具有具体性，也才有具体的概念。（3）概念的普遍性和特殊性的辩证统一。调查人员认识案件的过程，不仅要从大量个别、特殊的案件事实中，概括出案件的一般本质，还要注重根据概念所把握的一般本质属性去识别和认识案件的特殊性，从而根据案件的普遍性与特殊性的原则，来指导调查人员的“谈话”活动。（4）概念的确定性和灵活性的辩证统一。概念的确定性是指概念反映对象的共同本质，这种反映固定之后，其内涵与外延相对不变。而概念的灵活性是指概念随着客观对象自身以及调查人员对其认识的发展而发生变化，它是由客观事物的运动发展决定的，反映到概念中来，就构成概念的灵活性。概念的确定性只是一定阶段一个时期认识和“谈话”实践的产物，随着认识和“谈话”实践的不断发展，概念的内容也会不断发展和丰富。

判断是对思维对象有所断定的思维形式。在“谈话”实践中对被调查人的情况有所断定，必须运用判断这一思维形式。调查人员对被调查人所作的任何一种判断，都不是轻而易举形成的，而是他们在“谈话”的实践中，根据被调查人的言行和客观存在的事实，通过复杂的理性思维的结果。在“谈话”活动中要提高对违纪违法对象的判断力，必须正确地运用逻辑范畴，作为人类思维工具的逻辑范畴，能够帮助人们正确认识现实，正确地认识各事物之间的联系和关系，正确地认识事物的本质及其规律。何谓逻辑范畴？它是人们用来认识客观现实的具有普遍性的概念，是人的思维反映客观世界辩证运动不可缺少的思维形式，是形成判断的重要条件和代表其判断力的重要标志。人们认识事物离不开逻辑范畴，但同时还要掌握必要的社会基础理论，它是人们在社会实践中，借助一系列概念、判断、推理表达出来的关于事物本质及其规律的知识体系。当然从认识的角度来看，理论来源于实践，“谈话”的实践经验是指导调查人员形成判断的重要基础。例如，调查人员在“谈话”的过程中发现被调查人始终采用挑衅的态度与调查人员交流，便可做出被调查人的对抗心理极强的判断。此外，世界上一切事物都是物质、能量和信息的统一体，判断离不开信息的来源，调查人员对被调查人违纪违法行为的判断，必须依靠案件的信息来源，信息量越多对案件的认识就越深刻，形成的判断就越准确。因此调查人员在形成判断时，必须注意尽量收集和集中较多的信息，同时，调查人员应该特别注意收集和集中客观的、公正的、能够反映事件本来面貌的信息，减少错误的判断。

推理是由已知判断推出新判断的思维形式。在“谈话”活动中，调查人员对案件事实和被调查人的认识，除了需要运用概念形成判断外，更重要的是，要根据已知判断推出新的判断，形成案件事实的不同本质的新的认识。推理是形成新的认识必不可少的思维形式。推理是一种理性思维活动，是调查人员对案件事实的一种主观认识，是在客观的前提和实践的基础上，运用经验定律和理论原理对案件内在矛盾运动认识的必然结果。案件的违纪违法事实的内在矛盾和外在关系是推理产生的基础。其辩证的特征主要表现为推理中前提与结论的对立统一：前提和结论是相互依存、相互渗透、相互转化的；其次表现为推理内容的对立统一，“谈话”过程中被调查人大多用谎话来掩盖自己的违纪违法事实，因而必然会出现内外矛盾。在“谈话”活动中，调查人员经常依靠被调查人供述来发现案件事实的内外矛盾，通过揭露矛盾取得“谈话”的成功。2012 年纪检监察机关在调查某高级干部的受贿案件时，发现该高级干部在深圳用了 200 余万元人民币购置了一套高级住宅，当调查人员问其购房款的来源时，对方称该购房款是一位朋友处借来的，当问其朋友叫什么名字，在什么地方工作，还钱的方法？该干部回答得支支吾吾、语无伦次，说不出所以然，并且对对方的情况并不了解。通过客观规律可以看出：能够借上百万元钱给自己买房子的朋友，就不是一般的朋友，而对对方的情况并不了解，是不可能借钱给你的。况且一个靠拿固定工资的干部，怎么才能还上这笔钱呢？显然这笔购房款不是借来的。在对其“谈话”的过程中，调查人员抓住这一矛盾的主线进行揭露，迫使其供述了自己受贿违纪违法的经过。

五、思维品质低下

思维是复杂的脑力劳动，这种脑力劳动存在着明显的品质差异，良好的思维品质表现在：善于透过纷繁复杂的表面现象发现问题的本质；善于全面地考察问题，从事物的多种多样的联系和关系中去认识事物；善于独立地思考问题，独立地寻找答案；善于严格而客观地评价和检查自己的思维结果，不受别人暗示的影响；善于根据逻辑规律思考问题，自觉地服从客观的逻辑规律，使自己的思维首尾一致，不相互矛盾，根据充足，推论合理，结论正确；善于根据客观条件的变化，及时修改先前的方案，灵活地寻找解决问题的新途径。调查人员的“谈话”活动是调查人员与被调查人之间攻心斗智的心理对抗，是看不见硝烟的心理战场，“谈话”活动的成败，在很大程度上取决于调查人员思维品质的高低，调查人员思维品质低下表现在：

1. 缺乏思维的深刻性。不注意通过案件的表面现象去发现违纪违法的本质问题。调查人员的违纪违法对象，大多善于采用表面现象来掩盖自己的违纪违法事实，在“谈话”活动中，经常发现一些被调查人，为了否定自己的违纪违法事实，总是千方百计地伪装自己，把自己说得像一朵花，大说特说自己如何为群众办实事，如何努力地工作，表现出自己与违纪违法无关。2011 年纪检监察机关受命对一名涉嫌受贿违纪违法的某县委副书记进行“谈话”，刚刚接触这位被调查人，他就大谈自己如何尽心尽力为老百姓办事，对工作兢兢业业，起早贪黑，廉洁奉公，从表面上看，这是一名难得的好县委副书记，可是当调查人员谈到其在任县委副书记分管组织人事工作仅仅六个月的时间，自己的存款就一下涨了30余万元，并问其30万元的来源时，这位所谓的廉正书记，无言以对，最后只得交代自己的违纪违法事实。表面现象在很多的时候被被调查人用来当护身符，调查人员无论在何时都要设法拨开被调查人的伪装，去发现被调查人违纪违法的本质。

2. 缺乏思维的独立性。“谈话”的过程，实际上是调查人员对被调查人进行感知和认知的过程。“谈话”的目的要求调查人员不仅要正确地认识被调查人所实施的行为，更重要的是查明违纪违法事实。调查人员独立的思维是完成这一活动的基础，面对错综复杂的案件，需要调查人员独立地发现问题、独立地解决问题、独立地寻找答案。善于独立思考的人很少去依赖别人，他们喜欢独立地、创造性地去认识案件的本质，探索解决问题的方法，找出有效的对策。思维的独立性在某种程度上表现出它的批评性，在思考问题时不受别人暗示的影响，既不人云亦云，也不自以为是，能够严格而客观地评价、检查自己的思维结果，冷静地分析是非、利弊，不仅知道某一事物的结论，还知道得出这一结论的根据。只有这样才能在纷繁复杂的案件中，去伪存真，去粗取精，抓住本质问题。

3. 缺乏思维的灵活性。思维的灵活性是指能够根据客观条件的发展与变化，及时地改变先前的方案，寻找新的解决问题的途径。思维具有灵活性的人，在“谈话”活动中，不呆板、不固执、没有框框、随机应变、纠正错误迅速。记得有一次笔者在观看一位同行的“谈话”，“谈话”的对象是一位女性，调查人员采用了“心理限制”的方法，通过揭露其违纪违法事实，把被调查人推向了无路可退的境地。但是，由于被调查人在事实面前就是不认错、认罪，每次处在无路可退的境地时，她不是沉默不语，就是矢口否认，多次出现僵局。结果“谈话”进行了一天，仍然是这个结果。后来总结这次“谈话”失败的原因：被调查人已经适应了这种“谈话”方法，同时由于被“谈话”对象的人格特征不同，不适用论理的方法，这时，调查人员应当及时地改变“谈话”的方法，寻找“谈话”对象的其他弱点进行攻击，就有可能取得“谈话”的成功。调查人员一个方法用到底，缺乏灵活性，最终导致了“谈话”的失败。

4. 缺乏思维的流畅性。思维的流畅性实际上也叫思维的丰富性。在短时间内产生的概念多，思维的流畅性就大，思维就越有丰富性。反之，思维缺乏流畅性。心理学家们把思维的流畅性分为四种形式：一是词的流畅性，它是指在一定的时间内能产生含有规定的字母或者字母的组合的词汇量的多少。二是联想的流畅性，它是指在限定的时间内能够从一个指定词当中产生同义词或者反义词数量的多少。三是表达的流畅性，它是指按照句子结构要求能够排列词汇的数量的多少。调查人员为了完成让被调查人交代违纪违法事实的任务，根据自己的“谈话”计划，按照词汇的排列和语言表达的方法，在表达的流畅性的基础上，才能完整地表达自己的“谈话”意图。可是有的调查人员在问题的表达方面缺乏流畅性，让别人听不懂，甚至前言不搭后语，这样就会严重影响“谈话”的效果。表达问题的流畅性是调查人员的基本功，为了满足这一基本功的要求，必须注意平时的训练，战前的充分准备，如此临场才不至于语无伦次，前言不搭后语。四是观念的流畅性，它是指在限定的时间内产生满足一定要求的观念的多少，也就是解决提出问题的答案的多少。这四种形式充分地说明了思维丰富、有实践经验的人能在短时间内表达出数量较多的观念。

在“谈话”活动中，调查人员与被调查人的较量，从表现形式上看，是语言的交锋，但是，实质上是心理思维的较量。有些时候被调查人所说的问题，调查人员无话可答，更有甚者被调查人语言的流畅性远远超过了调查人员语言的流畅性，被调查人的语言常常占据上风，“谈话”进行到了最后，让旁观者看了不知道是谁审谁，由此下去“谈话”是不可能取得成功的。出现这种情况的原因在于，调查人员缺乏实战经验，遇见违纪违法高手就产生畏惧心理，出现思维障碍，引起“谈话”语言的阻滞，表现出思维缺乏流畅性。因而，调查人员必须加强思维流畅性的训练，提高思维品质。不断提高思维的深刻性和广阔性，加强思维的独立性和批判性，不断地掌握思维的逻辑性和思维的灵活性，培养自己良好的思维品质。

第十二章　新时期法制规则条件下的“谈话”方略

第一节　树立案件调查中的人权保障理念

职务违法犯罪行为的腐败毒瘤已经成为国际社会的重要打击对象，并引起了国际社会的广泛关注，各国在积极打击职务违法犯罪行为的同时，也逐渐认识到职务违法犯罪行为调查过程中人权保障的重要性。由于调查“谈话”行为是一种调查活动中的对抗行为，这种对抗行为所引发出来的暴力的“生理行为”即以酷刑，或施以残忍的、不人道的或侮辱性的待遇或刑罚，已经从另一个角度危害着社会。由此联合国制定了诸多国际人权文件，逐步确立了与违法违纪调查相关的一系列国际人权保护原则和规则，《禁止酷刑和其他残忍、不人道或有辱人格的待遇或处罚公约》（联合国大会 1984 年 12 月 10 日通过，1987 年生效）第九条、第十五条，形成了国际人权保障的措施和程序。这些规定在不同程度上体现了国际人权法的要求，也是我国职务违法犯罪行为调查中人权保障的重要参考标准。为保障调查活动的顺利进行，纪检监察人员有必要采取一定的强制手段和措施，而如果这种强制手段和措施属于非正当行使权力之列，则必然使公民的权利遭受损害。我国党纪进一步深化了人权保障措施，这无疑规范了纪检监察人员的调查“谈话”行为和人权保障理念。

一、职务违法犯罪行为调查“谈话”的对抗行为诱发的暴力取证的行为倾向

被调查人的对抗调查“谈话”的行为来源：利益、条件和心理支点。首先是根据人的“趋利避害”的行为法则，被调查人为了维护自己的利益，避免党

纪国法的处罚而带来的伤害，只能选择对抗，隐瞒违法违纪事实。这种对抗行为的选择是在自主意识条件下产生的，是自我保护的行为本性。当被调查人在接受“谈话”的过程中发现自己的违法违纪事实已经暴露，对抗已经失去了意义的时候，就有可能选择放弃对抗，选择供述。这就为“不得强迫自证其罪”条件下，被调查人自愿供述违法违纪的事实提供了可能性。因为如果如实供述就能够获得从宽从轻的处罚，能够在谈话人的身上获取新的利益，即利益的获取方向发生了变化。但是相反如果被调查人认为谈话人不会给自己带来利益的时候，谈话人没有取得被调查人的信任，那么被调查人就很难向谈话人供述违法违纪的事实。其次是被调查人对抗的心理条件，对抗行为必须建立在一定的行为条件上，才能产生对抗的行为，如果被调查人没有了对抗条件，那么被调查人就很难附属对抗行为。这个对抗条件就是违法违纪的事实的隐蔽性和违法违纪行为证据的暴露程度，暴露的可能性越大，对抗的条件就越少，被调查人趋向于如实供述的动力就越强。最后是被调查人对抗的心理支点，这种心理支点又表现出相对稳定的心理定势。这种心理定势是以个体的人格意识经验为前提的，人格决定了意识，什么样的人格意识就会出现什么样的对抗行为。因此利益、条件和支点是被调查人对抗“谈话”、隐瞒违法违纪的事实的三大心理要素，缺一不可。

被调查人的三大心理要素，是其对抗行为的基础，整个“谈话”空间是以被调查人的对抗行为为特征的。因为是对抗行为，对抗的另一面的“谈话”主体更是积极的行为者，也是提取违法违纪的事实的获得者。在以语言交流的方式不能遏制对抗行为，达不到获取违法违纪行为证据目的的时候，就可能引发出相对应的暴力行为，产生刑讯逼供的生理取证行为，即以酷刑或施以残忍的、不人道的或侮辱性的待遇或刑罚，以此来满足对抗状态下的“谈话”行为需要。被调查人对抗的行为品质决定了调查“谈话”结果，如果被调查人对自己行为处境产生的是正确的认识，那么他就不可能向调查人员如实供述违法违纪的事实。因为调查人员“谈话”被调查人的目的是获得违法违纪行为证据，以此来证明其违法违纪的事实。被调查人如果不如实地供述自己的违法违纪事实，那么调查人员就无法获取违法违纪行为证据，被调查人也不会受到党纪的追究，如果被调查人始终清楚、明白这一点，那么被调查人就不可能选择如实供述。因为如实供述会给自己带来不利的后果。但是相反如果被调查人对自己的处境产生错误的认识时，如违法违纪的事实已经暴露，面对调查人员设置的两难选择，对抗已经失去意义，供述对自己有利，那么他就可能选择如实供述。因此，当被调查人对“谈话”的空间产生的是正确认识，那么他就不可能如实供述违法违纪的事实。如果产生的是错误的认识，就会选择如实供述。

谈话人暴力取证的原因在于：在“谈话”全过程的对抗状态下，调查人员的行为受阻，会激发出强大的心理压力，这是调查人员受到的心理强制，这种心理强制行为不能自我解脱，压力达到一定程度时就会出现暴力取证行为。调查人员的暴力行为对被调查人有着重要的影响，这种心理影响更进一步强化了被调查人的正确认识（自己说不说实话对调查人员很重要）。当被调查人在暴力行为的作用下，意志的承受能力达到一定的限度后，不平衡的生理状态就可能改变认识，反应出顺应的行为，以满足谈话人的需要。当然这种顺应行为也包含着虚假的行为，表现为虚假供述。这种暴力行为从根本上违反人权保障的基本法则，同时也是冤假错案发生的重要原因。被调查人自愿供述的心理依据为：在“谈话”活动中，只有当被调查人产生错觉的时候，被调查人才会做出如实供述的决定，这种调查“谈话”科学结论已经被世界上许多国家普遍采用，并且得到了科学证实。这种认知错觉产生的供述行为，来源于人的趋利避害的本性，在“谈话”室这样的特殊空间里，调查人员规范严肃的语言行为，直接对被调查人的心理行为产生重要的影响。人格行为在人们的语言交往活动中，礼貌的语言合作性，是语言交流的基本状态，谈话人在“谈话”的语义中让被调查人始终感觉到，调查人员始终是为了自己的利益着想，就可能出现顺应的服从状态，向调查人员陈述内心的隐私，以此来获得调查人员的帮助，从而获得新生的利益。这就达到了“在不得强迫其自证其罪”条件下的自愿如实供述违法违纪事实的“谈话”目的。

二、生理强制行为与心理矫正行为的调查“谈话”方法的取舍

从古至今调查“谈话”的方法只有两大类型，一种是生理强制的方法，一种是心理矫治的方法。生理强制的方法操作简便，收效快捷，无科技含量，任何不懂调查“谈话”技巧的人都能够操作。但是这种生理强制的方法是党纪制度所禁止的，是被唾弃的不人道的暴力调查行为。心理矫治的调查“谈话”方法，是从心理学的角度，以违法违纪的行为对社会、对他人造成的危害结果，进行心理影响的过程。这种心理的影响又同时满足了“谈话”活动的规范合法、科学有效性，即在保障严格履行党纪规定的行为条件下，运用科学的调查

“谈话”方法，获取被调查人自愿如实供述的行为结果。

（一）调查“谈话”活动中的生理强制行为

被调查人对抗调查“谈话”、隐瞒违法违纪行为，不如实供述违法违纪事实，已经成为世界各国共同关注的难题，被调查人实施了违法违纪行为后隐瞒违法违纪行为事实而逍遥法外，这无疑是对被害人的人权保障出现了无奈的局面，为了减少这种无奈的局面，提高破案率，提高调查“谈话”的科学有效性，就成了各国调查谈话人的行为方向和重要研究课题。

调查活动离不开“谈话”，“谈话”被调查人是调查活动的重要主题，被调查人隐瞒下来的违法违纪行为证据，是很难被发现提取的，只有被调查人自己自愿地提交，才能被提取证实违法违纪并科以刑罚。为了能够使被调查人自愿提交违法违纪行为证据，向被调查人讨要口供，已经成为调查“谈话”的主流。从调查“谈话”的对抗性质来看，解决口供问题的方法，可分为两大类型即生理的方法和心理的方法。生理的方法是以改变人的生理的平衡状态为特征，使得被“谈话”人在生理失衡状态下，激发出顺应的行为。改变这种生理的平衡状态是在暴力的行为状态下产生的，人的生理平衡是生存的需要，健康的人身体正常（不渴、不饿、不冷、不热、不痛）、精神平定，处于协调自由活动状态。一旦生理上出现失衡状态，就会产生痛苦、严重者导致死亡。当人出现生理的不平衡状态时，就会立即出现需要平衡的动机，即生理平衡的动力趋向，这种生理的失衡产生的动力趋向，为“谈话”被调查人获取口供提供了方法和条件。

为了使被调查人供述自己的违法违纪事实，使用暴力改变其生理的平衡状态，以激发出被调查人顺应的供述行为。这种被暴力激发的供述行为有如实的供述，也有为了顺应调查人员的要求做出的虚假供述，这为冤假错案创造了条件。这种生理“谈话”方法产生的基础是在有罪推定的心理意识指导下，急于获取口供的破案心情，因不具备科学的“谈话”方法和技巧，而采取强迫被“谈话”人供述的方法，实施的行为是对身体的暴力，实施的结果虽然有真实的违法违纪供述，但也有虚假的违法违纪供述，同时也侵害了被调查人的人身权利。

我国现阶段虽然实行的是控审分离的诉讼制度，但有些司法工作人员在“谈话”被调查人时却抱着“被‘谈话’者就是罪犯”的心理态度，当“谈话”进行得不顺利时，怀着对被调查人的痛恨和违法违纪行为不打不招的心态，便实施了刑讯逼供。例如佘祥某杀妻案：1993 年 12 月，湖北省京山县雁门口镇某某村人，系京山县公安局某某派出所原治安巡逻队员佘祥某，因涉嫌杀死妻子而被刑事拘留。曾两次被宣告死刑，后因证据不足逃过“鬼门关”。后被京山县人民法院以故意杀人罪判处有期徒刑 15 年，剥夺政治权利 5 年。但在 10 年后，被佘祥某“杀害”达 11 年之久的妻子张在某突然现身，后此案得以平反。被定死罪的口供是在办案民警残忍地毒打了 10 天 10 夜，并在办案民警的“提示下”，佘祥某开始一个一个细节地交代自己的“违法违纪经过”，按民警的思路完成全部供述的。此案造成佘祥某的母亲杨五某、哥哥佘锁某上访被公安机关拘留，杨五某含恨而死。

《世界人权宣言》中明确规定，“任何人不得加以酷刑，或施以残忍的、不人道的或侮辱性的待遇或刑罚”。国际社会通过了一系列禁止酷刑的国际文件，在反酷刑的相关国际公约中，最为著名的是《禁止酷刑和其他残忍、不人道或有辱人格的待遇或处罚公约》，目前加入的国家或地区已达 140 多个，我国也于 1986 年 12 月 12 日签署了该公约，并于 1988 年 11 月 3 日对我国生效。尊重和保障人权是我国宪法确立的一项重要原则，体现了社会主义制度的本质要求。纪检监察制度关系公民的人身自由等基本权利，将“尊重和保障人权”明确写入党纪，既有利于充分地体现我国司法制度的社会主义性质，也有利于纪检监察机关在纪检监察程序中更好地遵循和贯彻这一宪法原则。

（二）调查“谈话”活动中的心理矫治行为

调查“谈话”活动是纪律检查活动中的重要组成部分，它的行为规范就是来自于纪检监察工作条例，依照纪检监察条例的“谈话”是基本要求，在唾弃了生理强制方法后，心理矫治的“谈话”方法无疑成了唯一可取的，被称之为“谈话”科学。心理矫治的调查“谈话”方法，是从心理学的角度，以违法违纪的行为对社会、对他人造成的危害结果，进行心理影响的过程。这种心理的影响又同时满足了“谈话”活动的规范合法、科学有效性，即在保障严格履行党纪规定的行为条件下，运用科学的调查“谈话”方法，获取被调查人自愿如实供述的行为结果。

心理矫治的方法是利用被调查人趋利避害的行为特征和对违法违纪行为的记忆经验的心理反应，来获取违法违纪的行为证据信息。被调查人隐瞒违法违纪的心理依据，是以利益、条件和心理支点为基础的，调查人员能够通过心理影响的方法，改变被调查人获取利益的方向，如党纪、处罚条例规定的被调查人如实供述，能够获得从轻、从宽处罚，使被调查人向调查人员讨要从宽、从轻处罚的利益；违法违纪行为的隐蔽性是被调查人对抗“谈话”的基本条件，调查人员通过“嫌疑”的行为信息，帮助被调查人激活其隐藏在心灵深处的违法违纪的行为记忆，从心理上拆除被调查人的对抗条件，满足对抗意义的心理过程；心理支点是人的行为方向，他的来源是趋利避害的行为规则，调查人员提供的心理信息影响是供述有利，能够获得从轻处罚；对抗不利，对抗只能加重自己的心理负担。经过被调查人自我的心理确认，对抗的心理支点产生动摇或者被移除，供述动机由此而生。

三、“不得强迫自证其罪”条件下的调查“谈话”行为规则

（一）“不得强迫自证其罪”的调查“谈话”行为规则

“不得强迫自证其罪”的权利源于英国李尔本案件，1637 年李尔本被指控印刷出版了煽动性书籍，王室特设法庭强迫其宣誓作证，李尔本予以拒绝并因此遭到鞭打和被施以枷刑。1640 年，李尔本在英国国会就强迫自证其罪进行了痛诉，要求国会通过立法禁止强迫自证其罪，英国国会予以采纳。自此拒绝自证其罪的权利得到确立。我国新修改的《中华人民共和国刑事诉讼法》在原有的禁止刑讯逼供的基础上，明确规定了“不得强迫任何人证实自己有罪”。这是我国法律一贯坚持的精神，因为原有的法律里就有严禁刑讯逼供这样的规定。为了进一步防止和遏制刑讯逼供，这次刑事诉讼法明确规定严禁刑讯逼供、不得强迫任何人证实自己有罪。此次修法重点放在了非法证据排除规定上，而且还规定了严密的、严格的证据收集程序，这样的规定对纪检监察机关是一个刚性的、严格的要求。与我国增强诉讼中的对抗性的纪检监察发展趋势相一致，体现了诉讼的民主性和文明性。

从制度上防止和遏制刑讯逼供及其他非法收集证据的行为，为维护司法公正和纪检监察参与人的合法权利提供保障。调查“谈话”活动无疑是一种对抗性行为，它的目的是保障刑罚能够顺利地实施，保障更加广泛的人权，即在全部的调查活动中既要保障人民大众的权益，又要保障被调查对象的合法权益，这两者的保障是统一的，既要满足司法公正，又要满足人权保障。因此刑事诉讼法在规定了“不得强迫任何人证实自己有罪”的同时，规定了“被调查人对调查人员的提问，应当如实回答”。这是从另外一个层面、另外一个角度来实现两个保障。我国刑法规定，被调查人若如实回答了问题，交代了自己的罪行，

则可以从宽处理。刑事诉讼法作为一部程序法，为落实这样一个规定，它要求被调查人如果要回答问题的话，就应当如实回答，且如实回答，就会得到从宽处理。可见，不得强迫自证其罪与如实应讯两者之间是两个保障的统一。一方面确立包括沉默权在内的拒绝强迫自证其罪的权利，另一方面采取鼓励、支持被调查人的陈述措施，使其能够积极地进行供述和辩解，从而有利于查明案件的客观事实。

（二）人权保障条件下的调查“谈话”原则

调查“谈话”与人权保障产生冲突的原因在于：在案件调查活动中，言辞证据占有重要的位置，口供更具有其他证据无可比拟的地位，“零口供”所占的比例是非常小的，调查“谈话”活动本身是对抗性的活动，存在着较强的利益冲突。首先，“谈话”人为了揭露违法违纪，被“谈话”方为了隐瞒违法违纪，双方的较量和斗争直到被调查人转变态度供述违法违纪的事实为止。其次，这种冲突又存在着不平等的地位问题，被调查人往往处于相对不利的地位，容易出现侵害人权的现象。最后，被“谈话”对象大多是以被调查人的身份出现，这种身份判定的来源是“调查假说”，是调查人员根据初步掌握的证据和事实，运用调查经验和逻辑推理，对案件情况、违法违纪行为人情况等做出的初步推断而形成的。

“调查假说”在很多的时候决定了调查人员的行为意识，调查人员通过调查、初查后初步获取的证据信息和材料，研究、分析、判断案情，违法违纪动机和目的、违法违纪的行为过程等做出初步推断。这种初步推断，在调查中形成某种较为合理的“调查假说”，它能够给调查人员确定调查方向、划定调查范围和选择调查途径。调查人员通过“调查假说”获得的信息资料，直接影响了调查谈话人的行为意识和调查意识，获取的违法违纪信息资料越多，其调查行为的攻击性和主动性就越强。由此当涉嫌的被“谈话”对象极力隐瞒、对抗的时候，调查谈话人已经建立起来的“违法违纪嫌疑的行为推定”产生了调查攻击态势，形成了强制的调查“谈话”外力。

调查活动的主动性的核心问题，就是“调查意识”，调查行为是在利益的冲突条件下展开的，没有调查意识的调查行为，是很难取得调查“谈话”成功的，即揭露违法违纪、证实违法违纪必须建立在积极主动的行为条件下，才能满足调查活动的对抗性的需要。因此调查意识始终与“存在假定”密切相联系，因为调查活动是寻找违法违纪事实、寻找违法违纪行为证据，而不是最后的证明违法违纪事实、证明违法违纪行为证据。所以调查人员的“调查意识”是调查行为的目的决定的，与“无罪推定”意识没有内在的联系，它们不是同一个诉讼阶段的行为。如果强调调查人员在履行调查活动行为，必须坚持“无罪推定”的原则，那么调查活动的主动性就成了一句空话。“存在假定”不是为了制造冤假错案，而是为了充分查明违法违纪的事实，为调查目标提供积极的调查方向。而这种积极的调查行为又必须建立在依照党纪的基础上，严格依照我国党纪对调查“谈话”的党纪规定，即严禁刑讯逼供和以威胁、引诱、欺骗以及其他非法的方法收集证据，不得强迫任何人证明自己有罪。

此外，法律明确规定了非法证据排除的具体标准：采用刑讯逼供等非法方法收集的被调查人供述和采用暴力、威胁等非法方法收集的证人证言、被害人陈述，应当予以排除。违反党纪规定收集物证、书证，可能严重影响司法公正的，应当予以补正或者做出合理解释，不能补正或者做出合理解释的，对该证据应当予以排除。因此调查“谈话”活动必须遵照党纪的人权保障的刚性规定，同时又根据党纪给予的调查权限范围，履行调查行为。党纪关于调查“谈话”活动，严禁刑讯逼供，不得强迫任何人证明自己有罪的原则，对依照党纪调查“谈话”有一定的约束力，对于调查实践的影响是存在的，但也不宜过分夸大。反对强迫自证其罪的重点在于“不能强迫”，不能使用生理的、身体的暴力行为获取口供。而不是说不能“谈话”、不要口供。最高人民检察院为了防止在取证过程中出现刑讯逼供和威胁、引诱、欺骗行为，要求自侦部门“谈话”被调查人时必须全程同步录音录像。因此，对于调查人员来说，提高依照党纪办案的水平，提高在人权保障条件下的调查“谈话”行为的科学有效性是一项现实而紧迫的要求。

针对党纪关于被调查人接受“谈话”时“应当如实回答”的规定，被调查人若如实回答了问题，交代了自己的罪行，则可以得到从宽处理。党纪作为一部程序法，要落实这样一个规定，它要求被调查人如果要回答问题的话，就应当如实回答，如果如实回答，就会得到从宽处理。从调查“谈话”的角度来看，这无疑是开启了一扇大门，表明被调查人存在自愿供述的可能性，即存在“被调查人明知道供述对自己不利，还仍然要供述”的可能性。因此，我们认为这就是调查“谈话”活动应当把握的境界和调查“谈话”的行为原则。

第二节 调查“谈话”方法

法律明确规定严禁刑讯逼供，不得强迫任何人证实自己有罪。如何运用调查“谈话”的科学方法，有效地揭露违法违纪、打击违法违纪，正确履行调查活动的职责，这是在新的人权保障规则下调查谈话人面临的一项重要课题。笔者认为，不得强迫被调查人供述，调查“谈话”的一切方法和技巧，只能在自愿供述的范围内，围绕着如何能够使被调查人自愿供述展开。

一、人格倾向的自愿供述机理与“谈话”方法

调查“谈话”的实践表明被调查人的人格特征，能够对“对抗行为”产生重要的影响，“人格基本属性”是人对客观现实反应和付诸行为的基本态度和认识，人格就是相对稳定的性格特征，这种相对稳定的认识基础是被调查人对抗“谈话”的心理依据，被调查人从对抗“谈话”到自愿供述认错、认罪的过程，是心理认识的转化过程，根据被调查人在接受“谈话”的心理过程表明，对抗“谈话”拒不供述的重要原因来源于：利益关系、对抗条件和人格特征即三大心理支点。当被调查人对抗的三大心理支点被置换以后，谈话人帮助被调查人重新建立起了供述认错、认罪的心理支点，便完成了被调查人自愿供述的“谈话”任务。

（一）对抗利益关系的心理冲突与转化

从利益的概念上来看，利益就是好处，或者说就是某种需要或愿望的满足。由于利益存在于不同领域，从而有物质利益、政治利益、精神利益三种利益之分。这是被调查人对抗的重要心理依据，这种心理依据的来源是“社会交换理论”中人的基本行为规则，即“趋利避害”的本性。被调查人为了维护自己的利益，才选择对抗的。可是在很多时候，被调查人又总是从开始的“对抗”，经过与谈话人的语言交流，放弃了对抗，选择了供述，这又是什么原因呢？难道被调查人不知道供述以后会给自己带来不利的后果吗？显然不是！当被调查人认为供述比对抗对自己有利的时候，被调查人就会放弃对抗选择供述。这是被调查人在经过对抗的利益关系的心理冲突之后，发生的利益关系的变化，继而进行的利益转换的结果，即“谈话”活动必须把握的行为境界：被调查人明知自己供述以后对自己不利，还仍然选择供述。“谈话”活动中利益关系的把

握，是指被调查人在调查人员的帮助下，更好、更快、更准确地把握为自己争取可能“利益”的时机，做出顺应性的行为抉择。

利益关系的“谈话”方法具体而言，首先，作为被“谈话”人的被调查人其重要的特点是“违法违纪嫌疑”，有违法违纪的信息反映，这将是被调查人可能“丧失利益”的基本认识。“可能丧失利益”是前提，至于可能丧失多大的利益，在被调查人意识里还是个未知数。由此调查人员帮助被调查人设置一个“小利益”和一个“大利益”来让被调查人自己选择，实际上是两难选择，是保护小的利益还是保护大的利益，必须选择其一，只要被调查人做出利益选择，他的行为就会做出“丢卒保车”的供述。例如，巨额财产来源不明案，被调查人就是不愿意供述财产的来源，当调查人员告知被调查人：你的财产的来源只有两个，一个是你自己受贿来的，另外一个就是你儿子受贿来的，不是你就是你儿子，二者必择其一。被调查人为了不把责任牵连到儿子身上，就只得如实供述自己的受贿行为。“博弈理论”也告诉了我们两难选择的道理，美国的警察抓住了两名盗窃犯，因为证据不足很难指控违法违纪。于是警察就将两名被调查人分别关押，并且分别告知两名被调查人：“如果两人都不供述，则两人分别被判两年徒刑，如果两人都供述，那么两人就要分别被判五年徒刑，如果一人供述一人不供述，那么供述的人只能被判两年，而不供述的就要被判十年”，结果二人都选择了供述。这是利益的两难选择在“谈话”活动中的基本运用规律。

其次，是帮助被调查人建立趋利避害的平台，通过输入暴露的违法违纪信息，来转变被调查人的认识基础。因为违法违纪总是要留下痕迹的，如职务违法犯罪行为就存在着赃款赃物暴露的可能性，行贿人、受贿人主动供述交代的可能性，利用职务之便行为暴露的可能性，反调查行为暴露出来的再生证据等。这些都是被调查人对利益丧失认识的因素，是“谈话”空间对被调查人的心理产生影响之后而发生的。

最后，是帮助被调查人建立起“利益方向的转移”，谈话人应当在较短的时间里，与被调查人建立起情感关系和信任关系，当被调查人在对利益做出选择的时候，那个给付利益目标就是“谈话”人，当被调查人向调查人员索要利益的时候，被调查人就会做出自愿的供述。

（二）对抗条件的心理冲突与转化

被调查人不轻易供述出自己的违法违纪事实，是对抗的条件所决定的，对抗条件是决定被调查人对抗行为的存在、发展的内部原因，同时对抗条件也是制约和影响对抗行为存在、发展的外部因素。违法违纪行为的隐蔽性，就是被调查人的对抗条件，有条件对抗被调查人才会选择对抗，如果没有了对抗条件，被调查人就会放弃对抗。被调查人的对抗条件，是建立在违法违纪事实没有暴露、违法违纪行为证据没有被纪检监察机关掌握的基础上产生的，这是被调查人对抗“谈话”的基础。如果违法违纪的事实已被纪检监察机关查清，自己即使不如实供述也不影响纪检监察机关对自己的处罚，被调查人就失去了对抗的条件，对抗也就失去了意义，自然就会放弃对抗选择自愿供述。

对抗条件转化的“谈话”方法。调查“谈话”是以调查人员预先的“调查假说”为基础的，而这个前提的产生则是基于被调查人外露的行为和内在的违法违纪的行为记忆，如果没有违法违纪的行为记忆，那就不存在对违法违纪行为的隐瞒和对抗了。在“谈话”的空间里，违法违纪行为的记忆是被调查人员模拟产生、再现的，谈话人通过“调查假说”对违法违纪行为的模拟，能够对被调查人的对抗条件的认知产生重要的影响。谈话人模拟的违法违纪事实与被调查人的行为记忆相吻合，被调查人的对抗条件就会自动丧失，反之就会被强化。由于违法违纪的行为记忆在谈话人外来的信息刺激下被激活，被调查人自然会通过不同的心理语言行为反映出来，这是人的生理和心理特征的反映，也是形体语言研究的结果。例如，被调查人为了掩盖自己的违法违纪事实，对抗调查“谈话”的基本方法就是“谎言”，这种“谎言”在外来的信息刺激下，总会通过说谎者的外部形体反映出来，自然的就会暴露自己在说谎。另外说谎者引发的心理焦虑，促成了自我对抗条件的降低和削弱，导致最后选择供述。

（三）对抗调查“谈话”的人格倾向与心理支点的撤离

调查“谈话”的实践证明，被调查人对抗调查“谈话”是建立在一定的心理基础之上的，这个心理基础就是对抗的心理支点即心理定势。心理定势是相对稳定的心理状态，这种相对稳定的对抗心理状态，是由人格倾向的基本属性来决定的，什么样的人格倾向就会反映出什么样的对抗行为，因为“人格基本属性”是人对客观现实反应和付诸行为的基本态度和认识。例如，有的国家高级干部因自己的一念之差收受贿赂，构成了违法违纪，当纪检监察机关的调查人员对其进行“谈话”时，他能很快地承认自己违法违纪的事实，不抵赖。而有的被调查人在铁的事实面前还抵赖不认账，耍无赖，表现出了在人格上的差异、思想觉悟的高低，这里的思想觉悟就是“超我”的社会道德规范意识。如果被调查人“超我”的社会道德规范意识强烈，其违法违纪的行为记忆被外来的信息刺激激活以后，就会产生强大的心理焦虑的压力，为了缓解、释放这种压力，就会选择供述。可是如果被调查人的人格倾向是“自我”的认识特征，其社会道德规范意识就比较弱，很难产生悔过的心理焦虑的压力，对抗“谈话”、隐瞒违法违纪的事实，是其主导行为方向。只有改变被调查人“自我”的人格倾向，帮助被调查人从“自我”的人格倾向向“超我”的人格倾向的转移，才可以实现其自愿供述的目的。因为生活在同一社会空间里，每一个人都有“本我”“自我”和“超我”的人格特征，只是在特殊的“谈话”环境的空间里，产生的认知反应不同，有的“超我”的意识比较强，有的则比较弱，这是个体的认识经验对空间的反应而造成的。调查人员如果能够把握、改变、适应“超我”人格的空间，就能转变被调查人的对抗行为。因此调查人员必须注意调整被调查人的人格属性差异，使其人格特征达到正常的人格状态，满足“谈话”所需要的人格特征。

对抗心理支点撤离的“谈话”方法。在“谈话”的空间里调整被调查人的人格行为特征，是通过对被调查人评价的方法来进行的。通过对被调查人的品格评价，激发其闪光的、优秀品质的人格，建立自我维护“超我”意识的心理行为，帮助被调查人搭建供述、认罪的平台。被调查人的成长过程也是一个社会化的过程，在他的成长过程中，社会行为规则与价值观念都会内化在被调查人的行为模式与思维模式中，即使是在违法违纪过程中，被调查人也摆脱不了成长过程对其的影响。这主要表现为由于违法违纪而在被调查人心中形成的罪责感与内疚感，也即通常所说的良心受到的折磨。西方社会里有许多人在干了坏事后到教堂找神父忏悔，即体现了被调查人的罪责感与内疚感。

从受贿违法违纪的情况来看，如果被调查人认为谁都不愿意把自己的钱给别人，只有在无奈的情况下才不得不给钱，那么被调查人就可能不会去拿别人的钱了。例如，一次某企业公司的经理为了找某领导办事，委托中间人向某领导送去五万元人民币，某领导当即就收下了，可是就在某领导准备拿着钱走的时候，中间人告诉他，那个公司经理在委托送钱的时候说：“怎么办呢！不给钱办不成事啊！”听到了这句话的时候，这位领导干部立即将钱退还给了中间人。这一行为说明，被调查人的违法违纪行为是在心理平衡的状态下实施的，一旦心理不平衡就会放弃违法违纪行为。上述的某领导干部已经接受了中间人的五万元，但是听到中间人的传话之后，心理出现了不平衡状态，便放弃了拿钱的行为。根据违法违纪学家的认识，在违法违纪实施过程中，大多数被调查人在控制侵害对象时，其内心有一个将对象非人格化或道德评价降低的现象，以求得自己内心的平静或平衡。有些违法违纪学家就此提出了一种被害预防的对策，即被侵害对象在面临被侵害而无力反抗的情况下，要放弃无谓的反抗而不要放弃对违法违纪行为人的劝说——将违法违纪行为人看作一个和他一样有人格的人、像他家人亲友一样的人，从而激起违法违纪行为人的道德感，使其产生不平衡的内心冲突，从而使被调查人自动放弃违法违纪。

因此在“谈话”被调查人的活动中，谈话人就要设法改变被调查人平衡的心理状态，使之出现不平衡的心理愧疚，出现社会规范的道德感，而放弃对抗积极供述罪行。“谈话”活动中调查人员通常采取“昵称”的方法，不直呼其名，而是称呼对方原来的职务，有效地维护被调查人内心深处“超我”的闪光品质。同时对被调查人在职期间的丰功伟绩进行评价和赞扬，使其产生“超我”行为的自我维护，培养出“心理焦虑”的悔罪行为，达到被调查人自愿供述的目的。

调查“谈话”中调查人员在帮助被调查人建立“心理焦虑”的悔罪行为的同时，还应该把握和控制住被调查人的心理活动倾向，包括被调查人内心对于供述与否的判断。被调查人供述与否，主要取决于他对实施了违法违纪行为后果的担心，以及由违法违纪所引起的罪责感两者之间进行的理性选择（即判断）。前者源于党纪对其的影响，后者则源于其成长过程中的社会化影响。如果被调查人对各种损失后果的担心大于罪责感，则他会选择拒供或假供；如果被调查人的罪责感胜于其对后果的担心，则他会选择如实供述。当然除此之外，还有一种情况应当引起调查人员的注意：对于无法逃避利益损失后果的情况下，有的被调查人并不害怕党纪的惩罚给其带来的利益损失，却很在乎其违法违纪事实公开后所带来的形象或名誉受到损害，甚至宁死也不愿供述自己的违法违纪事实，诸多的自杀现象表明，这种情况在老年被调查人或女性被调查人身上出现得较多。对此调查人员就要设法改变被调查人的这种心理认识，用其他的行为关系来置换这种心理状态。例如，一位被调查人因为受贿在其接受调查期间就想到了自杀，谈话人及时发现并且对其进行了开导：“你本人也是一名优秀的干部，也不是一个贪财的人，只是儿子出国需要钱，你也是为了你的儿子，不然你也不会伸手去拿别人的钱！”谈话人的一席话使被调查人转变了心理状态、放弃了自杀，选择了如实供述。

二、违法违纪的行为记忆经验的再现与“谈话”方法

被调查人供述自己的违法违纪事实是因为自己实施了违法违纪行为，心理的记忆有违法违纪的事实存在，有的违法违纪的事实已经过去数年，仍能清晰地陈述出当时的违法违纪情景，这就是记忆经验的作用。例如，“谈话”活动中的刑讯逼供导致被调查人不得不进行谎供和假供，本来自己没有实施违法违纪行为，就没有违法违纪的记忆，调查人员非要逼其供述所谓的违法违纪事实，无奈只有编造虚假的违法违纪事实。在“谈话”活动中违法违纪行为的存在是记忆存储的结果，供述认错、认罪是重现的过程。在这样的过程中，当外来的信息涉及该违法违纪情景时，被调查人根本不需要再次对自己违法违纪的现场进行核实，这种违法违纪的情景便会通过记忆的“备用性”活动，表现出对该“现场”的记忆经验和认识。记忆的特征是他的“备用性”，“备用性”行为提供给意识的认知经验，无须再次进行核实，便会直接跨过意识来反馈这一意识经验。由此可知，记忆经验是被调查人供述的基础，意识经验的习惯反映是被调查人供述的条件。

再现违法违纪的行为记忆经验的“谈话”方法。在“谈话”活动中调查人员常常利用被调查人的记忆经验的“反馈”现象，达到使其揭露违法违纪的事实的目的。在“谈话”的方法上表现为：第一，促进或者加大被调查人说话的语言惯性，被调查人的“口误”就会出现。语言的“口误”是不希望说出来的话，通过意识经验的惯性流露了出来，这个“口误”就包含着违法违纪的记忆痕迹。只要抓住违法违纪的记忆痕迹，被调查人就很难摆脱，最后不得不供述。第二，促使被调查人对抗“谈话”谎言的转变。被调查人对抗“谈话”的基本行为表现就是谎言，如果被调查人在面对调查“谈话”时不说谎，那么“谈话”的对抗性就不存在了，调查“谈话”也就失去了意义。被调查人在“谈话”中的谎言行为，是被调查人的主动供述行为，不是谈话人的强迫行为，根据党纪规定的自愿供述原则，应当如实供述，即如果供述就应当如实供述。既然是自愿供述，而又不如实供述，作为调查人员就应当在被调查人自愿供述的基础上，使被调查人从不如实供述转变成如实供述，完成谎言的转变过程。

在调查“谈话”活动中改变被调查人的谎言，是“谈话”的重要任务。改变谎言重要的是要能够识别谎言，根据在“谈话”活动中的实践可见：从意识反应的角度看，说谎的意识行为必须要跨过记忆经验，才能反映出谎言的语用

行为，因此说谎话的信息刺激反应与说实话的反应比较，说谎的反应比说实话的反应要慢；从生理行为的变化角度看，说谎引发的心理焦虑导致胃蠕动的失调，引起唾液分泌的失调，出现口干不断舔嘴唇的行为反应。

识别谎言为的是揭露谎言，揭露谎言就是为了再现违法违纪的记忆行为。在“谈话”活动中，被调查人的记忆经验是通过违法违纪的“情景”“情节”“现场”“涉案人”的心理行为反应传递给调查人员的，再现违法违纪的行为记忆经验的“谈话”方法。首先，要表现出谎言的供述矛盾，谈话人根据被调查人的供述矛盾进行分析揭露，导致了被调查人自我的心理强制，因为不能自圆其说，只得放弃谎言，供述实情。其次，“谈话”人为了发现谎言揭露谎言，采取了“导谎”的方法，根据被调查人说谎的情景，将自己编制的情景加入到被调查人的谎言中进行“催化”，使其充分地暴露谎言，让被调查人自己把自己逼进无路可退的境地。再次，是特情证明的方法。调查人员选择一个或者多个特定的情景，来解读被调查人的谎言，这种有理、有据、有节的解读谎言的行为，足以对被调查人的心理产生强烈影响和控制力，被调查人只能放弃谎言从实供述。最后，是心理测试的方法，运用心理测试仪器对被调查人的谎言进行测试，转换出被调查人说实话的动机。

以下面的案例加以说明：公安机关在一荒郊的草坪里发现一具无名女尸，这是一起杀人碎尸案，死者是一名年轻的女性，经过调查得知该女性是来本地打工的外地女性，与其他两名外地女性同住在一间出租屋内，据出租屋内的其他两名女青年证实，该女子失踪的前两天其丈夫来过本地，听该女子介绍她的丈夫也在另外一个城市打工，因为出租屋住的是三个人，她的丈夫来了以后就出去找了旅馆住，从她丈夫来本地那天开始，该女子就没有回来，当时还以为该女子是跟丈夫一同回老家了，就没有多想，谁也不会想到她会被杀害。那么该女子到底是被谁杀害的，调查的目标首先集中到了该女子的丈夫身上。公安机关找到了该女子的丈夫李某，在询问该女子的一些情况时，李某既不感觉到惊讶也不感觉到突然，更不问妻子的下落，明显地表现出对妻子下落的知情——有知情的记忆特征反应。如果李某对自己的妻子被杀不知情，那么他就会急于向公安人员询问妻子的下落，因为公安人员专门来询问自己妻子的情况，无论是什么原因，他也要知道妻子的情况。但是李某的表现是极为平静和消极的，超出了常规。李某的这种明显的知情的记忆行为反应，引起了办案人员的注意，经过讯问，李某承认是自己杀害了妻子，并且交代了杀害妻子的原因是妻子对自己的冷淡，他怀疑妻子又喜欢上了别人，在争吵的过程中，他用手将妻子掐死后，将尸体肢解后抛尸的全部犯罪事实。

第三节　自愿条件下的“谈话”方略

在调查“谈话”实践中被调查人的自愿供述原则与调查谈话人的“提取”行为之间，出现了诸多的矛盾。供述违法违纪的事实、接受党纪国法的处罚，这对被调查人来说，无论从哪个角度讲也不可能是心甘情愿的，调查“谈话”行为的对抗性已经说明了这个问题。因为揭露违法违纪的需要，调查“谈话”行为的攻击性、主动性和强制性就成了必然。这是摆在谈话人面前的一对矛盾，如何能够既揭露违法违纪，又保障不强迫被调查人的自愿行为，是调查“谈话”活动的合法性与科学性应当把握的原则。因此“规范合法、科学有效”的“谈话”方法，已经成为调查人员必须履行的行为规则，同时也体现了打击违法违纪活动中的人权保障的现实意义。

一、准确把握“谈话”语用行为的两种属性

规范合法的调查“谈话”行为是以满足党纪规定的调查规则为前提的，同时能够保障科学有效的调查“谈话”行为得以顺利的实施，这种两全其美的方法，就是要求调查谈话人运用“谈话”语用行为来实现的。“谈话”的语用行为是调查“谈话”的核心，从“谈话”语言的基本特征来看，“谈话”的语用行为包含着两大基本属性，一是“谈话”语言的意思的直接表述，是“谈话”话语层面的直接含义，即“谈话”语言的“前景含义”，代表着语言层面的第一属性。二是直接语义层面下面的、隐含的语义，是直接含义派生出来的被扩大了的“言外之意”，即“谈话”语言的“背景含义”。因此，“谈话”语言的目的性引出的语用行为的复杂性、“谈话”语言的科学有效性，就是要把握这两种语言属性的科学统一。

从“谈话”语用行为的属性来看，“谈话”的目的是确定某种行为，如“这一笔钱对方拿了没有?”这是“谈话”语言的第一个层面，在这个层面里只是询问对方是否拿了别人的钱，没有其他的意思，也就是说没有其他的背景含义。因为这种语言是以核对为目的的，核对式的语言只有核对的层面内容，而没有更深层次的意义。“谈话”对象本身就是为了隐瞒自己拿了别人的钱的行

为，当“谈话”人用核对的语言询问对方拿了还是没拿？那么隐瞒的行为就会脱口而出——没拿！因为这种核对式的语言，不能让对方将拿钱的心理事实进行确认，不能产生更大范围的联想。如果谈话人改变“谈话”的方法，将核对式的语言加入第二语言层面的含义，摄入背景信息，如“别人为什么要给你这个钱?”在这里，语言的第一个层面就是“别人给钱的目的是什么？你拿了没有?”而第二个层面就是“你拿了别人的钱!”因为这一句话能够让对方产生联想，达到对自己的拿钱行为与谈话人提供的语用行为信息进行确认，对方就很难跨越“别人给钱的目的”来直接回答“自己没有拿别人的钱”。同时这个第二层面的语用行为能够使对方产生错觉——自己隐瞒拿钱的行为已经暴露，这就是语用行为的背景信息影响产生的结果。

通常人们在语言的交流活动中，语言的第一个层面并不是说话人的真实意思表述，很多的时候说话人的真实意思表述，恰恰与语言的第一个层面的真实意思表述相反，如“我很想去!”而实际上他根本就不想去。这里第二层面的不想去，才是说话人的真实意图。语用行为的前景信息是语言表达结构包含的主要信息，也是语言表达的主要信息。与背景信息的区别是：背景信息是附带出现的信息，背景信息与表达的结构本身的逻辑关系并不是很密切，但是前景信息与表达的语言结构本身有着密切的逻辑关系，有着严格的制约性。背景信息是层面上的意思表述，是直接的语用行为。因此这种语用行为在“谈话”活动中，必须满足于合法的行为，即排除刑讯逼供。“谈话”活动中的语用行为在很多的时候，是通过背景含义来完成的，“谈话”语言的背景含义的效果，直接产生对“谈话”结果的影响，是科学有效性的重要表现。因此谈话人的语用行为的目的性，应当在满足“前景含义”规范合法的基础上，把握背景含义的科学有效性。

二、充分运用语用行为的背景信息“谈话”

“谈话”语言背景信息的预设方法。背景信息预设的含义，是“谈话”语言表达结构附带包含的信息。例如，调查人员问被调查人：“你存那么多钱干什么?”被调查人答：“那是我儿子的钱存在银行的。”这句话无论被调查人出于什么样的目的，调查人员都应该能够知道他的背景含义：“他有儿子”“银行里有存款”。这种背景信息正是调查人员需要知道的，调查人员应当知道这样附加的背景信息，就是获得了新的信息。实际上“谈话”的过程就是不断地获取新信息的过程。调查人员获取了新的信息后，就要紧追不舍：“钱存在哪家银行？存了多少钱?”一旦被调查人把银行存款的信息告诉了调查人员，就等于交出了违法违纪行为证据。通常在“谈话”活动中调查人员要设法隐蔽自己，不应该让被调查人知道的信息，就要特别小心的不在“谈话”的语言过程中显露背景信息。同时要注意被调查人在回答问题的过程中的语言背景信息，调查人员发现的背景信息越多，掌握被调查人的信息量就越大。

三、“合作原则”下“沟通”的“谈话”方法

美国语言哲学家格赖斯提出的语言交际的“合作原则”，即人们在进行话语交际的过程中总是相互配合的，为了能够达到相互配合的目的，话语交际的双方都应当遵守某些话语原则，语言的交际活动才能得以进行。这种“合作原则”表现了语言交际的真假质量、信息的数量、议题的相关、条理方式等。但是“谈话”活动是在对抗的语境中产生的语言行为，因此，在这样特殊的语境条件下，并非总是严格遵守交际的“合作原则”，在对抗的语境条件下，其语用行为常常偏离常规，不符合“合作原则”。

这种违反“合作原则”的语用行为通常包含着复杂的背景含义，调查人员常常需要越过被调查人话语的表面意义，去推断话语中所隐含的言外之意。例如，被调查人因大量的受贿违法违纪被立案调查，在“谈话”时用谎言对抗进行否定，“我是共产党员，我不可能收受贿赂去拿别人的钱!”这句话就违反了“合作原则”讲真话的质量准则。被调查人在这里说了假话，故意违背质量准则。违背“合作原则”所产生的语言含义，在很多时候是根据语境推断而获得的。对抗性的语境出现违背“合作原则”的情形，是由“谈话”活动的基本特征决定的，“谈话”成功的基本过程是从对抗发展到配合顺从的过程，也是协调语境下实现和满足语言“合作原则”的过程。完成这一过程的基本方法就是沟通，沟通就是为了设定的目标，把信息、思想、情感传递给被调查人，并达成协议的过程。

完成这种传递任务的就是调查人员的语用行为。“谈话”活动是一项复杂的系统工程，是调查人员与被调查人的心理沟通过程，“谈话”的全部活动是在沟通的过程中完成的。调查“谈话”机制主要是由调查人员、被调查人及“谈话”环境构成的。被调查人在什么样的情况下会遵守语用行为的“合作原则”如实招供，调查机关的调查人员如何利用所拥有的一切资源来影响被调查

人、促使其如实供述其违法违纪的事实？换句话说，即调查机关（调查人员）如何才能提高调查“谈话”工作的效率，以尽快地获取被调查人自愿供述的口供，在很大程度上取决于与被调查人的“沟通”程度。被调查人对抗的关键是不能够沟通、不需要沟通、不愿意沟通。“谈话”活动是在交流的过程中完成的，因此只有沟通了才能吸收信息，信息才能产生作用。很多时候被调查人对信息的影响和刺激是封闭的，在这种情况下就产生不了沟通，出现了违背“合作原则”的情形，自愿供述的目的就不能实现。有效的沟通是“谈话”的主要目的，因此，将“谈话”理解为一种沟通，具有很重要的意义，这其中涉及信息发送者、信息接收者、信息刺激和信息渠道。信息的发送与接收一样重要，有许多渠道可以发送信息（包括口头与非口头），但是仅仅有信息的发送和接收并不够。“谈话”应是一个开放的系统，其中存在各方面的影响。沙伏特指出，在调查“谈话”中调查人员应当通过一定的控制影响手段，即运用一定的姿势或表情来调动被“谈话”者的态度，因为一定的姿势或手势可以代表对被调查人的奖励或惩罚。

调查“谈话”是在调查人员对被调查人的影响、控制下，实现调查“谈话”目的的过程。在“合作原则”下的“沟通”的“谈话”方法：首先，要进行充分的准备，弄清楚被调查人对抗的心理特点。在通常的情况下被调查人大多是畏罪心理和侥幸心理并存，从什么角度切入能够尽快地达到目标，这里包括最高目标和最低目标，同时还有如果达不到目标如何进行目标的转移。这些情况，“谈话”之前谈话人都必须考虑清楚。这里以“沟通”为手段的语用行为不能直接涉及案件的主题，效果最佳的方式是通过用“拉家常”的方式询问其个人的学习经历、社会经历、生活状况、夫妻关系、交往情况、个人爱好等建立沟通的平台。

其次，确认被调查人的需求，发现研究被调查人当前的需要。如果被调查人由于畏罪心理对安全的需要尤为突出，那么调查人员就应当从降低损害的角度切入；如果被调查人当前的需要是荣誉感，那么调查人员就应当从降低罪责感的角度切入；如果被调查人的侥幸心理比较突出，那么被调查人当前的需要是摸底，即违法违纪的事实的暴露情况，这时调查人员的切入点就是违法违纪事实已经暴露的信息。确认需要的语用行为方法是：尽量要让被调查人侃侃而谈，必要的时候加以鼓励和附和，但是谈话人则要做到时刻头脑清醒，逐步进入“沟通”的通道，使被调查人充分地暴露心理需要的信息。这里应当注意的是，“谈话”人不能刻意围绕“谈话”目标，以免暴露“谈话”意图，同时还会引起被调查人的警觉，封闭“沟通”的通道。

再次，调查人员要阐明自己的观点。调查人员的出发点应该是从关心、帮助被调查人的角度，以能够使被调查人认识“错误”、改正“错误”获得从轻处罚为目的。其语用行为方法是通过“闲聊”，即“自由式交谈”，与被“谈话”人“套近乎”，说明自己的观点：希望每一个被调查人都能够获得从轻处罚，提出符合既定需要的建议，在对建议的问题上找出几个方案，让对方选择，使被调查人在“自由交谈”中打开“沟通”的心理通道。

复次，需注意对被调查人提出的问题和要求，要给予及时的答复，不能答复的要说明原因。有的被调查人经常会直接询问，自己供述认错、认罪以后能不能办取保候审？能不能判缓刑？等。调查人员应当根据情况给予客观的回答，针对那些罪行比较严重的，明显判不了缓刑的人，不要正面回答，以免强化其畏罪、恐惧心理，在直接告知法定从宽、从轻的条件的同时，客观地告诉他：“刑罚是审判机关决定的，不是纪检监察机关决定的，你的认识以及态度，都会记录在案，成为审判机关的参考意见。”

最后，完成“合作原则”的语用行为目标，这种合作原则能够通过外部或者内部的积极反馈表现出来。其语用行为是通过评价来解决与被调查人的心理沟通问题。对被调查人进行评价，主要包括对被调查人个人的评价（包括人的成长过程、历史的闪光点、行为的客观原因以及与他人的相互关系），对事件的评价（事件发生的原因、客观的影响、现实的目的性），对行为的社会关系的评价，不断地降低被调查人的畏罪心理，提高社会环境影响的作用，从而进入被调查人的内心世界，逐步控制被“谈话”人的情绪和情感；消除对立抵触情绪，让他体会到政府对其挽救的诚心；激发其个人荣誉感，或利用其感情脆弱，唤起其后悔心，感到自己的行为的确给家庭、给自身造成了巨大的痛苦和遗憾，从而自愿选择供述交罪。

第十三章　领导干部贿赂案件的“谈话”实务

第一节　领导干部贿赂案件的“谈话”策略

从被调查人的主体身份特征来看，利用职务之便是他们违纪违法的基本特征，这里的职务违纪违法可分为两大类型：一类是普通型职务违纪违法，即一般公务人员利用自己掌管的某部门工作职务的违纪违法；另一类是掌管一定范围的职务，有着一定社会地位的违纪违法人员，即领导干部的职务违纪违法，他们在日常工作和生活中，总是以领导者、决策者的身份出现在大家面前，其心理上也会将自己区别于一般人，把自己作为“重要人物”看待。因为这些人所处的环境不同，接受的教育不同，生活习惯不同，违纪违法以后造成的结果的危害也不同，案发后他们所表现出来的心理对抗的状态也有很大的差异。因此，在“谈话”的方法上应当加以区别。

有一定社会地位的违纪违法领导干部在接受“谈话”时，一下子从原来的领导干部沦落为“阶下囚”，便会产生强烈的失落感。这类人在交代问题时往往存在怨恨、虚荣及防御心理。他们会怨恨某某人（可能是其原来的朋友或部下）如此无情、过河拆桥；会认为是有人要陷害他，组织上对其“不公”；会认为自己对社会有功，时刻想摆摆老资格；他们会把贪污、受贿说成经济不清，把嫖娼说成男女作风问题；内心里十分害怕被剥夺政治地位，担心原先辛辛苦苦几十年积累的工龄、党龄、社会名誉地位会付诸东流，一切原有的优厚待遇将不复存在等等。他们由于个人的理论水平较高，办事能力较强，口头表达能力较好，在“谈话”交锋中往往能言善辩，善于步步为营、谨慎小心。因为害怕打击，他们患得患失、疑神疑鬼。为了隐瞒自己的违法犯罪事实，他们的对抗“表演”通常表现为“义正词严”，具有相当大的欺骗性和迷惑性。同时由于长期积累的心理优势，在隐瞒违法犯罪的心理动机的支配下，表现出较强的攻击性来对抗调查，这是领导干部接受调查“谈话”的重要特征表现，这种表现在“谈话”活动中不能被有效的处理，任其发展就会被强化，此行为就会愈演愈烈，最终导致“谈话”的失败。

针对领导干部违法犯罪后的心理行为反应，在接受调查“谈话”的活动中表现出来的人格特征，是被“谈话”的特殊空间的影响而产生的，由于“谈话”室的空间对被调查人产生必然的心理影响，出现了人格被“低化”的行为表现，表现出在平常工作中的人格行为与在被调查“谈话”中的人格行为的截然不同，他们在正常工作中的人格行为是一种优秀的领导干部形象，而在被调查“谈话”的空间里这种优秀的领导干部形象就消失不见了，取而代之的是不惜任何手段来掩盖自己的违法犯罪行为的被调查人形象，这是特殊的“谈话”空间引发的“心理落差”，是“人格”行为的基本反应。调查人员必须把握这种“人格”的变化，应当尽快地将其“低化”的人格调整到原有的那种闪光的人格品质上来，保障被调查人在客观事实面前能够承认自己的违法违纪行为。于此在“谈话”活动中“谈话”人应注意尽量减少被调查人的“心理落差”，应用婉转的语言满足其被调查的人格心理需要，唤醒原有的优良的人格品质，尽力唤起其荣誉感，将其自尊、自负转化为交代的动力。

“谈话”人员必须充分地掌握被调查人的心理特点，“谈话”人员与其交锋时，在心理素质上、知识面上、见识上都不能够输给对方。要用扎实的法律功底，对被“谈话”人进行深入的教育、感化，使其收敛嚣张气焰，让其觉得自己当官多年，在很多方面确已疏忽，属于咎由自取，方可将其手到擒来。所以，在面对这样的违纪违法领导干部时不能采用惯常的“谈话”方法，要注意跟他们交谈的语气和谈话方式，恰到好处地处理其身份的特殊性。

国家高级干部违纪违法在全国已惩办了不少，从高级干部违纪违法的特点来看，大多数都是利用手中的权力为他人谋利益，收受贿赂，从开始的几瓶酒、几条烟，渐渐地发展到直接收取高档物品、巨额现金等。其数量也是从小到大，一发不可收拾，以致走上了违纪违法的道路。这些人的本质并不坏，大多都是从被动受贿开始，久而久之习以为常。

从违纪违法领导干部被调查“谈话”的表现来看，一方面，这些人自恃社会经验丰富，案发后已订立了攻守同盟，且行受贿都是“一对一”，不容易被发现，因而带有极强的侥幸心理。他们在接受“谈话”时表面上表现得很平和顺从，对客观事实和证据从不抵赖，表现出敢作敢为的特点。在回答问题时表现得较为理智，在“谈话”中还表现出少说多听的特点，从不主动开口说话，怕言多有失。这类违纪违法领导干部在“谈话”时怕听刺激语，忌讳贪污、受贿、违纪违法等语言，怕听“谈话”人员直呼其名，非常注意“谈话”人员的态度和言行，“谈话”人员如果不注意就很容易发生顶撞，出现僵局。在很多时候，他们还善于利用人们爱听赞扬话的特点，直接吹捧“谈话”人员，什么高水平、好人品、年轻有为等，取得“谈话”人员对他的好感。

从另一方面来看，这些人因工作的关系，建立了不少关系网，他们曾经为自己的上级出过力，为周围的人办过事，有一定的人脉基础，他料想这些人会出面为自己说情开脱，因而他并不害怕最终的结果，对自己的问题表现地很平静，心理状况也较为稳定，对外来的“力量”抱有很大的希望。他们在被调查后心理落差比较大，因而抗拒心理是很强的。他们认为自己多年来为党的事业勤勤恳恳、兢兢业业，没命地工作，为了某一个城市、某一个地区的经济建设出过汗、流过血，到头来自己仅仅因一时的糊涂拿了点钱就被查处，心理上感到不平衡，认为组织上对他不公平，心头的怒火一旦有机会就会爆发出来，这种心理状况在不同程度上也强化了他的抗拒心理。但在这些人的身上还保留着不少闪光的东西，调查人员在对他们进行“谈话”时还要充分地加以利用。

我们的党用了半个多世纪的时间，对党员进行教育，要求广大党员干部坚持马列主义实事求是的工作作风，这条原则不仅在普通干部身上有影响，在违纪违法领导干部身上同样存在，因此，说谎对他们来说是一落千丈的耻辱，这正是调查人员在“谈话”中应该利用的闪光点。通常在“谈话”的方法上大多采用“戴高帽子”“树形象”，把对方先“立”起来，让他自己维护自己的形象。“谈话”人员在这时不要吝啬好的词语，要将准备好的“高帽子”给他戴上，把他的形象标定出来，他们就会按照“谈话”人员为其标定的形象，自觉地进行维护，如“你办事认真，光明磊落，敢作敢为，敢于承担责任，喜欢帮助别人，也能关心别人，老百姓也拥护你”“你工作踏实，实事求是，改变了一个城市的落后面貌，你使得一个县（市）脱了贫，致了富，甩掉了贫困的帽子，那里的老百姓会记住你的”。用肯定对方为社会做出贡献的办法来把对方的形象树立起来，这样对方就会顺着“谈话”人员为其标定的形象来进行心理调整，在心理上感受到这种形象的存在。同时，“谈话”人员在称呼上最好不要直呼其名，可以改称老张、老李，在适当的时候可以偶尔称呼其原来的职务，这样他就会感觉到自己官复原职了，这时让其交代自己违纪违法的经过也就顺理成章了。

例如，某市长涉嫌受贿，在“双规”期间拒不交代自己的巨额财产来源。纪检监察部门接手调查以后，更是加重了他的抗拒心理，他认为有个别领导在故意整他，人为地把他的事情进行“升级”，在“谈话”室内，他双手抱在胸前，斜着靠在椅背上，双眼看着天花板一言不发。为了改变这种直接对抗的状况，“谈话”人员为其准备了一顶“高帽子”：

问：你是某市长？

答：……（双眼渐渐为平视）

问：我很早就听说过你的名字，你是一位非常有能力的领导，为地方的建设干了不少实事。

答：谢谢！

问：当地的老百姓都非常拥护你，你为老百姓干了不少好事，组织上是不会忘记的。

答：（有些激动）谢谢你！谢谢你！

问：多少年来你一心扑在工作上，很少顾及家庭，没日没夜地工作，有人说你是工作狂，我想这并不过分，你确实是事业心很强的人。

答：（叹气）……可我现在是个罪人。

问：你相信组织上会公正地对待你的“事情”吗？

答：我相信。

问：我想在很多事情上，你是被动的，你并不是贪财的人，你主要是重情面，为人讲义气。人家敬你一尺，你要敬人一丈，是“情”字害了你。

答：（点头默认）。

问：你有什么想法可以直接告诉调查人员。

答：我相信组织，相信纪检监察部门。

调查“谈话”人员的第一顶高帽子基本扭转了对方的对抗情绪，建立了一定的对话基础。当然，让此类违纪违法领导干部彻底地交代自己的违纪违法事实，仅靠树立形象不能解决实质的问题，还需要运用“谈话”技巧。通常将违纪违法领导干部“立”起来之后，就要采用迂回的方法，寻找逻辑矛盾，通过揭露矛盾，造成心理压力，从而派生出客观证据，逼其交代违纪违法事实。这些人在自己的供述矛盾被揭露以后，不回避、不抵赖，只要“谈话”人员找到了矛盾，通过逻辑的方法进行揭露，一般都能使其交代问题。在此还应该留意，违纪违法领导干部在供述之后，不要轻易予以评价或作结论，要认真地听其辩解，更要注意自己的态度反应，不要轻易评价对方“说谎”“不老实”，这样容易激化对抗心理，产生僵局，对“谈话”不利。

就一般情况而言，职务上的违纪违法既然达到构成犯罪的数额，就不一定是孤立的某一次的行为，应当顺藤摸瓜，追出全部的违法犯罪的事实来。在涉及重要内容的时候，要分析对方有无辩解的退路，如果有退路应先堵其退路，然后再直插主题。

为了能够在这些人的隐瞒违法事实的行为状态下找到更多的违纪违法信息，常用的方法多为开放式的“谈话”，开放性问题的回答能够使违纪违法领导干部回答出更多“谈话”人员需要的信息，在具体的回答中，能够通过违纪违法领导干部的情绪和动作反映出他们的心理状态，有利于在获取的信息中寻找到突破口。同时还可以在利益供述的矛盾和漏洞中分析出供述的真假。

选择开放式的方法主要有五个方面的话题：一是“位子”即职务的范围、作用、关系、职责、丰功伟绩等；二是“房子”即家庭财产的来源、数量、质量、相关情况；三是“儿子”即子女的个人情况、工作、婚姻、学习、生活等；四是“票子”即个人存款，在很多的时候领导干部的存款是空白，在搜查的时候就连基本的生活费都没有，这就不正常了；五是“车子”即车子的来源、使用、数量等，这些大宗物品大多不是自己买的。上述“五子”扩展开来，必然会暴露违纪违法信息，注意捕捉就能够迎刃而解。在这里应当尽量减少封闭式的“谈话”，如果连续使用封闭式的提问，长时间的我问你答，容易使违纪违法领导干部感觉到自己在劣势中的被动处境，如此违纪违法领导干部会产生抵触情绪和反抗行为，表现出沉默寡言或者答非所问。在语言的选择上应当根据这些人的身份、年龄、文化、个性使用语言，避免使用一些浅显俗气的语言，以能够使这些人更好地理解问题，同时也能够拉近这些人的情感距离，消除对方的防卫心理。

在调查“谈话”的实践中，有些职位较高的领导干部，长期居于高层领导位置，开始的时候看不起职务较低的“谈话”人员，常常亮身份摆架子，以此来培养自己的心理优势，此刻的“谈话”人员必须要加以阻止。例如，某市的一名市委领导受贿案件，在初次接受“谈话”时采取了主动攻击的方法：“你们今天找我来有什么事请抓紧时间，我一会儿还要参加市委常委会!”“谈话”人员知道他是在亮身份摆架子就说：“噢，我忘了告诉你，这次的常委会你就不用参加了，你就说是我说的，是不是需要我给你的领导打个电话说一下?”对方听到这种口气，立即回答：“哦！那不用了。”这一轮对话分明树立了“谈话”人员的形象。

对瞧不起“谈话”人员的被调查人，必须以威严的态度向其讲明道理：直接告知被“谈话”人涉嫌违纪违法被立案调查，没什么可值得骄傲的。同时办案人员代表的是党和国家的纪律检查和监察机关，在向被“谈话”人问话。从另外一方面讲“谈话”人员也要注意把握好自己的形象，消除对方的蔑视。但是在有些时候下，这些人难以放下自己的“领导架子”，认为自己位高权重，很不情愿地向办案人交代自己的问题。在这种情况下办案人员要观察细致，选择合适的时机安排其与纪检监察部门的领导见面，满足其心理需求。例如某纪委在办理一起副市长受贿案中，副市长在“谈话”过程中始终都闭口不言，与承办人的沟通处于僵持状态，无论“谈话”人员指出什么证据，他连头都不抬，在僵持很长时间以后，他突然提出想见本市的市纪委书记，“谈话”人员感到这是他心理徘徊最剧烈的时刻，于是立即向纪委领导反映了这一情况，纪委领导亲自来到“谈话”室，和他进行了一次推心置腹的交谈，没过多久这位副市长就泪流满面，承认自己受贿的事实，同时对自己辜负党对自己多年的培养感到深切的悔恨。

职位较高的违纪违法人员，在平时的工作中始终处于较高的领导层面，向职务比较低的办案人员交代问题感觉身份不对等，心理不平衡，即使交代问题也要向更高的领导倾诉。同时他们还认为办案人员仅仅是“办事员”的角色，没有决定权，只有领导才能够接受自己的倾诉，这是违纪违法领导干部供述的心中顾虑。

根据违纪违法人员的供述特征来看，在很多时候占据其内心的主要是畏罪心理，大多担心无法逃避行为暴露后要受的处罚。对违纪违法处罚越恐惧，这些人就越不易认罪。所以“谈话”中办案人员应尽力减轻违纪违法领导干部的畏罪心理，进行畏罪心理的疏导，降低罪责感：首先是帮助分析违纪违法产生的原因，“是由于对党纪的规定不太清楚，或对自己在处理事件中的地位和作用把握不准，还是对违纪违法的严重性和可能受到的惩罚认识不清”。其次是化解罪责感带来的心理焦虑，针对有些本不重要的问题，在他看来可能大得不得了，而且怕得不得了，心理压力比较大，办案人员应通过直接阐明党纪的具体规定，分析案情及其在该案中的作用和可能受到的处罚来予以消除。再次是违纪违法行为确实十分严重，则需要使用缓解性的语言技巧来帮助其降低罪责感。由于违纪违法行为的严重与否是相对的概念，因此即使是再严重的违纪违法，也有其轻的一面，多说轻的一面，少说或不说重的一面，以造成这些人心理上的错觉。最后是当这些违纪违法人员为了开脱罪责而绞尽脑汁一遍一遍说谎的时候，其内心焦虑程度会不断增加，当逐渐增加到心理难以承受的地步，便会产生解脱的动机，因此，“谈话”人员应一方面控制这些人的心理压力，另一方面帮助指明方向，引导他们把握“眼前利益”，设法让他自然萌发“长痛不如短痛”“不如说了拉倒”的念头！在许多时候这些人供述完了以后，大多是急于离开被“谈话”的环境，根本不考虑供述后的后果。

违纪违法人员的拒供行为是在其内心的“监督系统”的作用下产生的，无论高级干部还是普通干部，都不会想到有此违纪违法的结果，因此降低他们的“监督系统”的监督控制能力，以正确分析这些领导干部违纪违法的主观原因，给其以充分的理解来降低对违纪违法后果的恐惧和压力。违纪违法原因是指各种违纪违法因素按其作用层次和机制构成的系统。它是多层次、综合变化、彼此相关的，包含社会、心理、生理、自然环境及文化等多种因素。如果调查人员能深入到他们的内心深处，对其主观原因给予正确分析，并对积极的一面予以肯定，就能达到真正理解领导干部、缩短与领导干部之间的心理距离的效果，产生情感的共鸣。由于违纪违法领导干部在“谈话”空间里，始终处于孤立无援的心理状态，在这种情况下“谈话”人员与领导干部产生了零距离的情感接触，便会使领导干部产生情感依赖的转移，就会认为“谈话”人员是他的知音、是朋友，真正了解他，替他着想，为他好。正确分析违纪违法的主观原因，对其积极的一面予以肯定，还能激发领导干部的良知和悔意，使其重新恢复做一个好人的愿望，而同时这又是促其供述的动力。

“谈话”活动的重要特征是“合作”的基本属性，“谈话”目的是在合作状态下完成的，因此，“谈话”的任务就是要让违纪违法领导干部认识到与办案人员合作的重要性。怎样才能让违纪违法领导干部认识到最好的出路是与办案人员合作呢？首先是建立情感依赖关系。支持领导干部对抗调查的重要心理因素是侥幸心理，他们或以为自己手段高明，或以为同伙可靠，违纪违法不会被发现，不认罪不愿供述，只有使他们产生违纪违法事实已经暴露的认识错觉，认识到自己没有退路的情况下，才会做出供述的选择。通常在这一阶段“谈话”人员会告诉他们“你看我怎样来帮你呢?”这是“谈话”人员自我身份的转移，从对立转变为统一。其次是帮助他们建立利弊关系。通过向这些人摆事实，讲道理，阐明利弊，让他们认识到，违纪违法的事情既然发生了，是不可能掩盖得住的，要想人不知，除非己莫为，狡辩抵赖除了给自己徒增痛苦和失去从轻处罚的机会外，将一无所获。所谓两利相权取其重，两害相权取其轻，当他们认识到只有与“谈话”人员合作才能获得最轻处罚时，他就会进行自然的利弊选择，最终把利益的方向选择在“谈话”人员的身上。最后是强化心理依赖的转移。运用“审托”的方法，“谈话”人员进行分工配合，唱“红脸”的进行正面攻击，唱“白脸”的进行关心帮助。在违纪违法人员出现情感依赖的情况时，唱“白脸”的就要设法进入其“家庭圈”，“谈话”的话语多涉及他们因自己的违纪违法给家庭造成的牵连，造成负疚感，他们的抵抗心理就会降低，降低到一定的程度，他们一方面会为家人免受煎熬而“牺牲自己”，另一方面就是顺从“谈话”人表现出合作行为。

积极主动地运用“谈话”谋略，能够化解“谈话”活动中的矛盾、难点和僵局。由于职务行为的违法犯罪调查对象的特殊性，决定了它相对于刑事侦查“谈话”工作具有更高的难度和要求，往往会在调查过程中碰到更多的难点和对峙不下的僵局。因此要求“谈话”主体能够正确有效地灵活运用“谈话”谋略，运用更高、更优胜于被调查人的智慧和技巧来查明案件，如此才能够成功化解“谈话”工作中遇到的难点和僵局，为案件的成功攻破提供有效的保证。

广泛地运用“谈话”谋略。“谈话”活动的大量的工作是提取违纪违法证据，在很多的时候被调查人隐匿的证据，需要调查人员投入大量的精力去寻找，这种漫无边际的寻找，既消耗人力和物力，又拖延了办案时间和进度。调查人员如果能够有效地使用“谈话”谋略，被调查人就能够积极配合调查人员，主动交代违法犯罪事实，交出违纪违法证据，使“谈话”工作起到事半功倍的效果。从另外一方面来说可以在一定程度上减少纪检监察机关人力和物力的投入，弥补调查部门技术力量的不足。调查技术与“谈话”谋略都是决定调查水平高低的关键因素。由于各方面主客观原因的制约，目前纪检监察机关的调查技术还比较落后，科技含量较低，在这种情况下，灵活运用“谈话”谋略，就可以在一定程度上弥补职务行为的违法犯罪调查技术落后所带来的缺憾，同时还有助于促进调查技术力量的提高和增强。

第二节 领导干部贿赂案件的“谈话”实务

一、案例一

2000年年初，安徽省纪委在调查有关人员违法、违纪案件中，发现了某市原市长陈某某个人巨额存款达1730余万元，随即对陈某某及其妻周某某“双规”，追其交代巨额存款来源。陈某某在供述中称：“自己的存款除了自己的工资以外，就是亲戚朋友逢年过节送的，具体是谁送的，送了多少自己不清楚，钱是爱人周某某收的，她清楚。”周某某在供述时称：“这些钱是自己家平时省吃俭用积攒下来的，有一部分钱是亲戚朋友送的，具体是谁送的，因为时间长了，自己实在记不清楚了。”夫妻二人用这种方法在省纪委对抗了近三个月。根据有关人员透露：陈某某夫妇知道巨额财产来源不明罪的最高量刑是5年，而受贿罪的最高量刑是死刑，所以才坚持顽抗到底。另外，2000年以前，存款还没有实行实名制，陈某某家的存款全部是别人的名字，没有一笔存款是他们夫妻二人的名字。安徽省纪委于2000年年初成立了专案组，展开了对陈某某案的调查。

（一）案前准备

1. 纪检监察机关接受该案以后需要解决哪些问题？如何展开调查？
2. 与陈某某的“谈话”方法。
3. 与周某某的“谈话”方法。

（二）案例分析

1. 该案需要解决哪些问题？如何展开调查？

（1）根据已经掌握的材料决定对其“双规”。

（2）确定已经提取的存款的所有权，固定证据。

（3）该案明显涉及贿赂违法犯罪，因此不能就案办案，而是通过巨额财产来源不明，查明贿赂违法犯罪事实。

（4）通过已经掌握的案件线索，继续深挖拓展调查范围，查明是否有引出窝案串案的可能性。

2. 与陈某某的“谈话”和与周某某的“谈话”能否使用同一种方法？

因为性别的差异，男女对抗“谈话”的行为特征不同，因此在与男性“谈话”和与女性“谈话”的方法上是有所区别的。根据调查“谈话”实践：男性重“理”，多数从“理”的观点看问题；女性重“情”，多数从“情”的观点看问题，女性被调查人由于生理特点，重“情”轻“理”，联想丰富，容易接受暗示。“儿女情长”是她心中的“天平”，同时，女性被调查人对价值观的认识比较强，对于财产利益看得比较重，“谈话”时应当注意利用这些特征作为突破口，选择好“趋利避害”的语用行为，帮助被调查人尽快实现“趋利避害”的选择。

3. 与陈某某的“谈话”的方法选择——挖掘高级干部闪光的品质。

与国家高级干部的“谈话”应当要有区别于他人的针对性的方法。因为从被调查人的身份特征来看，有一定社会地位的被调查人，因为自己所处的环境不同，接受的教育不同，生活习惯不同，违法犯罪以后对自己造成的后果的危害也不同，因此他所表现出来的心理对抗的状态也有很大的差异。

他们理论水平较高、办事能力较强、口头表达能力较好。在“谈话”的交锋中往往显得能言善辩，善于步步为营、谨慎小心。因为害怕受到打击和惩罚，他们患得患失、疑神疑鬼。为了赢得最后一搏，他们的“表演”，看上去非常义正词严，具有相当大的欺骗性和迷惑性。

在进行“谈话”时，应注意尽量减少其“心理落差感”。应用婉转的语言满足其心理需要，尽力唤起其荣誉感，将其自尊、自负转化为交代的动力。但是，针对攻击状态极强的被调查人，应当首先消化对方的攻击状态，再步入转化的过程。调查人员必须充分地掌握证据信息（客观存在的信息和空间信息），并适时使用，严防其“反咬一口”。调查人员与其交锋时应在心理素质上、知识面上、见识上，都处于强势状态，对自己不熟悉的问题和知识，应当避开，不可在此范围内恋战，应该扬长避短，用自己扎实的法律功底，进行深入的教育、感化，使其嚣张气焰收敛，让其觉得自己当官多年，在很多方面确已疏忽，属于咎由自取，方可手到擒来。

4. 与女性被调查人的“谈话”方法选择。

被调查人因为性别不同，在“谈话”活动中的表现特征也不相同，其“谈话”的方法应当有所区别。除了前面叙述的特点外，女性被调查人还容易认死理，缺乏理智，情感变化得快，易激动，心胸狭隘，报复心强，爱钻调查人员的空子，在“谈话”时时而痛哭流涕，时而振振有词，对调查人员提出的问题非常敏感，等等。

在“谈话”时最重要的是取得其信任，降低其对抗心理，对其“谈话”的态度应平和、认真。女性被调查人习惯通过观察调查人员的态度来判断调查人员对自己的看法和评价，对自己的违纪违法行为所持的观点。调查人员的言行应该让对方感觉到调查人员是在帮助她认识到自己的行为是错的，错在什么地方，怎样去修正它。切不可用欺骗的方法骗取口供，一旦让对方意识到在骗她，再想获得真实的口供就困难了。用真实的情感换回对方对调查人员的信任，设身处地地帮助她甩掉思想包袱，利用女性的儿女情长，对家庭的依恋，对过去美好生活的向往，对被限制人身自由急于想出去的心理特点，引导她走坦白从宽的路。

女性被调查人还有容易接受暗示的特点，“谈话”时应注意语言的导向性，切忌不可使对方产生误解，违背言词证据的真实性，进行错误的供述。在实施暗示的方法时，应注意把握违法犯罪的事实，围绕违法犯罪的事实来进行暗示。“谈话”中常用“跨越前提”的方法来进行信息输送。”例如，“你爱人的觉悟比你高得多”，暗示她的爱人已将其问题说了。再如，“现在的人有谁不为自己考虑，谁愿意背个包庇违法犯罪的罪名……”暗示对方转移赃款、赃物订立攻守同盟的事情已暴露等。女性被调查人很容易顺应调查人员的暗示，将其违法犯罪情节发展下去，走向交罪坦白的路。

（三）案例一的“谈话”过程

纪检监察机关在提取陈某某和周某某巨额存款的违纪违法证据后，分别对其进行了立案调查。从陈某某的具体情况来看，虽然陈某某是一市之长，可是在家里还是夫人说了算，他夫人当家是本地人众所周知的。故此，送钱人经常就直接把钱送给周某某，由周某某来告诉陈某某需要办什么事情。因此，“谈话”的重点集中在周某某的身上。

周某某接受调查以后产生了强烈的精神刺激，过去是能呼风唤雨的国家干部、官太太，而今却“身陷囹圄”，这种反差使她悔恨交加，她的行为不仅害了自己的丈夫，也害了孩子，耻辱感、失望感集聚心头。被“双规”使她产生轻生的念头，她想以死来解脱自己，以死来赎回对家庭造成的罪过。在调查人员提问她的时候，她表现出歇斯底里，撞墙扯头发，哭喊着就地打滚，抽搐、气紧、昏睡或瞬间休克。调查人员没有急于上前拉她、扶她，而是对其大喊一声“某某局长”，让她意识到她曾经是一名国家的处级干部、副局长，不是家庭妇女，让她自己去修正自己的行为。谁知，在她听到调查人员还在称呼她“某某局长”时，马上从地上爬了起来，自己整理了头发，坐回到原位上。

在“谈话”的方法上，调查人员重点在“情”字上做文章，通过激发周某某亲情关系（心理置换），根据女性的情感“需要”，采取了趋利避害的“交换理论”的“谈话”方法，向她进行信息输入。调查人员在了解到陈某某的儿子是车管所所长，有传言经常为走私车上牌，收取“好处费”后，制定了“谈话”谋略。

问：周局长啊！你千不该万不该让你的儿子当那个车管所的所长哦……（错觉暗示的语用行为，语言的背景含义是“巨额财产与儿子有关！”）

周某某听到此话，立即从地上站了起来说：我家的钱与我儿子没有任何关系，钱都是我收的。

问：你怎么证明你说的是事实？

答：我家的所有存款都是我经手的，与我儿子与老陈都没有关系！

问：既然是你经手的，你就应该清楚它的来源？

答：除了我家的正常收入以外，也有别人送的。

问：哪些人送的？姓名、时间、地点、目的？

答：某局长、副县长、公司经理、所长、开发公司经理等九人，合计173万元。

……

经过对其供述的违法犯罪事实逐一确认，形成了完整的证据链条，能够确实充分证明陈某某、周某某共同受贿173万元的违法犯罪事实。

最后，该案移交给了司法机关，合肥市中级人民法院认定陈某某、周某某共同受贿173万元的违法犯罪事实清楚、证据确凿充分。

二、案例二

2001年初夏，中纪委对王某某的调查进入了非常艰难的阶段，王某某大量的违法犯罪事实被一层厚厚的乌云遮盖着。外围调查在紧锣密鼓地进行，根据当地老百姓的传言，王某某有个绰号叫“王三亿”，因此，调查目标自然指向了王某某的个人存款。然而，经过对各家银行的调查，均没有发现王某某个人及其家属韩某某的存款，几个月的调查除了发现有个叫张某某的人存款5000万元，其他线索毫无进展。根据张某某的家庭背景情况，张某某是不可能有5000万元存款的。也就在这个时候，专案组接群众举报称：张某某跟王某某有特殊的关系，在本市许多人想要打通王某某的关系，均要通过张某某来牵线搭桥，这个张某某在本地是个神秘人物。那么这个5000万元的存款是不是王某某以张某某的名义存的呢？可是，调查张某某名下5000万元来源的时候，发现这笔钱是张某某以银行拉存款的名义，从外地骗来的，该款已经让张某某使用了一部分，专案组联系了存款单位后，受害单位得知被骗的信息，立即报了案。此后，张某某因涉嫌诈骗，被羁押在肥东县看守所。这次张某某已经是“二进宫”了。在此之前，张某某第一次诈骗被判刑7年。专案组根据群众举报的情况，决定从张某某的身上找出王某某案的突破口。

（一）案前准备

1.“谈话”张某某的主要目的是什么？

2.“谈话”张某某的方法的选择。

（二）案例分析

1. 根据群众举报的张某某与王某某的特殊关系，那么，从张某某的身上就能够找到王某某的违法犯罪线索。

2. 在调查的方法的选择上，应当以能够促使张某某检举揭发王某某、选择立功赎罪为主要目标和方向。根据张某某违法犯罪后的心理特征，帮助张某某分析自己行为的严重性，给出求生的希望，推进张某某进行趋利避害的选择（张某某选择揭发王某某来立功赎罪，这是因为人的趋利避害的本性而决定的，趋利避害的行为选择形成的交换条件，能够引发供述动机产生）。

通常针对这类被调查人的“谈话”，采取的是“利弊置换法”和“求生置换法”并用的原则，通常所说的“置之死地而后生”，其使用方法是确定违法犯罪后果，给出利益方向，让出自由选择的空间，促进其选择“立功赎罪”。在“谈话”的方法上，采取“直接告知”和“间接告知”违法犯罪的危害结果，以此唤起结果的恐惧感，强化被调查人对当前自己处境的认识（封其退路），帮助其进行趋利避害的选择。

（三）案例二的“谈话”过程

新建的肥东县看守所幽静整洁，“谈话”室内挂钟的时针已经指向了下午两点，经过几个小时的“谈话”，调查人员对张某某的违法犯罪事实进行了分析和比照，并且阐明了法律的处罚结果。张某某双目注视着脚尖，呆坐在那里，额头的汗珠滚滚而下，激烈的思考后她终于拿定了主意，她带着那种求救的目光说：“你们能不能救救我，我想立功赎罪。”调查人员回答：“这个问题还是靠你自己救自己，法律规定的非常清楚。”“那你们记吧，那件事是王某某让我干的，那200万元是送到中纪委‘打点’的钱，是我亲自送去的。”这一席话足以让调查人员大吃一惊，情况是这样的：

2000年11月28日，张某某为了儿子的工作问题，专程从某地去了北京，在下榻的宾馆里宴请了儿子所在部队的领导时，与一个化名叫陈某某的人不期而遇，酒席间这位化名叫陈某某，真名叫侯某某的人向张某某透露，“最近中纪委正在准备查安徽王某某的问题，举报信就在中纪委七室”。听到这样的消息后，张某某拨通了王某某的电话，王某某问她有什么事？她将在酒席间得到的情况原原本本地告诉了王某某。王某某对自己的事情是清楚的，得到此信息后非常紧张，第二天上午也就是2000年11月29日，王某某带几幅字画和几箱地方名酒，来到了北京约定的宾馆。在张某某介绍下认识了陈某某，陈某某让王某某回去先准备200万元送过来，之后他可以把在中纪委的举报信搞出来。王某某回到合肥后，电话通知亲信杨某某，从李某处取回索要的人民币200万元交给了张某某，让其连夜开车将钱送到北京，交给陈某某。几天之后，王某某收到了陈某某从中纪委搞出来的“举报信”。

就在取回“举报信”四个月以后的2001年4月7日，王某某在北京被中纪委“双规”，才知道自己被骗了，然而哑巴吃黄连，有苦说不出。后来那位化名叫陈某某，真名叫侯某某的人，因犯诈骗罪被绳之于法。也正是这位骗子的出现，拉开了王某某违法犯罪的序幕。

三、案例三

因为王某某“摆平中纪委的200万元”事件的暴露，拉开了该案的调查序幕。在那份洋洋万言的举报信中称：“王某某身为国家高级干部，道德败坏，包养情妇，大量索贿满足情妇的消费与挥霍，且包养情妇的年龄之小，人数之多，严重败坏了党在人民群众中的形象。”“407”专案组随即调整了调查目标，集中精力对王某某包养情妇的问题进行深入细致的排查，以便挖出王某某更多受贿违法犯罪问题。经过调查，被列入王某某情妇范围的女性有7人。随即，专案组组织调查人员对其进行“谈话”。各个调查组所采取的“谈话”方法均是“直追式的‘谈话’方法”，即直接追讯被“谈话”人与王某某存在的情妇关系。可是“谈话”的结果却让人“大失所望”，被列入王某某情妇范围的7名女性，无一人供述与王某某有情人关系，大多采取的对抗方法是“自己曾经在电视上看见过王某某，自己本人从未与王某某接触过”。“谈话”进展缓慢，双方对抗相持不下，案件进入搁浅状态。

（一）对其情妇进行再次“谈话”的准备

1. 分析“谈话”失败的原因。

2. 正确的“谈话”方法的拟定。

（二）案例分析

1. 该案初次“谈话”失败的原因：

（1）在初次“谈话”活动中，没有把握作为情妇“谈话”对象的特殊性和针对性。

（2）“谈话”前的准备工作没有做好，仓促上阵。

（3）与女性“谈话”的“情”和“价值观念”没有把握好，眉毛胡子一把抓，导致初次“谈话”失败。

2. “谈话”方法的选择。

把握作为情妇的“谈话”对象的特殊性：一是这些人通常把名声放在第一位；二是女性把财产利益看得比较重（供述后就要丧失自己已经获得的利益）；三是作为情妇对王某某仍然是一往情深，不愿意出卖王某某，这是信念的作用，她们认为只要自己不供，王某某就倒不了。所以在“谈话”初期，无一人供述。因此在“谈话”的方法上：以“情”为基础拉近距离，建立交流的平台，同时针对财产利益关系，引入趋利避害的选择，以财产利益的信念矫治的方法为主导，搭建供述的平台。

（三）类似案件的基本“谈话”方法剖析——信念矫治“谈话”法的运用

信念矫治“谈话”法的基本原理：信念是人们认知世界的主观法则。“谈话”的方法是以“加大价值的获取和减少价值的获取”来破坏被调查人信念的价值观。

人的信念特征表现出来的心理行为，就是信念特征的语用行为。对很多人来说，信念就等于真理，信念是绝对的。但是，没有哪一种信念是在任何时候、任何情况下都有效的，这就是信念的局限性。因此，当人们带着信念去履行某些行为的时候，其行为结果却与此相悖。在这些情况出现时，他们发现信念与客观存在产生了冲突，就有可能改变自己的信念。因为信念与价值是联系在一起的，信念必须依靠价值来支持，信念的改变来自价值的改变。例如，被调查人对“承担后果的信念”，因怕承担法律后果，坚持“只要自己不开口，神仙难下手”的信念。支持这种信念的价值基础是承担法律惩罚的后果，如果调查人员帮助被调查人改变这种价值基础，“供述”比“对抗”所承担的价值要小，那么被调查人会通过“权衡利弊”的价值衡量，来改变自己的信念。在“谈话”活动中，只有改变被调查人对价值的认知，才有可能改变被调查人的对抗信念。

（四）案例三的“谈话”过程

对王某某的情妇的第一轮“谈话”以失败而告结，在组织第二轮“谈话”时，调查人员调整了“谈话”方法，为了更多地收集信息，调查人员走访了那些情妇的家庭，了解了每一个情妇的家庭背景，为审讯提供了充分的信息准备。

根据女性被调查人的“心理利益”的需要，女性大多重财产利益，财产能够获得其“心理利益”的需要。根据“谈话”活动掌握的线索，王某某向企业索取了商品房，送给了被“谈话”人许某，“谈话”的目标直接指向了她的那套商品房：

问：你的那套房子，我们决定要没收！

答：那不行！

问：为什么？

答：那是我的“合法”得来的，你们不能没收！（还没有来得及寻找退路，便暴露了商品房的存在和来源）

问：你是用什么样的“合法”方法得来的？

答：（不语）……（自知说漏了嘴）（这里在通常情况下的退路选择是自己购买的，但是购买的细节又是谎言的天敌）

问：讲！你是用什么样的“合法”方法得来的？

答：我跟他有那种关系，是他送给我的。

问：他是怎么送给你的？

答：我跟他有过那种关系之后，我说我住在父母亲那里，上班太远，同时我们见面也不方便，能在城里找一处房子就方便多了。后来没有两天，就有一个人来找我，带我去看房子，我看了以后觉得非常满意，就定下了，当时房子还没有装潢，过了半个月还是那个人把我的身份证拿去了，说是办房产证，房产证上写的是我的名字。

问：这套房子是哪里来的？

答：我也不知道，我想可能是他（指王某某）找别人要的，我也没有问。

……

调查人员摸准了对方的信念特征，他们从破坏许某的信念价值入手，获取了被调查人的供述：

问：你为什么拉高级干部下水？

答：不是我拉的，是他来找我的！

问：他是怎么找你的？

答：他让我到他家里去的！

问：他让你到他家里去干什么？

答：我去他家的时候，他爱人不在家，他就抱我，后来发生了那种关系，我当时还流血了，他说没有事，一两天就好了。他看我哭了，就给了我一块手表，他跟我说是梅花表。

问：在这以后你还去过他家吗？

答：去过好几次。有一天他跟我说，经常来这里不好，大院子里有人能看到，我给你弄一套房子，你就住在那里，我去那里也方便。就是前面说的那栋房子，后来他就给了我那个房子的钥匙和房产证。

第三节　新型贿赂案件的特点与“谈话”技巧

一、新型贿赂案件的行为特征

贿赂案件分为受贿违法犯罪和行贿违法犯罪两种。我国《刑法》对受贿罪的定义是指国家工作人员利用职务上的便利，索取他人财物或非法收受他人财物，为他人谋取利益的行为。贿赂案件的本质就是权钱交易（包括直接权钱交易、变相权钱交易和模糊权钱交易）。新型贿赂案件是指新时期出现的一些手法不断翻新、智能化、团伙化，由原来的直接送收财物，转向以合伙开办公司、合伙承接工程、委托理财、非正常经济交易、赌博等间接方式变相行贿受贿的转变，由原来的个人直接贿赂，转向由其指定的特定关系人贿赂的新型违法犯罪。

新型贿赂案件究其本质特征，可以理解为规避现行法律的贿赂，具有明显的规避性、边缘性，其本质是反调查行为的表现，即被调查人对刑事解释及刑事司法的操作的认识差异，想以此来掩盖自己的贿赂犯罪行为。新型贿赂行为是相对于一般意义上的贿赂而提出的，是一般意义上的贿赂的衍生形式。由于我国对贿赂案件的打击力度不断加大、不断深入，引发了贿赂案件的反调查手段和方法的变化，以此来规避法律惩罚，从而形成新型贿赂案件。

新型贿赂案件只是违法犯罪手段上的翻新，是反调查行为的表现，用其表面上的合法性掩盖实质上的贿赂行为，很多时候就是为案发后在客观上进行的反调查准备，同时也是满足心理上的平衡。无论贿赂行为的表现形式如何，在贿赂的手段或者方式上有多大差异，只要满足了受贿违法犯罪的构成条件，就不影响贿赂案件的本质。十种新型贿赂案件表现出的十种违纪违法行为，实际上就是十种反调查的心理准备和案发后的退路的选择，更是被调查人对抗的侥幸心理的心理支点。这种退路及侥幸心理的选择就是被调查人选择的对抗条件，在“谈话”活动中只有堵住被调查人的退路，使得被调查人的对抗条件丧失，其侥幸心理才会灭失、才会放弃对抗，供述认罪。

《最高人民法院、最高人民检察院关于办理受贿刑事案件适用法律若干问题的意见》，明确定性了十种新类型受贿行为，分别是：

（一）以交易形式收受贿赂

国家工作人员以明显低于市场的价格向请托人购买房屋、汽车等物品的。前提是国家工作人员利用职务之便，为请托人创造了很高的利益，这个利益基本上是超过欲购买的房屋、汽车等物品的价值，因为直接拿请托人的现金风险太大，因此利用购物的方法来满足利益的回报，实际上是回避直接受贿带来的心理压力，跨越直接受贿的“鸿沟”，同时也是为反调查的定势心理做储备，为自己获取利益后选择的退路做准备。

以明显高于市场的价格向请托人出售房屋、汽车等物品的。这种情况也是建立在获取了国家工作人员提供的利益的基础上，采取间接的方法使国家工作人员得到利益上的回报。有的是先提供利益的回报，然后再提取国家工作人员给予的权利资源，即先行贿后得利的情况。

以其他交易形式非法收受请托人财物的，以受贿论处。这里的其他形式是指无论是间接还是直接的，在请托人那里获得利益的，以受贿论处。这里应当是满足国家工作人员利用职务之便，在请托人那里获得利益的条件。

《最高人民法院、最高人民检察院关于办理受贿刑事案件适用法律若干问题的意见》规定，国家工作人员利用职务上的便利为请托人谋取利益，以交易形式非法收受请托人财物的行为，均应以受贿论处。受贿数额按照交易时本地市场价格与实际支付价格的差额计算。这里所列市场价格包括商品经营者事先设定的不针对特定人的最低优惠价格（根据商品经营者事先设定的各种优惠交易条件，以优惠价格购买商品的，不属于受贿）。以低于正常价格购买或者以高于正常价格出售的方式买卖房屋、汽车等大宗贵重物品，行为人支付了一定费用，并非完全无偿占有。这里虽然行为人支付了一定费用，但其支付的费用与该物品的正常价格明显不符。根据贪污的特征来比照，与“以无报有、以少报多”应认定为贪污的道理一样，无偿受贿和有偿受贿，都属于受贿行为。在贿赂数额的认定上，由于房屋、汽车等商品普遍存在优惠价格，这时就要注意区分以低价购物形式实施的受贿行为与以正常优惠价格购物行为的界限。根据商品经营者事先设定的不针对特定人的各种优惠交易条件，以优惠价格购买的，就不能认定为受贿。

严厉打击新型贿赂案件，主要是那些以很低价格甚至是象征性的价格，收受请托人价值巨大的房屋或者汽车等大宗物品的行为。

（二）以收受干股的形式收受贿赂

干股是指未出资而获得的股份。国家工作人员利用职务上的便利为请托人谋取利益，收受请托人提供的干股的，以受贿论处。进行了股权转让登记，或者相关证据证明股份发生了实际转让的，受贿数额按转让行为时股份价值计算。股份未实际转让，以股份分红名义获取利益的，以实际获利数额认定受贿数额。

例如，某市行政管理局局长李某，将所属市政府的宾馆度假村以低价出租给王某的股份公司经营，王某告知李某该公司有其股份，并且假立了一个股东的姓名，每月在该公司领取工资，年底分红领取股金。从 2003 年至案发，李某共收取“工资、股金”合计人民币 64 万元。李某的行为显然已经构成受贿罪。该案的股份未实际转让，以股份分红名义获取利益的，受贿的数额就是实际获得的利益合计人民币 64 万元。

（三）以开办公司等合作投资名义收受贿赂问题

国家工作人员利用职务上的便利为请托人谋取利益，由请托人出资，“合作”开办公司或者进行其他“合作”投资的，以受贿论处。受贿数额为请托人给国家工作人员的出资额。

国家工作人员以参与合作开办公司或者进行其他合作投资的形式收受财物，主要有两种情况：一是国家工作人员利用职务上的便利为请托人谋取利益，由请托人出资，国家工作人员或者其指定的第三人参与合作开办公司或者进行其他形式合作投资，这与国家工作人员直接收受贿赂财物没有本质区别，受贿数额应当按国家工作人员或者第三人收受的出资额计算；二是国家工作人员利用职务上的便利为请托人谋取利益，由请托人垫付资金，国家工作人员或者其指定的第三人以参与合作开办公司或者进行其他形式合作投资的形式，不实际参与经营而获取经营“利润”，其行为的结果满足了受贿的目的，这种行为属于变相受贿，受贿数额为实际“获利”数额。

例如，某水利管理部门负责人李某，在新建一项水利工程的建设中，在工程的造价上给予了工程建设单位较高的利润空间，该工程公司为了报答李某，提取一定比例的利润 40 万元，工程公司的张某考虑到直接把钱给李某不妥，与李某商量后，将这笔钱汇入该公司的子公司休闲中心的账户，作为李某在该休闲中心的投资，并告知李某占有 25% 的股份。此后李某定期从该中心收取分红共计 9 万元。案发后，张某供述了全部的行贿事实。在休闲中心红利的记账凭证上，记录了李某的入股本金 40 万元和领取红利的签名。在主要违纪违法证据被提取后，被调查人李某不得不供述了自己受贿的全部违纪违法犯罪行为。

（四）以委托请托人投资证券、期货或者其他委托理财的名义收受贿赂

国家工作人员利用职务上的便利为请托人谋取利益，以委托请托人投资证券、期货或者其他委托理财的名义，未实际出资而获取“收益”，或者虽然实际出资，但获取收益明显高于出资应得收益的，以受贿论处。

国家工作人员借委托请托人投资证券、期货或者其他委托理财的名义收受请托人财物，主要有两种情况：一是国家工作人员利用职务上的便利为请托人谋取利益，未实际出资，以委托请托人投资证券、期货或者其他委托理财的名义收受请托人财物的；二是国家工作人员虽然实际出资，但是其所获收益明显高于实际出资应得收益的。在“谈话”活动中，第二种情况的取证难度比较大，关键是被调查人有实际出资，以此掩盖了所获收益明显高于实际出资应得收益的情况，被调查人用谎言掩盖的对象也就在于此。显然，“谈话”重点是实际出资与所获收益明显高于实际出资应得收益的违法犯罪事实，通常“谈

话”的条件和突破口的选择是被调查人出资与所获收益留在证券公司的书面证据和收益实际拥有人即行贿的行为证据。

（五）以赌博形式收受贿赂的认定问题（只赢不输）

根据《最高人民法院、最高人民检察院关于办理赌博刑事案件具体应用法律若干问题的解释》第七条规定，国家工作人员利用职务上的便利为请托人谋取利益，通过赌博方式收受请托人财物的，构成受贿。

在调查实践中应注意区分贿赂与赌博活动、娱乐活动的界限。主要是结合以下因素进行判断：1. 赌博的背景、场合、时间、次数；2. 赌资来源；3. 其他赌博参与者有无事先通谋；4. 输赢钱物的具体情况和金额大小。

国家工作人员利用赌博活动收受钱物的行为有两种情况：一是收受请托人提供的赌资；二是通过与请托人及有关人员赌博的形式赢取钱物。前者属于典型的收受贿赂，《最高人民法院、最高人民检察院关于办理赌博刑事案件具体应用法律若干问题的解释》中明确规定该种行为应以受贿定性处理。后者属于变相收受贿赂，也应认定为受贿。在调查实践中反映较为普遍的问题是取证困难，主要是区分贿赂与赌博活动、娱乐活动的界限的标准，这是被调查人对抗的焦点。在“谈话”实践中常常运用具体的行为细节和参与赌博的人员特征，作为“谈话”的突破口，使被调查人就范。

（六）特定关系人“挂名”领取薪酬问题

国家工作人员授意请托人将有关财物给予特定关系人的，以受贿论处。国家工作人员利用职务上的便利为请托人谋取利益，要求或者接受请托人以给特定关系人安排工作为名，使特定关系人没有实际工作却获取所谓薪酬的，以受贿论处。

国家工作人员要求或者接受他人给特定关系人安排工作的情况较为复杂，主要有三种情况：一是特定关系人不实际工作，“挂名”领取薪酬的；二是特定关系人虽然参与工作但领取的薪酬明显高于该职位正常薪酬水平的；三是特定关系人是正常工作和领取薪酬的。对于第一种情况，应当认定国家工作人员受贿。对于第三种情况，不宜认定为受贿（属于非物质行为）。对于第二种情况能否认定为受贿，由于当前工资体系较为混乱，尤其是一些私营企业，有些岗位薪酬差别较大且不透明，如何认定领取的薪酬明显高于该职位正常薪酬水平？如何认定受贿数额？均存在困难。从本质上讲，将该种情况规定为受贿应当没有问题，实践中可根据具体案件具体认定处理。

（七）由特定关系人收受贿赂问题（别人转收）

国家工作人员利用职务上的便利为请托人谋取利益，授意请托人将有关财物给予特定关系人的，以受贿论处。

特定关系人与国家工作人员通谋，共同实施前述行为的，对特定关系人以受贿罪的共犯论处。特定关系人以外的其他人与国家工作人员通谋，由国家工作人员利用职务上的便利为请托人谋取利益，收受请托人财物后双方共同占有的，以受贿罪的共犯论处。

在调查实践中，一些国家工作人员，尤其是一些职务较高的国家工作人员，利用职务上的便利为请托人谋取利益，往往不是其本人亲自收受请托人财物，而是指使、授意请托人与特定关系人以买卖房屋、汽车等物品及其他一些交易方式进行交易，有关财物也由特定关系人收取，对于该国家工作人员的行为能否认定为受贿，存在分歧。从表面上看，国家工作人员本人没有获得财物，但实质上行贿人的对象是很明确的，最后送给特定关系人完全是根据国家工作人员的意思表示来执行的，是国家工作人员对于财物的处置行为，因此应当认定国家工作人员获得了财物，应以受贿论处。

对于帮助进行交易或者接受财物的特定关系人能否构成受贿罪的共犯，在什么情况下构成共犯也有不同认识。有人认为，只要特定关系人明知是国家工作人员利用职务上的便利为请托人谋取利益，授意请托人将财物直接或者采取交易方式交给自己的，都可认定为受贿共犯。有人则认为，能否认定受贿共犯，既要考虑国家工作人员和特定关系人是否通谋，还要强调特定关系人的积极主动行为，例如，特定关系人提议国家工作人员实施前述行为的，应当认定为共犯。根据上述第一种意见容易造成打击面过宽的不良后果，第二种意见则存在放纵违法犯罪的可能。《刑法》关于共同违法犯罪的规定，只要能证明国家工作人员与特定关系人有通谋的，就可认定为受贿共犯。最高人民法院、最高人民检察院《关于办理受贿刑事案件适用法律若干问题的意见》（以下简称《意见》）第七条对此作了明确规定。

关于“特定关系人”的范围问题。所称“特定关系人”，是指与国家工作人员的近亲属、情妇（夫）以及其他共同利益关系的人。实践中，国家工作人员利用职务便利为请托人谋利后，除自己直接接受财物以外，一般要求请托人将财物送给自己的近亲属以及情妇（夫）或者其他与之有共同利益关系的人。

在“谈话”过程中必须把握“特定关系人”与国家工作人员的特定关系，这是“谈话”提取违纪违法证据的重点和难点，被调查人常常以否认“特定关系人”与自己的关系进行对抗。再有，被调查人常常以自己不知情，来否认自己利用“特定关系人”受贿的行为，被调查人表现得最为直接的是，否认自己曾经指使行贿人给“特定关系人”以财物的行为。“谈话”活动中注意利用间接证据和再生证据，把握“谈话”活动的主动权。

（八）收受贿赂物品未办理权属变更问题

国家工作人员收受请托人房屋、汽车等物品，未变更权属登记或者借用他人名义办理权属变更登记的，不影响受贿的认定。认定以房屋、汽车等物品为对象的受贿，应注意与借用的区分。在“谈话”实践中，无论是行贿人还是受贿人，大多是以“借用”为对抗的方法，那么到底是不是借用？要结合以下因素进行判断：1. 有无借用的合理事由；2. 是否实际使用；3. 借用时间的长短；4. 有无归还的条件；5. 有无归还的意思表示及行为。

实践中对于收受房屋、汽车等是否要求以办理权属变更手续为认定构成受贿的条件问题，存在分歧。有人认为，根据《中华人民共和国物权法》的有关规定，房屋、汽车等所有权的转移应当以办理权属变更手续为准。因此，未办理权属变更手续的一般不宜认定为受贿，如认定为受贿也只能定未遂。实际上，收受房屋、汽车等不要求以办理权属变更手续为认定受贿既遂与否的条件，只要双方有明确的送、收的意思表示，受贿方实际占有房屋、汽车等即可认定为受贿既遂。原因是收受没有过户的房产，构成了刑法中的事实占有。刑法上非法占有的认定标准与物权法上的合法所有的认定标准不是完全一样的，非法占有目的的实现并不以得到法律上的确认为条件，是否在法律上取得对房屋、汽车等的所有权，并不能对事实上占有房屋、汽车等的认定构成障碍。如盗窃或者抢劫汽车，既不需要也不可能要求盗抢行为人办理车辆过户手续，但同样可以认定盗窃或者抢劫既遂。这种实际占有是以违法犯罪实施的行为来确定的。

（九）收受财物后退还或者上交问题

国家工作人员收受请托人财物后及时退还或者上交的，不是受贿。但因自身或者与其受贿有关联的人、事被查处，为掩饰违法犯罪而退还或者上交的，不影响认定受贿罪。

实践中对于国家工作人员利用职务上的便利，为请托人谋取利益，并收受请托人财物，但在案发前退还或上交的，是否一律认定为受贿罪，有不同的意见。有人认为，上述情况属于受贿既遂后的赃物处置问题，只影响量刑，不影响定罪。有人则认为，根据刑事政策，只要行为人在案发前退还或上交，可不以违法犯罪处理。

调查实践中，国家工作人员收受请托人财物后，在案发前退还或上交所收财物的情况比较复杂，主要有三种情况：第一种是并无收受财物的故意，行贿人送财物时确实无法推辞而收下或者系他人代收，事后立即设法退还或者上交的。第二种是收受财物，未立即退还或者上交，但在案发前自动退还或者如实说明情况上交的。第三种是收受财物后，因自身或与其受贿有关联的人被查处，为掩饰违法犯罪而退还或者上交的。对于第二种情况认识分歧较大。受贿罪侵犯的客体主要是国家工作人员的职务廉洁性，因此，国家工作人员利用职务上的便利，为请托人谋取利益，并已收受请托人财物的，一般应认定为受贿既遂。如果不分数额、不分退还的时间长短，只要“在案发前自动退还或者如实说明情况上交的”，都不以违法犯罪处理的话，那么势必会导致“先收钱再说，是否退还观望再定”的侥幸心理；这样会放纵违法犯罪。因为规定是“及时退还或上交的，不是受贿”。这里受贿的主体没有受贿的故意，但是案发前退还的，有很多情况是为了逃避法律的制裁，因此，“在案发前退还或上交所收财物的，应当认定为受贿罪”。但调查实践中存在的国家工作人员收受财物后未及时退还或上交的情况，如出差或者是由别人擅自代收等，只要该国家工作人员一有条件便立即退还或者上交的，与第一种立即退还或上交的情况一样，同样说明其主观上并没有受贿的故意，不属于受贿，尽管此时距离请托人送财物已过去了一段时间。考虑到实践情况的复杂性和宽严相济刑事政策的需要，《意见》没有规定“立即退还或上交的，不是受贿”，而是规定“及时退还或上交的，不是受贿”。

（十）在职为请托人谋利，离职后收受财物问题

国家工作人员为请托人谋取利益之前或者之后，约定在其离职后收受请托人财物，并在离职后收受财物的，以受贿论处。国家工作人员离职前后连续收受请托人财物的，离职前后收受部分均应计入受贿数额。

在调查过程中发现一些国家工作人员，在职时为请托人谋利，而于离职后收受请托人财物的情况，在定性处理的问题上出现了分歧，关键的问题是与请托人事先约定。关于事先约定的要件，主要依靠行、受贿双方的口供，只要双

方或者一方否认，就不能认定。再有，这种事先约定多为暗示或者意会，因此在“谈话”活动中尤其是“谈话”行、受贿双方时，必须把握事先约定的真实的意思表示，通常的“谈话”是通过“滞后”的贿赂行为，来挤出事先约定的因果关系，以追问出离职后收受财物的真实原因。

二、新型贿赂案件的反调查行为特点

新型贿赂案件的反调查行为特点表现为：

（一）受贿行为的隐蔽性

国家工作人员利用职务上的便利为请托人谋取利益，以低于正常价格购买或者以高于正常价格出售的方式买卖房屋、汽车等大宗贵重物品，行为人支付了一定的费用，并非完全无偿占有。这种貌似“合法”的隐蔽的违法行为，是被调查人反调查的行为基础。

并非完全无偿占有行为的基本特征：以低于正常价格购买或者以高于正常价格出售的方式买卖房屋、汽车等大宗贵重物品，行为人支付了一定的费用，并非完全无偿占有。

产生的行为根源：这种貌似“合法”的隐蔽的违法行为，其通常是行为人为了逃避法律的制裁，在行为之前或者在行为之后为自己选择的逃避惩罚的退路。也是被调查人反调查行为的基本特征。这种反调查的行为随着时间的推移被相对地稳定下来，之后形成了较为稳定的新型贿赂案件的基本形式。

对抗的定势心理：案发后被调查人选择退路的辩解通常是：1. 购买与出售的行为与利用职务之便是分离的，自己没有利用职务之便。2. 支付的费用和出售收取的费用与当时的市场价格是平衡的，同时还以扩大物品的瑕疵来为自己的行为开脱。3. 案发前更换协议，改变原来的买卖关系。把低价购买的改成租赁，更换购买合同；把高价卖出的物品的财务账，进行撤换、变换金额等。4. 把购买关系转换为租借关系，转换所有权的关系。5. 否定自己与上述物品的所有权关系。

反调查的行为表现：串供订立攻守同盟，首先，否定以低于正常价格购买或者以高于正常价格出售的行为，并且提供说明这些行为表现的履行形式即“上述行为的费用支付方法”（法人与自然人的串供特征不同，如果是法人，其反调查行为是通过补账和修改账目来完成，自然人就是通过统一口径，来实现反调查的退路的补救）。其次，销毁上述买卖关系的相关证据，如当时订立的买卖协议和票据等。最后，返还上述物品，恢复原样，以此补救自己的违纪违法行为。

案件的信息来源：信息来源的根本途径，是以事联系到人，首先，发现了以低于正常价格购买或者以高于正常价格出售的方式买卖房屋、汽车等大宗贵重物品，行为人支付了一定的费用的行为，事件指向了具体的人。其次，由事查人，也就是说有以低于正常价格购买或者以高于正常价格出售的方式买卖房屋、汽车等大宗贵重物品，行为人支付了一定的费用的行为，至于行为人是谁，需进一步的调查。最后，以人查事，这是贿赂案件调查的基本行为方式的转变。

调查方法的选择：首先，寻找即刻成案的行为目标，常常是从以人到事的调查行为转变为以事到人的行为，即有了这种买卖行为的出现，追查这种行为的性质。其次，根据贿赂行为所涉及的行为对象，由外及内、由枝节到主干的渗透，找出调查目标。再次，贿赂案件常常汇集成“一对一”的状态，以最大的可能性提取与违法犯罪有关的信息为审讯服务，因为这类违纪违法行为需要大量信息量的支持，是为做好审讯的必要准备。最后，根据被调查人的行为关系或者关系物，通过对关系人和关系物的调查，来确立调查目标。

（二）权钱交易的间接性

国家工作人员利用职务便利为请托人谋取利益后，往往授意请托人将贿赂交付给第三人即自己的配偶、子女甚至情人等特定关系人，以达到敛财受贿的目的。

权钱交易间接化行为的基本特征：权钱交易的间接化，其基本特征是国家工作人员利用职务便利为请托人谋取利益后，往往授意请托人将贿赂交付给自己的配偶、子女甚至情人等特定关系人，以此来剥离这种权钱交易关系。

产生的行为根源：首先，行贿人为了避开正面的行贿违纪违法行为，通过第三者来完成行贿获利的行为，是曲线受贿行为所致。其次，不方便与被调查人直接接触行贿，通过第三者更为方便。再次，被调查人需要行贿人与第三者接触，完成被调查人的意愿（如情妇、利害关系人等）。最后，为自己留下反调查的退路。

对抗的定势心理：首先，被调查人相对稳定的心理状态“自己不知情、自己没有授意”；其次，第三人得利与自己的职务没有必然的联系（订立攻守同盟以后，经手人否定与被调查人的关系）；再次，得利的第三人也否定与被调查人的关系；最后，这类案件的知情范围一般都是在三人以上，从事到人，再由人到事的反复，被调查人担心的就是这个被人为扩大的“知情圈”。

反调查的行为表现：被调查人的反调查的心理支点集中在行贿人和第三人的身上，通常第三人是直接的收益人，是被调查人最为担心的利害关系人，也是被调查人直接串供的对象。被调查人在得到被调查的信息之后，出于反调查的目的，迫不及待地寻找订立攻守同盟的对象，进行串供的就是这些人；再有，让行贿人与第三人建立利益关系，剥离被调查人本人与行贿人的关系（除了被调查人的家庭成员之外的其他关系人如情妇等）；还有的被调查人以不是自己直接经手的、自己不知情来否定自己的受贿行为。

案件的信息来源：首先，这类案件暴露的信息来源主要是行贿人和第三人，由两人的贿赂行为发展为三人行为，暴露的系数被扩大了；其次，通过获利的第三人与受贿的被调查人的特殊关系是受贿违法犯罪暴露的信息源（多数是第三人的行为所致）；最后，贿赂的财物的特殊性，导致的信息反映（房屋与车辆等贵重物品）。例如，近几年来查办的一些高级干部受贿的情况，这些人多有包养情妇的特点，情妇的需要也就成为这些高级干部的需要。当情妇们提出对具体财物的要求的时候，这些干部便利用自己手里的权力，指使行贿人来满足情妇的需要，由此这些情妇们的房产、汽车，也就成了这些高级干部受贿的物证了。

常规的调查方法：首先，要避免被调查人串供，在此基础上“谈话”第三人，查阅贿赂物品所有权转移的主要过程，确定受贿被调查人与该违纪违法行为的关系；其次，提取受贿物品的相关证据，确定该物品与被调查人的关系；再次，确定第三人与受贿被调查人的关系、行贿人与被调查人的关系、行贿人与第三人的关系（排除行贿人与第三人的经济关系）；最后，确立受贿被调查人与行贿人是否存在权钱交易的利用职务之便的关系。

（三）市场化特征明显

以合法的市场经济交易形式掩盖非法的行受贿行为，如房、车买卖、投资理财、股份经营、薪酬给付等都是常见的市场交易形式，但它很容易被利用于权钱交易行为。如行为人以合作开办公司的名义，既没有实际出资，也不参与管理经营，即获取所谓“利润”。还有的未出资而获得股份，凭干股“生利”收受贿赂。

以合法的交易形式掩盖非法的行、受贿行为的基本特征：这种行径的贿赂案件表现为明显的市场化特征。以合法的市场经济交易形式掩盖非法的行受贿行为，如投资理财、股份经营、薪酬给付、离职后收受财物等都是常见的市场交易形式，是贿赂案件利用的权钱交易形式。

产生的行为根源：产生的心理根源在于既要得利又要远离违法犯罪的心理基础。该行为产生的特征是权钱交易的期货性及长期性，这种长期性的重要表现是受贿被调查人的长期控制能力。例如，2000 年 10 月，中纪委开始对安徽省原副省长王某某进行调查。王某某的违法犯罪事实暴露后，试图通过行贿手段，对抗有关部门的调查。王某某经人介绍认识了化名陈某某的骗子。陈某某自称中纪委领导的秘书，可以把举报王某某的举报信从中纪委拿出来，以此停止对王某某的调查。正在四处活动的王某某得知此情况后喜出望外，自认为抓住了救命稻草，看到了阻碍调查的希望。他先送上土特产，又送上 10 万元人民币、1 万美元和 1 幅画。没多久，化名陈某某的又进一步提出疏通关系需要 200 万元的要求。此时的王某某已如惊弓之鸟，对陈某某的话深信不疑，并幻想着陈某某可以为他摆平此事。钱对王某某来说不是问题，于是为了这 200 万元疏通费，王某某打电话给私营老板李某。王某某曾为李某公司减免城市建设配套费、固定资产投资调节税等 700 多万元，为此造成政府土地纯收益损失 400 多万元。当然李某得到了好处，并且表示这些钱就算王某某在该公司的入股，何时需要何时取，当得知王某某需要用钱的时候，迅速筹取了 200 万元，给王某某送了过去。

（四）受贿手段的期货性

近年来，腐败行为出现许多“变种”，其中“腐败期货性”较为典型。一些腐败分子在职时利用职务便利为请托人谋取利益后，约定离职后再收受其约定的报酬，变“现货”为“期货”。

产生的行为根源：被调查人与请托人之间的默契，有着一定的心理基础，受贿被调查人的获利与请托人有着重要的利益关系，这种利用职务之便的行为还表现为它的延续性，在通常的情况下受贿被调查人为了请托人所提供的利益差比较大，同时受贿人又有比较高的社会地位的支持，出于报答性质的行为，导致了请托人返利的必然性。再有就是避开贿赂行为，拉长贿赂行为的过程，逃避法律的惩罚。

对抗的定势心理：首先，被调查人的定势心理表现为贿赂行为的被调查人与请托人之间的关系是个人之间的情感关系，不存在利用职务之便的问题，即便是自己有受贿行为，那么自己在受贿的当时也没有利用职务之便，完全是个人的感情交往。其次，上述行为完全是个人之间的礼尚往来行为，与本人的职务没有关系。再次，这种定势心理的基础来源于与请托人的交往程度，一般情况下都是有着很深的感情基础，贿赂行为在整个行为交往过程中属于后期行为，也是受贿被调查人对请托人建立或者产生的一定的信任度。另外，这种关系是建立在比较长期的相互利用的利益关系上的。最后，被调查人坚信请托人不会供出自己，在审讯过程中能赖就赖，能否定就否定，对抗的定势心理比较稳定。

反调查的行为表现：首先，通过串供订立攻守同盟，进行违纪违法行为的否定。大多表现为单向的否定，否定请托人的投资或者否定违纪违法行为人的获利。其次，通过让请托人或者有关的知情人，远离“谈话”人员或者回避“谈话”人员的“谈话”，有的甚至让关键的知情人长期隐蔽在外地，甚至杀人灭口，导致“谈话”无法取证。最后，转移赃款、赃物，极力销毁因此而产生的关键证据。

案件的信息来源：首先，这种行为具有很强的隐蔽性，知情的范围比较小，当上述行为开始实施的时候，其知情的范围便开始扩大，在履行上述贿赂行为的过程中，一旦出现了意外情况，便暴露开来（王某某的200万元摆平中纪委的违法行为，就是在实施的过程中暴露的）。例如，薪酬给付，这种不劳而获的行为，就可能引起案外人的关注，导致信息外露。这里薪酬给付的主体如果是国家单位或者国有企业，就难免会通过财物凭证暴露出来。如果是私营企业，这种定期掏腰包拿现金的行径，难免会有不透风的墙。其次，是获利后的赃款、赃物的说明来源获取信息。再有就是知情人的供述，包括行贿单位的有关文字记录，如财物票据、银行收款、汇款的账务往来。最后，是离职后的忽然暴富，与合法收入的行为不符反映出受贿违法犯罪信息。

常规的调查方法：首先，认真细致地分析研究举报信，或者举报人所提供的信息，扩大寻找知情人的范围，以此确立初步调查的目标。其次，在没有确定目标的情况下，通过被调查人的职务关系来寻找违法犯罪目标。再次，通过受贿被调查人的反常行为来寻找违纪违法行为目标。如违反操作规程，使不该获利的人获得了利益，或者是不该受到损失的国家财产因为行为人的故意，导致了国家财产的损失。复次，通过联络信息来寻找违纪违法行为痕迹，扩大目标范围。最后，通过被调查人所在的单位或者是相关的机关和单位，来获取违法犯罪信息。

（五）以赌博形式收受贿赂

国家工作人员利用职务上的便利为请托人谋取利益，通过赌博方式收受请托人财物的，构成受贿违法犯罪。它的特点是请托人通过赌博的形式向被调查人行贿（只赢不输）。

产生的行为根源：首先，请托人急于与行贿对象建立利用关系，获取行贿对象的权利资源，委托人自己无法直接送钱物给行贿对象。因为“关系”不成熟，也就是信任度没有达到一定的程度，行贿对象是不敢轻易伸手去拿别人的钱的。这种通过娱乐的形式来完成行贿的行为，是行受贿双方不太熟悉的情况下的最佳行为方法。其次，请托人与行贿对象并非是熟知已久的至爱亲朋，很多时候是依靠第三者的引荐才认识的，没有相对稳定的情感基础。再次，行贿人为了投其所好与其他赌博参与者有事先通谋，目的是让受贿人“合理合法”地取得特定的利益。最后，这种贿赂方法的知情范围比较大，目的性比较明确，全部的赌资均由请托人支付，赌资的大小基本上由请托人控制，其金额的数量分为两种情况：一种情况是情感培养型的，数量一般都比较小；另一种情况是一次性到位的情况，其数量是比较大的。

对抗的定势心理：自己没有直接受贿行为，即便是赌博也只是违纪，从心理上自我剥离职务之便与自己“意外”获利的关系，同时自己意外获利的数额是不具体的（实际上被调查人的意外贿赂的数额请托人是最清楚的）。再有这种赌博行为属于娱乐行为，赌博的时间不是在上班时间，而是在工作之余，这种情景强化了被调查人的对抗心理。被调查人的对抗强度的设置，在一般情况下都是承认参与过娱乐性的赌博行为，否定自己是最终的赢家，通常是以都有输赢的表面现象，来掩盖自己只赢不输的受贿行为。在侦审活动中这类被调查人最担心的就是参赌人的不利口供，因为这类贿赂行为的知情范围比较大，暴露的可能性也比较大。所以这类被调查人在接受“谈话”的时候，大多都是比较容易就承认自己参加赌博的行为，否定更深层次的赢利行为。

对抗调查的行为表现：这类被调查人的反调查行为主要表现在言词的供述和证人证言方面。这类违纪违法证据主要是以言词证据为主。言词证据的来源范围：提供赌资的请托人、“抬轿子”的参赌人等。反调查的行为表现通常是：初步调查阶段设法订立攻守同盟，订立攻守同盟的对象还是请托人和参赌人。“谈话”的对抗行为表现为否认自己赢钱，有甚者还谎称自己输钱，以此来否定以赌博的方式受贿的行为。

案件的信息来源：知情人的举报，因为参与赌博行贿的人数比较多，比“一对一”贿赂行为的知情范围要大得多，同时参赌人的利益关系不同，心理状态不同，信息暴露的可能性比较大；请托人自己举报的情况，通常情况下请托对象通过赌博赢钱以后，明白赢钱的原因，能够为请托人谋取利益。但是有的时候请托对象在赌博场上赢了钱以后，并没有为请托人谋取利益，引发了请托人的不满，导致了自己举报自己的行为出现。还有就是通过其他途径牵涉出来的信息。例如，在贿赂案件中，并非一次性贿赂就被发现，在连续性的贿赂案件活动中，必然存在因果关系，这种因果关系就有可能属于事先是通过赌博的方法进行贿赂，或者是在“赌博场”上认识的，以后发展起来的这种权钱交易的贿赂关系。

常规的调查方法：进行三个确定，即确定利用职务行为，为他人谋取利益。确定利用赌博行为进行贿赂的重要特征，也就是说要确定这样的界限问题，注意区分贿赂与赌博活动、娱乐活动的界限。确定参与者的主观动机。主要应当结合以下因素进行判断：1. 赌博的背景、场合、时间、次数；2. 赌资来源；3. 其他赌博参与者有无事先通谋；4. 输赢钱物的具体情况和金额大小。

（六）收受贿赂物品不办理权属变更

产生的行为根源：首先是国家工作人员收受请托人房屋、汽车等物品，因为这些物品的存在，本身就存在着受贿行为暴露的危险性，因此国家工作人员在收受请托人房屋、汽车等物品后，采取未变更权属登记或者借用他人名义办理权属变更登记的行为，以此掩盖受贿。其次是法律规定的巨额财产来源不明罪，国家工作人员在收受请托人房屋、汽车等大宗物品后，因为这些物品的价值已经超出了正常合法的来源，因此只能采取未变更权属登记或者借用他人名义办理权属变更登记的行为，以此掩盖受贿。最后是为自己日后能够逃避法律的惩罚准备退路。

对抗的定势心理：房屋、汽车等物品是自己借用的，所有权不属于自己，没有受贿行为。

反调查的行为表现：首先，被调查人在案发前或者案发后，只要得到被调查的信息，总会迅速退还自己占有的物品，剥离自己与该物品的关系。其次，该行为在实施的过程中就已经订立了攻守同盟，与行贿人统一了口径，有超前的准备行为。最后，被调查人准备了许多“借用”的表面信息，来进行反调查。

常规的调查方法：以房屋、汽车等物品为对象的受贿未办理权属变更的行为，在调查中应注意从借用的角度进行区分来提取证据。调查行为一般从以下几个方面开始：1. 借用的合理性的提取与排除；2. 实际使用的确定与排除；3. 借用的时间确定；4. 有无归还的条件的确定与排除；5. 有无归还的意思表示及行为的确定与排除。

（七）收受财物后退还或者上交

产生的行为根源：（案发后）国家工作人员收受请托人财物后及时退还或者上交的，不是受贿。但因自身或者与其受贿有关联的人、事被查处，为掩饰违法犯罪而退还或者上交的，不影响认定受贿罪。

对抗的定势心理：承认别人给了自己财物，但是自己能够“及时退还或上交的，不是受贿”，被调查人常常是自我否定受贿行为，以此强化对抗心理。在这种心理状态的背后，产生的“时间关系”暴露的恐惧，这就是退还财物的实际时间、数量等。这也是调查人员所要把握和提取的证据。

反调查的行为表现：国家工作人员利用职务上的便利，为请托人谋取利益，并收受请托人财物，以此受到查处的过程中，为掩饰违法犯罪而退还或者上交的行为，是逃避纪律和法律惩罚的行为，是违法犯罪后的自我保护的行为本能，是基本的反调查行为。案发后退还或者说明情况上交的行为。这是违法犯罪后的补救行为，这种行为的目的是否定自己受贿违法犯罪的故意，这种行为的表现常常在退还财物上不是最初的原始财物，通常是拿替代物来冲抵，这种不一致的物品特征，经常成为调查人员攻击的突破口。

常规的调查方法：首先，这种违法犯罪的行为特征，是被调查人受贿后的反调查行为，其基本的调查方法，就是用什么方法能够有效地揭露这种类型的违法犯罪。这种退还已经受贿的财物的行为，通常是被调查人在案发后为自己准备的退路和补救措施，这类违纪违法行为客观上就分成了两个阶段：一个是受贿的基本行为，也就是起初的利用职务之便，为请托人谋取利益，收受贿赂的行为，是受贿行为完成的基本过程。二是案发后为自己寻找退路的补救措施。这样调查人员不仅要查出被调查人起初的受贿行为，而且还要注意阻断被调查人的补救行为，堵塞其退路。很多时候被调查人的补救行为与起初的受贿行为是密切联系在一起的，只有首先查明起初的受贿行为，才能发现后来的补救措施。其次，通过被调查人的补救措施来发现违法犯罪线索、提取违纪违法证据。有的被调查人在发现自己的受贿违法违纪行为被调查以后，这种补救的行为便会优先暴露，故意给调查人员信息，实际是为了缓解自己的心理压力，调查人员就要利用这样的信息找出受贿违法犯罪的证据。最后，调查人员应当注意挖掘被调查人主观上的受贿违法犯罪的故意，围绕被调查人特定的退还的补救行为，来提取占有的故意行为，因为这种补救的行为是以已经占有了为前提的。

三、新型贿赂案件的调查行为

新型贿赂案件表现出违法犯罪手段的间接性，掩盖了直接的违纪违法行为，增加了获取违法犯罪信息的难度；其违法犯罪手法智能化的特点，强化了新型贿赂案件犯罪分子的抗调查、审讯的心理动力，加大了获取违纪违法证据的困难；违纪违法行为的特殊性还表现在职务行为的违法犯罪领导干部的“身边人”利用其特殊身份，通过为他人走后门、批条子、揽项目、提官职等，从中大肆收受钱财，行为败露以后又转移赃款，隐瞒真相，推卸责任，为逃脱法网创造了退路，导致案件中途夭折；还有新型职务行为的违法犯罪表现出来的窝案、串案比较突出，被调查人互相勾结、共同作案，违法犯罪呈现团伙化，案发后大多订立攻守同盟，证据难取，有的关键证人躲避，导致主要证据不能到位；再有案发后违法犯罪赃款向境外转移和被调查人潜逃境外现象增多。为了逃避法律惩罚，一些贿赂行为的被调查人将赃款转移到境外，提前做好外逃准备，即便是外逃不成，也能够因为没有赃款、赃物，不能证明有受贿违法犯罪事实。在“谈话”活动中必须对上述情况有充分的预见性，保障提取违纪违法证据的路径通畅。

提取违纪违法证据的基本方法包括直接提取、间接提取、“谈话”提取。

（一）直接提取——全方位的收集证据

违纪违法证据是确定是否有违法犯罪存在的依据，提取证据的活动是从初步调查开始的，初步调查活动的取证就是确定是否有违法犯罪存在，是否需要进行调查立案。在初步调查活动中运用正确的取证方法，是实现以证定案的重要方法和步骤，这不仅能够迅速确定案件的性质，正确掌握初步调查活动中提取证据的方法和技巧，也是确保证据体系的严密性和真实可靠性的基础。

1. 围绕违法犯罪构成要件提取证据。根据违法犯罪构成的四个要件即主体、主观方面、客体和客观方面来确定是否构成违法犯罪。具体来说，就是要紧紧围绕被调查人是否符合贿赂案件的主体身份，是否具有违法犯罪的主观故意，是否实施了违纪违法行为等予以全面收集。在初步调查实践中，贿赂行为的被调查人常常隐瞒违法犯罪的物证，否认自己有收受他人财物的行为，一旦受贿的行为暴露以后，他们除了采取直接的否认对抗之外，还会以新型贿赂案件的表面形态来为自己选择退路，调查人员要做到胸中有数，尤其是新的《刑事诉讼法》出台后，针对这类案件，就要早做防范，先堵退路，然后再接触被调查人，关键是不给被调查人留有任何退路。被调查人有了退路，无疑是给案件的初步调查增加难度。

关于贿赂行为的被调查人的退路问题，常常表现为四个特点：一是贿赂案件常常是隐瞒违法犯罪的物证，否认自己有收受他人财物的行为；二是把受贿行为辩称为双方的礼尚往来；三是否认自己利用职务之便，为对方谋取利益；四是自己对受贿行为不知情，是别人收的。赌博受贿违法犯罪否定自己赢钱，收干股的辩称自己付出劳动，指定关系人获利为第三人受贿，否定与第三人的关系等。贿赂案件的行贿人其行贿的目的是以较小的利益来换取较大的利益，这个较大的利益就是由受贿人创造的，为他人谋取利益是贿赂案件的特点。例如，一位市长把一块城市用地直接批给了某一个体开发商，在提取这位市长的受贿证据时，纪检监察机关最先提取了这位市长的亲笔批件，这就堵住了被调查人没有为他人谋取利益的退路。同时也证明了被调查人是利用职务之便，不是双方的礼尚往来。

根据贿赂案件的个体特点，有针对性地堵其逃避惩罚的退路。从新型贿赂案件的特点来看，在很多时候行贿人不是把钱直接交给受贿人的，有许多中间环节，因此被调查人的退路是以自己不知道别人送了钱，其中间环节人也谎称自己没有告诉被调查人，这样被调查人本人就不存在受贿违法犯罪的问题。堵被调查人的退路可以直接寻找行贿人的行贿理由，将行贿人与受贿人的职务联系起来分析研究就不难发现问题，因为平白无故谁也不愿意无缘无故将自己的钱送给别人，送钱总是有原因的。这里主要是从寻找被调查人为行贿人办了哪些事情入手来堵其退路。另外还可以通过行贿人或者相关人员来证明，达到堵住被调查人退路的目的。

根据客观存在的关系证明，来堵被调查人的退路。近几年来，贿赂案件的行为方法变化比较大，行贿人有时不直接把钱交给受贿人，而是经过一道中间环节才转到受贿人的手里，还有的受贿人为他人办完了事情以后的若干年才收取钱财。例如某一领导人为他人谋取了利益以后，并没有收取获利人的钱财，而是把自己的亲戚介绍到获利人的公司工作，获利人高薪支付其工资，而实际上这位亲戚根本就没有去上班，只是挂了一个名字。这类案件就要设法用客观存在的关系证明，来堵被调查人的退路。这位亲戚与获利人的关系是没有付出劳动而获取了高额的报酬，原因是什么？某一领导人与这位亲戚是什么关系？为什么要介绍他去获利人的公司工作，原因是什么？获利人为什么愿意这么做？某一领导人通过这种方法能够得到什么？办案人将这些“为什么”一一落实，被调查人的退路自然也就堵上了。

2. 从不同的角度广泛收集违法犯罪信息。在初步调查过程中由于被调查人积极反调查的特点，获取直接的违纪违法证据比较困难，那么就要从不同的角度广泛收集违法犯罪信息，充分发挥点滴违法犯罪信息的引路作用，将一个点一个点有效连接起来，达到证实违法犯罪的目的。实践中主要有以下几个角度：一是围绕案件的主线进行提取，围绕“利用职务之便”“谋取利益”“违反政策、制度和规定”收集固定证据；二是被调查人的供述矛盾与客观存在关系，从不同的角度来证明被调查人的谎言证据；三是赃款、赃物的去向，经济上不正常的暴富，不正常的消费证据；四是被调查人及其家庭人员，以及相关涉案人派生出来的证据；五是违法犯罪主线所延伸出来的与违法犯罪有关的物证、书证及视听资料以及由此引发的各种关系证据；六是违法犯罪物的比照和同类物的统一证据；七是进行科学的司法技术鉴定出来的证据；八是因为进行反“谈话”活动暴露出来的有关证据，如转移赃款、赃物，进行匿赃串供毁证，恐吓威逼证人等证据；九是利用客观存在、逻辑关系、行为特征以及时间、地点、数额、人员、目的、关系进行对比出来的证据；十是关于受贿被调查人为行贿人谋取利益的行为特征，违章表现、矛盾对比和利益选择出来的证据；十一是行、受贿双方权钱交易的表现、产生的条件、关系的延续、反常现象和可能的条件；十二是行贿人的特点、基础以及获利情况；十三是行贿款物的来源以及书证、物证和人证；十四是认真确定行、受贿双方是否存在矛盾、恩怨、陷害的可能性。在初步调查的活动中提取的间接证据是从一个点一个点的收集开始的，每一个点之间的连接的紧密程度，直接影响间接证据的证明程度，同时每一个点之间的先后、左右的多方位的连接，形成多方位的多条锁链，就能够增加证明的条件，这些点之间的连接的锁链的紧密程度越高，证明违法犯罪的条件就越充分越有力。

如何从被调查人的辩解中获取证据？新型贿赂行为的被调查人对自己受贿行为的辩解有其基本的辩解方法，这种方法就是被调查人在“谈话”活动中的对抗方法，也就是新型贿赂案件的十种表现行为。调查人员应当高度重视被调查人的辩解，因为这些辩解不仅能够有效证明违法犯罪，提供违法犯罪的证据，而且也是证明被调查人不构成违法犯罪的依据。被调查人的辩解是以维护自己的利益为基础的，实际上他们辩解的理由是否能够成立，也是对违纪违法行为是否存在的证明过程。有罪而拒不认罪的被调查人，总是以谎言来为自己进行无罪的辩解，当被调查人辩解的谎言被揭露，那么被调查人的辩解就成了违法犯罪的证据。提取了被调查人辩解的谎言，同时也提取了被调查人违法犯罪的证据。因此，调查人员不要怕被调查人“辩”，而是要让他充分“辩”。对被调查人在调查过程中提出的辩解，调查人员要认真对待，及时查证提取，并将其辩解和查证情况如实记录在案，这不但能够进一步证明违法犯罪事实，也可以证明被调查人拒不认罪的主观恶性态度。除此之外，在共同违法犯罪的案件中被调查人的辩解，能够成为“谈话”其他人违法犯罪的间接或者直接证据。

3. 对证据进行审查、分析、判断。新型贿赂案件证据在很多时候需要与被调查人的口供进行连接，才能形成完整的证据体系。可是，在调查实践中经常会出现缺少被调查人口供连接的情况，案件证据显得松散、凌乱、不成体系。在这种情况下，必须更加重视对证据的审查、分析和判断。审查、分析和判断的重点是证据的合法性、关联性、客观性、证明性和统一性。合法性是指证据的来源与存在是否具有合法性，用非法手段获取的证据被称为“毒树之果”，影响对违法犯罪的证明力；证据的关联性是指证据相互连接，形成了完整的证据链条，所有的违法犯罪构成要件方面的事实均有必要的证据加以证明，有没有脱节、遗漏的地方，调查取证应当全力使有关联的证据系统化，形成完整的证明体系，不可或者尽量避免孤证定案；证据的客观性是证据的客观存在，是能够客观地证明违法犯罪存在的存在，不受主观意识的左右；证据的证明性是证据能够证明案件结论是唯一的，完全可以排除其他可能性；证据的统一性是案件证据体系之间达到的相互协调一致，不存在矛盾之处，案件证据已经形成了完整严密的证据链条，必要的证据能够确实充分予以证明，不存在凌乱对立的孤证定案的问题，完全可以排除其他可能性，案件的“谈话”活动终结，可以移送审查起诉。但是，如果通过审查、分析、判断，发现案件证据体系还达不到上述要求，那就要及时查漏补缺，抓紧补充完善相关证据。例如，贿赂行为的被调查人在交代赃款去向时称：当时受贿的钱是存在银行里的，平时支取使用了。可是调查人员没有注意提取这一证据，赃款的去向问题就是一项空白，整个案件只有行贿人并不肯定的证言和受贿人的部分供述，关键的行贿人用于行贿钱的来源没有出处。在起诉开庭的时候，被调查人忽然进行了翻供，并且辩解根本就没有受贿，因为银行的存款凭证可以证明。辩护人出具的银行证明，以及被调查人的存款记录上根本就没有受贿的钱的存入记录，同时行贿人也说不清楚行贿钱的来源，根据当时的情况分析，行贿人很难有那么多的钱用于行贿，由于该案件证据不成体系，导致受贿人被无罪判决的结果。

（二）间接提取——再生证据的创建

再生证据是指被调查人及其利益关系人以使被调查人逃避法律追究为目的，在“谈话”主体开展初步调查或调查后实施的掩盖违法犯罪事实、隐蔽包庇被调查人的反“谈话”活动中形成的能够证明案件事实的证据。2012 年《中华人民共和国刑事诉讼法》实施以后，与被调查人“谈话”的难度加大，与被调查人“谈话”的条件发生了根本的变化，在第一次与被调查人“谈话”的时候，必须准备好充分的“谈话”条件，否则获取言词证据就成为证明违法犯罪的“拦路虎”。准备“谈话”的条件的一个重要途径，就是引发、创建、提取再生证据。再生证据主要体现在以下五个方面：（1）串供串证、翻证变证、订立攻守同盟；（2）隐匿销毁罪证，转移赃款、赃物等；（3）威逼利诱证人伪证、翻证及打击报复知情人等；（4）金蝉脱壳，避重就轻；（5）刺探调查秘密，进而设障碍，对抗调查等。

在贿赂案件的“谈话”活动中，尤其是新型贿赂案件，表现为高智商的行为特征，违纪违法行为带有极强的隐蔽性，客观上表现为一对一的形式，直接的违纪违法证据常常是言词证据为主，由于言词证据的可变性和言词证据本身的独立性，表现为提取言词证据很多时候不能一次性到位，还有通过一个空间的连接证明的过程，这个空间连接证明的过程，我们把它称为再生的创建过程，通过这个过程来获取再生证据。再生证据是被调查人在调查与反调查的活动中产生的，也是违法犯罪主体及其利害关系人共同创建产生的，产生的原因和根据是被调查人为了逃避法律追究所进行的反“谈话”活动。从概念上来看，再生证据是被调查人及其利害关系人在违纪违法行为实施完毕后，为掩盖罪行，逃避法律惩罚所进行的一系列反“谈话”活动。这些反“谈话”活动，针对的是“谈话”人员可能启动或正在进行的“谈话”活动，也就是说再生证据只形成于案发后，形成于案发前或案发中的证据不是再生证据。再生证据的产生就是这些反“谈话”活动过程中所形成的事实材料。这些事实材料能够有效证明案件真实情况，这也是在初步调查活动中创建与提取再生证据的重要意义。

1. 再生证据产生的基础

再生证据产生的基础是贿赂行为的被调查人积极的反调查行为，没有反调查行为就不可能有再生证据。再生证据对案件事实的证明是通过与直接证据的配合使用才能“再现”既往的违法犯罪事实。再生证据是以违法犯罪事实存在和证明违法犯罪事实的直接证据存在为前提，再生证据不具有独立性。如果没有直接证据的存在，就不可能有再生证据的存在。再生证据对案件事实的证明具有逆向性，因为，没有贿赂案件的发生，被调查人及其利害关系人就没有必要采取相关反“谈话”活动，再生证据也就无从产生。

例如，原某领导的受贿和巨额财产来源不明案件，被调查人在被纪委请去了解其违纪情况时，其爱人认为是查经济违法犯罪的问题，开始了转移财产的行动，并且将900余万元的银行存款兑换为现金准备转移出去。就在其取款的过程中，被有关知情人发现举报给了纪委，纪委及时通知银行暂缓支付，本来还是非常隐蔽、不容易暴露的目标，经过这一行动被暴露了。因为当时该被调查人的存款不是实名，而是用其他人的名字存的，如果不是被调查人拿着存款单去银行取现金，调查部门无论如何也不能够证明这些钱就是被调查人存的。被调查人转移财产的行为就成了再生证据，这个再生证据存在的基础是被调查人的受贿和巨额财产来源不明的违法犯罪，直接证据就是900余万元的银行存款。如果这900余万元的银行存款不是非法所得，那么被调查人又何须转移呢？正当的钱财也不存在转移的问题，更不会成为再生证据。

2. 再生证据的作用

（1）再生证据在“谈话”活动中能够有效地消除被调查人的对抗心理，对于突破案件具有不可忽视的重要作用。在初步调查活动中调查人员掌握被调查人串供的再生证据后，对被调查人来说，对抗调查已经失去了意义，供述认罪说不定对自己有利，这是大多数被调查人在再生证据面前，放弃对抗的基本原因。（2）再生证据能够增强直接证据的证明力。在“谈话”活动中由于案件的客观原因，所提取的证据在认定案情时表现得比较单薄，再生证据能够达到增强证明力作用。（3）再生证据能给直接证据以重要的补充，形成确实充分的证据的证明体系。（4）由于零星散乱的违纪违法证据不能有效地、完整地证明违纪违法行为，再生证据能够使零乱证据粘连在一起，变成完整的紧密的证据锁链。（5）再生证据能够强化直接证据，能够进一步证明直接证据与违纪违法行为的关系。（6）再生证据提取的同时产生直接证据，在“谈话”活动的实践中，经常会出现提取再生证据的同时牵连出直接证据，如被调查人转移财产的间接证据，在被转移的财产中又存在和包含着证明违法犯罪的直接证据。（7）再生证据能够证明已经灭失或无法获取的违纪违法证据的存在。例如违法犯罪后的串供，受贿的被调查人曾经给行贿人提供一个银行存款号码，让行贿人直接把钱汇入该银行账号，受贿人打电话给行贿人后把当时自己提供银行存款号码的纸条立即销毁。那么串供的电话录音就是再生证据，虽然被调查人提供的银行存款号码的纸条已经被销毁，已无法获取，但再生证据可以证实被调查人提供的银行存款号码的纸条的存在。（8）能够充分地表现出被调查人违法犯罪的主观恶性程度。

再生证据是违纪违法行为人在违法犯罪后的态度和表现的重要依据，也是法院量刑的依据。针对贿赂案件的调查应当注意走好第一步，案件成功的关键就在于走好这第一步，这个第一步就是初步调查，初步调查活动只是全部诉讼活动的开始，经过案件的发展进入调查阶段、公诉阶段，还要经过审判阶段，再生证据不仅能够证明直接证据，同时在很多的时候也是量刑的主要依据。例如，安徽省原副省长王某某的违法犯罪案件。在全部的“谈话”活动中，因为侥幸心理的动力驱使，王某某选择了积极的对抗。在纪检监察机关的调查过程中，采取能够隐瞒的就隐瞒，实在不能隐瞒的就供一点。因为王某某的积极对抗，“谈话”活动进行得非常艰难，王某某以大量的假话来隐瞒自己的违法犯罪事实。在其违法犯罪事实暴露以后，继而又采取翻供的方法来对抗调查，上述这些行为的记录便成为王某某违法犯罪的再生证据。

与王某某同样级别的安徽省委原副书记王昭某，其罪行严重程度与王某某相同，在某种程度上要大于王某某，但是在面对纪检监察机关的调查时，王昭某表现出了积极的悔罪态度。山东省济南市中级人民法院的判决书这样写道：原安徽省委副书记、省政协副主席王昭某因受贿704余万元，另有649余万元的财产来源不明，鉴于王昭某被查处后能够主动坦白问题，且赃款、赃物已全部退缴，故对所犯受贿罪依法从轻处理：判处王昭某死刑，缓期两年执行。在济南市中级人民法院的同一法庭，判决书称：原安徽省副省长王某某因受贿517.1万元和480.58余万元的巨额财产来源不明，且违法犯罪后拒不认罪，无悔罪表现，经山东省高级人民法院终审和最高人民法院死刑复核后，于2004年2月12日执行死刑。同样是职务行为的违法犯罪，同样的行政级别，同样的违法犯罪情节，最后的处罚结果却是天壤之别，其法律依据就是在“谈话”活动中提取的再生证据。

3. 再生证据的提取

再生证据的产生可以分为两种类型：一种是自动型的，另一种是触动型的。

自动型再生证据的产生，是被调查人在实施违法犯罪的行为之后，权衡自己行为的后果，基于趋利避害的心理本能，为逃避司法机关的调查，在恐惧压力的驱使下，所进行的反“谈话”的对抗行为。他们的这种行为，是以剥离违法犯罪事实与自己行为之间的联系为中心，采取订立攻守同盟、转移财产、隐瞒事实、销毁罪证等活动所形成的行为记录，即再生证据。

触动型再生证据的产生，是承办案件的调查部门为了提取调查对象的违纪违法证据和证明违法犯罪的间接证据，有意识地把案件的调查信息故意泄露给被调查人，让被调查人围绕着自己的违法犯罪事实行动起来，进行反“谈话”活动，他们的这种反“谈话”活动是在调查部门严密监控的情景下进行的，调查部门提取收录的被调查人的反调查活动情况，能够有效证明直接证据的存在，同时被调查人实施的反“谈话”活动与违法犯罪存在的关系，以及能够说明他们之间的内在联系的本质，其重要的依据就是反调查的活动行为，这些行为被记录、被再现，用于证明这些关系和内在的本质的联系，再生证据也就产生了。

再生证据是被调查人以及利害关系人通过实施反“谈话”活动产生出来的。大量的再生证据是以触动型的产生为主，调查人员积极主动去触动，帮助被调查人创建再生证据，向被调查人提供触动信息，让被调查人全面地“动”起来，淋漓尽致地暴露反调查的活动行为。被调查人为什么会实施反“谈话”活动？原因在于人的趋利避害的本能的需要。再生证据的来源是反调查行为，反调查行为来源于趋利避害的心理需要。这种趋利避害的心理需要，在反“谈话”活动中的表现：（1）被调查人由于实施了违纪违法行为，因为恐惧心理的存在，在“谈话”人员进行外围初步调查时，常常闻风而动，不动声色地以各种借口，阻碍、延缓调查进程，比如把相关的人员支离，通知知情人隐匿，煽动不明真相的人围攻调查人员和办案机关，提供与违法犯罪无关的甚至相反的材料，于是设置障碍型的再生证据便由此产生了。调查人员应当全面提取这些材料。（2）被调查人在得知自己被调查的信息之后，总会使出浑身解数，动用各种关系四处活动，打探消息，托人说情，上下“打点”逃避法律的惩罚，这样拉关系说情型的再生证据便出现了。通常在办案过程中，要充分利用这种再生证据，以拉关系说情的近距离的优势，不断扩大再生证据的范围，从不同的角度来证明直接证据。另外，被调查人实施违纪违法行为后，反“谈话”活动表现为：串供、订立攻守同盟，隐藏、毁灭罪证，转移赃款赃物，威胁证人，目的是掩盖违法犯罪事实，因此行为人的隐蔽性和瞬间性是该行为的重要特点，所以再生证据的出现也只是昙花一现，注意抓住提取的时间和机遇。

4. 被调查人在隐蔽、转移、销毁罪证或转移赃款、赃物过程中产生的毁灭证据的再生证据

首先，根据上述被调查人的反调查行为情况，提取再生证据。根据案件的基本情况来进行再生证据的提取。由于新型贿赂案件的违纪违法行为特点不同，再生证据产生的方法也是不相同的。贿赂案件的再生证据的提取目标是违法犯罪的物证和书证，表现的方法是串供、涂改、隐蔽、转移、销毁或者是阻止查账、对账、封账、清账。新型贿赂案件违法犯罪的再生证据的目标是证人证言的串供，订立攻守同盟，隐藏、毁灭罪证，转移赃款赃物，贿买、威胁证人的录音、录像。

其次，根据被调查人的基本特点来收集再生证据，如根据被调查人的性格特点、心理素质、主观恶性程度以及被调查人的心理特点等进行再生证据的提取。

最后，根据客观环境与被调查人的关系即违纪违法行为与证明行为的关系。再生证据产生的客观环境对被调查人越有利，再生证据就越难提取，那么客观环境对被调查人越不利，再生证据暴露的可能性就越大。

5. 获取再生证据的方法

（1）设置型再生证据的提取方法。根据被调查人的心理需要，推定被调查人可能采取的反调查行为，根据被调查人可能出现的行为进行设定，然后让出空间提供环境，让被调查人充分实施反调查行为，产生再生证据。

（2）触动型再生证据的提取方法。新型贿赂案件有很强的隐蔽性，被调查人经常是不动声色地观察“谈话”活动的进展情况，根据案件的特点，有的案件被调查人选择按兵不动，在这种情况下必须要让被调查人活动起来，促使其反调查行为充分表现出来，才能暴露违法犯罪的主要行为。这里调查人员就要积极主动地来触动被调查人进行活动。通常触动的方法是有意把自己的调查行踪透露给被调查人，触动被调查人积极地采取反调查行为。例如，某纪检监察机关在查办一起新型贿赂案件中，初步调查的时候调查人员故意把第二天去行

贿人家乡了解情况的行踪透露给了受贿人，果然在当天晚上被调查人就打电话给行贿人，让行贿人千万不能说出给钱的事情，电话的监控录音全部记录了通话内容，在这样的事实面前，被调查人不得不交代受贿的违法犯罪事实。

（3）利用型再生证据的提取方法。根据被调查人趋利避害的心理需要，利用他们利己的一面，瓦解剥离被调查人和其他关系人的密切关系，让那些与案件有着某些关系的人，为调查提取再生证据。例如，让那些与案件有着某些关系的人，主动与被调查人进行串供，再现违法犯罪的时间、地点、数额、目的等，提取了这些再生证据以后，就能够运用再生证据找出违法犯罪的直接证据。

（4）诱惑型再生证据的提取方法。明修栈道，暗度陈仓，以假象掩盖真实意图——示假隐真，诱惑被调查人创建再生证据。例如，在查办一起贿赂案件中，行贿人是房地产开发商，在大量的开发业务活动中，大肆行贿，并且受贿人的范围比较大，为了使这些受贿人能够尽快暴露出来，调查人员对行贿人进行通知以后，透露行贿人有一个“笔记本”，上面记录的都是受贿人的名单和送钱的数额，被行贿人藏匿起来了，至今下落不明。为了扩大这一信息的知晓范围，调查人员故意让行贿人的爱人帮助寻找那个“笔记本”，并且故意让行贿人的爱人的单位领导帮助劝说交出“笔记本”。一时间寻找那个对某些人事关重大的“笔记本”，在不小的范围内传播开了。于是仅在本地，就有 9 个很有身份的人，对此表现出了特殊的关心，其中有一位领导一天打了 6 次电话“谈话”“笔记本”是否找到了（其实根本就没有这样的“笔记本”）。调查人员提取“好事”者的名单，通过反证的方法，行贿人只好交代了自己在开发工程项目中的行贿的违法犯罪事实，在交代的十多人的受贿名单中，打听“笔记本”的 7 人全部在名单之内。

（5）调动型再生证据的提取方法。调动型的方法是调查人员选择一个目标范围，调动被调查人或者利害关系人，围绕调查人员为其划定的反调查行动范围和目标，进行的反“谈话”活动。例如，在一起多人贿赂案件中，其中一名被调查人被抓进了看守所，调查人员与看守所取得了联系，在监所内选择了一个即将出监的人，让其主动接近这位被调查人，建立信任关系之后，他便告诉被调查人自己马上就要离开看守所了，有什么东西需要带出去的，我一定负责替你办！就在该狱友出看守所的时候，被调查人交给他一张纸条：我只交代了那笔 6 万元的，其他的没有交代，以后怎么办请告知，我有些坚持不住了！

这张纸条是送给他们单位某领导的，就在这位领导收到纸条的第二天，被调查人的家属跟着这位领导的驾驶员，以送换洗衣服的名义来到了看守所，在熟人关系的引导下进了接待室，并且把带来的衣物交给了看守员，看守员并没有检查就直接送进了监号（其实并没有交给被调查人），而是拎进了其他的办公室进行了检查，结果没有发现其他物品。此后的第二天这两个人又来为被调查人送物品，看守员仍然和第一天一样没有当着他们的面检查，而是在另外的房间进行了细致检查，结果发现了一封信：你无论如何都要坚持住，我们正在替你“活动找关系”，你说的 6 万元是哪一笔 6 万元？是上海老李给的？还是浙江刘总给的？2004 年的那笔 6 万元是济州的，请具体的告诉我们。

这张纸条落在了调查人员的手里，便拉开了该单位多人受贿违法犯罪的调查序幕。此后该单位的三名领导干部因为共同受贿违法犯罪行为而进了看守所。

6. 如何获取被调查人的再生的违法犯罪线索

（1）通过监控的方法获取再生的违法犯罪线索。因为实施监控必须是在立案调查以后的调查阶段，所以在“谈话”活动中对被调查人确定有重大违法犯罪嫌疑的时候，就应该迅速立案，为实施调查措施提供平台。实施监控主要是指对通讯工具和关系人实施监控，以此发现被调查人的再生的违法犯罪线索。通讯工具包括固定电话、手机、电子邮箱等。调查人员应当具有利用新型通讯工具，查获被调查人踪迹的意识和手段。实施监控的对象还包括关系人，在对关系人的情况进行摸底调查后，对一些主要的涉案关系人，可以采取必要的措施监控其行踪，只要控制住关系人的行踪，往往就能够顺藤摸瓜，获取更多的再生违法犯罪线索。

（2）通过跟踪的方法获取再生的违法犯罪线索。这里的跟踪实际上就是盯梢，调查人员通过秘密跟踪调查对象，来获取调查线索的一种调查方法。这也是外线调查的基本手段，它的基本要求是：“谈话”工作必须组织严密，认真细致，不但能够将目标人的活动情况纳入调查人员的视野之内，而且又能控制住目标人的活动，同时，要贯彻主动进攻的精神，发挥主观能动作用，变跟踪守候的被动局面为把握全局的主动出击形势，推进“谈话”工作向有利于调查人员、不利于目标人的方面转化。在策略和方法上，一方面，要求调查人员要机智灵活，处变不惊，抓紧一切可以利用的机会，全面掌握目标人的动态。另一方面，还要求严格保守秘密，在任何情况下，都不能暴露调查意图，不暴露调查手段，不惊动调查对象。例如，某纪检监察机关在对一药品贿赂案件查办过程中，被调查人是某市医院的院长。因为在当时的初步调查中一直找不到行贿的药商，最后只能传讯该院的院长，传讯过程中的对抗非常激烈，在法定通知“谈话”时间内没有拿下来。就在该院长回家途中，调查人员发现他忽然走进了移动电话营业大厅，买了一张移动电话卡，随即调查人员找到售卡的营业员，了解到院长买的是无须身份证登记的移动电话卡，电话号码为137××××××××购买这种电话卡是查不到通话人的信息的，这是一般被调查人通常会采取的反调查手段。此后这个电话号码频频出现，当调查人员再次将其请进纪检监察机关的时候，调查人员故意拨打了这个电话号码，这位院长正要接电话，调查人员告诉他：“这是我们打的！你的这部电话最近两天够忙的！你打给了谁，通话的内容是什么，我们都给你记录了下来，现在科学进步就是好，你是不是让我们放给你听听?”对方知道自己已经露出马脚，不得不交代自己受贿的违法犯罪事实。

（3）通过培植内线的方法获取再生违法犯罪线索。调查人员通过可靠人员或者利用矛盾控制有关当事人充当内线，积极接触目标以获取信息和违法犯罪线索。培植内线就是培养和聘请那些不公开暴露身份，秘密收集案件的违法犯罪线索，积极为纪检监察机关提供各种案件信息和违法犯罪线索的人员。这些人是有机会接触和掌握某一单位财务情况及某被调查人行动踪迹的人员，在选择培植“线人”时要注意对这些人进行深入细致的了解和重点培植，选择那些思想觉悟高、心理素质好及自我控制能力、应变能力强的人，能够积极为“谈话”活动提供信息，并且能够做好保密工作的人员。根据纪检监察机关办理自侦案件的特点，培植“线人”重点放在以下几个方面：一是被调查人身边的和周围的人，利用他们近距离的接触获取再生的违法犯罪线索；二是利害关系人，通过利害关系和矛盾点来获取再生的违法犯罪线索；三是专职人员如会计、秘书、司机、保管员、保安、家政，利用他们的职务关系获取再生的违法犯罪线索；四是案件的易发单位、部门和领域的工作人员，这些人能够及时掌握该单位的情况，及时输送信息。

（4）通过挚爱亲朋圈获取再生的违法犯罪线索。贪污、贿赂案件的被调查人在得知自己的违纪违法行为案发的信息后，不但会积极地进行串供、订立攻守同盟，积极打听案件情况，而且还要积极地转移财产，走关系说情，阻止“谈话”活动的进行。上述的这些行为大多都是在自己的挚爱亲朋圈内进行。比如，被调查人的财产大多都是转移到自己的挚爱亲朋那里，转移的去处是被调查人最信任的地方，否则他们是不会把自己的身家性命托付给对方的。对他们这些人能够争取的就要争取，能够利用的就要充分地利用，有些事情调查人员自己是办不到的，只有通过他们才能办到。例如，在一起案件中被调查人的亲戚来替被调查人说情，调查人员故意泄露案件情况给说情人：他不该串供和转移财产啊！果然，被调查人的这位亲戚把信息透露给了被调查人，当天晚上，被调查人就悄悄地溜出了家门，在一个住宅小区的楼下与一位50余岁的男人见面了，半个小时以后，被调查人离开了那里，在回家的路上被请进了纪委。经过“谈话”果然不出调查人员所料，被调查人的赃款就是转移到了这位朋友的家里，他的这位朋友跟他是世交，被调查人利用职务为他的这位朋友办了不少事情，这位朋友全家都非常感激被调查人，因此有着非常坚固的信任基础，所以被调查人在得知被查的信息之后，连夜将装有60万元现金的皮箱转移到了这位朋友家里。当说情人回来告诉他转移财产的事情暴露以后，便立即过来让其将皮箱再转移到别处去，刚开始行动便落入了圈套。就在调查人员去这位朋友家里提取赃款的时候，他的这位朋友拎着这个皮箱正准备出门，被拦个正着。

四、新型贿赂案件的初步调查

修改后的《刑事诉讼法》规定了辩护人进入刑事诉讼的时间点提前到调查阶段，辩护人有会见在押被调查人的权利和会见时不被监听的规定，大大增强了辩护力量，同时也提升了纪检监察机关的控诉难度，这就对纪检监察机关、反贪部门的“谈话”活动提出了更高的要求。在调查阶段，调查部门处于时间紧、约束多的状态下，如何能够让案子立得起、诉得出，必须转变调查思路，改变传统的对调查阶段的调查手段的依赖，不能过多地依赖调查阶段的调查工作，而要将工作重心前移，强化立案前的案件初步调查工作，把初步调查工作做得扎实有效，“谈话”阶段的工作才会有保障。

初步调查是一个案件的起步，关系到全案的发展趋势，初步调查介入后，初步调查方法的选定尤为重要。

1. 核对举报材料，掌握案情扩大线索。贿赂案件由纪检监察机关受案后，应立即指定调查人员，根据不同情况，从四个方面对举报材料进行认真审查和初步调查：

（1）对署名的举报材料，应首先“谈话”举报人。通过“谈话”了解举报人的一般情况，如举报人的姓名、性别、年龄、政治面貌、职业、工作单位、职务、爱好、现在住址、举报人与被举报人的关系，包括：何时何地怎样认识被举报人，平时与被举报人的关系密切程度，这种关系的发展变化情况，为什么要举报被举报人，所举报控告的事实来源，还有何人何故与被举报人有何关系，以及举报人所知道的与此有关的其他情况等，这样做的目的就在于核对举报材料的可靠性。

（2）对未署名的举报控告材料，一般可从两个方面进行审查：一是通过被举报人单位的组织人事和保卫科、街道、居委会及有关的知情人了解被举报人的基本情况。例如，被举报人的工作职责、职务、工作态度、现实表现、平时与什么人交往，在交往中有什么异常表现，家庭生活有无突出变化等。二是通过对被举报人具体情况的了解和分析，尽量找到举报人，进一步了解被举报人贿赂案件的事实和情节。

（3）对行贿人或行贿单位的控告举报材料，要让举报人或举报单位如实陈述行贿的原因、事情的原委始末以及与此有关的一切事实和情节，并让他们尽可能提出确实可靠的证据。

（4）调查人员在办案中发现了解到的情况，都要详细记录。必要时，可让举报人（包括单位）根据“谈话”内容写出亲笔材料。

2. 分析案情，确定调查方向。调查人员在核对举报材料，并作了初步调查的基础上，对所获材料进行分析研究，首先确定行贿、受贿的事实是否存在，这是确定是否立案调查的前提。通常需要重点分析的问题是：

（1）行贿的原因。行贿的原因从客观上讲，要具备两个条件：一是行贿人急需取得某种利益，而且这种利益对行贿人来说是必需的、有利可图的；二是获取某种利益的方式，这种获取利益的方式，通常是采取正常的手段、通过合法的渠道及现有关系所无法实现的。比如，行贿人希望获取的某种利益是政策不允许的，市场紧俏或人为制造障碍的，或者虽然政策允许，但为了更有把握，或者争取时间、快点办到等。从主观上讲，也有两种情况：一种是行贿人为获取某种利益，主动行贿；另一种是行贿人为取得某种正当利益，受到刁难、要挟而被迫行贿的。这种情况多发生在乡镇企业、建筑招投标领款中。客观地分析行贿原因，有利于确定“谈话”活动重点方向。

（2）受贿人是否得到贿赂钱物。只有受贿人实际得到了贿赂钱物，贿赂案件才能成立。行贿人为谋取利益，必须设法把贿赂款物送到受贿人手中，为达到此目的，行贿人往往在行为发生之前先做些必要准备。一是要选择对象，就是要把贿赂款物送给那些对谋取利益有定夺取舍权力的关键人物；二是要摸清受贿人的为人处世、脾气秉性、个人喜好、生活急需等，以决定用钱还是用物，用什么物行贿；三是要选择时机和方式。分析研究行贿的准备和贿赂款物送达的方式，是确定行贿、受贿行为的重要情节。

（3）行贿人对受贿人是否提出获取某种利益的要求，如果只是送了物品，没有提出取得某种利益的要求，那可能只是亲友间的礼尚往来。如查行贿人确有获取某种利益的要求，而受贿人利用职权为实现其利益，制造了条件和实施了某种行为，且情节严重。这样，行贿受贿案件即可成立。

3. 查对事实，获取证据。查对事实，获取证据是侦破贿赂案件的关键环节。一般应主要抓好以下四点：

（1）与行贿人“谈话”。应逐项弄清下列问题：①何时何因，经何人介绍，用何物款向何人行贿。②行贿受贿交易是怎样达成的，双方都讲了什么话，有什么约定，何时何地向受贿人交付贿赂物款。③贿赂款物的来源，包括形状、面额、品名、数量、牌子、价格以及贿赂款物，存放在何处，物品和现金的去向等。对行贿人所得利益，也要一一“谈话”清楚，并详细记录在卷。如属物质利益，应逐一清点、查验，或复制，或拍照，或提取实物，或查封，要尽量设法获取或保全证据。

（2）与受贿人“谈话”。实践表明：与受贿人“谈话”要有充分准备，要先做些调查研究，查清一定事实，获取一定证据，并写出详细“谈话”提纲，然后再接触被调查人，不要打无准备、无把握之仗。但也不要把准备时间拖得过长，以免发生订立攻守同盟、毁灭或伪造证据、转移赃款赃物等情况，给“谈话”工作造成不应有的困难。

与受贿人“谈话”，应紧紧围绕据以定罪的事实和情节，有重点、分层次地展开。行贿、受贿的提起，行贿人获取某种利益的要求，事情的发展和经过、情节、受贿的次数、数量、物品种类、价值，赃款、赃物的使用情况及去向，受贿人是如何利用职务便利为行贿人谋取利益，获取到什么利益，等等。要令其逐一交代清楚。同时，要动员其主动交出赃款、赃物。

（3）对于不便于触动行贿人、受贿人的案件，可以先从受贿人利用职权为行贿人谋取的利益开始调查。一般地说，这种利益暴露得比较明显，问题比较清楚，比较容易突破。如行贿人获取的是物质性利益，有账可查的，查清账目。如原非物质性利益，可以从审查获取该项利益的有关证件、手续开始，待掌握了一定的情况和线索后，再找行贿人和有关知情人核对事实，获取证据，最后接触受贿人。

（4）及时采取强制措施。在查处贿赂案件中，应当及时而恰当地采取强制性措施，不失时机地正确运用调查手段。一般地说，案件一经受理并决定立案后，就应立即对被调查人的住处、办公室以及有关部位、处所依法进行搜查，以获取扎实可靠的证据，收缴赃款、赃物。同时，要根据案情和被调查人的具体情况，分别采取取保候审或监视居住的强制措施。对那些有串供、毁灭或伪造证据、转移赃款赃物或行凶报复、自杀、逃跑危险的，应当机立断，采取逮捕措施，以保证侦破工作的顺利进行。在调查过程中，还要注意发挥技术调查的作用，同时，在必要时，要利用各种调查手段，包括耳目、跟踪守候、密取窃听等突破案件。

调查人员在同职务犯罪案件的被调查人的较量中，积累了不少经验，可供借鉴。这些经验主要有：①集中力量先突破行贿一方。从行、受贿双方的心理分析，他们虽然都怕问题暴露，都有抗拒和畏罪心理，但比较而言，在一般情况下，受贿人的抗拒心理强于行贿人，尤其是被刁难、要挟被迫行贿的更是如此。因此，办案中先集中力量突破行贿一方，获取证据，为查清全案铺平道路，是行之有效的办法。②利用矛盾，因人制宜，有针对性地采取措施，制服受贿一方。主要方法是：搞好“谈话”前的准备，摸清行、受贿双方的情况，运用已经掌握的信息，迫使受贿人交代问题。③追赃与取证同步进行，防止翻供。④必要时可在有关部门的配合下，利用狱侦方法突破违法犯罪。同时，还可利用耳目，及时掌握被调查人的思想动态和核实他们供述的情况是否真实可靠，为制伏违法犯罪奠定基础。

第四节 “挂名”受贿违法犯罪的“谈话”技巧

案例

2011 年 3 月初，纪检监察机关接到举报称：河海市疾病防控研究所所长李道某利用职务之便收受贿赂数十万元。河海市第一人民医院三分院是由河海市疾病防控研究所（国有事业单位）与南林实业投资管理有限公司联合成立的医院，并以河海市疾病防控研究所的名义办理了医疗机构执业许可证和事业单位法人证书，性质属于经费自理的事业单位。在合作期间，为了得到河海市疾病防控研究所所长李道某的支持和帮助，南林实业投资管理有限公司派到河海市第一人民医院三分院的管理人员从利润部分按月（每月）和逢年过节给李道某送钱，请纪检监察机关严肃查处。

（一）案例分析及初步调查计划

举报线索反映的主要内容：疾病防控研究所所长李道某收受河海市第一人民医院三分院给予的数十万元贿赂。同时举报的内容还表明“管理人员从利润部分每月和逢年过节给李道某送钱”，这说明李道某有可能是以合作单位提供的“工资”的名义收取的额外报酬，属于“挂名”领取薪酬的行为。根据上述情况分析：行贿单位河海市第一人民医院三分院给李道某的钱，这笔支出在医院的账目里应该有记录，因为是合作单位，所有的支出最终还要结算，那么李道某收取的钱的数额在账上应当有记录，获取行贿记录是该案的关键，有了行贿记录就把握了该案的主动权。

初步调查计划：

1. 提取被初步调查对象李道某的主体身份证明材料、岗位职责等档案材料。

2. 查询被初步调查对象李道某的银行存款账户情况。

3. 从行贿单位河海市第一人民医院三分院调取财务资料及账外账。

4. 找行贿单位河海市第一人民医院三分院财务会计“谈话”，重点目标是“挂名”的受贿。

5. 根据案件查处的进展情况适时调整相关初步调查方案。

（二）（初步调查）调查（“谈话”）过程

初步调查的突破口选择了河海市第一人民医院三分院财务会计李某，调查人员于2011年3月9日14时，通知李某：

……

问：你的工作单位和职务？

答：自2005年8月至今在河海市第一人民医院三分院担任财务会计工作。

问：你工作单位的基本情况？

答：我们医院是由河海市疾病防控研究所与南林实业投资管理有限公司联合成立的一家合作医院。双方合作期限是自2005年1月1日至2034年12月31日，共30年。南林实业投资管理有限公司投资现金1710万元，在前8年的合同期内即2005年1月1日至2012年12月31日，利润部分由南林实业投资管理有限公司享有，作为投资回收，后22年按比例分成。河海市第一人民医院三分院实际上就是由南林实业投资管理有限公司控制的，因为所有的权利都在南林实业投资管理有限公司，包括人员、业务、财务等方面。（章某、刘某、詹小某都是南林实业投资管理有限公司派来的代表，负责医院的管理）双方签订补充协议和利润分配方案，河海市第一人民医院三分院不承担河海市疾病防控研究所的任何费用。

问：既然不承担疾病防控研究所的任何费用，那么你们为什么要给李道某送钱呢？

答：是的。从2008年8月份开始到2011年2月份，我们每月不间断地给李道某送钱。因为李道某是河海市疾病防控研究所所长，是我们医院的行政院长，平时我们要和她处理好关系，因为我们这种合作方式没有李道某的支持是很难经营和运转的，另外就是对外部协调关系方面也要靠李道某帮助。给李道某送钱是章某和詹小某商量决定的，他们说李道某比较辛苦，好多事需要她帮忙，让我每月给李道某送点钱，讲每月送3000元现金。2008年7月第一次给李道某送钱，送钱时我说你辛苦了，这一点点钱给你意思一下。她推辞说不要，我就硬塞给她了。以后我就每月送给她3000元现金，地点一般都在医院。一直到2009年2月份，总共送了8次，合计24000元。到了2009年3月份，章某和詹小某商量好，告诉我给李道某每月送钱加一点，就是每月加2000元，合计5000元。2009年3月份，我给她送了5000元现金，当时我就讲：加了2000元。她说：这样不好。我说：不要紧。她就收下了。以后我就每月送5000元现金给她，地点一般也在医院。一直到2010年4月份，总共送了14次，合计70000元。到了2010年5月份，刘某已经接替了章某，他和詹小某商量好，告诉我给李道某每月送钱再加一点，加到每月10000元现金。2010年5月份，我给她送了10000元现金，当时我讲：现在每月给你10000元。她说：老李，你不要害我，出事了你要负责任的。我说：不要紧，不会出事的。后来她就收下了。以后我就每月送10000元现金给她，地点一般也都在医院。一直到2011年2月份，总共送了10次，合计100000元。2011年3月份的还没有来得及送。

问：你们送钱给李道某有哪些人知道？

答：送给李道某的钱有章某、刘某、詹小某和我知道，另外还有我们的出纳会计知道，其他人都不知道。送给李道某的钱有时候用信封包装，有时候用皮筋扎一下，放在口袋里，送钱的时候就从口袋里掏出来递给她。

问：你们送的钱是从哪里支出的？

答：钱都是河海市第一人民医院三分院经营收入中利润部分的钱，利润部分的钱按照合同规定，应该属于南林实业投资管理有限公司投资人的。送钱的事我不清楚投资人是否知道，但章某、刘某、詹小某都是南林实业投资管理有限公司派来的，他们就代表南林实业投资管理有限公司，所以他们有权决定将河海市第一人民医院三分院经营收入中利润部分的钱送人，这也是为了河海市第一人民医院三分院的发展。

问：支出的账是怎么做的？

答：做的是业务支出。

问：记账凭证的附件是怎么处理的？

答：附件是人员工资。

问：谁的工资？

答：是其他员工的工资，送给李道某的这些钱因为是不合法的，不能在账面上反映。

问：你的账在什么地方？

答：放在华山大道中国银行宿舍楼甲单元201室，是我们的财务室。

问：除了你们医院的正常经营账簿之外，其他账外账在哪里？

答：我们没有账外账！

问：你们没有账外账，那么南林投资公司来查账查什么？你说钱给了别人有什么凭据？

答：（不语）……（有隐瞒的行为反应）

问：我可以肯定地跟你讲，你们有账外账！

答：不可能有账外账。（语气不坚定，可能有顾虑，如果有账外账就可能牵涉该医院的其他行贿行为）

问：我跟你说，本来这件事与你个人无关，但是你要隐瞒这些账面，那就不是无关了！你就要承担法律后果了！讲！账在哪里？

答：账在财务科旁边的另外一间房子里。

问：在什么地方？你不是说没有账吗？

答：给钱的这件事不能做在外部账上，但考虑到南林实业投资管理有限公司要来查账，只能做在内部账上（账外账）。在内部账上我是用“河海市第一人民医院三分院工资单”或者“河海市第一人民医院三分院员工工资表”单据做账的，这些单据都是我制作的，由詹小某等负责人签字入账。这些单据不用李道某签字，也不可能告诉她，她是不可能知道这件事的。这些单据只做在内部账上，只给内部人对账用，是不能给外人看的。外部账放在华山大道中国银行宿舍楼甲单元201室，内部账放在华山大道中国银行宿舍楼乙单元101室。

问：那我们现在跟你去取账！

答：好。

……

“谈话”暂时结束。

提取账外账的违纪违法证据：办案人领着李某立刻赶到她说的存放账外账的房间。打开柜子，却发现里面空空如也，凭证、账册已不翼而飞！账到底在什么地方？承办人再次对李某进行“谈话”，“你知道故意隐匿、销毁账目也是违纪违法行为吗?”承办人担任起法制宣传员的角色，耐心的法律宣传攻心起到了效果，李某听说继续隐瞒下去可能引火烧身、触犯法律，她的态度立即来了个大转变，带着承办人到了距她所住的房间不远的另一套民房内，当调查人员赶到这里时，房间内有五六个人正在毁账，有人正在撕凭证，有人拿着剪刀把撕下来的凭证剪碎。面对突然出现的调查人员，他们都惊慌失措，调查人员制止了他们的行为，并且严厉地向他们指出，毁账是违法犯罪。所幸调查人员及时赶到，顺利查获了大部分河海市第一人民医院三分院的内部账。正如所料，医院用于行贿的全部支出都有记录，送给李道某的钱也赫然在账。办案人通过紧张地核对账目开支，很快便查清了河海市第一人民医院三分院以工资的形式每月都给李道某送钱，李道某前后收受了20余万元。

被提取到的用于行贿的全部支出的账外账，不仅记录了按月给李道某送钱和逢年过节给的钱，还记录了给其他单位有关人员的“好处费”支出。同时在提取的账外账中间还发现了一笔20万元医疗器械的返利款，医院从张平处采购了一台价值160万元的CT机，收受济州某公司供应商张平所送现金20余万元。（购买医疗器械均有“返利”，已经成为医疗器械行业的潜规则，那么其他医院购买医疗器械的返利是不是也在“小金库”里？或者在其他什么地方？这无疑成了案件案源的线索。）

（三）与被调查人“谈话”

2011年3月9日14时，调查人员通知了李道某。

……

问：你把你在疾病防控研究所任所长期间，主要负责的工作谈一谈。

答：河海市疾病防控研究所是河海市卫生局下属的国有事业单位，是财政全额拨款单位。2004 年 9 月 1 日，河海市疾病防控研究所与南林实业投资管理有限公司签订合作合同，成立河海市第一人民医院三分院。投资方南林实业投资管理有限公司的具体经办人是刘宝某。实际上成立的河海市第一人民医院三分院的投资人是刘宝某个人。2005 年，河海市第一人民医院三分院成立后，按照合同约定，我担任院长一职。到 2008 年年底，在河海市第一人民医院三分院的相关手续办理中，河海市卫生局根据合同约定下文，委派我担任河海市第一人民医院三分院的法定代表人，后经编办注册河海市第一人民医院三分院成为自负盈亏事业单位。按照合同约定，我在医院担任行政院长，具体工作职责只是监督医院按照医疗机构管理条例的规定操作，医院的具体业务经营和财务管理均由投资方负责，我并不参与医院的业务经营和财务管理。我的工资和疾病防控研究所所有职工的工资是由疾病防控研究所承担，不在医院拿工资，我们的工资是疾病防控研究所发的，工资的来源是财政拨款。

问：把你个人与市第一人民医院三分院的经济往来谈一谈！

答：我个人与市第一人民医院三分院没有经济往来！

问：我现在可以肯定地告诉你有经济往来！

答：不可能有的。

问：李某按月给你送的钱是什么钱？

答：她怎么可能给我送钱呢！

问：李某是谁？

答：是医院财务科会计。

问：她不仅是市第一人民医院三分院的会计，还是“小金库”的会计！在会计手上支出的钱，可是都要记账的哦！医院和“小金库”的账现在都在这里，这里记载着与你个人的经济往来……（李道某以为调查人员不可能拿到医院的财务账，这里告知医院的全部账目已经被提取）

答：那是他们给我的“兼职”工资啊！

问：那你就把你拿的“兼职”工资谈一谈吧！

答：我与河海市第一人民医院三分院的投资方没有不正当经济往来，河海市第一人民医院三分院的投资方按月给我送一些钱，是给我的“兼职”工资，就因为是“兼职”工资，所以他们才按月发给的。

问：具体的时间和数额？

答：时间是从2008年7、8月份开始，河海市第一人民医院三分院的投资方每月都会送给我工资，数额是每月3000元；大概到2009年2、3月份的时候，数额增加到每月5000元；大概到2010年4、5月份涨到每月10000元，一直送到2011年2月份，今年3月份他们还没有送。没有仔细算过，有十几万块钱。钱基本上都是河海市第一人民医院三分院的会计李某送给我的，地点一般都是在我的办公室，是按月送的，送的都是现金。都是她一个人送的，没有其他人在场。

问：你拿的这些钱是谁给的？

答：开始詹小某提出过每月给我一点钱，当时医院才成立又不规范，我就没同意要。在2008年的时候，李某提出每月给我一点钱，这个时候的医院比较规范，盈利也多了，这样我就同意了。李某每个月给我送钱时，一般不和我说什么话，把钱丢下就走了。李某给我送钱的时候，告诉我增加了数额，我一般不说什么，也不问，就把钱收下了。

问：你每次收钱有什么手续？

答：李某送钱给我时，双方之间没有手续。

问：既然是“兼职”工资怎么能没有手续呢？

答：她没有要手续。

问：她为什么不要手续呢？

答：这我也不知道。

问：你们原来的疾病防控研究所还有其他员工在医院拿“兼职”工资的吗？

答：没有。

问：为什么没有？

答：他们没有给，我也不知道。

问：你拿了而其他员工都没有，所以怕别人知道是不是？

答：（不语）……

问：你当时作为疾病防控研究所所长，与投资方签订协议时，是否谈到要拿“兼职”工资的事情？

答：没有！

问：既然没有你为什么要拿呢？

答：（不语）……

问：你拿“兼职”工资是否向主管局卫生局汇报过？

答：没有，卫生局的领导不知道，我没有向任何人汇报过。

问：你拿的这笔钱是在哪里支出的？

答：是他们医院收入中的利润部分。

问：你拿的这笔钱，财务账是怎么做的？

答：是在“小金库”的账里开支的，我开始不知道他们有两套账。税务检查后，我通过看每月的会计报表，发现他们给医院员工发的工资不真实，就问过李某，她告诉我还有一套内部账就是“小金库”的账。这样我就知道了他们有两套账，当时我还同她讲，要是出问题他们自己负责。

问：你是怎么知道他们给你的钱是在“小金库”的账里支出的？

答：当时我也没在意，但现在想想他们要做账，也应该做在内部账上，因为他们的内部账是要给投资人刘宝某看的。

问：对于他们送钱给你的原因，你应该比我们更清楚！说说吧，什么原因？

答：河海市第一人民医院三分院是由河海市疾病防控研究所和投资人刘宝某按照合同约定成立的一家医院，我是河海市疾病防控研究所的所长，合作后期我们疾病防控研究所要参与一定的利润分配，我要按照合同约定履行我的职责。而他们投资方为了和我建立良好关系，让我在工作上关照他们，以便医院经营顺利，以及帮他们处理一些问题和纠纷，还有一些对外单位的联系，所以才会叫李某给我送钱。

问：你收的钱都做什么用了？

答：除了平时我家里的正常开支外，剩余部分都存在银行了。

问：存在哪家银行？

答：建设银行。

问：存折呢？

答：在我的银行卡里，卡就在我的钱包里。（提取银行卡）

问：除此之外你还拿了钱！继续说！

答：其他我想不起来了。

问：他们送你的东西和钱账上可都记着呢！

答：……

问：除了河海市第一人民医院三分院每月送给你钱之外，还送过什么钱？

答：除了按月给我送钱之外，刘宝某、詹小某逢年过节都会给我送一些财物：第一次是2006年至2010年，每年春节到来之际，刘宝某或者詹小某都会来我的办公室送我一些现金或者购物卡，我能准确回忆出2009年和2010年，以上两年春节前詹小某在我的办公室都送给我现金5000元人民币。2006年至2008年，以上三年的春节前，刘宝某或者詹小某在我的办公室送给我的一般是2000元或3000元人民币现金或者购物卡；购物卡以河海市白云商厦的居多。另外，刘宝某或者詹小某还在2006年至2010年，以上五年的中秋节送给我一些现金和购物卡，但是具体数额我记不清了，你们可以找他们核实，以他们讲的为准。

问：在逢年过节时送给你的现金和购物卡的具体情况？

答：在逢年过节时送给我的现金和购物卡一般没有包装，是在我的办公室直接给的。对于为什么要送现金或购物卡给我，可能是因为我是疾病防控研究所的所长，帮助医院与河海市卫生局等政府部门沟通协调，给予他们一定的支持和帮助，为了对我表示感谢，在逢年过节时安排给我送一些现金或购物卡。

问：你在河海市第一人民医院三分院有没有具体的职位和工作？

答：我虽然是河海市第一人民医院三分院的法人代表，但只是按照我们双方的合作合同担任的，我在河海市第一人民医院三分院没有具体的工作，我只是按照合作合同的约定，监督医院按照医疗机构管理条例规定操作，不参与医院的经营和财务管理工作。

问：他们给你送的现金和购物卡，有没有退给医院？

答：没有退给医院，因为是他们主动送给我的，不是我向他们索要的。

问：还有谁送过钱给你？

答：还有我分两次收受吴某送给我的共计4000元购物卡，每次都是2000元购物卡。现在经过仔细回忆，我能确定吴某送给我的数额是4000元，但是吴某送给我的是现金还是购物卡我记不清了。

问：你把吴某给你送钱或购物卡的情况详细地陈述一遍。

答：山元区疾病防控研究所的副所长吴某给我送了两次现金或者是购物卡：第一次是2010年春节后，吴某在我的办公室送给我2000元现金或者是购物卡；第二次也是吴某在我的办公室送给我2000元现金或者是购物卡。吴某送给我的现金或者是购物卡好像都是装在信封内给我的。

问：还有！

答：2011年春节前，刘文某到河海市疾病防控研究所办事，在我的办公室，刘文某将装有1000元现金的信封塞给我。

问：他们为什么要送钱给你？

答：原因有两个方面：一方面，河海市疾病防控研究所承担基层妇幼保健院（所）的业务培训指导，我们在培训方面给予基层妇幼保健院（所）师资等支持，指导工作；另一方面，基层妇幼保健院在海州培训、办事时我们也会给予相应的帮助。

问：你所收的现金和购物卡都哪里去了？

答：都被我平时用掉了。

……

第五节　医疗卫生领域贿赂案件的“谈话”技巧

一、案例一

（一）案件来源

2011年3月，纪检监察机关在调查林州市第一人民医院三分院李某受贿案件时，发现该院“小金库”有一笔20万元的购买医疗器械的返利收入，根据该医院的财务人员反映：购买医疗器械给回扣及返利，已经是行业里不成文的规矩。在推销医疗产品过程中，销售商明确表示有返利和回扣，因为林州市第一人民医院三分院系个人投资，所以购买医疗器械的返利仍然记在该医院的账上。如果是公立医院，购买医疗器械的返利或者回扣，就可能被个人收取。出售给林州市第一人民医院三分院医疗器械的是“卫生科技有限公司”，在本市的业务量很大，除了该市第一人民医院三分院购买了他们的医疗器械，还有本市的第五人民医院也购买了该公司的医疗设备。为了严厉打击医疗卫生领域贿赂案件，调查人员前往林州市第五人民医院，查阅了购买医疗设备的供货发票发现：该医院购买的医疗设备不仅有卫生科技有限公司的，还有永生医疗器械有限公司的，均没有发现返利的财务记录，且该医院购买医疗设备与该市第一人民医院三分院购买的医疗设备型号、价格均相同，那么不成文的规矩即返利到哪里去了呢？这里是否存在着贿赂问题？

（二）初步调查

纪检监察机关抓住该线索进行初步调查，从上述调查发现的线索来看，医院在医疗设备采购中有可能隐藏贿赂案件行为，如果存在贿赂行为，那么调查人员在第五人民医院提取财务账目的行动，就可能惊动了受贿人，导致受贿人与行贿人串供的反调查行为出现。初步调查首先选择卫生科技有限公司和永生医疗器械有限公司的销售经办人顾某和林某，从行贿方打开缺口，以掌握贿赂案件的基本信息；其次是根据已经掌握的返利信息为突破口，查找在本市的返利对象；最后是根据有可能串供的情况，加以利用，作为“谈话”突破口。

通过行贿人查找受贿人：根据提取的医药采购发票，调查人员找到了湖新市卫生科技有限公司业务经理顾某，“谈话”开始：

……

问：工作简历。

答：我是1988年从湖新百下区中专学校毕业的。2009年至今，在湖新市卫生科技有限公司做业务经理，经营医疗器械销售业务。

问：你主要做哪些医疗器械的销售业务？

答：主要从事“东芝”品牌医疗器械的代理销售工作，包括计算机断层扫描系统（俗称CT机）、彩色多普勒诊断仪（简称彩超机）等器材。

问：你主要在哪些地区做过业务？

答：我主要在天际市和林州市做过业务。

问：你在林州市哪些医疗单位做过业务？

答：在林州市第五人民医院做过业务，给他们供应过一台“东芝”牌彩超机和一台“东芝”牌CT机。

问：你把向林州市第五人民医院供应“东芝”牌CT机的过程讲一遍？

答：2004年，我在天际华恒昌贸易有限公司做业务经理时，曾经向林州市第五人民医院供应过一台彩超机，当时的院长姓谭。后来我从谭院长处得知林州市第五人民医院还打算购买一台CT机，因为我知道，公立医院购买这种大型设备的周期都很长，期间要经过立项、上报、审批等多道手续，所以我就一直关注这件事。2006年，我进入湖新国镕科技实业有限公司工作，同时把“东芝”品牌放射设备的代理权也带到了这家公司。2009年年初，在一次去林州市第五人民医院的拜访中，因为在之前的业务中和该医院的副院长汪玲某认识，我找到了她。汪院长告诉我，林州市第五人民医院的前任院长到海天区卫生局任副局长了，现在的院长名叫章中某，林州市第五人民医院正要采购一台CT机，现在一个姓蒯的供应美国“通用”牌CT机的人最近来得很频繁，这个业务她说不上什么话，让我直接找章中某。我就直接到章中某的办公室，章中某告诉我，医院确实要购买一台CT机，但他现在很忙，有什么事情叫我去找医院放射科主任谈。我一看这个情形就明白章中某在推托此事，就不报什么希望了。我回湖新之后，又不太死心，经过多方打听，我爱人的一个亲戚姓景，在林州市地税局工作。我打电话给他，让他替我过问一下此事。之后，他告诉我，他和林州市医保中心的杨主任说过了，想约杨主任吃个饭，同时杨主任会把章中某约过来。没多久，我亲戚让我在林州市金地大酒店对面的一家小饭店招待他们，杨主任和章中某以及林州市第五人民医院做医保业务的一个女的等人一起来的。饭后，其他人都离开了，我和章中某在饭店门口，章中某告诉我这件事我和区卫生局基本定下来了，准备购买“通用”牌CT机。我问他我们还有没有机会。他告诉我过两天再和他联系。听完这话，我感觉这件事还有希望。过了三四天，我很着急，就赶到林州市第五人民医院章中某的办公室。他告诉我，现在还是定的“通用”牌CT机，问我要参与进来有什么优势。我向他介绍了一下我方供应的“东芝”品牌CT机的产品优势，价格不到190万元。章中某告诉我，让我先回去，他和局里的领导商量一下。又过了两三天，我又去了章中某的办公室。他告诉我，他已经和卫生局领导说过了，可以参加招投标了。在2009年五六月，林州市第五人民医院购买CT机项目在海天区卫生局招标，美国“通用”牌CT机的供应商和我方湖新国镕科技实业有限公司都参与了招投标，最后我方提供的“东芝”牌CT机中标。

问：在向林州市第五人民医院供应CT机的过程中，你和相关人员有没有不正当的经济往来？

答：（考虑）……没有！

问：你应该知道无风不起浪，我们不找别人为什么单单找你呢？之所以找到你就是因为与你有关！你这几天电话挺忙的吧？（试探是否有串供的信息反应）

答：（沉思不语）……

问：他近几天给你打过电话！（进一步试探串供的信息反应）

答：嗯！（点头）……我还是如实说吧。前面说到我向章中某报了“东芝”牌CT机的价格之后，章中某告诉我他要和海天区卫生局领导商量一下。过了两三天，我又去了章中某的办公室。章中某告诉我，“通用”牌的供应商给他是28万元（或者是30万元，记不清了）。我就讲，那这台CT机的价格怎么弄啊。我的意思就是给他这么多钱，我原先的报价就要高上去了。章中某告诉我，报价不能再高了，否则业务还是做不成。我就表示给他这么多钱我就贴本了。章中某就松了口，表示送的钱可以下浮一点。我印象中是下浮到26万元，并让我当时就决定做还是不做。我告诉他，给这个价格我肯定很难做。但章中某态度很坚决，表示CT机的价格已经定下来了。我就同意做这笔业务了。章中某就让我回去等通知，准备投标。过了一个月左右，章中某通知我到海天区卫生局参加投标。然后我就去了，同时参加投标的有“通用”牌的经销商。当天晚上，章中某和海天区卫生局领导在海天区卫生局对面的一家饭店吃饭，他让我在饭店外面等一下。期间，章中某出来了一下，他告诉我这件事情已经定下来了，就由我们做了，让我先回去。过了几天，我打电话给他，问他签合同的事。他告诉我不要着急。我就告诉他，生产“东芝”牌CT机工厂是根据订单生产，没有存货的，中间有生产、运输周期，我还告诉他，我已经向“东芝”医疗上海公司汇报过此事了。后来我又催促了他好几次。大概过了两三个星期的一天下午，我到章中某的办公室找他。他告诉我，“明天我们签合同，但你要把钱先给我”。我告诉他，在装机合格以后再给。他讲，“不行”。我讲，生意还没做就给你钱没有道理。他讲，不行的话就找“通用”牌CT机的供应商签合同。最后他就拍板了，让我不要啰唆了，就给22万元吧，并讲这笔钱也不是他一个人拿，还要给卫生局里的领导（他没有说给哪个领导）。然后，他说有事就出去了。我打电话给他，他态度不太好。我问他什么时候见面，他告诉我当天晚上十点钟在医院他的休息室见面。当晚，我在约定的时间去了医院和章中某见了面。他告诉我，他出去一下，让我在医院的过道等他。一个小时左右后，章中某来了，他叫我把手机放在休息室门口，并把休息室内的电视机音量开大。我告诉他，等合同签好并且设备安装完以后再送给他钱。他说不行，叫我和他走。他带我到了他的办公室，做出了一个手势，示意我不要讲话，并拿出了纸和笔，在纸上写了“明天必须把钱送来，否则就和‘通用’牌CT机的供应商签合同”（大概就是这个意思），他把这张纸举给我看，然后就把这张纸烧了。之后，章中某不再说话了，我就离开了。当时，他是叫我一个人去的，但我觉得他胃口大，总有一天要出事，于是叫公司的业务员童陈某陪我一起去的，以便今后出事时有相关的佐证。第二天，我回公司后，凑了22万元现金。在当天下午两点左右，我来到章中某的办公室（事先我已把22万元现金装在我携带的包里和我所穿的西装口袋里，因为当时包小装不下），把装钱的西服和包放在章中某的办公桌上，对他讲我去一下厕所（我假装去厕所的，因为当场给钱比较尴尬，是找借口离开）。回来后，钱已经被他取走了，我从桌上拿走空包和西服（当时也带着公司的业务员童陈某，我叫他在楼下等，我一个人上去找章中某的，我是想有人陪我去，今后万一出事会有个佐证）。给完钱后，我记不准了，不是当天就是第二天把合同就签了。

问：后来呢？

答：在2010年和2011年的中秋节和春节，我还给章中某送过烟酒等物，主要想继续做他们的业务，此外就没有什么联系了。

问：你们最近的联系是怎么说的？

答：就是昨天中午，我接到章中某用一个我不熟悉的本地号码打来的电话。电话中他说，他被纪委盯上了，有人举报他购买CT机和彩超机的事，举报人应该是本医院的人，还让我小心点，最近别去本地，免得纪委找麻烦。我问他这件事是不是很严重。他告诉我，电话里说不清楚，我们见面再谈。当天下午三四点，我和章中某在林州市悠仙美地餐厅见了面。他告诉我，这件事很严重，我们要“对好口”（意思就是说如果找我们调查，我们的口径要一致）。接着，我们商量如何对口径。他告诉我，如果找我调查时就讲送给他一些烟酒。后来，他想了想讲，这样说他们不会相信的，让我除了讲送一些烟酒之外，还要讲在采购完CT机后送给他几千块钱林州市商之都购物卡。说完，他从口袋里拿出一张面值1000元的林州市商之都购物卡，并说这上面钱不多了，如果找我调查的时候，让我告诉他们送的是烟酒和这种购物卡。另外，他还告诉我购买这种购物卡的地点。我最后又问了章中某如果他被带走调查了，我怎么能够知道。章中某告诉我，到时他的老婆会打电话给我，就说“我是章院长的爱人”，这就说明他已经被带走调查了。说完他就走了。我按照他说的地点，当时就去了林州市天长路商之都商厦。进门后，我问营业员，商之都购物卡在什么地方买。营业员告诉我，在一楼往右走，有一扇铁门的房间。我进去后发现里面没人，知道了这就是买购物卡的地点，然后就走了。

问：你们向林州市第五人民医院供应“东芝”牌CT机，和林州市第五人民医院签订的是什么合同，设备款是怎么支付的。

答：我们和林州市第五人民医院签订的是销售合同，林州市第五人民医院和天际金融租赁有限公司签订的是融资租赁购买合同，林州市第五人民医院分期按月付给天际金融租赁有限公司租金，期限两年。设备款由天际金融租赁有限公司先支付给东芝公司，我们的利润款在装机验收合格后，由天际金融租赁有限公司一次性支付给我们。

问：合同的价款是多少钱？

答：包括融资费用的合同是190多万元到200万元。

问：这22万元是送给章中某的，还是借给他的？

答：是送给章中某的，不是借给他的。

问：你送给章中某的这22万元钱的来源？

答：我们当时是四处筹集的。

问：你送给章中某的这22万元现金，他有没有退给你？

答：就在昨天早晨，有一个自称章中某侄子的章佐某打电话给我，说是有东西要带给我。我就让他在我爱人余堰某下午下班的单位班车下车点——龙江麦当劳门口附近等，时间是下午6点钟。后来我就打电话给我爱人，告诉她这件事和那个人的电话号码，让她去见那个人。后来我爱人和那个人见了面，见面后那个人递给我爱人一个纸袋就骑电瓶车走了。我爱人打开纸袋后，发现里面装了10万元现金，就打电话给我。我就给章中某打了一个电话，他说这钱是退给我的，我当时问他在哪儿，他告诉我，他正在去郝州的路上。后来，我爱人告诉我，送钱的人年龄有二十多岁，讲的是本地口音。

问：章中某为什么收了你22万元现金，只退给你10万元现金？

答：在电话中，他说他把自己拿的10万元现金退给我。言外之意，其他钱是别人拿的，这种事我也不好问。

问：这10万元现金，你是怎么处理的？

答：我是第二天回到家的，钱是装在袋子里的。袋子上还有字，好像是湖新农行大客户部，银行地点是在湖新新街口，后来袋子被扔了。回家的当天，我就把10万元存到我的两个卡里了，一张湖新市招商银行“一卡通”卡号是6225 8002 5062××××存了8万元，一张湖新市招商银行“双币信用卡”卡号是4392 2600 0680××××存了2万元。

问：今天对你的“谈话”是否有打、骂等暴力取证行为？

答：没有。

问：你以上所讲是否属实？

答：属实。

问：你还有什么需要补充的吗？

答：没有了。

问：请你核对笔录，如有与你所讲不一样的地方，可以补充或改正。如无误，请你逐页签名。另外我们今天谈的问题不要与章中某联系，否则后果由你承担！

答：好的，我知道。

……

调查人员紧接着找到了在湖新市的林某进行了“谈话”：

……

问：你的工作单位和职务？

答：我是湖新永生医疗器械有限公司法人代表。

问：把你与林州市有关医药的业务情况说一说？

答：我们与林州市第五人民医院有业务往来，向该院销售了一台“东芝”牌全自动生化仪。

问：你把销售活动中的“好处费”的情况谈一谈？

答：我们好像没有“好处费”！

问：什么叫好像没有？

答：那不是“好处费”。

问：不是“好处费”是什么？

答：是销售的“返利”。

问：销售的“返利”是什么意思？

答：“好处费”是给个人的，而销售的“返利”是给购买单位的。

问：那你给的是个人还是单位？

答：我也不清楚是个人拿了还是单位收取的，反正我把这部分钱给了就是了，至于谁拿了我不管。

问：那你把给钱的经过谈一谈吧。

答：当时我去林州市第五人民医院推销全自动生化仪，医院的章院长问我价格，一边问我这里面有多大空间（意思就是好处费），我告诉他一般我们给的好处费在10%左右，这是我们公司制定的返利标准。章院长说你们的利润空间好像非常大吧。我说价格比较理想我们给的还会多点。就这样，我们把好处费的事情基本上确定下来了。合同签订后，我到了章院长的办公室，用袋子装着9万元，我说为了兑现返利，感谢该院购买我们的全自动生化仪，就给了章院长9万元的“返利”或者是“好处费”。就在昨天上午，章院长打电话给我说他被纪委盯上了，他让他一个在湖新工作的侄子（名字叫章佐某）退4.5万元给我，我就让他把钱暂时先交给我弟弟林某，因为我当时不在湖新，昨天晚上我弟弟把钱转给了我。

问：你给了9万元，为什么只退给你4.5万元？

答：当时章跟我说“我拿的那4.5万元我退给你”。我想这个钱应该还有别人拿的，否则他不会只退4.5万元的。

……

通过林某提供的电话号码通知了章中某的侄子章佐某，与此同时，同在本地的一个办案组通知了章中某。

……

问：你的姓名、职业等？

答：我叫章佐某，在湖新的一家私营企业打工。

问：章中某和你是什么关系？

答：章中某是我的叔叔，我们是叔侄关系。

问：最近你叔叔有没有安排你做什么事情？

答：就在前天的早晨，我叔叔章中某打电话给我，让我给一个叫顾总的人10万元。他当时比较着急，就把顾总的电话给我，让我和他联系。随后我打电话给顾总，因为我不知道我叔叔为什么让我给顾总10万元，我就告诉他我叔叔叫我带点东西给你，我是他侄子。顾总告诉我他不在湖新。过了一会儿他打电话给我，告诉我东西可以转交给他的老婆，说他老婆会在下午六点的时候在湖新市龙江麦当劳门口等我。当天下午，因为我自己的钱不够，我向一个同事借了10万元，告诉他家里有急事，随后他就把他的身份证、农行卡和取款密码给了我。我是在天际市农行分行营业部取了10万元整，下班后我骑电瓶车去了约定的地点，打电话给了顾总。顾总的老婆不一会儿过来了，我就把钱给了她。

问：你有没有问章中某，为什么要给顾总10万元？

答：没有问。因为他当时很着急，而且我正在上班，在电话里也不好问，就没有问他。

问：顾总有没有问你章中某让你给他带什么东西？

答：他问我的，我就告诉他“我叔叔叫我带给你点东西，包装没有打开，我没有告诉他是什么东西”。因为我不知道我叔叔为什么让我给顾总10万元，所以就没有给顾总明说。

问：你给顾总老婆的这10万元是怎样包装的？

答：钱是装在我在天际市农行分行营业部取款时给的一个袋子里，袋子上有农行的标记。

问：你把10万元给顾总老婆的时候，她是怎样说的？

答：我到了龙江麦当劳门口后，打电话给顾总，随后看到一个四十岁左右的妇女从附近过来，当时她正在打电话。我问她是不是顾总的老婆。她说是的。随后我让她拨了一个电话给顾总，顾总告诉我这是他老婆。我就把装钱的袋子给了她，就离开了。

问：你叔叔还叫你办过哪些事？

答：我叔叔还叫我给一个叫林某的人4.5万元，我从银行里取了钱就给林某打电话，林某接电话后就让我把钱暂时先交给他弟弟，因为林某电话里说他当时不在湖新，我就把钱给了林某的弟弟。

问：今天对你的“谈话”是否有打、骂等暴力取证行为？

答：没有。

问：你以上所讲是否属实？

答：属实。

问：你还有什么需要补充的吗？

答：没有。

问：请你核对笔录，如有与你所讲不一样的地方，可以补充或改正。如无误，请你逐页签名。

答：好的。

（三）“谈话”

在获得了章中某的基本违法犯罪信息以后，决定对其立案调查并通知了章中某。

问：谈一下你的基本情况？

答：我叫章中某，男，1970年12月24日出生，汉族，林州市人，中共党员，大专文化，系林州市第五人民医院院长，住林州市广场家园……

问：谈一下林州市第五人民医院的单位性质及你担任该院院长的主要工作

职责？

答：林州市第五人民医院隶属于林州市海天区，行政上归海天区卫生局管理，是全民事业单位，财政上是差额补款。作为该院院长，我的职责主要就是对医院的业务、人事、行政等方面进行全面管理和负责。

问：把你医院购置医疗器械的程序向我们介绍一下？

答：我院如果需要购置新的医疗器械，先由需要该器械的科室向院委会提出书面报告；院委会研究同意后，医院向区卫生局提出购置医疗器械报告。区卫生局同意购置后，我院即组织相关科室人员外出考察并对拟购置的医疗器械进行询价，并向院委会报告考察、询价情况，提出采购意见。经院委会研究后，初步确定一到两个品牌作为备购对象，由医院上报给区卫生局。

问：在你院购置医疗器械的过程中，你是否有收受供应商财物的行为？

答：有，我收过他们给的烟和酒还有购物卡，其他的没有！

问：你收过哪些人的烟酒和购物卡？

答：在我院购置“东芝”牌单排螺旋 CT 机的过程中，我曾收受过供应商顾某所送的烟酒和购物卡。

问：除了烟酒和购物卡还有呢？

答：没有了！

问：不对吧！这几天你是挺忙的，电话不歇，还动用了你在湖新的侄子！章佐某这两天也忙得不得了哇！

答：(低头不语）……

问：在这件事情上你是一点退路都没有了！明摆着的事情隐瞒已经失去了意义！你自己选择吧！我再提醒你，你们医院在医疗器械采购中，你拿了供应商的钱！

答：我是拿了……

问：我们知道你拿了，能够认识到错，就是进步，下次就不会再犯了！你自己说吧？

答：是在我院购置“东芝”牌单排螺旋 CT 机的过程中，我曾收受过供应商顾某所送的 21 万元现金。

问：你把你院购买“东芝”牌 CT 机的经过说一下？

答：2009 年 3 月份，我院决定购置一台 CT 机，期间，“东芝”牌 CT 机的供应商顾某通过别人联系到市医保办的杨主任找我，表达了想承接该业务的想法，希望我能在其中给予帮助。顾某还私下对我承诺，若业务做成，到时会给予好处费。考虑到杨主任的关系，加之顾某的承诺，我就与区卫生局杨局长进行了沟通，将杨主任打招呼、顾某承诺给好处费以及“东芝”牌CT机的性能、价格优势等情况告诉了杨局长，他表示同意采购“东芝”牌CT机。第二天，顾某到我的办公室商谈了好处费的数额，确定为21万元人民币。过了几天，顾某将21万元现金带到我的办公室交给我，随后我就与其签订了CT机的购销合同。

问：这21万元现金是如何送给你的，所送的钱是如何包装的？

答：我记得当时是中午，顾某到了我的办公室。他进来的时候，穿着西服，手里拿着一个小包。进来后，讲了几句话，他就说到钱的事。我向他摆摆手，指指他的手机，我主要是怕他录音。这时候，他就明白了我的意思，将他装钱的西服外套脱下来和装钱的包一起放在我的桌子上后，就离开了我的办公室。他走后，我就将西服外套和包里装的钱拿了出来放在办公桌的下面。当时没有数，钱都是1万元一沓。后来顾某进来，说了几句话就走了，把西服外套和包也带走了。他走后，我数了数正好是现金21万元。

问：你是否能确定顾某当时给你的现金就是21万元？

答：我能确定，他走后，我立即进行了清点，正好是21万元现金，和我们事先商定的一致。

问：你院和湖新国镕科技实业有限公司的合同是什么时间签的？

答：是给完钱后签的合同，具体时间想不起来了。

问：出示我们从你单位调来的一份CT机购销合同。合同的需方是林州市第五人民医院，供方是湖新国镕科技实业有限公司。购买的主设备的名称是“东芝Asteion/VP单排螺旋CT”（简称“东芝”牌CT机）；整个CT机系统的价格是199万元；合同的签订日期是2009年3月。你看一下，这份合同是不是你院购买“东芝”牌CT机时签订的合同。

答：（看过后）是的，就是我们当初购买“东芝”牌CT机时所签订的合同。

问：顾某为什么送钱给你？

答：我是林州市第五人民医院的院长，在医院的医疗器械采购方面我有一定的决定权。顾某给我钱就是为了让我在医院采购CT机的过程中，能够选择并最终购买他所推销的“东芝”牌CT机，同时也是为了能与我处好关系，以使我在医院后续的设备采购中为选择购买他所推销的产品提供帮助和关照，在设备款的结算方面为其提供便利。

问：这21万元现金，你是怎么处理的？

答：我自己留下了10万元，另外11万元我送给了区卫生局的杨局长。

问：讲一下你送给杨局长11万元现金的经过。

答：在竞争性谈判之前，我在杨局长的办公室汇报准备购买湖新国镕科技实业有限公司提供的“东芝”牌CT机的时候，就告诉过他，业务经理顾某会给一些好处费。杨局长当时说，数额大，要注意安全。在顾某给我钱的当天下午，我打电话给杨局长，告诉他“东芝”牌CT机的供货商给的好处费送过来了，问他什么时候有时间给他送过去。他告诉我晚上送到他办公室。当天晚上，我到了卫生局楼下的马路对面，给杨局长打了电话跟他说我在他车子旁边等他。杨局长下楼后走到了车子旁边，我就把他的汽车后门打开，顺手把装有11万元现金的一个纸袋子放在了他的车后座位上。讲了这个钱就是好处费后，他开车走了，我也就走了。

问：你为什么要将21万元中的11万元现金送给杨局长？

答：因为在此之前，我和杨局长已经谈过好处费的事情。另外，他是上级领导，他也有购买医疗器械的最终决定权，如果没有他的同意，我也办不成这件事。

问：顾某是否知道你将其所给的好处费送给杨局长11万元这件事？

答：我曾对顾某讲过，所给的好处费要分一些给领导，但我并未对顾某讲明要分给哪一个领导。虽未讲明，但从采购过程中杨局长所起的作用，我想他也能猜到是谁。

问：你收的这10万元现金是怎么处理的？

答：这10万元现金后来我借给了一个朋友用了，利息是每月一分，至今这个钱还在他那里。

问：你朋友叫什么名字？

答：朋友的名字叫梁学某，住在黄河镇街道，在黄河镇从事个体建筑。

问：后来，你有没有将这10万元钱退给顾某？

答：2011年4月初，我发现纪检监察机关正在查我的经济问题，我就电话联系了顾某，告诉他纪检监察机关正在查我，我们约定见个面。第二天，我和顾某在本地悠美茶餐厅见面。我和顾某见面后，统一了口径“如果纪检监察机关找他，就说没有送钱给我，只是送了一些烟酒和一些购物卡”。我还拿出一张“商之都”购物卡，让他熟悉一下，就说送的是我给他看的那种购物卡。我还告诉他，在“商之都”有卖那种购物卡的，让他去看一下，怎么购买。和顾某协调好以后，我还是害怕，我就让在湖新上班的大哥家的儿子（我侄子章佐某）把 10 万元钱退给了顾某。

问：你怎么知道纪检监察机关在查你的事情？

答：就是今年 4 月份，你们把我院购买医疗器械、药品等的资料调走了，我就猜到纪检监察机关在查我的事情。

问：把让你侄子退给顾某钱的经过说一下？

答：我侄子叫章佐某，前两天，我打电话给我侄媳妇说，纪检监察机关在查我的事情，让她转告我侄子，取 10 万块钱帮我送给一个叫顾某的人，并告诉她顾某那边我已经就送钱的事情说好了，还讲了顾某的电话号码。后来听我侄子讲：“送钱的时候，顾某在外地，他就让他老婆和我侄子见了面，他就把 10 万块钱交给顾某的老婆了。”给钱后，顾某也打电话告诉了我。

问：你侄子章佐某帮你退的那 10 万元现金是谁的？

答：是我侄子自己的钱，算我从他那借的。

问：到现在你有没有归还这 10 万块钱给你侄子？

答：我还没有还给他。

问：你们医院在购买医疗器械中，你还收受过哪些人的财物？

答：没有了。

问：我是说在采购其他的医疗器械中你还有收了钱没有说的！

答：有，医院在购买全自动生化仪中，我收受过他人财物。

问：在购买全自动生化仪的过程中，谁给你送过财物？

答：湖新永生医疗器械有限公司的法人代表林某，给我送了 9 万元现金。

问：把林某给你送钱的经过详细讲一下。

答：林某以前是我们医院的职工，因此我们比较熟。在去湖新考察的时候，我们主要考察了林某公司的“东芝”牌自动生化仪。考察回来后的一天，林某到我办公室和我谈，“东芝”牌自动生化仪的价格不能少于 95 万元，另外给我 9 万块钱的好处费。由于是熟人，我也就没有继续讨价还价了。在签订购销合同那天，林某顺便把 9 万块钱带到了我的办公室。钱是用袋子装的，是 1 万块钱一沓，在她走后，我把钱数了一下，总共是 9 万块钱。

问：这9万块钱你是怎么处理的？

答：我自己留下了3万元，其余6万块钱送给杨局长了。

问：你把送给杨局长这6万块钱的经过讲一下？

答：大概是在林某给我钱的第二天，我用林某送钱时的包装袋（档案袋）装了6万块钱去了区卫生局。在卫生局杨局长的办公室，把装6万块钱的袋子递给了杨局长，并讲这是购买医疗器械的费用。

问：你给杨局长6万块钱的时候，他是否知道这6万块钱是林某给的好处费？

答：我没有明确告诉他要收林某的好处费。虽然我没有明确告诉他，但他心里应该知道拿的6万块钱是林某送的好处费。

问：杨局长是否知道你拿了其中3万块钱好处费？

答：这个我没有告诉他。

问：林某为什么要送9万元现金给你？

答：因为我是院长，对是否购买她销售的产品，我有决定权。

问：为什么要给杨某送6万元现金？

答：因为杨某是卫生局局长，对购买林某销售的产品有最终决定权，没有他的同意是不好办的。

问：你将自己分得的3万块钱如何处理的？

答：我自己用掉了。

问：这个钱你有没有退还给林某？

答：就在前几天，我发现纪委正在查我的事情，我就提前联系好了林某，告诉她纪委盯上我了，我要把她给我的好处费退给她。我就让在湖新上班的大哥家的儿子（我侄子），从他自己的钱里拿出4.5万元送给了林某。

问：把让你侄子送还林某钱的经过说一下。

答：我侄子叫章佐某，在湖新一家公司上班。我让他先从他自己那里拿出4.5万元钱送给一个叫林某的人，并告诉他，林某那边我已经就送钱的事情说好了，还把林某的电话号码给了我侄子。我侄子就在湖新和林某约好后，把4.5万元退给她了。

问：你侄子章佐某帮你退的那4.5万元现金是谁的？

答：是我侄子自己的，到现在我还没有还给他。

问：你不是拿了人家9万元吗，为什么退给她4.5万元？

答：我是拿了林某9万元好处费，虽然我当时没有和她明说9万元给其他人分，但是我退给一半钱时她就明白了。另外就是我实际上只分得3万元，但是如果对她说我只拿了3万元，怕她不相信，会认为我舍不得退钱，所以就退给了她4.5万元。

问：你们第五人民医院还有没有购买过其他大宗医疗器械？

答：有，我们医院还购买过两台不同型号的“西门子”牌彩超机。

问：在这次交易中，你有没有收受好处费？

答：有，郴州盛柏年电子科技发展有限公司的业务经理张某给过我一些好处费。

问：给了你多少好处费？

答：张某给了我42万元现金，也就是购买这两台机器的好处费。

问：他是怎么将这42万元好处费给你的？

答：在签订合同之前的一天上午，张某提着一个黑色布包到了我办公室，讲了一些客套话，我就让他先出去。他就把随身携带的黑色的布包放在我的办公桌上出去了。在他离开后，我就把张某留下的黑色布包打开，把里面装的钱拿了出来，放在我的办公桌底下。钱是10万元一扎的，总共四扎，上面的银行的封条还在，另外还有2万元，1万元一沓共两沓。

问：这42万元现金你是怎么处理的？

答：我自己留下了22万元，其余的20万元送给了海天区卫生局杨局长。

问：你为什么要给杨局长20万元？

答：在议价之前，我把医院要购置两台彩超机报告给杨局长的时候，我告诉他两台彩超机我们初步商谈的价格大概是270万元，价格还可以再议。我还告诉杨局长，这个业务的好处费是几十万元，他也没说什么，但他应该知道好处费就是指供货商私下给我们的钱。

问：你把送给杨局长20万元现金的经过讲一下。

答：张某给我送钱的当天下午，我打电话给杨局长，告诉他张某的钱送来了，我给他送过去。杨局长告诉我，他晚上在办公室。当天晚上去之前，我又打了一个电话给杨局长，告诉他马上就到。晚上，我是和我爱人周先某一起去的，我让她在区卫生局外的马路上等我，但我爱人不知道我找杨局长干什么，她只知道我拎了一个纸袋子去杨局长的办公室，也不知道纸袋里装的是钱。我一个人去了杨局长的办公室，随便和他聊了一些话，然后把装钱的纸袋放下就走了。

问：你送给杨局长的这20万元现金是如何包装的？

答：就装在一个纸袋里送给他的，我记得有其中10万元是一扎的，另外10万元是分散的，1万元一沓，共十沓，银行的封条还在。

问：你为什么要将42万元中的20万元现金送给杨局长？

答：因为在此之前，我和杨局长已经谈过好处费的事情。另外，他是上级领导，购买大宗医疗器械的最终决定权还是在他手里，如果没有他的同意，我也办不成这件事。

问：张某为什么送钱给你？

答：张某为了让我在购买彩超机的决定过程中，能够购买他所推销的“西门子”牌彩超机，就私下和我商量给我一定的好处费。

问：张某是否知道给你的好处费，要分给杨局长一部分？

答：这个情况他不知道，我没有和他说。

问：你将自己分得的22万元现金是如何处理的？

答：我把22万元现金借给了黄河镇的一个叫梁学某的朋友了。

问：梁学某是干什么的？

答：他在黄河镇搞建筑工程。

问：你自己拿的22万元现金有没有退还给张某？

答：在今年4月份，当我听说纪检监察机关调走了关于我们医院采购医疗器械的资料后，我就猜测纪检监察机关正在查我的事情，有点害怕，就电话联系了张某，跟他讲现在风声有点紧，我要把自己拿的22万元退还给他。由于我手里没有足够的现金，我就让我老婆从她一个叫王海某的朋友那里借了18万元，自己筹了部分现金，就让我五哥（章良某）陪着去了郝州。到了郝州后，张某没有直接见我们，而是让我自己打出租车跟着他的哥哥开的一辆车去见的他。最后，好像是在一家医院见到了张某（后来才想到张某之所以让他哥哥带着我单独去见他，是怕我已经被纪检监察机关控制了，这次是带着纪检监察机关抓他的）。见了张某后，我说：“把你的钱还给你，这是我自己拿的22万元。”张某告诉我，他先替我保管着，以后再还给我。我告诉他，不用了，就退给他了。

问：2010年你们医院从郝州盛柏年电子科技发展有限公司购置两台彩超机中，你到底收了张某几次钱？

答：购置第一台彩超机的时候，我记得很清楚收了张某42万元，其中给了杨某20万元。至于购置第二台彩超机的时候张某是否送给我钱，我真的想不起来了。因为在第一次购置彩超机时就签过了购买两台彩超机合同了，第二台彩超机只要我们通知张某供货，我们付钱就行了。

问：希望你好好想一想？

答：（想了有10分钟左右）我想起来了，在张某提供第二台彩超机中，给我送过钱。

问：那你把详细情况给我们说一下？

答：我们购置的第二台彩超机的型号是"X300"，经过商谈最终确定购置价由78万元降到72万元。于是我和张某商谈，把好处费降到20万元。过了没几天，张某到我的办公室，送了20万元钱给了我。

问：张某为什么要给你送20万元钱？

答：因为我当时担任林州市第五人民医院的院长。医疗设备的采购需要我的批准。

问：这20万元现金你是怎么处理的？

答：从这笔钱中拿出10万元用袋子装好，在杨某的办公室送给了杨某。

问：你给杨某送这笔10万元时是怎么和他说的？

答：以前我和杨某提过张某向我院供应彩超设备要给好处费，所以这次我就没和他说什么，他也没问我。

问：余下的10万元你是怎样处理的？

答：我把一部分存进了银行，另一部分自己用掉了。

问：张某送给你20万元，杨某是否知道？

答：杨某知道此事，因为我购买第二台彩超机时我告诉他这里面有些费用，意思就是张某会送一些钱给我，但我未向杨某提过张某第二次送钱的具体数额。

问：你为什么要给杨某10万元？

答：因为杨某作为我的上级领导，在彩超机的采购、合同的订立等方面都要经过他的同意。

问：继续讲你购买设备的经济往来。

答：还有安太博泉医疗器械有限公司的经理孙某曾送给我现金4万元。

问：安太博泉医疗器械有限公司和林州市第五人民医院有何业务往来？

答：我们医院曾经从安太博泉医疗器械有限公司购买过两台麻醉机。

问：详细谈一下该业务联系的过程。

答：2010 年，因我院业务发展的需要，手术室需要采购两台麻醉机，经过谈判确定这两台麻醉机价格为 36 万余元。

问：孙某为什么要送钱给你？

答：我院在采购麻醉机的过程中，在合同签订后，孙某为了表示感谢，同时也是为了与我搞好关系，所以就送给我现金 4 万元。

问：孙某是送给你的还是借给你的？

答：是送给我的，不是借给我的。

问：是孙某主动送给你的，还是你向他索要的？

答：是他主动送给我的，不是我向他索要的。

问：孙某送给你的钱，后来有没有退给他？

答：没有退，至今我分文未退。

问：孙某送给你的钱你是怎样处理的？

答：我主要用于家庭的日常消费了。

问：你在医疗器械的采购中还存在哪些不正当的经济往来？

答：还有从事医疗设备维修以及设备供应的经营户杜永某曾送给我 1 万元现金。

问：杜永某在你院承接过哪些业务？

答：他曾经向我院供应过两台无影灯和两台锅炉，另外我院放射科使用的 X 光机移机和装机工作以及心电监护仪的维修工作等也都是由杜永某承接的。

问：你们之间有没有签订合同？

答：没有签订合同。

问：详细谈一下杜永某给你送钱的过程？

答：2011 年春节前，杜永某到我的办公室，将一沓 1 万元的现金送给我。

问：杜永某为什么要给你送钱？

答：因为我院大部分医疗设备的维修工作都是由杜永某承接的。为了与我搞好关系，他在 2011 年春节前送给我 1 万元现金。

问：杜永某是送给你的，还是借给你的？

答：是送给我的，不是借给我的。

问：杜永某是主动送给你钱的还是你向他索要的？

答：是他主动送给我的，不是我向他索要的。

问：杜永某送给你的钱后来你有没有退给他？

答：没有退。

问：杜永某送给你的钱你是怎样处理的？

答：我主要用于家庭的日常消费了。

问：继续讲你的经济往来？

答：还有林州市逢宾医疗器械公司的经理冯文某曾送给我现金5000元。

问：林州市逢宾医疗器械公司和林州市第五人民医院有何业务往来？

答：我们医院曾经从林州市逢宾医疗器械公司购买过一台非接触眼压计。

问：你院采购这台非接触眼压计的价格是多少？

答：我印象中是11万元左右。

问：详细谈一下该业务联系的过程？

答：2009年9月，我院院委会研究决定购买一台非接触眼压计，最终由林州市逢宾医疗器械公司中标了该业务。

问：谈一谈冯文某给你送钱的过程？

答：2009年11月，我院付给冯文某首付款4万元，余款挂账，付款当天，冯文某在我的办公室送给我现金5000元，钱没有任何包装。

问：冯文某给你送钱的时候是怎么和你说的？

答：他就是对我说表示感谢，其他也没说什么。

问：冯文某为什么要送钱给你？

答：冯文某中标承接了供应我院的非接触眼压计，在此业务中，我参与了合同的制定、货款的支付等工作。为了对我表示感谢，同时也是为了与我搞好关系，以便在今后的业务往来中能够继续给予他支持和关照，他就送给我现金5000元。

问：冯文某是主动送给你钱的，还是你向他要的？

答：冯文某是主动送给我钱的，不是我向他要的，我从未向他要过钱。

问：冯文某送给你的上述现金，后来你有没有退回去？

答：没有，至今一直没退。

问：所收的钱，你后来是怎么处理的？

答：这些钱收后都是与家里的钱混在了一起，有的用于家庭的日常生活开销，有的存进了银行。

问：冯文某给你送钱的事，你家里人是否知道？

答：家里人都不知道，我没有对他们讲过这方面的情况。

问：继续讲。

答：还有就是各新特药针剂品种供应商给了不少钱。

问：你至今分别收了各新特药针剂品种供应商多少钱?

答：具体分别从各供应商处收了多少钱，我没有专门进行过统计，但我估算在我担任该院院长期间收受各新特药针剂品种供应商的好处费总额应在10万余元人民币，具体以林州市第五人民医院2009年4月初至2010年12月底各新特药针剂品种供应商结算业务费用的情况进行计算的数额为准。好处费的标准在5%～10%。

……

2011年6月，章中某受贿案件调查终结，调查查明，被调查人章中某身为国家工作人员，在经济往来中，利用职务之便，伙同他人或单独非法收受他人财物104万元，实得52万元，其行为已触犯《中华人民共和国刑法》第三百八十五条之规定，涉嫌受贿罪。

2011年8月，章中某因受贿罪被判处有期徒刑10年零2个月。

二、案例二

（一）案件来源

2011年4月，本院在调查林州市第五人民医院原院长章中某涉嫌受贿违法犯罪的过程中发现了海天区卫生局局长杨某涉嫌受贿违法犯罪的线索，遂对杨某涉嫌受贿违法犯罪线索进行了认真审查。

被调查人杨某，系海天区卫生局局长，涉嫌受贿违法犯罪线索反映的主要内容：第一次，是2009年3、4月份，林州市第五人民医院院长章中某，在该院购置的“东芝”牌单排螺旋CT机设备过程中，收受过湖新国镕科技实业有限公司业务经理顾某所送的好处费现金21万元，其中11万元给了杨某，是在他的办公室给他的。第二次，2010年3、4月份，章中某在该院购置的第一台彩超机中，收受过郝州盛柏年电子科技发展有限公司业务经理张某所送的好处费现金42万元，其中20万元给了杨某，钱是放在杨某的汽车的后座位椅子上。第三次，2010年10月，章中某在该院购置郝州盛柏年电子科技发展有限公司销售的第二台彩超机时，业务经理张某在章中某的办公室送了18万元现金，章中某给杨局长送去了6万元，是在晚上杨局长的办公室给的。第四次，是2010

年8、9月份的时候，章中某在该院购置全自动生化仪过程中，将湖新永生医疗器械有限公司业务经理林某给的好处费9万元中的6万元给了卫生局局长杨某。第五次，是在2011年春节前一天，章中某到杨局长的办公室，章中某先拿出用档案袋装的5万元现金给杨局长，并说这是药品好处费。给过5万元好处费后，又给他一个信封，里面装了5000元现金，章中某对他说："这个钱是我给你拜年的。"

（二）案例分析

从上述案例线索和初步调查的情况分析，林州市第五人民医院院长章中某，在医疗器械采购过程中，大肆收受贿赂，并且分五次送给杨某近50万元。这样的线索来源仅有章中某的供述，没有其他直接证据证明。如果杨某矢口否认，仅靠章中某的言词供述是很难确定杨某违法犯罪的。根据被调查人对抗的行为特点来看，只要有条件对抗被调查人总是要对抗的。这里的对抗条件，就是违法犯罪事实暴露的程度，暴露的程度越大，对抗的力度就越强。贿赂案件的对抗条件可以分为两个方面：一是行为关系，即违纪违法行为之间的关系；二是存在关系，即违纪违法行为的结果关系，通常表现为赃款赃物。从本案的情况来看，杨某所依赖的对抗条件的行为关系，就是章中某是否供出了自己。从杨某与章中某的交往关系来看，杨某对章中某是有一定的信任的，否则杨某不会收章中某的钱，因为有危险的钱谁都不敢轻易收取。杨某之所以敢拿章中某的钱，就是相信章中某不会供出自己。人在需要某种结果的时候，或希望某种结果出现的时候，总是往好处想的比较多，因此杨某相信章中某不会出卖自己，这就成了杨某对抗的基本条件。从杨某对抗条件的存在关系来看即违纪违法行为的结果关系，就是赃款赃物的隐瞒程度。大多数贿赂行为的被调查人在实施了受贿违法违纪行为之后，总是要设法隐瞒赃款赃物，做好反调查的准备，有的把现金隐藏起来，有的把现金转移到外地等。对杨某来说，他的赃款赃物就有可能已经转移，这无疑成为他对抗调查的条件。根据近几年来被调查人赃款赃物转移的情况来看，有很大一部分赃款赃物转移到自己非常信赖的亲朋好友和自己儿女所在的城市的银行，这一特点在"谈话"时可以利用。

对杨某的"谈话"方法的选择：根据已经获取的违法犯罪信息，直接运用以证取证的方法，告知违纪违法行为已经暴露，已经失去了隐瞒的必要条件，通过对章中某选择主动供述争取从宽行为的肯定，来暗示章中某已经将杨某受贿的违法犯罪事实供述，促其放弃对抗。同时根据杨某的局长身份，其分管的下属医院就有数十家，他不可能只收一家医院送的“好处费”，而不收其他医院的“好处费”，因此要深追杨某的全部违纪违法行为。

（三）与被调查人“谈话”

2011 年 5 月 5 日，调查人员通知了杨某。

问：姓名及个人情况。

答：杨某，男，汉族，1962 年 11 月 14 日出生，林州市海天区人，中共党员，大学文化，现任林州市海天区卫生局局长、党组副书记，住林州市良玉区双拥路东苑新村 6 号楼 501 室。

问：我们是林州市良玉区纪委的调查人员，今天找你核实有关情况，希望你能如实回答，不能隐瞒，也不能作虚假陈述，否则要依法承担相关的法律责任。

答：好的，我一定如实回答。

问：（告知被“谈话”人权利义务并让其阅读被调查人权利义务告知书）你对自己的权利义务是否清楚了？

答：我仔细听了，也仔细看了，对相关的权利、义务已经清楚了。

问：现依法向你“谈话”。同时，我们将对此次“谈话”过程进行同步录音录像，你知道了吗？

答：我知道了。

问：（告知调查人员及同步录音录像人员组成情况）你是否申请相关人员回避？

答：不申请回避。

问：你是什么时间开始担任海天区卫生局局长、党组副书记的？

答：2007 年 4 月份，我被任命为海天区卫生局局长、党组副书记，该职务一直担任到现在。

问：你在担任海天区卫生局局长期间，是否有收受他人所送财物的行为？

答：没有！

问：如果你没有收受他人所送财物的行为，那么咱们今天就不会找你了！

答：（不语）……

问：要想人不知，除非己莫为！

答：（沉默）……（有违法犯罪记忆的行为表现）

问：我们认为事情已经做了，自己要能够认识到做错了，以后才不会再犯。

在这一方面，章中某就表现得很好，希望你向他学习，不要执迷不悟！

答：（低头沉默）……

问：明摆着的东西你是无法否定的！关于你收了别人的钱的问题，你是一点退路都没有了！

答：（沉默不语）……

问：按理说你是不需要额外的钱的，夫妻俩都有工资，虽然供应一个孩子上学，生活紧一点，但是满足正常的生活开销还是够用的。你伸手收别人的钱、收下属单位的钱，你的下属是怎样看你的，你知道吗？他们为什么要把自己受贿来的钱分一部分给你？你想过吗！（向对方暗示、模拟他的违纪违法行为）

答：（沉默不语）……（可以认为是一种默认）

问：（进一步强化对抗条件的丧失）我们经过调查，你的女儿是非常优秀的，在湖新读大学，我们只要找到你女儿、你爱人或者对你的家庭住宅搜查一下，不就什么都清楚了吗？但是我们没有这样做，因为你是领导干部，我们相信你的认识觉悟。

答：（沉默不语）……

问：（拔高人格特征属性、将对方立起来，激发出闪光的品质）我知道你在20多岁的时候就是副科级干部了，当时你是咱们市最年轻的科级干部，多少人羡慕你，领导和同志们信任你，对于你都是给予高度的评价、热情的赞扬！你人品好，为人实在，你的下属都非常拥护你！

答：（叹气摇头不语）……

问：（给台阶下，此刻被调查人的罪责感比较强，对违法犯罪后果想的比较多）我们知道你不是一个贪财的人，你也是为了女儿！天下有哪一位做父母的不是为了子女！

答：（不语）……

问：我想你的存款也是写的你在湖新的女儿的名字吧？（试探赃款赃物去向的反应）

答：（神态有些紧张，这是存在的记忆反应）（不语）……

问：（翻阅卷宗让出对方思考的空间）……（沉默持续近一小时）

答：（沉默）……

问：（一边翻阅着卷宗一边说）我怎么说你是好啊！你不应该啊！你办了一件蠢事啊！

答：那您看我现在怎么办啊？那些钱我一分钱都没有用，都在我家里！我带你们去拿！

问：你也不要带我们去拿了，你告诉我们放在哪里就可以了。

答：好！放在我家卫生间的顶棚上，是存折，钱是在湖新的银行存的，这些钱也是为女儿准备的，他们给的所有的钱都存在上面了，存折上面的数额就是他们给的数额。

（根据杨某提供的存放地址，立即提取赃款存折，“谈话”继续……）

问：那你把他们送钱给你的情况说一说吧！

答：好。在我担任海天区卫生局局长期间，林州市第五人民医院院长章中某曾先后多次给我送过一些现金。

问：详细谈一下章中某给你送现金的情况。

答：在我担任海天区卫生局局长期间，于 2009 年 3、4 月份，由时任林州市第五人民医院的院长章中某将设备供应商所给的好处费分送给了我 11 万元人民币。

问：章中某送给你的是什么钱？

答：是 2009 年 3、4 月份时，林州市第五人民医院购买“东芝”牌 CT 机设备的好处费。

问：你把林州市第五人民医院购置该设备的程序介绍一下？

答：2009 年年初，林州市第五人民医院因业务发展需要，向区卫生局提出了购置 CT 机设备的报告。区卫生局经审查并报区采购中心、区监察局同意后，于 2009 年 3 月，“东芝”牌供货商代表（顾某）最终报价为每台 190 余万元，后由医院与供货商签订了“东芝”牌 CT 机的采购合同。

问：就林州市第五人民医院采购“东芝”牌 CT 设备的“好处费”问题，事先你和章中某是否有过约定？

答：事先章中某和我进行了沟通，除了向我介绍“东芝”牌 CT 机的性能、价格优势等情况外，他还告诉我如果采购“东芝”牌 CT 设备，供应商顾某承诺会给一些好处费，到时可与我平分。我听后即表示同意采购了。

问：章中某有没有告诉你顾某承诺要给多少好处费？

答：章中某只是告诉我顾某承诺业务做成了，要给一些好处费，但具体多少钱他没有讲，我也没有问他。

问：章中某是如何分给你“东芝”牌 CT 机设备好处费的？

答：2009年3、4月份的一天下午，章中某告诉我“东芝”牌CT机的供货商顾某许诺的好处费送过来了，他问我什么时候有时间给我送过来，我告诉他晚上送到我办公室。当天晚上，章中某乘车到区卫生局楼下，他打了电话给我说要上来，我告诉他“你不要上来了，我要回家了”。我从办公室出来后，走到停放在市双拥路人行道上由自己驾驶的单位“雪佛兰”轿车旁边，章中某拎着一个纸袋走过来，我用遥控钥匙打开车锁，章中某拉开车后门，上了车，把纸袋子放在后座位上，对我讲袋里装的是分给我的好处费，是“东芝”牌CT机供应商给的，共11万元人民币。接着我们又闲聊了几句，然后我就开车离开了。事后我点了一下，刚好是11万元人民币，共11沓，每沓1万元人民币。这笔钱我先是带回家存放了一段时间，记忆中后来存进了湖新的银行。

问：章中某是否对你讲了顾某所送好处费的数额？

答：章中某当时在车上告诉我，顾某所送的好处费，我们一人一半。

问：“东芝”牌CT机供应商顾某为什么要安排送给你们好处费？

答：因为我们采购了其推销的设备，出于感谢，同时也是为了与我们处好关系，以使我们能在以后多给予关照，所以“东芝”牌CT机供应商顾某就给了我们好处费。

问：“东芝”牌CT机供应商顾某所给的好处费，是他主动给的，还是你和章中某商议向其索要的？

答：章中某对我讲是供应商主动承诺给的，我从未和章中某商议过向他索要好处费。

问：章中某分送给你11万元人民币，后来你有没有退给他？

答：没有，直到现在我也分文未退。

问：章中某给你送钱的事，你家人是否知道？

答：我从没有讲过，家人不知道这件事。

问：你是如何认识这件事的？

答：其实从一开始章中某就告诉了我“东芝”牌CT机供应商许诺给好处费这件事；给钱时，章中某也同样告诉了我钱的来历。国家法律有规定，禁止在业务往来中收受供应商的好处费，我收受这些钱显然是违法的，我现已深刻地认识到了这一点。我愿意如实讲清楚这方面的情况，并愿意积极退赔赃款，恳请组织能酌情给予我从轻处理的机会。

问：你这样想就对了，继续说？

答：2010年3、4月份，设备供应商张某向林州市第五人民医院供应两台彩超机，两台设备采购合同于2010年3、4月份签订，分两次供货，两台设备价值280万元左右。合同签订后，章中某将张某所送的好处费20万元在我的办公室送给我。

问：你把林州市第五人民医院购置两台彩超机的程序介绍一下？

答：2010年年初，林州市第五人民医院因业务发展需要采购彩超设备，最后，我决定让林州市第五人民医院院方和供货商谈，只要价格比现在低就行。后来，院方和供应商经过协商，最终确定“西门子”牌彩超机的价格分别为184万元和78万元。后来78万元的彩超机价格降了6万元，实际成交价格是72万元人民币。

问：章中某有没有告诉你供应商承诺要给多少好处费？

答：章中某只是告诉我供应商承诺业务做成了，要给一些好处费，在几十万元，但具体多少钱他没有讲，我也没有问他。

问：彩超机供应商是否与你见过面？

答：见过面。我参与了采购彩超机的考察工作，卫生局组织对拟购彩超机进行性能评价及议价谈判会议时，我们都参加了。

问：彩超机供应商是否直接向你承诺过给好处费的事？

答：没有，都是章中某对我讲的。

问：章中某是如何分给你彩超设备好处费的？

答：2010年3、4月份的一天下午，章中某打电话给我，告诉我融资购买的彩超机手续已经办好了，供应商的钱也送来了，并提出把钱给我送来。我告诉他，晚上和我联系。当天晚上7点多钟，章中某和我联系，我告诉他在办公室，过了一会儿，章中某到了，在区卫生局楼下给我打了电话，然后就到了我的办公室，他拎了一个纸袋到了我的办公室，告诉我“彩超协议已定下来了，供应商先把好处费给我们了，这20万元是给你的”。后来我们又聊了一会儿，章中某离开后我清点了纸袋里的钱，有一捆10万元，其余是散的，是1万元一沓的，共十沓。

问：章中某是否对你讲了供应商所送好处费的数额？

答：没有讲，就告诉我20万元是供应商给的好处费中分给我的，并讲他自己也有一份，但多少他没讲。

问：供应商为什么要给你们送钱？

答：因为我们采购了其推销的设备，出于感谢，同时也是为了与我们处好关系，以使我们能在以后多给予关照，所以彩超机供应商就给了我们好处费。

问：彩超机供应商所给的好处费，是其主动给的，还是你和章中某商议向其索要的？

答：章中某对我讲是供应商主动承诺给的，我从未和章中某商议过向其索要好处费。

问：章中某分送给你的20万元人民币，后来你有没有退给他？

答：没有，直到现在我也分文未退。

问：好，你继续讲下一笔的情况。

答：2010年7、8月份，经海天区卫生局议价采购，浙江一姓郭（姓名记不清了）的女供货商向林州市第五人民医院分院供应了一台手术室空气净化装置设备。合同签订后，大约在2010年10月份，该供应商邀请章中某、区卫生局党组书记贾鸿某等一行人去浙江溪口游玩，回来后，章中某在我的办公室送给我10万元人民币，告诉我是供应商给的好处费。

问：你详细介绍一下章中某给你送上述10万元人民币的情况？

答：2010年10月份左右，章中某来到我办公室，对我说新购的手术空气净化装置供货商给了我一些好处费，并将一个纸袋交给我。事后我从纸袋里拿出一个黑塑料袋，打开后清点是10万元人民币，一大捆扎在一起的，有10沓，每一沓是1万元，总计10万元人民币。

问：章中某是否对你讲了浙江女供货商所送好处费的总数额？

答：没有讲过，章中某送给我钱时只是说这是供货商给的好处费，但具体给多少，章中某并没有讲；且供货商有没有给章中某好处费我也不知道。

问：继续谈谈章中某给你送钱的情况。

答：2009年年初，章中某因为自己被提拔为林州市第五人民医院院长，为对我表示感谢，在我的办公室送给我1万元。

问：章中某是什么时间被提拔为林州市第五人民医院院长的？

答：是在2008年12月份。

问：继续谈谈章中某给你送钱的情况。

答：因考虑到要与我处好关系，以使自己在以后工作的相关环节中能得到我的支持和关照，2009年、2010年、2011年，以上三年中，每年春节前，章中某都会到我的办公室并送给我5000元人民币，先后三次共送给我15000元人民币。其中2011年春节前在送给我5000元时，章中某还同时另外给了我5万元现金，讲是药商给的药品回扣款。

问：2009年年初，章中某给你送1万元人民币时，是怎样给你说的？

答：他就讲了一些感谢提拔之类的话，说是对我表示一点心意，我也心照不宣地把钱收下了。

问：2011年春节前，章中某给你送5000元人民币的红包和5万元人民币现金是怎样装的？

答：5万元人民币用红色塑料袋包好后装在一个纸袋内，用红包包装好的5000元人民币也装在同一个纸袋内。

问：章中某在给你送这55000元人民币时，是怎样和你说的？

答：他告诉我5万元人民币是临床新特药品供应商所给的好处费，5000元人民币是他自己送的“拜年费”，请我以后对他多关照。

问：章中某有没有向你提过是哪些临床药品供应商给的好处费？

答：他没有讲这方面的情况。

问：就临床药品供应商所给的好处费，你有没有和章中某约定分配的问题？

答：临床药品也就是新特药，是由医院直接采购的，不需要经过区卫生局批准。

问：章中某给你5万元药品回扣款时，是否对你讲了此前他总共收受了临床药品供应商多少钱的好处费？

答：在给我送5万元药品回扣款时，他告诉我这是从临床药品供应商所给的好处费中拿出来给我的，但他没对我说过他此前总共收了临床药品供应商多少好处费。

问：你继续！

答：2010年7、8月份，设备供应商林某向林州市第五人民医院供应了一台全自动生化仪，价值90万元左右。合同签订后，章中某将林某所给的好处费6万元在我的办公室送给我。

问：就林州市第五人民医院采购自动生化仪设备的“好处费”问题，事先你和章中某是否有过约定？

答：没有，事前章中某和我讲林州市第五人民医院购买自动生化仪，供货商是一个熟人介绍过来做的，供货商能够获得的利润并不是很高，到时虽有好处费，但不会给得很多。

问：章中某有没有告诉你自动生化仪的供应商具体是谁？

答：说过，章中某和我说起过供货商叫林某，是林州市第五人民医院以前的职工，已经办理病退手续了，这个人实际我认识。

问：自动生化仪供应商林某是否与你见过面？

答：见过面。以前由于业务关系在区卫生局见过林某，但是在这次区卫生局组织对拟购自动生化仪进行性能评价及议价谈判会议时我没有看见她，林某也没有参加这次议价谈判会议。

问：你把章中某送给你自动生化仪设备好处费的情况说一下？

答：在2010年8月份左右，章中某经事先联系后来到我的办公室，说自动生化仪的供货商已经把钱给他了，然后把一个档案袋递给我，说钱都在里面，总共6万元，并说供货商是熟人介绍过来做的，获得的利润很大。事后我点了档案袋内的钱，刚好是6万元人民币，共6沓，每沓1万元人民币。

问：章中某为什么要把供货商给的好处费送给你？

答：林州市第五人民医院购买医疗设备最终都要经过我们卫生局同意，特别是作为卫生局局长的我应该更具有决定权，章中某送给我钱应该是感谢我给予他的帮助和支持，也是想继续和我搞好关系吧。

问：你还收了哪些钱？

答：海天区药品监督管理局药品监督股副股长贲宗某为了感谢我在岗位调整、日常工作及他参与的业务活动中能给予相应的照顾和支持，同时也是为了和我处好关系，先后共送给我现金10万元。

问：你继续讲！

答：在我担任海天区卫生局局长期间，张际某为了与我处好关系，以使自己在工作和职务调整等环节能得到我的帮助和关照，先后五次共送给我现金共31000元。

还有海天区卫生局所属大王社区卫生服务中心副主任、主任王小某，为了与我处好关系，以便自己在大王社区卫生服务中心开展工作等相关环节及自己和其妻子后续的工作调整方面能得到我的支持和关照，分别在2009年、2010年、2011年春节前和2011年春节后连续四次共给我送了现金3万元。

还有2010年上半年，海天区疾病预防控制中心主任职位出现空缺，时任珠龙镇中心卫生院院长的王金某想到该单位任职，王金某于2010年6月份到我家，向我提出想调整工作岗位，请我给予关照，并用信封装好现金3万元送给了我。

还有林州市某联医院，这家医院是海天区卫生局下属的一家民营医院，杨立某是该院院长，为了和我搞好关系，以便在海天区卫生局对某联医院经营活动的监管、新农合定点医院的审批、新农合结算资金的审核、医院证照的颁发、年审等事项中得到我的帮助和支持，杨立某分四次送给我现金共 25000 元。

还有 2008 年 12 月份，郝树某被任命为巴衣镇卫生院院长，为了感谢我在职务安排方面给予其支持和关照，同时也是为了与我处好关系，以使自己在巴衣镇卫生院开展工作期间能得到我的支持和关照，郝树某就在 2009 年、2010 年、2011 年春节前，连续三次共送给我现金 2 万元。

还有李兆某是施集镇卫生院花山分院院长，在我担任海天区卫生局局长期间，为了与我处好关系，以使自己在施集镇卫生院花山分院开展工作等相关环节及自己职务调整等方面能得到我的支持和关照，曾先后三次送给我现金共 2 万元。

还有黄泥岗镇卫生院外科医生吴兴某，为了能让我在他的工作安排及对其侄子的工作予以关照和帮助，先后两次送给我现金共 2 万元。

还有 2008 年 1 月，珠龙镇中心卫生院内科医生王某为了感谢我在其调到腰铺卫生院过程中所给予他的支持和帮助，于 2009 年春节前到我家送给我 2 万元现金。

还有腰铺卫生院分院院长谢传某为了与我处好关系，以使自己在日常工作中及职务提拔等方面能得到我的支持和关照，先后五次送给我现金共 16000 元。

还有刘某在沙河中心卫生院工作期间，曾经承包过沙河中心卫生院所属的西阳分院，在我担任海天区卫生局局长以后，刘某被任命为沙河镇中心卫生院副院长。为对我在职务安排及对西阳分院承包中所给予的帮助和关照表示感谢，同时也是为了和我处好关系，2009 年 9 月份，刘某在我家送给我 1 万元现金。

还有 2010 年 10 月，海天区卫生局党组研究决定任命刘某为沙河镇中心卫生院院长，为对我在职务安排方面所给予的帮助和关照表示感谢，同时也是为了与我处好关系，2011 年春节前，刘某在我的办公室送给我现金 5000 元。

还有时任沙河镇中心卫生院院长的黄某，为了与我处好关系，以使自己在沙河镇中心卫生院开展工作的过程中能得到我的支持和关照，分别在 2008 年、2009 年、2010 年，三年春节来临之际，在我的办公室送给我现金 5000 元，先后三次共送现金 15000 元。

还有章广镇卫生院院长李家某的女儿毕业后，在林州市第五人民医院实习，李家某向我提出让我帮忙将他的女儿正式调入林州市第五人民医院工作，于2009年6、7月份在我的办公室送给我现金1万元。2010年春节前，李家某为对我在他本人工作上以及他女儿的工作安排等方面能够给予帮助和关照，又送给我现金5000元。

还有林州市第五人民医院的外科医生姚某，为了与我处好关系，以使自己在林州市第五人民医院的工作和今后的职务调整能得到我的支持和关照，分别在2009年、2010年、2011年春节前，每次送给我现金5000元，合计15000元。

还有施集镇卫生院院长刘某，为了与我处好关系，以使自己在施集镇卫生院开展工作的过程中能得到我的支持和关照，连续四次共给我送了现金14000元。

还有旭东人民医院是海天区卫生局管辖的一家民营医院，院长孟庆某为了感谢我在新农合补偿金的结算、承包海天办事处卫生院、医院证照的颁发、年审等方面给予旭东人民医院的支持和帮助，先后四次送给我现金共14000元。

还有黄岗镇卫生院院长张秀某，为了与我处好关系，以使自己在黄岗镇卫生院开展工作的过程中能得到我的支持和关照，分别于2008年年初、2009年年初、2010年年初，每次给我送现金3000元，合计9000元；2011年春节前，张秀某为了让我在其工作调整中给予相应的支持和帮助，在我的办公室送给我现金5000元。

还有广镇卫生院职工孙某，为了在工作调动中得到我的帮助和支持，让其丈夫在2009年6月，到我的办公室送给我现金1万元。

还有巴衣镇卫生院汪郢分院院长徐某为了在工作调动中得到我的帮助和支持，于2010年春节前，到我家送给我现金1万元，并希望我对其岗位的调整给予关照。

还有广镇卫生院院长吴某为了与我处好关系，以使自己在广镇卫生院开展工作的过程中能得到我的支持和关照，就于2008年春节前，在我的办公室送给我现金5000元；后吴某因工作原因被免去卫生院院长职务，吴某希望我在他的工作调整方面给予关照和帮助，就于2009年春节前，在我的办公室送给我5000元。

还有在我担任海天区卫生局局长期间，林州市第五人民医院内科主任谭仁某向我表达了想到乡镇卫生院做院长、接受锻炼的意愿，以使自己的职务调整能得以尽快落实，2008 年 7 月的一天，谭仁某在上岛咖啡店请我吃饭，饭后送给我 1 万元。

还有 2007 年 4 月份，我开始担任区卫生局局长时，沙河镇中心卫生院院长高如某，因其家在巴衣，为了生活方便，于 2007 年年底辞去沙河镇中心卫生院院长职务，调到巴衣镇卫生院做一般职工。期间，他曾向我提过想得到提拔的想法，请我在适当的时候能给予安排。为进一步与我处好关系，以使自己的职务调整能得以尽快落实，2010 年 9 月份的一天，高如某请我在林长西路阿悦煲酒店吃饭，饭后送给我 1 万元。

问：还有，继续说。

答：我的下属给我送钱的就这么多了，没有了。

问：还有没有其他送钱情况?

答：我还收了建筑商送的财物：在我担任海天区卫生局局长期间，林州市防腐建筑安装公司的项目经理王昌某先后承接过海天区卫生局所属的一些乡镇卫生院的建设工程，在此过程中为对我在工程承接、工程建设及工程款结算等相关环节中所给予的帮助和关照表示感谢，同时也是为了与我处好关系，以使我能继续给予其相应的帮助和关照，王昌某曾先后六次共送给我现金 5 万元。

还有个体建筑商刘炳某，为了感谢我帮他承接巴衣医院综合楼工程门窗制作、安装业务以及该院综合楼三楼的吊顶制作、安装业务的过程中给予的帮助和支持，于 2010 年 4 月份，刘炳某在我家中送给我现金 2 万元。

还有 2009 年年初，海天建安公司中标承接了“海天区卫生局西涧社区卫生服务中心、海天区计生委、海天办事处”综合楼建筑工程，该工程的项目经理张先某为感谢我在工程承接环节所给予的帮助和关照，同时也是考虑到要与我处好关系，以使我能在后续的工程建设、工程款结算等方面能继续给予其相应的帮助和关照，于 2010 年工程开工时，在金六福酒店请我等人吃饭，饭后送给我现金 1 万元。

还有吴夕某承接了海天区卫生局所属大柳卫生院门诊综合楼建设工程和章镇卫生院住院楼建设工程，为对我在工程承接、工程款结算等相关环节中所给予的帮助和关照表示感谢，同时也是为了与我处好关系，以使我能继续给予其相应的帮助和关照，吴夕某就先后两次安排共送给了我现金 8000 元。

还有张凤某承接了海天区卫生局所属花山卫生院病房工程和沙河卫生院综

合楼的装饰工程，为对我表示感谢，同时也是为了与我处好关系，以使我能继续给予其相应的帮助和关照，张凤某就先后两次送给我现金共7000元。

还有董加某承接了海天区卫生局所属大王卫生院住院楼改造建设工程，为对我表示感谢，在2009年春节前，在我家楼下一次性送给我现金5000元及价值2000元的购物卡。

还有吴太某，承接了海天区卫生局所属海天区腰铺镇卫生院办公楼等工程，为对我表示感谢，于2009年春节前，在我的办公室送给我现金5000元。

问：你以上供述的是否属实？

答：是事实！如果有假，我愿意承担法律责任。

问：好！按照你说的存折的存放地址，我们找到了你所说的存折，你看一看是不是这几张存折？（出示在杨某家提取的存折）

答：是的！就是这些！

问：存折上的存款余额是110万元（不包括存款利息），这些钱是什么钱？

答：就是我上述讲的收来的“好处费”和“感谢费”。

问：你存折上的这些钱你打算怎么办？

答：交给纪委争取给我从宽处理。

……

2011年8月16日，该案调查终结：杨某身为国家工作人员，利用职务之便，伙同他人或单独收受他人财物共计156.6万元，其中个人实得111.6万元，为他人谋取利益，其行为已触犯《中华人民共和国刑法》第三百八十五条第一款的规定，涉嫌受贿罪。案发后，被调查人杨某认罪态度较好，如实供述了自己的受贿行为，并已退清赃款。2011年11月8日，法院以受贿罪判处杨某有期徒刑11年2个月。

（四）案例评析

首先，该案通过获取的杨某受贿的违法犯罪信息，并对杨某的“谈话”来提取受贿的违纪违法证据，调查人员选择的方法准确到位，充分分析了同案人已经到案后杨某的心理特点，即对章中某的信任认为其不可能供出自己的心理状态，同时分析了赃款赃物可能转移的去向，即其女儿上学所在的城市。调查人员首先根据已经获取的受贿违法犯罪信息，直接运用以证取证的方法，告知违纪违法行为已经暴露，已经失去了隐瞒的必要条件，通过对章中某选择主动供述争取从宽行为的肯定，来暗示章中某已经将杨某受贿的违法犯罪事实供述，促其放弃对抗。

其次，堵其退路，调查人员在“谈话”一开始，就直接告知被调查人已经没有了退路，帮助被调查人转移对抗的方向，如“我们只要找到你女儿、你爱人或者对你的家庭住宅搜查一下，不就什么都清楚了吗？但是我们没有这样做，因为你是领导干部，我们相信你的认识觉悟”。其目的就是告知被调查人已经没有了退路，促进供述动机产生。

在被调查人心理斗争激烈、处于沉默的表现状态时，调查人员没有急于求成，而是在翻阅卷宗进行沉默的等待，此后调查人员选择了“你让我说你什么好”，这句恰似关心的语言，刺激了被调查人利益方向的变化，使被调查人获取利益的方向，转移到调查人员的身上。同时调查人员把握了被调查人内心的罪责感和对后果将要受到惩罚的恐惧感，采取了降低罪责感和恐惧感的方法——“你也不是贪财的人，收点钱也是为了女儿，哪一位做父母的不是为了儿女”。随即出现了被调查人在沉默数小时后的第一句话就是“那您看我现在怎么办啊？那些钱我一分钱都没有用，都在我家里！我带你们去拿！”

再次，调查人员在“谈话”活动中，为了获取更多的信息，采取试探的方法，获取了赃款去向的基本信息——“我想你的存款也是写的你在湖新的女儿的名字吧？”（试探赃款、赃物去向的反应）对方的表现是神态有些紧张，这是存在的记忆反应。一方面使被调查人明白赃款、赃物的去向已经暴露，失去了对抗的重要条件，另一方面也为调查人员突破口供增加了信心。

最后，根据杨某的局长身份，其分管的下属医院有数十家，他不可能只收一家医院送的“好处费”，而不收其他医院的“好处费”，因此深追杨某的全部违纪违法行为，获得了成功。

三、案例三

（一）案件来源

反贪调查部门在调查林州妇女儿童医院的贿赂案件中，发现该医院的“账外账”用于“好处费”开支的项目中，支出给林州市良玉区医疗保险基金管理中心主任李明某的“好处费”有数千元；在调查第五人民医院章中某受贿违法犯罪案件时，由章中某送给林州市良玉区医疗保险基金管理中心主任李明某的“好处费”6000 元的涉嫌受贿违法犯罪的线索。林州市良玉区医疗保险基金管理中心是林州市良玉区人力资源和社会保障局下属的全额拨款事业单位，主要负责本区医疗保险基金（简称医保基金）管理工作，确定定点医院和药店，并按照相关程序向定点医院和药店支付医保基金。

（二）案例分析

该案从掌握的违法犯罪线索来看，虽然涉及的受贿违法犯罪数额不大，但是医保中心所涉及的有业务联系的定点医院和药店很多，牵涉诸多利益关系，贿赂行为不会仅仅是上述两个单位。数额小而牵涉面大，就是该案的特点。在提取该案的证据方面，调查人员不仅增加了提取证据的工作量，而且该案涉及的每一个独立的行为，因为数额小甚至不被视为违法犯罪，这是需要逐个将受贿数额进行累计才构成违法犯罪的调查目标，在调查实践中大多被调查人总是以很难记清楚每一次收钱的具体情况，来为自己辩护。因为被调查人受贿的范围比较大，虽然受贿的每一笔数额较小，但是累计起来就是相当可观的，因此，在“谈话”中应当充分做好逐个排查和累计数额的准备，首先是帮助确立行贿单位，然后再确定每一个有联系的医保单位送钱的数量，步步深入，最终查明全部违法犯罪事实。

（三）与被调查人“谈话”

2012 年 4 月 11 日，调查人员通知了被调查人李明某。

……

问：你把你的个人情况说一下？

答：我叫李明某，汉族，1963 年 9 月 10 日出生，安定县人，大学文化，中共党员，干部，副科级，现任林州市良玉区医疗保险基金管理中心（以下简称良玉区医保中心）主任，住林州市东洲苑小区 2 号楼丁单元 407 室。

问：与你们医保中心有联系的定点医院有哪些？

答：良玉区医保中心的定点医院有：林州市所属的林州市第一人民医院、林州市第二人民医院、林州市中西医结合医院；海天区所属的林州市第五人民医院；良玉区所属的林州市南门社区卫生服务中心、林州市良玉社区卫生服务中心、林州市扬子社区卫生服务中心、林州市清流社区卫生服务中心、林州市东门社区卫生服务中心；民营医院有林州市第一人民医院银花分院、安东人民医院、林州市妇女儿童医院、林州市仁爱医院、林州市协和医院、林州爱德医院、林州市某联医院。

问：上述医院要成为良玉区医保中心定点医院的程序及良玉区医保中心与

各定点医院之间进行工作协作的程序?

答：1. 本地的医院要想成为良玉区医保中心定点医院，首先要成为林州市医保中心的定点医院，后该医院还要向良玉区医保中心提交申请并报相关材料，经我们良玉区医保中心审核和到申请单位进行现场考察、验收，对符合规定的申请单位上报到良玉区人力资源和社会保障局进行审批。通过审批后成为良玉区医保中心的定点医院。2. 良玉区医保中心对林州本地的定点医院实行总量控制、定额管理、年终决算的管理原则。林州本地的定点医院每天需要将医保发生的费用明细数据传输到良玉区医保中心，由医保中心医疗科对数据进行审核。月底，定点医院将发生的医保费用清单和住院小结一并交由医保中心审核，先由医保中心医疗科对数据进行审核，扣除超支及不合理费用后交由会计进行对账，然后由医保中心基金科复核，最后由我进行审批，医保中心会计将拨付医保资金给医院。3. 良玉区医保中心平时不定期对定点医疗机构进行现场督察，核对住院的病人及所持的医保卡、医疗保险就诊证，检查医院诊断结论与病种是否相符，检查用药是否合理。对检查中发现的违规医疗机构按违规费用的1～3倍进行核减，可以对其停网整改，情节严重的报良玉区人力资源和社会保障局批准取消其定点医院的资格。

问：良玉区医保中心的定点药品零售商（简称药店）有哪些?

答：林州市百姓缘药店、林州市阳光大药房、林州市仁和药店、林州市光明药店、林州市良玉中心大药房、林州市南湖大药房、林州市康源药店、林州市康达药店、林州市康明药房、林州康宁药房、林州市工农大药房、林州市东城药店、林州市同心大药房、林州市市民大药房、林州老百姓药店、林州市新兴大药房、林州市紫薇药店等。

问：上述药店成为良玉区医保中心定点药店的程序及良玉区医保中心与各定点药店之间进行工作协作的程序?

答：1. 药店要成为良玉区医保中心的定点药店，首先要成为林州市医保中心定点药店，然后再向良玉区医保中心提出申请，经审核后良玉区医保中心需派人到申请药店进行考察、验收，最后上报给良玉区人力资源和社会保障局审批。2. 定点药店的刷卡数据每天都要传输到良玉区医保中心，由医疗科进行审核；月底，定点药店将刷卡消费的数据报至良玉区医保中心，先由医保科进行审核，后由会计对账，交由基金科复核，最后交由我进行审批，会计根据审批意见将医保资金拨付给相关的定点药店。3. 平时不定期对定点药店进行督察，检查药店是否违规出售非治疗用品的情况，对违规的药店进行停网整改或按照违规的费用的总额进行1～3倍的核减，情节严重的报良玉区人力资源和社会保障局批准取消其定点药店的资格。

问：把你个人与上述医院和药店的经济关系说一说！

答：我个人与他们没有经济往来关系。

问：我是说他们送给你个人钱和物的问题，你是否需要向纪检监察机关讲清楚？

答：（不语）……

问：他们平时送给你的钱和物，你自己有没有记录？

答：没有。

问：那你是记不起来了？还是不想说？或者不愿意说？

答：是有过送钱的事。

问：那还是你自己说吧！

答：我曾收受过良玉区医保中心管理的定点医院和定点药店给我送的现金及购物卡。

问：你把收受财物的经过详细讲一下？

答：林州市第一人民医院的医保办主任潘世某分五次送给我2800元现金，具体为：2008年、2009年、2010年及2011年，以上四年中，每年春节前，潘世某到我的办公室并送给我现金500元人民币，先后四次共送给我现金2000元人民币；2012年春节前，潘世某到我的办公室送给我800元人民币现金。

林州市第二人民医院的医保办主任周某、王某分五次送给我价值5000元的购物卡，具体为：2008年、2009年及2010年，以上三年中，每年春节前，时任林州市第二人民医院的医保办主任周某都要到我的办公室并送给我价值1000元人民币的购物卡，先后三次共送给我价值3000元人民币的购物卡；2011年、2012年，以上两年中，每年春节前，时任林州市第二人民医院的医保办主任王某都要到我的办公室并送给我价值1000元人民币的购物卡，先后两次共送给我价值2000元人民币的购物卡。

林州市中西医结合医院的医保办主任刘寅某分四次送给我价值6000元的购物卡和现金3000元人民币，具体为：2008年、2009年、2010年，以上三年中，每年春节前，刘寅某都要到我的办公室并送给我价值2000元人民币的购物卡，先后三次共送给我价值6000元人民币的购物卡；2011年春节前，刘寅某到我的办公室送给我现金3000元人民币。

林州市第五人民医院院长章中某和该院的朱主任分三次送给我价值6000元人民币的购物卡，具体为：2009年春节前，章中某和朱主任一道到我的办公室并送给我价值2000元人民币的购物卡；2010年春节前，还是他俩一起到我的办公室并送给我价值2000元人民币的购物卡；2011年春节前，章中某和朱主任一道到我的办公室并送给我价值2000元人民币的购物卡。其他我就想不起来了！

问：你别着急，慢慢地说，你按照定点医院的排列顺序说。

答：林州市第一人民医院银花分院院长武佩某分三次送给我3000元现金和价值4000元的购物卡，具体为：2010年、2011年，以上两年中，每年春节前，武佩某都要到我的办公室送给我价值2000元的购物卡，先后两次共送给我价值4000元人民币的购物卡；2012年春节前，武佩某在我的办公室送给我3000元现金。

问：还有！

答：还有林州市妇女儿童医院的工作人员，一个姓詹和一个姓林，分八次送给我价值5000元的购物卡和现金8000元人民币。具体为：2006年中秋节前，姓詹的和姓林的两个人一起到我的办公室送给我价值1000元的购物卡；2008年中秋节前，他们两个人一起到我的办公室送给我价值1000元的购物卡；2009年春节前，他们两个人一起到我的办公室送给我价值1000元的购物卡；2009年中秋节前，他们两个人一起到我的办公室送给我1000元现金；2010年春节前，他们两个人一起到我的办公室送给我2000元现金；2010年中秋节前，他们两个人一起到我的办公室送给我2000元现金；2011年春节前，姓詹的一个人到我的办公室送给我3000元现金；2012年春节前，姓詹的一个人到我的办公室送给我价值2000元的购物卡。

问：还有！

答：还有安东人民医院院长孟庆某分四次送给我3000元现金和价值6000元的购物卡。具体为：2009年、2010年，以上两年每年春节前，孟庆某在我的办公室送给我价值2000元的购物卡，两次共送给我价值4000元的购物卡；2010年中秋节前，孟庆某在我的办公室送给我价值2000元的购物卡；2011年春节前，孟庆某在我的办公室送给我3000元现金。

问：继续说！

答：还有2009年、2010年、2011年及2012年，以上四年中，每年春节前，林州市协和医院胡志某都要到我的办公室并送给我价值2000元人民币的购物卡，先后四次共送给我价值8000元人民币的购物卡。

林州市爱德医院院长刘银某分五次送给我现金17000元人民币。具体为：2008年、2009年、2010年及2011年，以上四年中，每年春节前，刘银某都要到我的办公室并送给我一些现金，每次3000元人民币，先后四次共送给我现金12000元人民币；2012年春节前，刘银某到我的办公室送给我现金5000元人民币。

问：按照定点医院的顺序还有！

答：还有林州市某联医院院长杨立某分两次送给我现金8000元人民币。具体为：2010年7月，杨立某为了成为定点医院，到我的办公室送给我现金5000元人民币；2011年春节后，杨立某在我的办公室送给我现金3000元人民币。

2012年农历春节前，林州市仁爱医院院长陶大某在我的办公室送给我价值1000元的购物卡，卡是用信封装的。

医院送钱的就是这么多，其他没有了，还有就是药店给的钱。

问：那你把药店送的钱再说一说！

答：好。林州市百姓缘药店的经理胡某（具体名字记不起来了）和业务经理徐桂某先后送给我现金共6000元人民币和价值2000元人民币的购物卡。具体为：2008年春节前，胡经理到我办公室送给了我价值1000元的购物卡；2009年春节前，胡经理到我办公室送给了我价值1000元的购物卡；2010年春节前，徐桂某到我办公室送给了我现金2000元人民币；2011年春节前，徐桂某到我办公室送给了我现金2000元人民币；2012年春节前，徐桂某到我办公室送给了我现金2000元人民币。

问：还有！

答：阳光大药房经理高某分五次送给我价值5000元的购物卡。具体为：2008年春节前，高某到我办公室送给了我价值500元的购物卡；2009年春节前，高某又以拜年的名义到我办公室送给了我价值500元的购物卡，我说了几句谢谢之类的话就收下了；2010年春节前，高某到我办公室送给了我价值1000元的购物卡；2011年春节前，高某到我办公室送给了我1000元的购物卡；2012年春节前，高某到我办公室送给了我2000元的购物卡。

问：接着说。

答：2010年、2011年及2012年，以上三年的春节前，南湖大药房的经理张某都要到我的办公室送给我价值500元的购物卡，三次共送给我价值1500元的购物卡。

还有良玉中心大药房的经理贾星某分五次共给我价值2500元的购物卡；康宁药房的老板分三次共送给我价值1500元的购物卡；林州工农大药房的经理管某每次到我的办公室都要送给我现金1000元人民币，先后六次送给我现金6000元人民币；康明药房的聂经理分五次共送给我6000元现金；林州市康达药店的经理王某每次到我的办公室都要送给我价值1000元的购物卡，三次共送给我价值3000元的购物卡；林州市光明药店的经理韩冠某分五次送给我现金5000元人民币；东城药店委托天成公司副经理李春某到我办公室送给我1000元购物卡；新兴大药房委托天成公司副经理李春某到我办公室送给我价值1000元的购物卡；同心大药房经理夏邦某送给我价值2000元的购物卡。

以上就是我收受他人购物卡和现金的情况。

问：上述定点医院或定点药店的相关人员给你送的购物卡是什么地方的购物卡?

答：主要是林州白云商厦的购物卡，也有少量的林州苏果超市购物卡。

问：他们为什么要给你送钱和送购物卡?

答：这些定点医院及定点药店和良玉区医保中心有业务往来，考虑到要与我处好关系，希望我在医保资金结算等方面能够给予他们帮助和关照，他们就送给我一些购物卡和现金。是他们主动送给我的，我从来没有向他们索要过。

问：你收的钱和卡退还给他们没有?

答：直到现在我也分文未退。

问：你收的这些钱都做什么用了?

答：这些钱和购物卡收下后，被我用于平时的日常消费了。

问：你的家人是否知道别人给你送钱?

答：我从没有讲过，家人不知道这件事。

问：这是什么行为你知道吗?

答：我现在认识到利用工作的便利收受他人的钱财是违法行为，我愿意如实讲清楚这方面的情况，并愿意积极退赔赃款，恳请能给予我从轻处理的机会。

……

2012年6月26日，李明某因受贿违法犯罪被判处有期徒刑10年3个月，并没收财产5万元。

第六节　工程建设领域贿赂案件的“谈话”技巧

一、概述

工程建设领域受贿违法犯罪的特点：首先是工程建设主管部门人员犯案较多。主管人员包括厅长、局长、处长、科长、公司经理、承包人、项目经理等人员，主要贿赂案件产生的原因在于这些人手中掌握着建设工程的发包、款项拨付、质量检查验收等权力，一些承包商和施工单位为了能够承揽到工程，顺利通过验收，不惜代价去贿赂工程建设主管部门的相关人员。其次是涉案数额大。从近年来全国各地查办的工程建设领域中的贿赂案件来看，涉案数额都特别大，从几万元发展到几十万元再到上百万元甚至上千万元。再次是窝案串案现象突出。工程建设往往涉及招投标、检查验收、工程增减、款项拨付等多个环节，行贿人员为打通各个环节，对各环节的相关人员都行贿。最后是犯案手段多样化。工程建设领域中贿赂案件手段花样百出，名目繁多，有的借子女升学、住院治病、乔迁新居、生日、逢年过节、红白喜事等接受贿赂，有的通过借款、赞助、集资等名义索贿受贿。

工程建设领域受贿违法犯罪的易发环节包括项目招投标环节、工程建设项目发包分包环节、建筑工程土建施工环节、建筑材料设备采购环节、建筑项目预决算环节等。首先是工程建设项目招投标环节。由于建筑行业供求矛盾突出，竞争十分激烈，因此，工程建设项目招投标环节是最容易发生行贿受贿违法犯罪的环节。常见的违法犯罪手法：一是私下将工程总额拆分到国家规定的公开招标的限额以下，以利于自我控制达到能够收受贿赂的目的；二是不进行公开招标，指定给关系人施工，从中收受贿赂；三是为了排斥潜在投标人，寻找理由改招标方式和项目为邀请招标，以便内定的施工单位中标，从中获取贿赂；四是投标人以低于成本的报价竞标，弄虚作假、骗取中标，从而进行贿赂行为；五是中标人私下转让中标项目，或将中标项目肢解后分别转让给数家施工单位，从中进行不法交易；六是随意让指标单位将工程转包给非法挂靠的不具有施工资质的单位；七是内外勾结、进行围标、非法兜售承包权，从而收受贿赂；八是招标代理机构泄露应当保密的与招投标活动有关的情况和资料，收受贿赂。

其次是工程建设项目发包分包环节。发包分包环节是工程建设领域贪污、贿赂案件发案率最高的环节之一。发包单位管理人员利用项目发包的职务之便，索取和收受意欲承包的施工单位的回扣、贿赂。再次是建筑工程土建施工环节，故意将挖土方和回填土方交由没有执照的个体户承包，从中收受贿赂。复次是建筑材料设备采购环节。建筑材料设备采购环节是建筑工程中职务行为的违法犯罪的高发环节。采购人员与供货商勾结，采用混淆建材档次、品牌或抬高价格等手法，实施贪污、贿赂案件行为。最后是建筑项目预决算环节。作为工程建设中的重要环节，建设方负责审核、确认合同预决算的管理人员，利用职务便利，擅自违反合同规定，提前支付工程进度预付款，从中收受贿赂。

针对工程建设领域受贿违法犯罪的上述特点，在查办这类案件的方法上，应当深入细致做好初步调查工作，通过秘密初步调查，收集涉案信息、固定相关证据材料，为“谈话”做好充分的准备。因为在工程建设领域的贿赂案件，其隐蔽性比较强，“一对一”的贿赂比较突出，证据难取，行贿方因为企业性质的特点，财务账常常没有行贿记录，导致书证灭失。由此，“谈话”以提取言词证据为主要的行为手段，拿下被调查人的口供就成为突破这类案件的重要环节。根据“谈话”实践中通常采用的方法来看，运用认知误区的方法比较普遍，因为这类被调查人大多是在突然的、没有准备的情况下，被纪检监察机关传讯，因为立足未稳，对自己被调查的情况知之甚少，通常都是误认为自己受贿的违法犯罪事实已经暴露。被调查人基本的对抗特点：是对抗条件的存在，如果对抗的目的不存在，条件就失去了意义。违法犯罪事实暴露的心理误区是其供述认罪的内在动力，客观的暴露于假想的暴露！调查人员应当高度注意引起被调查人违法犯罪事实暴露的错误判断，使其主动放弃对抗。基于这类被调查人的心理特点来看：被调查人通常会进行自我行为意义的评定，不断地分析判断事态发展对自己的危害程度，这时他们会从任何能降低自己损失的角度来考虑自己当前的行动趋向。如果认为供述认罪能够从宽，那么供述动机就产生了。但是，由于被调查人自我控制系统的心理影响，全盘托出也不是最好的办法，因而是交代一点留一点，这是被调查人的认识特点。基于被调查人的供述特点，被调查人如果希望从调查人员那里得到好处的话，这种希望和需要越强烈，其交代动机也就越强烈，供述交代的行为实现得就越快。反之，如果被调查人的希望不是从调查人员那里得到好处，而是从自己身上挖掘得到好处的方法，那么供述的动机是不会强烈的，甚至没有供述动机。

在上述类似案件的“谈话”方法上，调查人员应当把握好在以认知误区为基本的“谈话”方法的基础上，结合其他有效的辅助方法，推进被调查人供述动机产生。实践中的审讯对策与攻击规律主要为：

1. 错觉“谈话”法。通过对被调查人设置的错觉方法即直接告知，“你已经涉嫌违法犯罪”，观其“间隔和强度”反应，反应越强烈其侥幸心理就越强，反之侥幸心理就越弱；间接告知，审讯时使用桌面上的“空城计”以达到暗示证据存在的方法，同时运用“语言的迷惑性”“神态的迷惑性”“利害关系的迷惑性”。

2. 结果“谈话”法。运用贿赂案件行为的逻辑结果，导入认知误区，即“事件发展的结果”和“假设结果的存在”。

3. 动机“谈话”法。通过分析违法犯罪的动机引出供述的结果，通过追询原因避开结果即“动机的嫁接转移”。

4. 假设“谈话”法。调查人员建立一个假设行为的存在，将被调查人领入违法犯罪事实已经暴露的认知误区，帮助被调查人放弃对抗。常用的方法有：“假设违法犯罪物证存在”“假设违法犯罪的关系人配合”“假设违法犯罪痕迹的存在”，以此建立认知误区的平台。

5. 离间“谈话”法。剥离利害关系人之间订立的攻守同盟，消除对抗的心理支点。即利害关系的剥离：“你不说别人不说吗?”攻击性剥离：“他说不是他主动给的!”消极性剥离：“你不想一想为什么要找你?”

6. 借助“谈话”法。借助与被调查人有一定关系的人和物，使之产生情感转移和情感依赖，在被调查人身上获取利益方向的转移。如亲情关系的借用：“你的家人对你很关心”，使之产生联想和假想；对物品的借用：“现在银行的存款都是实名”，目的是告诉被调查人如果银行有存款，就必然会暴露；再如情景的借用：“贿赂案件特殊情景的存在”，让其说出某环境的特殊情景，因为这个特殊情景能够直接证明被调查人的行为。借助“谈话”法就是要借助一切可以借助的人、物和情景，来攻击被调查人。如：你作案多次，尽管时间和地点不同，但是你作案的方法和手段是一样的（这是对其行为的借助）；从你的家里提出来的那些物品，它不是“哑巴”，它会成为证明你违法犯罪的证据的（这是对物品的借助）。借助一切客观条件，打开被调查人的心理大门。被调查人在自己的生活范围内，有“亲信”和“保护伞”，借助这种信任关系，可以摧毁被调查人的心理支点。

7. 模拟情景“谈话”法。主要是根据违纪违法行为的因果关系，推断出被调查人的行为过程，并将此过程模拟给被调查人，使其进行违纪违法行为的心理确认，最终达到使其供述的目的。违法犯罪心理的模拟：这种模拟的方法是对违法犯罪动机的分析，通过对违法犯罪动机的分析建立起有联系的利益关系，经过利益的导向促进被调查人供述动机的产生。

8. 概率“谈话”法。这是一种博弈理论，帮助被调查人分析违纪违法行为暴露的概率，使被调查人进入认知误区。利弊关系概率，如违法犯罪的知情人有三个，只要其中的一个人供述实情，那么另外两人就要承担责任；如果两个人都供述了实情，那么另外的一个人就要承担较重的后果。根据人的趋利避害的行为特征，在这三个人中间只要有一个人供述，那么全部的违法犯罪就不可能被隐瞒。自己虽然没有供述，但是它暴露的概率就是100%。遗留物暴露的概率，违法犯罪总是有因果关系的，违纪违法行为不可能孤立存在，必然与物质形态联系在一起，自然的逻辑关系必然要把违纪违法行为与该行为的遗留物联系起来。如杀人案件第一时间暴露的就是杀人现场或者死者的尸体；贿赂案件的遗留物是赃款的来源与去向。这就是违纪违法行为引发遗留物暴露的概率。此外，攻守同盟反水的概率则与人的利己行为导致“谁都不愿意替别人承担责任”息息相关。

根据贿赂案件的行为特点，初步调查的选择是以外围调查来确定中心事件，是以提取大量的证据信息为突破案件的条件。初步调查活动与过去的立案前的初步调查相比，需要更上一个台阶，初步调查所承担的任务也远远超过了立案前的调查，它是以满足全案的构成材料为前提的，因此初步调查不要急于求成，更不要急于直接接触被举报人，以免打草惊蛇，导致“谈话”活动陷入被动局面。上述招标部门出现的贿赂案件，对该举报的初步调查首先是从建设管理部门寻找、提取招投标的具体范围和对象，确立建设单位和承建单位与招投标管理部门的一系列关系，找准贿赂案件的行为轨迹，确立深入的目标。

调查人员应当做好哪些准备工作？根据初步调查掌握的材料，审查筛选有价值的线索，进行分析研究制订调查计划，找出并确立案件的主线，尽快提取能够证明违法犯罪的有关证据信息。应当引起注意的是初步调查活动应当本着秘密进行的原则，在没有掌握直接书证的情况下（赌赂案件很少有直接的书证），不要暴露调查的意图，以免引起被调查人与关系人的串供，加大言词证据提取的难度。

如何选择提取违纪违法证据的最有效的方法？能够使被调查人自己主动交出违纪违法证据的方法，是最有效的方法，这种方法通常是依靠“谈话”来完成的，“谈话”是提取违纪违法证据的重要手段。根据已经获取的信息，即掌握了被调查人的部分违法犯罪信息后，直接接触被调查人，不断扩大、深挖，是提取违纪违法证据的最有效的方法。言词证据是证明贿赂案件的重要依据，调查实践中还会通过与行贿人“谈话”挤出受贿人，获取受贿违法违纪违法证据。

最后是“谈话”方法的选定。贿赂案件经过初步调查所提取的大量相关信息，是制定“谈话”方法的基础。初步调查掌握的被调查人的个体特征、对案件信息量的占有，是“谈话”的前提条件。针对工程建设领域贿赂案件的“谈话”的基本方法的选择：“谈话”方法选择的根据是对“谈话”的突破口把握，案件的突破口是开启全案的钥匙，也是被调查人对抗调查的软肋。就像地下室的通风气孔，找准了通风的气孔，堵住气孔，那么地下室里人的生命就会受到威胁。同样，贿赂行为的被调查人最担心的问题是自己受贿款物的来源与去向的暴露，即行贿人的供述和隐藏的赃款赃物暴露，被调查人的对抗行为是建立在违法犯罪事实没有暴露的条件下的，失去了对抗的条件，就失去了对抗的意义。根据上述案例反映的情况和初步调查掌握的信息，与被调查人“谈话”应当把握两个层面：第一个层面是表面现象与实质即违章操作与收受贿赂，通过一个层面找到受贿的根源；第二个层面是违章行为与受贿的关系，这是“谈话”切入点的选择方法。

二、“谈话”被举报人

2011 年，某市纪委接群众举报称，市招标办主任章某，利用工程招标的一系列特权，向投标单位泄露标底、伙同没有工程资质或者不够资质标准的建筑单位，采取“暗箱操作”“违章操作”“围标”等方法，使许多不符合建筑工程要求条件的建筑单位中标，严重扰乱了建筑市场的公平竞争的秩序。与此同时，章某利用招标办主任的职务之便，大肆收受贿赂，并且明码标价：透露一个标底 5 万元，帮助围标成功 10 万元，透露有利于中标的信息 2 万元。近几年来，章某收取的贿赂达数百万元以上，在社会上造成了极其恶劣的影响，严重损害了国家机关公务员的形象，请纪检监察机关引起重视，严肃处理。

（一）案前准备

1. 根据该举报信提供的信息，分析该案的发展性质及特点。

2. 针对上述举报的内容拟订初步调查方案。

3. 调查人员应当做好准备工作。

4. 选择提取违纪违法证据最直接最有效的方法。

5. 与上述被调查人“谈话”基本方法的选择和制定。

（二）案例分析

1. 根据上述举报情况进行分析：

第一，举报分析。

（1）举报人提出了一组数字，即5万元、10万元、2万元。

（2）举报人在举报信中讲述的专业术语即“投标单位”“泄露标底”“工程资质”“资质标准”“建筑单位”“暗箱操作”“违章操作”“围标”“中标”“建筑市场”等。说明举报人是业内人员，信息来源有一定的依据，因此该举报有一定的可信性。

（3）案件的发展趋势是以贿赂案件为主要线索。

（4）案件的特点是“一对一”的言词证据为主。

第二，初步调查的基本方法。

（1）外围调查确定中心事件，初步调查不要急于求成，直接接触被举报人，容易打草惊蛇，导致“谈话”活动陷入被动局面（该案从建设管理部门寻找、提取招投标的具体范围和对象，确立建设单位和承建单位与招投标管理部门的一系列关系）。

（2）内外结合确立违法犯罪目标，找出违法犯罪的蛛丝马迹，例如优秀的、有国家标准资质的大型企业不能中标，资质低下的草台班子却中标了，这就不合常理了。再有某些并非优秀的企业，却总能够超过其他优秀企业屡屡中标，这就需要条例证据证明来支持。接触知情人更深入地了解情况，找出这些反常情况。

（3）知情人包括知道案件情况的公民、举报人、案件的利害关系人、行贿人、受贿人等。设法找到知情人，获取更加直接、更加全面、更加真实的关联信息，为第一次与被调查人“谈话”做好充分的准备。

（4）接触被调查人，运用“谈话”技巧，使被调查人自愿交代违法犯罪事实。

（5）一切有利于提取违纪违法证据的方法和行为（违法犯罪的关系即银行存款、账目、业务关系等）。

第三，调查人员应当做好哪些准备工作？

（1）审查筛选有价值的线索。

（2）分析线索制订调查计划。

（3）确立初步调查主线，尽快提取违纪违法证据。

（4）根据“一对一”（没有直接的书证）的言词证据为主的案件的特点，首先是注意保密性和隐蔽性，这是“谈话”活动的基本要求。

（5）准备的初步调查方法要合法、安全，还要有应急准备预案以及预防被调查人可能出现的退路（赃款、赃物的隐匿）。

（6）重点突出、目的明确，即根据已有的条件选择重点，目的是及时全面地提取（主要）违纪违法证据。

第四，提取违纪违法证据最直接最有效的方法？

“谈话”是提取违纪违法证据的重要方法（基本方法）。

（1）根据已经获取的信息，即掌握了被调查人的部分违法犯罪事实，直接接触被调查人，不断扩大、深挖，是提取违纪违法证据的最直接有效的方法。

（2）通过行贿人挤出受贿人。

（3）直接“谈话”供出受贿人。

（4）根据捕捉到的赃款、赃物的信息，促进被调查人供述认罪（银行存款实行实名制以后，赃款、赃物的去向发生了变化）。

第五，与上述被调查人“谈话”的基本方法。

（1）选择调查对象易暴露的软肋。上述被调查人最担心的问题即软肋，可以此作为“谈话”的突破口。贿赂案件的被调查人最担心的问题是自己受贿款物的来源与去向是否暴露，即行贿人的供述和赃款、赃物隐藏的暴露。被调查人对抗调查是建立在一定的条件基础上的，失去了对抗的条件，就失去了对抗的意义，才有可能放弃对抗供述认罪。这里的条件就是违纪违法行为的隐蔽性，隐蔽性越强对抗条件就越充分，因此，有条件对抗的被调查人是不会放弃的。

（2）对被调查人违法犯罪事实暴露的心理误区的选择。帮助被调查人创建失去对抗条件的自我感知和认知。

（3）“谈话”的两个层次：违章操作与收受贿赂（通过一个层面找到受贿

的根源)；违章行为与受贿行为之间的关系，作为“谈话”的切入点。找出不规范的中标单位证明违法行为，挤出受贿的结果。

类似案件的基本“谈话”方法的剖析——运用违法犯罪事实暴露的心理误区的供述规律，帮助被调查人创建违法犯罪事实暴露的心理误区，使之产生供述动机。

对抗行为特点：违法犯罪事实暴露的心理误区是被调查人供述认罪的内在动力，调查人员应当注意引起被调查人违法犯罪事实暴露的错误判断，使其主动放弃对抗，自愿供述。

心理行为特点：促进被调查人进行自我行为意义的评定，不断分析判断“事态”发展对被调查人的危害程度，此时，被调查人会从如何降低自己的损失来考虑自己当前的行动趋向。“供述认罪能够从宽”，供述动机就产生了，但是由于本身认识范畴的控制系统的心理影响，“全盘托出也不是最好的办法，交代一点再留一点”，这是被调查人供述行为的基本心理特点。

供述行为特点：被调查人如果希望从调查人员那里得到“利益”“好处”，那么这种希望和需要越强烈，其动机也就越强烈，供述交代的行为实现的就越快。反之，如果被调查人的希望不是从调查人员那里得到好处，而是从自己身上挖掘得到“利益”和“好处”或者保存利益的方法，那么供述的动机是不会强烈的，甚至是没有供述动机而选择继续对抗。被调查人接受“谈话”的行为特点是趋利避害，这是其放弃对抗的本质原因。对利益的追求是被调查人供述认罪的基本特点。

2. 认知误区的“谈话”对策与攻击规律。

（1）错觉“谈话”法。“直接告知”设置错觉方法，“经过我们调查你已经涉嫌违法犯罪”。观其“间隔和强度”反应，间隔的时间长而且缓慢，反应的强度不大，说明调查人员提供的直接告知的信息已经被确认，另外，被调查人对抗认知反应越强烈其侥幸心理就越强；反之侥幸心理就越弱；“间接告知”：利用“谈话”的空间帮助被调查人创建错觉，通常采取“谈话”桌上的“空城计”，放置与案件有关联的物品或者卷宗，达到暗示证据存在的目的，还有通过“谈话”语言的迷惑性、调查人员神态的迷惑性、“谈话”语用行为利害关系的迷惑性，达到对被调查人认知误区的引进，需要注意的是“迷惑莫被迷惑误”。

（2）结果“谈话”法。直接设定违纪违法行为的逻辑结果，根据违纪违法行为即事件发展的结果推理“假设的结果的存在”。

（3）动机“谈话”法。根据被调查人的行为特征，分析其违法犯罪动机，模拟其行为动机，引出“谈话”的目标和结果，通常，“谈话”人主要是追问动机的原因，而避开动机的结果，其目的是降低被调查人的罪责感。“谈话”的最终目的是进行“动机的嫁接转移”，促进供述动机产生。

（4）假设“谈话”法。通过“假设某行为的存在”“假设违法犯罪物品的存在”“假设违法犯罪关系人的配合”“假设违法犯罪痕迹的存在”使被调查人产生条件误区。

（5）离间“谈话”法。为了解决被调查人的心理依靠，采取“利害关系的剥离”“攻击性剥离”“消极性剥离”等办法，转变其依赖对抗的条件，使其放弃对抗。

（6）借助“谈话”法。这是一种借力的方法，通过“亲情关系的借用”“物品的借用”“情景的借用”，借助一切可以借助的人、物和情景，促使被调查人对抗行为的转变。如：你作案多次，尽管时间和地点不同，但是你作案的方法和手段是一样的（这是对其行为的借助）；从你的家里提取出来的那些物品，它不是“哑巴”，它会成为证明你违法犯罪的证据的（这是对物品的借助）。借助一切客观条件，打开被调查人的心理大门。被调查人在自己的生活范围内，有“亲信”和“保护伞”，借助这种信任关系，可以摧毁被调查人的心理支点。

（7）模拟情景“谈话”法。根据被调查人的行为动机进行模拟再现，促进被调查人进行客观事实的确认，最终放弃隐瞒。通常的方法有：“违纪违法行为的模拟”和“违法犯罪心理的模拟”。

（8）概率“谈话”法。帮助被调查人分析“违纪违法行为暴露的概率”“利弊关系概率”“遗留物暴露的概率”“攻守同盟反水的概率”，以此促进被调查人放弃对抗。

（9）间隔“谈话”法。根据时空对被调查人的影响、利益人与时空的关系，通过“空间效应”和“时间效应”对被调查人产生的作用，将被调查人引入特设的误区。

（10）造势“谈话”法。是调查人员通过自身声情并茂产生的“行为场”，对被调查人产生的心理影响，以此达到“谈话”的目的。通常的行为方法是“寻弱造势”，即攻击的方向是被调查人的软肋；“强化决心”，是调查人员直接告知不达到目标绝不罢休的决心，使被调查人选择退却。

（三）案例一的“谈话”过程

该案在通知被调查人“谈话”之前，调查人员首先通过对该案的初步调查，收集了相关信息，并且在查阅中标单位的档案中掌握了招投标的基本情况。其次是向被调查人传递信息，通过建设管理部门召集中标单位及承接单位开会，直接告知有些人采取不正当的竞争手段获取了中标，目的是触动受贿人。最后是迅速通知被调查人，调查人员在与被调查人“谈话”时从两个方面对其实施心理影响，一个是行贿的来源；另一个是受贿的去向。

通知被调查人……

问：今天纪检监察机关把你请到这里来，你该知道是什么原因了！

答：（不语）……

问：你比我们更清楚！现在有谁愿意把自己辛苦赚来的钱心甘情愿地送给别人呢？最近我们在你的主管部门召集了本市的一些投标单位，进行了调查摸底、廉政清查，其结果对你非常不利。另外还有一件事情我很不明白，你存那么多的钱干什么？

答：我没有存多少钱，你们看到的那些钱是我儿子的。（误认为纪检监察机关已经调查了他的个人存款）

问：你儿子存了多少钱？

答：60多万元！

问：不对！

答：另外可能还有一个存折。

问：你自己说！

答：一共是两张存折，还有一张是80万元的。

问：不对！不是两张存折！

答：那我就不清楚了，我家的存折都是我老伴保管的，我是不管事的。

问：你存了多少钱你是应该清楚的！

答：是我儿子的钱！

问：我只是问你存了多少钱？

答：有200多万！

问：钱从哪里来的？

答：是我儿子寄回来的！

问：首先我可以肯定地告诉你，那些钱不是你儿子的！我知道你的儿子在北京工作，非常优秀！可是他刚参加工作不久，怎么可能有那么多的钱呢？如果钱是他的，那这里面肯定是有问题的！同时，你儿子的收入我们只要去他的单位了解一下，就什么都清楚了！这个问题一旦牵涉你的儿子，他的前途会是什么样，你应该清楚，不该他承担的责任，最好不要往他的身上推！

答：（低头不语）……

问：那些钱从哪里来的你不用说也是清楚的，这是最简单的道理……

答：……

问：讲！

答：……

问：讲！

答：这些钱主要是我们咨询公司的分红。

问：咨询公司是怎么回事？

答：是我们招标办的几个人成立的工程招投标咨询公司。

问：你把这个咨询公司的产生以及经营情况说一说。

答：因为一些招投标单位在我市准备参加招投标时大多都要来我们招标办咨询有关招投标的业务情况，有些外来的工程公司来我市投标需要业务代理，我们就以招标办的名义成立了这个咨询公司，对来本市参加投标的工程建设单位提供招投标咨询，根据工程量的大小收取咨询费。

问：收取咨询费的标准是多少？

答：一般情况是1%～3%。

问：这个公司是什么性质的？什么时间成立的？

答：是我们招标办的工作人员合伙成立的股份公司，盈利大家分红，公司是2005年成立的。

问：你们的公司每一年能够收多少咨询费？

答：100万元左右。

问：咨询费是怎么分配的？

答：按照三个档次分配，即招标办的主要领导、中层干部和一般办事员三个等级来分配。我和李副主任去年每人分了20万元，招标工程科的林科长和章科长每人分了10万元，另外两名办事员每人分了5万元。我们招标办的在编工作人员只有6人，其他都是聘用人员，每年象征性地分一点奖金。

问：从你们公司成立至今已有三年之久，你一共分了多少钱？

答：有60多万元，账上有记录的。

问：你们成立这个招投标公司，你们的最高部门市建委是否知道？

答：不知道。

问：为什么不知道？

答：我们没有告诉他们，因为当时成立这个公司没有报告，也是想瞒着建委的，因为建委一旦知道，那么咨询费就要全部上缴。

问：你们的这个招投标公司有没有账目？

答：有账目！是我们招聘的一个年轻人担任会计的，账都在她那里保管。

问：这些来投标的工程建设单位为什么要到你们的公司咨询呢？

答：因为我们的公司基本上能够保证他们中标。

问：你们公司是怎样保证中标的？

答：因为我们招标办负责全市建筑行业招投标的直接监督和管理工作，建设单位的基本情况在我们这里都有备案，主要是掌握工程预算的标底，我们在帮助来咨询的投标公司制作标书的时候，就是按照我们掌握的招标单位提供的招标条件制作的，所以中标的可能性最大。

问：除此之外你还收过哪些工程建筑公司的钱？

答：今年年初江都的天马建筑公司的周总给了我5万元。

问：在哪里给的？

答：就在我的办公室里给的。当时他来我办公室谈到准备投司法局大楼的标，请我帮忙。我说你要参加投标，他说投标是肯定要参加的，只是在投标的过程中请给予关照，我说只要你们公司符合要求，我是没有意见的。后来，他从提包里拿出了一包钱，放下就走了。我数了一下正好5万元。

问：他的公司后来中标了没有？

答：中标了。

问：是怎么中标的？

答：就在司法局大楼开标的前一天，我们专门负责议标的造价师把标底告诉了我，我就打电话告诉了周总。第二天开标周总提的标价最接近标底，所以就中标了。

问：你是怎么认识周总的？周总叫什么名字？

答：周总叫周宏某，是江都人，这几年一直在本市承接工程，每次他都来参加投标，就这么认识的。去年本市的建设银行大楼招标，他也中标了，工程现在还没有干完。周总的公司是国家一级企业资质，在江苏是很有名的企业，工程质量和企业的信誉度都比较好。

问：周总在建设银行的大楼中标后给了你多少钱？

答：那是去年给的，好像也是5万元。

问：去年的什么时间？

答：去年的3月份。

问：在什么地方给的？

答：也是在我办公室给的。

问：他为什么要给你钱？

答：建行大楼的工程标底也是我给他的。

问：周总投标建行大楼为什么不找你们的招投标咨询公司，而是直接找你呢？

答：都是一样的，他找我们的咨询公司也是要找我给他提供标底，如果他找咨询公司可能收费还要高一些，因为建行大楼的造价是3000万元，按照收费的标准可能要收到9万元，所以他干脆直接来找我，也是因为我们平时就很熟悉。

问：你收的周总的两次5万元都干什么用了？

答：都存在银行了，你们看到的那些存折就是这些钱。

问：你收来的钱都是什么时间存入的？

答：一般都是第二天存进银行的，具体的时间银行有记录。

问：那你的银行记录呢？

答：存折放在家里是我老伴保管的，每次存钱我都是从老伴那里拿存折，钱存好后就把存折交给我老伴保管。

问：你老伴是否知道存折上钱的来源？

答：可能她知道钱是别人送的，但是具体是谁送的不清楚。

问：你把几个存折的情况再说一遍。

答：在工行的那张存折上是80多万元，基本上是我们咨询公司的分红，都存在那张卡上了；建行的那张卡存了60多万元，基本上都是平时别人送的钱存入的；还有一张卡是中行的，是30多万元，这里基本上都是我和我老伴的工资和平时的积蓄存入的；另外还有三张定期存单，一张是建行的10万元、其他两张都是20万元的工行定期存单。

问：定期存单上的钱是从哪来的?

答：那都是前两年一些工程单位送的，一开始都是放在存折里的，后来转存为定期的了。

问：好，还有哪些人给你钱?

答：大约2006年，章传某以南宁建安公司的名义中标承建了本市二院的新建大门楼工程，具体时间和地点记不清了。中标后章传某送给我3万元现金；2007年，章传某又中标承接了本市二院的锅炉房工程，在工程施工期间，章传某在施工现场送给我5000元现金；2005年，章传某投标市铜矿医院影像楼工程中标后，骑摩托车在铜矿医院门口的林州古道下坡路旁送给我2万元现金；在2006年中秋节前后，章传某在北关人武部附近的一个菜场旁边，送给我7000元现金，我记不清楚这笔钱是章传某在工程施工期间还是为了续接工程送给我的；还有一次是在过年前，在城西水库与西大街的岔路口附近，章传某送给我5000元现金，具体哪一年，为哪个工程中标送给我这笔钱我记不清了；还有一次在过年前，也是在施工期间，章传某在我的办公室送给我5000元现金；还有一次我印象中也是过年前，也是在施工期间，章传某在我的办公室送给我5000元现金，具体时间记不清了；大约在2007年，章传某承接了本市二院和二院所属建行旁的南门门诊的电梯井工程，在工程施工期间，章传某送给我15000元现金；2008年我儿子结婚时，章传某送给我现金5000元，但是章传某的两个孩子结婚时，两次我共送给他6000元左右。上述9次章传某一共送给我现金92000元。

问：章传某为什么要给你钱?

答：都是在招投标过程中因为我帮了他的忙，他能够中标，为了感谢我才给我钱的。

问：还有谁给过你钱?

答：2005年下半年，第五人民医院决定兴建新的综合楼，并对老的综合楼进行装修改造，建安公司经理王昌某打算来参加投标，所以在2006年春节期间送给我3000元现金；2006年10月左右，王昌某中标了第五人民医院的工程，送给我2万元现金；同样是为在以后的工程中还能够中标，在招投标方面得到我的关照，王昌某于2007年春节送给我5000元现金，2008年春节送给我3000元现金，2008年3月左右市人防办新建大楼招标，王昌某的公司中标后一次送给我 8 万元钱，钱是送到我家里去的。

问：你收来的这些钱都干什么用了？

答：一般都是当时就存起来了，最多是隔一天就存银行了，具体的存款时间在银行的存单上都有记录，基本上都是当时的送钱时间。

问：还有，你继续讲！

答：2007 年 8 月份，江灵城建道路桥梁工程有限责任公司经过招投标，承接到由南林工业开发区管委会发包的乌衣镇土地整理及道路建设工程，该工程中标后的第二天，该公司经理夏恒某在南林工业开发区管委会乌衣工业园指挥部临时办公室的外面，给了我用信封包装的 3 万元现金。

问：夏恒某为什么要给你 3 万元现金？

答：当时开发区道路建设工程开始招投标，我的一个亲戚介绍夏恒某来让我在招投标的过程中给予关照，夏恒某还说开发区管委会的发包方已经打点好了，后来等到标底出来后，我就告诉了夏恒某，他们就中标了。

问：还有你继续说！

答：其他的就没有了。

问：你是想不起来了还是没有了？

答：我想不起来了，也没有了！

问：你以上说的是否属实？

答：属实，没有假话。

问：好，今天我们就谈到这里，记录你看一看是否与你说的一致。

答：好……（看记录）……与我讲的一致。

第十四章　领导干部渎职违法犯罪案件的“谈话”实务

第一节　领导干部渎职违法犯罪案件的“谈话”技巧

渎职违法犯罪案件是指国家机关工作人员利用职务上的便利或不尽职责，侵害国家机关正常活动，致使公共财产、国家和人民群众利益遭受重大损失的违法犯罪案件。渎职违法犯罪较多的是领导干部的职务违法犯罪，在调查此类案件时，要注意确定渎职违法犯罪行为、提取渎职违法犯罪证据、查明渎职违法犯罪事实，进而选择恰当的方法进行“谈话”。

一、渎职违法犯罪的构成要素

渎职违法犯罪案件的构成要件是确立渎职违法犯罪成案的基础，是调查“谈话”必须把握的重要目标。

首先是渎职违法犯罪行为的侵害客体。渎职违法犯罪侵害的客体是国家机关的正常活动，是给国家财产和人民群众生命安全及财产造成严重侵害的行为，这是渎职违法犯罪的本质特征。造成社会危害的渎职行为的因果关系，是被调查人与国家公权力之间的权利和义务关系，这个权利和义务就是国家公务人员履行国家权力的职责范围和义务责任。一方面是权力责任，即公务人员执行公务所行使的权力代表的是国家。另一方面是义务责任，国家在赋予公务人员职权的同时，又以法律规范的形式规定了国家公务人员在执行国家公务中应遵守的职责义务和职责制度，是国家公务人员必须严格遵守的。违背了这种权利和义务，必然对国家的公务利益造成损害，从而使国家机关的正常活动遭受损害，导致渎职行为的危害结果。

其次是渎职违法犯罪行为的客观方面。渎职违法犯罪行为在客观方面主要表现为公务人员利用职务上的便利违法乱纪或者对工作严重不负责任；不履行或者不正确履行职务上承担的义务；滥用职权、徇私舞弊等，给公共财产等造成重大危害。任何渎职违法犯罪，就其危害行为而言，都存在两个显著的特征：一是公务人员的行为违背法定职责；二是其行为的应受惩罚性。这两个方面是渎职案件最明显的行为表现，是调查“谈话”的主要目标，也是能否构成渎职违法犯罪的重要依据。在调查实践中，被调查人的渎职行为有很强的隐蔽性，被调查人隐瞒违法犯罪事实的主要方法，大多采取掩盖客观方面的行为，即否认自己的“作为”“不作为”或“乱作为”，来对抗调查，以达到隐瞒违法犯罪事实的目的。在“谈话”的方法上，“谈话”人员应当多注意把握被调查人的行为的逻辑关系，寻找供述行为矛盾或帮助其设立行为矛盾，以此引出被调查人的渎职违法犯罪事实；根据客观存在的信息条件或违法犯罪行为结果，推证渎职违法犯罪事实；其他的行为关系挤出渎职违法犯罪行为，如贿赂行为，渎职违法犯罪通常与贿赂违法犯罪有着密切的联系，根据已经掌握的贿赂行为，模拟贿赂与渎职之间的内在联系，最终导出渎职违法犯罪事实。

再次是渎职违法犯罪行为的侵害主体。渎职案件的主体多是特殊主体，即国家机关工作人员，非国家机关工作人员一般不能独立构成渎职违法犯罪。但是，有的渎职违法犯罪也可以由非国家机关工作人员构成，如《刑法》第三百九十八条所规定的泄露国家秘密罪。通常在调查“谈话”活动中其“谈话”对象就直接指向了渎职违法犯罪的行为主体，但是有时渎职违法犯罪的行为主体并不是很明确，主要表现在行为人的权力与义务的不明确，责任不明确导致行为的主体不明确，出现了危害社会结果而无人埋单的情况。原因主要在以下方面：一是职务活动有着内在的特殊性。职务活动的实施主体往往并不是一个人，他们有着各自的职责范围和分工，这样给刑事责任主体的认定增加了难度。二是渎职违法犯罪行为的因果关系。渎职行为与危害结果之间的因果关系，不仅有直接的关系、间接的关系，还有必然的关系、偶然的关系。如此错综复杂的因果关系，成为判定和追究刑事责任的一大难题。三是一般工作失误与渎职违法犯罪行为的界限区分、单位责任与个人罪责之间的区分，也是一个难点问题。

在调查“谈话”实践中，被调查人大多都会搬出上述难点作为自己无罪的理由进行辩解。因此，“谈话”目标的选择应基于对这些难点的把握，就是在于主体行为违法犯罪性的认定，即行为人是否实施了违法犯罪行为，因此，行为主体是否存在渎职违法犯罪行为是渎职违法犯罪刑事责任主体认定的关键。“谈话”活动中对渎职违法犯罪责任的主体应重点注意把握以下方面：一是行为人是否有具体的职务权限。构成渎职违法犯罪以行为人利用职务上的便利，超越职权，不履行、不认真履行职责为要件。二是被调查人行为罪过的故意与过失。行为罪过是指行为人对自己的行为将引起的危害社会的结果所持的一种故意、放任或过失的心理态度。渎职违法犯罪有的属于故意违法犯罪，有的属于过失违法犯罪，无论何种形式的渎职违法犯罪，是否有罪过是违法犯罪构成的必要条件。在调查渎职违法犯罪罪过的必要条件时，注意把握工作失误与间接故意或过失的违法犯罪的区别。三是渎职行为与危害结果的因果关系。渎职违法犯罪行为与危害结果之间的因果关系比较复杂，存在着一因一果、一因多果、多因多果、多因一果的情形，因此，“谈话”中应当注意把握被调查人的渎职行为与结果之间，是否存在着“没有前者就没有后者”这种条件关系。

最后是渎职违法犯罪行为的主观方面。渎职案件构成的主观方面，既可以是故意的，也可以是过失，违法犯罪的主观方面决定了案件的构成，因此，被调查人在抗审的行为选择上都以主观方面不存在来否定自己的渎职违法犯罪行为。例如，有的被调查人存在着间接故意或过失的违法犯罪的事实，而在抗审中为了掩盖自己的违法犯罪心理行为，以工作失误所导致的危害结果为抗审条件。这里在“谈话”中就应当注意把握：所谓的工作失误，是指行为人由于政策不明确、业务水平不高和能力有限等原因，以致决策不当，从而造成公共财产、国家和人民利益损失的行为。虽然工作失误也可能造成重大损失，但是行为人主观上不具有过失或者间接故意的心态，其主观上是出于把工作做好的心态，造成损失的原因是客观因素所导致的。间接故意是明知危害结果可能发生或可能不发生，而工作失误是一种客观现象，罪过是一种主观的心理态度，两者不可混同。

渎职违法犯罪在调查“谈话”主观方面的着力点，是罪过行为的“明知”“希望”或“放任”还是“过失”的证据的提取，这类证据的特点多以言词证据为基本特征，尤其是罪过行为必须是以“明知”或者“故意”为前提的违法犯罪构成，多数被调查人都会以自己不“明知”或者不是“故意”来对抗调查“谈话”。如徇私舞弊类渎职违法犯罪和不作为的渎职违法犯罪的主观因素，徇私舞弊类渎职违法犯罪和不作为的渎职违法犯罪的主观方面属于违法犯罪故意，从内涵上分析，违法犯罪的故意包含两个要素：一是行为人明知自己的行为会发生危害社会的结果。这种“明知”的心理属于心理学上所讲的认识方面的因素；二是行为人希望或者放任这种危害结果的发生，这种“希望”或“放任”的心理属于心理学中意志方面的因素。只有同时具备上述两个方面，违法犯罪的故意才得以成立。故此，被调查人均会以此来否定自己的违法犯罪故意。“谈话”这类被调查人大多采取以证取供的方法，充分地调取相关信息进行“围供”；由于渎职违法犯罪大多与利益存在因果关系，“谈话”人员可通过利益行为挤出渎职违法犯罪事实。

二、渎职违法犯罪案件的“谈话”方法

把握“以事围供”的“谈话”方法。渎职违法犯罪大多都是以渎职违法犯罪的行为结果为调查“谈话”活动的起因，确定责任人的行为与渎职违法犯罪的危害结果之间的因果关系，是调查“谈话”活动把握的重点。渎职违法犯罪结果的发生是调查“谈话”活动的起因，如矿难案件，导致矿难发生的渎职行为就是调查“谈话”的目标。渎职行为的主观方面存在着故意、放任或者过失的确认，因此被调查人的口供就成为重要的能否证明违法犯罪的言词证据。因为言词证据提取的难度比较大，被调查人为了掩盖自己的违法犯罪行为，大多选择主观方面进行抗审，同时言词证据又存在着很强的易变性，在“谈话”的实践中对言词证据的固定、确定与事发的结果之间的因果关系的确定存在着很大的难度。

因此“谈话”人员在选择“以事围供”的“谈话”方法之后，应当把握好几个原则：调查人员选择的“犯事”，是渎职行为结果中的某一个细节，以这个细节作为与被调查人“谈话”的切入点，根据这个切入点的发展结果，达到证明被调查人的行为与“犯事”结果之间的因果关系。这里调查人员提供给被调查人的信息，只能是与违法犯罪事件相关联的情节信息，而不是确凿的违法犯罪证据，因为在对被调查人进行“谈话”之时，调查人员并未掌握证明其违法犯罪的确凿证据。正是因为调查人员没有掌握被调查人的确凿违法犯罪证据，而又不能让被调查人知道这一真相，所以不仅要注意隐蔽自己，还要将被调查人带入认知误区，产生违法犯罪事实已经暴露的错觉。这里被调查人的正确认识，就是调查人员失败的开端。通常被调查人的正确认识就是：只要不开口调查人员就无法查实真相，并且伴随着极强的侥幸心理和对抗行为，使调查人员的“谈话”受阻。此时，调查人员不仅要注意运用坚定的语言和肢体语言

的态势，还要选择好渎职事件中被调查人的软肋，以此将被调查人带入违法犯罪事实已经暴露的认知误区，尽快转换侥幸和对抗，促使其如实供述违法犯罪事实；调查人员选择的“犯事”情节应当选择适当的时机，通常是在调查人员对被调查人有针对性的法律、政策教育和利害分析后，被调查人态度有所变化时使用。如果在被调查人选择的对立或者第一层面的对立状态还没有消除的时候使用，对被调查人的刺激反应效果不佳，很多时候会被被调查人的对立情绪所吸收，起不到应有的作用。因为调查人员提供给被调查人的只是信息证据，而不是客观存在的证据，不能立即堵死被调查人的退路，所以在使用信息证据的时候应注意把握被调查人的认识变化时机；在把握信息证据使用的方法上，应多采取暗示的方法，尽量减少直接明示的方法。因为调查人员使用的所谓证据，并不是客观的直接证据，而是间接的信息证据成分，是尚未证实的证据，所以直接使用也是不可靠的。因此，此时调查人员出示这类证据，如果让被调查人感觉到出示的是虚假证据，被调查人就会认为调查人员并未获取证明自己违法犯罪的扎实证据，增强其侥幸心理。另外虚假证据的出示也会削弱被调查人对调查人员的信任程度，使“谈话”工作陷入僵局。因此，在“谈话”的过程中对信息证据使用的时机应当把握好。渎职侵权案件证据获取十分困难，对于已获取的部分违法犯罪证据信息应倍加珍惜，不宜随意抛出。使用证据应选择最佳时机，一经抛出，务求必破，尽可能让其发挥证据信息的最佳效能。

“谈话”中，适时地使用证据，不但能够迫使被“谈话”人交代罪行，而且还能够在其心理上造成其防御体系的混乱和动摇，改变其赖以抗拒的心理倾向。

一是在被“谈话”人对于是否如实供述犹豫不决时使用。归案后的被“谈话”人思想波动较大，对于是否供述其违法犯罪事实，往往处于思前想后、犹豫不决的状态中。这时，调查人员如果能够抓住被“谈话”人动摇不定的心理状态，及时使用证据信息，就能使被“谈话”人感到调查人员已经掌握了他的罪证，只有交代才是唯一的出路，从而堵住其退路，促使其向坦白的方面转化。

二是在被“谈话”人暴露马脚想极力掩盖时使用。当被调查人与违法犯罪有关的问题被揭露，或违法犯罪的马脚暴露时，便极力编造谎言，进行掩盖。此时调查人员及时出示有关的证据信息，便可以打掉其幻想，促使其放弃侥幸心理交代罪行。

三是被“谈话”人的供述顾此失彼、不能自圆其说时使用。被“谈话”人在畏罪心理支配下，不愿交代违法犯罪事实，而又想编造谎言应付调查人员，由于心绪紊乱，前后矛盾，不能自圆其说。此时调查人员若能及时使用证据信息，就能促使其如实供述违法犯罪事实。

四是被“谈话”人心存侥幸避重就轻时使用。有时被调查人虽然能够供述部分违法犯罪事实，但仍心存侥幸，避重就轻，企图以交代轻的罪行换取“好的认罪态度”，从而隐瞒重大违法犯罪事实。此时使用证据信息，能使被“谈话”人认识到，调查人员不但了解已供述的违法犯罪事实，而且已经掌握对其未供述的违法犯罪事实，只有全部供述才有出路。这里调查人员必须把握少量高质原则，尽可能以少量的证据信息获取被调查人高质量的供述。在“谈话”中注意把握对行为人“犯事”的情节分解。比如涉税渎职牵涉受贿行为，“某时某人在某地送钱给被调查人”这一证据信息，其内容可分解成“某时”“某人”“某地”“送钱”四个部分，向被调查人涉入。调查人员在运用证据时，可以这样问，“你是什么时间认识某人的?”这里有个前提，是“你认识某人”，“某人与你的第一次经济来往是什么时间?”这里的前提，是有经济往来，此后将经济往来与渎职行为相结合，形成渎职违法犯罪的因果关系。

五是针对被“谈话”人死顶硬扛，调查人员应当把握对抗的心理支点。有的被“谈话”人自恃有坚强的关系网，矢口否认有任何违法犯罪事实，有的还向调查人员大摆其“功劳”，遇到这种情况，调查人员应进行充分的准备，通过“阻止经验”转移当时的对抗的心理支点，找准被调查人的软肋，再进行证据信息的涉入，使被调查人措手不及，在客观的情景下放弃对抗。

三、从被调查人的侥幸心理矛盾入手

渎职侵权行为的被调查人通常认为自己没有贪污受贿、为公不犯法、有人情关系网的保护，但同时“犯事”的结果与自己的关系又可能令自己被判刑，这种矛盾心理夹杂着能否过关的心理侥幸，出现的抵触情绪十分明显。调查人员使用的方法和态度，既要化解对方的矛盾心态，又要破坏其心理侥幸。如针对矛盾的心态：“有些领导和同志们都在为你说情，来帮助你关心你，这是因为你的人品好，大家都愿意帮助你，可是你做的事情还需要你自己有足够的认识，别人是不能代替你认识的。”在进行思想教育时，调查人员态度严峻、表情严肃、有理有据有节、语义外柔内刚，力争句句切中要害，使被“谈话”人既在心理上感到压力和畏惧，同时又觉得合情合理，促其权衡利弊。在破坏对

方的心理侥幸时，应当封锁其心理退路，如“这件事已经出来了，后退是没有退路的，只能往前走，设法把它处理好，事实是回避不掉的，因为这件事与你的联系是密切的，你只能选择顺从法律，争取获得从轻的结果，这也是我们所希望的”。

在“谈话”活动中，被调查人常常只考虑如何应付眼前的“谈话”即当前利益，无暇顾及长远的利益，不能很好地处理供述与客观事实的关系，常常在调查人员正面攻击时不能如实供述，而只能急于编造谎言，导致顾此失彼产生矛盾。对这种矛盾的认识和把握，是调查人员识别谎言的重要条件。调查人员应当把握住被“谈话”人的供述与其他事实证据间的矛盾关系，通过对供述与供述之间、供述与证据之间的矛盾进行比较，找出矛盾点。调查人员对谎言的识别与破解的行为，不仅要能有效证明被调查人在说谎，而且还要能使被调查人明白调查人员已经把握了谎言和参照物，使被调查人自发地产生心理焦虑，导致自我的心理强制。因此在“谈话”中，若发现被“谈话”人作假供，调查人员要保持沉着冷静，不要急于驳斥，让其充分、明确地暴露矛盾，待时机成熟后，找准软肋一举拿下。

在通常情况下被调查人供述的软肋是供述事件的细节和关键情节，细节是谎言的天敌，在细节问题上，只要让其重复几遍，供述的矛盾就会暴露。在“谈话”谋略的运用方法上，为了直接证明被调查人的谎言，常常选择“导谎”的方法，设置一个谎言并且将这个谎言加入被调查人的谎言中进行发展，就能够充分暴露被调查人的谎言。“谈话”中的谎言识别力求环环相扣，相互衔接，调查人员应当不断调整谎言环节和内在的逻辑关系，将其推入谎言的圈套，使其自证谎言，迫使其交代违法犯罪事实；从相互间的矛盾入手促使谎言暴露。对于有多个被调查人的渎职案件，渎职违法犯罪行为暴露后，一般情况下他们会出现互相推诿的心理，随着“谈话”的深入，当被“谈话”人感到个人的切身利益和同伙利益难以兼顾时，为保护自身利益，便会抛弃同伙保全自己。因此，“谈话”要找准突破口，把握好离间的方法，根据被“谈话”人在共同违法犯罪中的地位、罪行轻重、个性特点以及和其他成员之间的矛盾等情况，涉入离间信息，然后根据其认罪态度选择对象，抓住薄弱环节，重点突破，促使其坦白，检举揭发同伙的违法犯罪事实。

四、把握“谈话”的对象、条件和方法

1. “谈话”对象是被调查人以及与案情有着重要关系的人。在一些渎职侵

权违法犯罪案件中，被调查人之间存在推卸责任的情况，更有甚者把自己的渎职行为嫁祸他人，混淆是非。因此，调查人员应当在收集大量证据的基础上再接触被调查人。

首先是相关的文件、规章制度以及能够证明被调查人主体资格及行为表现的书面材料，这些书证都是必须收集的。渎职违法犯罪是国家机关工作人员的职务违法犯罪，而执行权力的国家机关都有关于工作人员的职务和职责范围，这是确定违法犯罪主体资格的基本特征。

其次是证人证言收集。在渎职违法犯罪案件中，由于案件涉及范围广、环节多，细节难以发现，隐蔽性强，需要大量的知情人提供线索，因此证人证言显得尤为重要。一个案件的出现，会从不同的角度呈现与违法犯罪行为的关系，也会从不同的方面出现知情的证人。除检举人、控告人以外，还包括被调查人所在单位的领导、同事，与被调查人有业务来往的关系人和其他知情人，调查人员更应该从证人入手收集证据。

再次是现场勘查材料的提取，这是证明违法犯罪的重要依据。现场遗留下来的痕迹是违法犯罪因果关系的证明。因为在渎职违法犯罪案件中，违法犯罪现场主要是保留有违法犯罪行为结果的场所，现场有大量的痕迹物证，通过现场勘查，及时发现固定和提取与案件有关的痕迹物证，收集与案件有关的证据，是把握“谈话”主动性的有利条件。

最后是从被调查人本身的特点入手，把握“谈话”的主攻方向。渎职违法犯罪案件是特殊主体，具有一定的职务和文化，有较丰富的社会经验，案发后能够认识到自己的责任，对自己行为所造成的严重后果是清楚的。但是要这些人承认自己违法犯罪，还不是一件容易的事情，他总是要选择积极的对抗来维护自己的利益。因此，“谈话”中应仔细研究被调查人对抗的心理支点，多角度分析被调查人的心理特征，选择“攻其弱避其强”的策略，让被调查人只能选择供述认罪。针对案情趋于明朗，已有一定证据基础的案件，在直接“谈话”的情况下，应当把握被调查人在该案中参与的程度、所起作用以及与危害结果的关系，来提取违法犯罪证据。

“谈话”对象的核心问题的选择：被调查人的退路是“谈话”的核心。譬如：资源类渎职违法犯罪案件多为当为不为、怠于监管，被调查人不履行职责，甚至与黑矿主勾结，为其提供方便。导致国家资源被疯狂盗采，矿产资源被严重破坏，重大伤亡事故时有发生，在接受“谈话”时均采取否定自己玩忽职守的方法对抗调查。这是被调查人通常选择的退路。“谈话”人员针对这类被调查人的退路，通常采取被调查人的职责范围、工作任务、与黑矿主的私下交往（通话记录）等外围的关联信息，来证明被调查人的明知，以堵塞其退路。被调查人的退路的选择都是通过辩解表现出来的，“谈话”时应当注意捕捉。

2. “谈话”条件的利用。渎职违法犯罪案件是以国家财产的损失和人民生命安全遭到威胁的发生结果为条件的，因此物证可供提取的有利条件是被调查人职责范围的职务规定以及工作任务与案件发生结果的关系，这也是“谈话”的焦点。这里职权范围与案发结果的关系是必要的行为特征，被调查人总是以否定自己的行为关系来否定自己的渎职违法犯罪。被调查人之所以采用否定的方法，是因为被调查人有否定自己违法犯罪的条件。被调查人的否定条件是违法犯罪行为的隐蔽性，如果调查人员掌握了被调查人的否定条件，那么他就丧失了否定的意义，就会放弃对抗，供述违法犯罪事实。如果调查人员没有掌握他的否定条件，或者被调查人认为自己的对抗条件还没有丧失，其就会继续对抗下去。因此，寻找被调查人的否定条件，是让被调查人供述的重要途径。

在渎职违法犯罪案件中违法犯罪行为与危害结果之间的关系，是违法犯罪行为成立的重要条件，也是被调查人使用谎言来否定危害结果与自己的行为关系的重点，是“谈话”的重要目标。调查人员掌握的已知条件是危害结果的发生，即国家财产的损失和人民生命安全的剥夺，应充分利用渎职案件多有现场可供勘查的特点，获取危害结果的证据条件。仅有危害的结果，并不能证明被调查人有渎职的违法犯罪行为，这种违法犯罪行为是以违法犯罪结果的因果关系来确立的。被调查人的对抗条件和对抗目标，就是依据这种因果关系为支点展开的。调查人员的“谈话”技巧在很多的时候，正是依据这种危害结果来引出违法犯罪行为的因果关系，以达到证明违法犯罪行为的目的，最终使被调查人供述违法犯罪事实。

3. “谈话”方法的运用。渎职违法犯罪是因为危害结果的出现而被发现，这也是被调查人的认知基础和供述条件。危害结果的出现是客观事实，违法犯罪行为的作为与不作为是被调查人的心理事实，调查人员通过“谈话”的语言平台，帮助被调查人将危害结果的客观事实与违法犯罪行为的作为与不作为的心理事实进行确认产生心理证据。心理证据是被调查人供述认罪的重要条件，如果没有心理证据的产生，就不可能有被调查人的供述行为。因为被调查人的供述认罪是在自己的行为记忆的基础上产生的，如果没有违法犯罪的行为记忆，他就不可能做有罪的违法犯罪供述。例如，矿难事故正是因为被调查人没有履行安全监管的职责而导致的，那么在被调查人的记忆里，就存在没有履行职责的心理事实，这种矿难的危害结果与自己没有履行职责的心理事实的确认，就产生了心理证据。相反，虽然矿难事故发生了，但危害的结果与自己的职务行为没有任何关系，那么这里的危害结果的客观事实与被“谈话”人的心理事实就无法确认，就不能形成心理证据，也就不存在供述违法犯罪事实的问题了。因此危害结果与心理事实的确认，是“谈话”活动的重要途径，“结果谈话法”是这一“谈话”活动的重要手段。

“结果谈话法”即“谈话”时跨越设定的前提，直接攻击违法犯罪的目标和违法犯罪的行为结果的方法。如：“你为什么不履行你的职责？你当时知道了矿难的发生，为什么不在第一时间去现场？存放炸药的地方你为什么不去检查？对非法采矿的非法用电，为什么不按用电管理规定履行职务？”这种方法有两个目的：一是对被调查人心理状态的调查，掌握被调查人对“环节选择”的内容；二是能够发现特征因素的对抗反应，如果被调查人表现出否定或者反驳，应当立即阻止，维护以此而产生的确认的连续性。当被调查人说明自己没有履行职务行为的原因时，实际也确认了自己没有履行职务即渎职的原因，因为“谈话”的目的要的是渎职的行为（作为、不作为和乱作为），而不是渎职的原因，仅仅有渎职的原因是不能证明违法犯罪的，但是有了渎职的原因，渎职的行为也就出现了。

“结果谈话法”的基本原理，是认知误区的条件丧失的认知结果，因为危害结果是已知的，是稳定的客观事实，自己的渎职行为虽然是心理事实，同时也为调查人员已知，这是被调查人的认知条件产生的。当被调查人在接受“谈话”时，大多是处于被动的心理状态，由于被调查人对违法犯罪行为的情景记忆的存在，当他与“谈话”人员接触的时候，这种违法犯罪情景就会再现，通过“谈话”人员实施的危害结果与渎职行为的确认的信息刺激被激活以后，产生了心理压力，当这种心理压力达到一定的程度，就会自发选择降低压力的方法，有的选择对抗、狡辩来进行自我心理维护，达到降低心理压力的目的；有的选择供述、配合的方法，达到降低心理压力的目的，这就转化成了认罪、供述的心理动机。被调查人这两种方法选择的共同特点，仍然是处于被动的心理状态。如果“谈话”人员确认的外部信息刺激不能对被调查人的认知产生强制作用，或者外部信息刺激没有触及该违法犯罪行为的情景记忆，那么被调查人在接受“谈话”时的心理压力会逐渐减小趋向平稳，继续下去就会发生本质的变化，这时如果“谈话”人员不能改变被调查人的平稳的心理状态，被调查人就会利用谎言进行自我维护，转被动为主动，导致“谈话”活动失败。

“结果谈话法”主要是唤醒被调查人对违法犯罪行为的情景记忆，记忆痕迹比较稳定的阶段是违法犯罪行为的结果，任何违法犯罪行为必然有违法犯罪行为结果，违法犯罪行为的结果也反映了违法犯罪的行为目的。例如矿难事故，负有安全监管责任的人员，因为不履行安全监管责任，其不作为的行为是导致矿难发生的直接原因，因此矿难的结果证明了渎职行为。一旦矿难的结果发生，被调查人就会自然地与自己的渎职行为进行确认，这种确认的结果会清晰地留在被调查人的记忆里，一旦有类似的信息刺激，这种违法犯罪的情景就会在被调查人的脑海里再现，引起紧张、恐惧导致心理压力，当“谈话”人员直接接触被调查人违法犯罪行为结果时，违法犯罪的情景就会在被调查人的脑海里再现。

由于“谈话”人员的控制，被调查人必然要设法摆脱这种控制，进行本能的自我保护。被调查人的这一认知反应过程，需要一定的时间，且时间差较大。这是区别真正的违法犯罪行为人和无违法犯罪行为人的时间值，无违法犯罪行为人对其认知反应过程的时间较短，当“谈话”人员接触无违法犯罪行为人，让其回答违法犯罪行为结果时，他们会迅速作出否定的反应，时间差较小。这是区别被调查人是否有违法犯罪行为的基本方法之一。“谈话”人员通过这种方法确定被调查人有违法犯罪行为存在的时候，应当立即对被调查人的否定和辩解进行阻止，把他的认知限制在违法犯罪行为结果的范围内展开攻击，以此不断促使其心理压力最大化，向供述动机方面转化，达到供述违法犯罪事实的目的。

第二节　领导干部徇私舞弊类渎职违法犯罪案件的“谈话”技巧

案例

2010 年，纪检部门接群众举报，反映 M 市地方税务局党组成员王某于 2010 年 9 月利用与该市工贸集团公司经理俞其某的同学关系，在该公司被查出

“多列费用少算利润从而逃避应征税款”的行为时，出面协调该公司稽查补税事情，致使M市地税稽查局少征应征税款40万元的情况。在2002年前后，王某在任M市地税稽查局局长期间，俞其某为了和王某搞好关系，每年春节送给王某5000元，一共送了约4万元现金的情况。

（一）案例分析及初查计划

初查前的准备：

该案件的重点是两个目标，一是少征应征税款的渎职违法犯罪，二是为他人谋取利益收受贿赂的行为。

从该案提供的两个行为特征来看，首先要获取“少征应征税款”的基本材料，提取客观存在的违法犯罪证据。提取“少征应征税款”的材料应从两个方向获取：一是调取M市地税稽查局该案稽查卷宗的相关材料，二是工贸集团公司相关账目，以此来确定少征应征税款的准确数额，由税务部门重新稽查确定少征应征税款数额，并作出新的税务处理决定，固定少征税款事实并对该公司少征税款进行追缴，同时在有关的财务账目中寻找可能用于行贿的记录，查询地税稽查局稽查卷宗的相关材料，扩大少征应征税款的范围，达到深挖违法犯罪的目的。

其次是选定涉案人员进行初次“谈话”，选择获利的行贿人俞其某进行“谈话”，查清其是否为了少缴应征税款进行了行贿以及向哪些人行贿。同时传唤该公司的会计进行“谈话”，了解其公司逃避应征税款的情况和行贿情况。根据少征工贸集团公司税款的知情面和相应徇私情节，找出其他涉案责任人员，并对M市地税稽查局相关稽查人员进行“谈话”，了解在少征工贸公司税款一事上，王某是否存在指使稽查人员进行少征税款的行为，固定王某少征税款税额的证据。

最后是接触被举报人，重点查清其出面替工贸集团公司协调稽查补税，造成少征应征税款30万～40万元的情况背后是否存在受贿或其他徇私情节。突破后，对王某收受他人财物情况进行核实，调取相关书证，“谈话”相关证人。对该案中涉及的其他人员依法追究相关责任。

涉税渎职违法犯罪案件的常规“谈话”方法：涉税渎职行为是被调查人的主要心理支点，是对抗的心理基础，少征或者不征的行为通常与经济利益联系在一起，表现为渎职加受贿。被调查人对抗程度与上述行为的暴露程度联系在一起，暴露的程度越大，供述的动机就越强，反之对抗的行为就越强。通过对该案的分析来看，少征应征税款40万元的情况，通过查账便可以获取，这对被调查人来说是很难隐瞒的。由于这类案件的知情面比较大，只要某一个环节或者某一个知情点出了问题，就会引发全面暴露。另外，根据因果利益关系，受贿违法犯罪的内在联系的规律性，是突破心理支点的主要基础。所以在“谈话”方法的选择上可根据滥用职权或者徇私舞弊，找出矛盾的焦点进行心理强制。因为逻辑关系的呈现，能够将被调查人直接带进违法犯罪事实已经暴露的认知误区，被调查人在无路可退的情况下，会供述认罪。

（二）调查“谈话”过程

2011年1月10日，调查人员调取了M市地方税务局稽查局2010年9月至2010年12月对工贸（集团）有限公司2008年1月1日至2009年12月31日地方各税实现及缴纳情况的稽查卷宗记录发现：该公司账面有不应由该公司支付的贷款利息，少交该公司应缴的企业所得税的记录，账面2008年多支付利息40余万元，2009年多支付利息80余万元，共少计算该公司收益120余万元，应征收企业所得税40余万元。但稽查卷宗记录没有发现有追缴少交税款的记录。同时又对H省建业科工贸（集团）有限公司的财务账目进行核查发现，与地方税务局稽查卷宗的记录相吻合，并且有大量的礼金支出。

就在此案紧锣密鼓开局的时候，涉案人员也紧张地活动起来，相互串供订立攻守同盟，就在核查涉税材料的当天晚上，地税稽查局副局长朱某将3万元现金退给了工贸（集团）有限公司法人代表俞其某。

迅速传唤涉案人员事不宜迟，调查人员选择了纳税义务人为该案切入口，传唤工贸（集团）有限公司法人代表俞其某，同时传唤了M地税稽查局副局长朱某，“谈话”俞其某从2011年1月11日上午10时开始：

……

问：你知道我们今天找你来的目的吗？（因为已经查阅该公司的有关报税账目和税务稽查局的稽查卷宗）

答：我知道。

问：那你就谈谈吧！

答：大约是2010年9月份，M地税稽查局接到举报，来稽查我公司2008年、2009年两年的税款问题。杨某是带队查我们账目的，过了1个多月，我找到杨某，希望在稽查我公司的税款问题时，尽量将政策放得宽松一些，稽查的速度加快一点，我们企业比较困难，在处理的时候按照下限处理，不要按照上限处理，尽量给我们企业帮帮忙，给予我们照顾。

问：他为什么要照顾你呢？是你的礼金起作用了吧！（在该公司的财务账里发现了大量的礼金支出）

答：为此我送给杨某5万元现金，叫他帮忙打点，因为杨某是副局长，稽查结果肯定要局长审批，这里面有给局长董某的意思，至于杨某给董某多少，我就不清楚了。等到2010年12月，稽查处理决定下来之后，我又送给他4000元苏果购物卡。昨天晚上（2011年1月10日），你们查了稽查局的稽查记录和我们公司的税款账目，得知情况后杨某退给我3万元，说你把钱收好，董某被带走了，钱不能要了，我就把钱收下来了。4000元购物卡没退给我。我打算把杨某退给我的3万元退到检察院，争取从轻处理。

问：还有交往的过程……

答：在稽查过程中，我对我同学王某说过我们公司目前面临的困难，现在我们公司又被稽查，觉得陷入了困难。他是地税局纪检组组长，出于对我的关心，他主动给稽查局的相关领导打过招呼。每年春节我给他儿子500美元的压岁钱，和他没有不正当经济来往。

问：王某是怎么主动给稽查局的相关领导打过招呼的？

答：当时地税查账结束后，王某将我叫到局长董某的办公室，告诉我他们查账的初步结论。为了能够得到支持，我找到高秦镇领导，希望他们可以出面协调，同时我也送了5万元钱给杨某，后来，在税务处理决定下来之前，王某带着董某和杨某到我们公司找我“谈话”，王某只是对我说稽查局在我的事情上已经给了关照。之后杨某跟我说，建业集团的利息问题就算了，在税务处理决定中就不提了，罚款的标准也降到了最低，按照50%的标准罚款，还说他也只能这样照顾我们了。

问：谈谈你与王某的经济交往。

答：我与王某没有不正当的经济往来，因为我俩是同学，就是每年过年都是以给他家小孩子压岁钱的名义送500美元，前后一共给了9年，总计不到5000美元，确切说是4500美元。

问：你送给王某的美元的来源是哪儿？

答：是我们公司平时兑换的，因为业务的需要。

问：你给王某的美元你们公司的财务账上是否有记录？

答：有记录！但是没有具体的人名，财务的支出项目是业务费用支出，大部分都是礼金。

问：你们公司的财务账目我们已经提取了，有大量的业务费用的礼金支出，这些支出的具体去向？

答：主要用于开展业务的需要，工商、税务、地方政府还有外地的一些客户，也都送过一些礼金，具体的有记录。

问：你刚才不是说没有具体的记录吗？

答：不是大账上的记录（正规的账目），是小账记的（内部参考的账），是不对外的。

问：这个小账在哪里？

答：在财务科王会计那里。

问：你通知保管账的王会计把那个小账送来。

答：好。

……

（三）与被调查人的“谈话”

根据已经掌握的信息和调查情况，王某参与少征应征税40余万元和受贿情况已经显现。针对王某的“谈话”方法，要把握住对抗的心理支点，同学关系、帮助打招呼少征应征税款的存在，引入违法犯罪事实已经暴露的认知误区进行突破，然后再转入受贿问题。在突破举报所涉及的问题之后，注意深挖其他违法犯罪事实。

……

问：你把你的工作情况谈一谈。

答：我是1995年8月至2005年12月任M市地税局稽查局局长，2005年12月至今，任M市地税局党组成员、纪检组长。

问：我们今天找你的原因，你知道吗？

答：知道。

问：那你就自己说吧！

答：2010年，M市地税局稽查局稽查工贸集团公司纳税情况，该公司经理俞其某是我同学，平时私交较好，他找到我寻求帮忙，想少交些税款。在稽查局调取公司账目之后，我打电话给董某（M市地税局稽查局局长），说该公司目前面临一些困难，希望可以在稽查的时候给予照顾，董某当时答应帮忙。我对杨某也说了这事，杨某也答应帮忙。在该公司稽查结果出来时，董某打电话给我，说让杨某给我汇报一下。杨某到我办公室告诉我，说在企业成本计算方面给予了照顾，对一些不应由公司支付的利息和不合规的一些费用支出予以认可，这样就少算了一些企业所得税。公司有一笔贷款利息不应该算作财务费用支出，因为贷款虽然是公司贷出，但实际使用人不是该公司，利息支出应该由实际使用公司支付，但该利息在公司账上列支了，导致成本增加，少交了企业所得税。在稽查决定下达前，我带着董某和杨某一起到了公司，对经理俞其某说了一下大致的处理结果，俞其某应当知道已经少征他们公司的税款了，因为把不应列支的利息和相关成本支出予以认可，税收肯定就少收了。但是具体数额我记不清了。

问：你在任稽查局局长期间的不征、少征税款的情况？

答：我在担任M市地税局稽查局局长期间，没有不征、少征税款的情况。

问：不对！你在任稽查局局长期间不征、少征税款的情况可不是一两个单位！

答：……

问：都是明摆着的事，还需要考虑吗？

答：我在担任M市地税局稽查局局长期间，在对纳税人税收情况稽查时，确实有不征、少征税款的行为，也因此收受过他人给予我的财物。

问：通过什么样的方式照顾的？

答：照顾纳税人不征、少征税款主要有以下几种方式：一是减少稽查的年限，在稽查的时候，我有权决定稽查某纳税人一年、两年或三年的纳税情况，稽查年限越长纳税人可能补交的税款越多；二是只查处小的、表面的、税收政策严格规定的问题，其他问题避开不查，主要体现在减少稽查的涉税项目，或者少剔除费用，减少利润；三是不去稽查，我们并没有规定每年必须稽查某个纳税人，选案时不选某个纳税人本身就是照顾，有时有举报的时候也拖着不办；四是稽查后允许纳税人缓交税款。我照顾纳税人时第二种方式用得比较多。

问：具体地说你照顾了哪些企业？哪些老板给了好处？

答：韩文某是M市富荣纸业集团公司的老板，2002年前后，我在担任M市地税局稽查局局长期间，曾组织稽查富荣纸业集团公司的纳税情况，并在稽查时给予了该公司照顾。从稽查之后的那一年的春节起，直到2010年春节，韩文某每年都以拜年的名义送钱给我，我印象中第一笔是送给我1万元现金，之后每年都送给我5000元现金，他共送给我4万~5万元现金。韩文某送钱给我的意图是希望我在税收方面给予富荣纸业集团公司关照。

问：你给了他哪些照顾？

答：我给富荣纸业集团以下关照：一是当年在稽查的时候给照顾了；二是以后基本就没再去稽查。

问：还有！你继续说。

答：2002年前后，我决定对建才集团的纳税情况进行稽查。在稽查过程中该集团的董开某找到我，说自己厂子资金困难，要求我稽查时给予关照，少交些税款。稽查过后的那个春节，董开某送给我1万元现金表示感谢。以后的每年春节前，董开某都以拜年的名义送给我现金5000元，直到2010年春节就没有再送钱给我，总额是4.5万元。董开某送钱给我是感谢我，同时希望我在税收方面给予建才集团关照。

问：你给了他哪些照顾？

答：我给建才集团的关照：一是当时稽查时认可建才集团公司是亏损企业，而且在认定亏损额上也给予了照顾，具体方法上也是只稽查了小的涉税科目，没有深入去稽查；二是在那之后，我没有再把建才集团公司列入稽查对象。

问：你继续说！

答：2001年前后，我决定对荣华房地产开发公司的纳税情况进行稽查，在稽查过程中翟孙某找到我，希望我在稽查时对他的公司给予关照。在稽查后的那年春节前，翟孙某送给我2万元或3万元现金表示感谢，之后每年春节都以拜年的名义送给我5000元现金。2004年前后，翟孙某委托我送给市局稽查局局长张勇1万元现金。没过多久，张局长让任安乐副局长带给我一个信封，将1万元现金退还给了我。我没有把钱还给翟孙某，我自己留下了。

问：翟孙某送钱给你的目的？

答：翟孙某送钱给我，一是感谢我在稽查荣华房地产开发公司给予了关照，二是希望以后我不要再稽查该公司了。

问：你给了他哪些照顾？

答：我给荣华房地产开发公司以下关照：一是在稽查时减少了稽查科目，只查了些小的，不去深入稽查；二是在日常稽查工作中不再把荣华房地产开发公司列为稽查对象。

问：还有！

答：2002年前后，我当时任M市地税局稽查局局长，决定对美德集团纳税情况进行稽查。稽查过程中，该集团公司的李有某到我办公室谈他公司的情况，说他公司资金困难，要求我在稽查时给予关照，当时我口头答应了。临走时，他把我的办公桌抽屉打开，从他的包里拿出2万元现金扔到我抽屉里，然后他就离开了，我追了，没有追上他。之后有两三年的春节，李有某都安排他公司的会计送给我1000元或2000元，直到我离开稽查局。

问：你给了他哪些照顾?

答：我给予美德集团的关照，就是查了它一些金额小的涉税科目，其他就没有查了。

问：你继续讲!

答：大概在1997年前后，杨其某在搞房地产开发，送给我2万元现金，让我在地方税收方面给他些关照，让我不把他纳入稽查对象，我也确实没有安排稽查局去稽查他。

问：还有呢?

答：2007年年初至2010年，M创业电子的老总孙建某连续4年在春节期间以拜年的名义每年送给我5000元现金，共2万元。希望我在税收方面给他们公司关照。我是局领导，他在税收方面遇到难题的时候，我可以帮他做做工作，说说情。实际上到目前为止，他还没有找过我帮忙。

问：继续讲！还有！

答：2002年前后，我决定稽查新街镇章坡村玩具厂税收情况。该厂吴老板通过朋友介绍认识了我，请我给予该企业在税收方面一些关照。稽查结束后的那年春节前夕，送给我5000元现金表示感谢。2004年和2005年两个春节，也分别送给我5000元现金。我干纪检组长之后，就没有送了。

问：接着讲!

答：M市李铺镇米厂曹厂长于2004年、2005年连续两年在春节期间以拜年的名义分别送给我5000元现金。他给我送钱的目的是日常工作中，不要稽查他们，后来我也没有安排稽查局的人员对其进行稽查。

问：还有!

答：2002年前后，我决定稽查釜山乡的一家仪表厂。该厂老板金宝某找到我，请我在税收稽查中给予该厂一些关照，在稽查后的那年春节，给我5000元现金。2004年、2005年两个春节，也分别送给我5000元现金。我干纪检组长之后，就没有送了。

问：你给他提供了哪些帮助？

答：我在稽查过程中，对他们的账目是查小放大，没有严格执行税法的相关规定，深入稽查他的账目。

问：继续说！

答：我想不起来了，其他的就没有了。

问：那你就继续想！

答：……

该案调查终结以后，经依法调查查明的事实：

1. 徇私舞弊少征税款罪：王某在担任税务稽查局局长期间，对 11 名纳税业务人（企业）少征企业所得税 14298543.76 元。在担任 M 市地税稽查局局长和市地税局纪检组长期间，指使相关稽查人员董某、杨某对 H 省建业科工贸（集团）有限公司的账目上多列支的银行利息予以认可，少征 H 省建业科工贸（集团）有限公司企业所得税 290542.48 元。

2. 受贿罪：王某从 1995 年至案发担任 M 市地税稽查局局长和市地税局纪检组长期间，收受韩文某、董开某等 9 名行贿者现金总计 22 万元，据为己有。

注：该案的其他涉案人员另案处理。

第三节　资源类领导干部渎职违法犯罪案件的“谈话”技巧

一、资源类渎职违法犯罪的特点

资源类的渎职违法犯罪案件是指对从事林业、能源、生态、环境、矿山、土地、水利、城建、交通等资源，负有监管职责的人员，玩忽职守、滥用职权，导致国家和人民财产遭受重大损失的行为。如重大安全事故背后存在的玩忽职守、滥用职权等渎职违法犯罪。

（一）违法犯罪行为的法律规定

1. 滥用职权罪：指国家机关工作人员超越职权，违法决定、处理其无权决定、处理的事项，或者违反规定处理公务，致使公共财产、国家和人民利益遭受重大损失的行为。

2. 玩忽职守罪：指国家机关工作人员严重不负责任，不履行或者不认真履行职责，致使公共财产、国家和人民利益遭受重大损失的行为。

3. 徇私舞弊是渎职违法犯罪的更为严重的情节。因徇私舞弊而滥用职权或玩忽职守者，是情节恶劣的表现，是对因私违法犯罪的加重处罚行为。

（二）资源类渎职违法犯罪案件的初查方法

这类案件违法犯罪的主体大多是负有监管职责的国家机关工作人员，他们反调查能力强，善于隐瞒事实，避重就轻，掩盖责任。例如，煤矿安全责任事故发生后，被调查人很容易串供、潜逃或隐匿、毁灭重要证据，以掩盖违法犯罪事实。

资源类违法犯罪案件大多是以事立案即从事到人的调查行为。这类案件涉案范围广，涉及的人员较多，责任区分的难度大。被调查人在抗审时的谎言识别的难度大，证人证言以及被调查人的口供存在易变性，固定的难度大。

调查人员的心理准备：围绕渎职违法犯罪构成要件进行初查。应当重点查明行为人的主体资格，是否属于国家机关工作人员，其职责范围是什么，渎职行为的具体表现，违法犯罪动机，造成的危害后果，以及渎职行为与危害后果间的因果关系等。做好心理准备，拿出初查计划。

初查的重点是要把握住初查切入口的选择：从案发的因果关系入手、从违法犯罪痕迹入手、从复查原案或原行政行为入手等。对渎职违法犯罪案件常采取的是倒查法，从案件发生以后，倒查案发的原因：

1. 因果关系。从已经暴露的违法犯罪结果为起点，由果查因，先查明能造成该违法犯罪结果的职务行为，进而查明实施该职务行为的违法犯罪人。如滥用职权案件中，行为人滥用职权的行为必然要留下某些痕迹，如书面批示、会议记录、讲话录音或记录等。这些批示、记录、录音，就是证明渎职违法犯罪的直接证据。调查徇私枉法案件，其违法犯罪的构成是以案发的前因为前提。因此，调查前因才是查清因果关系的重要途径。再如利用报关偷税案件，提取报关的原始记录是徇私情的原因，以此导致的渎职的行为结果，是调查徇私枉法案件的必选途径。

2. 行为关系。指渎职违法犯罪行为在完成为违法犯罪成立条件的行为中的决策、组织、指挥等实施环节中的职权关系。各个行为参与人在违法犯罪中的地位、作用及应负的责任，构成违法犯罪要件的客观事实。行为事实的满足、行为特征与职务特征的关系，是案件的性质特征的证明，即失职还是违规？违的是什么规，失的是什么职，越的是什么权，负的是什么责。

3. 主观认识。主观方面有无故意或过失，行为是否非法，非法行为、危害后果以及二者之间的因果关系。被调查人的行为是本应该积极的作为，而表现的行为是消极的不作为，或本不应该作为而表现出积极的作为的行为。

4. 职责义务。履行了职责还是失职渎职？是单位行为还是个人行为？渎职违法犯罪案件往往涉案人员较多，领导责任与直接责任交织，主要责任与次要责任交织，决策责任与执行责任交织，甚至相互牵连，提取区分责任的证据是区分职责必须履行义务的重要手段。

5. 利益关系。渎职违法犯罪的两大基本特征，即一种是利益特征，表现为贪污、贿赂为前提。另一种是性格心理作风方面的特征，表现为不作为的玩忽职守和积极作为的滥用职权。

二、案例

（一）案件的起因与来源

2008年10月底，当国务院事故调查组走进中原卫县煤山煤矿这个在荒野中高墙包围、铁门紧闭的井口时，人们不敢相信就在80多天前的7月19日，这个矿井私藏的5吨炸药被意外引爆，造成了特别重大炸药燃烧事故。事发后，矿主张家某隐瞒不报、转移尸体、破坏现场、销毁证据、收买记者、高额赔偿遇难者家属。为了掩盖事故，矿主打通了诸多环节，致使卫县和张勋庄镇党政主要负责人和部分工作人员组织或参与瞒报，导致该矿难消息被封锁80多天。卫县煤山煤矿事故造成34人死亡、1人失踪，直接经济损失1924万元。目前已有48名事故责任人被移送司法机关依法追究刑事责任，其中包括7名处级干部、17名科级以下干部。卫县原县委书记张宝某被判处有期徒刑13年，原县长祁建某被判处有期徒刑14年，原副县长李家某被判处有期徒刑13年。

1. 矿难事故原因

初步调查分析表明，这是一起典型的非法组织生产，非法购买、存储与使用火工品，炸药自燃产生大量一氧化碳、氮氧化合物等有毒有害气体，导致矿工中毒窒息死亡事故。该事故充分暴露了卫县一些煤矿非法开采、生产秩序混乱、隐患丛生等严重问题，也反映了卫县隐患排查不深入、治理不彻底，政府及相关部门监管不到位、执法不严格、打击不得力、责任不落实等突出问题。

事故发生后，经过多方调查取证发现：该矿井是一个典型的无视国家法律法规，无视矿工生命，铤而走险，非法建设、非法生产，盗采国家煤炭资源的独眼井。生产条件原始、低下，井下采用大量牲口骡子运输。初步了解，至事故发生时共盗采煤炭资源约10万吨。

一位逃生者的证言：我是亲历这起特大安全生产事故的幸存者之一。2008年5月，我在重庆老乡谭某的联络下，来此当了矿工。我和妻子的宿舍被安排在距离矿井2里外的一片屋棚中。从矿井走向家门口的路上，需要经过养着数十头骡子的牲口圈——那里臭气熏天。

我刚上矿没几天，59头骡子在矿井里干活时被巷道内的废气毒死了。但这些牲口的死亡并没引起矿上任何人的惊诧和紧张，那是他们都麻木了。这里的矿工下井几乎没有带过自救器，有的人听都没听说过，放在他面前都不会用。矿工们也意识到危险，可现实的条件就是这样，矿上没几台自救器，给谁用呢？每次下井都是拼运气，当然与每月3600元的薪水相比，危险很容易被忘记。这里的煤矿工人中有80%为农民工，还有一部分处于流动状态，人员情况很难把握和固定，矿难发生后连一份完整的工人名单都没有，不知道矿井下到底有多少人被困。矿上时常有新人来，却不知道老工人何时离开。

矿上经常由于井下缺人手了，矿主就让矿工们去拉人来下井，刚来的矿工啥也不懂，下井的时候甚至还有人叼着烟。2008年7月19日那个早晨，我出门下井时，我的老乡老周还躺在被窝里。因为他的爱人回老家了，他要带孩子，要不然他也下井送命了。

矿工下井的第一班是从凌晨5点开始到下午4点结束，我当时在5号煤层干活。这是卫县分布最广、最有规律且煤质最好的煤层，距离地面约500米，从井口乘坐升降机，只需三四分钟就可到达这一层。在它的上面，依次还有7号煤层和9号煤层。矿工杨有某和另外几名矿工正在7号层里忙碌着。下井前，按照惯例，所有当班矿工都聚在矿部办公室里开安全生产例会，这基本是老生常谈。当天，一个名叫小鹏（音）的人负责登记下井人数。可是直到今天，这个人一直没有出现。

证人谭某的证言：大约上午10点，我接到矿上的电话。当我赶到矿部时，井口冒出的浓烟让我大惊失色。矿井里堆放的5吨炸药燃烧，产生的冲击波和烟雾覆盖了整个巷道。7号层有5个人都是我带过来的。人们都围在井口跑着、嚷着，但谁也不敢贸然下井。我向矿上救护队求援，但无济于事。没有人可以解释原因——矿主宁愿出事后用钱摆平一系列关系，也不愿完善救援设施。矿上也有救护队，但是所谓的救护队，也就七八个人，氧气筒也不够，只能轮番背着下去。下去的救援人员在浓烟弥漫的巷道里摸索了一阵，不得要领，很快上了地面。而当他们拿着氧气筒再次下井时，已经隐约能看到很多人死在逃生的路上。大约11点，隶属卫县煤矿管理局的又一队救援队员，背着专业设备来到现场。包括矿主张家某在内，大约有30个人在参与救援。后来，警察也来了。但此时，7号层和5号层里的人都没了声响，都死了。在这以后，张家某等人在尚未确定井下是否还有生存者的情况下，用炸药炸塌井口和井架，目的是制造假象，掩盖矿难事故。

2. 遇难矿工的遗体

矿难后的目击者证言：19日下午，矿工的家属们获悉了噩耗，跑向矿井，结果被拦在大铁门外。这个时候就有人不停地将尸体从井口抬出来，用油皮纸裹着，直接装进等候着的机动车，尸体被全部拉走了，具体尸体拉到哪里去了谁也不知道，只是看见矿难的家属都是哭着瘫坐在地上，手扒着铁门栏杆，她们要见丈夫，有一个人冲过来向她们直吼：“现在哪有时间让你看？明天领着骨灰回老家吧！”我们当时就想，这些矿难的遗体能够运到哪里去呢？哪里的火葬场能够在没有死亡证明的情况下火化尸体呢？这些问题矿主张家某已经作出了“应急方案”，同时联络好相邻的东元县和南灵县的殡仪馆——两地距卫县均在50公里左右，直接送火葬场火化遇难矿工尸体。异地处理尸体，是为了隐瞒死亡人数或减小事故的严重程度。这里的矿主在招收矿工的时候主要是从外地找，原因是发生矿难以后，本地矿工的尸体不好处理，同时这也是矿主不愿意招本地人下井的根本原因。

2008年7月19日中午，矿主张家某及其弟张展某、张发某，委托他人到东元县西城殡仪馆找殡仪馆的职工李甲和李乙联系火化尸体事宜，并告诉李甲和李乙没有死亡证明，李甲和李乙同意火化尸体并向殡仪馆馆长王某请示，王某也同意并安排李甲和李乙进行尸体火化；2008年7月21日开始陆续火化尸体，当日，李甲、李乙以没有死亡证明和相关手续为由让前来负责火化尸体事宜的张家某的代表马恒某去找馆长王某商量，马恒某找到王某说明情况后，将2000元人民币交给王某，王某同意继续火化尸体。在火化尸体过程中，李甲和李乙又以不想火化这么多尸体为由，再次让马恒某去找王某商谈火化事宜，马恒某又去找王某商谈并将1万元人民币交给王某。王某收下钱后，让李甲、李乙继续火化尸体。其间，李甲和李乙向马恒某提出火化尸体太累，想要点加班费，马恒某同意给1450元加班费。至2008年7月21日，马恒某共拉到殡仪馆矿难尸体29具，经李甲、李乙同意，一死者家属将死者尸体运走外，共计火化尸体28具，收取火化费78000元，王某将此款存入银行，未入财务账。李甲、李乙收“抬尸费”500元，收停尸费1200元均未入账。

2008年7月24日，以煤山煤监分局为首的事故调查组调查卫县煤山煤矿发生矿难的事情时，在王某的安排下，殡仪馆出具了没有火化从卫县送来的尸体假证明，使矿难事故得以继续隐瞒。

3. 巨款“摆平”死者家属

亲人的遇难有谁不是痛不欲生，矿难的家属聚集在那扇被铁门挡住的矿井门前，她们想要回自己的亲人，活要见人死要见尸……矿主张家某心里明白，这样下去对掩盖矿难是不利的，看到聚在铁门前的矿工家属越来越多，张家某决定把他们转移开，他找到了领班的包工头谭某，让他出面把这些人带走，因为遇难矿工有许多是他的老乡，即便不是老乡也是能够让其他遇难者信任的工友。谭某让家属们都跟着自己上了车，她们被拉到了卫县某宾馆。一时间原本空闲的宾馆一下爆满，楼层上挤满了人，矿主为了不让遇难家属相互交流，便将她们单独安排在每个房间。此后矿主张家某就逐个问矿难家属是否愿意私了，可是问来问去没有一个人愿意私了。在这种情况下矿主张家某便找来了一伙人分别跟矿难家属谈判。国家规定：每个矿工死亡后的赔偿数额是20万元。在谈判的时候张家某开价37万元，有的难说话的家属就把赔偿提到了40万元，最高的赔偿款达到了70万元。矿难发生后，为了打通各路关节，张家某的出资额达2000余万元。巨额的赔偿起到了封堵消息的作用。一家新闻媒体的记者来到遇难矿工梅德某家，采访矿难情况，根本看不出任何丧事的迹象，大门上也没有按照当地的风俗贴上白纸联子，更没有设立灵堂。对记者的到来，死者的家属表现出了极不友好的态度：“你走吧！我们要好好过日子。”记者再次来到另一位死者家里，死者的母亲否认自己的儿子遇难，只承认自己儿子在张家某的矿上干活，别的情况一概不知。

4. 瞒报矿难的官员和记者

矿难事发后的一天，北城《网络报》记者关某给卫县县委宣传部主管新闻宣传的副部长许继某，送来关于卫县煤山矿难的采访样稿，要求其核稿。许继某接到样稿后，让市煤监局局长胡巾某来其办公室看了样稿，胡巾某将这一情况电话告知了卫县副县长王凤某。7月29日，王凤某和卫县宣传部副部长高占某、卫县张勋庄镇书记许锦某三人来到市委宣传部找许继某。在看了《网络报》矿难报道的样稿后，王凤某就请求许继某出面，阻止记者报道卫县矿难，许继某答应帮忙。在接下来的几天里，许继某分别与《网络报》记者关某、总编陈某进行了联系，最终以在《网络报》做专版宣传广告为条件，换取对方不对卫县矿难进行报道。2008年8月1日，副部长许继某与卫县张勋庄镇煤炭调度办公室主任尹建某、卫县煤山煤矿矿主张发某的司机刘振某三人，一起乘坐刘振某的车到北城网络报社，许继某从刘振某手里共取出33万元，其中25万元交给网络报记者关某，用做专版宣传的广告费，余下8万元由许继某自己带回保管。

2008年8月上旬的一天，《海州日报》中原记者站站长李谢某到煤山后，和许继某说要到卫县采访。许继某将此情况告诉了卫县宣传部部长马德某，并说不排除采访卫县矿难的内容。马德某提出在煤山见李谢某，许继某予以安排，并要求马德某带些卫县土特产和现金来。马德某到卫县某宾馆见了李谢某，李谢某提出要去卫县采访矿难一事，马德某请求李谢某不要去卫县采访矿难，并将事先准备好的土特产及8万元现金送给李谢某。李谢某答应暂不到卫县去采访，但拒收马德某带来的土特产和现金。为确保李谢某不到卫县采访的事万无一失，许继某向马德某提出，通过订购《海州日报》来表达对李谢某不去卫县采访的谢意，马德某表示同意。8月中旬，许继某给马德某打电话说要订500份《海州日报》，需要15万元钱，马德某安排人将15万元送到许继某手中，客观上阻止了李谢某对卫县矿难事故的采访。许继某得知专案组对卫县矿难事故展开调查后。于2008年9月15日，将15万元交到市邮政发行分局，用于订报纸。2008年9月19日，市纪检委就卫县矿难一事找许继某“谈话”，许继某在去纪检委之前将自己从北城网络报社带回的那8万元，交到市邮政发行分局，用于订报纸。2008年9月20日，桥东区检察院告知市邮政发行分局局长徐翠某，许继某交到该局的订报款不能动。2008年9月27日，许继某在明知纪检部门不让动这笔钱的情况下，指使徐翠某将这笔钱订购了《网络报》和《海州日报》。

在矿难发生后的日子里，“嗅觉灵敏”的各路记者闻风而来，这已经是惯例了，他们似乎并非是冲着矿难事故的报道来的……说来奇怪，这里的矿主几乎每个人手上都有一份记者名单，每逢遇到事故，就依次红包打点，真假记者排队领红包。9月24日、25日，有23家媒体的28人登记领取“封口费”，矿主用于封口的费用达260万元。当他们领取“封口费”散去之后，有关矿难及死亡的真实人数便被隐瞒。

5. 矿难直接责任人——矿主

矿主张家某在当地人眼里是个“传奇人物”，他头上的光环四射：有卫县工商联副主席、全国劳动模范、卫县政协十届委员等，类似的荣誉和政治资本不胜枚举。再加上雄厚的资金，足以让他在这个不大的县城举足轻重，就连“傍大款”的“县太爷”也围着他点头哈腰。矿难发生的前一个月，正是奥运前夕，卫县全县私营煤矿都被要求停工歇业，但张家某的这座煤矿依旧运转，其间遭到县煤炭资源局的查处，理由是证照不齐，没有办理安全许可证、矿产资源证、生产许可证、营业执照、矿长证等相关证照。煤炭资源局的执法人员去贴封条时，张家某厉声说道：“你敢贴，我就敢扯下来！”僵持半天后，那位执法人员憋着一肚子火离开了。当晚，他去找县里一位主要领导汇报此事，结果等他到那位领导办公室时，张家某正坐在那里，并且表现得亲密无间，这位执法人员只得无奈而归。

张家某非法采矿除了一些相关人物的庇护外，还有自身的看家本领。为了逃脱关闭，他私刻公章、伪造协议，把非法开采的事故井混为国有的矿业公司的一部分，在国土资源管理部门的眼皮底下，把非法矿井变成了国有卫州矿业公司的主管分矿井。

6. 揭开矿难黑幕的人

一个死亡35人的特大矿难，竟然在数十天里被人为隐瞒而销声匿迹，这不能不说是一项“创举”。矿难被一层层乌云笼罩着，被巨额赔款堵住口的死难者的家属们，竟然麻木到了成为隐瞒的维护者。新闻工作者们在矿难中发了一笔小财，也扬长而去了。

一位云南的“正义”人开始踏上了举报之路，这位化名“正义”的举报人，在3年前曾经也是被骗到该煤矿的矿工，很多矿工也因此认识了他。卫县矿难后不久，身处云南的“正义”接到朋友的短信：“卫县煤矿中非法存储的炸药发生燃烧，但没有见到相关部门来处理，可能矿主瞒报。”消息来自一位在卫县打工的重庆朋友。

获得此次矿难的信息后，“正义”向卫县安监局举报，但得到的答复是不予受理。随后，他又不断向中原安监局举报，可是过了1个多月后，仍然没有消息。9月初起，“正义”向国家安监总局举报了此事，另外在数个知名论坛上发帖，详细叙述瞒报情况。

一位四川籍的夏老板，也加入了矿难的举报行列，他曾和张家某合伙开矿，后被张家某霸占矿产。“7·19”矿难发生后，夏老板开始向有关部门举报。还有一位神秘的举报人，就是那位死里逃生的矿工，他在井下发现了坑道里的毒气后，从相连的国有矿井逃了出来，随后开始了举报。

“7·19”矿难后，有关部门多次接到知情人的举报。国务院领导同志高度重视，作出重要批示，要求安监总局会同中原地方政府严肃查处，并对事故进行通报。相关部门成立了联合工作组，揭开了矿难的黑幕，此时距离矿难的发生已经过去了80多天。

（二）矿难事故的初查方法

1. 涉案的目标范围的确定。

（1）矿难责任事故，从煤矿开采的合法性来看，可以分为非法开采和合法开采。非法开采的矿山之所以能够被非法开采，其原因就是涉案的调查目标范围：①非法开采的土地使用权的来源，是合法取得还是非法转让？无论是合法取得还是非法转让，都应该对非法开采承担责任。如果是合法取得土地的使用权被用于非法采矿，那么土地的管理部门就存在着失察渎职现象；如果是非法转让的土地，那么原土地使用权人就有涉嫌非法转让土地的行为。②非法采矿是没有经过矿产资源管理部门的许可、没有经过法律的确认的非法行为，这种行为的出现，是负有监管责任的矿产资源管理部门的督察失职。如果采矿的行为是经过矿产资源管理部门的许可、是经过法律确认的合法行为，那么安监部门以及负有监管责任的单位，就应该履行安全生产督察管理义务，是否履行安监督察管理义务，是渎职违法犯罪构成与否的重要条件。

（2）非法开采的（条件原因）督察管理的渎职失控行为：①开矿需要的炸药、雷管的来源，是非法获得还是合法取得？因为炸药和雷管是严格管理和控制的物品，销售和运输需要经过特殊管理部门的许可，这些部门是否履行了监管义务，与非法开采有直接的因果关系；在炸药、雷管使用方面的监管责任，是负有炸药、雷管使用、保管安全督察责任的辖区公安部门的责任行为，因为炸药的保管不善导致的矿难事故，与督察责任有着密切的因果关系，是渎职违法犯罪的主要原因和条件。②非法开采需要使用电力资源，电力资源是非法开采的必要条件，电力部门的用电管理规定是以合法用电为前提的，非法矿井的用电处于电力脱管状态，供电部门对辖区内无证煤矿有着稽查责任，却不认真履行职责，导致非法用电，致使国家利益遭受重大损失。

（3）矿难直接原因的查明，采矿的安全措施是否认真履行，矿难发生的直接原因与安全生产的关系。

（4）矿难发生后被隐瞒的报告责任：①矿难事故的矿主的报告责任，矿难发生后该矿主是否在规定的时间内，向安监机关报告。②辖区内的公安部门是否得知矿难信息？在得知矿难信息后是否按照公安内部规定，在第一时间向有关领导汇报，组织民警保护现场，布置警戒，对现场进行调查访问，收集、保存证据。③负有安全监管责任的安监部门，在矿难发生后的责任履行是否到位？④矿难被隐瞒的其他相关责任人的行为，即故意帮助隐瞒、阻碍媒体报道或者不报道。再如，煤山市委宣传部副部长，在“7・19”矿难发生后，为了掩盖矿难，阻止媒体客观报道事实，其行为严重损害了国家机关的声誉，造成了恶劣的社会影响，根据《中华人民共和国刑法》第三百九十七条第一款和《最高人民检察院关于渎职侵权犯罪案件立案标准的规定》之规定，涉嫌滥用职权违法犯罪。同时还利用职务之便，非法收受他人财物，为他人谋取利益，涉嫌受贿违法犯罪。

根据《生产安全事故报告和调查处理条例》的规定，事故报告应当在事故发生后，事故现场有关人员应当立即向本单位负责人报告；单位负责人接到报告后，应当于1小时内向事故发生地县级以上人民政府安全生产监督管理部门和负有安全生产监督管理职责的有关部门报告。

情况紧急时，事故现场有关人员可以直接向事故发生地县级以上人民政府安全生产监督管理部门和负有安全生产监督管理职责的有关部门报告。

安全生产监督管理部门和负有安全生产监督管理职责的有关部门接到事故报告后，应当依照下列规定上报事故情况，并通知公安机关、劳动保障行政部门、工会和人民检察院：①特别重大事故、重大事故逐级上报至国务院安全生产监督管理部门和负有安全生产监督管理职责的有关部门。②较大事故逐级上报至省、自治区、直辖市人民政府安全生产监督管理部门和负有安全生产监督管理职责的有关部门。③一般事故上报至设区的市级人民政府安全生产监督管理部门和负有安全生产监督管理职责的有关部门。

安全生产监督管理部门和负有安全生产监督管理职责的有关部门依照前述规定上报事故情况，应当同时报告本级人民政府。国务院安全生产监督管理部门和负有安全生产监督管理职责的有关部门以及省级人民政府接到发生特别重大事故、重大事故的报告后，应当立即报告国务院。

必要时，安全生产监督管理部门和负有安全生产监督管理职责的有关部门可以越级上报事故情况。

安全生产监督管理部门和负有安全生产监督管理职责的有关部门逐级上报事故情况，每级上报的时间不得超过2小时。

报告事故应当包括下列内容：事故发生单位概况；事故发生的时间、地点以及事故现场情况；事故的简要经过；事故已经造成或者可能造成的伤亡人数（包括下落不明的人数）和初步估计的直接经济损失；已经采取的措施；其他应当报告的情况。

事故报告后出现新情况的，应当及时补报。自事故发生之日起30日内，事故造成的伤亡人数发生变化的，应当及时补报。道路交通事故、火灾事故自发生之日起7日内，事故造成的伤亡人数发生变化的，应当及时补报。

事故发生单位负责人接到事故报告后，应当立即启动事故相应应急预案，或者采取有效措施，组织抢救，防止事故扩大，减少人员伤亡和财产损失。

事故发生地有关地方人民政府、安全生产监督管理部门和负有安全生产监督管理职责的有关部门接到事故报告后，其负责人应当立即赶赴事故现场，组织事故救援。

事故发生后，有关单位和人员应当妥善保护事故现场以及相关证据，任何单位和个人不得破坏事故现场、毁灭相关证据。

因抢救人员、防止事故扩大以及疏通交通等原因，需要移动事故现场物件的，应当做出标志，绘制现场简图并做出书面记录，妥善保存现场重要痕迹、物证。

事故发生地公安机关根据事故的情况，对涉嫌违法犯罪的，应当依法立案调查，采取强制措施和调查措施。被调查人逃匿的，公安机关应当迅速追捕归案。

安全生产监督管理部门和负有安全生产监督管理职责的有关部门应当建立值班制度，并向社会公布值班电话，受理事故报告和举报。

（5）销毁矿难证据的相关行为，即对矿难尸体的处理、矿难现场的破坏；殡葬部门对尸体火化的程序规定是否认真履行。

2. 渎职违法犯罪的主要证据如何把握？

安全责任事故的证据范围：（1）事故原因的现场勘查资料，在勘查现场之前应当首先从事故的当事人或者事故的知情人那里，提取事故发生的时间、地点、经过等损害情况，确定事故现场的勘查范围和勘查顺序。（2）资料的收集，主要是收集事故发生单位的生产规章制度、安全生产责任制度、操作人员的行为规定、操作人员的安全和技能培训以及与事故有关的其他资料。（3）提取现场勘查的物证，提取的现场物证、录音录像、记录等材料时应注意固定问题。（4）证人证言，通过事故现场的人员，提取事故发生的经过和原因。（5）事故损失的计算，直接的经济损失包括三大部分，即人身伤亡后支出的费用、善后处理的费用、财产损失的价值。（6）技术鉴定意见，即具有国家资质的鉴定单位的鉴定意见。

事故原因的证据提取：（1）事故直接原因可以分为人的不安全行为和物的不安全状态。间接原因主要是，技术管理不到位或者是技术条件不正确，操作人员的培训、安全管理、身体和精神方面的原因，事故的行为人的当时身体状况和精神状态。（2）事故定性主要是提取事故的性质的证据，在证据的把握上应当注意分清是责任事故还是非责任事故，人力不可抗拒的因素导致的责任事故，应当视为非责任事故，那些具有可预见性、能够预防的事故为责任事故。（3）责任分析，根据事故的直接原因，提取直接责任人的行为证据，提取责任单位和责任人的渎职违法犯罪证据，确定领导责任、主要责任、重要责任。

案发后的责任人的反调查行为，增加了违法犯罪证据提取的难度，涉嫌渎职的被调查人，在案发后采取的避重就轻、推卸责任、隐瞒事实是反调查行为的基本特点。因此提取证据必须及时、全面，由于大多数渎职案件是视其违法犯罪后果是否严重而定性的，因而往往没有直接的被害人和相关物证，多凭言词证据定案，案件具有多变性和反复性。同时多数渎职案件没有可供勘查的违法犯罪现场，这就给调查“谈话”活动发现、收集各种物证，确定违法犯罪地点和场所增加了难度，因此应当注意及时收集其他相关证据，防止证据的灭失。再者收集证据必须全面、充分，有些案件提取的证据，看起来能证实违法犯罪，但经不起细致的推敲，渎职案件的责任是违反制度的责任，违反制度的行为必须是确实充分的，才能有效证明其渎职违法犯罪。

（三）“7·19”*矿难的初查实务*

矿难的结果是矿难所带来的损失，这种损失的重要特征是人的生命安全和国家财产的损失，矿难所造成的人员伤亡是安全事故的重要标志，也是衡量事故严重程度的基本条件。矿难发生和造成国家财产损失的因果关系也是证明渎职违法犯罪的基础。

1. 矿难被隐瞒的尸体的处理。调查人员根据矿难后尸体的去向，在火葬场提取了火化 28 具尸体的记录和殡葬费的记录、殡葬工的证言以及火葬场主要负责人的口供证明，核实了该火葬场违反国家的殡葬管理规定，滥用职权的违法犯罪行为。被调查人王某身为国家机关工作人员，为徇私利，伙同被调查人李甲、李乙违反国务院《殡葬管理条例》的规定，在明知没有死亡证明的情况下，未经请示上级领导，擅自火化死者尸体 28 具，且收取他人的“好处费”“抬尸费”“加班费”共计 13950 元，收到的 78000 元火化费及停尸费 1200 元不入财务账，在社会上造成极其恶劣的影响，其行为已触犯了《中华人民共和国刑法》第三百九十七条之规定，涉嫌滥用职权罪，该案移送司法机关惩处。

2. 非法采矿的非法用电问题，采矿的电力安装、使用均需要履行相关的手续，订立用电合同，调查人员在调查“谈话”活动中发现，卫县供电分公司制定了《无证煤矿稽查处理办法及管理制度》，明确供电所所长是本行政区域无证煤矿的第一责任人，要求供电所对辖区内无证煤矿进行稽查，但所长李新某不认真履行职责，未检查出煤山煤矿新立井非法用电情况，使没有正规采矿手续却非法用电三年多的非法矿井一直处于电力脱管状态，长期盗采国家煤炭资源，致使国家利益遭受重大损失。被调查人李新某，身为国有公司工作人员——供电所所长，工作严重不负责任，玩忽职守，对非法矿井长期非法用电情况检查不力，致使国家利益遭受重大损失。其行为已触犯《中华人民共和国刑法》第一百六十八条之规定，构成国有公司人员失职罪，依法应追究其刑事责任，该案移送司法机关惩处。

3. 造成非法采矿的土地使用权的来源，关键是提取“非法转让土地使用权”的相关证据。调查人员根据该矿土地使用权人大李村提供的土地使用合同，证明被调查人林某在担任大李村党支部书记期间，为了给村集体谋取利益，违反《中华人民共和国土地管理法》、国务院办公厅《关于严格执行有关农村集体建设用地法律和政策的通知》规定，将 34.45 亩耕地的使用权非法转让给张家某建新立井煤矿，长期盗采国家煤炭资源，造成 34.45 亩耕地的种植条件严重毁坏。其行为触犯了《中华人民共和国刑法》第二百二十八条之规定，涉嫌非法转让土地使用权罪，依法应当追究刑事责任，该案移送司法机关惩处。

4. 监察失职的行为。调查人员围绕是否明知新立井长期存在，制订了严密的“谈话”计划。执法大队大队长风宝某，在履行矿业秩序治理整顿的行为活动中，“以罚代管”，向张家某索要 1 万元，证明其明知煤山煤矿新立井长期存在。由此取得了违法犯罪的证据和口供：被调查人风宝某，现任卫县国土资源局纪检书记、卫县矿业秩序治理整顿联合执法大队大队长，对工作严重不负责任，不正确履行职责。违反《卫县矿业秩序治理整顿执法大队机构设置及职责任务》，明知煤山煤矿新立井长期存在，而没有依照职责及时认定其为非法煤矿，列入关闭取缔范围，将其予以关闭取缔，反而“以罚代管”，向张家某索要1万元，用于执法大队经费支出。导致该矿井不断进行非法生产，盗采国家矿产资源，直到“7·19”矿难事故发生，35名矿工遇难。该行为涉嫌玩忽职守罪，依法应当追究刑事责任，该案移送司法机关惩处。

5. 派出所所长的玩忽职守。调查人员通过矿难当天的电话记录、通话人的证人证言，以及矿难发生后矿主张家某的证言证实：作为张勋庄派出所当晚带班领导许发某，在多次通过不同渠道获取发生矿难的消息后，既没有按照公安内部规定在第一时间向有关领导汇报，也没有组织民警保护现场，布置警戒，更没有对现场进行调查访问、收集、保存证据，其行为严重违反了公安部《公安派出所执法执勤工作规范》第三十一条、第六十一条和卫县公安局卫公字〔2003〕7号《关于派出所规范化建设实施细则》及卫县公安局卫公字〔2006〕54号通知精神之规定，从而导致矿主破坏事故现场，影响了事故调查，造成了恶劣的社会影响。身为国家机关工作人员，由于其对工作严重不负责任，不认真履行其职责，造成恶劣的社会影响。其还利用职务上的便利，非法收受贿赂人民币1.5万元，其行为触犯《中华人民共和国刑法》第三百九十七条、第三百八十五条之规定，涉嫌构成玩忽职守罪、受贿罪，应追究其刑事责任。同时，其在负责对辖区内易爆物品监管中，严重不负责任，致使非法开采的新建矿使用非法购买的炸药开采矿山，且不进行炸药用量的核查，导致爆破后大量剩余炸药未能回库。造成35人死亡，1人受伤，直接经济损失1900万元以上的严重后果。其行为已涉嫌构成玩忽职守罪，该案移送司法机关惩处。

6. 安监核查失职。在“7·19”矿难发生后，调查人员在中原煤矿安全监察局煤山监察分局提取的证人证言：矿难发生后的第4天，即7月23日，监察二室主任张某根据煤山市煤监局副局长李某通知，参加以市煤监局事故调查室周家某为组长的卫县煤山煤炭开采有限公司事故核查组，并于该日参加了事故核查工作，在调查中，张某明知煤山煤炭开采有限公司有一新立井的情况，而未向核查组提出核查该新立井的意见，并且在调查中对相关人员否认该立井存在的证言也未提出异议，进而作出了“煤山煤炭有限公司无其他井口”的结论，并在失实的情况说明上签字，违反了国务院《生产安全事故报告和调查处理条例》第二十八条第一款之规定，从而导致延误了对“7·19”特别重大死亡事故的调查处理工作，使事故得以长时间瞒报，致使事故责任人没有得到及时打击，相关责任人没有及时得到处理，造成极其恶劣的社会影响。其行为已经触犯了《中华人民共和国刑法》第三百九十七条第一款之规定，构成玩忽职守罪，该案移送司法机关惩处。

7. 被调查人李宝某在代表煤山市总工会五次参加了由市煤监局牵头，组成的“7·19”事故举报核查组，其于2008年7月20日晚在新卫州宾馆接受副县长李家某人民币5000元后，在2008年7月23日至2008年8月17日期间，李宝某对两次举报人均提到的“煤山煤矿发生矿难，死亡30人以上”的信息，不加以分析，盲目听从带队组长安排，五次核查工作都没能发现事故相关线索，且每次都在核查报告上签字，延误了对“7·19”矿难事故处理工作，导致事故瞒报，造成了恶劣的社会影响，该案移送司法机关惩处。

被调查人周家某、李宝某身为国家机关工作人员，作为调查煤矿事故的核查组人员，没有严格按照《生产安全事故报告和调查处理条例》的相关规定履行职责，对核查工作存在严重疏漏，从而延误了对“7·19”事故的调查处理工作，造成恶劣的社会影响，其行为已触犯《中华人民共和国刑法》第三百九十七条第二款之规定，涉嫌玩忽职守罪，移送司法机关惩处。

8. 隐瞒矿难阻止媒体报道。被调查人李乙某系煤山市委宣传部副部长，“7·19”矿难发生后，为了掩盖矿难，阻止媒体客观报道事实，其行为严重损害了国家机关的声誉，造成了恶劣的社会影响。其行为已经触犯《中华人民共和国刑法》第三百九十七条第一款和《最高人民检察院关于渎职侵权违法犯罪案件立案标准的规定》之规定，涉嫌滥用职权违法犯罪。同时，其利用职务之便，非法收受他人财物，为他人谋取利益，涉嫌受贿违法犯罪，移送司法机关惩处。

第四节　领导干部滥用职权渎职违法犯罪案件的“谈话”技巧

案例

2012年1月，纪检部门接群众举报称：在吉安县新城区、工业园区建设征地的过程中，分别征用红桥村马庄组，七里村王某组、范某组，高郢社区大柳组，岱山村宋民组等处土地，吉安县林业局指派宋风某、杨金某对上述区域的树苗木进行评估。他们在履行树木的评估时，违反《吉城规划区征收集体土地上房屋搬迁补偿安置办法》和征地公告规定，滥用职权，明知周贵某、王叔某、郑祖某等人的树木是临时抢栽的，而且每平方尺的树苗的密度在五株以上，仍然违规予以评估，致使政府树苗木移植补偿款直接损失上百万元，请纪检部门严肃查处。

（一）案例分析及初查过程

调查人员经过外围调查，调取了吉安县新城区、工业园区建设征地拆迁指挥部的树苗木移植补偿款和新安镇财政所2011年苗木移植补偿款记账凭证，发现有9人被征地拆迁的土地面积与树苗木移植补偿的数量严重不符：（1）吉安县新安镇红桥村马庄组村民周贵某，获取树苗木移植补偿款224787.10元；（2）吉安县新安镇七里村范某组村民王叔某，获取树苗木移植补偿款127200元；（3）吉安县居民陶长某，获取树苗木移植补偿款76000元；（4）吉安县居民陈开某，获取树苗木移植补偿款49565元；（5）吉安县舜山镇林桥村村民郑祖某，获取树苗木移植补偿款100080元；（6）吉安县新安镇七里村村民王泰某、王延某等人获取树苗木移植补偿款140142元；（7）吉安县新安镇七里村范某组村民刘贯某，获取树苗木移植补偿款56546元。以上的树苗木移植补偿的数量与实际土地的拆迁面积严重不符。

调查人员传唤了马庄组村民周贵某，周贵某陈述：自己在吉安政府新城区、县工业园区征地过程中，曾抢栽过树木，先后在红桥村马庄组、岱山村宋民组和七里村组都抢栽过，后来都得到了补偿。2011年1月，在政府征用马庄组土地时，我看到马庄组其他村民纷纷在承包地里栽树木，为了得到政府树木移植补偿款，花了6万余元从新安镇黄坝村黄主任家买了2000多棵女贞、近800棵桂花；花了3.67万元从胜利组高学某家买了七八百棵小桂花树、八九百棵香樟树、1500棵小女贞树，抢栽近5亩的农田。当月，县林业局宋风某和新镇陶星某就带人来数树了，没过多长时间补偿款就下来了，一共补给我14万多元。我拿到马庄组树木补偿款后，得知政府要征用岱山村宋民组土地，为了骗取国家树木移植补偿款，我和马庄组村民王江某合伙到宋民组租了村民凡小某和朱汉某家的农田，花了近2万元从长旺组汤某家买了桂花树、女贞树，花了2万元从水口甲埂刘泽某家买了香樟树、女贞树抢栽。没几天，上面就派人来数树木补偿了，是宋风某和陶星某带人来数的，数完之后没多久补偿款就发下来了，补给我们8万多元，付给凡小某和朱汉某二人26000元，剩下的钱除了支付树苗款、人工费和运费，我们还赔了。当时我们是第一个到宋民组抢栽树的，后来又有不少人去抢栽，其中有王泰某。2011年4月初，我独自租了七里村小七里组镇上五保户家的院子，经陶星某介绍，花了9000元从光荣村高岗组村民组长姚宜某家买了不到300棵广玉兰，抢栽在小七里组。后来经陶星某和宋风某评估，补给我1万多元。

调查人员向其出示新安镇财政所2011年4月第58册37JHJ记账凭证，2011年新城区征用马庄组土地青苗、树木补偿领款表，经辨认……周贵某称：在马庄组我抢栽了1649棵桂花、2776棵香樟树、2496棵女贞等树，获得140151元的补偿，数额还数多了一些。为了骗取政府补偿，还到西外环租了两三亩土地，除了死树外都被我移植到西外环了，目前还没有得到补偿。

调查人员再次向其出示新安镇财政所2011年8月第105册23JHJ－24JHJ记账凭证，及记录新安镇岱山村宋民组青苗树木补偿款领款花名册。经辨认，周贵某称：在宋民组抢栽的3578棵女贞等树木得了846361元，比实际数额多。在宋民组抢栽的树获得补偿后全部被王江某拉回来栽在自家农田，打算再次骗取补偿，目前还没有被政府征用。

调查人员又向其出示2011年6月29日吉安县工业园区征用七里村民组土地树木、苗木补偿意见表，经辨认，周贵某称：我的户名是自己在七里村领的补偿款，共补10417.2元。其中抢栽的218棵广玉兰得到9810元补偿款，得到补偿后七里村的树枯死掉了。在此过程中，曾给县林业局负责树木移植补偿的负责人宋风某和新安镇林业站长陶星某送过钱。具体详述经过：2011年1月，陶星某来马庄数过树后，因为我不清楚林业局是怎么评估补偿的，担心抢栽的树不给补偿。有一天晚上，我带了1万元来到陶星某家，请他帮忙给林业局的人打招呼，对我家的树木补偿照顾一下，当时陶星某同意，临走时，我把事先准备好的1万元钱丢在他家的沙发上，陶星某客气了一下就收下了。送过钱后的一两天，为马庄组树木补偿款的事，有天晚上找到宋风某，又送给宋风某5000元，请他在树木评估上帮忙，他收下也答应帮忙。2011年3月份，在宋风某、陶星某对我在宋某抢栽的树数过数之后，为了在树木补偿上得到陶星某和宋风某关照，有一天晚上，我到陶星某家送给他1万元，他收下，并答应协调关系，接着我又到宋风某家送给宋5000元，请他在评估时关照帮忙，宋收下钱也答应帮忙。因为自己在小七里村抢栽的树比较少就没有再送钱物了。另外，今年政府征用马庄组土地时，王江某曾在自家农田栽的老树，又新栽了1000多棵，为在补偿时得到陶星某等人的关照，我陪同他给陶星某家送了5000元，当时陶客气了一下就收下了，也答应帮忙。之所以送钱是因为他们是负责评估补偿的，树木明显是新栽的，而且种植密度很大，他们能够看得出来，在清点后我就去给他们送钱，他们知道是抢栽的，在得到政府补偿款后立即把抢栽的树移植到别的地方抢栽，准备再次得到政府补偿。扣除树苗款、人工款、运费等和分给农户和合伙人的，实际获利3万多元。我认识到这种行为违法，我愿意把骗取的补偿款全部退出来。对于所送的25000元不知道陶星某是如何处理的，但在今年县公安局查处刘泽某等人突击栽树一事后，陶星某害怕出事，把我和王江某送给他的25000元交给我女儿周晓某还给了我，今年陶星某被纪检部门查处后，宋风某担心自己出事，把我送给他的10000元也退还给了我。

（二）与被调查人“谈话”

2012年2月10日，调查人员传唤了宋风某。

问：把你的简历和工作情况说一下。

答：（自述简历）……

问：你的工作职责是什么？

答：我在吉安县林业局森防站任站长，主要负责吉安县林木的检疫、病虫害防治工作。从2004年起至今，吉安县林业局指派我从事吉安县征地的树苗木评估工作。工作职责主要是根据公告的征地方案，对相关地块在征地公告前栽种的树苗木进行数量清点、规格确认并合理进行估价，出具书面评估意见作为政府支付树苗木移植补偿的依据。

问：你说说补偿的流程。

答：我和杨金某负责记录被征地树苗木种植户的户主姓名、树苗木品种、数量、规格等工作，清点完并记录好，回单位后根据我和杨金某两人制作的树苗木补偿评估价格表，计算应当补偿给被征地树苗木种植户的补偿款，并制作树苗木补偿评估意见后，加盖林业局公章，将该补偿评估意见交给相应的乡镇，由相应的乡镇按照补偿评估书支付补偿。

问：把你在从事树苗木评估工作期间存在的违规违法行为说一说。

答：我有什么违法行为？

问：你不要心存侥幸！在这个问题上你是没有退路的！

答：(不语)……

问：明摆着的事情，不是你能够否定掉的！

答：(不语)……

问：我们为什么不找别人而单单找你呢？你认为能隐瞒过去吗？

答：(不语)……

问：想不想说？

答：……

问：想不想说！

答：……

问：这点事都不敢承认？

答：不是不敢承认。

问：那是什么？

答：(不语)……

问：是不是需要等时间？

答：(不语)……

问：我是问你在从事树苗木补偿评估工作期间有哪些违法的行为？

答：(不语)……

问：先说说你在树苗木补偿评估方面的违规行为。

答：有违法行为，对有些抢栽抢种的树苗木违规确认，还有评估时在数量、规格上给予照顾，让他们多得到补偿。在树苗木评估时，我通过对抢栽抢种的树苗木予以确认进行评估、虚增树苗木数量、提高树苗木的规格。我一般就是按照上述方法给予照顾。

问：对于公告后抢栽抢种的树苗木你是怎么确认的？

答：一是走访调查；二是有时候亲眼看到抢栽抢种的；三是看苗木种植新

鲜度和密度，抢栽抢种的树苗木远远超出正常的栽植密度，根本不利于苗木生长，只有为骗取政府移植补偿的，才会这样栽植。

问：那为什么明知公告后抢栽抢种的树苗木不予以补偿，你为什么还要确认给予补偿？

答：收受了一些人送给我的财物。

问：收了哪些人的财物？

答：我先后收受了郑祖某所送的86000元现金，并在评估时给予他照顾。

问：具体说一说。

答：第一次是2004年前后，吉安县工业园区准备征地，地点就是现在的工业园区大楼，郑祖某在该地块栽种有树苗木。为了能够多获得树苗木移植补偿款，在树苗木补偿评估期间，郑祖某和小七里组的张友某到我家送给我6000元现金；第二次是2007年前后，吉安县工业园区大楼西侧一地块准备征地，郑祖某在该地块栽种有树苗木，为了能在树苗木数量和规格方面得到我的关照从而多获得树苗木移植补偿款，在树苗木补偿评估期间，郑祖某到我家送给我10000元现金；第三次是2008年前后，吉安县工业园区大楼西南侧的一地块准备征地，郑祖某在该地块栽种有树苗木，为了能在树苗木数量和规格方面得到我的关照从而多获得树苗木移植补偿款，在树苗木补偿评估期间，郑祖某到我家送给我10000元现金；第四次是2009年前后，来水公路东侧一地块准备征地，郑祖某在该地块栽种有树苗木，为了能够在树苗木数量和规格方面得到我的关照从而多获得树苗木移植补偿款，在树苗木补偿评估期间，郑祖某到我家送给我10000元现金；第五次大概是在2010年中，吉安县新安镇七里村的双陈、小七里村民组征地，郑祖某在双陈、小七里组地块上栽种有苗木，为了能够在树苗木数量和规格方面得到我的关照从而多获得树苗木移植补偿款，郑祖某到我家送给我20000元现金；第六次大概是在2011年年初，吉安县新安镇七里村付庄、王某等组部分土地准备征地，郑祖某在付庄、王某组土地上栽种有树苗木，为了能够让我对其部分土地上抢栽抢种的树苗木予以确认补偿以及在树苗木数量和规格方面得到我的关照从而多获得树苗木移植补偿款，在树苗木补偿评估期间，郑祖某到我家送给我20000元现金；第七次大概是在2011年4月，七里村王某组村庄周边土地准备征地，郑祖某在该地块抢栽抢种了4亩多地的广玉兰等苗木，为了让我能够对其违规抢栽的树苗予以确认补偿，在该地块补偿评估期间，郑祖某到我家送给我10000元现金。前五次我对郑祖某栽种的树苗木在数量和规格方面给予了照顾，使他多获得树苗木移植补偿款。后两次我对郑祖某部分土地上抢栽抢种的苗木予以确认，给予评估，在数量和规格上也照顾了，使他顺利地获得了树苗木移植补偿款。

问：还有，继续说！

答：收受郑祖某的就这么多。

问：这么多是多少？

答：一共86000元现金。

问：这些钱都作什么用了？

答：我还了一部分给他。

问：怎么还的？

答：在去年5月左右，因部分树贩子在吉安县抢栽抢种树苗木违规骗取树苗木移植补偿款的事情被公安机关查处，我担心受到牵连，就退给郑祖某30000元现金。后来公安机关又将树贩子予以释放，郑祖某在2011年7、8月在我家门口又把30000元现金送给我，当时我就又把这30000元现金收下来了。前不久陶星某被查处，我把郑祖某约到我家门口，在车上我又把这30000元退给了他。

问：他给你86000元为什么只退给30000元？

答：在王某、付庄组征地过程中抢栽抢种树苗木的现象比较普遍，当时公安机关打击的重点，也就是在这两处土地上违规栽种树苗木，骗取树苗木移植补偿款的行为。郑祖某在付庄组土地上栽种的树苗木不少，都是在征地公告后抢栽抢种的，在王某组村庄周边土地上栽种的4亩多树苗木，也是在征地公告后抢栽抢种的，为了这两处土地上树苗木补偿的事情，郑祖某共送给我30000元现金。所以我就只退给他30000元。

问：86000元还剩56000元干什么用了？

答：平时用，还有存在银行了（在工行卡上）。

问：继续说还收了谁的钱？

答：我还收受过郑祖某姐姐郑旭某的30000元现金。第一次是2010年，吉安县新安镇双陈组征地，郑旭某在该地块栽种有树苗木、在树苗木补偿评估期间，郑旭某到我家送给我10000元现金，希望在评估时能够在苗木数量和规格方面得到我的照顾，后来我给负责具体清点工作的陶星某打了招呼，让他在清点树苗木数量和规格确认时给予照顾；第二次是2011年春，吉安县新安镇七里村王某、瓜塘组部分土地准备征地，郑旭某在该地块栽种有树苗木，为了使我能够对其部分土地上抢栽抢种的树苗木予以确认补偿，以及在树苗木数量和规格确认方面给予关照，郑旭某和其丈夫汪德某到我家送给我20000元现金。郑旭某在王某、瓜塘组土地上，栽种的树苗木，大部分是抢栽抢种的，其抢栽抢种获得的树苗木移植补偿数额，应该占到她全部补偿金额的70%。

问：收郑旭某的30000元钱是怎么处理的？

答：收受郑旭某的30000元钱没有退，我存起来了。

问：还有？继续讲！

答：我还先后几次收受陶星某的钱，总共是19000元现金和价值1000元白云购物卡，这些钱物都是一些被征地块树苗木种植户委托陶星某送给我的：第一次是2010年，水口镇的刘泽某在七里村范某组土地上栽种的树苗木，因征地涉及补偿，杨金某和宋长某对刘泽某家的树苗木进行了清点，我参与了估价。树苗木移植补偿款发放后，陶星某到我办公室送给我2000元现金，并对我说钱是刘泽某给的，感谢我给予了照顾，这2000元钱我收下了。第二次大概是在2011年初，王某、付庄组征地，刘泽某抢栽抢种了不少树苗木，杨金某和宋鹤某对刘泽某家的树苗木进行了清点，我参与了估价。获得树苗木移植补偿后，陶星某到我办公室送给我5000元现金，对我说钱是刘泽某给的，感谢我给予了照顾，我将这5000元钱收下了。第三次是2011年1月份左右，吉安大道建设需要征用红桥村马庄组的土地，周贵某在该地块栽种有桂花树。我和陶星某在清点周贵某家的树木时，发现他家的桂花树都是抢栽抢种的，并且种植得非常密，人进去清点非常不方便，我们按照第一行的棵数乘上行数来清点的数目。在清点完后，陶星某到我办公室送给我2000元现金，并对我说这钱是周贵某让他送的，请我在对周贵某家的树苗木补偿评估时给予关照。后来在评估时，我将周贵某家抢栽抢种的桂花树都予以了确认补偿，并且在树苗木规格和高度上都给予照顾。第四次是2011年春，岱山村宋民组的土地因县西外环路建设要征用，周贵某在该地块栽种有树苗木，我和陶星某在清点树木时发现他家正在抢栽树苗木。周贵某家的树苗木清点完后，陶星某去我办公室送给我2000元现金，并对我说这钱是周贵某送的，请我帮忙照顾一下，我当时就将这2000元收下了，后来我将周贵某家抢栽抢种的树苗木全部予以确认并让他获得了补偿。第五次大概是在2011年年初，高岗组土地上准备征地，高岗组村民刘志某在该地块栽植有树苗木，陶星某和杨金某对刘志某家的树苗木进行了清点，我参与了估价。清点完后，陶星某到办公室送给我2000元现金，并对我说这钱是刘志某的，刘志某家的香樟树是和他合栽的老树，请我在评估时关照下。后来，我将刘志某的部分树苗木的规格提高了，陶星某又到我办公室送给我1000元购物卡，说是感谢我在树苗木补偿评估时，对他和刘志某的照顾。第六次是2010年，吉安大道建设征用高郢组的土地，高郢组的潘风某在该地块栽种有香樟等老树苗木，是我进行评估的。一天，陶星某到我办公室送给我2000元现金，并对我说这2000元钱是潘风某送给我的，潘风某希望我在补偿评估时对其栽种的树苗木给予照顾。我将这2000元钱收下了，后来，我将潘风某家香樟树的规格提高了，使他多获得了一些树苗木移植补偿款。第七次是2010年，我和陶星某对长旺组张荣某家土地上栽种的老桂花树进行清点评估，在评估之后，陶星某到我办公室送给我2000元现金，并对我说这2000元是他的邻居张荣某送给我的，希望我在评估补偿时能够对张荣某照顾一下，我推辞了一下还是把2000元收下了。在张荣某家树木补偿时，我将他家的部分桂花树的规格提高了，使张荣某多获得了树苗木移植补偿款。第八次大概是在2011年初，付庄组刘文某家土地上栽种的树苗木也在征地范围内，陶星某和杨金某对刘文某家的树木进行了清点，我参与了估价，陶星某在我办公室送给我2000元现金，请我给予照顾。刘泽某抢栽抢种的树苗木总计获得多少树苗木移植补偿款，我记不清了，具体要查阅树苗木移植补偿评估价格表。周贵某在洪桥村马庄组和岱山村宋某村民组，抢栽抢种的树苗木，具体获得树苗木移植补偿款也记不清了，要查阅树苗补偿评估价格表，其他几户是不是抢栽抢种的树苗木确实记不清了，要查阅树苗木移植补偿评估价格表。

问：你收的钱是怎么处理的?

答：陶星某经手送给我的钱在今年五六月，因部分树贩子在吉安县抢栽抢种树苗木，违规骗取树苗木移植补偿的事情被公安机关查处，我担心受到牵连，就和杨金某、陶星某在傅四土菜馆一起吃饭、商量，让陶星某自己算账，把他经手送给我们的钱退回去，陶星某说经手送给我13000元，我便退了13000元给他，杨金某好像退了15000元。

问：还有，继续讲?

答：我还收了刘汉某15000元现金和价值2000元的购物卡。

问：刘汉某是什么人?

答：是新安镇七里村村民委员会副主任，在新安镇七里村付庄组土地征地中代表七里村村委会配合我们苗木评估小组的工作。

问：具体经过。

答：第一次收刘汉某的钱，大概是在2011年1月，吉安县新安镇七里村范某组征地，刘汉某在树苗木补偿评估期间找到我，为一个农户（姓名记不清了）说情，让我在他家后院抢栽抢种的树苗木评估上给予照顾。苗木补偿款下来之后，刘汉某和那个农户在一天傍晚一起到我家送给我6000元现金。第二次大概是在2011年初，吉安县新安镇七里村征地，在树苗木评估期间，刘汉某找到我，希望评估时能够在某农户（姓名记不清了）栽种的树苗木数量和规格确认方面给予照顾，苗木移植补偿款下来后，刘汉某送给我5000元现金。第三次大概是在2011年初，七里村宋民组征地，王泰某在该地块抢栽抢种了葡萄和女贞，他是刘汉某的妹婿，刘汉某出面找到我，希望我能够把王泰某抢栽抢种的树苗木予以清点确认，估价时也照顾一些，送给我3000元现金，钱我收下了，事情也照办了。第四次大概是在2011年9月份，吉安县新安镇七里村长旺组征地，在树苗木补偿评估期间，七里村妇女主任（姓名记不清了）让刘汉某找我，希望评估时在树苗木数量和规格确认方面让我给予其照顾。2011年10月份左右，树苗木补偿款下来之后，刘汉某在我的办公室送给我2000元购物卡。第五次是在2011年10月底，因为七里村阮湖组征地，刘汉某家有树苗木要补偿，他找到我送给我1000元现金，请我在评估时给予照顾。我收钱后都实际给予刘汉某帮助和照顾。2011年12月4日晚，我知道陶星某被调查了，刘汉某、杨金某和我一起到吉安县一处大排档吃饭，吃完饭后我退给刘汉某2000元钱，我告诉他把七里村妇女主任所送的购物卡钱退还给他，当时我身上没装多少钱，所以只退了这2000元给他。当时抱着侥幸的心理，如被查处时推辞就可以了，所以没有全部退还。

问：委托刘汉某送6000元钱给你的农户，抢栽抢种树苗木总计获得多少树苗木移植补偿款？

答：具体数额我记不清了。

问：委托刘汉某送5000元钱给你的农户，在被征地块栽种的树苗木是不是抢栽抢种的？

答：具体情况我确实记不清了。

问：除经陶星某的手送钱给你之外，还有其他人送的钱！

答：新安镇洪桥村村民周贵某还分两笔亲手送给我共10000元现金。第一次大概是在2010年底，新安镇洪桥村马庄组土地准备征地，在树苗木补偿评估期间，周贵某找到陶星某，让陶星某给我打招呼，希望评估时能够在苗木数量和规格确认方面得到照顾，评估过后的一天晚上，周贵某到我家送给我5000元现金。第二次大概是在2011年春天，新安镇岱山村宋民组准备征地，在树苗木补偿评估之前，周贵某到我家，说他在该地块栽种的树苗木要进行评估了，希望我在评估时能够为其在苗木数量和规格确认方面予以照顾，并送给我5000元现金，我收钱后给了周贵某帮助和照顾。周贵某在这两处都是抢栽抢种的树苗木，我都予以确认，并且在树苗木数量和规格确认上给予照顾，使他多获得了树苗木移植补偿款。

问：周贵某在马庄组和宋民组抢栽抢种的树苗木共获得多少补偿款?

答：具体总数额我记不清了，要查阅树苗木移植补偿评估价格表。

问：收受周贵某的10000元钱是怎么处理的?

答：收受周贵某的10000元钱已经退给他了。在2011年12月初的一天中午，我知道陶星某被调查了，我打电话给周贵某，是他女儿接的电话，我就让他女儿到吉安永阳农贸市场，我在华联超市门口等她，在那里我将10000元退给了他女儿，让他女儿转交给周贵某，他女儿当时收下了。

问：你怎么知道她是周贵某的女儿?

答：退钱时我约她到农贸市场门口后，我问她是不是姓周，她说是的，我说你把10000元拿回去给你爸爸，她说现在这么紧张啊，我说是的，便各自离开了。

问：继续讲?

答：我还收受过韩玖某15000元现金。

问：韩玖某是什么人?

答：韩玖某是吉安县新安镇七里村付庄组村民，主要做农机配件生意。我是通过我女儿宋雅某认识的，韩玖某以前是在苏欣农机公司从事农机销售的，我女儿在该公司当会计。

问：具体经过?

答：大概在2011年1月，新安镇七里村付庄组土地准备征地，韩玖某在该组的土地上栽种有树苗木，在树苗木补偿评估期间，韩玖某通过我女儿找到我，希望评估时能够在树苗木数量和规格确认方面得到我的照顾。因为杨金某、宋鹤某组负责韩玖某地块的树苗木补偿评估，所以我就给宋鹤某打招呼，让他清点树苗数量和规格确认时给予照顾。在2011年4月份左右，树苗木移植补偿款下来之后，韩玖某把15000元交给我女儿，让我女儿将钱转交给我。说其中的10000元是送给我的，而剩下的5000元让我转送给杨金某。第二天傍晚，在我家门口，我将这5000元钱转送给了杨金某，并告诉他韩玖某对苗木评估比较满意，送5000元钱是表示感谢的。

问：你收受韩玖某的15000元钱是怎么处理的？

答：已退还给他了。2011年11月底，我知道陶星某被调查了，害怕被查处，便和杨金某商议把钱退还给韩玖某，杨金某把5000元钱交给我，我拿出10000元钱，把15000元一起交给了我女儿宋雅某，宋雅某通知韩玖某到吉安县城，把这15000元退还给了他。

问：还有谁送钱给你的？

答：其他的我想不起来了。

问：那我给你具体的补偿登记表看你能够确认吗？

答：只要是我签字的我都能够确认。

问：[向其出示2011年4月第58册第37号记账凭证，新城区征地树木赔偿、补偿表（王某）]。

答：他总共领了100080元树苗木移植补偿款，全部都是抢栽的广玉兰树，该评估意见上也有我的签字。

问：2011年初，你是否对周贵某在马庄、宋民组土地上抢栽的树苗木进行清点评估？

答：周贵某在马庄、宋民组抢栽的苗木都是我现场清点的，是我和杨金某估价的。

问：[向其出示2011年4月第58册第37号记账凭证，新城区征地树木赔偿、补偿表（马庄），2011年8月第105册第23～24号记账凭证，新城区征地树木赔偿、补偿表（宋某）]

答：这是周贵某领取的140151元的树苗木移植补偿款，还有在宋民组抢栽的树苗木84636.1元的树苗木移植补偿款，总计违规获得224787.1元的树苗木补偿款，马庄、宋民组的评估意见上是我的签字。

问：2011年初，参与对王泰某在宋民组土地上抢栽的树苗木是谁进行现场清点评估的？是不是以王泰某的名义上报的？

答：这我就不清楚了，我记得他家抢栽的都是些葡萄树和女贞树，他是刘汉某的妹婿，我看一下宋某的价格补偿明细表就清楚了。

问：［向其出示2011年8月第105册第23～24号记账凭证，新城区征地树木赔偿、补偿表（宋某）］

答：（经辨认）树苗木移植补偿款表中没有王泰某的名字，王泰某是以他家属刘汉某的名义上报，刘汉某名下的树苗木移植补偿款131562元都是王泰某的，王泰某在宋民组是否还用其他人的名义领取树苗补偿款我现在记不清了，评估意见书上是我的签字。

问：还有2011年初，七里村范某组征地，对王叔某的补偿你回忆一下。

答：他们家栽种的雪松、桂花、桃树，都是在我们数树的前几天或当天抢栽的，是我清点的。

问：［向其出示2011年3月第47册第38号、第48册第38号记账凭证，新城区征地树木赔偿、补偿表（范某）］。

答：（经辨认）王叔某总计违规骗取了树苗木移植补偿款127200元，其中桂花65700元、雪松60000元、桃树1500元。评估意见书上是我的签字。

问：还有刘贯某家栽种的葡萄和女贞树是否都是抢栽抢种的？［向其出示：2011年6月29日，吉安县工业园区征地树木、苗木补偿评估意见，新城区征地树木赔偿、补偿表（范某）］。

答：（经辨认）其中“胸径5.6厘米，数量3624株，金额50788元”的女贞是抢栽的，“胸径2.5厘米，数量721株，金额5768元”的葡萄是抢栽抢种的，其他树木是不是抢栽抢种的我现在也记不清了，我只记得这两种树木是抢栽的。

问：继续讲。

答：吉安县政府规定抢栽抢种的树苗木不予补偿，但我们林业局开会时，刘局长说抢栽抢种不归我们管，我们把树清点清楚就行了。另外，我没有评估师资格，评估是否有法律效力还请纪检部门考虑。

问：你先把事情说清楚。

答：好！我说清楚。

问：还有郑祖某的赔偿问题。

答：郑祖某获得10万余元的树苗木移植补偿款，但具体数额要看树苗木补偿明细表。

问：（出示2011年4月第58册第37号记账凭证及附件）你看一下郑祖某

违规骗取了多少树苗木移植补偿款?

答:(仔细查看)郑祖某在七里村王某组村庄前后抢栽广玉兰总计违规获得了100080元的树苗木移植补偿款。

问:(出示2011年4月第58册第37号、2011年8月第105册第23~24号记账凭证及附件)你看一下这份记账凭证违规骗取了多少树苗木移植补偿款?

答:(仔细查看)红桥村马庄组村民周贵某在马庄组抢栽桂花、女贞等树苗木总计违规骗取了140151元树苗木移植补偿款,在宋民组抢栽女贞、黄杨等树苗木违规获得84636.1元的树苗木移植补偿款,周贵某在马庄组、宋民组抢栽树苗木总计违规获得224787.1元树苗木移植补偿款。

问:(出示2011年3月第48册第38号记账凭证及附件),你看一下王叔某抢栽树苗木总计违规获得多少树苗木移植补偿?

答:(仔细查看)王叔某栽种的2480棵桂花、2400棵雪松、1500棵桃树都是征地公告后抢栽的,其中桂花树获得65700元、雪松60000元、桃树1500元,总计违规获得127200元树苗木移植款。

问:(出示2011年8月第105册第23号记账凭证及附件)你看一下这份记账凭证违规骗取了多少树苗木移植补偿款?

答:(仔细查看)在宋民组树苗木补偿领款花名册及补偿明细表上没有找到王泰某的名字,只有其家属刘汉某的名字,以及王延某的名字,王泰某应该是以其家属刘汉某的名义上报来领取树苗木移植补偿款的,王延某以其本人名义领取树苗木移植补偿款,其中刘汉某违规获得了131562元的树苗木移植补偿款,王延某违规获得8580元的树苗木移植补偿款,王泰某和王延某合伙在宋民组抢栽树苗木总计违规获得140142元的树苗木移植补偿款。

问:(向其出示2011年9月第119册第29~30号记账凭证及附件)你看一下这份记账凭证违规骗取了多少树苗木移植补偿款?

答:(经辨认)这是陶长某通过抢栽的女贞树,违规获得了76000元的树苗木移植补偿款。其中"胸径4cm,数量780株,金额15600元"的广玉兰是抢栽的,"胸径5cm,数量222株,金额4440元"和"胸径7cm,数量670株,金额26800元"的合欢是抢栽的,"胸径2.5cm,数量545株,金额2725元"的女贞是抢栽的,陈开某通过抢栽广玉兰、合欢等树苗,总计违规获得了49565元的树苗木移植补偿款。

问:以上出示的凭证上的评估人的签字是不是你亲自签的?

答：是我亲自签的。

问：政府公告规定，对征地公告后抢栽的树苗木一律不予补偿，你明知是公告后抢栽的，为什么还要予以评估确认补偿？

答：自己之所以对抢栽的树苗木予以认可并进行评估，主要原因是他们找到我，让我给予他们关照，我碍于情面就对他们抢栽的树苗木予以了认可并进行了评估；另外，郑祖某、周贵某、王叔某等人为了使抢栽的树苗木得到我的关照还送钱给我。陶长某为了其抢栽的树苗木得到我的认可、评估还送烟酒给我。陈开某也是为了抢栽树苗木得到我的认可，还委托周贵某送1000元现金给我，我收了郑祖某、周贵某、陶长某等人的财物后，对他们抢栽的树苗木都予以了认可并进行了评估。

问：你以上的供述是否属实？

答：是事实。

问：你看一看记录是否有记错和遗漏的。

答：（看记录）以上记录的与我说的一样。

（签字）

2012年2月13日

（三）调查终结

被调查人宋风某身为国家机关工作人员，受国家机关指派从事公务期间，超越权限，违反政策，对相关人员在征地公告发布后抢栽的树苗木违规予以评估，致使他人骗取政府树苗木移植补偿款，给国家造成直接经济损失774320.10元；被调查人宋风某利用职务上的便利，为他人谋利益，非法收受他人财物115000元，其行为已触犯《中华人民共和国刑法》之规定，违法犯罪事实清楚，证据确实充分，应当以滥用职权罪、受贿罪追究其刑事责任并数罪并罚。被调查人宋风某具有立功情节，依据《中华人民共和国刑法》第六十八条第一款规定，可以从轻或者减轻处罚。根据《中国共产党纪律检查机关案件检查工作条例》移送司法机关惩处。

2012年5月，经检察机关起诉，审判机关鉴于被调查人宋风某有立功情节，分别以滥用职权罪和受贿罪数罪并罚，判处宋风某有期徒刑六年零六个月。

谈话篇

第十五章　犯罪嫌疑人抗审的心理行为特征

第一节　犯罪心理的形成

犯罪心理的形成是多种因素综合的相互作用的结果，是在先天遗传物质与后天的社会环境相互作用下逐渐形成的。这是近年来心理学家抛弃了之前单一因素的研究方法，阐明了犯罪心理既不是先天固有的，也不是单由后天的环境所致，而是因生物因素、心理因素和社会因素的相互作用的结果；是个体在先天遗传物质的基础上，在环境的影响下，通过个体的选择性学习逐渐形成的，是遗传和环境多种因素交互作用的结果。

从影响犯罪心理形成的个人因素来看，个体的先天遗传物质虽然对犯罪心理的形成产生一定的作用，但是在主体原有的心理结构中，存在着与犯罪心理形成有密切关系的不良的心理因素，这些不良的心理因素不仅影响人的行为方式，更重要的是影响到人对外界客观事物的选择。这种不良的心理因素在对外界客观事物进行选择吸收时，很多的时候被其选择的是法律禁止的行为。例如当他从电影、电视上看到强奸的镜头时，他选择的不是被强奸的被害人是如何地痛苦，而是认为强奸能够满足自己的欲求，只要自己行为隐蔽，就不可能被发现。这种选择在头脑中反复出现，不断地巩固、加深，最后就会产生行为的动机，形成稳定的定向的犯罪心理。

从犯罪心理的形成过程的基本模式来看：个体犯罪心理形成的整个过程是在与环境的相互作用中，具有不健全人格的个体通过选择消极的外界因素，进行自认为合理的认知加工，通过主动或者被动地观察学习，逐渐萌发了犯罪意向。犯罪意向的萌发则是犯罪心理形成的标准。个体犯罪意向与外界诱因相互结合，产生犯罪动机，从而导致犯罪行为的发生。犯罪行为的成功或者失败，受惩罚的情况，等等。对个体犯罪心理起加强、巩固或者削弱的作用。这是绝大多数故意犯罪的犯罪人犯罪心理形成的基本模式。

从犯罪心理结构的分析来看：犯罪的直接原因来源于扭曲的心理结构。人的需要是无限的，有生理、精神、安全、爱、尊重和自我实现等方面。当一种需要得到了满足，另一种需要就会出现，不断满足、不断需要。需要被无限地循环，当需要偏离、扭曲就会危害社会，就会产生犯罪。需要偏离是犯罪的源泉，动机偏离是犯罪的直接动力。犯罪行为的出现来源于犯罪心理。犯罪的形成不是单一的某一因素引起的，作为发动犯罪行为内在原因的犯罪心理，是由相对稳定的多种不良因素的复合体所驱动。这个复合体呈相对稳定的结构状态，即犯罪的心理结构。犯罪心理结构的组成因素有动力因素、调节因素、特征因素和心理状态的意识水平。

（一）动力因素个体的人因为“需要”而产生了行为的动力，犯罪行为的动力是由被扭曲的畸形个人的需要、动机、兴趣、理想、想念和世界观等心理因素组成的

“需要”是发动犯罪行为的直接动力，是犯罪心理结构中最活跃的因素，是最深层次的心理因素。不同的犯罪是因为被扭曲的畸形个人的“需要”不同，这种“需要”的动力因素不同，就会产生不同的犯罪行为。

心理学家霍曼斯提出了“社会交换理论”，他认为人的行为活动是交换的过程，这种交换活动的行为是以趋利避害为行为准则的，人们在社会生活中，拥有独立的财物，人需要财物，因为它对自己有利，没有一个人能够离开财物而生存，这是人类社会通过社会实践形成的基本认识，也是人们获取财物的心理基础。

根据需要的条件，犯罪的动力因素是在内因和外因的作用下产生的。社会的基本矛盾，表现出生产资料占有的不断变化，引发的分配方式多样化，出现了分配不平衡的结果。这种对财富占有的不平衡，导致了占有财富多的人和拥有财富少的人在社会地位、荣誉上的不平衡，引发了人生价值观的倾斜，激发了人们对财富占有的欲望。

1. 从犯罪产生的动力因素的条件来看：需要的动力是由弱逐渐变强的，直到受挫为止，在人的需要连续得到满足的时候，其渴求强度就会加大，动力因素增强，反之就会减弱，在看到他人获取成功时，自我渴求强度也会加大，但是当看见别人失败的情景时，其渴求强度也会减弱。由于上述特点，在我们的社会发展过程中，由于发展的机制上的不平衡，难免会出现预防机制不合理，

对犯罪的打击不力，产生了犯罪的心理动力。

2. 个体人的需要的客观性表现在：生理的、安全的、社交的、自尊的、自我实现。人的这种需要是不断地产生，不断地满足，又不断地产生新的需要的过程。这是心理得以发展的基本动力。从需要的层次特点来看：这种需要会向两个层次方向发展，较高层次的发展是向着守法的维护社会利益的方向发展，低层次的发展则满足于比较低的层次需要，这对社会是无益的。因此，在社会化的发展过程中，当人们的需要始终处于低层次，又不能及时得到法律、道德、习俗的调整，出现了犯罪的动力因素。

3. 激情状态下形成的动力因素：当人处于激情状态时往往不能理智地对待自己的言行，自我控制力下降，自我意识完全被狂躁的情绪控制，意识和注意力完全集中在引起激情状态的情绪反应的对象上。为了发泄这种激情状态，缓解由此导致的心理压力，获得心理的稳定和平衡，便会出现破坏性和攻击性的内在动力，产生了犯罪的动力因素。

（二）调节因素是以自我意识为核心的个体心理与行为的调节控制系统

系统包括自我意识、道德意识、法律意识等，自我意识的功能是对人的动力因素起调节、控制、协调、监督的作用。即对犯罪行为起加强或者削弱，发动或者阻止的调控作用。

1. 监督管理不规范、打击不力导致自我意识的方向迷失，失去了犯罪心理形成的自我控制能力。引发犯罪的原因，多由自我监督不力导致的，犯罪总是与社会活动联系在一起的，人的社会活动必须要受到制约，行为失控不受到制约必然导致犯罪。在如今高速的经济发展的过程中，一切事物都表现为动态的运动，不可能形成完善的监督制约机制，这就导致了自我意识的方向迷失，失去了对非法行为的控制。

2. 犯罪行为的隐蔽性诱发的侥幸心理，是犯罪心理形成的内在动力。犯罪行为的隐蔽性，是犯罪的基本特点所决定的，这种犯罪的隐蔽特点是诱发侥幸心理的基础，是犯罪行为的个体实施犯罪行为的又一心理动力。犯罪的最大特点就是犯罪行为的隐蔽性，这种行为的隐蔽性表现为“有证难取”的特殊性，因此诱发的侥幸心理，成为犯罪行为人实施犯罪的内在动力。

3. 犯罪行为前的调节作用，形成的心理平衡，失去了自我意识的监督作用，削弱了自我意识的控制力，强化了实施犯罪的心理动力。犯罪心理在形成过程中，在很多的时候会自发地去寻找心理平衡，这就破坏了自我意识的监督作用。犯罪人在实施犯罪前都要进行心理权衡，是“干”？还是“不干”？进行心理斗争的同时也在寻找心理平衡：“就‘干’这一次，下次不‘干’了”，“别人能‘干’我为什么不能‘干’”？这样产生的心理平衡，就为实施犯罪提供了心理依据，推动犯罪行为的实现。如果寻找的心理平衡，没有破坏自我意识的监督作用，那么心理平衡的状态就会表现出：“这样的事情我不干，我不缺少这样的钱”，“这样的钱不能拿，拿了要坐牢的，还是过平安的日子好”。自我意识的监督作用就能阻碍犯罪行为的发生。所以我们在寻找心理平衡时，必须维护自我意识的监督作用，它能够有效地控制犯罪行为的发生。

4. 被动与主动的关系，产生了犯罪心理的实践基础，是犯罪心理形成的过程。犯罪最初大都是从被动开始的，犯罪心理的实践性，是犯罪心理形成和行为发展过程的特点。例如，犯罪时行为的实施，需要技巧、胆量、心理的动力的支持，这对于没有犯罪经历的人来说，无疑是一个盲区，因而实施犯罪始终处于消极和被动的状态，当这些消极因素在外力的作用下，经过犯罪的心理实践或者经过犯罪的行为实践，强化了犯罪的心理的实践性，犯罪的被动与主动的关系就发生了变化，犯罪心理就会从消极的被动转化为积极的主动。例如盗窃犯罪，开始不愿意参与盗窃，后来经过别人唆使，在别人的带领下参与了盗窃，得到了好处（以比较小的力量获取了比较大的利益），这样在非法利益的驱使下，有了犯罪实践的基础，满足了犯罪心理的实践过程，被动的盗窃转换为主动的盗窃。

（三）特征因素表现为人格特征，它是由能力、气质和性格所构成的，是区别于他人的特征，人格特征是犯罪心理形成的基本条件

人格是个体区别于他人的相对稳定的性格特征，它的形成是以先天的遗传基因和后天的生活环境为条件发展而成的。在相同的外部因素的条件下，为什么有的人犯罪而有的人不犯罪？这就是犯罪的人格特征的区别。先天的遗传基因与后天生活的不良环境，形成了犯罪的人格心理。同时一个人的人格特征并不是一两天内形成的，在其一生中有不同的环境阶段，如果环境阶段是被犯罪的情景包围着，对其犯罪心理的形成产生了强化的作用。相反当他们处于守法自律的环境氛围中，控制犯罪心理产生的条件就会产生积极的作用，阻碍着犯罪心理的形成。

犯罪人格心理的形成来源于两个方面，一方面即自我控制力差，由于其认识能力和适应能力低下，进而导致在一定背景和场合下产生实施犯罪行为的欲

望。另一方面由于生活和工作的环境的耳濡目染，社会的不正风气、庸俗的社会文化、势利的人际关系、法制的漏洞、人治的特权潜移默化，而形成了唯我独尊、享乐至上、随心所欲的人格特征，这种人格特点在一定背景和场合下会产生实施犯罪行为的强烈欲望。这种“犯罪人格心理”的存在，犯罪的行为就有了心理基础。

（四）心理状态的影响即心理活动在展开时刻与活动过程中所具有的独特状况和相对稳定的状态，是实施犯罪的重要的心理因素，是心理活动的背景

心理状态的重要因素是意识水平的影响：意识、前意识和潜意识的作用与状态。

1. 自我心理辩解达到心理平衡是犯罪前的心理状态。一般而言，常有以下四种辩解理由：（1）合理行为：常常用自己以为是合法的理由为自己的非法行为进行辩解。（2）借比方法：用自己的犯罪意识与社会上的违法犯罪现象作比较，别人能干我为什么不能干？这种心态强化了自己的犯罪动机。（3）投射心理：把自己的欲望、态度、观念和人格特征转移到了别人的身上，增强了自己实施犯罪的理由。（4）理想结果：心往好处想，重利避弊是犯罪的心理平衡条件。犯罪是在一定的情况下，受到外界的刺激和自我内部的强烈需求的相互作用的情况下而产生的。在犯罪的过程中，恐惧、紧张同时又充满着兴奋。心往“好处”想，达到心理的平静是自我心理平衡的方法，达到自我意识的理想结果，实际这种自我安慰也会毁了自己。

2. 实施犯罪前的心理准备过程，是犯罪心理形成的内在动力。每一个人在实施犯罪前都会有自我平衡的心理准备过程，这种心理过程表现为：在实施前或者在实施的过程中，都要想到自己的行为结果会对自己产生什么样的伤害，用什么方法来回避。因此犯罪行为人在实施犯罪前就会自动地进行心理权衡，如果权衡的结果是：这件事情可以干，反正没有人发现，如果事情暴露，我坚决不承认，也就会没事的。这样就产生了实施犯罪的内在驱动力，最后导致犯罪行为的发生。倘若在进行心理权衡时候认为：这件事情有可能被发现，一旦被发现后果不堪设想，就产生了实施犯罪的反向的内在驱动力，这就阻止了犯罪行为的发生。所以客观的条件对犯罪心理的形成，起到很重要的作用。

3. 客观环境的刺激，是产生犯罪心理的诱因。客观环境诱发的犯罪屡见不鲜，如某人无意中发现一无人看管的柜台上有一叠人民币，瞬间产生了占有的心理动力，当他确认无人看管的时候，便伸手把钱装进了自己的衣兜。如贪污

犯罪，犯罪嫌疑人开始并不想贪污公款，当他在月底结账的时候，发现库存现金多出 7000 元，当时他并不知道账错在哪里，就把现金暂时存放了起来。不久他需要用钱就从中支取了一部分，后来发现这笔钱是一笔没有入账的收入款，但是钱已经用了一部分，于是自己跟自己说不入也就不入吧，等等看以后需要入的时候再入账。经过一段时间的相安无事，也没有人过问这笔账的事情，结果他不但这笔账没有入，还主动采取类似的方法侵吞公款。直到案发时十万多元没有入账，待司法机关找他的时候，他已经构成了犯罪。

4. 犯罪的成功经验引起的行为的惯性，导致了犯罪的连续性。犯罪的行为人，大都不是实施了一次犯罪就停止了，有了一次，就有第二次，表现了犯罪行为的连续性。这是犯罪的成功经验刺激了大脑的兴奋中心产生的行为结果。犯罪行为的成功经验，导致了犯罪的继续，直到被抓获其行为才能停止。犯罪的成功经验必然会引发犯罪的重复行为，这是犯罪的基本特点。如果当成功经验刺激了大脑处于兴奋状态的时候，意识能够提醒有诸多的不利因素："要想人不知，除非己莫为"，就能够对犯罪行为的惯性起阻碍作用。

第二节　犯罪行为的发生

犯罪行为是怎样发生的？根据犯罪心理的形成过程我们可以看出，内因与外因的相互作用，经过反复的强化，最后实现了犯罪行为。内因是个体所具备的犯罪心理，在外界即外因客观条件的影响刺激下，产生了犯罪的动机。犯罪动机是直接推动个体实施犯罪行为的内部动力，是实施犯罪的重要因素。

由于这种犯罪动机的类型不同，动机所指向的犯罪目的也是不同的，长期以来学者们根据犯罪动机的不同内容，将其分为物欲型、情欲型、性欲型、政治型和过失型等。还根据犯罪动机的意识状态，将其分为有意识犯罪动机和无意识犯罪动机，即有明确意识支配下的犯罪和没有明确意识到的犯罪动机。从动机所涉及的内容可以看出，动机是在需要的基础上产生的，生理或者心理上的某种缺乏或不平衡的状态反映在人的头脑里，就会产生某种需要，随之产生犯罪意向和犯罪愿望，确定犯罪目的。这里讲的犯罪目的是指行为人主观上通过实施犯罪行为所希望达到的结果，在进入犯罪决定阶段以后，进行犯罪的预备，准备实施犯罪行为，当犯罪行为人与犯罪情境相互作用便导致了犯罪行为结果的发生。

犯罪的主体在实施犯罪行为的不同阶段有不同的心理反应。从实施犯罪行为的整个过程来看，可以分为三个阶段，即犯罪前、犯罪中和犯罪后。犯罪的主体在实施犯罪行为之前，其内心充满着矛盾冲突和紧张的心理，为了稳定这种心理状态，常常用自我安慰的方法来平衡自己，进行自我说服。例如，犯罪的主体准备盗窃公款的时候，虽知盗窃是一件不光彩的事情，但转念一想别人能用公款大吃大喝，我拿点钱用也是应该的。再如，有的强奸犯认为被害人愿意与自己发生性关系，甚至认为没有给被强奸的人带来什么伤害，同时也能满足被害人生理的需要。

犯罪的主体在实施犯罪的过程中的心理状态与犯罪的经历和犯罪的形式有很大的关系。对于初犯来说紧张、恐惧是比较明显的，由于害怕被人发现被抓住，他们不仅注意犯罪的对象，同时还要注意环境的周围，防止被别人发现，虽然他们的注意力处在高度集中的状态，但又时刻在转移注意的目标，所以犯罪现场经常会留下他们的作案痕迹，有甚者就连自己行为侵害的对象是什么样子都没敢看清楚。而累犯和惯犯的紧张和恐惧的程度就不是那么明显了。他们对行为的结果心中有数，作案时沉着冷静，甚至遇到高兴的事情还得意忘形。在犯罪的形式上也有所不同，如抢劫、强奸、盗窃、杀人与贪污受贿就有很大的区别。例如，受贿案件，当受贿人从行贿人的手中接受财物的时候，虽然意识到这是犯罪行为，但是他首先想到的是这件事情只有我们两个人知道，没有其他人在场，不会被发现的，同时行贿人为了达到自己的目的，也不会说出去的，因而这类犯罪人的心理状态是比较平稳的。

犯罪行为结束以后，犯罪人的情绪和行为都会出现一些明显的变化。有的表现为恐慌不安，头脑中常常会闪现出作案时的情景，每当这种情景出现的时候，就会坐卧不宁，行为反常。有的犯罪行为人在看见自己行为的结果惨不忍睹时，良心萌发罪恶感。有的犯罪行为人对自己造成的后果感到得意、满足、麻木不仁。有的犯罪行为人在作案后，迅速地逃离现场时，但又不放心现场，有时还主动回到现场看个究竟。从总体上来说犯罪后的恐惧感占据着重要的位置，因为犯罪是危害社会的行为，它的最大的特点是要受到刑法的处罚，这是犯罪后产生恐惧感的基本原因。这种恐惧感诱因是怕自己的行为被暴露，受到法律的惩罚。因而在实施了犯罪行为以后，便反复衡量自己行为暴露的可能性，寻找心理平衡的依据，当他们感觉到暴露的程度比较大，他们的恐惧感就会迅速增加。相反，如果当他们感觉到暴露的可能性非常小，犯罪后的恐惧感就会被减弱，犯罪后的恐惧感与可能暴露的程度成正比。

犯罪后的恐惧感被减弱以后，继续犯罪的动机会被强化，进入犯罪的恶性循环状态。犯罪后的“环节的选择”为自己准备了“后路”“壮了胆”。“环节的选择”是犯罪的行为人在实施犯罪以后，为了逃避法律的惩罚，选择了有利于或者能够否定自己犯罪的环节，来逃避法律的惩罚，“环节的选择”实际上是犯罪嫌疑人为自己准备了“后路”。一旦犯罪嫌疑人为自己做好“环节的选择”，就有了相对稳定的“定势心理”，形成了“心理支点”，使其暂时获得了心理平衡。此后“环节的选择”，被他人或者自我否定之后，“定势心理”便会自然消失，“心理支点”也就不存在了，于是新的恐惧感因此而生，迫使他们再次寻找新的“环节的选择”。

第三节 犯罪嫌疑人抗拒心理形成的原因

犯罪行为人在实施犯罪以后，被司法机关立案侦查进入了司法程序的侦查阶段，就会以犯罪嫌疑人的身份出现，客观原因引起了这些人主观上的心理变化，从变化的基本规律来看，多数犯罪嫌疑人处于矛盾的心理状态，既不甘心如实交代，也不敢一味对抗。随着侦查讯问的不断发展变化，其心理状态也在不断地变化。有的可能从消极的状态向积极交罪的心理状态转化；也有的可能从积极的交罪心理状态向消极抗拒交代的心理转化。

侦查部门为了查清犯罪事实，其侦查手段之一就是对犯罪嫌疑人进行审讯，而犯罪嫌疑人在审讯中的消极心理就是抗拒心理。审讯的全过程就是从消极的心理向积极交罪心理转化的过程，也是讯问人员消除对抗心理的过程。由于犯罪嫌疑人的主客观条件不同，在接受审讯时的心理特点也不相同，有其各自起主导作用的心理特征，消极的心理特征是我们审讯对象的心理障碍。常见的心理障碍有：

1. 畏罪心理。这是一般犯罪嫌疑人都普遍存在的心理状态，在犯罪嫌疑人的身上表现得比较突出。无论是有一定的社会地位和职权的国家工作人员，还是普通百姓，面对将要受到的惩罚，害怕和恐惧心理困扰着自己，在审讯时表现为：

（1）拒绝回答。认为如实供述会受到惩罚，干脆什么都不说，以免“言多必失”，给司法机关留下证据，有的甚至连与犯罪没有关联的一般性问题也拒绝回答。

（2）反复无常。供述过程中时供时翻、供词不稳定。这类人都深知自己的行为触犯了法律，有的甚至对将来被判处多少年的徒刑都算得一清二楚，但又不愿接受这种现实，常以反复无常的对抗方式逃避办案人员的审讯。

（3）情绪消沉。这类犯罪嫌疑人包袱沉重，忧心忡忡，情绪消沉，有时下意识地长吁短叹。

（4）对审讯人员进行反侦查。犯罪嫌疑人在不知道司法机关掌握了哪些证据的情况下，常常用试探、摸底的方法来进行反侦查。

（5）"趋利避害"。犯罪嫌疑人在接受审讯时，由于畏罪心理的作用，他或主动坦白或抗拒审讯；或检举揭发或嫁祸他人。总之，犯罪嫌疑人会作出有利于自己的选择，以逃避或减轻法律对他的制裁。

2. 优势心理。有的犯罪嫌疑人因工作的关系，建立起很多的关系网。有的关系人还得到了他的很多"好处"，这些人的社会地位足以成为犯罪嫌疑人的保护伞；有的关系人在某种程度上还与此案有着一定关联，造成了犯罪嫌疑人对这些关系网的心理依赖，过高地评价了自己的保护伞和对他人的依赖。这是犯罪嫌疑人优势心理产生的根源。这类犯罪嫌疑人在接受审讯时，情绪比较稳定，对自己的行为后果想得比较多，对自己的"退路"抱着很大的希望。在整个审讯中，表现得漫不经心，把注意力集中在其他事物上，不愿去思考自己的犯罪问题，其定势心理集中在依靠关系脱案上。认为自己关系多、路子广、有后台，即使被抓，只要自己坚决不供认，就会有人给自己开脱罪责。

由于这类犯罪嫌疑人的心理状态比较稳定、顽固，所以审讯时不能急于求成。宜采取迂回的讯问方法，扩大讯问话题的范围，依靠逻辑关系找矛盾点，利用矛盾对其心理加压，同时暗示其任何一个关系人都不会以身试法为其开脱罪责，目的是促使犯罪嫌疑人较为坚定的抗拒心理向矛盾心理转化。矛盾心理是犯罪嫌疑人的基本心理状态，从实施犯罪到接受审讯的不同环节都有表现，也是犯罪嫌疑人普遍存在的心理状态。在审讯阶段表现为供还是不供的矛盾，这种矛盾心理对审讯人员来说是一个关键时刻，矛盾就如同一根杠杆中的支点，如果审讯人员的方法不当，就会向相反方向倾斜，如果采取有效的、有针对性的方法，杠杆就会向着有利于犯罪嫌疑人交罪的方向倾斜。

3. 侥幸心理。侥幸心理是犯罪嫌疑人自以为能逃脱法律惩罚的主观存在的自信心理，是犯罪嫌疑人对自己行为所产生的后果的一种认识的心理状态。表现为以下五种情况：

（1）认为自己作案的手段高明、隐藏得较深，司法机关拿不到证据，只要自己不说就无法定罪。

（2）轻视司法机关的侦查能力，认为审讯只不过是问问话而已，只要没有证据摆在面前，我不说你就没办法。

（3）认为自己多年来在社会上影响广，利用“钱”“权”交易编织不少的“关系网”和找到不少的“靠山”，这些都会对自己起到很大的帮助，司法机关不敢对我怎么样。

（4）认为自己订立的攻守同盟牢不可破，不会出卖自己。

（5）有的犯罪嫌疑人对司法机关“内部情况”有所了解，更是不怕审讯。片面认为所有的调查、讯问只不过是怀疑自己，并没有真凭实据，这种心理状态是妨碍犯罪嫌疑人认罪服法的主要心理障碍。在很多时候一些刑事犯罪的嫌疑人已经是“二进宫”“三进宫”，对司法机关的审讯有所了解，有的甚至是了如指掌。在接受审讯时有心理准备，并且有一套完整的抗审经验来对付审讯，其表现为：矢口否认、守口如瓶、时而谎供乱供、避重就轻、反复无常；有的以攻为守、大喊大叫、公开谩骂；有的泣不成声、喊冤叫屈、装疯卖傻、逃避罪责。而贪污贿赂犯罪嫌疑人在讯问中常表现出以守为攻的状态，不管讯问人员怎样问，就是不说。回答问题比较慎重，你不问他不说，从表面上看有一定的顺从性，而实质上带有很强的“抗拒心理”。

侥幸心理是支撑犯罪嫌疑人拒供的心理基础，为了使其交代罪行，讯问人员应设法矫正犯罪嫌疑人的侥幸心理，设法全面、具体地了解整个案情，摸清犯罪嫌疑人侥幸心理存在的根源，采取针对性的方法和步骤，对自恃作案手段高明的犯罪嫌疑人，审讯人员应加强心理攻势，技巧地使用证据，利用供述矛盾进行“心理限制”。在证据不全的情况下应间接地使用证据使其产生错觉，但应注意有的犯罪嫌疑人为了试探摸底，向你索要证据，此时可以间接地使用出示证据。有时犯罪嫌疑人认为我们无法掌握的证据而被我们掌握了，直接使用效果更好。对那些依靠外援，建立攻守同盟的被审讯人，应设法使用谋略型讯问方法，有针对性地采取“离间计”消除其幻想。

4. 戒备心理。戒备心理是犯罪嫌疑人的一种防御性的心理，也是一种自卫的本能反应。这类犯罪嫌疑人对审讯保持高度的戒备和警觉，使讯问人员很难接触到其内心活动。在这种戒备心理的支配下，犯罪嫌疑人对审讯人员的教育、开导持怀疑态度，把“坦白从宽、抗拒从严”的政策看成是引其上钩的“诱饵”，不相信审讯人员是真诚地挽救他们，不相信审讯人员会公正地处理问题，始终把审讯人员放在敌对的位置上。

产生这种戒备心理的原因是：在客观上，由于犯罪嫌疑人与讯问人员在法律上的地位不同，处境不同，相互的关系不同，决定了犯罪嫌疑人在接受审讯的过程中，始终保持高度的警觉和防备；从主观上讲，犯罪嫌疑人普遍存在“畏罪心理”，怕受到惩罚表现出自卫的本能而产生“戒备心理”。其表现是：犯罪嫌疑人在戒备心理的支配下，认为祸从口出，往往不主动开口说话。即使开口，也是经过周密的考虑，尽可能避免出现矛盾和漏洞，不使讯问人员找到缺口，以此来保护自己的防御体系。在这种心理的支配下，对讯问人的问话会全神贯注，用心琢磨，回答问题小心谨慎，犹豫不决，神态上十分注意自己所处的环境，留心观察讯问人员的言行举止。表现出异乎寻常的关心，多方猜测讯问人员的意图，疑神疑鬼，对审讯人员的讯问，往往不愿立即回答，甚至以反诘的口吻向审讯人员试探摸底，然后再搪塞推诿或嫁祸他人，有时供述之后还怀疑审讯人员是否相信。

由于戒备心理的存在，使犯罪嫌疑人不可能针对其罪行作出真实的供述，阻碍了讯问顺利进行，因此必须设法加以矫正。首先必须弄清犯罪嫌疑人所处的戒备程度，这种戒备程度又常常以我们讯问人员的言谈举止、审讯方法、政策水平、职业道德而定的。因而在讯问的过程中应当以客观、公正、诚恳的态度取得犯罪嫌疑人的信任。讯问之初，先不要急于追讯案件的实质问题，可以采用自由交谈的方法，先问一些与案情关系不大的问题，逐渐松弛犯罪嫌疑人的戒备心理，使其在不知不觉中露出马脚，说出关键问题，一举成功。

5. 对抗心理。对抗心理是犯罪嫌疑人对司法机关和侦查讯问人员不信任和敌视心理活动的状态。这种心理状态产生的客观原因主要有两点：第一，是因案件的来源。司法机关的案件来源，有的是通过举报，有的是通过上下级移交或有关部门交办。而犯罪嫌疑人则误认为，别人在利用司法机关整人，甚至有的犯罪嫌疑人还将自己与他人的对立矛盾的个人关系与司法机关打击犯罪职责混为一谈，认为司法机关在帮助对立面整自己。

第二，有时还因办案的讯问人员不注意讯问的方法，强化了犯罪嫌疑人的对抗心理，这是产生对抗心理的客观根源。在主观上，由于自己的犯罪行为已暴露，怕受到惩罚，本能地对办案机关、办案人员产生一种抵触、对立、敌视和不信任的心理表现。对抗心理经常表现为情绪冲动，行为暴躁缺乏理智，情绪反复无常，进而拒供、乱供、欺诈、搪塞和顶撞；时而公开对抗、出言不逊、反诘顶撞；时而对关键情节矢口否认、极力狡辩；时而喊冤叫屈、发泄不满；时而对审讯表现出不感兴趣、懒懒散散，对讯问人员的问话反应冷淡、漫不经心，甚至不予理睬，使讯问陷入僵局。

消除犯罪嫌疑人的对抗心理，起初应缓解情绪，仔细地去观察，从平心静气的交谈入手，不要急于追讯具体的案件情节和实质性的内容，避免造成直接的对抗。建立相应的交流基础，再寻其原因，对症下药。在出现直接对抗的状态时，要迅速地避开，从对方最感兴趣的话题切入，让其思维无法再回到原来的对抗定势心理的思维轨道上去，逐步地转化对抗心理。

第四节　犯罪嫌疑人的“人格”特质

在抗审中的表现说到人格，人们经常会想起人格尊严，实质上对人格的解释，因为站的角度不同，理解就不同，因而出现了解释上的不一致。站在法律的角度上人格的一般解释为：权利义务主体的资格。社会生活上的解释为：“人品”、人的品行，品格。在心理学上的解释：是指人的个性、性格。心理学家们认为：人格是个体在对人以及一切环境中事物适应时所显示的异于他人性格的个体的性格。它是在遗传与环境相互影响下，逐渐发展的心理特征所构成。它的特点在于：这些心理特征表现于行为时，具有相当的统合性与持久性。如前所不同的人由于遗传因素的影响和自己生活环境的相互作用，便产生了区别于他人的世界观和方法论，这一世界观和方法论，不仅包括人的品行、品格，又包括人的个体性格。

因而笔者认为，“人格”不能截然地把人的品行、品格和人的性格分开，而是既含有人品的概念又包括性格的特征。例如，当人们在谈论现今环境时，有的人表现得沉默寡言不感兴趣，而有的人则表现出积极亢进，这是指人的社会态度不同；在对金钱的处置态度上，有的人表现得十分吝啬，而有的人则表现得慷慨大方，这是指人对物质的价值观不同；当人们在谈论对人生和生命的看法时，有的人表现出积极乐观，而有的人则表现出消极悲观，这就是人们所说的人生观不同。这些反应实质上是“人格”的反应。如果将这些反应说成是人的“性格”反应，或者将这种反应说成是“人品”反应，都是不全面的。

心理学家们认为，个体“人格”的形成，主要是遗传与环境因素的影响，并且在身体和生理的有关方面，受遗传的影响较大，而在认识与知识的方面，受环境因素的影响较大。我们今天在研究审讯心理学的时候，为什么要对犯罪嫌疑人的人格进行研究？因为在犯罪嫌疑人的抗审过程中，人格因素对犯罪嫌疑人的供述影响较大。

例如 2001 年，我们在侦查一起国家高级干部受贿案件时，该领导干部利用自己手中的权力，为他人牟取私利，并从其手中受贿一套高级住宅，转手送给自己的情妇 A。在我们的同志对 A 进行讯问时，A 坚持自己不认识那位高级干部，也没有收到他的高级住宅，更没有与其发生过“两性”关系，审讯进行了两个多月，一直没有进展，她守口如瓶并且把“防卫的底线”推得比较靠前，始终否认与这位领导干部认识。

当时审讯人员的审讯记录是这样写的：8 月 14 日对 A 的审讯进行得比较艰难，她的回答是，我没有什么可说的，我没有做过的事，我说不出来，我同“他”之间没有任何关系，我也不认识他，房子是我自己买的，我没有找过任何人，更没有找过什么领导干部，如果有这方面的事，我会跟你们说清楚的。而根据调查的情况已经基本清楚：A 不仅是那位高级干部的情妇，而且其工作调动和住宅都是那位领导干部一手筹办的，这些事实也是比较清楚的，同时 A 也知道我们已经掌握了她的这些情况，但就是守口如瓶，坚持了两个多月都不开口，其原因何在？

为了找准 A 抗审的原因和心理支点，审讯人员对 A 的人格进行了调查分析：A 出生在郊区农村，家庭生活非常艰苦，父母常年累死累活连几间住房都盖不起来，因为经济问题，兄弟姐妹们无一人读过高中，几年前她经过别人的介绍在本市一家宾馆当了一名客房部服务员，后被频繁出入该宾馆的某国家高级干部发现，此后便有热情有余的关怀和暗送秋波的半推半就。久而久之，在宾馆里人来客往不方便，在家里有夫人孩子更不能越雷池半步，为了男欢女爱，为了取得 A 的欢心，手握大权的某高级干部，弄一套住房本是小事一桩。于是不几日，一套修葺一新的住宅，便划归在了 A 的名下。再往后，这位宾馆的普通服务员忽然坐在了某国家机关的办公椅子上。此后，农村的破房子也跟着变成了楼房。这位农家孩子可以说是一夜之间改变了自己的命运。

然而好景不长，当司法机关对这位高级干部进行侦查时，A 作为共同受贿的犯罪人，自然脱不了干系，在其接受审讯时，审讯人员略施小计，这位农家小姐便中了圈套，交代了自己用少女青春，换回了豪华的住宅，舒服的工作，家庭的变化。当审讯人员问其抗拒的原因时，她说：我跟他（指那位国家高级干部）发生性行为，已经有好几年的时间，我是用我青春的代价——我当时还是处女，他给了我一套住房，我知道这套房子也是别人送的，如果我要是交代了，这套房子就要被你们没收，这是我用我的青春换来的，就是为了这套房子，我才抗了两个多月没有交代。

A生活在贫穷的农村家庭的环境里，在她的人格表现上，金钱在她这里是第一位的，超过了人的名声和道德，甚至超过生命。她在交代时有过这样的供述："我曾经谈过几个男朋友，他们听说我与那位领导有'关系'，就都吹了。"她在讲这番话的时候，并没有感到很伤心，同时她也并不在意别人对她的任何评价。我们的审讯人员有意识地这样问她："你在原单位的工作已经没有了，因为你的工作不是正常途径得来的。"她回答："这没有关系，我本身就喜欢服务行业，我可以再回宾馆去当服务员。"审讯人员又问："你收的那套房子我们要没收！"她答："这绝对不行，你们凭什么要没收我的房子？这是他对我青春的补偿，这套房子是他送给我的，也是我应该得到的，你们不能没收我的房子。"可见，在她的"人格"尺度上，姑娘的贞操远没有一套房子贵重。她在成为那位高级干部排不上名次的小"情妇"之后，对别人在她背后的指指点点而不以为然，不感觉耻辱，而反过来则认为自己能成为那位高级干部的"情妇"是一种荣耀。所以在对其审讯时，其心理压力并不大，而促使她坚持"抗审"的"心理支点"是那套房子，那是她当一辈子服务员拿的工资，也买不来的，这套房子对她来说太重要了。这就是A在贫困的环境中，形成的"人格"特点对审讯影响的具体表现。

犯罪嫌疑人的"人格"在审讯中的表现是比较突出的，我们现在姑且用"思想觉悟"这个词来打比方，"思想觉悟"越高，在审讯中就越容易接受审讯人员的信息，反之，"思想觉悟"越低，在审讯过程中，就越不容易接受审讯人员信息的暗示。犯罪嫌疑人在审讯中接受审讯人员信息的程度，也决定了犯罪嫌疑人进入"临界"状态的速度，并与犯罪嫌疑人的"人格"基本特征有密切的关系。

何谓"人格基本特征"，它是人对客观现实反应和付诸行为的基本态度和认识。它的特点在于不同的人人格的差异现象。心理学家对人格测验和评定是从人格差异现象入手的，并不是对人格的高低予以评定。但是从审讯心理学的角度上来评定犯罪嫌疑人的人格的时候，不仅要评定、找出他们的人格差异，还要确定他们的人格基本特征。

有人说犯罪嫌疑人或者犯罪分子，不会有太高的人格。笔者认为这种说法是不客观的，人犯了罪并不证明他的人格就低。例如，有的国家高级干部因自己的一念之差收受贿赂，构成了犯罪，当司法机关的侦查人员对其进行审讯时，他能很快地承认自己的犯罪事实，不抵赖。而有的犯罪嫌疑人在事实面前还抵赖不认账，耍无赖。这不仅表现在人格上的差异，同时也表现出了思想觉悟的高低。笔者认识一位比较有名的审讯专家，一次偶然的机会，我们共同对一犯罪嫌疑人进行审讯，经过数十次的审讯，被审讯人拒不开口，甚至在铁的事实面前仍不认账。此后他开玩笑地说："这个人的人格基调太低，不是一天能转变过来的。"事后我有心对这位犯罪嫌疑人的家族进行了调查，发现这位犯罪嫌疑人的父母、伯父、兄弟姐妹，为人处世"唯利是图"，不讲道理，其父亲和伯父爱说假话，为了评定职称能偷改自己的人事档案，当地的老百姓公认：这一家人实属无赖。这种类型的人格特点对审讯活动会产生较大的影响，在很多时候这类人往往因为一丁点儿的利益，能坚持抗审几个月不开口，因此在审讯的过程中，应该针对不同的人格特点采取不同的方法。

审讯实践中经常发现：有的犯罪嫌疑人在接受讯问的时候，只要讯问人员点出有关的犯罪证据，犯罪嫌疑人便能交代自己的犯罪事实，有的犯罪嫌疑人甚至听到讯问人点出相关的某一情节，都能很痛快地交代全部的犯罪事实。而有的犯罪嫌疑人在证据面前还要百般抵赖。笔者认为这种区别的根本原因就在于犯罪嫌疑人的人格区别。我们研究审讯心理学的目的，就是通过对犯罪嫌疑人在审讯活动中的心理反应，找出其心理活动规律对症下药，迫使其认罪服法，完全彻底地交代自己的犯罪事实。因而仅从人格区别的横向特点来研究犯罪嫌疑人在审讯活动中的心理规律，是不全面的。要清楚地知道犯罪嫌疑人在审讯活动的心理规律和表现，更重要的是从纵的方面对犯罪嫌疑人的本质特点进行研究，这就是"人格基调"。

把人格的特征用高低的方法来予以评价，目的是便于审讯人员对犯罪嫌疑人的特点的掌握。怎样判断犯罪嫌疑人的"人格基调"？说到基调，本身就是相对稳定的高低标准，在审讯过程中如何判断犯罪嫌疑人的"人格基调"，是研究审讯方法和对策的基础。笔者认为犯罪嫌疑人在客观事实面前能够承认客观事实，其人格表现为正常，属于标准的人格表现。如果犯罪嫌疑人在客观事实确凿的情况下，仍然否认客观事实，是低人格基调的表现。低人格基调的表现往往是与自己的利益以及利害关系联系在一起的，当犯罪嫌疑人发现对自己的利害发生变化时，他会向着对自己有利的方面发展。因此在审讯这类犯罪嫌疑人时，首先，应该多注意把他们放在利弊对比的关系中，让其做出选择，逐渐把他们引向有利于供述交罪的方面。其次，对这类人在审讯的开始就应当主动地提高他们的人格基调，肯定他们身上的闪光的东西，把别人高品质的人格表现转嫁到他的身上，帮助犯罪嫌疑人提高人格基调。例如，有的犯罪嫌疑人自私自利，但是对待自己的孩子却不吝啬，讯问时可以这样说："你为了自己的孩子能够成才、多读书，而你自己在生活上却是省吃俭用。在工作上你还经常帮助别人关心别人，这是非常可贵的。"用这种方法让犯罪嫌疑人自己立起来。再次，要多注意对错觉的利用，经常让犯罪嫌疑人产生我们已经掌握全部情况的错觉，继续抗审已经失去意义，逼其就犯。最后，由于犯罪嫌疑人的性别差异，在审讯的方法上要有所区别，男性的犯罪嫌疑人重理，女性的犯罪嫌疑人重情，审讯时不能眉毛胡子一把抓。

第五节　个案特征对犯罪嫌疑人的心理影响

犯罪嫌疑人为了逃避法律的制裁，最重要的手段就是抗审。抗审行为的出现又是以心理因素为基础的，产生这一心理因素的原因，可以归纳为以下几种情况：畏罪心理，侥幸心理，优势心理，戒备心理，抗拒心理，等等。笔者认为，上述情况仅仅说明犯罪嫌疑人某一侧面的抗审心理表现，并不是最终的心理基础，如一名犯罪分子与追捕的公安干警进行对抗，其对抗的心理基础并不是怕公安机关抓住，而是因为手中有武器，有对抗的工具，才产生了对抗的心理，如果没有武器，犯罪分子再怕抓，客观上也只能表现为逃跑，不可能会出现直接的进攻行为。这一结论表明犯罪嫌疑人的抗审心理产生是以案件的具体情况为基础的。相反，侥幸心理、优势心理、畏罪心理、戒备心理的产生也是以具体的案件作为心理依据的。

犯罪嫌疑人实施的犯罪行为，是由客观事实经过被转化确认后成为客观证据，这是针对客观存在而言。而主观存在针对具体案件而言，是由心理事实经过联想思维的确认，转换成心理证据。客观事实转换成客观证据是无可非议的，但是不是任何时候客观证据都能转换成心理证据。原因在于客观事实的严密程度和人的记忆障碍。

从客观事实严密的可塑性来看，可塑性越大转换成心理证据的可能性越小，反之，可塑性越小，转换成心理证据的可能性越大。如某一业务员因出差需向财务人员借款 1 万元，业务员将事先写好的借条交给了财务人员，但财务人员因当时身边没有现金，需次日向银行取款支付业务员的出差费，于是该借条便留在了财务人员处，待次日取款后再出差。谁知该业务员当晚因紧急情况必须出差，时隔数日，业务员出差返回，持差旅费报销单去财务人员处报销，财务人员便将数日前业务员的借条取出，要业务员冲账还钱，当然业务员没有拿这 1 万元出差费，不可能认账还钱，而财务人员手持其借条，证据在握，不还钱不行。该案将如何断案？作为财务人员明知业务员没有取走这 1 万元，但是为了达到侵吞这 1 万元的目的，坚持 1 万元被业务员取走，并将借条作为依据。故此能证明该案件唯一的“证据”——1 万元借条，这虽然是客观存在的依据，但是它永远也不会转换成心理证据。作为业务员并没有拿这 1 万元，因而不可能形成心理证据。作为财务人员侵吞了 1 万元，也不可能形成心理证据，而在某种程度上这张借条便成了抗审的心理依据，强化了抗审心理。由此可见，案件的具体情况对犯罪嫌疑人抗审的心理影响会产生非常重要的作用。

具体案件是通过行为人、行为对象、主观意识和客观行为诸多因素对犯罪嫌疑人的抗审心理产生影响的。从犯罪的主体来看，如贪污、贿赂犯罪的主体有行贿人和受贿人，站在受贿人的角度上，行贿人会不会供出自己的受贿人行为，其可靠程度是对抗审心理产生影响的重要因素。如果行贿人传递给受贿人的信息是：永远都不说出来，那么受贿人的抗审心理就会被强化，反之行贿人传递给受贿人的信息是随时都有可能将贿赂的事情说出去，那么受贿人抗审的心理强度就会随之而降低。在有相关的主体参与的案件中，相关人或证人将如何陈述犯罪嫌疑人的情况，对其抗审的心理影响也是较大的。

例如某犯罪嫌疑人从本单位借了 3 万元的差旅费，在其出差回来报销时称其中的 2 万元已作为业务的“回扣”费，给了对方单位的负责人，并写了张白纸条在财务上报销冲了账。后来经过查证，这 2 万元根本没给对方，而是被自己侵吞了。那么在当时，“回扣”所给的对方的负责人变成了该案的相关人，他在没有收取“回扣”的情况下，是不可能承认自己拿了“回扣”的，因为他要负的是法律责任。在检察机关找其核对时，他会如实陈述自己没有拿“回扣”。同时他还会从不同的角度来证明自己没有拿“回扣”。犯罪嫌疑人自己侵吞了公款，采取嫁祸他人的方法，当时他并没有想到日后会被检察机关查出来，但交到财务上的白纸黑字已无法改变，他本人也更清楚，对方没有拿“回扣”是不会承认的，这对犯罪嫌疑人的心理影响较大，但嫁祸他人的理由支持不了抗审，他就重新选择另一种方法来维护自己的抗审心理，就该案的当时情况，犯罪嫌疑人的谎言被揭露以后，又谎称：我提的 2 万元本是我的奖金提成，因为不好直接提奖金，所以才用“回扣”的名义提奖金的，并且也是经过某局长同意的。显然某局长的证词便成了问题的关键。犯罪嫌疑人把退路选在局长的身上，是因为某局长曾经说过，干得好，有赢利到年底可以提奖金。但他并没有说可以提前支取奖金，更没有让其以“回扣”的名义提奖金，那犯罪嫌疑人为什么把环节的选择指向某局长呢？原因在于某局长曾经提到过奖金，虽然“回扣”与奖金风马牛不相及，但硬往一块拉，也不能说完全没有道理，最多是不应该提取，这与完完全全的侵吞公款总归属于两回事。这就从另一侧面再次为其抗审提供了心理依据，审讯人员如果不能彻底铲除这一心理依据，抗审的状况会持续发展下去，不会轻易放开。

作为主体的关系人的知情范围越大，暴露的可能性就越大，对犯罪嫌疑人的心理影响也就越大。随着犯罪事实逐渐暴露，抗审心理强度也会随之越来越小，直至放弃，供认认罪。犯罪嫌疑人的行为对象大多是财、物，犯罪嫌疑人是为了占有不属于自己的合法的财产，才伸出犯罪的手，这些客观存在的财产便成了该犯罪嫌疑人构成犯罪的依据，当其涉嫌犯罪被司法机关审讯时，那些记忆里的财、物便觉醒、活跃起来，并且自行排列分类，对已经暴露的犯罪事实，设法寻找辩解的理由和挽救的办法；对可能会暴露的犯罪事实设法进行隐蔽，使其最大限度不暴露；对自己坚信不会暴露的，无须过问，顺其发展。上述情况是犯罪嫌疑人抗审的重要心理因素。

例如：原阜阳市市长肖某某巨额财产来源不明案，在初查阶段就发现肖家在银行的存款有 1700 余万元。在初次审讯肖某某时，肖某某很快承认这 1700 余万元是自己家的钱，其原因在于这些存款已经被发现了无法挽救，支持抗审的环节已经不存在了，但是在这起案件中，仅仅承认是自己的，并不能算案件侦查终结，更重要的是钱的来源、性质、构成犯罪的数额，这也是司法机关侦查的重点。肖某某也非常清楚检察机关一定会追问这些财产的来源，因为这 1700 余万元的巨额存款不可能从天上掉下来，针对自己“可能会暴露”的犯罪事实，只要检察机关认真地追下去，自己的受贿、妻子的贪污就会全部暴露出来，同时还会牵涉其他的行贿人，坚持不说硬抗，显然行不通，检察机关不会轻易放过自己，更何况自己的妻子也是知情人，还有众多的行贿人他们会怎样说，并不清楚。这诸多的不利因素，对肖某某的心理产生了较大的影响，从根本上削弱了肖某某的心理对抗强度。

下面摘录一段初次审讯肖某某的讯问记录：

问：你把你家的存款的来源一笔笔地讲清楚？

答：好！这都是逢年过节亲朋好友送的礼钱。

问：哪些亲朋好友？

答：我记不清了。

问：那么多的巨额存款竟然记不清是谁送的，你认为能说得通吗？

答：时间长了，人数又多，所以我记不清了。

问：时间长的记不清了，那时间短的呢？

答：（沉默）……

问：讲！

答：在我爱人出车祸的时候×××给了5000元，还有我爱人做生意赚了一些钱。

问：你爱人做什么生意，赚了多少？

答：具体是我爱人周某某做的，你们问她，我不太清楚。

问：讲你清楚的。

答：××给了几次钱，具体数额问我爱人，还有倪某……

随着审讯力度不断加大，那些巨额财产的来源一点点地清楚了起来，查明了大量的受贿犯罪事实和巨额贪污的犯罪事实。并且在涉案的总额上从1700余万元上升到2000余万元。

从这起案件的特点可以看出，通过已知的巨额财产，追未知赃款来源，这属于“可能会暴露”的范畴。被审讯人在接受审讯时，都表现出一定的“松动性”，抗审的决心并不太大，这说明支持犯罪嫌疑人的心理因素受到外来信息和主观判断的制约，原因在于这种暴露的可能性还能使犯罪嫌疑人产生已经暴露的错觉，增加了心理压力和心理限制。当这种压力和限制超过了犯罪嫌疑人的心理承受能力时，供罪的冲动便会由此而出。这表明犯罪嫌疑人面对“可能会暴露”的犯罪事实趋向供述的比例较大，同时这种比例又与“可能会暴露”的犯罪事实的隐蔽程度有关。

例如，贪污受贿得到的赃款存进了银行，存在着暴露的可能性只要去银行查询便可清楚。但存在国内的银行与存在境外的银行，对犯罪嫌疑人的心理影响是不同的，国内的银行随时都有可能被查出来，而存在境外的银行就不容易被查到，这从客观上强化了犯罪嫌疑人的对抗心理。

没有暴露的犯罪事实对犯罪嫌疑人抗审的心理影响，是建立在有牵连事件的基础上的。案件本身没有暴露或者不会暴露，但与此有牵连的某一事件，有可能会暴露，并且存在着一定的必然性，只要某一事件暴露就会涉及其犯罪事实的暴露，因而是否有牵连事件是影响抗审的心理力度的又一重要因素。例如，某一犯罪行为涉及财务账上重复报销贪污公款，但检察机关在查阅账务时，就有可能发现自己另外一笔或几笔报假账的假发票，这样犯罪嫌疑人最关心的就是查账的结果。在很多的时候犯罪嫌疑人所关心的不是已经暴露的犯罪事实，而是没有暴露的更重要的犯罪事实。一般有经验的审讯人员，在审清了已经暴露的犯罪事实以后，并不是就此收兵结束，而是总要丢下一句话：你还有其他犯罪事实没有交代！犯罪嫌疑人就会误会为另外一些犯罪事实也被检察机关掌握了。

不会暴露的犯罪事实，对犯罪嫌疑人抗审的心理影响最强，犯罪嫌疑人根据自己对客观事实的认识，分析确定某一犯罪事实不会暴露，抗审的心理就会被强化。例如，某犯罪嫌疑人的贪污，只能通过财务账上反映出来，结果那些账务在一次失火中全部烧毁。这样就无法证明其犯罪事实，只有犯罪人自己说出来，别人才可能知道，这便成了犯罪嫌疑人拒不认罪的心理基础。针对这类案件审讯的主攻方向应当改变，变化不同的角度进行审讯：账务虽然烧毁了，账务上的证据消失了，但不能排除其他方面的证据存在，因为赃款是客观存在的，无论是存在银行还是放在家里，还是购置了其他物品，都会有所记载，不可能凭空消失，这就给证据存在的可能性和必然性留下了依据，同时也为在审讯活动中转变犯罪嫌疑人对客观存在的认识，提供了依据。

犯罪行为的隐蔽性是犯罪嫌疑人抗审又一重要的心理基础。贪污、受贿案件的证据难取的重要原因就是犯罪行为的隐蔽性，行贿人送钱、送物都是在较为隐蔽的情况下进行的，没有人在大庭广众之下行贿受贿，这是贿赂案件的基本特点。虽然这类案件的隐蔽性较强，但是它有暴露的可能性。原因在于贿赂案件是为他人谋利为前提的，其相互的关系是建立在金钱的基础上的，除此以外，没有其他的因果关系。如建筑工程的投标，发包方应选择技术水平高、信誉高的施工单位。可最后中标的却是技术低下、价格高的施工队，其原因不言而喻——有利可图。但是该工程队不可能保证好的质量，早晚要出事，这就隐藏着暴露的可能性。又如卖官买官，某些人品质低劣，不学无术，却被重用升官，并且官越升越高，这些人是花钱买来的官，可捞钱再买更大的官。如此恶性循环，本身隐藏着暴露的可能性，但也存在着逃离法网的条件——行为的隐蔽性在很多情况下无证可取，一人送钱，一人收钱，无文字记录，送钱的不承认，这些行为本身就无据可查，犯罪嫌疑人抗审的“定势心理”就是以此为基础的。

贪污、受贿案件的行为过程，除了照片、录像和录音之外，就是用有关的证据来证明，这类案件都是事后被发现的，所以当时录像、拍照的可能性极小，有关证据虽然能证明行为，但常常是处在无法获取的状态，所以在很多的时候犯罪行为的隐蔽性便成了抗审的“靠山”，为此专家学者们涉足了心理领域，开辟了审讯心理的通道，通过犯罪嫌疑人对行为的记忆痕迹来再现其犯罪行为。但是它的普及性较差，不容易掌握。笔者在多年的审讯实践中总结出的“心理限制”法，有着很强的实用性。它是在利用外界信息压力的刺激，使其产生无法选择的心理状态。它是以假设行为、逻辑矛盾、设谎导谎的信息压力作为刺激的条件与犯罪嫌疑人的心理行为痕迹相呼应，这一心理行为痕迹实质上就是心理事实，通过联想，被确认产生心理证据，这种心理证据的无法选择性，导致了心理限制最终使得犯罪嫌疑人供述交罪，取得犯罪行为的再现。

第六节　个体特征对犯罪嫌疑人的心理影响

研究犯罪嫌疑人个体特征的目的，就是根据其不同的具体情况，对症下药，同时更重要的是：在众多的具体情况中，找到他们统一的供述认罪的普遍规律。在审讯活动中，由于犯罪嫌疑人的个性特征、性格特征、性别特征、年龄特征、体型特征、意志特征的不同，审讯人员在掌握普遍规律的情况下，根据其个体特征灵活运用审讯技巧，是取得审讯成功的基本保证。

1. 性格特征何谓性格？在心理学中，指一个人区别于其他人的稳定的心理状态。这一心理状态是复杂的，单从某一方面来给予评价是不充分的、不准确的。古希腊医生加伦认为：人的性格与人体中黄胆汁、血液、黏液、黑胆汁之间的比例有关，何种体液占优势就表现为何种性格。

（1）胆汁质：直率、热情、精力旺盛、脾气急躁、情绪兴奋性高，容易冲动、反应迅速、心境变换剧烈，且有外倾性。

（2）多血质：活泼好动、反应迅速、敏感、喜欢与人往来，注意力容易转移，兴趣和情绪容易变换，具有外倾性。

（3）黏液质：安静、稳重、反应缓慢、沉默寡言、情绪不易外露、注意力稳定但不易转移，忍耐性强，属于内倾性。

（4）抑郁质：情绪体验深刻、孤僻、行动迟缓，具有很高的感受性，善于觉察他人不易觉察的细节，具有内倾性。

上述几种性格特征，在审讯实践中的表现并不明显，有时甚至出现很大的差异，这不是否定加伦的人格特征，而是审讯的特殊环境，接触犯罪嫌疑人时间的长短，审讯人员与犯罪嫌疑人所处的地位和关系，不能完全、及时、准确地将犯罪嫌疑人的性格表现出来。

首先，犯罪嫌疑人在特殊的环境中，处于不利的地位，时刻都有受到严厉惩罚的可能性。从犯罪嫌疑人趋利避害的本能来看，接受审讯时犯罪嫌疑人总是要将对自己不利的因素隐蔽起来，挖掘自己更深层次的有利因素，来维护自己所处的被动地位，这样的犯罪嫌疑人就不可能暴露自己的真实性格。于是把在正常情况下的人格反应，用来衡量非正常状态下的人格特征，是不准确的。

其次，在审讯过程中，审讯人员受到时间上的限制，不可能全面准确判断出犯罪嫌疑人的真实性格。最后，审讯人员与犯罪嫌疑人在审讯过程中，始终处在对立的地位。犯罪嫌疑人在没有供述之前，对立情绪占优势，根据前苏联心理学家巴甫洛夫的高级神经活动的抑制和兴奋过程的三种基本特征，即强度、平衡性和灵活性，犯罪嫌疑人的对立情绪占优势，就失去了神经活动的平衡性，因而不可能有两个同时占优势的特征出现，即对立情绪和某一个性情绪同时出现。所以在审讯过程中，加伦的四种气质类型特征，就不可能完全正确地反映出来。

通常在审讯过程中，审讯人员只能通过犯罪嫌疑人在审讯各阶段的变化判断出大概的性格趋向，不是完全准确的人的性格。这种性格趋向只有两种，即内趋向和外趋向，根据这两种趋向的特点分析，外趋向：情绪兴奋性高，反应快，审讯过程当中达到“心理限制”的高峰比较快。内趋向：情绪体验深刻，不易外露，反应缓慢，在审讯过程中达到“心理限制”的高峰比较慢，而情绪反应也不明显。

笔者认为：犯罪嫌疑人的性格特征在审讯活动中的表现是犯罪嫌疑人达到被“心理限制”的过程的快、慢来体现的。这种快、慢速度实际上是完成在审讯时犯罪嫌疑人“心理历程”的快、慢速度。初次审讯的“心理历程”表现为：可能发生的情况（不知底）→判断是什么事（摸底）→如果是那件事（环节的选择）→已确定是某件事（没有完全暴露）→坚持住，不能说（对抗）→客观信息与心理事实印证（设法否定客观信息来源）→外部客观信息被强化，心理事实转化心理证据（无法否定）→被心理限制（请求救助）→“供”“抗”矛盾（反复不定）→自我说服（供）。

对两种不同趋向性格的人的审讯必须注意进入被“心理限制”的时机，掌握好力度。犯罪嫌疑人一旦被“心理限制”达到了顶点时，审讯人员应当及时缓解压力，给犯罪嫌疑人“自我说服”的空间，如果不注意控制这种压力，就可能使这种压力超过犯罪嫌疑人的心理承受压力的限度，导致僵局的出现。内趋向性格的人，一旦形成僵局，就难以改变。虽然外趋向性格的人的情绪容易变化，但是在形成僵局以后，就要用双倍的努力才能扭转过来。

2. 意志特征人的意志是人自觉地采取一定目的并以此抉择一定的方法，从而调节行为去实现目的的心理历程，它是人对待事物的一种方式。不同的人对同一事物或同一人在不同的条件下对同一事物可能采取不同的行动，且各有其不同的行动目的、动机和方法。不同意志的犯罪嫌疑人面对同样的审讯，其顽抗的程度也不相同。意志强的犯罪嫌疑人在审讯活动中，总是妄想在意志上与审讯人员较量，不坚持到最后是不会轻易放弃的，这就要求审讯人员以顽强的斗志，坚持到最后的胜利。

第七节　犯罪嫌疑人的心理事实与客观事实

心理事实即行为主体对自已经历过的客观事件的主观记忆再现的确认。我们每个人对客观事物的感知或者经历过的客观事物，作为记忆经验存储在大脑的记忆中，当再次需要经验过的客观事物出现的时候，大脑的记忆会把曾经存储过的事物的某些特征或者某些基本情况再现出来。这种被再现出来的曾经经验过的客观事物的记忆，我们称为心理事实。例如，我们去过重庆，对重庆的地理特点的记忆：重庆是一座美丽的山城。此后，当别人说起重庆并且评价重庆是一座位于平原上的城市时，不管现在的重庆是什么样子，但是，你记忆中再现出来的重庆还是一座山城，这就是自己的心理事实。它是不以人的意志为转移而在其内心存在的。

当犯罪分子作案以后，犯罪过程中的情景、细节、被害人的反应、现场的惨状、赃款赃物的去向，都会在自己的脑海里打下深深的烙印，这种犯罪后留下的情景会渗透在犯罪行为人不同深度的意识里，并且时常会有意识地或者无意识地在记忆里反复出现，遇到外界的信息刺激会表现得更为活跃。随着心理运动的不断变化，犯罪时的情景交替不断地在脑海里出现，把记忆中的犯罪事实再现出来进行自我体验，这种体验不是以人的意志为转移的，是心理活动的规律而决定的内心存在。这种内心存在不仅有其客观性，而且还有其相关性，案发以后案犯就会产生与作案有必然联系的心理。

例如，案犯在杀人之后迅速地逃离了现场，案犯对杀人过程只记得自己捅了对方一刀，别的什么也没有看见，可是当别人告诉他被捅的那个人浑身是血已经死了。这时他就会把这部分信息补充进来，与自己的杀人行为进行联系，因而，在他的心理痕迹上就会留下，那个人被自己捅了一刀浑身是血已经死了，当外部信息告诉他现在公安机关正在捉拿凶手的时候，其心理事实就会自动告诉他那人是自己杀的，这就是在心理相关性的作用下，把别人死亡的结果与自己的行为联系到了一起。心理事实来源的一方面是相关性，而另一方面就是它的客观性。从本质上来说，案犯的心理事实是最贴近案件的客观事实的认知，这种认知是因对案件最直接最强烈的体验而引发的，不是司法人员强加的，有其客观的特定性。

什么是客观事实？客观事实与心理事实的相互关系是什么？客观事实就是客观存在的确认，它是独立于主体意识之外的一切事物和事件。例如，杀人的行为导致了他人的死亡，他人的死亡是因为杀人犯的行为导致的，这是客观存在的事实。犯罪行为所造成的后果，是不依任何人的意志为转移的客观存在，这种客观存在被证明、被确认就是客观事实。犯罪行为所造成的客观存在，通过案犯的主观联系，与案犯在犯罪以后的记忆痕迹即心理事实相对照确认之后便形成了心理证据。

心理证据是犯罪行为人自我心理活动的结果，是根据客观事实联系自己的心理事实，进行自我证明的心理过程。例如，盗窃案犯从他人的住宅里盗窃了金项链、金戒指、摄像机和手提电脑等物品，案发后司法机关从其家中搜查出了这些被盗的物品，当案犯面对这些物品的时候，就必然地把这些物品与自己的行为联系在了一起，这些物品便成了客观事实，案犯面对这些物品通过心理确认确定这些物品是自己从他人的住宅里盗窃的，由此便产生了心理证据。心理证据是犯罪嫌疑人供述认罪的心理基础，审讯人员要善于从犯罪嫌疑人的心理活动与客观事实的内在联系中，寻找心理证据，从而揭示案件真相。

第八节　犯罪嫌疑人“心理证据”的转换

何谓“心理证据”？根据法律规定，“证据是证明案件真实情况的一切事实”。证据有一个基本属性，即客观性。它是指客观存在的事物被人们感知并存入记忆中的事实，是不以人的主观意志为转移而客观存在的事实。这一事实就是客观证据。当犯罪行为人实施犯罪以后，当时案件的事实便通过其心理复制而储存下来，形成案件的心理事实。这种已知的心理事实能准确、彻底、完整地记录犯罪嫌疑人在实施犯罪时的具体行为，是犯罪行为人的心理记忆所确认的事实，即心理事实。客观事实与主观记忆相吻合，便能形成“心理证据”，如果不相吻合，就不能形成心理证据，能否吻合的情景来源于行为人的主观判断和主观心理思维，是自我的思维过程，外界不能强加。这种主观的心理判断也有其两重性。对客观存在作出的错误反应也能形成心理证据，这种心理证据是对客观存在的错误认识。在审讯时，若证据较为充足，向犯罪嫌疑人出示，便能得到其心理记忆的证实而形成心理证据。但是多数情况下，犯罪行为人很少有证据留下。审讯人员为了使犯罪嫌疑人产生心理证据，只有让犯罪嫌疑人产生客观存在的“错觉”，将获取的信息联想扩大产生更多的证据想象物，扩展心理思维的回忆，幻想出一些并不存在的情景，产生变形的心理证据，即想象的“心理证据”，错觉转换的“心理证据”，其成功的效果通常是与审讯人员的讯问策略、迷惑程度、谋略方法紧密相连的。

如何转换心理证据？主要有以下四种方法：

第一，根据客观存在转换成“心理证据”。这里所说的客观存在，不是犯罪行为的全部过程，而是犯罪行为某一侧面，零散的甚至是点滴的事实。心理证据是心理事实与客观事实达到相互印证的产物，心理事实具有稳定性和不变性，而客观事实能被人为地控制。在审讯实践中，通常利用犯罪行为人的心理联想过程与心理事实产生共振，形成心理证据。联想为什么能充当媒介作用？心理学家认为，联想是指感知或回忆某一事物连带想起其他有关事物的心理过程，由于事物之间的联想是客观存在的，反映在人们的头脑中形成的联想就成为一种不可抗拒的心理活动。

第二，把假定的客观事实转换成心理证据。审讯多数是在没有掌握客观事实的情况下进行的，如果犯罪嫌疑人知道审讯人员并没有掌握自己的犯罪事实，那么他是不会主动供述认罪的，为了解决这一难题，一些审讯人员采用了假设客观事实存在，并已被其掌握的这一信息刺激犯罪嫌疑人，从而寻找客观事实。也就是说用假设的事实，这个媒介就是行为人的联想和假设存在，即通过假设的证据或者逻辑矛盾，使之成为对心理事实的联想，产生心理证据，在审讯人员外力的作用下被心理限制，达到供述真实的犯罪事实的目的。

第三，把供述矛盾的逻辑信息转换成心理证据。犯罪嫌疑人在供述中产生矛盾是客观必然的，从客观存在的情况看，犯罪事实的经过在时间上有连续性，每一环节，每一具体行为，构成犯罪的整体性，各种证据材料是犯罪活动的客观反映，具有系统性，犯罪的证据、情节之间有着内在联系的逻辑性。犯罪嫌疑人的供述过程实质上就是犯罪嫌疑人重复犯罪记忆中再现当时的犯罪情景，并对这一情景进行解说的过程。由于犯罪人的畏罪、侥幸、抵触、逃避的抗拒心理的存在，供述中总要竭尽全力进行编造谎言，虚构情节，隐蔽事实真相，必然与客观规律产生矛盾。矛盾被揭露以后，便自然地进入客观事实的领域，形成再生客观事实，被印证产生了心理证据。

第四，通过揭谎、导谎转换成心理证据。犯罪嫌疑人在抗审中的最大的特点就是谎言，用谎言来掩盖自己的犯罪事实，这是审讯活动中的普遍规律，但是这些谎言一旦被揭露“心理证据”便宣告成立。可是在审讯实践中揭露谎言并不是一件容易的事，揭露谎言是有条件的，在没有条件的情况下揭露谎言，必须创造条件，笔者认为：审讯人员可根据案件的具体情况，主动地帮助犯罪嫌疑人编造谎言，并让犯罪嫌疑人加入共同编造，最后予以揭露，达到心理证据的转换。笔者将其称之为：“导谎”。

第九节　犯罪嫌疑人翻供的心理特征

翻供是指犯罪嫌疑人在侦查阶段就自己的犯罪事实作了供述以后，部分或者全部推翻原来的供述的一种现象，是一种对原供述的态度的转变。犯罪嫌疑人的翻供无疑是对侦查活动的干扰，这种现象不仅增加了案件的侦查难度使得案情变得复杂化，而且还严重地阻碍了司法机关对案件事实的认定，甚至导致难以确认的疑案。在侦查实践中翻供现象时有发生，其主要原因是因为证据不足对犯罪嫌疑人的行为难以确认，虽然已经提取了某些间接证据并且确定其有重大犯罪嫌疑，但是被提取的间接证据不能形成有效的证据锁链，从客观上不能完全确定嫌疑人的犯罪行为。这是导致犯罪嫌疑人翻供的基本原因。

人的行为是因为心理原因引起的，犯罪嫌疑人翻供的心理原因是什么？在审讯的实践中，犯罪嫌疑人只有感觉到供述对其有利时，才会供述认罪。即犯罪嫌疑人供述认罪是以“趋利避害”为前提的。当犯罪嫌疑人发现自己的供述对自己不利的时候，就会想方设法去改变供述直至翻供。

那么使犯罪嫌疑人产生不利于自己的感知认识的因素是什么呢？

1. 因为外部信息的刺激而引起的。外部信息的来源主要是审讯人员和监管场所提供的。犯罪嫌疑人在侦查阶段被采取强制措施以后，其主要的外部信息来源是审讯人员带来的，审讯人员向犯罪嫌疑人传递什么样的信息，都会引起犯罪嫌疑人的关注。实际上是对自己即将面临的命运的关注：现在“政府”到底掌握了我多少犯罪证据？自己心里没有底，只有向审讯人员去摸底。如果审讯人员采取的方法不当，不注意隐蔽，暴露了不该暴露的案件情况，就可能引起犯罪嫌疑人心理状态的变化。

如审讯人员告知犯罪嫌疑人：我们现在虽然没有掌握你确凿的犯罪证据，但是有人看见当时在现场的好像就是你。那么犯罪嫌疑人在审讯人员的这一句话里就得到了两条信息：第一条是司法机关还没有掌握确凿的犯罪证据；第二条是目击者只是“好像”，并没有确定到过现场的就是我。可见司法机关只是怀疑我犯罪，我不该信任他们的话作出不利于自己的供述，现在推翻过去的供词还来得及，他们没有足够的证据就定不了我的罪。于是本来可以通过审讯使犯罪嫌疑人认罪服法并获得更为有力的犯罪证据，可是在外行的审讯人员的刺激下导致了犯罪嫌疑人的翻供，不但没有取得新的有力证据，而且过去已经固定的间接证据也被推翻了。

审讯人员的方法不对路强化了犯罪嫌疑人的抗拒心理，是犯罪嫌疑人翻供的又一重要因素。本来犯罪嫌疑人认为审讯人员可以信任，可是通过几次审讯发现自己的判断是错误的：审讯人员不可信，态度蛮横不讲理，行为肤浅层次低，这样的人是不会给自己好处的，即便是自己全部交代犯罪事实，也不会得到从宽处理的。人常说：“坦白从宽，牢底坐穿；抗拒从严，回家过年。”“翻供不为丑，回家走一走。”与其把命运交给别人来掌握，不如翻供抗到哪一步是哪一步。这样一来就使侦查陷入困境。

更有甚者，审讯人员不仅没有强化犯罪嫌疑人的顺应心理，而且使犯罪嫌疑人的顺应性消失得无影无踪，使得抗拒心理被进一步转化成逆反心理。例如，侦查人员对一名国家高级干部的受贿案件进行侦查时，发现其子（某公安机关干警）不仅参与了其父的犯罪，且帮助其父转移财产，企图逃避法律的惩罚。其子在接受审讯时带着极强的抗拒心理，认为其父犯罪不应该牵连自己，在初次审讯时表现得阳奉阴违，经过一段时间的教育开导其抗拒心理有所转变，交代了其母亲曾经转移过一些财产出去。可是到了第二次审讯，换了一组审讯人员审讯，结果就大不一样了：这位犯罪嫌疑人不但推翻了第一次的供词，而且还采取乱供的方法把他所认识的人，都拉进了转移财产的人员名单。后来经过一一核实才知道他说的全是假话。

我们在后来总结原因的时候才知道，当时是我们的审讯人员采取了错误的方法，这位审讯人员后来是这样说的：开始我就给他一个下马威，你站起来！你要老实一点，如实地交代自己的问题以及帮助你家转移财产的人员名单。事后我们问这位犯罪嫌疑人为什么说假话乱咬人？他说：我也是干公安的，我在公安大学学习审讯的时候，你还不知道在哪玩泥呢，开始就来训我，叫我老实一点，如实交代问题，我就是不老实，你能把我怎么样？想知道转移财产的人员名单，我把认识的人都告诉你，自己找去吧，我没有时间陪你玩。这是审讯人员的错误方法所造成的结果。

此外，审讯人员虽然面对的是犯罪嫌疑人，但是犯罪嫌疑人也有人格尊严，如果审讯人员不注意尊重对方的人格，就可能会导致恶果。有时犯罪嫌疑人发现审讯人员在愚弄自己，他不但不会继续说真话，而且还会把原来的真话推翻，即“翻供”。

再有，审讯人员的刑讯逼供、引供、诱供、指供，都容易造成犯罪嫌疑人的翻供。因为犯罪嫌疑人在审讯的过程中，其抗拒心理被转化以后，其本身的顺应心理就会被逐渐强化，在这种情况下犯罪嫌疑人最容易接受审讯人员的暗示和诱导。犯罪嫌疑人为了讨好审讯人员，就顺着审讯人员的意图供述，当供述出现矛盾的时候，必然要否定原先真实的供述，于是就出现了翻供的情况。

除了审讯人员的方法不当所引起的“翻供”外，外部的其他信息也能导致犯罪嫌疑人的“翻供”。有的犯罪嫌疑人虽然被采取了强制措施，但是由于看守所的管理不严，外部的信息能够通过看守所传递给犯罪嫌疑人，从而引起犯罪嫌疑人的心理变化。例如，当一起打群架的犯罪嫌疑人被刑事拘留以后，本来犯罪嫌疑人只是认为被害人只是受了一点轻伤，以为没有什么大不了的，所以在供述的时候还能比较客观地交代自己的犯罪事实。但是当他收到看守所外面传来的信息，才知道被害人已经死亡，这可不是一件小事情，杀人是要偿命的，千万不能承认是自己干的。于是当审讯人员再次提审这位犯罪嫌疑人的时候，就可能出现翻供的情况。再如，一名强奸犯罪嫌疑人被采取了强制措施以后，一直对自己的犯罪事实供认不讳，当他得知自己的家人已经做通了被害人的工作，把强奸说成是双方自愿的通奸时，就会出现翻供的情况，使得本来并不复杂的强奸案件，变得复杂了起来。

2. 犯罪嫌疑人的心理因素引起的翻供。犯罪嫌疑人被采取了强制措施以后，其大部分时间是独立思考，自己对犯罪时的情景的记忆，每一次办案人员来提审的情况，他都会像放电影一样，反反复复地放，权衡哪些事对自己有利，哪些事对自己不利。当他发现前面的供词有部分或者全部对自己不利，为了扭转过去的不利的供词，他就会在下一次的提审时设法来扭转，继而出现翻供。有的犯罪嫌疑人在审讯时采取投石问路的方法来摸底，由于审讯人员的反应不同，容易使犯罪嫌疑人产生错觉，犯罪嫌疑人在被采取了强制措施以后所产生的错觉，容易导致犯罪嫌疑人的翻供。

犯罪嫌疑人的错觉主要是以司法机关掌握犯罪事实为前提的，一旦犯罪嫌疑人的错误认为司法机关并没有掌握其犯罪事实，就会用翻供的方法作出抗审的行动。审讯的对策，在审讯的过程中发现犯罪嫌疑人翻供，先弄清犯罪嫌疑人翻供的原因，对症下药，认真分析、找准突破口，瓦解犯罪嫌疑人翻供的心理基础。在证据充分的情况下用证据来否定翻供。在证据不充分的情况下，用逻辑关系和间接证据来否定翻供。在审讯的过程中发现犯罪嫌疑人翻供时，应当立即阻止其翻供，除了直接告知犯罪嫌疑人翻供的危害性，还应多鼓励犯罪嫌疑人说实话，告知其说假话会造成严重的不利后果。犯罪嫌疑人在翻供以后，审讯人员应当改变审讯的角度，从犯罪的情节中找出相关的“利害关系”，来动摇犯罪嫌疑人翻供的趋利避害的心理基础，消除其侥幸过关的心理，引导犯罪嫌疑人放弃翻供的借口，选择供述的路，巩固犯罪嫌疑人只有供述才是最好的出路的心理基础。让犯罪嫌疑人把翻供的假话自己再重新翻过来。

犯罪嫌疑人的翻供是因为信息的干扰，使得本来就不稳定的心理因素出现了失衡状态，因而，在审讯时必须严格控制不利的信息的干扰，使犯罪嫌疑人无法获得有利于翻供的信息。同时审讯人员须注意自己的言行，封锁有利于犯罪嫌疑人翻供的信息，使犯罪嫌疑人无法得到翻供的信息。另外为了更正犯罪嫌疑人的翻供，可以从其他人的口供或者陈述中获取新的证据线索，来否定翻供的虚假事实。最后，为了防止犯罪嫌疑人的翻供，必须要对犯罪嫌疑人已经作的供述进行巩固，用证据使犯罪嫌疑人的口供确定在事实的范围内，翻供就无法进行了。

第十节　犯罪嫌疑人的心理“支点”与“退路”构筑的抗审心理体系

两军对垒最大的特点是双方有与对方较量的资本，如果没有对抗的资本，就不可能形成对抗的态势。犯罪嫌疑人与审讯人员的对抗，也是有对抗的资本的，犯罪嫌疑人的对抗的资本来自于犯罪行为所涉及的“客观存在”和“心理存在”。犯罪行为所涉及的“客观存在”，是犯罪嫌疑人的行为所涉及的犯罪痕迹，如果能够支持犯罪嫌疑人的抗审，通过了心理评价，就会成为犯罪嫌疑人抗审的心理“支点”，如果犯罪行为所涉及的“客观存在”，即犯罪痕迹，不能够支持犯罪嫌疑人的抗审，得不到心理评价的肯定，犯罪嫌疑人就形成不了抗审的心理“支点”。因为犯罪嫌疑人需要抗审，最大的特点是否认自己与犯罪有关，犯罪嫌疑人的心理支点正是以这两个方面为基础的，如果犯罪嫌疑人认为自己的犯罪行为没有被暴露，他就会以此为心理支点进行抗审。还有的犯罪嫌疑人其犯罪行为被暴露后，认为侦查机关不能证明自己的犯罪，就会以自己没有犯罪来作为心理支点与审讯人员对抗。当犯罪嫌疑人设立的抗审的心理支点被破除以后，犯罪嫌疑人会重新去寻找新的能够支持自己抗审的“客观存在”，来作为抗审的心理“支点”继续对抗审讯。

一些有经验的审讯人员在审讯的活动中，首先注意的是如何堵住犯罪嫌疑人的“退路”，把犯罪嫌疑人控制在自己的火力范围内展开攻击。如果审讯人员不注意堵住犯罪嫌疑人的“退路”，犯罪嫌疑人就会利用其“退路”，逃出审讯人员的火力范围。例如在一起凶杀案件中，现场勘验证明犯罪嫌疑人在案发时间去过发案现场，仅仅有这点线索，如果审讯人员不注意堵犯罪嫌疑人的退路，直接讯问犯罪嫌疑人：你去过杀人现场，你就有重大的杀人犯罪嫌疑。那么犯罪嫌疑人就会理直气壮地告诉你：我去过现场就能证明我一定是去杀人的吗？这就是犯罪嫌疑人的“退路”。相反如果审讯人员能够注意堵住犯罪嫌疑人的“退路”，让犯罪嫌疑人产生错觉，现场只有犯罪嫌疑人一人去过，因此只要有人去过，那么他就是犯罪嫌疑人，这样如果犯罪嫌疑人就是杀人的凶手，那么他会否认自己去过发案现场，这样就把犯罪嫌疑人的谎言给逼了出来，审讯人员只要把攻击的目标对准揭露谎言，就能把犯罪嫌疑人拉进自己的火力范围，使犯罪嫌疑人无路可退。

犯罪嫌疑人在抗审的全部活动中，是依据自己选择的心理“支点”和“退路”构筑自己完整的抗审体系。在审讯活动中，审讯人员从接触犯罪嫌疑人开始，总是要从否定开始，经过再次的否定进入寻找“退路”阶段，最后在“退路”被堵住的情况下放弃抗审。这是犯罪嫌疑人抗审的基本过程，也可以把它看成是犯罪嫌疑人的一套完整的抗审体系。从犯罪嫌疑人第一次否认自己有犯罪行为开始，他就做好了心理准备，这个心理准备就是心理“支点”，当犯罪嫌疑人的心理支点被撤除以后，犯罪嫌疑人并不会立即放弃抗审，他会继续寻找自己的“退路”，当“退路”被堵死以后，犯罪嫌疑人才会逐渐放弃抗审。

研究审讯心理学时，必须要知道犯罪嫌疑人抗审的全部心理过程，才能找出有效的科学方法，使犯罪嫌疑人主动放弃抗审。那么什么是犯罪嫌疑人的心理支点？它是支持犯罪嫌疑人实现某一目的和愿望的积极的心理状态，这一心理状态是以某些客观存在为基础的，通常正是由于某些客观因素，为犯罪嫌疑人提供了抗审的基础和条件。例如，杀人现场没有目击者，也没有留下明显的痕迹，犯罪嫌疑人就会以此为条件来作为抗审的支点：反正没有人看见，只要自己不承认司法机关就无法认定我是杀人犯。这就是客观因素为犯罪嫌疑人提供的抗审心理支点。

犯罪的行为对象和犯罪的行为本身组成的客观因素有：人、财物、行为。他们所产生的心理支点有：利害关系、密切程度、信息的反馈量、存在的暴露、来源的暴露、去向的暴露、行为的原因、行为的结果、痕迹的证明，等等。这些因素是犯罪嫌疑人寻找心理支点的基础，也就是说犯罪嫌疑人的抗审的心理支点，是依靠上述因素而产生的。当一名审讯人员接受对一名犯罪嫌疑人进行审讯的时候，为了消除犯罪嫌疑人的心理支点，必须在调查摸底阶段弄清楚犯罪嫌疑人的心理支点的基础因素，才能找准目标，运用审讯技巧铲除犯罪嫌疑人的心理支点。“退路”的本身含义是“回旋的余地”。这里指的是犯罪嫌疑人进行自我保护的又一种抗审方法。犯罪嫌疑人在接受审讯的全过程中，支点被铲除后，犯罪嫌疑人会迅速地寻找“退路”来进行自我保护。

通常犯罪嫌疑人选择的“退路”的来源，是在进行心理的自我选择、权衡的过程中形成的，不同的人对“退路”的选择的方法是不同的。这与犯罪嫌疑人的“人格”特征是分不开的，有的犯罪嫌疑人的心理支点被铲除以后，在寻找“退路”的过程中很快就会放弃“退路”，顺应审讯人员的意志。有的犯罪嫌疑人还与审讯人员“讨价还价”：我要是这样你们会怎样？能否那样？有的犯罪嫌疑人认准一个死理作为抗审的“退路”，一直坚持到最后。例如贪污贿赂犯罪，其犯罪嫌疑人用大量的公款去行贿国家高级干部牟取私利，案发后，公款被侵吞，犯罪的事实已经暴露，犯罪嫌疑人再去寻找心理支点进行抗审已经失去了意义，这时的审讯人员的讯问重点是公款的去向，有的犯罪嫌疑人会认为不能出卖朋友，为人要讲义气，虽然自己给了钱，但是人家也为自己办了事，况且此人还在“台上”，只要自己不供认他，他就一定会出面来保自己，来搭救自己的，只要自己坚持“一问三不知”“时间长记不清楚了”，就会有希望的。还有的犯罪嫌疑人是以对抗心理作为抗审的“退路”，他认为是司法机关有意跟自己过不去，是故意地来整自己，我就是不服气，他是以积极的对抗来作为自己的“退路”的。也有的犯罪嫌疑人把“退路”选择为嫁祸他人，更有的犯罪嫌疑人采取事实面前不认账，用这种无赖的方法来作为自己的“退路”。

由此可见，不同的人选择的退路是不同的，其原因就在于他们各自的“人格”的特征不同。当犯罪嫌疑人在选择“退路”时，其退路是通过心理评价而产生的，心理评价来源于“经验”和“认识”，这种“经验”和“认识”的反映，是由先天和后天的结合，集中从“人格”的特征中表现出来的，什么样的“人格”特征就会反映出什么样的“退路”选择。有的犯罪嫌疑人在客观事实面前，能很快承认自己的犯罪，而有的犯罪嫌疑人在客观事实面前，坚持不承认，有的审讯人员把这些人比作“无赖”。这就是犯罪嫌疑人对“退路”选择的“人格”表现。

如何解决犯罪嫌疑人的“退路”呢？犯罪嫌疑人在抗审的过程中失去“支点”后，会本能地选择“退路”，如何让犯罪嫌疑人认识到自己已面临“四面楚歌”无路可退的境地，是解决犯罪嫌疑人的“退路”的基本方法。

首先，是利用有关证据断其“退路”。犯罪嫌疑人选择的“退路”经常是为了推翻主要关键的证据，如果犯罪嫌疑人所选择的“退路”不能推翻关键证据，那么犯罪嫌疑人所选择的“退路”就失去了意义。相反在很多的时候，关键性的证据能够帮助我们断其“退路”。

例如，某单位办公室的手提电脑被盗。现场勘查后提取了五个人的脚印，经过鉴定确认有四个人的脚印是本办公室的工作人员的，这些人均被排除有作案的可能。另外一个人的脚印是本单位工作人员李某的。经过了解的情况分析李某的犯罪嫌疑最大，现场发现的脚印是本案唯一的关键证据。在审讯人员讯问李某时，审讯人员首先是堵其“退路”。

问：你是否知道办公室的手提电脑被盗？

答：我听说了。

问：你是听谁说的？

答：我是听他们办公室的人说的。

问：你是不是经常去办公室？

答：我不经常去办公室。

问：你最近去过办公室没有？

答：没有。

问：你最后一次去办公室是什么时间？

答：在半个月以前。

问：在半个月以后你是否去过办公室？

答：没有。

这时审讯人员拿出了脚印的鉴定报告问：你既然没有去过办公室，为什么在办公室主任的办公桌前有你的脚印？

李无话可说，只得承认自己盗窃手提电脑的犯罪事实。

这个案件从通常的情况来看，犯罪嫌疑人选择的“退路”是：我虽然去过发案现场，但是我并没有盗窃的行为。这样尽管现场鉴定有犯罪嫌疑人的脚印，但是并不能证明犯罪嫌疑人就有盗窃的行为。相反，如果我们把关键证据首先不是用来证明犯罪行为，而是用来堵犯罪嫌疑人的“退路”，就会出现截然不同的效果。就前面的案例，如果审讯人员首先用提取的脚印来证明犯罪行为，就有可能出现这种情况，问：“我们在案发现场发现了你的脚印，你怎么解释？”答：“我经常去办公室办事，所以在办公室留有我的脚印，去办公室的人也不是我一个，难道去了办公室就有盗窃行为吗？我虽然去了办公室但是我并没有盗窃电脑。”可见这样的审讯是失败的。

其次，是“造势”的方法，即直接告知犯罪嫌疑人你已经无路可退了！你已经构成了犯罪，这是客观存在的。堵截的方法是：当犯罪嫌疑人把退路指向某一特定的对象时，审讯人员应当迅速地将其拦截，阻止犯罪嫌疑人完成对特定的对象的指向。例如当犯罪嫌疑人把“退路”选择为嫁祸他人时，审讯人员应当立即告知犯罪嫌疑人：“你不要再说了！他人的事情我们已经调查清楚了。”或者“这件事情我们已经清楚了，现在你要说的是你自己的事情！”这样犯罪嫌疑人就会暂时放弃这一“退路”，寻找别的方法，因为在短时间内寻找别的方法比较困难，此时犯罪嫌疑人有可能向临界状态迈进。

再次，是假设存在为犯罪嫌疑人设立“退路”障碍。在审讯活动中，审讯人员在接触犯罪嫌疑人之前，必须要分析犯罪嫌疑人可能选择的“退路”，把握审讯的主动权。“假设存在”是通过分析犯罪嫌疑人可能选择的“退路”，而设定一系列不利于犯罪嫌疑人的障碍，使犯罪嫌疑人放弃对“退路”的选择。农民为了田里的庄稼不受鸟雀的侵害，用稻草编制成假人然后扣上一顶破草帽，便可以假乱真吓唬鸟雀不敢再侵害庄稼。这里的稻草人就是为鸟雀侵害庄稼而设置的障碍。

从犯罪嫌疑人抗审的习惯来看，他们在对“退路”的选择上通常采取否定的方法。例如，我没有干过这件事情，我不知道，我没有去过，不是我拿的，等等。前段时间笔者受命对一起共同贪污犯罪后，将赃款用于购置一栋私人住宅的犯罪嫌疑人进行审讯，该犯罪嫌疑人与共同贪污的主犯系情夫、情妇关系，我们在对她的审讯之前就要预计到她可能选择的“退路”。首先她会否认自己与共同贪污的主犯系情夫、情妇关系，当这一否定不能奏效的时候，她就会迅速地进入第二层次的否定——我没有与对方一起共同贪污更没有使用过赃款。我们如果在这之前分析出她可能选择的“退路”，采取假设存在为犯罪嫌疑人设立“退路”障碍，审讯就会出现截然不同的效果。对前面的这一案例，笔者首先告知对方：“你与某某的关系已经不是一个人知道了，那笔公款的去向我们也清楚了，我们今天不是要你说这些的，因为你已经构成了犯罪，我们今天只想知道你对这件事情的态度，能否得到从宽处理。”显然犯罪嫌疑人再去否认他们的关系、否认自己与赃款有关已经毫无意义了。之后犯罪嫌疑人权衡了利弊，表示愿意退出用于购买住宅的公款，同时交代了共同贪污的犯罪经过。

最后，是迂回堵截的方法。犯罪嫌疑人选择自己的“退路”，在很多的时候是根据自己犯罪的行为特征来选择的，由于这种行为的复杂性和难以确定性，堵其“退路”不可能一步到位，需要采取迂回堵截的方法才有效果。例如交通肇事逃逸案件，这一罪名涉及两种行为，一种为交通肇事，另一种是交通肇事后逃逸，这两种行为只要否定了前面一种，那么后面肇事后逃逸也就不存在了，犯罪嫌疑人经常采取这种方法来选择自己的“退路”。

如有一犯罪嫌疑人在夜间驾车，撞倒路边行人以后驾车逃跑。交警部门将其抓获归案以后，犯罪嫌疑人称：当时是夜间驾车，光线很暗没有看见路边的行人，所以根本就不知道自己撞倒了人……（这样从行为上来说就不能构成肇事后逃逸的故意）下面有一段讯问记录。

问：你驾车行驶的那段路面的状况如何？

答：路面非常平坦。

问：你开了多少年车了？

答：16 年了。

问：你那天开车是不是太疲劳了？

答：那天我才开两个多小时的车，根本就不疲劳。

问：既然是这样，那么在路面非常平坦的情况下，你是开了 16 年车的老驾驶员，如果不是疲劳驾车，你的汽车撞倒物体就应该有所感觉。

答：……我好像撞倒了什么东西。

问：在你的汽车撞倒那人的时候，你的对面有一辆车开过来你看见没有？

答：我记不清楚了。

问：但是你对面那辆车的驾驶员却看见了你，并且记住了你的车牌号！你当时停车下来看见了什么？

答：我……看见我的车后面躺着一个人，我知道是我的车撞倒了人，当时因为天黑没有人看见，我就开车跑了……第二天一早我把车开进了修理厂补了补被撞坏的车漆。

这里审讯人员采取迂回堵截的方法，从堵“退路”的方面入手，取得了审讯的成功。

第十六章　嫌疑人抗审的条件来源

心理支点是犯罪嫌疑人对抗审讯的心理依据，犯罪嫌疑人从对抗审讯到供述认罪的过程，是心理支点的转化过程，根据犯罪嫌疑人在接受审讯的心理过程表明，对抗审讯拒不供述的重要原因来自于：利益关系、对抗条件和人格特征。当犯罪嫌疑人对抗的三大心理支点被置换以后，讯问人员帮助犯罪嫌疑人重新建立起了供述认罪的心理支点，便完成了审讯任务。

第一节　对抗利益关系的心理冲突与平衡

从利益的概念上来看，利益就是好处，或者说就是某种需要或愿望的满足。根据利益存在于不同领域可分为物质利益、政治利益、精神利益。在职务犯罪的侦查活动中，职务犯罪嫌疑人的抗审行为，就是围绕着物质利益、政治利益、精神利益这三种利益而展开的，犯罪的惩罚性告诉了犯罪嫌疑人在实施犯罪行为之后，将由此带来的物质利益、政治利益、精神利益的损失。这是犯罪嫌疑人抗审的重要心理依据，这种心理依据的来源是“社会交换理论”下的人的基本行为规则，即“趋利避害”的本性。

人们的认识在于对其有利的就会积极行为，对其不利的就会表现出对抗行为。在侦查讯问活动中，由于犯罪行为的应受惩罚性，犯罪嫌疑人供述自己的犯罪事实，就意味着将会受到惩罚、利益将会受到损失。所以犯罪嫌疑人认识到这种后果的时候，就会选择对抗。与此相反，如果犯罪嫌疑人意识到在实施犯罪行为之后，向司法机关供述不仅不会受到惩罚，反而会得到奖励，那么犯罪嫌疑人就不会选择抗审了。在侦查讯问过程中嫌疑人的任何决定，都是一种理性选择行为。这是人的本性所决定的，任何人都有着趋利避害的本能。我们每一个人，在作出某种行为的决定之前，都会在内心考虑并权衡该行为是否能给自己带来利益，若自己的判断为“是”，则会选择去实施该行为，反之则会选择不去实施该行为。

犯罪嫌疑人在被侦查讯问的过程中，选择的抗审行为过程有一个理性选择决定自己行为的过程。在侦查讯问起始阶段，有罪的犯罪嫌疑人都会将自己如实供述犯罪事实后，随之而来的各种后果看得比较重，因为该行为将受到刑罚处罚而失去人身自由或生命权利；没收财产而失去自己原有的财产；失去现有的优越的工作机会；失去现有的社会地位和良好的声誉名誉；失去自己的亲情友情等。因此犯罪嫌疑人不会轻易在侦查讯问开始时就供认自己的犯罪事实。

上述情况表明，犯罪嫌疑人是为了维护自己的利益才选择抗审的，可是在很多时候，犯罪嫌疑人是从开始的“抗审”，经过讯问人员的语言交流，放弃了对抗，选择了供述，这又是什么原因呢？难道犯罪嫌疑人不知道供述以后会给自己带来不利的后果吗？显然不是！从犯罪嫌疑人抗审的行为表现来看：犯罪嫌疑人首先是选择拒供而保持沉默，经过讯问人员的语言交流，继而进行了假供即以欺骗撒谎来应付审讯人员的提问。其次是经过实质性的对抗，利益关系发生了部分变化，犯罪嫌疑人选择交代一部分犯罪事实。最后是利益关系发生了根本的变化，犯罪嫌疑人经过权衡利弊，如实供述了自己的全部犯罪事实。

由此可见当犯罪嫌疑人认为供述比对抗对自己有利的时候，犯罪嫌疑人就会放弃对抗选择供述。这是犯罪嫌疑人在经过对抗的利益关系的心理冲突之后，发生的利益关系的变化，继而进行的利益平衡的结果，即讯问活动的最高境界：犯罪嫌疑人明知自己供述以后对自己不利，还仍然选择供述。

在审讯活动中犯罪嫌疑人对利益关系的认知，还可分为长远利益与眼前利益。这种长远的利益关系是行为的最终结果，犯罪行为的最终结果是刑法的处罚，犯罪嫌疑人一开始的对抗，原因就在于担心这种长远利益的丧失。审讯活动中犯罪嫌疑人所面对的眼前利益，就是当前被讯问所带来的心理焦虑和心理压力。很多时候犯罪嫌疑人为了解脱这种心理焦虑和心理压力，就会选择放弃对抗而获取眼前利益。如果犯罪嫌疑人始终选择维护自己的长远利益，犯罪嫌疑人就会选择积极的对抗。如果犯罪嫌疑人为了摆脱眼前的困境，为了当前利益就可能选择顺应服从。

关于在侦查讯问活动中犯罪嫌疑人所面临的利益关系，还表现为整体利益与局部利益。犯罪嫌疑人犯罪以后对自己、对家庭、对自己的生活圈所带来的伤害以及利益的损失，是整体的利益关系损失。因为自己的犯罪行为给自己的局部利益或者给家庭某个成员带来的伤害，是局部利益关系损失。这两种利益关系经常会发生冲突。犯罪嫌疑人在讯问中的对抗行为通常是为了维护整体利益而产生的，可是在很多时候犯罪嫌疑人为了局部利益就会放弃整体利益。例如，某犯罪嫌疑人在被采取强制措施以后，仍然坚持积极的对抗，拒不交代自己的犯罪事实，当得知自己的女儿再有两个月就要参加高考了，可是因为自己的犯罪，导致了女儿无心读书，面临无法参加高考的情况，这对女儿的一生将会产生重要影响。此种情况下犯罪嫌疑人选择了积极的配合，努力创造取保候审的条件，尽快地走出看守所，让其女儿能够顺利参加高考。这种局部的利益使犯罪嫌疑人放弃了整体的对抗。

犯罪嫌疑人所面临的利益关系最重要的区别在于：合法利益与非法利益的关系。犯罪嫌疑人的对抗行为是为了维护非法的利益关系，即掩盖犯罪行为达到对自己非法利益的维护。当犯罪嫌疑人认识到自己的犯罪行为对社会造成的危害，产生了悔过的思想认识，积极主动供述自己的犯罪事实，从根本上来说就是对合法利益的维护，这种认识过程，就是非法利益关系向合法利益关系转化的过程。实现这种转化就是讯问人员的基本任务。

基于人的趋利避害的本能，被讯问人行为模式的择优选择功能，是其自身行为选择的依据。例如，法律规定在被追诉前主动交代行贿行为的，可以减轻处罚或者免除处罚。这就为在大量的贿赂案件侦查中，先突破行贿人继而瓦解受贿人的心理防线，并最终突破全案提供了法律保障。而行贿人可能在对众多的行贿事实中，选择交代已被检察机关发觉查处的行贿事实，这是行贿人两害相权取其轻的心理的直接行为表现。

此外，在共同犯罪案件中，攻守同盟中必然有人会出于自保自私的心理率先背弃盟约，以求得相对较轻的处罚结果。在侦查审讯中，客观地存在嫌疑对象有很多“利益”争取的空间。讯问人员注意把握这些“空间”，帮助犯罪嫌疑人选择有利的空间，犯罪嫌疑人就能够产生利益关系的顺应行为。如法律对侦查规定的时限要求，是犯罪嫌疑人明知的，作为犯罪嫌疑人，是想让侦查员把法律赋予的侦查时限用足，还是尽快了结自己的事？显然后者是其利益取向。比如，法律明确规定了取保候审的条件，不具备取保候审条件的就应该采取强制措施，满足取保候审条件的就可以解除强制措施，显然后者能够满足犯罪嫌疑人趋利避害的条件选择。

还有，在侦查力量的选择上，作为犯罪嫌疑人是想让自己的问题由很多人来查处呢？还是按常规办就可以了呢？显然，没有哪一个犯罪嫌疑人会因为不配合而导致一个庞大的群体都投入到他的案件侦查工作中来。需要指出的是趋利避害的选择性，当一个重要的利益失去以后，接踵而来的就是尽力去追求一个较轻的损失后果，即争取坦白获得从宽处理，以此获取新的利益关系。审讯活动中的利益关系的把握，是讯问人员依据案情而帮助犯罪嫌疑人作出的行为选择，其作用就是能够让犯罪嫌疑人更好、更快、更准确地去把握为自己争取可能“利益”的时机，并作出顺应性的行为抉择。

第二节　抗审的对抗条件的得失

犯罪嫌疑人一般不会轻易供述出自己的犯罪事实，这是由抗审的对抗条件所决定的。侦查讯问实践中，犯罪嫌疑人很少主动向侦查机关供述其犯罪事实。美国刑事司法学界和警察科学界最著名的学者之一弗雷德英博说：“人类一般不会主动、自发地供认自己的罪行……期望作案人未经审讯的触动便因良心的折磨而供认罪行的想法的不切实际的。”侦查学鼻祖汉斯格罗斯也说：“希望每个人都能坦白自己的罪行，是残忍的至少是不人道的。”犯罪嫌疑人在具备自我保护的条件下，是不能轻易放弃自己对利益的要求的。犯罪嫌疑人没有经过讯问人员的接触，就不可能知道自己是否存在自我保护的条件，趋利避害的行为本能告诉他：无论是什么样的行为，只要是对自己不利的都要进行对抗，这是犯罪嫌疑人很少主动向侦查机关供述其犯罪事实的重要原因。

对抗条件是决定犯罪嫌疑人对抗行为存在、发展的内部原因，同时对抗条件也是制约和影响对抗行为存在、发展的外部因素。有条件对抗犯罪嫌疑人才会选择对抗，如果没有了对抗条件，犯罪嫌疑人就会放弃对抗。如同儿童与青少年进行武力对抗，显然儿童没有与青少年进行武力对抗的条件，失去了武力对抗条件只能选择放弃。由此，犯罪嫌疑人选择的抗审，是在有条件对抗的基础上产生的。犯罪嫌疑人的对抗条件，是建立在犯罪事实没有暴露的基础上的。如果犯罪事实已被侦查机关查清，犯罪嫌疑人的对抗就失去了意义，自然放弃对抗。“条件”认知的程度决定了犯罪嫌疑人抗审的行为方向。

在很多时候侦查讯问人员手里并没有掌握犯罪嫌疑人的犯罪证据，讯问犯罪嫌疑人的目的是要犯罪嫌疑人自己交出犯罪证据，犯罪嫌疑人正是在这种情况下供述自己的犯罪事实的。如果犯罪嫌疑人明知侦查讯问人员没有掌握自己的犯罪证据，证明自己犯罪还要依赖自己的供述，自己还有条件对抗，那么犯罪嫌疑人能够选择放弃对抗吗？显然不会的。那是什么原因导致犯罪嫌疑人在有条件对抗的情况下放弃对抗呢？这是由犯罪嫌疑人对“条件”认知的程度决定的，在讯问活动中，讯问人员的态势以及所提供的信息，足以使犯罪嫌疑人感觉到讯问人员已经掌握了犯罪证据，或者是犯罪信息，认知的结果是对抗条件的丧失，这实际上是对“条件”认知的错觉造成的，是误以为“条件”的丧失。这是讯问人员在没有掌握犯罪嫌疑人犯罪证据的情况下，能够使犯罪嫌疑人供述犯罪事实的重要基础。

“对抗条件”的把握程度决定了犯罪嫌疑人的对抗程度。对犯罪事实暴露程度的把握，实际上是对抗条件的认知。全部犯罪事实的暴露与局部犯罪事实的暴露，多个犯罪事实的暴露与部分犯罪事实的暴露，是犯罪嫌疑人选择全部供述还是部分供述的重要基础。如果犯罪嫌疑人的认知是全部的犯罪事实的暴露，就有可能选择全部的供述，如果犯罪嫌疑人的认知是部分的犯罪事实的暴露，他就不可能选择供述全部的犯罪事实，而会选择暴露多少就供述多少，这是人的趋利避害的本性所决定的。

在讯问活动中讯问人员如何组织“对抗条件”的认知？是全部的“对抗条件”的丧失，还是部分的“对抗条件”的丧失，是由讯问的目的所决定的。侦查犯罪是全部的犯罪行为，而不是局部的犯罪行为，所以讯问人员在组织对犯罪嫌疑人的信息影响时，是让犯罪嫌疑人产生对全部的犯罪事实的认知，避免犯罪嫌疑人产生对局部的犯罪事实的认知。如果让犯罪嫌疑人产生的是局部的犯罪事实的认知，那么犯罪嫌疑人只能供述局部的犯罪事实，从而掩盖了其他的犯罪事实。所以“对抗条件”的丧失，是整体的还是个体的，对犯罪嫌疑人的对抗行为有着重要的影响。

犯罪行为的记忆是犯罪嫌疑人“对抗条件”产生的基础。首先侦查讯问是在审讯者预先认为犯罪嫌疑人有罪的前提下进行的，而这个前提的产生则是基于犯罪嫌疑人的犯罪记忆，没有犯罪记忆就不存在对抗，犯罪嫌疑人实施了犯罪行为，因为这种行为是社会的否定行为，是要受到法律惩罚的行为，由此才会引起对抗，如果没有犯罪的行为记忆，那就不存在对犯罪行为的隐瞒和对抗了。犯罪嫌疑人的“对抗条件”依赖于犯罪的行为记忆，在犯罪嫌疑人实施犯罪活动的过程中，那些能够证明犯罪行为的因素，和犯罪事实暴露的可能性，对犯罪嫌疑人心理的“对抗条件”产生了重要影响。犯罪行为的记忆是犯罪嫌疑人自我确认的依据，犯罪嫌疑人在被讯问过程中的一系列行为都是从这里开始的，犯罪的记忆是犯罪嫌疑人对抗的前提，没有犯罪记忆就不存在对抗的问题了。在讯问的空间里，对犯罪行为的记忆是模拟产生、再现的，在讯问的空间里，讯问人员对犯罪行为的模拟程度，对嫌疑人的对抗条件的认知有着重要影响。讯问人员模拟的犯罪事实与犯罪嫌疑人的行为记忆相吻合，犯罪嫌疑人的对抗条件就会自动丧失，反之就会被强化。

其次，人的生理和心理的特征反映，犯罪的行为记忆在讯问人员外来的信息刺激下被激活，自然会通过不同的渠道反映出来（这是形体语言研究的结果）。例如，犯罪嫌疑人为了掩盖自己的犯罪事实，对抗侦查讯问的基本方法就是“谎言”，这种“谎言”在外来的信息刺激下，总会通过说谎者的外部形体反映出来，告诉别人自己在说谎。另外说谎者引发的心理焦虑，促成了自我对抗条件的降低和削弱，由此犯罪的行为记忆是隐瞒犯罪事实的天敌。

第三节　人格特征反映的抗审行为

讯问实践表明犯罪嫌疑人的人格特征对抗审行为会产生重要的影响。从人的个体人格形成的基本特征来看，心理学家们认为：个体人格的形成，主要是遗传与环境因素的影响，人格是一个整体，它由三部分组成，即本我、自我和超我。“本我”是人格结构中最原始的部分，从出生之日起便存在，构成本我的成分是人类的基本需求，也是生之本能。它是促动个体求生活动的内在力量。“自我”是个体在现实环境中由“本我”中分化发展而产生的，由“本我”而来的各种需求，如不能在现实中得到满足，就必须迁就现实的限制，并学会如何在现实中获得需求的满足。这种需求对“本我”的冲动具有缓冲和调节功能。“超我”是人格结构中的道德部分，处于管制地位，是个体接受社会文化道德规范的教养而逐渐形成的。当“超我”不能对自我起到管制作用时，“本我”和“自我”会因为各种需求而产生内在的动力，从而采取实现需求的行为，这种行为可能会违反社会文化的道德规范。因此犯罪嫌疑人的个性与经历，直接影响嫌疑人的社会化程度和人格特征反映。

人格特征在环境的影响和刺激下发生变化，是人格基本属性所决定的。孟母三迁的故事流传已久：孟子小的时候，父亲早早地死去了，母亲守节没有改嫁。起初，他们住在墓地旁边。孟子和邻居的小孩一起学着大人跪拜、哭嚎的样子，玩起办理丧事的游戏。孟子的母亲看到了，皱起眉头说："不行！我不能让我的孩子住在这里了！"孟子的母亲便带着孟子搬到市集，靠近杀猪宰羊的地方去住。到了市集，孟子又和邻居的小孩，学起商人做生意和屠宰猪羊的事。孟子的母亲知道了，又皱着眉头说："这个地方也不适合我的孩子居住！"于是，他们又搬家了。这一次，他们搬到了学校附近。每月夏历初一时，官员到文庙，行礼跪拜，礼貌相待，孟子之后都学习记住了。孟子的母亲很满意地点着头说："这才是我儿子应该住的地方呀！"后来，大家就用"孟母三迁"来表示人应该要接近好的人、事、物，才能学习到好的习惯。这也说明了环境能改变一个人的爱好和习惯、改变人的人格特征。在偷盗的环境里生活就会想着向别人那里获取钱财，战争环境中的战士想着的是浴血奋战，环境对造就人格有着重要的意义。

审讯空间的环境，对犯罪嫌疑人来说是特殊的甚至是陌生的，面对这种特殊而陌生的环境，犯罪嫌疑人只能调动以往人格经验，来应对眼前所面临的环境。犯罪嫌疑人进入审讯空间之后，其相对稳定的人格特征会发生变化，原本是外向型性格的却表现为沉默寡语，原本是内向型性格的却表现出口若悬河的积极对抗。随着讯问空间的信息刺激不断发生作用，犯罪嫌疑人原本是有较高的品格特征的人，如优秀的公务员、高级领导干部，众人评价品格高尚的人，却在审讯室内表现出无赖、满口谎言、狡辩抵赖等行为。由此审讯空间能够改变犯罪嫌疑人相对稳定的人格特征出现人格属性差异。因此审讯人员必须注意调整犯罪嫌疑人的人格属性差异，使其人格特征达到正常的人格状态，满足审讯所需要的人格特征。在讯问的空间里调整犯罪嫌疑人的人格行为特征，是通过对犯罪嫌疑人评价的方法来进行的。通过对犯罪嫌疑人的品格评价，激发其闪光的、优秀品质的人格，建立自我维护的心理行为，帮助犯罪嫌疑人搭建供述认罪的平台。

犯罪嫌疑人的成长过程同时也是一个社会化的过程，在社会化过程中，社会行为规则与价值观念都会内化在犯罪嫌疑人的行为模式与思维模式中，即使是在犯罪过程中，犯罪嫌疑人也摆脱不了社会化过程对其的影响。在侦查讯问中，犯罪嫌疑人也摆脱不了正常社会价值观念与行为规则对其的影响。这主要表现为由于犯罪而在嫌疑人心中形成的罪责感与内疚感，即通常所说的良心受到折磨。根据犯罪学家的认识，在犯罪实施过程中，大多犯罪嫌疑人在控制侵害对象时，其内心有将对象非人格化或道德评价降低的现象，以求得内心的平静或平衡。因而，有些犯罪学家就此提出了一种被害预防的对策，即被侵害对象在面临被侵害而无力反抗的情况下，要放弃无谓的反抗而不要放弃对犯罪人的劝说——让犯罪人将自己看作是有人格的人、像家人亲友一样的人，从而激起犯罪人的道德感，产生不平衡的内心冲突，从而自动放弃犯罪。因此在讯问犯罪嫌疑人的活动中，讯问人员要设法改变犯罪嫌疑人的平衡的心理状态，使之出现不平衡的心理愧疚，出现社会规范要求下的道德感，从而使其放弃对抗转而积极供述罪行。

第十七章　嫌疑人供述的条件来源

根据在讯问活动中犯罪嫌疑人供述认罪的基本特点来看，犯罪嫌疑人由于个体和客观方面的特点，表现出供述认罪的六大基本规律，即犯罪事实暴露的心理误区；解脱心理限制的困境；趋利避害的交换条件；意识经验的习惯反应；“人格”道德系数的满足和“需要”的基本属性。

第一节　犯罪嫌疑人供述动机形成的基本特点

审讯人员都很清楚，犯罪嫌疑人在事实和证据面前都能交代自己的犯罪事实，而且占有很大的必然性，有人说：“这是他无路可走，无法抵赖，不得不交代。”实质上证据面前不得不供述是有一定的心理基础的，这种心理基础是以心理被限制为条件的。“心理限制”是指思维对象受到强制性的限制和制约，失去了任意思维的对象。如犯罪嫌疑人在客观的事实和证据面前无法抵赖，无路可退，对其犯罪行为无法否定，失去了对其否定的选择性和对其心理思维应如何辩解的限制性。

心理限制与人身强制有一定的区别。人身强制是慑于法律的强制力，对人身的自由进行限制，强制性地指定人身的活动范围，并进行强制性的对话，这是一种外在的限制，对人的外部身体产生作用，而不能对人身心理的思维活动进行限制。内在的心理限制是对心理的内心限制，也称为心理限制，从正常人的思维特点来看，有思维的广泛性和前思后虑的任意性。在正常信息刺激的情况下，思维较为活跃，思维的路子较为宽广，思维的方向带有任意性；而被心理限制后的思维状态就不同了，这时的思维只能按照讯问人员指定的方向进行思维，没有任意性，这种心理被强制的状态有利于犯罪嫌疑人按照讯问人员的指令如实地交代自己的犯罪事实。

中外侦查机关，为了使犯罪嫌疑人交代犯罪事实，对犯罪嫌疑人采用“测谎仪”进行测谎，而被测后的犯罪嫌疑人均能如实地交代自己的罪行，效果良好，这是什么原因？这是因为犯罪行为人的客观事实被测谎仪证实，对心理事实产生了作用力，形成了心理证据，实现了心理限制的内在根据。客观的行为被证实，无路可退，思维进入这段领域被堵塞，无法循环下去，停留在被限制的状态，达到了心理限制的效果。在这个阶段，如果讯问人员能坚持将犯罪嫌疑人的思维控制在这个范围，那么随着时间的推移，犯罪嫌疑人的心理压力将越来越大，产生某种需要才对某一目标的追求，这便出现了供述的动机。对犯罪嫌疑人的心理限制是促其交代犯罪事实的较为有效的途径，是供述动机产生的基础。

在审讯实践中，为了实现对被审讯对象的心理限制，不能局限在“测谎仪”的使用。更重要的是通过客观证据的出示，点滴证据的暗示，供述矛盾的揭示，来实现对犯罪嫌疑人的心理限制。另外还可根据案情的特点采用审讯谋略与技巧，也能实现对犯罪嫌疑人的心理限制。如采用“假设”的客观事实信息，提供给犯罪行为人，也能起到以假乱真的效果。行为人对假设信息的误解，通过扩展的联想与心理事实的共振，形成心理证据，取得了心理限制的基础。再者在讯问过程中犯罪嫌疑人透露出来的客观事实信息是不可忽视的环节，也是讯问过程中“无证取证”以现象引出犯罪事实的有效途径。

由于贪污、贿赂犯罪的特殊性，这类犯罪是先有犯罪嫌疑人，然后再查明犯罪嫌疑人的所作所为，确定其犯罪事实。并且这类犯罪总是在一定的时间、空间内进行，与一定的人发生关系，并且在接受讯问时，总要或多或少地将犯罪事实的信息洒落出来。例如，受贿案件，犯罪行为人在某项业务中，从业务关系的对方收取贿赂，给国家带来的巨大的损失，在接受讯问时，行为人总会将该项业务的经过情节娓娓道来，为了更进一步说明问题，总会强调自己没有得到好处。而讯问人员并没有问其是否拿了“好处”，这是他自己主动说出来的，这就是讯问人员要获取的客观事实信息。

当然，讯问人员不能完全消极地坐等犯罪嫌疑人在供述中自动抛出客观事实信息，而是要积极主动地去寻找、开发，甚至要制造机会让犯罪嫌疑人暴露。常用的做法是：首先，间隔多次深追细节，因为细节容易被忽视，犯罪嫌疑人常常没有留意对一次一次的供述是如何掩饰的，于是供词在细节上一次一个说法，有时文不对题，有时此地无银三百两，矛盾百出。讯问人员利用这些细节上暴露出来的客观事实信息，去转换事实，实现心理证据。其次，对同一事实情节从不同的角度发问，或是以不同的顺序进行提问，使犯罪嫌疑人在完全没有心理准备的情况下供述，然后进行比较，找出洒落的客观事实信息。最后，把某一事实情节混杂在其他问题中提问，在犯罪嫌疑人对拆散的事实情节不知不觉中作了零碎的供述，然后综合比较，便能发现客观事实信息。从无到有，从小到大，从弱到强，来发展这种客观事实信息，转换成客观证据，达到用心理证据来实现心理限制的目的。

实现心理证据并不意味着犯罪嫌疑人就一定能进入心理限制阶段，原因在于强化的心理证据才能产生心理限制，而淡化的、分散的心理证据就不一定能产生心理限制。如何强化心理证据产生心理限制，常用的方法是用语言限制对方的定向思维，在心理证据的范围内进行思维，作出决断。注意不要任意改变这种范围。在对方努力转移，试图寻找新的范围时，讯问人员应设法把岔出来的话题收回去，促使对方向供述状态发展。

使用语言限制有三个特点，一是语言平抑，内含强制力，其目的是用平抑的语言，避免出现僵局。犯罪嫌疑人出现心理证据以后，犯罪的行为被客观的证据限制，无路可退，处在进退两难的境地，形成心理压力，就会寻找爆发的“出气口”。如果我们使用过激、过硬的讯问语言，势必会充当“出气口”引起僵局。如常见的：“我犯罪你们枪毙我好了，我没有什么可说的。”这就是僵局性的语言，原因在于我们使用的讯问语言和态度不当。二是语意单调，其目的是限制犯罪行为人的定向思维，在有了心理证据的情况下会尽全力来摆脱目前的窘境，扩展其思维范围，寻找“出路”，如果讯问人员使用语意复杂的语言，等于是帮助犯罪行为人联想扩大思路，这样很难再收回到原来的被限制的思维范围中去。三是语句重复，这种重复单一的语句，其使用的根本目的是促使其增加心理限制，咬定咬准关键性的一句话，重复使用，而这句话必须是有利于犯罪嫌疑人供述的关键语，如：“钱怎么处置了？或钱哪里去了？钱干什么用了？”等，咬准一句话紧追，直到交代为止。除了上述的方法之外，采取不相适应的讯问方法，会淡化分散心理证据，产生心理限制的可能性小。

第二节　犯罪事实暴露的心理误区

犯罪事实暴露的心理误区是犯罪嫌疑人供述认罪的内在动力。犯罪嫌疑人在讯问活动中的对抗特点是：只要有条件对抗的，就不能放弃，因为放弃了对抗就意味着有危害的结果，要承担法律责任。所以不到无路可退的境地，就不会自动放弃对抗。放弃了对抗，交代供述自己的犯罪就等于把自己的一切交给了司法机关，就意味着等待自己的是惩罚。因此只要有条件对抗的犯罪嫌疑人都会坚持对抗。

犯罪嫌疑人坚持对抗的“条件”，就是建立在犯罪行为是否暴露的基础上的，也就是说自己犯罪的证据是否被侦查机关掌握。这里对抗的“条件”在于犯罪嫌疑人自己的犯罪行为还没有暴露或者还没有全部暴露，还有对抗的余地。如果犯罪嫌疑人通过自己认识的感知，意识到自己的犯罪行为已经暴露，已经被司法机关掌握，就会自发进行自我行为意义的评定：坚持对抗已经失去了意义，对抗的结果与放弃对抗的结果是同样的，每当犯罪嫌疑人处于这种情景状态的时候，他们的注意力会从原来的如何进行对抗，不断分析外来的信息，判断“事态”发展对自己的危害程度，迅速转移到这种行为可能给自己带来的惩罚结果是什么上，他们会从不同的角度来分析自己将要承担的法律后果，以及测定法律后果以后自己所面临的处境和其他相关的情形。这时他们会从降低自己的损失方面来考虑自己当前的行动趋向：根据当前的情况来看，对抗显然已经不能降低损失，全盘托出也不是最好的办法，这虽然符合讯问人员的意图，但是如果讯问人员不能给自己从轻或者减少损失机会，那么自己是一点退路都没有了，如果交代一点再留一点，自己不但保留了退路，也能根据情况随机应变，以讯问人员的信息反馈来做决定。

这里，犯罪嫌疑人如果希望从讯问人员那里得到好处的话，这种希望和需要越强烈，其动机也就越强烈，供述交代的行为实现得就越快。反之，如果犯罪嫌疑人的希望不是从讯问人员那里得到好处，而是从自己的身上挖掘得到好处的方法，那么这种供述的动机是不会强烈的，甚至是没有供述动机。这种情况下犯罪嫌疑人是不可能交代犯罪事实的。

犯罪嫌疑人对犯罪事实是否暴露的认识，来源于自己的判断。这种判断依据是对外部情况反映的认识和自我心理客观记忆的认识。这种认识有两个方面：1. 正确的认识，即犯罪事实确实已经暴露，讯问人员已经掌握了确定的犯罪证据；2. 错误的认识，即犯罪事实暴露的心理误区，也就是误认为犯罪事实确实已经暴露，讯问人员已经掌握了确定的犯罪证据。

在大量的侦查实践中，讯问人员是在没有掌握犯罪证据的情况下，对犯罪嫌疑人进行的讯问，目的就是从犯罪嫌疑人那里获取犯罪证据。因为侦查活动的特殊性和讯问人员的隐蔽性、技巧性，把犯罪嫌疑人带入了犯罪事实已经暴露的认知误区，逼出犯罪嫌疑人的供述动机。如果讯问人员提供给犯罪嫌疑人的信息是：讯问人员还没有掌握犯罪嫌疑人的犯罪证据，讯问的目的就是要犯罪嫌疑人自己提供自己犯罪的证据，那么犯罪嫌疑人就不可能有供述犯罪事实的动机产生。在很多时候犯罪嫌疑人对自己的处境的认识是正确的，表现为讯问活动中的积极对抗。但是随着讯问活动的不断深入，在讯问人员信息的不断影响下，犯罪嫌疑人的认识发生了变化，出现了根本的转变即认知错觉。这就是犯罪嫌疑人在讯问活动的开始进行对抗，经过讯问后才交代犯罪事实的根本原因。

犯罪嫌疑人认知错觉产生的根源：首先是来源于讯问人员的态势，讯问人员强大的攻击态势是犯罪嫌疑人认知错觉产生的直接根源。在犯罪嫌疑人的认知过程中，讯问人员积极的攻击态势，说明了讯问人员掌握犯罪证据的程度，有心理基础。相反，如果讯问人员消极地进行讯问或者是没有积极的攻击状态，说明讯问人员掌握犯罪证据的程度比较低，没有心理的攻击基础。因为对讯问人员来说，对没有犯罪行为的人（因为没有证据）就没有积极攻击的必要，这同时也给犯罪嫌疑人提供了认识根据。讯问人员积极地攻击就证明有攻击的必要，因为有了已知的案件情况，才会有目的性、才有攻击的意义。这是犯罪嫌疑人认知错觉产生的根源。

其次，讯问人员行为的隐蔽性，是犯罪嫌疑人认知错觉产生的基础。犯罪嫌疑人认知错觉的产生，来源于自我意识与客观信息的有机结合，在犯罪嫌疑人这里，讯问人员行为的表现，就是客观信息，客观信息的重要特点就是司法机关拥有的犯罪事实的“量”，对犯罪嫌疑人来说就是犯罪事实暴露的程度。讯问人员行为的隐蔽性，就是控制着拥有的犯罪事实的“量”。犯罪嫌疑人在实施犯罪行为以后，犯罪行为就变成了客观存在，犯罪嫌疑人对犯罪的记忆就成为其“心理存在”，只要讯问人员发出的某一点的信息，与犯罪嫌疑人的心理存在相确认，犯罪嫌疑人就会认识到客观的犯罪事实已经暴露，产生了认知错觉，进入心理认识的误区。

最后，是犯罪嫌疑人自我意识的知觉经验：一方被否定了，那么另外一方就被肯定了，这种肯定的情形就是犯罪事实，这是犯罪嫌疑人认知错觉产生的内在根源。犯罪嫌疑人记忆中的犯罪情景与外来的情景信息相确认，是产生心理误区的条件。人们的行为特点是不做无用的“功”，这是犯罪嫌疑人放弃对抗的本质原因，对利益的追求是犯罪嫌疑人供述认罪的基本特点。

第三节　解脱心理限制的困境

犯罪嫌疑人由于供述矛盾暴露以后，不能自圆其说，被讯问人员推进了死角，心理活动被限制在一定的范围内，主观、客观方面都受到强制，这种强制更重要的是对犯罪嫌疑人意识的强制，当潜意识不能帮助其解围的时候，便会产生强大的心理压力，犯罪嫌疑人为了摆脱这种心理压力，会产生减轻压力的心理需要，因而供述动机由此而生。

在人们的心理活动中，心理压力是导致激情状态的重要原因。激情状态是不计后果的单一的心理冲动，这种心理冲动是来源于心理压力的重要的表现特征，通常会出现：“这件事情是我干的！又能怎样！”其目的就是缓解心理压力。心理限制的作用是对犯罪嫌疑人的调节控制系统进行限制，控制心理结构的相互联系和相互支持，破坏调节因素，心理的压力在无法解脱的情况下，只有供述交代才能缓解心理压力，因此出现了供述动机。从某种程度上来说是逼出犯罪事实，犯罪嫌疑人在讯问的活动中的对抗特点就是谎言或者否定，谎言容易出现逻辑矛盾，当讯问人员揭露逻辑矛盾，使犯罪嫌疑人不能自圆其说的时候，就会在犯罪嫌疑人的心里产生强大的压力，犯罪嫌疑人为了摆脱这种压力，就会寻找开脱的理由，在短时间内找不到解围的方法的时候，这种压力就会不断强化，导致了认识的发展和变化，出现了供述认罪的动机。只有供述才能解脱心理压力，这是供述动机产生的直接动力。

第四节　趋利避害的交换条件

心理学家们根据人的行为科学的研究，成功总结出了“社会交换理论”，阐明了人的行为是以交换为基础的，交换的特点就是“趋利避害”。“趋利避害”是人们行为的基本属性，人们的一切活动都是以“趋利避害”为原则的，这种“趋利避害”的交换以满足自己的需要为前提，满足于利益的获得，排除危害的存在。当自己的安全受到威胁的时候，这时的自我需要就是自己的安全，那么他就会以自己的行为来换取自己的安全；当自己需要食物来满足生存的需要的时候，那么他的行为就会为摄取食物来进行交换，以满足自己生存的需要；当自己的利益受到侵害的时候，他的行为就会为避免受到侵害来进行交换，当出现的这种侵害是不可避免的时候，那么他的行为就会为减少或者降低侵害来进行交换；当自己的人身自由受到限制的时候，那么他的行为就会为获取自由来进行行为交换。

由此可见，犯罪嫌疑人因为自己实施了犯罪，将要受到法律的惩罚，将要受到人身自由的限制，那么犯罪嫌疑人在接受讯问的时候，就会选择积极的对抗行为，来换取将要受到的惩罚。如果当犯罪嫌疑人选择积极的对抗行为，不能换取避免将要受到的惩罚，甚至加重了惩罚时，那么他就会改变“交换”的行为，寻找可能不受惩罚或者减轻惩罚的行为，前面采取的对抗行为不能满足免除惩罚或者减轻惩罚的需要，他就会自然地放弃对抗行为，放弃了对抗行为，留给自己的交换条件就只有顺从，以供述认罪来交换减轻惩罚或者免除惩罚的心理需要。这是许多犯罪嫌疑人通过讯问之后，才交代犯罪事实的原因。

第五节　意识经验的习惯反应

人们有了记忆便有了记忆经验，人们的知识经验来源于行为实践的记忆，有了行为的记忆才有认识经验，没有行为实践就不可能有人的认识经验。人们的记忆经验大量储存在人的潜意识里，一旦外来的信息刺激到了该领域，意识经验就会做出积极的反应。例如，犯罪嫌疑人在接受讯问的时候总是不会轻易交代自己的罪行，这就是记忆经验的原因所致。因为犯罪行为是社会的否定行为，是要受到惩罚的行为，自我个体实施了这种社会否定行为，客观事件与主观认识产生了比较强烈的记忆经验，这种记忆经验来源于他人的影响和社会环境的信息传播。一旦与此相关的信息出现的时候，这种特定的记忆经验就会积极迅速再现这种特定的情景，引发出恐惧和本能的自卫反应，即对抗的行为反应。人的潜意识承担着重要的记忆经验，在受到特定的记忆经验信息刺激的时候，记忆经验的信息内容，会通过潜意识超前准确地予以反映。

在讯问活动中，当外来的信息涉及该犯罪情景的时候，犯罪嫌疑人根本不需要再次对自己犯罪的现场进行核实，便会清楚地记得该犯罪现场的情景，这种犯罪的情景便会通过潜意识的活动，表现出对该“现场”的记忆经验和认识经验。这种现象心理学家称之为“超前反馈”现象，心里有了认识经验，无须再次进行核实，潜意识便会直接跨过意识来反馈这一意识经验。在讯问活动中可以利用犯罪嫌疑人意识经验的“超前反馈”现象，达到暴露犯罪的目的。意识经验表现的方面比较多，如有语言的“口误”，不希望说出来的话，通过潜意识的意识经验流露了出来，还有对说谎的意识行为的经验反应，说谎话的信息刺激反应比较慢。人的这种意识规律为我们讯问犯罪嫌疑人提供了可靠的利用条件，是讯问人员借助犯罪嫌疑人心理活动规律进行讯问的重要根据。

我们在讯问活动中，就是要根据犯罪嫌疑人的生理条件、记忆经验、行为习惯、思维的规律性，进行有效利用，使其成为有利的讯问条件。因为犯罪嫌疑人的记忆经验是犯罪的“情景”“情节”“现场”“涉案人”等。这种记忆经验在讯问活动中随时都会传递给讯问人员，在讯问的活动中应当注意“接收”“培养”、加强利用。

第六节　“人格”道德系数的满足

在客观事实面前承认客观事实的程度，我们将其用“人格”道德系数来衡量比照。“人格”道德系数越高，在客观事实面前承认客观事实的程度就越高。在很多时候只要把犯罪事实放在犯罪嫌疑人的面前，犯罪嫌疑人就会承认犯罪事实，但是也有的犯罪嫌疑人在客观事实面前不承认犯罪，这就是“人格”道德系数的差异。这种差异需要讯问人员来对其进行调整，调整的目标就是满足在客观事实面前供述认罪的需要。犯罪嫌疑人承认客观事实，实际上是对客观事实的确认的认识过程。客观事实经过心理记忆的确认，表现出确认的行为反应，在讯问活动中就是供述认罪。

在我们讯问活动中所表述的，客观犯罪事实，虽然是客观存在，但是它有两个特点，一个特点是：已经暴露了客观存在，表现出讯问人员已经掌握客观的犯罪证据，拿给犯罪嫌疑人他就可能供述认罪。因为这是客观的犯罪事实，能够有效证明犯罪嫌疑人的犯罪行为。另外一个特点是：没有暴露的犯罪事实，讯问人员没有掌握犯罪嫌疑人的犯罪证据的犯罪事实。这种犯罪事实是被假设的存在，是讯问人员在讯问的空间设立的模拟的客观犯罪事实。用这种模拟的客观事实让犯罪嫌疑人进行心理事实（犯罪的记忆）的确认，当犯罪嫌疑人完成了这一确认的过程，进行确认的行为反应的时候，犯罪嫌疑人供述认罪的目标也就达到了。讯问活动是各方面心理有机配合的产物。首先，要调整犯罪嫌疑人的“人格”道德系数，使之满足在客观事实面前供述认罪的需要；其次，要模拟的客观事实让犯罪嫌疑人进行心理事实（犯罪的记忆）的确认，达到供述认罪的目的。

第七节 “需要”的基本属性

需要是有机体缺乏某种东西时的一种主观缺失状态，常以一种不满足感或对某种对象的必要感被体验着，是客观需求在人脑中的反映。它是个体积极性的源泉，一经产生，就会引起有机体的内部紧张状态，以此推动人去积极行动。当其具有明确的指向目标，并具备达到目标的条件时，就转化为动机，并导致活动的行为。人的需要包括生理的和心理的，人们时刻都在为这些需要而行动。人们为了满足于需要就会实施需要的行为，有的犯罪，也有的实施自己不愿意实施的行为。例如讯问活动中的刑讯逼供，被讯问的人并不想交代自己所谓的“犯罪事实”，或者不愿意交代自己真正的犯罪事实，但是在大刑的“伺候”下，自己为了免受皮肉之苦，满足生理上的需要，就只得勉为其难交代自己的犯罪事实。

生理上的需要是如此，心理上的需要也是如此。犯罪嫌疑人对抗讯问，拒不交代自己的犯罪事实，是因为自己安全的需要、自己幸福生活的需要，因为这些需要的作用，才导致了对抗行为的产生。可是当另外的一种需要超过了犯罪嫌疑人因为对抗所依赖的需要的时候，犯罪嫌疑人就会放弃这种对抗，去满足另外的更大的需要，以放弃自己认为小的需要来获取大的需要。在讯问活动中这一行为的最终表现，就是供述认罪。例如有一起女性受贿犯罪的案件，犯罪嫌疑人拒不交代自己巨额财产的来源。当讯问人员问：你家里有这么多的钱，不是你受贿的，就是你儿子受贿的，你交代不出来源，可能不是你收的……犯罪嫌疑人听到这话的时候，为了不使儿子受到牵连，只得实话实说：这些钱与我儿子无任何关系，都是我受贿来的，我交代具体的钱的来源。因为保护儿子的需要，超过了保护自己的需要，所以她才选择放弃对抗，交代自己受贿的犯罪事实。

第十八章　讯问的语言技巧

第一节　心理强制的讯问语言技巧

自我心理强制是指心理活动行为被限制、控制的状态，是在客观信息条件影响下自我心理产生的不协调状态，是心理活动行为的滞怠表现。例如，正在运行的汽车忽然刹车停止，在一般情况下有两种原因：一种原因是遇到外部物体阻碍或者与其他物体撞击停车，另一种原因是驾驶员忽然遇到紧急情况只能停车。这里驾驶员让正在运行的汽车忽然停止，抛开汽车本身的原因不谈，也有两种原因：一种原因是道路不能满足汽车的运行。另一种原因就是驾驶员本身不能保持汽车的正常运行，如驾驶员的眼睛忽然看不见了、身上出现了其他问题等。这种原因就是驾驶员在自我强制的情况下使汽车停止的。

人的思维活动也是如此，清醒的时候人的思维活动是正常的，但是当这种正常的思维活动受到外部信息的刺激或者受到内部联想的控制时，便出现了短期的停滞状态，这种停滞状态如果不能在短期内得到解除，那么本身的思维活动就会出现自我心理强制状态。通常这种自我心理强制达到一定程度，便会形成心理压力，这种心理压力达到一定程度，思维就会积极地寻找解脱的方法来保持心理活动的正常运行。

通常解脱自我心理强制的方法与本身被自我心理强制的原因相反。例如，当人们试图否定自己的某一行为的时候，因为缺乏否定的条件和理由，同时这种否定的条件和理由又被客观地控制了，在短期内又找不到其他的否定理由，思维就出现了“盲区”，心理活动受到了强制，形成了“自我心理强制”，导致了心理压力的出现，为了解脱这种心理压力，只有一种方法，就是“肯定”自己的某一行为的时候，才能被客观地认同，被客观地解脱，才能恢复正常的思维活动。这也是讯问活动能够使犯罪嫌疑人供述犯罪事实的重要特点之一。

在讯问活动中犯罪嫌疑人的自我心理强制的形成，是讯问人员的语言与犯罪嫌疑人心理行为相互合作的结果，是在合作的状态下形成的，也是讯问人与被讯问人的语言的结果，犯罪嫌疑人为了否定自己的犯罪行为采取了对抗的否定行为，当外部信息条件不能满足其否定行为时，自己也无法寻找满足的条件时，就形成了自我心理强制状态，为了消除自己的不协调心理状态，只有承认自己的犯罪行为，只有如此自我心理强制才能被消除，这就是从否定转为肯定的原因。因此为了使犯罪嫌疑人从否定转为肯定，采取巧妙、规范、合法的语言，促进犯罪嫌疑人从自我心理强制的否定，转换成为自我心理解脱的肯定，有着非常重要的意义。

一、解脱自我心理强制的供述行为

在讯问活动中犯罪嫌疑人在什么情况下能够供述犯罪事实，是讯问活动中需要解决的重要问题。讯问活动如果不清楚犯罪嫌疑人的基本供述特征，那么讯问活动就是盲目的。犯罪嫌疑人在抗审过程中的基本行为表现是谎言，谎言的基本特征是语言的矛盾表现，谎言的暴露表现就是矛盾的语言的存在。由于说谎而引起内心的焦虑，自我心理限制的压力就会增加，嫌疑人会因承受不住这种焦虑的心理压力而选择如实供述。因为焦虑是一种不明确的忧虑的不安状态，通常不与特定的起因相联系。在个人理想与客观实际之间出现冲突或认识不一致的时候，焦虑就会出现，理想的目标与客观实际差距越大，认识就越不一致，焦虑也随之增加。焦虑的增加，是嫌疑人之所以在讯问中供认的部分原因。虽然嫌疑人希望逃避真实供述的后果，但他并不希望以增加与欺骗相连的内心焦虑为代价换取这样的结果，焦虑的力量是供认的动机。讯问活动中由于犯罪嫌疑人的供述矛盾的出现，其心理语言得不到发展，矛盾的语言不能自圆其说，心理焦虑急剧激化，导致了心理的不协调状态的出现。由于生理现象的协调本能，积极地寻找能够平衡心理行为的条件，联想是重要的帮手，但是联想不是在任何时候都能够起作用的，一旦联想找不到平衡的理由和条件，其心理活动就会被强制在不协调的情景范围内，达到一定的程度，当联想的潜意识不能帮助其解围的时候，便会产生强大的心理压力。犯罪嫌疑人为了摆脱这种心理压力，会产生减轻压力的心理需要的动机，因而供述动机因此而生。

在人们的心理行为活动中，心理压力是导致激情状态的重要原因。激情状态是不计后果的单一的心理冲动。这种心理冲动是来源于心理压力的重要的表现特征，通常的语言表现为："这件事情是我干的！又能怎样！"这种语言目的就是为了缓解心理压力。自我心理强制表现为犯罪嫌疑人的自我调节控制系统出现了问题，产生的心理压力在无法解脱和修复的情况下，只有供述交代犯罪事实才能缓解心理压力，心理压力激发了激情状态的出现，不计后果的意识特征使犯罪嫌疑人放弃了趋利避害的行为选择，这是产生供述动机实现供述行为的重要条件。从根本上来说供述犯罪事实是自我心理强制的结果，是犯罪嫌疑人自己把自己的犯罪事实逼出来的。

谎言是犯罪嫌疑人抗审的基本方法，揭露了犯罪嫌疑人的谎言就能够破坏对抗的心理结构。但是，如何能够发现谎言、证明谎言，却不是一件容易的事情，在很多时候，犯罪嫌疑人的谎言是笼统的、不明显的，有时掺杂在许多真实的情景中间，更是难以证实和鉴别。为了能够使犯罪嫌疑人的谎言自然地呈现出来，在讯问实践中专门针对谎言，设立了特定的环节情景来证明谎言，即在犯罪嫌疑人供述的谎言的语境中，由讯问人员再根据犯罪嫌疑人的供述情节，编造相关的情节，加入到犯罪嫌疑人的供述谎言中，让犯罪嫌疑人进行发挥，以此来证明犯罪嫌疑人的谎言。也就是说，讯问人员用自己编造的谎言，放入犯罪嫌疑人的供述谎言中，以此来揭露谎言。

例如，犯罪嫌疑人实施了犯罪以后，为了证明自己没有作案的时间，就采取编造谎言的方法，告诉讯问人员在某天、某时、某地见过某人，而实际上犯罪嫌疑人在那个时间正在实施犯罪，不可能见到某人，讯问人员为了揭露谎言故意设立虚假的情景，让犯罪嫌疑人充分地编造谎言："不错在那天之前某人出了一场车祸，头上被撞伤是用纱布包着的，你见到他时一定看到了他头上有纱布。"这时犯罪嫌疑人会接着讯问人员的话继续编造谎言："我看见他时确实头上有纱布包裹着。"这样犯罪嫌疑人就上了讯问人员的当，钻进了讯问人员设置的圈套。因此谎言的出现有两种情况：一种是主观的，另一种是客观的。犯罪嫌疑人为了逃避法律的惩罚，总是以谎言来进行对抗，这是主观的。讯问人员为了进一步证明谎言、揭露谎言，创建了一种假设情景和环节，使犯罪嫌疑人在编造谎言的过程中，为了把假话说得比真话还要真，扩大了谎言的情景和环节的范围，同时，讯问人员创建的假设情景和环节，也被纳入了谎言的情景和环节范围，进行"填补"和"繁殖"形成了新的谎言情景与谎言环节，这个被共同创建的谎言统一体，自然也就包含着证明的环节和情景，这里只要讯问人员点破了证明的环节和情景，谎言无须揭露便会自然地暴露出来。

根据犯罪嫌疑人说假话的语言特点来看：首先是语言的表述简练，语言背景含义单一，同时，语言背景含义与语言前景表义一致。例如，“是”或者“不是”，“有”或者“没有”“不是我干的”。其次是对情节的语言表述笼统不敢深入细节。这样对于讯问人员揭露谎言就增加了难度，有的时候明知道犯罪嫌疑人在说谎，但就是无法予以揭露，根本原因就在于犯罪嫌疑人谎言的单一性和情节表达的笼统性。例如，讯问人员讯问犯罪嫌疑人是否去过杀人现场?犯罪嫌疑人回答“没有”。这里讯问人员明知犯罪嫌疑人在说谎，却无法揭露他的谎言，原因就是没有证明谎言的依据，所以明知是假话只能睁着眼睛看着他说而无可奈何。所以运用假设的情景环节，证明犯罪嫌疑人的谎言，在讯问实践中有着非常重要的意义。“证谎”在讯问实践中的语言方法有“存在设立”“情景设立”“气象设立”“环境设立”“测谎（心理测试）的配合”等方法，前面已有叙述，此处不再赘述。

二、语言的定向作用

坚定的信念和态度，会对他人心理产生重要的影响，坚定的语言能够强化坚定的信念和态度。犯罪嫌疑人对讯问人员的行为态度的坚定程度的评价，是从讯问人员的语言中获取的。在犯罪嫌疑人接受讯问的时候，为了摸讯问人员的底，判断讯问人员到底掌握了哪些犯罪事实，总是会千方百计地从讯问人员的语言中获取信息。讯问人员的语言所反映出来的坚定程度，是犯罪嫌疑人分析判断的基础。如果讯问人员对某一事件的语言的表述不坚定，那么犯罪嫌疑人就会分析判断不坚定的原因，显然，语言的表述不坚定就是对某一事件不能充分地肯定！因此，也就是对犯罪行为是否存在的不肯定，获取了这样的信息，就会强化犯罪嫌疑人的对抗心理。与此相反，如果讯问人员对某一事件的语言表述是坚定的，那么犯罪嫌疑人就会认为这种坚定的语言是对犯罪行为暴露的肯定。犯罪嫌疑人的侥幸心理的支点，就会被拆除。在讯问实践中讯问人员的语言越坚定，犯罪嫌疑人的对抗程度就越弱，与此相反就会导致讯问活动的失败。

讯问人员语言的坚定程度，不是依靠讯问人员语言声音的高低表现出来的，而是依靠定向的语言反映出来的。定向的语言反映出讯问人员对某一事实全力以赴的行为态势，是对语言目标的坚定态度和确认。语言目标是讯问活动的着力点，是对抗双方的重心，在双方的力量发生偏移的时候，重心就会发生偏移。

这起贪污案件的讯问成功，表现出了讯问人员的准确判断和坚定的目的性，从而使犯罪嫌疑人不得不交代犯罪证据，起关键作用的是讯问人员全力以赴的定向语言。讯问活动中的语言的定向性，就是对讯问目标的确定性，围绕讯问目标的定向语言活动，语言特征是讯问人员的坚定决心，即不把犯罪事实交代出来绝不罢休的决心，以此动摇犯罪嫌疑人的侥幸心理。例如，在讯问一起犯罪嫌疑人翻供的案件中，讯问人员为了查明翻供的原因和真实的犯罪事实，讯问人员围绕犯罪嫌疑人“为什么翻供”展开了追讯：“你为什么翻供?”答：“（不语）……”问：“为了证明你的认识态度和行为表现，我们必须要弄清楚你翻供的原因，这同时也是你的认识问题，所以你必须讲清楚，不讲清楚这件事情是不会结束的!”讯问人员的决心，使犯罪嫌疑人的心理受到了强制，不说明原因是过不了关的，说了原因就等于交代了犯罪事实，左右为难，因为眼前的难关犯罪嫌疑人只得选择交代放弃对抗。语言的定向作用能够有效地对犯罪嫌疑人实施心理干预进行定向震慑，完成犯罪嫌疑人自我心理强制的认知过程。

第二节　心理置换的讯问语言技巧

心理置换是根据人的趋利避害的行为本能，针对犯罪嫌疑人的对抗心理特征，向犯罪嫌疑人输入一种观念，把讯问人员所需要的东西置换出来（讯问人员所需要的东西就是交代犯罪事实）。例如，在绑架的案件中，受害人总是千方百计地满足绑匪的要求，因为对被害人来说，人比钱物更重要，所以才有交换的基础。针对犯罪嫌疑人来说，讯问人员提供给犯罪嫌疑人的信息，能够使犯罪嫌疑人确认：供述比对抗对自己有利，才会选择供述，才愿意让讯问人员置换。置换规律就是根据这一特点，达到让犯罪嫌疑人供述认罪的目的。心理置换的语言技巧必须满足心理置换的规律，才能够实现心理置换的行为，完成供述认罪的全部过程。如果讯问的语言技巧不能满足置换的基本规律，就不能实现心理的置换行为，而导致讯问的失败。因此，讯问的语言技巧在犯罪嫌疑人的心理置换的行为过程中，有着非常重要的意义。

一、趋利避害的供述行为

讯问活动中犯罪嫌疑人的趋利避害行为表现，包含着两个方面：一方面是寻找条件积极对抗。犯罪嫌疑人选择的对抗条件是自我意识的结果，经过对抗的过程又不断地进行调整，引起自我意识调整的基本条件是趋利避害意识反映，也是对客观犯罪行为及犯罪行为关系反映的意识过程。在讯问活动开始以前，犯罪嫌疑人自我意识的结果，是犯罪的被惩罚性，趋利避害的意识行为：既然自己已经犯了罪，承认犯罪事实，就要受到惩罚，如果积极地对抗，否定自己的犯罪行为，或许因为办案人员没有掌握自己的犯罪事实，说不定还能够过得了关，这是在侥幸心理的驱使下，权衡利弊对抗对自己有利，趋利避害的行为选择就是对抗，这是犯罪嫌疑人的基本心理定势。

进入了讯问的初始阶段，因为在这个阶段犯罪嫌疑人对讯问人员究竟掌握了哪些情况并不十分清楚，完全地选择积极的对抗又怕给自己带来不利的后果，不完全的对抗也怕给自己带来不利的后果，权衡利弊只有一面对抗一面试探摸底，这是初审阶段犯罪嫌疑人的基本心理认识。引发犯罪嫌疑人对抗心理变化的基本原因是外来信息的影响，这里的外来信息主要是指讯问人员掌握犯罪嫌疑人犯罪证据多少的信息量。

讯问活动能否深入发展、能否获取成果，与其掌握的信息量是分不开的。信息量也分为两个方面，一是讯问人员掌握犯罪证据的信息量。二是犯罪嫌疑人掌握的讯问人员已经获取的犯罪事实的信息量。被掌握的犯罪证据的信息量越大，对抗的强度就越小，被掌握的犯罪证据的信息量越小，对抗的强度就越大。犯罪嫌疑人对外来信息的认识特点也有两个方面，即客观认识与错觉认识。这两种认识都能够对犯罪嫌疑人的对抗心理产生重要影响。

另一方面是犯罪嫌疑人既不选择对抗也不选择配合，根据讯问过程中获取的利益情况，通过趋利避害的权衡做出是否对抗的选择。这种情况是犯罪嫌疑人的心理定势不稳定的表现，其根本原因是犯罪嫌疑人获取的外来信息匮乏，也就是说司法机关掌握了哪些犯罪事实，犯罪嫌疑人并不清楚，因此无法做出对抗与否的选择。

趋利避害是犯罪嫌疑人的行为选择，对抗讯问的条件是趋利避害的认识结果。例如，在讯问贿赂犯罪案件中讯问人员问：“你为什么要收别人的钱？”这句话犯罪嫌疑人会误认为自己的受贿行为已经暴露了，因为自己确实拿了别人的钱。权衡利弊对抗已经失去了意义，因为对抗的条件不存在了，根据目前的情况来看，趋利避害的认识结果应该是供述对自己有利。于是趋利避害的认识结果产生了供述动机。这里讯问人员并没有掌握犯罪事实证据，犯罪嫌疑人的认识结果实际上是犯罪证据存在的错觉认识。无论是客观认识还是错觉认识都能够对犯罪嫌疑人产生重要的心理影响，导致供述动机和供述行为产生。

二、心理置换的认知条件

心理置换的认知条件就是能够引起心理置换的诸多语言因素。讯问活动的语言必须满足犯罪嫌疑人的认知条件，才能够达到对犯罪嫌疑人的心理置换。

人的一切活动和行为都是因为需求而产生的，这是由于人的个体内部的需要和变化，不断地失去均衡、满足均衡、恢复均衡而产生需求，因为需求的存在而产生驱动力，在驱动力的推动下实现其行为，这是个体行为的内在原因，也是语言的心理过程。人是因为寻求需要而产生了内在动机，这种动机通过语言和形态表现出来，这种表现结果又促使新的需求产生。

心理学家认为每个人的行动都是按照这种规律循环下去的。均衡作用存在于两个方面，一方面是内部的，如生理上的、心理上的，即内部原因引起的；另一方面是外部信息引起的均衡失却。例如，骑自行车在马路上行驶，忽然与对面来的一辆自行车相撞，在处理的方法上，有两种情况：一种情况是对别人骑自行车与自己相撞感到非常恼火，并且指责对方骑自行车不看路。而对方被刺激以后更是怒火万丈，反过来指责你没有长眼睛，这样指责的结果就可能产生行为的冲突，最后大打出手各自住进了医院才算告终。造成这种结果的原因就在于双方的心理需求不但没有得到满足，而且受到严重的阻碍，由于心理均衡条件需求的存在而产生的内在驱动力，被一步一步地强化，达到一定的程度就出现了双方大打出手的局面。

而另外的一种处理方法就会出现截然不同的情况，当对方的自行车与你的自行车相撞时，对方不仅没有向你赔礼道歉，而且出言不逊对你进行指责，这时您如果能够理智地告诉对方：“我们俩人骑自行车相撞本身就是一件痛苦的事情，如果我们俩人再因此发生冲突，那不就更痛苦了吗？我们俩人能够在这里相撞，说明我们俩人有缘分，一回生二回熟，下一次见面我们可就是朋友了。”这样的解决方法我想怎么也不会发生冲突，其原因在于：对方的个体内部失去均衡的状态被恢复了，原有的心理失衡状态被置换了。这种恢复和还原的方法不是仅仅满足对方的心理需要，而是把对方失去均衡的状态产生的需求，全部地置换过来，用新的能够稳定均衡条件的信息置换回去，以此来恢复均衡，保持原来均衡的状态。置换法对于讯问犯罪嫌疑人有着重要作用。

心理置换的认知条件在讯问活动中有重要作用。犯罪嫌疑人在实施了犯罪以后，由于其犯罪行为要受到法律的惩罚，其人身自由要被限制，要受到社会舆论谴责等。这些因素告诉犯罪嫌疑人将要失去正常人的生活条件，甚至有可能还会失去生命，这样一来犯罪嫌疑人个体的均衡状态发生了变化，出于人的自我保护的本能，犯罪嫌疑人出现了抗审的行为。犯罪嫌疑人在抗审中的方法的选择，就是情景的选择，即犯罪嫌疑人为了达到逃避法律惩罚的目的，在实施了犯罪以后，选择对自己有利的情景来对抗讯问，实际上也是犯罪嫌疑人为了抗审而选择的情景。犯罪嫌疑人的情景选择是犯罪嫌疑人抗审的心理支点，是不利于犯罪嫌疑人供述认罪的，因此在讯问活动中必须用有利于犯罪嫌疑人供述认罪的情景，置换犯罪嫌疑人不利于供述认罪的情景，使犯罪嫌疑人放弃抗审，走供述认罪的路，其目的就是改变犯罪嫌疑人的思想。

心理置换是对心理认知条件的置换，是认识过程的转变，是旧的认识向新的认识的转变过程。人的认识为什么能够置换？犯罪嫌疑人的什么意识是置换的对象？怎样置换犯罪嫌疑人的抗审意识，使其放弃对抗选择供述认罪？

以改变犯罪嫌疑人认知条件为目的的置换方法，能够改变犯罪嫌疑人的抗审意识。从前面骑自行车相撞的例子可以看出，如果对方不愿意交流，没有相互交换思想的心理动机，置换就无法形成。那么你的话对方根本就没有听进去，或者你的话虽然对方听了进去，但是没有让对方感觉到有应该变换的需要，或者是替换的必要及替换后对自己有利。那么暴力冲动依然存在，暴力行为随时都有可能发生。

但是，如果自行车相撞虽然对方很生气，但是对方个体的否定因素也同时告诉他，如果发生冲突对自己也是不利的，自己现在最需要的就是平安无事。因此当你顺应心理均衡状态的语言传递给对方时："我们俩人骑自行车相撞本身就是说明我们俩人有缘分，一回生二回熟，下一次见面我们可就是老熟人老朋友了。"这样的语言正好符合对方的心理需要，所以对方才愿意拿自己此时此刻的攻击状态，置换成友好的和平状态。这里，对方个体内在的否定因素起到了积极的促进作用。在人的个体内在的诸多因素中同类因素包含着肯定因素和否定因素，都能帮助人们对心理需求的置换，这是由人的趋利避害的本能决定的。再者，是因为人们相互交流的需要。人与人的相互交流是人类社会存在的特点，这种特点不仅表现为人在行为方面的交流，更重要的是人与人之间的心理交流。人们也是在不断通过语言的交流，相互置换对方的心理需求，达到情感上的统一，达到相互认识、相互理解、相互促进、相互影响。在讯问活动中讯问人员就是要以自己的言行去影响犯罪嫌疑人，让犯罪嫌疑人走供述认罪的路。这种影响的方法实际上就是讯问人员把自己的观点和认识，通过语言传递给犯罪嫌疑人，然后把犯罪嫌疑人心里的抗拒意识置换出来，达到使犯罪嫌疑人供述认罪的目的。

讯问语言的置换对象是对抗因素。讯问的语言目的，就是要让犯罪嫌疑人如实交代自己的犯罪事实，因而讯问的置换对象，原本是支持犯罪嫌疑人抗审的心理因素和心理支点。犯罪嫌疑人的对抗心理产生于两大心理基础：一是畏罪心理，它包括恐慌心理、戒备心理、绝望心理和自我保护的本能。二是侥幸心理，它包括优势心理、对抗心理。在这两大心理基础中，畏罪心理是基础，侥幸心理是条件，畏罪心理的强弱在很多时候受侥幸心理的影响，这两大心理集中表现在讯问活动中就是对抗心理，而影响犯罪嫌疑人抗审的因素是：人的因素（讯问人员、证人、被害人、共同犯罪人）、案件因素（性质、情节、作用、暴露的程度）、环境因素（看守所、社会、家庭）。这些因素是犯罪嫌疑人抗审的直接因素，只有当上述因素置换成顺应性因素，犯罪嫌疑人才能走供述认罪的路，讯问活动以人的因素为主要因素。

首先，讯问人员的因素。讯问人员是整个讯问活动的重要组织者和决策者，讯问人员的一言一行都会对犯罪嫌疑人产生重要影响。犯罪嫌疑人在实施犯罪之后被抓获带进了讯问室，出于人的本能的自我保护意识，他最关心的是讯问人员会用什么样的方法来讯问自己？讯问人员到底掌握了多少犯罪证据？自己的哪些犯罪事实已经暴露？自己最担心的事情会不会出现？讯问人员的素质和业务水平怎么样？这些因素都将会对犯罪嫌疑人的抗审产生重要影响。是强化对抗心理还是削弱对抗心理，关键在于讯问人员的语言表现。讯问人员不同的言行造就了犯罪嫌疑人不同的心理认识。同时，犯罪嫌疑人也通过讯问人员的语言表现来了解他最关心的问题，做出认知条件的选择，修正自己原来带进讯问室的定势心理，选择有针对性的方法进行抗审。作为讯问人员应当是双重身份？还是单一的身份？从犯罪嫌疑人眼里的双重身份来看，讯问人员首先是自我（本人），其次是执行法律的工作者（法律人）。犯罪嫌疑人在接受讯问的过程中，讯问人员身上的美德和智慧满足了犯罪嫌疑人的某些需求，同时又得到了作为执法者的“法律人”，以法律为依据使其明白什么事情能做、什么事情不能做的道理，犯罪嫌疑人感悟到讯问人员身上的双重性，就有助于犯罪嫌疑人从抗拒心理向供述认罪的心理转化。犯罪嫌疑人眼睛里的讯问人员的单一身份，就是讯问人员是借助国家的法律来置自己于死地的对头，是整自己的仇人。这种单一的对立的形象，容易强化犯罪嫌疑人的对抗心理，不利于讯问活动的进行，因此讯问人员的语言能够对犯罪嫌疑人产生重要的影响。

其次，证人的因素。证人是指就其自己所了解的案件的真实情况向公安机关、检察院、法院及国家安全机关所作陈述的国家公民，是了解案件真实情况的第三者，是当事人以外的诉讼参与人。证人就自己所了解案件情况向司法机关所作的言词陈述，被称为证言。证言的构成是证人经过对客观事物的观察、感受、思维，即通过感受器官和大脑把客观事物转变为主观印象。因此研究证人证言的特征和证人的心理活动规律，对于调查取证有着非常重要的意义。正是因为如此，证人在客观上充当了犯罪嫌疑人掘墓人的角色。然而证人并不都是能够如实地向司法机关作证的，有的证人与犯罪嫌疑人有某种关系，有的证人与犯罪的事实有某种联系（污点证人），有的证人因为某些特殊的原因，不愿作证，或作伪证、假证、错证。证人的这些特点对犯罪嫌疑人抗审的心理意识有着重要的影响。这里还包括犯罪嫌疑人与证人的某种关系也是对犯罪嫌疑人的抗审心理产生重要影响的因素。例如，犯罪嫌疑人与证人的关系比较密切，那么作为犯罪嫌疑人来说他就会认为证人不会做出对自己不利的事情，就会强化自己的对抗心理。与此相反如果犯罪嫌疑人与证人的关系不和，犯罪嫌疑人就会认为证人是不会帮助自己说话的，认知条件发生了变化，其抗审心理就会相应地减弱，而对证人的对抗心理和仇恨就会相应地增加。除此之外证人的证明程度、作用也会对犯罪嫌疑人的抗审心理产生重要的影响。证人的证明程度指的是能够完全证明案件的事实，还是能够证明部分犯罪事实，以及证人的证明在认定案件事实方面所起的作用。例如，当关键性的证人能够证明的事实对认定案件的事实不能起很大的作用时，犯罪嫌疑人的抗拒心理就会被强化。相反如果证人的证明对认定案件的事实起重要的作用时，犯罪嫌疑人的抗审心理就会削弱。在我们讯问案件的过程中，由于客观的原因，证人的情况经常会被犯罪嫌疑人掌握，在案件发生之前、在案件发生的过程中、在案件发生之后、在被抓获归案接受讯问的活动中，由于案件的性质不同，证人的特点总会或多或少地被犯罪嫌疑人掌握，因为证人的证明会对犯罪嫌疑人的抗审心理产生重要的影响，所以讯问人员在讯问的初始阶段必须要了解犯罪嫌疑人已经掌握了证人的哪些情况？是否已经串供？是否订立攻守同盟？对证人特点的了解有多少？以及证人对犯罪嫌疑人的心理影响是什么？为讯问人员置换抗拒心理做准备。

再次，被害人的因素。被害人是指在刑事犯罪案件中，直接遭受犯罪行为侵害的人。他的特点在于了解案件的情况，并且能以自己受害的亲身感受和所见所闻，向司法机关证明实施犯罪的行为人所作所为的性质和特点。因而，被害人在证明犯罪的活动中有着非常重要的、直接的证明作用。他是证明犯罪的一个重要的组成部分。从另外一个角度来看，他又是一个特殊的证人、一个亲身遭受直接侵害的证人，所以他又有很强的证明力。这种证明力表现在能直接证明犯罪行为的轻重、犯罪的性质和种类。所以被害人的因素也是影响犯罪嫌疑人抗审心理的又一重要因素。这些因素表现为被害人的被害程度“是轻微伤害，还是重伤，是否已经死亡？”他们对犯罪嫌疑人的心理刺激是不同的，重伤比轻伤对犯罪嫌疑人的心理刺激要强，犯罪嫌疑人所造成的伤害程度越大，犯罪嫌疑人的畏罪心理就越强，导致的抗审心理也就越强。被害人的死亡与否，也是心理影响的重要因素。如果犯罪嫌疑人知道被害人没有死亡，犯罪嫌疑人就会自我降低其社会的危害性，用心理平衡的方法来给自己以希望。但是如果犯罪嫌疑人知道被害人已经死亡，他就会感觉到事态的严重性，自古以来杀人者偿命，很可能自己要用生命来做代价，从人的本能上就强化了犯罪嫌疑人的对抗心理，同时由于犯罪嫌疑人知道被害人已经死亡，因为死无对证，死人已经不能开口说话，这对犯罪嫌疑人要无赖提供了条件，由于有了抗审的条件，所以犯罪嫌疑人是不会放弃的，因而犯罪嫌疑人的抗审心理被强化。在讯问的实践中一些有经验的讯问人员，在犯罪嫌疑人不知道被害人是否死亡的情况下，总是制造被害人没有死亡的假象，让犯罪嫌疑人产生被害人没有死亡的错觉：“等他出院以后医药费你是要付的！”以此在降低犯罪嫌疑人心理压力的同时，来瓦解犯罪嫌疑人的对抗心理，因为被害人没有死还能够说话，摧毁犯罪嫌疑人的对抗条件，使讯问人员顺利地把供述认罪的心理置换过去，实现供述认罪的目的。

最后，共同犯罪人的因素。这里的共同犯罪人就是与犯罪嫌疑人共同实施犯罪的人，为了一个共同的目的而实施的犯罪。共同犯罪人的因素主要有：在共同犯罪中所起的作用，犯罪以后共同犯罪人对犯罪后果所持的态度，犯罪嫌疑人与共同犯罪人之间的关系，其他的共同犯罪人是否归案，犯罪嫌疑人与其他共同犯罪人是否订立了攻守同盟。这些因素对犯罪嫌疑人的威胁最大，因为共同犯罪人最知情，而且共同犯罪与单独犯罪相比，共同犯罪最容易突破，在共同犯罪的案件中，参与实施犯罪的人越少其安全系数就越大，参与实施犯罪的人越多其安全系数就越小，这是一般犯罪嫌疑人都明白的道理，这些因素的变化同时也影响着犯罪嫌疑人抗审心理的变化，当犯罪嫌疑人感觉到安全系数比较大的时候，其抗审的意识就越强，当犯罪嫌疑人感觉到安全系数比较小的时候，其抗审的意识就会减弱。当犯罪嫌疑人感觉共同犯罪人还没有“出卖”自己时，其抗拒心理就比较强，当犯罪嫌疑人感觉到共同犯罪人已经把自己供出去了，其抗拒心理就会自然减弱，有时会自动放弃抗拒，协助讯问人员把供述认罪的意识置换过来。所以共同犯罪的同案人，时刻都是犯罪嫌疑人关心的对象，经常在讯问犯罪嫌疑人的时候，他们的表现是人在讯问室，而心已经飞向了同案犯。

三、心理置换的客观条件

客观意识是客观存在的主观反映，客观意识条件是引起主观反映的重要因素，因此客观意识条件能够对犯罪嫌疑人的心理置换产生重要影响。

首先，案件的客观因素的影响。案件的性质对犯罪嫌疑人的心理影响，因为案件的性质决定了犯罪嫌疑人所要承担的法律责任，不同类型的案件所用承担的刑罚也是不同的。例如，杀人案件所要承担的刑罚责任，与交通肇事案件相比就要重得多，因而杀人案件对犯罪嫌疑人所产生的心理压力，也要比交通肇事案件对犯罪嫌疑人心理产生的压力要大得多。在讯问活动中，犯罪嫌疑人的心理压力是与犯罪嫌疑人的抗拒心理成正比的。所以在讯问活动中讯问人员只有消除犯罪嫌疑人的心理压力，才能有助于犯罪嫌疑人转变抗拒心理。同样的案件其情节严重与情节轻微，对犯罪嫌疑人的心理影响也是不同的。例如，抢劫案件，犯罪嫌疑人在实施暴力抢劫的行为时，造成被害人严重伤害或者死亡的，与抢劫行为实施后没有给被害人造成其他伤害的情节就有所不同，前者实施抢劫的情节恶劣，而后者的抢劫情节相比就轻得多。情节严重的案件所造成的社会影响比较大，对犯罪嫌疑人的心理影响也是比较大的，在讯问活动中解除其心理压力的难度也是比较大的。所以在讯问犯罪嫌疑人之前，必须首先要掌握案件的情节，才能知道具体的案件对犯罪嫌疑人的心理影响有多大、压力有多大，才能知道使用多大的力恰到好处。犯罪嫌疑人在案件中所起的作用也是一个重要因素，这里的作用是指犯罪嫌疑人所实施的行为的作用。有的犯罪嫌疑人所实施的行为，在该案件中起主要的关键作用，而有的犯罪嫌疑人所实施的行为，在整个案件中起次要作用，这对犯罪嫌疑人的心理影响和产生的心理压力也是不同的。在讯问活动中，经常会听到犯罪嫌疑人这样说："我反正又不是主犯，在整个犯罪过程中我只是起次要的作用，因此我不负主要责任。"犯罪嫌疑人常常以自己在案件中的次要作用来进行自我安慰，达到减轻心理压力的目的。

对犯罪嫌疑人产生心理影响的还有案件暴露程度。这里所说的案件暴露的程度，一方面是指该案件的全部侦查情况及司法机关所掌握的证据材料在犯罪嫌疑人的面前所暴露的程度。在整个的侦查讯问活动中，暴露给犯罪嫌疑人的情况越少、越隐蔽，就越容易使犯罪嫌疑人产生错觉。相反如果把所有的侦查情况和结果都暴露给犯罪嫌疑人，犯罪嫌疑人就会感觉到有机可乘、有空可钻，会强化犯罪嫌疑人的抗审心理。另一方面是犯罪嫌疑人自己暴露的案件事实情况。犯罪嫌疑人在实施了犯罪以后，直到被抓获归案，以犯罪嫌疑人的身份接受讯问的时候，都能比较清楚地知道自己的犯罪原因，有的甚至还清楚地知道哪些犯罪事实暴露了，哪些犯罪事实没有暴露，也就是犯罪嫌疑人自己对自己犯罪事实暴露程度的确认，这种被自己确认的犯罪事实暴露的程度，与犯罪嫌疑人的抗审心理的强弱成反比。犯罪嫌疑人确认自己的犯罪事实已经基本暴露，其抗审心理就会表现得比较脆弱，相反如果犯罪嫌疑人确认自己的犯罪事实还没有暴露，其抗审心理就会被强化，犯罪嫌疑人就会坚持抗下去，直到没有希望为止。影响犯罪嫌疑人抗审心理的还有"可能暴露的牵连物"。如抢劫来的财物，因藏匿的地方不隐蔽，容易暴露，犯罪嫌疑人最担心的就是犯罪的物证，一旦暴露就会置自己于死地。还有凶杀案件凶手的血衣，犯罪嫌疑人在杀人以后，将血衣抛掷荒野，这样暴露的可能性就比较大，只要司法机关找到了抛掷荒野的血衣，就会通过血衣来证明犯罪的人。贪污、贿赂、巨额财产来源不明的案件，银行里的存款采取实名制以后，就比较容易暴露，一旦成为司法机关的注意对象，那些存款就像一颗定时炸弹，随时会让犯罪嫌疑人遭牢狱之苦，因而这些"可能暴露的牵连物"，也会对犯罪嫌疑人的抗审心理产生重要影响。讯问人员必须注意掌握这些因素，以相对应的语言来利用这些因素。

其次，客观的环境因素，环境因素对犯罪嫌疑人在抗审活动中的心理影响也是非常重要的。无论犯罪嫌疑人是什么情况，他的犯罪总是与一定的环境因素分不开的，其在实施犯罪之前在生活的家庭和社会环境里，形成了基本的人格特征，后参与了社会活动并且在社会环境的影响下实施了犯罪，由于实施了犯罪被抓获归案后，被限制了人身自由进了看守所。产生直接影响的环境因素首先就来自看守所。因为看守所的号房里关押着不同类型的犯罪人，这些人整天在号房里研究和讨论的话题不是如何交代自己的罪行，而是如何对抗讯问隐瞒自己的犯罪事实。有一次提审了一个犯罪嫌疑人，刚刚放回号房，同监的“狱友”便围了过来问：“这一堂抗过去没有?”“政府都问了你哪些问题?”可见狱内案犯的教唆对犯罪嫌疑人的抗审产生了一定的影响。另外由于有些看守所管理不严，有关案件的情况和外面的信息通过看守所传给了犯罪嫌疑人，这样就进一步强化了犯罪嫌疑人抗审的决心。还有看守所特殊环境的影响，使犯罪嫌疑人产生了悲观失望的情绪，反正自己也进看守所了，一辈子的前途也没有了，不如抗一步是一步，实在抗不过去了自己认倒霉，这类人常常把自己朝最坏的结果想，也就是说做好了最坏的心理准备，这种心理状态本身就对抗审心理起到了强化作用。

最后，客观的生活环境，每个人生活的社会环境不同其心理状态也是不相同的，他们的社会关系造就了不同的心理状态和不同的认识，有的凭借社会关系造就了自己强烈的优势心理，认为自己总会有人来帮助的，对待司法机关的讯问根本就不当一回事。有的生活在社会地位层次不高的环境下，无人会来帮助自己，反正自己犯罪了，由它去吧，与此产生了破罐破摔的心理状态。犯罪嫌疑人生活的家庭环境和社会环境的影响与遗传基因的相互作用，使犯罪嫌疑人形成了相对稳定的人格特征，因为人格特征的不同在抗审中的心理表现也是不同的。例如，无赖的人格品质的犯罪嫌疑人与高尚、优秀的人格品质的犯罪嫌疑人相比，会出现两种截然不同的心理表现。前者面对客观事实会进行无理狡辩，以无赖的方法对抗讯问；而后者在客观事实的面前绝不抵赖，错了就是错了，不会以无赖的方法胡搅蛮缠来对抗讯问，这是两种不同的人格特征在抗审中的表现。因此讯问犯罪嫌疑人的语言必须符合不同的人格特征，因为不同的人格特征的犯罪嫌疑人的语言习惯不同，对待有文化修养的人与对待没有多少文化修养的人的语言应当有所区别，有针对性地运用讯问语言技巧，才能满足讯问活动的需要，否则会人为地诱发再次对抗条件的出现。

四、心理置换的支点选择

支点是满足心理行为的环节和条件，是心理动力的根源。犯罪嫌疑人接受讯问的基本心理状态，就是以心理支点为条件的。根据已经获取的信息，某一事件与自己有牵连关系，这种关系会给自己带来不利的后果，保护自己的有效方法是否定这种关系的存在，因此而确立否定的环节，这就为自己设立了抗审的心理支点。进行全面的否定，还是进行具体的否定，主要是以抗审的心理支点来决定的，其目的就是以此阻止信息置换。

与此同时犯罪嫌疑人所采取的抗审强度，是以讯问人员的信息刺激的强度做出相应的反应的，在初审过程中的调查摸底阶段，审抗双方都处在展开对抗前的磨合期，对方会用什么事实？什么态度？什么方法来对待自己？尤其是犯罪嫌疑人更想知道讯问人员到底掌握了自己多少犯罪事实，自己选择的抗审环节能否起作用。如果犯罪嫌疑人在与讯问人员进行交锋之后，感觉到自己选择的抗审环节暂时还能起作用，他就会以此作为抗审的心理支点继续与讯问人员对抗下去。如果犯罪嫌疑人感觉到自己选择的抗审环节已经不能起作用了，那么犯罪嫌疑人就会放弃这一抗审环节，重新选择新的抗审支点，这种方法我们称为自我置换心理支点。

例如，犯罪嫌疑人是强奸案件的案犯，他采用的抗审方法可以是全部的否定，“我没有强奸”，也可以是部分的否定，选择某一有利的环节来进行否定：“我与对方是谈恋爱，发生性行为是对方同意的。”从这一案例来看，犯罪嫌疑人选择全部否定的方法否认自己强奸时，这时如果讯问人员直接告知犯罪嫌疑人：“那在被害人的身上为什么会有你的精液？”在此犯罪嫌疑人采取全部否定的方法显然已经不能作为抗审的支点了，如果犯罪嫌疑人仍然用这种方法，显然是徒劳无益的，这就是研究讯问活动中置换犯罪嫌疑人的抗审心理支点的方法和目的。

当犯罪嫌疑人发现自己抗审的心理支点已经失去作用，就会迅速地重新更换新的心理支点，来继续进行抗审。拿前面的例子来看，犯罪嫌疑人发现全部否定自己强奸已经不行了，因为证据已经证明了性行为的存在，继续否定已经毫无意义，因此只有更换新的支点，才能达到继续抗审的目的。这样犯罪嫌疑人就有可能选择，“我与对方是谈恋爱，发生性行为是对方同意的”，以此来作为新的抗审支点。这时如果讯问人员不能用有效的方法使犯罪嫌疑人放弃这一心理支点，使其重新更换新的心理支点，那么犯罪嫌疑人就会用这种方法坚持抗到底。

如果犯罪嫌疑人重新更换新的心理支点又一次失去作用时，他会继续寻找新的心理支点，直到最后犯罪嫌疑人发现自己已无支点可寻，就会走供述认罪的路。可见这种置换的方法只有在讯问人员首先置换犯罪嫌疑人的抗审心理支点之后，才能引起犯罪嫌疑人自我更换新的抗审支点，直到无法更换为止，这种置换方法的意义就在于，不停地让犯罪嫌疑人放弃进行自我更新，最后无新可更，就会被讯问人员彻底置换过来，达到使犯罪嫌疑人认罪服法的目的。

犯罪嫌疑人选择的对抗支点是通过语言表现出来的，例如，否定行为的心理支点是自己的行为还没有暴露，语言特征是："这件事不是我干的！"那么选择心理置换的支点即支点选择，就应该以"自己的行为还没有暴露"为目标来进行选择。如果讯问人员的语言表现为"自己的犯罪行为已经暴露"。那么犯罪嫌疑人就会更换支点，重新选择新的支点。这里既然犯罪行为已经暴露，对抗已经失去意义，那么新选择的支点是什么呢？供述认罪争取从宽处理应该是新选择的支点，完成这一过程就是对心理支点的置换过程，这种置换的方法就是支点的选择。支点选择是以更换犯罪嫌疑人的对抗支点为目标的，讯问活动中犯罪嫌疑人的对抗支点是什么，通常是通过语言的背景含义表现出来的。

讯问人员找准对方的语言的背景含义，就找到了犯罪嫌疑人的对抗支点。例如，杀人案件的犯罪嫌疑人杀人以后，立即去了朋友家喝酒，让朋友证明自己不在案发现场。

问：你昨天去过案发现场吗？

答：去过。

问：去干什么？

答：听说有一个人被杀了我去看的。

问：什么时间去的？

答：我在朋友家喝完了酒以后去的，我到那里的时候已经有很多人了。

问：你是什么时间离开朋友家的？

答：

是在八点半以后离开的！（案发时间是七点四十至八点之间）

这一段的讯问情况表现出，如果被讯问人是真正的杀人凶手，那么他所选择的对抗支点就是"我没有作案的时间"。继续下来可以看出讯问人员的支点选择。

问：你是什么时间去朋友家的？

答：可能是七点多钟吧！

问：具体地说是什么时间？

答：记不清了。

问：你的朋友可是记得清清楚楚！（讯问人员设立的语言的背景含义是“有证人证明你有作案的时间”）

答：（不语）……

这里讯问人员的支点选择已经对犯罪嫌疑人的对抗支点产生了置换作用。

问：你为什么要杀他？

答：我没有杀他！（支点被置换以后，新的对抗支点还没有形成）

问：案发时间是七点四十至八点之间，这一段时间只有你跟被害人在一起，不是你干的还有谁！

答：（不语）……

问：我只问你为什么要杀他？

答：我欠他的钱没有还，我没有钱还他，可他天天去我单位找我要钱，今天又逼我要，如果三天不还就把我的腿筋挑断，我一气之下就掐他的颈部，看他不动了，我就离开了那里，后来我再来的时候他已经死了。

这里讯问人员在置换犯罪嫌疑人的心理支点过程中起了重要的作用，讯问人员拿出来的“交换物”如果不能使犯罪嫌疑人放弃原来的“持有物”，就不可能达到置换的目的，更不会让犯罪嫌疑人进行自我置换。因此讯问人员手里的“交换物”是置换成功的关键。只有在讯问人员拿出来的“交换物”能够使犯罪嫌疑人放弃原来的“持有物”，那么讯问人员才能把犯罪嫌疑人抗审的心理支点置换掉，也就是说讯问人员提供的信息刺激，如果能够使犯罪嫌疑人感觉到以此作为抗审的方法，已经失去了意义，必须放弃的时候，那么犯罪嫌疑人以此作为抗审的支点才会被置换掉。但是置换了犯罪嫌疑人一两次的心理支点并不等于取得了讯问的成功，使犯罪嫌疑人交代了罪行。与此同时犯罪嫌疑人还会继续进行心理支点的更换，直到犯罪嫌疑人顺从了讯问人员的意志，把讯问人员所要达到的目的作为自己的心理支点进行置换的时候，讯问的任务也就完成了。

五、亲情置换的语言技巧

亲情置换是指用犯罪嫌疑人的亲情关系来置换犯罪的事实。犯罪情景通常与至爱亲朋有着密切关系甚至给至爱亲朋带来某些伤害。例如，贪污、贿赂犯罪的钱物，经常是与亲友有着某种联系，有的用亲友的名字将赃款存入银行，有的把赃款就直接隐匿在亲朋好友的家里，案发后亲朋好友就会受到牵连，因此在有可能暴露或者已经暴露的情况下，权衡利弊还是自己交代犯罪事实为好。再有贪污、贿赂犯罪在很多时候与其家庭成员都有牵连关系。

亲情置换的语言，通常是采取“不是……就是……”的修辞方法。将犯罪行为与犯罪嫌疑人的亲情关系提出来让犯罪嫌疑人进行选择。例如，巨额财产来源不明案件，将犯罪嫌疑人与其在车管所工作的儿子放置在一起：“不是你受贿就是你儿子受贿，因为钱是你家的!”这实际上对犯罪嫌疑人而言是两难选择，一面是自己的前途，一面是自己的亲情关系，但是在必须选择的情况下，犯罪嫌疑人还是选择了自己供述认罪，如此便达到了用亲情关系置换出犯罪事实的结果，当然，这里必须是真正客观的犯罪事实，而不是假证据或虚假供述。

在讯问活动中让犯罪嫌疑人进行亲情置换，不仅仅是要以犯罪嫌疑人的直接亲情关系来用于置换，还要使这种亲情关系通过假想来进行扩大，转嫁到讯问人员身上来，也就是说要把犯罪嫌疑人的亲情关系置换到讯问人员的身上，为讯问人员所利用，进行第二层次的亲情置换。讯问人员直接利用被假想的亲情关系来置换犯罪事实，利用的特征条件是假想的亲情关系的信任度，这种转嫁的亲情关系是假想的、亲情关系的认识错觉，亲情关系是信任的基础，信任是犯罪嫌疑人供述认罪的重要心理条件，让犯罪嫌疑人把讯问人员当成“自己人”，就有了说服对方的条件。

在办案实践中，犯罪嫌疑人或者家属在案发后总要托关系找人“说情”，走后门来开脱自己的罪责，讯问人员应当对这种不正常的现象加以充分利用，让犯罪嫌疑人产生讯问人员被“买通”，成了“自己人”，对犯罪嫌疑人“心中有数”的假想亲情关系。

讯问中的语言有的采取暗示的方法：“你家老四跟我谈了你的情况!”这句话的前景表义是：“跟‘老四’有过关于你的（指犯罪嫌疑人）情况交流”。它的背景含义却要复杂得多，在案发后“老四”跟我谈你的情况，这里不是“说情”还是什么呢？背景含义是家属已经说过了“情”，同时，这句话的语境行为是在另外一名办案人员暂时离开的空间里表述的，讯问人员利用了这一语境，暗示了自己的态度，使犯罪嫌疑人产生的错觉是：“为什么讯问人员要在另外一名办案人员离开的时候才讲这句话呢？无非是告诉我有了‘老四’的关系我心里有数。”这种假想的亲情关系也就出现了，犯罪嫌疑人对讯问人员的信任增加了，同时在犯罪嫌疑人的意识空间里，“老四”的亲情关系被嫁接在了讯问人员的身上，讯问人员说的话很多时候被犯罪嫌疑人误认为是“老四”说的。

案例：某电器公司的业务人员王某将该单位的一批冰箱低价出售给个体户，携巨款潜逃。数月后，办案人员在山西省长治市将其抓获归案。犯罪嫌疑人王某知道自己犯的不是小罪，讯问时，他一句话也不愿说，抱着反正活不成的态度，跟讯问人员对抗。针对这种情况，讯问人员就采用了“心中有数”的策略：“你姐夫对你很关心，现在你的问题已经这样了，只有设法走从宽处理的路了，至于能不能从宽还要你自己配合。”对方在听到这种话以后，马上感觉到话里“有音”，那种“求救”的信息立即从对方的情绪中表现了出来：“那我该怎么办呢?”讯问人员答：“你应该实事求是把事情的经过说清楚争取从宽处理。从宽的条件应该由你自己来创造。”结果犯罪嫌疑人如实地交代了犯罪事实和赃款的去向，使得该案件在侦查的过程中，节省了大量的人力和物力，成功地将此案交付了审判，同时也使得犯罪嫌疑人得到了从宽处理。

这里为了强化假想的亲情关系进行亲情置换，语言的语境表现应当是平和的语气、推心置腹的语言，这是亲情置换语言的条件。运用的前提是讯问人员不仅要对全案有基本的了解，而且对犯罪嫌疑人的家庭情况更要了解清楚，否则，这种“自己人”的错觉无从谈起，也不可能取得犯罪嫌疑人的信任。犯罪嫌疑人被采取了强制措施以后，处于与外界隔离的状态，导致了犯罪嫌疑人对亲人的思念，他迫切地想知道家庭情况，如果讯问人员能把犯罪嫌疑人的家庭情况、亲人的情况告诉犯罪嫌疑人，他会把你当作是和家庭与亲人联系的“使者”。亲情置换就是要我们的讯问人员设法当好这个“使者”。通常明示的语言特征是直接告知犯罪嫌疑人：“我刚刚去过你家。”把其亲人的基本情况传递给犯罪嫌疑人，取得犯罪嫌疑人的信任。在这里讯问人员应当把握住，千万不可用假话来欺骗犯罪嫌疑人，如果犯罪嫌疑人知道你是在用假话欺骗他，那你很难取得讯问的成功。讯问人员告知犯罪嫌疑人的家庭情况，是因为讯问人员确实是去了犯罪嫌疑人的家，确实与犯罪嫌疑人的亲人接触过，讯问人员并没有说假话。

六、求生置换的语言技巧

生存对每一个人来说都是非常重要的，也是每一个人所渴望的，为了活着人愿意做任何事情，但是当人在犯了罪以后，尤其是职务犯罪的嫌疑人，虽然能够自发地降低自己的生存条件，但是求生的欲望仍然是非常强烈的，俗话说，“好死不如赖活着”。通常犯罪嫌疑人在接受讯问的过程中，因为当前的利益犯罪嫌疑人注意的焦点是如何对抗应付眼前的讯问，并没有注意到生死关系，求生的欲望处于沉睡状态，只有唤醒这种沉睡状态，求生的欲望才能复活起来，才愿意以交代犯罪事实来换取“生”的条件。

求生置换的语言技巧，是根据犯罪行为可能产生的刑罚结果，帮助犯罪嫌疑人分析这一恶果将会在犯罪嫌疑人的身上产生的危害性，一方面把犯罪嫌疑人推向绝境，另一方面根据法定的从宽从轻的条件，帮助犯罪嫌疑人分析如何将可能带来的危害降到最低限度，让出一条生路，置之死地而后生，达到求生置换的目的。这种方法是针对那些犯罪涉案数额比较大的犯罪嫌疑人，讯问人员通过分析犯罪行为所要承担的法律后果，然后帮助犯罪嫌疑人指出一条从轻从宽的路，让犯罪嫌疑人权衡。在一般的情况下犯罪嫌疑人都会放弃对抗，选择从轻从宽的结果进行交换。

求生置换的语言特征在于：积极主动地参与对犯罪行为结果的分析，作为一种讯问语言技巧，直接对犯罪嫌疑人的行为结果进行评价以引起犯罪嫌疑人对自己行为后果的恐惧，迫使其走讯问人员为其指明的路。如：“你的行为你考虑过吗？按照刑法的规定，要判处十年以上有期徒刑或者死刑，不仅你的终身前途就此了结了，你的家庭还要受影响，你为什么不能挽回这种局面呢?”把他的犯罪行为所造成的影响进行扩大，展现出严重的后果，引导其跨入绝境，然后通过摆事实阐述道理，放出一线生路逼其选择。

例如，在对一起特大诈骗案件的讯问过程中，犯罪嫌疑人知道自己的罪行非常严重，几个月来坚持抗审拒不交代。讯问人员采取了事理结合、层层引导、推心置腹的语言，参与对犯罪行为结果的分析，分析其犯罪行为对家庭、社会和本人的伤害，并且为其选择降低危害的最佳方案，不仅使犯罪嫌疑人放弃了抗拒，而且还交代了一起隐藏非常深的特大案件。

问：你的罪行你自己是非常清楚的，你是二进宫的人了，两次诈骗都是数额特别巨大，你不分析一下你即将要承担的结果吗?

答：承担什么结果对我来讲已经是无所谓了！（这里求生的欲望依然沉睡）

问：根据你的情况看你已经没有任何退路了，你的犯罪行为根据刑法是要判重刑了，有判死刑的可能！

答：我本身也没有打算要活了！

问：你如果真是那么想的那你就太自私了，你的儿子还没有结婚，你的爱人在积极地为你还款，你的父母整日以泪洗面，昼夜不能寝，他们盼望你能够得到从轻处罚。

答：（不语）……（流泪）……

问：生活对每一个人来说都是美好的，原本你在这样的大家庭能够享受天伦之乐的，可以说你是这个大家庭的主心骨，正是由于你的原因使这个幸福的家庭失去了欢乐，我虽然是你案件的办案人，我也有家庭也希望幸福地生活，我也更希望你的家庭能够重新欢乐起来，希望你不要辜负了全家人对你的期望，为此，我们也在设法能够从你的身上找到从轻的条件，希望你能够配合！

答：我还有从轻的条件吗？

问：当然有！法律规定的从轻条件是法定的条件！你还有从轻的机会，说句心里话，我们不希望你被从重处罚，你能够被从轻处罚也说明你认识到自己行为的社会危害性，有悔过的表现，也说明我们的工作有了成效。

答：那我听你们的，你们说咋办就咋办。

问：不是我们说咋办就咋办，你应该把全部的犯罪事实交代清楚，争取有立功表现！

答：那我先交代犯罪事实，然后我还要向你们举报一起杀人案件，你们问吧，我一定如实回答……

最后，这起案件因为犯罪嫌疑人有立功表现，主动交代了全部犯罪事实，并且还交代了司法机关没有掌握的犯罪事实，有自首情节，获得了从轻判决。

七、利弊选择的语言技巧

心理学对人们的行为动力进行了证明，社会交换理论阐明了人们的行为规则是在交换的活动中，以趋利避害为行为特点的交换关系。在讯问活动中犯罪嫌疑人选择对抗的行为，说明对利害关系的认识是明确的；对抗可以逃避惩罚，利益关系是明确的。利弊选择就是把犯罪嫌疑人从已经确立的利益关系中选择出来，把有利于供述的新的利益关系输入犯罪嫌疑人的意识系统。选择的方法是促进其心理进行趋利避害的选择，以比犯罪嫌疑人已经确立的更大的利益关系，与犯罪嫌疑人已经确立的利益关系进行利益交换。交换的方法是首先设置一个新的利害关系，同时摆出两种相反的利益结果，让犯罪嫌疑人选择，进行权衡利弊的比较，最终的目的是让其选择有利的结果——说实话对自己有利，放弃对抗选择供述认罪。

采用利弊选择的方法进行讯问的语言技巧，首先是堵住犯罪嫌疑人的退路，其次是促进新的需要动机的产生，最后是对自己利益的趋利避害的选择。讯问的语言技巧是根据犯罪嫌疑人的具体对抗表现而实施的，犯罪嫌疑人是交代还是不交代，是进还是退，他要权衡利弊，在有路可退的情况下，退路就是对抗条件，如果讯问人员将其退路给堵死封住，犯罪嫌疑人才能做出向前进的选择。讯问中常用的封其退路的语言方法是："你的问题已经得到证明了，你对问题交代是迟早的事，但迟不如早，应争取主动，争取立功，争取从宽处理，除此之外你是没有任何退路了。"这里的语言背景的直接含义就是："犯罪事实已经得到了证明，否定的退路已经没有了。"又如："司法机关办案件是以事实为根据、以法律为准绳的，不轻信口供，你的口供只证明你自己对问题的态度，主动交代能从宽处理，不交代从严处理，你的问题已经清楚，两条路由你选择。"这时的犯罪嫌疑人实质上只有一条路可以选择，把犯罪嫌疑人推到交代的主线上来，目的是让犯罪嫌疑人在这条主线上做出选择。

犯罪嫌疑人做出向前进的选择，实际上是否定了旧的选择和已经做出的选择，向新的选择迈出了新的一步。趋利避害的选择就是要犯罪嫌疑人不断地否定旧的选择，不断地进行新的选择，最后实现供述动机。讯问的语言应当以促进犯罪嫌疑人不断进行新的选择而实施，新的选择实际上是对已经进行的旧的对抗选择的不断否定的结果，只有不断地否定对抗，才会有不断地肯定供述的可能。去苦求乐是人的本能，是人们选择行为的内在动机。讯问的全部行为过程就是行为选择的过程，是趋利避害的心理行为过程。抗拒心理状态下认为交罪供述要受惩罚，不交代说不定还能混过去，利害权衡选择了避害。反复动摇状态是一种左右为难的心理状态，如果交代了犯罪事实就要受到法律的惩罚，如果不交代又过不了讯问关，处在两难境地。供述交罪心理状态下认为自己的犯罪事实已败露，定要受到法律的处罚，没有退路了，如果主动坦白交代，说不定还有从宽处理的希望，选择了坦白交代的路。这里从对抗到供述是一个复杂的发展变化过程，是否定旧的选择向新的选择转变的发展过程，讯问的语言就是围绕这一犯罪过程来实现目的的。

采用利弊选择的方法进行讯问时，在语言的运用方法上要采取三个层次进行：一是积极促进对旧的选择或者现有的已经选择的否定，犯罪嫌疑人只有否定了旧的选择，才能有新的选择空间；二是促进犯罪嫌疑人进行新的选择，这种新的选择即对抗与供述的利与害的选择；三是促进供述选择的语言。首先要运用促进否定选择的语言，如果“利”大于“害”，则趋之；而“害”大于“利”，则避之。通常讯问人员以固定“害”的程度，加大“利”的诱惑性来满足犯罪嫌疑人趋利避害的心理，实现其否定旧的选择的目的。例如，某一国家工作人员的贪污犯罪案，案发后犯罪嫌疑人已认识到自己贪污的数额巨大，会被严惩，畏罪心理非常强，不但犯罪事实不愿交代，而且对赃款的去向也咬死不讲。从旧的选择可以看出，反正自己的罪行已败露，是要被判刑的，把赃款隐瞒下来，待日后还可以使用。促进否定选择的语言表现如下（讯问的目的是追缴隐匿的赃款）：

问：你知道你的罪行会带来什么样的结果吗？（利用即将出现的惩罚结果来促进否定）

答：我知道，少说要判我15年。（提供否定的条件）

问：你知道有从轻的办法吗？（提出新的选择方向）

答：有什么办法！（有新的选择趋向）

问：你为什么不想办法呢？想办法走从宽的路？法律不是规定得很清楚吗？（输送新的选择条件）

答：这我知道，揭发检举有立功表现的、投案自首的能减轻处理，主动交代罪行的能从轻。（不愿意否定旧的选择，但是又想确定一下新的选择条件）

问：既然知道你为什么不走这条路呢？你的犯罪事实已经很清楚了，是无路可退的（封死退路）。你幻想着日后还能使用那笔钱吗？（直接指向旧的选择）你想错了！这笔钱司法机关是一定要追回的，因为这是赃款。再者，你虽然存在境外但你能保证你能够用到这笔钱吗？境外的银行也有破产的时候！即便是银行不破产，你有一笔巨额存款，但是那对你来说还有意义吗？它还能给你带来欢乐吗？长年的牢役钱对你来说只是废纸一张，同时待你的刑满时你的家庭会是什么样的你能知道吗？你对他们的伤害用钱能够弥补得了吗？况且，你赃款不交还要从重处罚，还要罚金！这种结果你想过吗？（促进犯罪嫌疑人进行新的对抗与供述的利与害的选择）

答：（沉默不语）……那我坦白交代了，能得到从宽处理吗？（愿意否定旧的选择）

问：这是法律的规定，你为什么不相信法律呢？（帮助犯罪嫌疑人树立新

的选择的信心）

答：那我愿意交代，我愿意将境外的存款交给你们，我可以写“授权书”给你们，争取宽大处理。

八、建立超我形象的语言技巧

“超我”本是心理学家们对于人格结构进行分析时所提出的概念，心理学家弗洛伊德认为人格结构由“本我”“自我”“超我”三部分组成。“本我”是指原始的自己，包含生存所需的基本欲望、冲动和生命力，其心理行为以快乐原则为准则，行为目标是获得生存快乐，避免痛苦，其心理特征是无意识的，因此心理行为和能量不能够被自身所觉察。在职务犯罪案件中犯罪嫌疑人由于获取金钱的本我欲望强烈，自我的调控作用满足本我的要求，实施了犯罪行为，案发后自我以自己可意识到的思考、感觉、判断犯罪行为是要受到惩罚的行为，于此自我便联合了本我进行对抗，以避免痛苦的发生。“自我”是自己可意识到的执行思考、感觉、判断或记忆的部分，是从本我中逐渐分化出来的，是调节本我与超我之间的矛盾，使之能够以合理的方式来满足本我的要求。根据自我的意识特点来看，它一方面对本我起着重要的调节作用，即对本我的欲望和行为的调控，包含着两个方面，一是要能够满足本我的需要，二是还要避免因此带来的伤害，为了保护整个机体不受伤害，它遵循的是现实原则，为本我服务。所以犯罪以后帮助犯罪嫌疑人对抗讯问就是自我的心理能量所致。另一方面又受制于超我，超我是人格结构中代表理想的部分，它是个体在成长过程中通过内化道德规范、内化社会及文化环境的价值观念而形成的，其机能主要在于监督、批判及管束自己的行为，超我的特点是追求完美，所以它与本我一样是非现实的，超我大部分也是无意识的，超我要求自我按社会可接受的方式去满足本我，它所遵循的是道德原则。

讯问活动中的对抗行为，就是来源于自我的心理防御机制，是自我的一种防卫功能。很多时候，超我与本我之间，本我与现实之间，经常会有矛盾和冲突，这时人就会感到痛苦和焦虑，这时的自我可以在不知不觉之中，以某种方式调整一下冲突双方的关系，使超我的监察可以接受，同时本我的欲望又可以得到某种形式的满足，从而缓和焦虑，消除痛苦，这就是自我的心理防御机制。可是在通常的情况下，本我与现实之间产生矛盾和冲突，是自我根据超我的道德原则，经过思考、感觉、判断来向本我发号施令的，其发号施令的力度也是根据超我的道德原则能量的强弱进行的，超我的道德原则的能量越大，自我反应给本我的力度就越强，反之就越弱。

犯罪嫌疑人对抗讯问是个体的防卫本能，来源于本我的防卫机制，本我的安全需要得不到保障的时候，自我以自己可意识到的外来信息，进行思考、感觉、判断，再根据超我的道德原则和社会的行为规范的要求，联合本我实现其行为反应。这里超我的能量是非常重要的，它能够对本我和自我的行为实现产生重要的影响。因为超我虽然大部分也是无意识的，但是超我能够要求自我按社会可接受的方式去满足本我，它所遵循的是社会道德意识规范和原则。但是由于每个人基本特征不同、生活的环境不同、接受的教育不同、对事物的认识不同，所形成的人格特征也是不同的，因此就引起了社会道德意识的偏差。这也是犯罪嫌疑人在讯问活动中的对抗强弱程度不同的重要原因。

也就是说，在超我的人格意识中，积极的社会道德规范意识，能够引起积极的本我行为，即供述认罪；消极的社会道德规范意识，能够引起消极的本我行为，即说假话对抗讯问。讯问活动中的消极本我行为就是自我的消极顽抗。因此，设立积极的超我意识、强化超我的能量、激发超我的能动性，是讯问活动的重要条件。讯问活动是以交代犯罪事实为目的的，犯罪嫌疑人交代犯罪事实就是说实话、不弄虚作假，是社会道德的规范意识，是超我的意识体现。超我的意识本身就是在社会意识的影响下形成的，因此，超我的意识能够在外来信息的影响下发生变化，教育的目的就是改变思想，改变超我意识，使人的行为满足社会道德行为规范要求。

讯问活动中促进超我意识的形成，虽然来源于过去的教育基础，但是也会受到讯问人员的影响，通常这种影响的方法是：直接向犯罪嫌疑人输入一种概念，把犯罪嫌疑人“立起来”，树立起超我的形象，让犯罪嫌疑人对自己的犯罪行为产生否定态度，通过对自己行为的悔恨，达到供述的目的。讯问人员帮助犯罪嫌疑人树立超我的形象过程，这是以社会道德、法律行为去置换犯罪嫌疑人抗审的自我防卫心理的过程，自我防卫心理的意识是自我利益的体现，为了自我利益才有犯罪行为的出现，因为自我利益才有抗审行为的表现。因此，只有超我意识出现，才会替代自我意识，才会有否定自我的行为出现。所以帮助犯罪嫌疑人树立形象的目的是将犯罪嫌疑人的超我形象树立起来，让其维护被拔高了的自我形象，顺应讯问的要求。这种方法是采取对被讯问人的个人形象和品行进行公开评价，来置换犯罪嫌疑人自我个体利益的意识，引起被讯问人做出有利于认罪的悔恨反应。

这种通过讯问语言帮助犯罪嫌疑人树立形象的方法也有两种：

一种是利用反面形象，采用剖析、暴露丑陋行为的方法，使被讯问人做出有利的态度表示或行为反应。因为对方感到这样丑陋的行为放在自己的身上，对他是不公正、不客观的，因而本能地显示自己并非如此，以争回良好的形象。他的这种意识反应，正好是讯问要达到的目的。通常的语言表述是："你敢作敢为，事情出来了为什么却不敢承认?"

另一种就是正面形象的树立，选择有利于讯问的形象，嫁接在他们身上，他们有了被嫁接的形象会得到心理上的满足，就会按照这种为其设立的形象去体会、去发展、去行动，来维护被抬起来的形象。例如，讯问人员在讯问一位正厅级领导干部时，采用了这种树立形象的语言方法："你在工作上靠自己的实干，为社会做出了很大的贡献，改变了一个城市的面貌。你胸怀宽阔，在其他同志因工作不慎出现了事故的时候，敢于承担责任，保护自己的部下，表现出了大度品质，令人敬佩。"在把对方的形象树立起来以后，在其处在短时间的超我形象的维护期间，将他侵吞国家财产的犯罪痕迹送上去，让他在自我形象维护的心理驱使下，交代自己的犯罪事实。在树立正面形象时的语言的特征是，把优秀的道德品质，嫁接在犯罪嫌疑人的身上，通过赞美的语言使犯罪嫌疑人感觉到超我的形象满足。

在语言技巧方面：首先，通过赞扬对方的优点，高度评价对方的优秀道德品质，来达到嫁接的目的。语言要实在，要发自内心地称赞，表现出实事求是的语言，不可言过其实地乱吹捧，让对方怀疑你别有用心，那么这样的语言就失败了。因此，这种语言必须表现出真实性，推心置腹地表现对对方的称赞。

其次，及时准确地把握犯罪嫌疑人的心理脉搏，在犯罪嫌疑人的自尊心受到伤害的时候，讯问人员的赞美和评价能够帮助犯罪嫌疑人恢复自尊心，就能够迅速地在犯罪嫌疑人的身上建立起超我意识行为反应。例如，在职务犯罪案件中，有不少的犯罪嫌疑人曾是国家的高级干部，曾经为国家的经济建设做出过巨大贡献，可是当其涉嫌犯罪的时候，办案人员的讯问口气把他们当作了罪犯，这与他们过去面对的称赞和恭维形成了明显的对比，使他们的自尊心受到了严重伤害。还有甚者人身自由也受到了限制，并且与社会上的刑事犯罪人为伍，他们的心理就会感觉极不公平：自己有过贡献有过功劳，自己犯了这么点小事与自己的贡献相比较又能够算得了什么！感觉到冤屈、压抑和自我的尊严交织在了一起，形成了特殊的变异的人格特征，这种变异的人格特征带有一定的偏执倾向性，那种怒气、不平、怨恨就会通过讯问过程表现出来，形成对抗的“潜流”。通常这种“潜流”的出现讯问人员是能够感觉到的，因为这种“潜流”必然要通过神态、行为、语境表现出来，这个时候讯问人员的称赞就如同雪中送炭，被讯问人就会感觉到你对他的客观公正评价，是对过去他做出的贡献的肯定，从而使他的尊严得到复苏，自尊心得到恢复，超我的意识协调得到复原。

再次，语言应当具体恰当，选择“嫁接”要有实例，并且选择的实例要具体，不能含糊其词，要直接准确，有许多东西本来就是对方身上存在的闪光点，语言表达得越具体，对方就越会感觉到你对他是了解的，不仅能够尽快地产生超我的意识变异，同时也拉近了相互间的情感距离。这里还要注意运用语言的“度”，适度的评价使人振奋鼓舞，能够迅速激发出超我的形象。但若超过了评价的度，对方就会感觉到你评价的不是他，使人感觉到难堪、反感甚至认为你是在挖苦讽刺，就会起到反作用。

最后，语言选择，在职务犯罪案件中，直接通过归还原来的职务的方法，把犯罪嫌疑人原来的职务通过改变称呼的方法再还给犯罪嫌疑人，如张市长、李书记等。这样他就会找回原来市长的超我形象。通常还可以借用第三人的口吻来评价对方，在一般情况下，人们对第三者评价的话认为是比较客观公正实在的，不仅容易被对方确认，而且这种借用的方法因为实例是“拿来”的，范围大伸缩性也大。还可以假设是第三者评价的实例，例如，某某说你人品好，是非常优秀的领导干部。这样就把假设的形象嫁接到了犯罪嫌疑人的身上。还有直接评价的方法，评价对方的方式是直接评价，这种方法的特点是及时、准确、作用大，能够达到直接的思想交流。因为讯问的语境条件的不同，有时找不到或者找不准直接评价对方的实例，也可以运用间接的评价方法，通过对另外的第三者的评价赞扬来影响对方，通常当讯问人员赞扬别人的时候，犯罪嫌疑人会认为我也是这样的，也会用别人的品质进行自我嫁接，形成超我的意识。

九、观念置换的语言技巧

所谓观念，是指人们头脑中对某个事物的主观印象，即每个人认识事物的基本出发点和价值取向，它决定着人的思想及如何采取行动，是人们支配行为的主观意识。人类的行为都是受行为执行者的观念支配的，观念直接影响到行为的结果。一般而言，先有观察后有念想，那么对个人来说，观念就是通过一次观察形成观点、想法的认识过程，即观念是主客体之间互动的综合反映。观念形成的主要来源是人的直接经验和间接经验。就整个社会而言，观念则是人的社会实践及其发展的产物。讯问活动中犯罪嫌疑人对抗观念形成的主要来源，就是犯罪嫌疑人通过对违反社会规范行为的惩罚认识，以及他人犯罪后的行为结果的直接经验和间接经验，根据自我本能的行为准则而形成防卫思想意识，即对抗观念。

犯罪嫌疑人在讯问活动中的对抗行为，就是对抗观念的行为表现。犯罪嫌疑人的对抗观念根深蒂固地存在于犯罪嫌疑人的心中，这种观念不仅是一种意识，而且更多的是一种潜意识，是在长期的工作和生活中形成的根深蒂固的、在自觉不自觉中影响犯罪嫌疑人思想和行为的习惯性思维。讯问活动实际上是转变犯罪嫌疑人对抗观念的活动，讯问活动中转变对抗观念，不仅仅是要转变或突破在长期的工作和生活中形成的根深蒂固的观念，还要转变因为犯罪以后所形成的思维定势。因此，犯罪嫌疑人的对抗观念是新旧交织在一起的错综复杂的对抗观念，起主导重要作用的观念是融合在其他意识观念之中的复合体，很多时候是一种潜意识，所以要想改变这种观念是很难的。因此，作为讯问人员不要奢望去改变这种观念，应当设法去引导和置换，因为在犯罪嫌疑人的对抗观念中包含了侥幸心理、畏罪心理、优势心理、戒备心理、悲观心理、矛盾心理等，这些心理既有利于对抗观念的优势心理等，也有不利于对抗观念的畏罪心理等，这样讯问活动中引导和置换犯罪嫌疑人的对抗意识就有了条件。通常在讯问开始的时候犯罪嫌疑人总是对抗不交代犯罪事实，通过讯问以后，犯罪嫌疑人就交代了犯罪事实，这就是引导和置换的条件起了作用。

在长期的讯问实践中有经验的讯问人员总是要把与犯罪嫌疑人对抗观念不利的一面展示出来给犯罪嫌疑人看，不断打破其原有的思维定势，代之以新的服从的思维理念。

案例：某市的保险公司将废旧物品出售给某汽车修理厂，价值 8 万元的收入一直存放在该修理厂，后来因为保险公司经理有急事需要用钱，就从该修理厂取回了 4 万元，副经理知道后也从该修理厂取了 4 万元，在长达两年的时间内没有归还。事发后检察机关分别传唤了他们两个人，并且分别进行讯问。

讯问经理的办案人员问：你手里有没有公款没有交账的？

经理答：有一笔公款没有交账，被我临时挪用了。

问：哪一笔公款没有交账？

答：汽车修理厂废品的应收款4万元被我取回没有交账。

问：为什么不交账？

答：因为我借给了别人还没有还！

问：那你打算怎么办？

答：反正都是要还的，我今天就把它还上！

可是在另外一组讯问副经理的办案人员就遇见了截然不同的态度。

问：你手里有没有公款没有交账的？

答：没有！

问：你不要急于回答好好想想再回答！

答：我想好了，绝对没有拿回公款不入账的！

问：据我们调查，你曾经拿了公款没有交账！

答：怎么可能呢？我虽然分管业务，但又不是财务人员，又不经手公款，怎么会有收回的公款不入账呢？

问：我希望你好好地考虑，不要执迷不悟，这样会害了你自己的！

答：绝对没有。

怎么会出现这种情况呢？在汽车修理厂取回的证据完全可以证明“残值废品出售的8万元，经理与副经理一人4万元被分别取走了，在修理厂的财务账上有明显的记录”。为什么一个承认另外一个不承认呢？办案人员再次去了修理厂核实证据的虚实。根据询问修理厂的厂长发现了另外一种情况。

办案人员问：你们修理厂欠保险公司8万元的废品出售的预付款是事实吗？

答：绝对是事实，当时没有付！

问：现在付了没有？

答：两年前就付清了！

问：怎么付的？

答：两位经理一人拿去了4万元。

问：你怎么证明钱是两位经理取走的？

答：财务上有记录，你们可以看一看！上一次副经理来过，跟我说这笔钱是“跑步”（行贿）用的，让我千万不要说。

办案人员在修理厂的财务处提取了经理的4万元收条，没有发现副经理的收条，问其原因，会计称当时副经理没有写收条，只是在现金支票的存根上签了字，办案人员提取了现金支票存根。

经过对这起案件的两个人在同一件事情上所表现出来的不同的差异，可见两个人在对抗活动中所持的对抗观念不同。作为经理，其在接受检察机关的讯问时的心理定势是：既然检察机关已经发现了4万元的事情，不如勇敢地承认，反正自己也是准备还上的，大不了自己就是挪用而已，可是如果不承认，那么就是不打算还的，就是贪污的故意，因为修理厂有自己的收条，是赖不掉的，这是经理面对检察机关讯问时的自我保护心理。那么副经理的自我保护心理就与此相反了，当副经理见检察机关对经理采取取保候审将其放回家的时候，副经理感到极不合理，经理拿了钱应当负主要责任，自己负次要责任，因为自己是看见经理拿了才去拿的，现在反而经理没有事，倒是自己的责任大了起来，心理不平衡、非常不服气。通过调查办案人员掌握了一定的犯罪信息，在第二次讯问副经理的时候，副经理对抗心理发生了变化，最后只得交代犯罪事实。犯罪嫌疑人在抗审活动中，其相对稳定的心理认识就是对抗观念，它是犯罪嫌疑人在抗审活动中的心理结构背景，是心理状态因素的组成部分。不同的人、不同的案件，有不同的对抗观念。

观念可分为长期观念和短期观念，长期观念是人的长久的思想意识，是在长期的生活过程中形成的相对稳定的思想观念，而短期观念是人们在当前的实践过程中形成的当前观念，是对当前利益产生的思想意识，有着很大的可变性。例如，人们在处理当前事物时，根据当前的观念实施了行为，事情过去之后就感觉到后悔，这就是当前观念与长期观念产生的矛盾，也就是说，用长期的观念处理当前的事件，就不可能采取这样的行为。有的犯罪嫌疑人在讯问的过程中交代了犯罪事实，可是离开了讯问室之后就后悔了，后悔不该交代犯罪事实，其原因就是长期观念发生了作用，其在长期观念的影响下产生了后悔行为。因此，在讯问活动中对犯罪嫌疑人进行的引导和置换是以短期的当前观念为目标的，讯问人员把犯罪嫌疑人的当前利益作为正反观念的对比，来引导犯罪嫌疑人进行对抗观念的置换。

置换当前的对抗观念是讯问活动的重要任务。例如，有的人认为自己目前的处境，是某些人想利用检察院来整他，或者是因为某件事情的打击报复，这种概念就形成了对抗观念。犯罪嫌疑人的对抗观念会通过不同的方式表现出来，讯问人员只有掌握了对抗观念才能引导置换消除对抗观念。引导的方法是：用相反的行为事件向犯罪嫌疑人施加信息影响，把犯罪嫌疑人的对抗观念置换出来。通常是运用双重否定的方法，进行逻辑关系的比较，在对犯罪嫌疑人引起对抗观念的对象进行否定的同时，对产生这种对抗观念的同时加以否定，根据否定之否定，来证明新的逻辑关系。例如，他认为是某些人想利用检察院来整他，首先确定“整人的行为”是错误的，其次告诉犯罪嫌疑人“认为别人整人也是错误的”。因为犯罪的行为是否定的行为，是法律要惩罚犯罪，不是某个别人想要整谁就整谁，如果不犯罪即使别人想要整你也是无用的。另外，还要让他知道检察院不会因被谁利用而开展工作的，同时检察机关也在耗费大量的人力、物力寻找对其有利的因素。再者，某些人也向检察机关客观反映了你在工作上做出了非常大的贡献，是位非常有能力的人，等等，达到引导置换对抗观念的目的。

观念置换的语言技巧：

首先，运用与对抗观念相反的行为事件作为语言的背景条件，引导对抗观念的置换。例如，前面的保险公司的案件，副经理面对被讯问的状况与经理的认识观念截然不同，这里除了副经理本人的长期观念外，因为事前已经与修理厂的厂长订立了攻守同盟，自己拿钱也没有写收条，没有证据证明他拿了钱，这些客观因素从另外一方面巩固了对抗观念。

问：我们上一次问你是否拿了公款没有交账，现在我问你拿了那些钱做什么用了？

答：我没有拿过公款没有交账的！（因侥幸心理仍然坚持）

问：你以为让人家不说人家就不说吗？（点击攻守同盟）

答：你的话我听不懂！

问：那我就分析给你听！这笔钱“别人”只能还一次，谁也不愿意重复还债，谁都不愿意多给别人钱，你没有拿别人就需要再还一次，谁愿意干这种蠢事呢？所以你拿了钱别人自然要说实话，你说不是吗？

答：（不语）……

问：在这件事情上你是没有退路的。

答：那你们说我拿了公款不入账，就应该有证据啊！

问：你太蠢了！你的那些观念已经过时了！等我把证据拿出来的时候，你已经在法庭上接受审判了，那个时候你是一点机会都没有了！

答：那你能够跟我说是在哪里拿的公款没有入账吗？（开始松口了，对自己的对抗观念开始有了否定的意向，但没有形成否定对抗观念的整体）

问：看来你还不只是在一个单位取走公款不入账啊！

答：我确实只在一个单位取过款没有及时入账。

问：哪一个单位？

答：汽车修理厂！

问：多少钱？

答：4 万元。

问：这笔钱在哪里？

答：（不语）……

问：是不是还要让我们自己去找？

答：这笔钱送给人了！

问：送给谁了？

答：省保险公司的某领导。

问：什么时间送的？

答：钱拿回来的第二天就送去了，时间是2004 年中秋节的前一天，具体的时间日期我记不清了。

问：为什么要送钱给省公司的领导？

答：想提拔的……

问：提拔了没有？

答：提拔了，原来我是财务科长，提拔成为副经理了。

问：那我们在第一次讯问你的时候，你为什么否认自己拿了钱？

答：我是怕事情出来我要坐牢，同时我相信修理厂的厂长不会说的，因为他的许多业务是我给的，他们还要从我这里拿业务，另外，这笔钱是给领导的，说出来领导要倒霉的，所以我才不承认自己拿过了钱。

问：你说的有实话，但是也有不实的话，修理厂有现金支出的记录！也就是说，你拿的每一笔钱都有记录！（为了深挖，根据副经理的对抗反应，很可能在修理厂还拿了“回扣”，因为保险公司有大量的修理业务，是修理行业竞争的热点）

答：我只拿过 4 万元！（口气不坚决）

问：你说的不对。

答：那还有什么钱？

问：你拿的钱你清楚，我们也清楚，人家账上记的更清楚！（修理厂给回

扣一般都有记录，但是不一定在账上直接反映）

答：（不语）……

问：在这个问题上你是没有退路的，你们的经理为什么回家了，他就非常聪明，他也拿了钱，但是他已经认识到这样的钱不应该拿，有悔过的表现（这里以对犯罪嫌疑人起主导地位的对抗观念的相反的意识观念，来引导犯罪嫌疑人的对抗观念进行置换），所以我们更希望你能够向你们的经理学习！

答：这几年来给了修理厂的业务，他们给了我几次钱，总共有四五万元！

问：你把每一次拿钱的时间、地点、数额都讲清楚！

答：好！……

这样的一个案件当时因为犯罪嫌疑人的对抗观念不同，在讯问活动中的语境表现也是不同的，为了满足犯罪嫌疑人的供述犯罪事实的需要，必须有引导和置换对抗观念的条件，讯问的语言必须围绕条件来进行引导。在这起案件中如果办案人员没有具备引导对抗观念的条件，那么犯罪嫌疑人是不可能更换对抗观念的，讯问也就不可能成功。

其次，运用情感式的语言渗入反向观念进行强化，促进对抗观念的置换。以情感上去引导对抗观念的置换是非常关键的，虽然人的思想是形形色色的，但当犯罪嫌疑人接受并且认可你这个人的时候，他就更容易接受你的观念。所以情感投资也是有必要的，这也是讯问活动中常用的方法。因为犯罪嫌疑人在接受讯问的过程中，迫切地需要外援，对外来的信息也特别敏感，如果讯问人员并没有按照正常的讯问活动特有的对抗语言，而是采取了理解、同情、肯定、帮助的情感式的语言，就能够对犯罪嫌疑人的情感领域予以渗透，建立起良好的沟通信任平台。运用情感式的语言主要是通过语言的词语表现的，在任何一种语言中都有一些词语，它的语义结构中包含着表达说话人对该词语所指事物、现象的感情评价、主观态度。讯问活动中带有感情色彩的语言体现着讯问人员心理活动的两个方面：思想意识和形态表情。这既是思想符号又是情感符号，犯罪嫌疑人也正是通过这两个方面，达到对讯问人员的了解和认识的。虽然在讯问活动中的语言在情感上的表现是异常丰富细腻的，但是在语言上通常用“褒”“贬”和“中性”来划分感情色彩。褒义的语言是含有赞赏、嘉许、褒扬、喜爱、尊崇、美好、吉祥等感情色彩的语言表述。如：品行高尚、严于律己、敢作敢为、宽容大度等。贬义的语言是含有贬斥、否定、憎恨、轻蔑感情色彩的语言表述。中性的语言是不带褒义和贬义感情色彩的语言表述，根据语言表达的需要可以用于好的方面，也可以用于坏的方面。如：念念不忘、无奇不有、无声无息、拼命三郎等。

讯问中通过对犯罪嫌疑人的调查了解，对其身上的闪光点进行赞美和评价，将犯罪的一面暂时搁置起来，这样他们就会精神振奋、心情愉悦，对讯问人员就能够产生亲切感和可信度。首先是“自谦”式赞美语言，讯问人员将犯罪嫌疑人身上的闪光点来与自己进行比较达到对犯罪嫌疑人进行称赞的目的。例如，“在吃苦耐劳方面我就不如你！由于你不分日夜的辛苦才使这座城市改变了面貌！你的贡献老百姓都是记在心里的！”其次是“评价”式语言，将犯罪嫌疑人某些好的行为，提取出来进行评价做出结论，加以肯定。例如，“你在抗洪救灾中始终坚持在第一线，一连几个昼夜你都没有合眼，为了国家的财产不遭受损失，你始终坚持在第一线指挥，你一身泥水，老胃病也犯了，可是你一直坚持到洪水下落才离开坝堤住进医院，在你的身上表现出了一个优秀领导干部的形象。”最后是“激发”式语言，每一个人的身上都曾经有过美好的记忆，有引以为自豪的得意之处，赞美他们的美好记忆和引以为自豪的得意之处，能够“激发”出对方积极兴奋的热情，唤醒其封闭的定势心理状态，使其兴奋活跃起来。例如，某市为了促进高新技术企业的快速发展，不仅重视本地人才的使用，同时还从外地引进了一百余名博士人才，这些高科技人才在该市的经济建设发展中，发挥了积极的作用，取得了可喜的成绩。在对这位领导干部的讯问过程中办案人员说：“本市大批引进高科技人才，无疑给本市的经济发展插上了腾飞的翅膀，是英明的决策，是花小钱办大事的举措。”这位领导干部听到引进人才的问题，马上来了精神，很兴奋地告诉办案人员：“当时也有不少同志反对呀！这些人来了以后的待遇问题、住房问题、家属问题都要考虑在内，不然人家不愿意来啊！这一百多名博士都是一个个地做工作才同意来的哟！”这一席对话使得讯问活动特有的对抗情态消失了，对抗的思维观念被置换了。

最后，运用利益关系的引导来置换对抗观念。虽然人的观念和意识很难很快改变，但在利益面前是比较容易妥协的，其原因在于：犯罪嫌疑人的对抗观念是建立在自我利益得失的基础上的，当自己的利益受到侵害的时候对抗的观念便形成了，当更大的利益受到侵害的时候，这种对抗的观念就会发生转变，观念的变化就会引起行为的变化，人的行为特点就是趋利避害，将利益升到最大，将伤害降到最低。当讯问人员满足犯罪嫌疑人的这种行为观念的时候，就能够达到观念置换的目的。讯问活动中常用的语言方法有直接的利益置换与间接的利益置换，直接的利益置换是直接地将利益提取出来，让犯罪嫌疑人置换；间接的利益置换是通过摆出利与弊的关系，让犯罪嫌疑人自己进行选择。例如，有的犯罪嫌疑人对名誉看得比较重要，可采取直接的语言："你在社会上有着非常大的影响，对你的人品大家都是清楚的，你热心帮助别人办事别人感谢你才给你钱的，这虽然是不合法的，但是事情已经存在了，谁都有犯错误的时候，能够认识错误、敢作敢为才是你的风格，才是你的人品，否则社会上的人会怎么看你?"这里的利益损失是敢作敢为的名誉损失，只有敢作敢为才能够挽回名誉。这里如果犯罪嫌疑人选择了敢作敢为的行为，那么就是供述认罪。再如，几年前犯罪嫌疑人受贿了20万元，并且将这20万元转给了某房地产开发商，购买了一栋别墅，案发后检察机关让其交出赃款，犯罪嫌疑人以自己没有钱交作为借口，拒绝退赃款。可采用利弊对比式的语言："你拿的钱是必须退的，如果你不愿意退，那么检察机关就要扣押你的房产，当年你用20万元购买的别墅，现在已经升值了，可能要卖到60万元以上，你自己掂量一下，是给20万元还是把别墅退出来?"犯罪嫌疑人权衡了别墅的价值，当然愿意退20万元了。

十、激情置换的语言技巧

激情状态的对抗表现是犯罪嫌疑人特有的表现特征。所谓的激情状态是一种强烈的、爆发式的对抗状态，其心理特点表现为很强的主观性、封闭性、无畏性和极端性，原因是犯罪嫌疑人所处的环境不同、犯罪产生的原因不同、实施犯罪的行为不同，多种主客观因素导致了激情状态。激情状态的基本特征是情绪波动时所产生的内推动力的自制力减弱了，表现为语言偏执、无理、情绪化、蓄意挑衅、攻击对抗的方向选择单一。在讯问活动中犯罪嫌疑人激情状态的出现，发展下去便是僵局。同时激情状态下讯问人员的心理影响是不起作用的，再美的语言也是无力的，只有把这种激情状态及时移开，讯问人员的信息影响才能够起作用，否则等于对牛弹琴劳而无功。因此，犯罪嫌疑人的激情状态必须消除，消除的方法只能通过置换的方法才能够解决。对激情状态的置换通常采取透视心理弱点，疏通封闭障碍，缓和气氛，沟通情感，情理兼容，使其俯首就范。

在置换的方法上对激情状态下的犯罪嫌疑人不能进行正面强攻，因为激情状态是有一定的时间性的，应当给予一定的时间空间，让其自我消化，在其有一定的减弱时，采取顺应的方法，踩着犯罪嫌疑人的心理脉搏，从符合犯罪嫌疑人的心理需要、愿望和兴趣的讯问语言信息内容入手，对犯罪嫌疑人的激情状态表现为同情理解，待犯罪嫌疑人的封闭状态缓解的时候，进一步保持心理接触，以客观存在与犯罪嫌疑人的主观认识的差异进行比较，松懈和分散犯罪嫌疑人的较强主观性，情理兼容取得犯罪嫌疑人的信任，加强对其心理接触消除对立，达到激情置换的目的。这里应当注意的是犯罪嫌疑人产生激情状态的原因，有的犯罪嫌疑人因为曾经给国家和社会做出过巨大贡献，自己拿了一点小钱，与自己的功劳相比较只是毛毛雨，不能功过平衡，认为是卸磨杀驴，这是心理的不平衡导致的激情状态。还有的犯罪嫌疑人认为钱是自己赚来的，还解决了大批人员的就业问题，也没有伤害到别人的利益，自己用自己赚来的钱也犯法吗！因此而形成的激情状态。讯问人员在对激情状态进行引导和置换之前，必须查明这种激情状态产生的原因，然后再针对其原因实施引导和置换的行为。

置换激情状态的语言技巧，实际上是对犯罪嫌疑人的心理疏导，犯罪嫌疑人激情状态的出现是其生理受到强制，在短期内得不到缓解而产生的，因此要面对现实进行心理疏导，并根据个案的具体情况和特点给予不同的启发和支持，这里应当注意的是，引导不能离开疏导对象而进行空谈，不能空洞地劝慰，更不能敷衍搪塞，以坦诚的态度，实事求是地帮助其分析现实问题，避免对方猜测怀疑。使其由应激反应的激情状态逐渐过渡到承认和适应现实的正常心理状态。要从心理上帮助犯罪嫌疑人适应“不利事件”的后果，引导他们将注意力由已过去的事情上转移到其他方面。当然犯罪嫌疑人在激情状态下的行为是不容易改变的，必须有针对性的心理意识置换条件，才能满足犯罪嫌疑人的激情状态的转移，这种置换条件就是语言技巧：

1. 唤醒威胁感的语言。当犯罪嫌疑人处于激情状态时，对外来的威胁信息没有反应，威胁信息能够对犯罪嫌疑人的激情状态起到遏制作用，通过唤醒威胁感就能够引发犯罪嫌疑人的心理焦虑，来遏制激情状态的延续。因此，引导既要提供有影响力的信息，同时也不应激起对方的激情，以唤起对方内心的压力的某种威胁感，促其改变激情状态。例如，在侦查一起贿赂案件时，受贿犯罪嫌疑人带着激情状态进了讯问室，还没有等讯问人员说话，就说“你们没有必要在我的身上下功夫，我根本就不想活了。”讯问人员厉声回应他：“你难道没有一点责任感和荣誉感吗？我现在给你一个机会，让你能够在家人的面前、在你生活的社会环境里，能够不受到谴责，能够不被唾骂！你却想要一死了之！

你想要达到什么目的？难道你还想让人骂你是‘孬种’吗?”这里，讯问人员紧紧抓住对方的心理，利用他怕给家人带来坏的名声以及自己尚存的荣誉感，唤起内心焦虑的心理压力，产生心理的威胁感，促使其改变态度。

2. 反向否定的语言。逆反心理是心理行为的特殊状态，当外来信息告知你应当去做某些行为，而你却偏不去做某些行为时，这就是你的逆反心理在作怪。反向诱导便是针对人的逆反心理的说服引导方式。讯问人员不暴露自己的目的和动机，而是提出与目的动机刚好相反的观点传送给对方，似乎自己颇为赞同似的，叫对方自己去反驳，并让他“节节胜利”，而自己则“节节败退”，乃至最后观点完全失去了存在的道理。然而这没有道理的观点，恰是你要改变的。既然这一观点毫无道理，对方的观点与此同出一辙，怎么能站住脚呢？于是，对方被他自己说服了、置换了，尽管并不十分愿意，也不得不接受说服，改变原有的态度。

例如，在面对犯罪嫌疑人的激情对抗时，讯问人员并没有正面迎战，对其采取直接否定的方法，而是采取反向的否定：“你的这种态度和认识我早就预料到了，这是正常的，如果你没有这样的态度反而不正常了，放在我的身上也会有这样的态度，可是这样的态度会对谁有利呢？对自己有利吗？不是！对办案人员有利吗？也不是！对挚爱亲朋有利吗？更不是！那么会对谁有利呢？是那些想看你笑话的人最为乐意！”想看自己笑话的人也是反对自己的人乐意，说明了自己的态度行为是错误的。如果他自己认识到了，就会进行自我的态度置换，就不得不接受引导，改变原来的激情对抗态度。

反向否定的方法，设问要巧妙，逻辑要严谨。既不露马脚，又要切中对方的要害。同时，设问还要存在明显的“漏洞”，留出反向的思维空间，叫对方有联想的余地，否则就不能达到目的。

3. 巧用比喻的语言。比喻是修辞手法之一，就是我们平时说的打比方。恰当的比喻总是能准确地表达某种事理，给人以教益与启迪。在讯问活动中，比喻更是一种与犯罪嫌疑人沟通、改变其对抗心理的有力武器。由此可见，运用形象的比喻将复杂的道理娓娓道来，更能提高讯问人员的信息感染力。而且，这样具有强烈对比意义的语言，能够深深打动犯罪嫌疑人，使其长久地留在犯罪嫌疑人的心灵最深处。讯问活动中常用的比喻的技巧是选好角度。比喻按设喻方法不同，一般分为两种形式：一种是用一种或几种事物，通过一句或几句话来设喻的言喻；另一种是通过一个完整的小故事来设喻的事喻。无论采用哪一种形式，你都必须选择好比喻的角度。设喻要力求新颖，不要重复使用，因为第一次使用是天才创新，第二次使用是无用的重复，第三次使用就是愚蠢的赘言废话。例如，在职务犯罪案件中，讯问人员把行贿人比作“商人”，“商人”的行为就是要在交易过程中获取更大的利益，以小钱换取大钱的行为目的，行贿人把目标对准有权力的人的身上，就是为了在他们的身上获取更大的利益，给小钱换大钱，否则谁愿意将自己的钱给别人呢！有的还把行贿人比喻成“垂钓者”，用小的诱饵放入水中，贪吃的鱼就成了“垂钓者”的盘中佳肴。

运用比喻要有针对性，根据讯问所要达到的目的的不同，比喻应当具有针对性。如果不考虑针对性，那么你的比喻或者会让人觉得深奥难懂，或者会让人觉得恶俗不堪，很难达到你预期的目的。比喻的语言还有对比式发问：“某某某受贿的事情你是知道的，案发后主动交代自己的罪行，追回全部赃款，得到了检察机关的从轻处理。你为什么不能学他呢?”这个发问是结合犯罪嫌疑人的具体情况，选择已经处理过的宽严典型，进行对比，促其结合自己的情况，展开对比思考，权衡利弊，放弃抗拒，走坦白从宽的道路。

4. 称赞对方的语言。称赞对方的目的是满足其自尊心，前面我们已经说了，人们都有获得尊重的需要，犯罪嫌疑人在激情状态下，对外来的否定信息是拒绝接受的，如果采取直接的否定方式，往往效果不好，因为这样容易使对方产生抵触心理，强化其激情状态，一开始就站在了与你对立的立场上，但是，如果讯问人员调换位置，站在对方的立场上，对其晓之以理，动之以情，那么对方就会自然而然地接受你的引导和置换。

因此，讯问人员在置换犯罪嫌疑人的激情状态时，应采取让犯罪嫌疑人自觉地接受你的置换方式，这样犯罪嫌疑人就不会感到难堪了，或者是有了合情合理的下台阶。例如，“在你的事情上很多时候是被动的，你不是一个贪财的人，你是一个重情感的人，如果你不是重情感也不会有这些事”！在称赞的方法上要求的是部分肯定，因为在讯问活动中一个基本原则是让犯罪嫌疑人交代犯罪事实，因此就不能对其犯罪行为进行肯定，肯定了犯罪行为那么还有讯问的必要吗？称赞在某些方面就是肯定，是部分的肯定，是丢卒保车的肯定。讯问活动中有时候需要采用适当退让，部分地接受对方的观念。这样，既可以避开对方的激情状态，又可以显示自己已经了解了对方，表现出对对方的某些行为的理解。在运用称赞的语言的语气上，应当委婉诚恳、发自内心地肯定，用委婉的语气来表达肯定，不能让犯罪嫌疑人误解为讽刺挖苦。

案例：某国家机关公务员，在主管某项目工程的活动中，账目混乱涉嫌贪污犯罪，他在被请进检察机关后，表现为激烈对抗。

答：你们找我谈什么！我没有工夫陪你们扯淡！想搞我你们走着瞧！

问：你有话为什么不能好好说？

答：我没有什么好好说的！脑袋掉了也不过碗大的疤。

问：你怎么会有这么大的火？

答：别人要是想着法子整你，你会不来火？

问：在国家的这项工程上，你起早贪黑，整个人都扑在工地上，为了节约用钱，你跑市场压价格为国家节约了大量的资金，这是你的贡献，也是我们今天找你谈的一个方面，你火什么？（顺应犯罪嫌疑人的心理脉搏，迎合犯罪嫌疑人的情感需要）在我们的办案人中间有没有因为个人关系跟你过不去的？还是有谁得罪过你？你莫名其妙地发火到底是怎么回事？

答：有人想利用我管理工程整我，借你们的手把我送进大牢，要置我于死地。（主观上开始松懈）

问：你有功劳有成绩别人为什么非要整你呢？

答：（不语）……

问：如果你没有其他的“错”，别人也整不了你，正因为你有其他的“错”，别人才跟你过不去，才举报你。如果你能够正确对待这件事情，认识问题改正错误，争取从宽处理，那么别人不是也整不倒你吗？相反，你采取积极的对抗，不愿意承认“错误”，那么司法机关就会从重处理，这就正好迎合了那些想整你的人的心愿，你不是在干蠢事吗？（道理疏通）

答：（点头不语）……

问：你是聪明人，工作能力强，有事业心，引起别人的忌妒是难免的，但是你没有把事情办得完美，你的工程账目混乱，你自己也用了不少钱（不说贪污），这样就给别人提供了口实。我想这也不是什么大不了的事情，关键在于你如何处理如何认识，你能够认识错误，以后吸取教训，就不会再犯类似的错误。你说对不对？（情理疏通）

答：（点头不语）……

问：我们没有一个人有想整你的意思，能够拉你一把，不会推你一把的。只希望你能够认识问题，改正错误，你刚才不是说脑袋掉了也不过碗大的疤吗？死都不怕还怕承认错误吗？（激将）况且你的那些事都是明摆着的，你说不说

它都存在，我想关于账目的问题还是由你自己来说为好！（倾向疏通）

答：好，我自己用的钱我退出来……

5. 模糊语言的语言。模糊不是糊涂，模糊是表达的一种需要，是有意识使用含义较灵活的词语，其思路是清晰的，目的是明确的，语言本身也合乎语法逻辑。它与糊涂、语无伦次、含糊其词截然不同，糊涂的语言表达是混乱的，没有明确的语意，语体不清逻辑混乱。模糊语言与明确语言一样，都是语意本质性的一种表现。语言的模糊性，是指语意所体现的概念在外延上没有明确的界限，它是语言表达策略的需要，目的是使用语意模糊的语言能够达到特定的效果。在很多时候模糊语言所起的作用是明确语言不能取代的，但是一切需要明确表达的地方，模糊表达就失去了意义。模糊语言是以其具有相对准确性的特点，表现出自己存在的价值和特殊功能。讯问活动中由于犯罪行为的隐蔽性，办案人员对犯罪的客观行为的认识有一定的局限性，不可能完全准确地掌握全部案件的整个过程，如果讯问人员将自己掌握的一知半解的、点滴的或者是捕风捉影的案件情况明确地表达给犯罪嫌疑人，那么精神思维正常的人是不会配合你的，他们会选择更加积极的对抗方法与你周旋，因为办案人员的底犯罪嫌疑人已经清楚了，对抗对自己更为有利。另外，讯问借助于一定的模糊性语言来表达，其结果就会截然不同，因为模糊性语言既是模糊的，又是相对准确的，具有可信性。模糊语言能够较准确地反映人对某些客观事物的认识程度，是因为模糊语言能够从一个比较具体的范围内接近被反映对象，在特定的讯问条件下，模糊的判断就能够为接近对象范围提供准确的信息。例如，讯问人员的模糊语言“你为什么要拿别人的钱呢”这句话的模糊性表现在：既没有明确拿了谁的钱，也没有明确拿了多少钱，更没有明确因为什么事情拿了钱，钱的来源、去向及拿钱的证据也不明确。但是，作为犯罪嫌疑人来说自己确实拿了别人的钱，讯问人员的这句话接近了事实对象，使犯罪嫌疑人产生了联想，某天某人送钱的事情被发现了。

模糊性语言的基本特点是：首先，运用模糊性语言能够有效地保留回旋的空间和余地，显示出更大的灵活性，能够有利于把握对象的变化。其次，运用模糊性语言能够体现语言的策略性，在讯问的过程中需要考虑到犯罪嫌疑人的心理状态，照顾犯罪嫌疑人的自尊心，在对犯罪嫌疑人表示赞扬的时候使用明确性的语言，在对犯罪行为进行否定的时候就要用模糊性的语言，这样有助于体现保护对方自尊心的暗示功能，加强与犯罪嫌疑人的心理沟通。例如，讯问人员问犯罪嫌疑人为什么要贪污公款，明确性的语言表达：“你为什么要贪污?”这句话对犯罪嫌疑人的自尊心的刺激是非常大的。模糊性的语言表达则为：“你为什么要拿那里的钱呢?”实际上这两句话的意义是一样的，但是所产生的刺激作用是不同的，对犯罪嫌疑人的自尊心的伤害也是不同的。最后，由于模糊性语言的灵活多变性，在语言的交往中一些问题因为某种原因不能直接回答，需要回避回答的时候，模糊性语言就成了斗智的武器。同样在讯问活动中犯罪嫌疑人经常提出一些难以回答的问题，如：“你们说我犯罪了，你们拿出证据来!”因为当时没有证据，就是想通过讯问来让犯罪嫌疑人提供证据的，如果讯问人员采取明确性的语言回答：“我现在没有证据，但是证据会有的!”或者“我现在不需要给你出示证据!”这样的回答是不可取的，这正好证明讯问人员没有掌握证据。那么采取模糊性的语言就不同了：“早知如此，何必当初?”这句话所透露出来的语意却不是模糊的，它暗示了犯罪嫌疑人既然知道证据的重要性，那么在实施犯罪的当初，为什么不把证据隐藏好呢!

模糊语言若是用得恰当，还可以兼具修辞的功能，取得良好的引导效果。尤其针对讯问活动中犯罪嫌疑人的激情状态能够起到引导和置换作用。犯罪嫌疑人激情状态的表现有的时候是看不出来的，因为人格特征不同表现的激情状态也不同，有的人表现为“倾盆大雨、电闪雷鸣”，有的人表现为“默默无语、等待爆发”，还有的人看其表面平静，内心却已经进入激情状态。无论是什么样的表现，其心理特点表现的主观性、封闭性、无畏性和极端性，都能够通过语言表现出来。例如，犯罪嫌疑人在接受纪检机关的审查时，老母亲知道后着急患病去世了，知道此事以后犯罪嫌疑人极为悲伤，这当然要把账记在纪检和检察机关的办案人员的身上，在接受讯问时犯罪嫌疑人说：“我一生中没有佩服过谁，现在我真的要佩服你们的整人水平！大不了就是死，没有什么了不起的，你们看着办我奉陪。”这一席话带出了犯罪嫌疑人的激情状态，背景含义是纪检、检察“整人”导致了母亲的死亡，这也是激情状态产生的来源，运用模糊语言引导置换激情状态，就要针对激情状态产生的原因对症下药。讯问人员问：“怨谁？不怨谁？谁都清楚!”这是一句模糊语言，但是经过仔细的推敲，根据逻辑关系的推理，这句话是再明白不过的。这里的“怨谁”就是埋怨谁。如果说你不犯罪，司法机关也不会找你，你的母亲也不会因此而着急患病，说到根上就是怨自己！那么“不怨谁”，司法机关查办案件是自己的责任，无论是什么人只要犯罪司法机关就得查办，如果你不犯罪司法机关根本就找不到你，说到底还是怨自己。再者，作为母亲着急患病更是因为做儿子的不孝、不争气、不省心，给母亲丢脸了，让母亲无法出门见人，这到底又怨谁呢？这里还有“谁都清楚”，作为犯罪嫌疑人难道不知道造成此后果的真正原因吗？自己不伸出犯罪的手会有此结果吗？作为母亲也是清楚的，因为自己的儿子干了坏事，能怨谁哟！作为办案人员那就更清楚了，只要是犯罪就要严厉打击。

在选择模糊语言置换或者引导激情状态的方法上，根据引发激情状态的根源的相反观念进行选择，在前面的案例中可以看出，产生激情状态的原因是检察机关“整人”，是检察机关的办案导致的，按照其相反的观念选择模糊语言，就是“一切的原因都怨自己，是自己犯罪导致的”。选择模糊语言还要有逻辑深度，要有哲理，才能够达到引导的目的，从而充分体现出模糊语言的妙用。

十一、针对抗审不同阶段的语言对策

讯问的全部过程是转变犯罪嫌疑人抗审心理的过程，也是心理活动不断转移变换的过程，心理活动依赖于心理条件，抗审的心理过程实际上也是犯罪嫌疑人心理条件的变化过程即心理过程。心理过程是犯罪嫌疑人抗审的心理活动中的一般过程。它包括认识、情感、意志三个方面，即知、情、意，其中最基本的心理过程是认识过程。犯罪嫌疑人抗审的心理现象是多种多样极为复杂的，并且这种抗审活动都有心理活动参加。这是一种心理现象，因为这种心理现象主要是达到逃避惩罚的目的，在心理学上把这种心理现象简称为“知”。犯罪嫌疑人对抗的态度的心理现象就叫作情感，心理学上简称为“情”。犯罪嫌疑人对抗讯问的决心、应付讯问的心理现象，叫作意志，心理学上简称为“意”。上述认识、情感、意志都是心理活动，这些心理活动都有它的发生、发展和完成的过程，所以叫作心理过程。探讨心理过程的产生和活动的规律及各过程之间的联系，是讯问实践的需要。

抗审的过程就是心理活动的过程，由于讯问过程中的情景不断地发生变化，引起了犯罪嫌疑人认识的变化和心理条件的变化，表现出的心理活动客观反映了不同的心理特征，如“定势心理”“侥幸心理”“临界心理”“动摇反复”等。因此，讯问的语言必须有针对性，根据犯罪嫌疑人赖以抗审的不同阶段的心理条件，在讯问人员的语言的帮助下，达到使犯罪嫌疑人交罪认罪的目的。

（一）初始阶段本能的对抗因素

这是讯问人员与犯罪嫌疑人还没有接触之前就形成的对抗因素，即犯罪嫌疑人的定势心理。讯问人员首先就要改变这种心理因素，取得犯罪嫌疑人的信任，建立能够继续进行语言“合作”的平台。讯问人员先不急于切入讯问主题，首先对犯罪嫌疑人进行心理接触，在通过法律规定的程序对犯罪嫌疑人的基本情况进行了解的过程中，标定自己的形象（严肃认真、品行端正、公事公办、情理兼容），同时涉入犯罪嫌疑人需要的情感，为了建立讯问的语言合作关系，对其走上犯罪表现出关心和理解，如语言表达：“我们每个人都有犯罪的可能性。”这一语言的目的是转化对立关系，消除犯罪嫌疑人带进讯问室的自我防卫的对抗因素。在逐渐使犯罪嫌疑人戒备心理放松、能正常进行语言“合作”后，再渐进问清其简历等基本情况。在初次接受讯问时犯罪嫌疑人有两大“需要”：一是心理需要，即人格的尊重，情感上的沟通，心理上的关心和理解，获取较好的评价；二是信息来源需要，即来自讯问人员本身的信息，判断可能是哪件事，暴露的程度，自己最担心的事情是否暴露，最担心的人是否开口，来自家庭情况的信息，家里人是否在替自己想办法，自己最担心的那件事家里人办了没有，订立的攻守同盟是否被瓦解了，等等。

（二）逐步拉近心理距离

逐步拉近与犯罪嫌疑人的心理距离，目的是消除犯罪嫌疑人的（某一部分）侥幸心理。因为犯罪嫌疑人的侥幸心理是由不同的“支点”来支持的，它分为事件（案件的性质）、关系（案件与自己的牵连关系）、程度（自己犯罪行为的暴露程度）三个方面。因此，犯罪嫌疑人的侥幸心理又是由不同的层次来予以支持的，通常所说的犯罪嫌疑人的防线靠前或者靠后，就是这个道理，犯罪嫌疑人为了抗审设置多道防线，只有当犯罪嫌疑人所设置的防线被逐步地消除掉，犯罪嫌疑人的侥幸心理才会被彻底地消除。犯罪嫌疑人最初带进讯问室的侥幸心理，也是相对稳定的对抗心理，被称为“定势心理”，虽然这种心理状态是以侥幸心理为主，但是它还包含着对未知事态的担心和关注，这也是犯罪嫌疑人摸底的动机，如果犯罪嫌疑人在摸底阶段，发现自己担心和关注的事态满足自己抗审的心理需要，犯罪嫌疑人的侥幸心理就会被强化，就难以消除。如果犯罪嫌疑人发现自己担心和关注的事态不能满足自己抗审的心理需要，其侥幸心理就会减弱直到放弃。根据犯罪嫌疑人的这一心理特点，讯问的实践中采用给犯罪嫌疑人“定位”的方法，来消除犯罪嫌疑人带进讯问室的“侥幸心理”。“定位”的语言是：（1）直接告知，犯罪嫌疑人已经涉嫌犯罪，态度坚定，语气和缓，隐蔽实情，促成错觉；（2）间接告知，采取跨越前提的方法和假使犯罪证据存在的方法，使犯罪嫌疑人感觉到犯罪已经暴露；（3）自我告知，其方法是选准确一个点，让犯罪嫌疑人自己去发展，通过联想的途径使他与自己最担心的犯罪事实联系起来形成认知概念。通常讯问的语言为：“你在银行里存了那么多的钱干什么？”还可以针对把账款转移的犯罪嫌疑人“钱放在自己的家里不安全，同样放在别人的家里更不安全！”

（三）给犯罪嫌疑人“定位”

给犯罪嫌疑人“定位”的方法，就是通过假设的方法来确定其形象和行为，以此消除犯罪嫌疑人的定势心理。定势心理是犯罪嫌疑人为了对抗讯问，带进讯问室的相对稳定的心理状态。在给犯罪嫌疑人定位以后，他总是要千方百计地来维护自己经过深思熟虑而形成的定势心理。犯罪嫌疑人维护的方法就是“沉默”“辩解”和“否定”，有时还表现为强词夺理：“我认为我没有犯什么罪。”在给犯罪嫌疑人定位的时候，出现的“辩解”和“否定”，讯问人员要立即阻止，阻止其“辩解”，不要让犯罪嫌疑人把辩解的话说完（待全部的讯问结束以后应该充分地让其辩解），就要予以阻止，常用的语言有：“我刚才所说的话是经过认真考虑的，并且我对我说的话负完全的责任，同时我还告诉你，我们今天提审你，并不想让你说什么，我只想知道你对这个问题的态度。”目的是强化“定位”，使对方完全放弃最初带进讯问室的侥幸定势心理，犯罪嫌疑人在这里被迫放弃侥幸心理，实际上就是犯罪嫌疑人第一层次防卫支点的撤离。犯罪嫌疑人失去了第一层次防卫支点以后，他会迅速组织第二层次的防卫支点，继续进行抗审。

（四）重建的侥幸心理支点的撤离

第一层次防卫支点被撤离以后，心理条件会帮助犯罪嫌疑人重新组建新的侥幸心理，即“新建侥幸”的过程。因为在这一阶段侥幸心理始终是支持犯罪嫌疑人抗拒的重要的心理支点，只要将犯罪嫌疑人的侥幸心理支点全部地置换，才能转变犯罪嫌疑人的抗拒心理。犯罪嫌疑人组织第二层次的防卫支点信息来源，是与案件有着某种客观联系的“人”“财物”“行为”。这三大因素是产生侥幸心理的重要来源，这里讲的“人”指的是除了犯罪嫌疑人之外的案件知情人，知情人是否会向检察机关透露案件情况，这是人的因素对犯罪嫌疑人侥幸心理的影响，知情人的重要因素还在于他人与自己的犯罪的关系，这种关系越是密切，其侥幸心理就越强，反之就越小。另外，他人在犯罪活动中的作用，也是影响犯罪嫌疑人侥幸心理的重要因素，如果他人在犯罪的活动中起重要作用，那么犯罪嫌疑人认为他人是不会交代的，这就自然地对自己的侥幸心理起到了强化作用。由此犯罪嫌疑人的侥幸心理的支点就是“只要他人不交代，自己的犯罪事实就不会暴露，况且他人是不会交代的”。这里“人”是侥幸心理的支点，讯问人员就要设法让犯罪嫌疑人形成错觉：目前犯罪嫌疑人所处的被动局面，就是他人造成的，现在讯问人员所掌握的材料也是他人提供的。常用的语言：“有一件事情我想你应该清楚，关于我们手上掌握的材料，你应该知道是从哪里来的。”除此之外还可以用“离间”的方法，来撤离犯罪嫌疑人以“人”作为侥幸心理的支点。

（五）财物对象的侥幸心理支点的撤离

有很多的犯罪是以财物为犯罪行为对象的，如贪污、受贿、抢劫、盗窃、走私等。案发后这些财物的名称就变成了赃款和赃物，针对犯罪来说又成为了犯罪的证据。因此，这些赃款、赃物的暴露程度是影响犯罪嫌疑人侥幸心理的重要因素。赃款、赃物不暴露就不能证明自己犯罪，况且，自己的犯罪赃物已经作了处理，司法机关是发现不了的，犯罪嫌疑人一旦把财物定了位，就会使其成为侥幸心理的支点。职务犯罪与其他刑事犯罪在侦查方法上有着截然不同的特点，职务犯罪侦查是先通过人来找事，首先是确定人然后是确定事情，即这个人干了哪些犯罪的事情，侦查的过程实际上就是人与犯罪事实的连接过程和证明过程。事的基本表现就是财物，也是职务犯罪人的行为目的，是证明人的行为的证据。因此，职务犯罪嫌疑人通常选择隐匿财物作为抗审的心理支点。可是其他犯罪的侦查就与此截然不同，其他犯罪案件是一般通过案发的事找出行为人，侦查的过程是先有案发的事实，通过事来找人，通过事连接人。所以犯罪嫌疑人选择的抗审支点，通常是行为的连接，否定自己与事的关联性，即对行为的否定。因此撤离犯罪嫌疑人的侥幸支点，应当对症下药，区分重点。根据职务犯罪嫌疑人以财物为侥幸心理支点的情况来看，财物之所以能够成为对抗的心理支点，就是因为财物是静态的，不能直接证明犯罪事实，静态的财物产生一定的所属关系，就成为动态的财物了。例如，某账户内有五千万元的个人存款，在不知道存款人的情况下存款是静态的，当知道这笔钱是某位公务员的时候，静态的存款就变成动态的了，这笔存款与该公务员产生了所属关系，这种所属关系是什么样的关系？是合法关系还是非法关系，其关键是存款的来源，如果存款人不能说明存款的合法来源，那么这个所属关系就是犯罪的关系，就与巨额财产来源不明罪联系了起来，如果存款是受贿款，那么这个所属关系就是受贿犯罪的关系。

讯问活动中撤离犯罪嫌疑人的以财物为侥幸心理支点的语言，就是能够使被犯罪嫌疑人定了位的静态财物活动起来，静态的财物不会自发地变成动态的财物，只有通过人为的联系，把静态的财物与人联系起来，才能够使财物从静态变成动态。贪污和贿赂犯罪的赃款多数存在银行里，为了使之成为动态的财物，可以直接告知犯罪嫌疑人，查寻银行的个人存款是最简单的事情，赃款和赃物是隐瞒不住的，使其放弃侥幸的心理支点，用动态的财物（可能、已经、能够、暴露或者以事件发展的相互关系，来证明犯罪的财物）来进行支点的撤离。在讯问语言的表述方法上，始终围绕着财物的动态转化为目标，例如，“银行里的存款是会说话的”。这句话的语言背景含义，就是告诉犯罪嫌疑人存在银行里的钱，已经被发现了，或者是暴露了，它是能证明其犯罪的。再有：“钱放在别人家里是不可靠的，谁都不愿意无事找事替别人承担责任。”许多犯罪嫌疑人在听到风声后就会把财产转移到别处去，很多是转移到挚爱亲朋的家里。这句话的背景含义是“你的钱的转移侦查机关已经掌握了，这种事必然是要暴露的”。

（六）行为对象的侥幸心理支点的撤离

犯罪嫌疑人在实施犯罪时，大多是在非常隐蔽的情况下进行的，很少有现场的目击者，因此，它的隐蔽性也就成了犯罪嫌疑人抗审的侥幸心理支点。犯罪嫌疑人的犯罪行为和整个行为过程的证明，因为在当时不可能有录像机，证明其犯罪行为只有通过某一过程中某些点的物品，形成证明的锁链来证明其犯罪的行为。有的犯罪嫌疑人在接受讯问之前就做好了心理准备：“我坚决不承认。”因为自己的行为没有被直接发现，有了行为侥幸心理支点的支持，才会有对抗的否定行为。以行为作为侥幸心理支点的强弱程度，受三大因素的影响，即痕迹的影响（犯罪痕迹暴露的程度）、结果的影响（犯罪的结果所造成的社会危害）、因果关系的影响（犯罪嫌疑人与犯罪因果关系的牵连）。讯问人员应当注意把握，随时准备调整对象，做到有的放矢。

在语言的方法上应当抓住三大基本因素，从行为引发的犯罪痕迹来看：“你没有去过现场，那么在案发现场为什么会有你的毛发和脚印?”从行为的结果影响来看：“这块土地根据当时的拍卖价格是 5000 万元人民币，而你却以 800 万元的价格卖了，国家的损失就是 2400 万元，这说明了什么?”从行为的因果关系来看："质量好价格便宜的材料你不用，而舍近求远购回的材料不但质量差，而且价格比同等质量的价格还高，这是为什么？因为你也能够获得利益！"这里讯问人员在语言的运用上应当注意，在叙述的过程中不要让对方插话，更不能让对方辩解，当对方要辩解的时候，应当立即阻止，如果让对方辩解成功，就可能对其心理起强化作用。经过多次阻止，逼着对方放弃辩解，吸收讯问人员的信息和观点。

通常犯罪嫌疑人的辩解不是针对一句话中的某些词语，而是针对这句话的背景含义，以某些客观原因作为否定辩解的理由。例如，前面的"以800万元的价格卖了价值5000万元的地"。辩解词："当时这块地是经过常委会讨论，是招商引资进行旧城改造的。"当对方的辩解出来以后你必须立即做出反应，否则就强化了对方的辩解优势心理。针对这类的辩解讯问人员不可顺其语义直接回答，而是要引出另外的对其不利的问题进行反问："常委会讨论同意给国家造成损失4200万元来招商引资吗?"因为常委会不可能讨论让国家损失的问题，所以犯罪嫌疑人的辩解也就进行不下去了。当然讯问的用意并不在此，而是这句话背后的受贿问题，这是双方都非常清楚的，只是闭口不谈而已。因为时机不成熟，没有支持的平台。再如，"舍近求远购回的材料不但质量差，而且价格比同等质量的价格还高，是什么原因"？辩解词："材料不是我找的，价格也不是我定的，我只是陪着他们去考察了一下市场，他们拿出意见我同意的。"通常讯问人员可从这个角度进行反问："质量差、价格高，这就是你考察的结果?"这样犯罪嫌疑人的辩解就进行不下去了。关于语言的背景原因，因为侥幸心理的支点还没有撤离，对方否定的机会很多，所以一定要等到时机成熟时再予以揭开"他给了你多少钱，时间、地点、钱在哪里"，等等。

用控制否定的方法阻止新的侥幸心理支点的再次形成。犯罪嫌疑人侥幸心理的支点被撤离以后，会自发地更换为新的心理支点，这时的犯罪嫌疑人通常会对讯问人员产生否定情绪（更新过程中的对抗否定情绪），其原因在于犯罪嫌疑人赖以支持的心理支点被否定，会自发地更换新的心理支点，当瞬间无法找到新的支点时，就产生需求的动机，这种需求在讯问人员的干预下不能得到满足时，就会对讯问人员产生对抗的否定心理，这种否定心理的对象，主要来源于讯问人员的自身因素，即对讯问人员能力的否定、对讯问人员态度的否定、对讯问人员行为的否定。没有找到新的支点之前的心理状态，就是对讯问人员的否定。这种否定如果被一步一步地强化，就会形成新的心理支点，因此在犯罪嫌疑人否定的萌芽状态，就要控制这种否定状态和情绪的发展，目的是使犯罪嫌疑人的对抗支点无法形成。语言的基本特征是：对犯罪嫌疑人是否供述，要表现得非常冷淡，而对犯罪嫌疑人的利益和处境表现出热情的关注。如，“我并没有准备你能交代些什么，你是否交代我并不感兴趣，我只能提醒你要注意自己的利益”。目的是控制犯罪嫌疑人产生对抗否定的情绪。有时讯问人员通过表明态度来控制对方的否定情绪：“我的态度非常明确，不希望你有不好的结果，作为执法人员能够拉别人一把就不会去推人一把的！”这句话原本对犯罪嫌疑人是有利的，对方还需要去否定吗？还有否定的必要吗？

（七）促进心理证据的确认

犯罪证据是证明犯罪行为的客观存在，是诉讼活动的依据，是对犯罪事实的证明。犯罪嫌疑人实施了犯罪行为以后，在心里留下的或者保存的记忆，我们称之为心理事实，犯罪行为所产生的结果，我们称为客观事实或者是客观存在，当这种客观事实或者客观存在，再次展现给犯罪行为人的时候，经过行为人确认是自己的行为所致，就产生了心理证据，如果行为人确认的结果不是自己的行为所致，那么就形成不了心理证据。例如，杀人案件的犯罪嫌疑人，在某地杀害了一名男性青年，但同时又有一名女性青年被害，案发后不久犯罪嫌疑人被抓获，当办案人员讯问其为什么杀害那名女青年的时候，犯罪嫌疑人否认自己的杀人行为，因为在自己的记忆中是男性青年，不是女性青年，也就是说，客观存在的客观事实与心理记忆中的心理事实不能被确认，就形成不了心理证据，所以犯罪嫌疑人否认自己的杀人行为。心理证据是犯罪行为人供述动机形成的基本条件，任何一个犯罪必须有心理证据，才有供述动机形成，没有心理证据就不可能有供述动机。因此，心理证据是犯罪嫌疑人供述认罪的重要条件，离开了这个条件就不可能有供述的结果，当然除了谎供和乱供之外，心理事实与客观事实的确认过程，也是犯罪事实与行为结果的再现过程。讯问活动的基本特点就是讯问人员根据已经掌握的犯罪行为、犯罪情节、事件和情形所反映出来的“点”与“面”的逻辑关系，帮助犯罪嫌疑人再现犯罪的心理事实，通过犯罪行为表现出来的一系列的“点”与犯罪的客观事实的连接和确认，实现心理证据。

讯问的语言方法是帮助犯罪嫌疑人进行积极的联想，达到心理证据确认的目的。通常的语言采取的是设问的修辞手段，如：“他就那么可恨吗！值得你去杀他？”这句话就能够导致犯罪行为人对被害人的行为的联想，让犯罪嫌疑人通过积极的联想，自我寻找实施犯罪的记忆和原因。把讯问人员提供的信息转化为心理事实，达到帮助犯罪嫌疑人再现犯罪事实的目的。这种被强化了的心理事实能够积极地对客观事实进行确认，形成犯罪的心理证据。因为这时的犯罪嫌疑人的注意力，集中在对犯罪情景的回忆，是记忆中的犯罪的事实和情景的再现，犯罪嫌疑人的这一思维范围，讯问人员必须加以控制，不要让犯罪嫌疑人对犯罪情景的注意移开，要以最大的努力利用犯罪嫌疑人的心理事实，因为这个时候犯罪嫌疑人的心理证据已经形成，讯问人员的任务是促进犯罪嫌疑人向趋利避害的心理转化——“犯罪的事实已经暴露，对抗已经失去意义”，权衡利弊供述比对抗对自己更有利，这是供述动机形成的心理行为。例如，犯罪嫌疑人在银行有巨额存款，犯罪嫌疑人拒不交代钱的来源。讯问人员就要根据这个“点”，连接成完整的犯罪情景，帮助犯罪嫌疑人实现心理证据：“你的这些钱，就是你利用职务之便，一次次从别人那里收来的，最后积累成巨额存款，这是客观事实，你是不能否定的，同时你已经构成了犯罪，你的退路已经没有了！另外，银行里的存款是你的，所有权是你的，这是肯定的!”这句话的目的实际上是帮助犯罪嫌疑人进行心理证据的确认，使犯罪嫌疑人逐步走上供述动机的路。

（八）产生对抗条件丧失的自我意识

心理支点是犯罪嫌疑人对抗的条件，犯罪嫌疑人感觉到无路可退的时候，这种对抗的条件便丧失了，对抗条件的丧失是犯罪嫌疑人供述认罪的基础。犯罪嫌疑人对对抗条件的认识，是建立在自我意识的基础上的，当其认为有条件对抗的时候，便形成了心理支点；当其认为无条件对抗即对抗条件丧失的时候，对抗的心理支点便会被撤离，最后放弃对抗。对抗条件的存在与丧失是建立在犯罪嫌疑人的自我意识基础上的，自我意识决定了行为，因此让犯罪嫌疑人产生对抗条件丧失的自我意识，使其形成无路可退的概念，是讯问人员取得讯问成功的重要手段。促进犯罪嫌疑人对抗条件丧失的意识的形成，基本方法是以犯罪嫌疑人的趋利避害的行为规则为重点，加强犯罪嫌疑人对犯罪后果的注意力，引导犯罪嫌疑人对利益的选择。

关于利益的选择一个是自我意识的利益选择，另一个是从他人身上获取的利益选择。自我意识的利益选择，是犯罪嫌疑人自我意识经过趋利避害权衡的结果，是在自己的身上寻找获取利益的方法，由于自我意识权衡的结果是“对抗条件丧失了，退路被堵死了”，因此在犯罪嫌疑人身上无利益可寻，那么他就会在他人的身上寻找获取利益的方法，讯问活动中的客观空间除了犯罪嫌疑人之外就是办案人员，犯罪嫌疑人为了在特定的空间里获取利益，目标只能放在办案人员的身上，在办案人员的身上获取利益是犯罪嫌疑人供述认罪的重要特征，这是社会交换理论在犯罪嫌疑人身上的行为反映，心理行为的表现是以供述认罪来从办案人员身上获取利益。这里犯罪嫌疑人的心理行为是建立在对抗条件已经丧失的基础上的，没有对抗条件的丧失，就不可能有此心理行为的出现。犯罪嫌疑人对抗条件丧失的自我意识形成以后，畏罪心理便是犯罪嫌疑人的重要心理特点和自我保护动机，他渴求宽大，希望得到讯问人员的同情，同时畏罪心理的驱使，犯罪嫌疑人会避重就轻与讯问人员周旋。此时讯问人员重要的一点是应当让犯罪嫌疑人知道“犯罪的事实已经清楚，必须全部交代犯罪事实，供述对自己有利，顽抗只能导致恶果”。

讯问的语言应当注意犯罪嫌疑人的人格特点，要不断地维护、拔高其人格，建立适合讯问的语言交流平台，才有利于犯罪嫌疑人已经丧失了对抗条件的自我意识的形成。同时讯问语言的表述还要注意犯罪嫌疑人心理活动的阶段性，对条件丧失的自我意识与把目标转移获取利益还要一段过程和距离，实际上这是两个心理行为阶段，不能眉毛胡子一把抓。先行的任务是堵死其退路，常见的语言表述：“你已经没有退路了，目前的情况对你是非常不利的。”再有：“根据你的情况无非是两种选择，一种是对抗拒不交代任凭处罚，另一种是积极的配合，把问题讲清楚，争取能够取得谅解从宽处罚。这两种选择哪一种选择对自己有利你应该是清楚的，前面的一种已经失去了对抗的意义，因为事情已经出来了，对抗的结果还是要受到处罚的，那么选择配合不仅能够表现出积极的认识态度，同时也能够在取得谅解的基础上，将其危害降低到最低限度。”这一系列语言的目的是堵住犯罪嫌疑人辩解的退路，引导犯罪嫌疑人只能在讯问人员的身上获取利益。在语言的表现上要诚恳，可不断地变换角度：“你目前唯一要选择的就是设法得到从轻处罚，你现在还有条件，利弊由你自己选择。”再有：“我们能够帮助你的也只能是设法让你能够得到宽大，得到从轻处理，把你的损失和危害降到最低，当然这还要取决于你个人的配合。”

（九）清除残留的侥幸

经过上述试探摸底、对抗相持的讯问过程，犯罪嫌疑人已经清楚地知道自己的犯罪事实已经暴露，由于本能的求生欲望，不愿意轻易放弃对抗，在联想的意识空间里，他仍然感觉到还没有到无路可退的境地，焦虑、恐惧、掺杂残留的侥幸心理坚持抗审。因此当讯问活动发展到这一阶段，清除犯罪嫌疑人残留的侥幸心理，是讯问人员的首要任务。通常清除的方法是：直接评价犯罪行为导致的处罚结果，展现给犯罪嫌疑人，把犯罪嫌疑人推向无路可退的境地，置之死地而后生。

讯问的语言表述：直接告知其犯罪行为的严重性，然后松开一个口子，帮助其选择有利于供述的退路。例如，“你的犯罪已经无可置疑，而且罪行严重，根据法律是要判重刑的，当然你还有从轻处罚的条件，我们也不希望你被判重刑，我们还想帮助你”。

（十）畏罪心理的转移

根据犯罪嫌疑人抗审的心理行为特点，支持犯罪嫌疑人对抗讯问的心理动力来自侥幸心理，侥幸心理被拆除了以后，畏罪心理便成为对抗的心理行为的主力。从讯问活动中的表现来看，当犯罪嫌疑人进入畏罪心理阶段的时候，已经意识到将要受到法律的惩罚，处于自我求救的心理状态，等待着讯问事态的发展，行为上表现为沉默，心理上联想到接受惩罚的后果，整个思维是处在恐惧紧张的激烈斗争状态。

转移畏罪心理的基本方法是：引导犯罪嫌疑人进行趋利避害的行为选择，让犯罪嫌疑人自己认识到犯罪的事实已经暴露，供述能减轻目前的心理压力，供述对自己有利，因为在这段时间利益的得失是心理活动的主体，转移的目标和方向就是促进对利益的选择。犯罪嫌疑人只有进入利益关系的平台，才有可能对自己的行为进行权衡，因此引导对方多注意自己的利益，进行利益权衡的结果是抗拒对自己不利。

在语言的表述方法上，多注意对方的人格特征，对荣誉感比较强的人，要以标定形象的语言技巧，帮助犯罪嫌疑人“立”起来，维护自己的形象——敢作敢为，千万不可让犯罪嫌疑人失去人格形象变成无赖。另外，还应该让犯罪嫌疑人感觉到讯问人员正在努力地帮助自己。例如，这里提取的一段对话。

问：你看我用什么方法能够帮助你？

答：如果我交代了全部的犯罪事实，你们能不能不起诉我？

问：你交代了犯罪事实说明你对自己的行为有了足够的认识，有悔改表现，下次是不可能再犯了，这样的情况不仅我支持你，法律也会支持你的，因为刑罚的目的是预防。

答：那你看我能够被判多少年？

问：我看判多少年对你并不重要，关键是你是否能够从中吸取教训，在心灵深处有了更深刻的认识，即便是判了刑也会被减刑的，更何况你有良好的态度，法律也没有理由重判你的！

答：那你能够保证我得到轻判吗？

问：根据你的情况"事实"已经是客观存在了，因为已经涉嫌犯罪，是要受到刑罚处罚的，但是有了法定的从轻条件是一定能够得到从轻处罚的！同时你能够充分地认识自己的行为，敢作敢为，在你的同事面前你也是一条汉子，他们也会给予你高度的评价！

这里无论是精神方面的利益还是物质方面的利益，只要能够满足犯罪嫌疑人即时的心理利益需要，也就完成了语言的任务。

（十一）拆除顽抗的内推动力因素

经过长时间的讯问过程，犯罪嫌疑人仍然守口如瓶，不愿意供述自己的犯罪事实，这时讯问人员就要寻找犯罪嫌疑人顽抗的原因。从本质上看顽抗的根本原因是对抗因素的存在。因为人的心理原因是复杂的，犯罪嫌疑人心里的对抗因素也是千奇百怪的，讯问过程中在犯罪嫌疑人的侥幸心理支点被拆除以后，其他的对抗心理因素也被吸收了进来，继续支持对抗心理，这种因素的来源不仅带有普遍性，而且还伴随着个体思维特征的出现，这就有了千奇百怪的表现。

人们对这种表现的评价是个体的认识差异。例如，犯罪嫌疑人认为是某个人利用司法机关来整他，对抗因素的来源就不仅仅是司法机关了，同时还有整他的"某个人"。这种认识的变化就是对抗因素形成的心理动力。还有的犯罪嫌疑人对讯问人员的某一句话不满，产生了对抗因素。由于这些因素有强有弱，能否实现对抗行为，其关键在于心理的内推动力因素强弱对比，如果供述的动力因素强于对抗的动力因素，那么就能够说服对抗，行为表现出来的就是供述；相反，如果对抗因素强于供述因素，对抗说服了供述其行为表现就是对抗。

根据犯罪嫌疑人的这一认知活动规律，供述动力和抗拒动力谁先觉醒谁就占主动。拆除顽抗的内推动力因素的目的，就是支持供述的内推动力先觉醒。对抗与供述的心理行为就是说服的行为，包括内心的自我说服和讯问人员的外部信息影响及引导讯问说服。讯问过程实际上也是对抗过程，对抗过程的各个阶段的支点不同，旧的支点被清除了，新的支点又产生了，在讯问过程中产生的新的支点，是讯问活动派生出来的，是再生的对抗因素。顽抗的内推动力因素实际上是讯问过程中再生出来的对抗因素，因此在拆除之前必须先找出再生因素，才能予以拆除。在一般情况下再生的对抗因素，犯罪嫌疑人都会通过语言或者非语言形式表现出来，有的时候讯问人员为了找出再生因素也会直接涉入语言：“你有什么想不通的地方可以直接跟我说”，“是我的原因引起你的不快？”这里如果能够排除讯问人员的原因，那么就要设法在另外的地方寻找原因：“是某些领导对你不公平？”因为在很多时候职务犯罪嫌疑人认为自己曾经做出过贡献，是有功劳的，虽然自己犯罪了，为什么不再给一次机会呢？这是再生动力因素产生的根源。

在语言的运用方法上，拆除再生的对抗因素，主要是通过肯定某些行为和否定某些行为的修辞手段来完成的。如：“对每一个人来说都应该给自己创造重新做人的机会，机会是自己创造的，首先是思想认识，没有认识就不可能有悔过的表现，你今天的处境非常不好，问题不是出在别人不给机会上，而是自己不给别人机会，不给别人帮助的机会。”这句话就是否定别人的责任，肯定犯罪嫌疑人自己的责任。讯问过程中的否定与肯定虽然是简单的修辞手段，但是它能够起到强化内推动力的作用。

例如，前面犯罪嫌疑人认为是某个人利用司法机关来整他，如果讯问人员能够帮助犯罪嫌疑人对这句话进行否定，那么他的内推动力就会强化对自己责任的肯定：“国家的司法机关是国家的机器，无论谁犯罪都要受到惩罚的，不是属于某个人的，更不会受到某个人的指使和利用才去履行职责的，更何况如果你没有犯罪就是某些人想整你、举报你，司法机关也无法指控你！你还应该在自己的身上多找原因，这样对你自己有好处，最起码能够有足够的认识，知道怎样维护自己的利益，知道如何把自己的损失降到最低，这样即便别人想整你也是没有办法的，也是达不到目的的。如果你把‘气’撒在司法机关身上，一味地对抗，那么最高兴的人是谁，你是应该清楚的，有的人就希望你能够得到从重处罚，但是我们却希望你能够得到从轻处罚，因为惩罚不是目的。”这种否定与肯定在否定犯罪嫌疑人对抗行为的同时，就肯定了合作与认罪的行为，增强了供述认罪的内推动力。

这里不仅要在修辞问题上多注意肯定与否定方法和技巧、多创造积极的肯定与否定的条件，而且还要帮助犯罪嫌疑人解脱心理压力，让出自我说服的空间，给台阶下。语言表述如“你的那么多事情我现在都不想听，只要你说出这一件，对你来说是应该知足了！”等。这里讯问人员不仅要积极地推进和强化供述动力，还要时刻注意维护供述动力，使犯罪嫌疑人形成“我应该供述”的概念。有很多犯罪嫌疑人在这个时候会在潜意识里出现趋向动力——“我还是说吧。”同时犯罪嫌疑人经过上述的几轮交流对抗，已经进入“内力”的疲劳状态，为了缓解这种疲劳状态而产生的“需要”，就产生了“趋向动力”，通过强化了的“内推动力”形成了供述行为。

（十二）畏罪心理的自我吸收

在讯问活动中畏罪心理是阻碍犯罪嫌疑人供述的重要因素，尤其是讯问过程的最后阶段，犯罪嫌疑人最放不下的是供述的结果给自己带来的危害，即将要承担的刑罚责任，思维的空间里充满了畏罪的恐惧。这种畏罪的恐惧心理越强，距离犯罪嫌疑人供述就越远，取消畏罪的恐惧心理的条件，就是促进解除顾虑的各种理由。根据心理行为特点，“外部条件和理由必须经过内在的心理行为过程，经过自我的吸收和加工过程，才能成为心理的理由最后实现行为”。满足了条件形成了心理的内在理由，畏罪心理就会被自我吸收。例如，畏罪心理比较强烈的犯罪嫌疑人，在其认为犯罪事实已经暴露的情况下，最普遍的心理行为是要设法在讯问人员的身上获取“好处”。这里的“好处”有两个方面的来源：一是法律规定的来源，即法定的从宽、从轻、减轻的条件；二是讯问人员身上的来源，即讯问人员带来的“好处”。很多时候犯罪嫌疑人只是注意讯问人员身上的“好处”来源，全身心地注意讯问人员的态度、行为，希望得到同情和帮助。有的向讯问人员献殷勤；有的要求跟讯问人员个别“交代”；有的犯罪嫌疑人为了报复一个又要讨好一个，“别人在场我不说，我就向某一个办案人员说”。这里显而易见愿意向办案人员说了（供述），就说明其畏罪心理被自我吸收了。

让犯罪嫌疑人进行畏罪心理的自我吸收的方法就是提供“条件和理由”。有些时候讯问人员在办完案件以后问犯罪嫌疑人：“为什么当时不愿意交代犯罪事实?”犯罪嫌疑人答：“我为什么要交代犯罪事实，为什么要把我自己的身家性命交到别人的手上呢？能够让我交代最起码要有个理由，让我能够自己说服自己。”讯问人员问：“那你现在为什么又愿意交代了?”答：“我相信你的人品，你是不会坑害我的，即便是以后不能得到从轻惩罚，我也心甘情愿。”畏罪心理的自我吸收是以条件和理由为基础的，满足了吸收的条件和理由，畏罪心理就能够被吸收。这里满足的条件就是趋利避害的选择条件，如：犯罪事实已经暴露，根据刑法规定要判4年有期徒刑，这是必然的结果，再怕也是无用的，怕是不能减轻徒刑的，可是，经过讯问活动的一系列过程，发现讯问人员似乎对自己有好感，没有伤害自己的意思，说不定他能够为自己“说好话”，只有他才能够使自己得到从轻处罚。这样的心理状态实际上体现了畏罪心理已经被自我吸收了，内推动力就能够促进“合作”行为的实现。

“自我吸收”的过程就是旧的条件丧失和新的理由出现的过程，旧的条件就是对后果的顾虑的条件，顾虑失去了意义，条件自然也就丧失了。新的理由必须是充分的才能够取代旧的条件。因此，让犯罪嫌疑人甩掉畏罪心理的包袱，否定对抗的条件，必须有充分的理由，必须在犯罪嫌疑人充分肯定讯问人员提供的利益的前提下实现。如果犯罪嫌疑人没有获得放弃抗拒的理由，得不到利益的肯定，他就不可能放弃对抗（这里的利益经常是犯罪嫌疑人以减轻心理的压力或者是心理的疲劳而获得的）。犯罪嫌疑人只有确信自己放弃对抗的原因是充分的才会放弃抗审。因此讯问人员必须准备好理由交给犯罪嫌疑人。通常讯问人员根据人的趋利避害的行为特征，来设置理由，使犯罪嫌疑人在权衡利弊的情况下供述认罪（这里的利益大多是犯罪嫌疑人眼前的利益）。犯罪嫌疑人供述认罪后，讯问人员应当及时确定口供，固定证据，印证犯罪嫌疑人口供，确定犯罪嫌疑人口供的真实性，防止犯罪嫌疑人的虚供、假供和翻供。同时有的犯罪嫌疑人避重就轻，还必须继续深挖犯罪。即便是讯问结束了也要让犯罪嫌疑人感觉到讯问还在继续，其目的是为下一次讯问留出接口。

在语言的使用方法上，要注意语言的严肃、认真，要多运用富含情感的语言，如：“你认为我在哪些方面还能够帮助你?”“你对我们办案人员还有什么要求?”“你的家庭有什么困难需要我们帮助的?”“你的情况我们会如实反映的。”再如：“你的情况基本是清楚的，现在的问题就是如何能够降低损失，把将要受到的处罚降到最低的限度，这是你的任务也是我们的任务!”同时还要注重无声的形态语言表现。眼睛也是会说话的，眼神应当多表现出理解、同情，表现出对闪光行为的肯定。耳朵要会听，听也包含着理解与肯定，当犯罪嫌疑人在辩解的时候，要注意听，这里的听就包含着尊重、重视、愿意接受对方的意见的含义，但当对方在说谎的时候就要表现出不听，明确地告知我要听实话。神态上要集中注意力不能游离，讯问人员要始终把注意力集中在犯罪嫌疑人的身上，当你的注意力分散时，犯罪嫌疑人的注意力也会分散，他会联想别的事情，同时，犯罪嫌疑人还会以为你对他不重视，那么他就不会把主要的精力放在你的身上。

肢体语言表现是非常丰富的，讯问活动中要多注意规范性、稳重性，减少随意性，增加针对性。有的讯问人员在讯问活动中的肢体动作极不规范，不时抓耳挠腮、抠鼻子摘胡子、二郎腿抖个不停，这些行为犯罪嫌疑人是极为反感的，这些行为表现出对犯罪嫌疑人人格的不尊重，相反，犯罪嫌疑人也会因为你的这些行为而导致对你的不信任。针对性的肢体语言能够增强语言的信息传递，增强语境的合作性，有甚者针对性的肢体语言能够起到有声语言无法得到的效果。例如，犯罪嫌疑人在陈述某一事件时，忽然停顿进入沉思。这是犯罪嫌疑人在陈述的过程中忽然意识到自己的危险，停止了叙述，这个时候讯问人员用手示意犯罪嫌疑人可以继续往下说！这虽然是一个很小的动作，但是给犯罪嫌疑人的影响却是不同的，这个手势表现出鼓励犯罪嫌疑人继续说下去，不会有伤害的。如果使用有声语言，其效果就不同了："你继续说！"这句话的语言背景是你要把这件事说清楚了，这句话是讯问人员要听的，但是犯罪嫌疑人不愿意说的。而前面的手势是鼓励犯罪嫌疑人主动说出来的，这就出现了两种截然不同的语境效果，这对犯罪嫌疑人的心理也会产生不同的影响，其区别就在于"是他要的还是我给的！"

（十三）挖掘犯罪行为的内在联系

在讯问的全部过程中，经过了初查的摸底、对抗相持阶段的全面较量，犯罪嫌疑人经过第一个回合的初审，有的犯罪嫌疑人能够交代全部的犯罪事实，而有的犯罪嫌疑人还隐瞒着大量的犯罪事实，仍然在继续顽抗，需要重新组织力量继续进行讯问。这是讯问活动中常见的情况，因为讯问活动本身就是一个复杂的心理对抗过程，不是经过一两个回合就能够成功的，同时失败的结果也占有很大的比例，原因是多种多样的，归根结底就是没有找准目标，没有拿出让犯罪嫌疑人供述认罪的理由。也就是说，讯问人员没有提供让犯罪嫌疑人用身家性命来交换的条件，犯罪嫌疑人顽抗就是为了身家性命，为了自己的利益不受损害，这是犯罪嫌疑人的心理底线。侥幸心理是顽抗的心理基础，犯罪行为是侥幸心理的支点，这个支点就是犯罪嫌疑人顽抗的根源。因此挖掘犯罪行为的内在联系，就是为了解决犯罪嫌疑人的心理支点问题。因为犯罪嫌疑人的顽抗，才有讯问活动的失败，在一般情况下犯罪嫌疑人没有选择供述，是因为讯问人员没有拿出充分的供述的条件和理由，没有找到准确的攻击目标或者是攻击的力度不够，更重要的是，讯问人员采取的方法和所涉及的事件，与犯罪嫌疑人无必然的联系，导致犯罪嫌疑人的退路宽广，自由空间极大，有时讯问人员暴露了侦查信息，被犯罪嫌疑人摸了底，讯问的"制高点"被控制了，对抗心理被强化了，也是一个重要原因。

犯罪行为的内在联系就是犯罪的结果与行为人之间的关系，犯罪是由四个构成要件来加以证明的，犯罪是行为人的行为结果导致了犯罪事实的发生，行为与犯罪结果的必然联系就成为了犯罪行为。在侦查活动中对犯罪行为的证明，主要是依靠证明其行为与产生的犯罪结果之间的因果关系来实现的。比如，犯罪现场的遗留物、暴力行为导致的伤亡、渎职行为导致重大事故、贿赂行为导致的权力滥用等，这些犯罪行为的结果必然会在犯罪嫌疑人的心灵深处留下深刻的记忆，尤其是那些容易暴露的行为痕迹。如现场留下的指纹、受贿的赃款赃物、涉案的第三人等，这些行为痕迹经常会在犯罪嫌疑人的意识活动中出现，给犯罪嫌疑人造成紧张和恐惧，为此犯罪嫌疑人试图回避这些令人恐惧的记忆，保持心理平衡或者心理协调。这种回避的方法实际上就是为了让那些令人不快的犯罪情景沉睡，保证心理的协调性。犯罪嫌疑人心理的协调性是供述的最大障碍，只有在心理不协调的情况下，犯罪嫌疑人才有供述认罪的可能。因此，首先要激活被犯罪嫌疑人埋藏在记忆深处的犯罪情景，其次要挖掘犯罪行为的内在联系，最后要进行心理事实与客观事实的确认，形成心理证据促进供述动机的产生。

讯问的方法通常是采取直接告知语言方式，在修辞手段上多用暗示和隐喻："你还有事情没有交代!""犯罪的名词为什么要安在你的身上呢?"这时犯罪嫌疑人就会寻找储藏在记忆仓库里的犯罪情景，这些情景就会活跃起来，为讯问人员的置换做准备。由于案件本身的特点不同，所以在置换的方法上要有一定的灵活性。通常以亲情关系置换犯罪嫌疑人的信任感，以犯罪的客观存在置换犯罪嫌疑人的心理事实，以假设的犯罪存在置换犯罪嫌疑人的记忆事实，以逻辑矛盾置换犯罪嫌疑人的心理证据，以导谎揭谎（谎言）来置换犯罪嫌疑人隐瞒的真实情况，以粘贴牵连的方法来置换犯罪嫌疑人的藏匿物（寻找同类物牵连出犯罪嫌疑人的藏匿物），以点滴的行为痕迹置换犯罪嫌疑人全部的犯罪事实。由于前面已经经历一轮讯问，经历了相互摸底、磨合的过程，在讯问人员的身上难免会出现一些"漏洞"，这就为犯罪嫌疑人重新组织对抗提供了条件，因此在组织新的一轮讯问的时候，应当对前一阶段的讯问进行全面的分析研究，找出内在的必然联系，做到有的放矢。

讯问的全部过程完成以后，不要轻易地终结，还有一个复审完善的过程。最后的复审过程是一个确认总结的过程，也是挖掘被犯罪嫌疑人最后截留的犯罪事实的过程。讯问人员发现有的问题犯罪嫌疑人还没有交代清楚，或者是还有遗漏的问题没有交代的，通过复审对犯罪嫌疑人进行再次讯问。当然复审的重要意义还在于“通过反复的讯问来发现新问题，解决老问题”。这里的新问题就是犯罪嫌疑人隐瞒下来的犯罪事实，是犯罪嫌疑人的最后一道防线保护的、遗漏的犯罪。在讯问的结束阶段，有的犯罪嫌疑人还保留着最后一道防线，此阶段犯罪嫌疑人的心理支点是：讯问人员不知道的或者是讯问人员没有涉及的，我也不必主动说出来，不问不说问了再说。这就是我们常说的漏罪，是复审的重要任务，常用的语言方法是设立一连串的带有逻辑关系的问号，把犯罪嫌疑人最后截留的东西挤压、置换出来。在修辞手段上多采取疑问句：“他为什么要在那一天给你钱，而不是其他的时间?”“你送钱给他的时候怎么知道他就一定在家?”“你离开家的时候身上只有 300 元钱，其他的钱是从哪里来的?”在这里“漏洞”就是矛盾，解决了矛盾就堵住了“漏洞”，找出了漏罪。

第三节　促进意识经验泄露的讯问语言技巧

一、意识经验泄漏与供述认罪的关系

犯罪嫌疑人在实施了犯罪行为以后，经过了若干年仍然能够记得清楚当时的情景，这是什么原因？道理很清楚，是记忆的结果。关于记忆的问题，心理学家们将其分为三种形式，即瞬间记忆、短时记忆和长时记忆。瞬间记忆在大脑储存的时间一般为几秒钟，短时记忆在大脑里的储存时间一般不超过一分钟，长时记忆在大脑里的储存时间比较长，其储存的形式比较复杂，日常生活中的记忆大部分都是长时记忆的形式，犯罪嫌疑人对犯罪行为的记忆就是长时记忆的形式。这种记忆能够被再认和回忆便是经验，记忆的再认和回忆的过程便是记忆经验过程，犯罪嫌疑人能够记得清楚若干年前的犯罪情景，并且能够清楚地供出当时的情景，就是记忆经验的原因。若干年前的犯罪情景能够在若干年后清楚地再现，是记忆经验能够恢复的原因，这种恢复的过程就是对记忆经验的再认和回忆的过程。再认，是与经历过的事物再度接触时，感到熟悉并且确认是曾经经历过的形式，即再认形式；回忆，是把以前产生的对事物的反应重现出来的形式。回忆在一般的情况下是通过联想来实现的，而联想是由一种事物想起有关的另外一种事物的现象。过去的犯罪行为虽然已经时隔数年，但是

遇到某一事物、情景出现的时候，便能够回忆起当时的犯罪行为的情景，这是犯罪嫌疑人对长时记忆中的犯罪行为的直接回想的形式。例如，犯罪嫌疑人在3年前受贿10万元，当有人提及受贿的问题时，马上就想到自己受贿10万元的情景就是记忆经验的直接回忆。可见，直接回忆是由直接的联想来完成的，而间接回忆是在一定的事物的作用下由联想唤起旧经验的回忆形式，间接回忆是借助于多重联想来实现的，这是间接回忆与直接回忆的区别。犯罪嫌疑人能够供述过去的犯罪行为大多是由直接回忆的直接联想而形成的。

记忆能够被意识感知，才有联想的形式，人们有了记忆便有了记忆经验，知识经验来源于行为实践的记忆，有了行为的记忆才有认识经验，没有行为实践就不可能有人的认识经验。人们的记忆经验大量地储存在人的潜意识里，一旦外来的信息刺激到该领域，意识经验就会做出积极的反应。例如，犯罪嫌疑人在接受讯问的时候总是不会轻易地交代自己的罪行，尽管是第一次接受讯问，这就是记忆经验的原因所致。因为犯罪行为是社会否定的行为，是要受到惩罚的行为，自我个体实施了这种社会否定行为，客观事件与主观认识产生了比较强烈的记忆经验，这种记忆经验来源于他人的影响和社会环境的信息传播。一旦与此相关的信息出现，这种特定的记忆经验就会积极迅速地再现特定的情景，引发出恐惧和本能的自卫反应，即对抗的行为反应。

人的潜意识承担着重要的记忆经验，在受到特定的记忆经验信息刺激的时候，记忆经验的信息内容，会通过潜意识超前准确地予以反应。在讯问活动中，当外来的信息涉及该犯罪情景的时候，犯罪嫌疑人根本不需要再次对自己犯罪的现场进行核实，便会清楚地记得该犯罪现场的情景，这种犯罪的情景便会通过潜意识的活动，表现出对该“现场”的记忆经验和认识经验。这种现象心理学家称为“超前反馈”现象，心里有了认识经验，无须再次进行核实，潜意识便会直接跨过意识来反馈这一意识经验。在讯问活动中利用犯罪嫌疑人意识经验的“超前反馈”现象，来实现暴露犯罪的目的，因为这种“超前反馈”是潜意识直接跨越主观意识“泄露”出来的，并不是主观意识的目的。因此，这种“超前反馈”的现象是违背主观意识的“泄露”，是潜意识经验自我表现的结果。在讯问活动中这种“泄露”的表现有语言的“口误”，不希望说出来的话，通过潜意识的意识经验“泄露”了出来。比如，说谎的意识行为的经验反应，说谎话的信息刺激反应比较慢，这种较慢的反应心态被“泄露”了出来。人的这种意识规律为我们讯问犯罪嫌疑人提供了可靠的利用条件，是讯问人员借助犯罪嫌疑人心理活动规律的重要根据。讯问活动中根据犯罪嫌疑人的生理条件、记忆经验、行为习惯、思维的规律性，进行有效的利用，使其成为有利的讯问条件。因为犯罪嫌疑人的记忆经验是犯罪的“情景”“情节”“现场”“涉案人”等。这种记忆经验在讯问活动中随时都会传递给讯问人员，在讯问活动中应当注意“接收”“培养”，加强利用。

犯罪嫌疑人抗审有抗审的条件，供述是因为失去了抗审的条件，很多时候这种对抗条件是掌握在犯罪嫌疑人自己手里的，一旦犯罪嫌疑人将抗审的条件送给了讯问人员，那么失去了对抗条件的犯罪嫌疑人就会选择供述认罪来减少自己的“损失”。当然犯罪嫌疑人是不会轻易地将对抗条件拱手送给讯问人员的，讯问人员获取“条件”的重要来源就是那些不听话的记忆经验“泄露”出来的。“泄露”本身也是有条件的，不是任何什么时候都能够“泄露”的，在一定的环境、一定的空间、一定的语境范围内，在其潜意识充分活跃的情况下，保证潜意识能够直接跨越意识的前提下，才能有“泄露”条件的出现。

例如，犯罪嫌疑人受贿了一套 150 平方米的商品房，行贿人将房间的钥匙交给了犯罪嫌疑人，并且告诉犯罪嫌疑人代其办理房产证，就在行贿人代办房产证期间（实际上行贿人因为事情繁忙，没有及时去房管部门办理房产证），受贿人发现有一处环境比较好的商品房，要求行贿人更换，因为行贿人已经办理了一部分手续，包括购房合同、发票的户主名称，因此调换房子还需要到房管部门办理相关的调换手续，还需要向房产管理部门缴纳一定的契税，这些过程都是行贿人出钱办理的，但是在办理的过程中，房管部门要求对方的所有权人必须到场，还要拍照存档，所以犯罪嫌疑人去了房管部门拍了照片便离开了，完事以后受贿人自己直接从房管部门领取了房产证。该案的举报人称其有重大的犯罪嫌疑，并没有说具体的某一事件，在该犯罪嫌疑人因其他犯罪被立案侦查以后，进入了深挖犯罪的阶段。讯问人员若无其事地说：“现在办理证件的手续都简便了，服务意识也提高了，现在购买小轿车商家能够把行车证代办好了交给你，方便了客户吸引了客源。”犯罪嫌疑人答：“现在的商业理念转变了，服务质量也提高了，现在购买商品房开发商连房产证都能代办，但是房管部门的‘衙门观念’还没有转变，就连调换房子都要双方的所有权人当场亲自在房管部门办理手续。”在这句话的语言背景中，犯罪嫌疑人“泄露”了两个重要“条件”：一是购买商品房开发商是不可能连房产证都代办的，办理房产证必须要房产所有人亲自去房管部门办理相关的手续，并且还要当场给所有权人拍照留存，这些程序房产开发商是不能代理的。这个背景“条件”的含义说明犯罪嫌疑人自己购买的商品房，根本就没有去过房管部门办理过房产证，而是让行贿人代办的，这里不能代办的事情为什么还要勉强呢？至于房产证是否办好犯罪嫌疑人并不清楚。二是犯罪嫌疑人怎么知道调换房子都要双方的所有权人当场在房管部门办理呢？这里说明犯罪嫌疑人调换过房子！接下来讯问人员针对“泄露”的条件展开讯问：

问：你是怎么知道调换房子都要双方的所有权人当场在房管部门办理呢？

答：是听别人说的。

问：听谁说的？

答：记不起来了。

问：你为什么调换房子？

答：我没有……（被讯问人员阻止）

问：任何一间房屋只要有房产证，那么在房管部门都是有记录的，你调换的房子也是一样的，是有记录的。

答：（不语）……

问：你为什么调换房子？

答：因为第一次购买的房子环境不好，后来发现现在调换的房子环境比较好，所以就通过开发商帮助调换。

问：这两处房子都是一个开发商开发的吗？

答：不是的。

问：那是怎么调换的？

答：是开发商帮助协调的。

问：怎么协调的？

答：就等于把原来我购买的房子退掉，然后再重新购买现在的这套房子。

问：那怎么又变成了调换房子呢？这两套房子是同等面积、同样价格吗？

答：我不知道……

问：那你知道什么？

答：（不语）……

问：房子的价格是多少？

答：大概是50万元。（再次“泄露”！在“大概”的语言背景含义里，“泄露”了不具体的条件）

问：到底是多少钱？

答：记不清了。

问：既然是自己购买的房子，而且又不是小的数额，怎么会记不清了呢？

答：时间长了确实记不清了。

问：时间有多长？

答：有一年多的时间了。

问：仅仅是一年多的时间，几十万的付出就记不清了，原因很简单，你没有付钱！

答：我付了钱。

问：怎么付的？

答：是现金付的。

问：现金从哪里来的？

答：是我家里平时积攒下来的。

问：怎么积攒的？

答：一点一点地存起来的。

问：存在哪里？

答：存在银行里。

问：哪家银行？

答：几家银行都有。

问：哪几家银行？存折呢？

答：（不语）……

问：既然钱是存在银行里的，那么你取现金就应该有记录不是吗？

答：房子的钱我还没有来得及付，是欠着的。

问：那你刚才为什么说是付的现金呢？

答：我害怕！

问：你怕什么？

答：怕你们说我受贿。

问：现在就不怕了吗？

答：反正房子的钱我是要还给他的。

问：你欠的房款有欠条吗？

答：没有。

问：为什么没有？

答：他们没有跟我要。

问：有购房协议吗？

答：有！因为办房产证需要。

问：购房协议有欠款的事项吗？

答：没有。

问：为什么没有？因为你没有付现金！

答：他们制订的购房合同没有欠款的事项。

问：别人购房都是能够欠款的吗？因为购房合同上就没有欠款的事情，别人都是要付现款的，而你却特殊！这是什么原因啊？

答：因为我给他们办过事情，所以他们也是为了感谢我，才同意我暂欠房款的。

问：你给他们（指开发商）办过哪些事情？

答：当时他们开发的那块地是我批的，是我同意开发的，当时也是通过招标的，后来他们中标了就给他们开发了。

问：既然是招标的就是平等竞争，他为什么要感谢你呢？

答：我给他们打过招呼。

问：给谁打过招呼？

答：有关的审批部门，主要是建委的有关负责人。

问：你在银行的存款是多少？

答：有二十几万吧。

问：那为什么不付房款？

答：二十几万是不够付房款的。

问：现在不是有住房公积金吗？完全可以支付你的购房款，为什么直到交房的一年之后还不付房款呢？因为你不需要付房款！

答：（不语）……

问：这件事本来并不复杂，找一下那位开发商就什么都清楚了，但是这件事我们不希望通过开发商的嘴说出来。希望你能够有一个清醒的认识，你的那套房子是送的还是欠的，事实已经非常清楚了！我还想听你说一遍到底是送的还是欠的？

答：（沉思）……是送的！

问：那你前面说欠的是怎么回事？

答：送的就是受贿呀！

问：你打算怎么办？

答：房子我退出来！

问：你的存折上到底有多少钱？

答：大概有二十几万。

问：不对！

答：那我想想……另外还有一个存折上也有十几万元。

问：你一共有几个存折？

答：有好几个，还有我爱人的。

问：现在存折在什么地方？

答：我小姨子那里有几个存折……（语言背景含义是小姨子这里有，并没有封死其他的地方是否还有存折，这里是通过语气“泄露”了存折的存在条件）

问：还有哪个地方有？

答：我外甥那里还有一点。（“泄露”了存折以外的存在条件）

问：一点是什么意思？

答：是现金。

问：多少现金？

答：20 万。

问：其他的存折一共有多少钱？

答：大概有 100 多万。

问：放在你外甥那里的 20 万是从哪里来的？

答：是锦绣开发公司的余老板送的。

待这起案件讯问结束时，犯罪嫌疑人的受贿数额已经达到了 300 余万元。通过上述语境的对抗活动可以看出意识经验“泄露”是犯罪嫌疑人对抗的天敌，意识经验“泄露”是犯罪嫌疑人能够供述认罪的重要条件之一。

二、意识经验反映的语言特征

人的意识经验形成的认识习惯，最重要的表现是语言的表现习惯和行为的表现习惯。人们的语言和行为大多是在意识的作用下出现的，心理行为是通过语言表现的，根据人的意识存在的客观反映，当人的意识活动处在滞后状态的情况下，潜意识就会积极地活动起来，占领意识的空间，指挥人的言行，例如，自言自语、人的下意识行为。这些都是在潜意识的作用下出现的，也是我们每一个人不可避免的意识活动规律，是生理的、不可避免的心理行为。除此之外，当人的意识处于被控制的状态时，潜意识就会积极地帮助意识解脱困境，一方面为意识提供解脱的信息和方法，另一方面表现为潜意识的自主活动，越过意识进行自主的言行活动。人的这种意识规律为我们讯问犯罪嫌疑人提供了可靠的利用条件，是讯问人员借助犯罪嫌疑人心理行为规律的重要根据。讯问活动中就是要根据犯罪嫌疑人的生理条件、记忆经验、行为习惯、思维的规律性，进行有效的利用，成为有利的讯问条件。

人们的知识经验来源于行为实践的记忆，有了行为的记忆才有认识经验，没有行为实践就不可能有人的记忆经验和认识经验。当犯罪嫌疑人实施了犯罪行为后，就有了认识经验和对犯罪情景的记忆，也就是说有了心理“现场”的记忆经验。人的大脑的能力，可以分成意识和潜意识两个部分，当人们知道自己在“看、听、说、想”的时候，这便是有了意识。同时人们为了维持生存的种种功能、经验记忆、知识水平、身体能力，根据人的生理特征，是由人的潜意识来控制的。当人们不需要跟外界联系的时候，意识可以休息，在睡眠的时候，意识就全部休息了。可是潜意识则无所不在，无时不有，只有当人死亡的时候，潜意识才会停止。人的潜意识承担着重要的记忆经验，在受到特定的记忆经验信息刺激的时候，记忆经验的信息内容，会通过潜意识的反应，超前准确地予以反映。在讯问活动中，当外来的信息涉及该犯罪情景的时候，犯罪嫌疑人根本不需要再次对自己犯罪的现场进行核实，便会清楚地记得该犯罪现场的情景，这种犯罪的情景便会通过潜意识的活动，表现出对该“现场”的记忆经验和认识经验。

例如，检察机关在侦查某一起贪污案件时，发现犯罪嫌疑人利用涂改发票、以小充大的方法贪污公款。检察机关在侦查过程中，隐蔽了这一犯罪情节，针对几个嫌疑人进行调查，当检察机关的办案人员讯问嫌疑人王某时，讯问人员拿出了被涂改的发票，放在桌子上（距离犯罪嫌疑人有一定的空间，足以使犯罪嫌疑人看不清楚发票的内容）。

问：这张发票是怎么回事？

答：那不是我涂改的。

问：你根本就看不清楚发票的内容，你是怎么知道这张发票是被涂改的！

答：……我不知道。

问：发票被涂改的事情，只有我们办案人员知道，不是你干的那你是怎么知道发票是被涂改的呢？

答：（不语）……

问：现在我们可以告诉你，这张发票就是你改的。

此后犯罪嫌疑人不得不交代自己涂改发票侵吞公款的犯罪事实。

利用犯罪嫌疑人的记忆经验进行讯问，在充分地做好准备工作以外，建立“超前反馈”现象的平台，把每一个只有犯罪嫌疑人才知道的犯罪情景的细节分解开来，展示给犯罪嫌疑人，促使犯罪嫌疑人进行“超前反馈”，然后展开攻击。在利用“超前反馈”现象进行讯问时，必须要让犯罪嫌疑人有充分的联想空间，促使其潜意识能够积极地活动起来，帮助犯罪嫌疑人完成“超前反馈”的意识经验过程，暴露犯罪嫌疑人的行为痕迹，达到使犯罪嫌疑人供述认罪的目的。

“超前反馈”现象，通常会在犯罪嫌疑人的下意识的语言中表现出来，在我们的侦查活动中应当注意收集这方面的信息，捕捉“超前反馈”的语言表现，发现疑点顺势展开攻击，迫使犯罪嫌疑人不能自圆其说，陷入困境。例如，在一起强奸杀人的案件中，凶手将隔壁邻居寡妇王某骗至家中，将其强奸后杀害了，此后，凶手为了避嫌，跑至被害人的家门前，一边敲门一边喊王某的女儿：“小兰，你妈怎么不去上班，在家吗？”在讯问活动中，讯问人员获取这一信息以后，立即对其进行核实，犯罪嫌疑人承认自己去过被害人的家，询问被害人为什么不去上班，但就是不承认自己与这起案件有关。

问：你把敲门的过程重述一遍？

答：我是一边敲门一边喊王某的女儿“小兰，你妈怎么不去上班，在家吗？”

问：你找王某上班，在你敲门的时候应该直接叫王某的名字，为什么叫其女儿的名字呢？你分明知道王某不在家，所以开口喊“小兰”，如果不是你杀了王某，岂有没进门就知道王某不在家的道理！

最后犯罪嫌疑人只得交代强奸杀人的犯罪事实。

利用意识经验的超前反馈规律的常见语言技巧，表现在：捕捉对方超前反馈的语言背景含义，帮助分析进行延伸发展形成反证的逻辑关系，最后一语道破。这里的语言过程也是一个揭露的过程，揭露的重要依据就是心理的存在意识，在帮助分析、延伸、发展、形成反证的逻辑关系的语境过程中，尽量地在平和的语境中完成。因为最后一语道破的总结性的语言带有一定的强制性，容易形成僵局，因此在对超前反馈行为进行分析评价的过程中就要注意语言的声调，避免僵局语境的出现。

三、惯性经验反映的语言特征

惯性规律是通过人的心理思维特点，潜意识地自主活动，表现出来的人的思维习惯的连续惯性，这种连续性是在联想的作用下形成的思维惯性。它与惯性思维有着本质的区别，惯性思维又叫常规思维或顺势思维，决策学中把它称为基本假设思维，人们在处理一个问题、看待一件事情、评价一个人的时候，常常用以往的知识、经历、经验和直觉，不由自主地对问题的原因或结果直接做出判断，这样的判断有一定的虚假性，由此而形成的思维定势被称为惯性思维。“固执己见”就是惯性思维的一种表现。例如，有一个猎人第一次在一棵大树下面打着了一只兔子，第二次去的时候又在那棵大树下打着一只兔子，第三次猎人认为那棵树下一定还有兔子，结果又去了那棵大树下，但什么也没有发现。这就是惯性思维的结果，是经验意识的固执反映。而思维惯性反映了思维本身的活动特点，是通过联想的思维的连续性，是人的思维特点和思维习惯的基本规律，这种规律表现在人们除了睡觉就停止了这种思维的连续性，只要有意识的存在就有思维的连续性，即思维惯性。有的时候人的语言是在意识状态下形成的，而有的时候人的语言是在潜意识的状态下形成的，有的时候是先说话后意识，有的时候是先意识后说话，当人对待某些严肃问题的时候，表现为先意识后说话，相反当人们认为是无关紧要的事情时，就有先说话后意识的特点。同时当人们处于潜意识的兴奋状态的时候，潜意识支配的语言就有先说话后意识的特点，在讯问活动中这一特点的重要表现是口误。口误是人们在正常的情况下将不愿意说出来的话说出来了，这是因为潜意识的作用，表现出语言的连续惯性，带出来的失误的语言。在讯问活动中这种失误的语言就是我们攻击的目标。通常为了使犯罪嫌疑人多出现口误，就会对犯罪嫌疑人的夸夸其谈进行放任，帮助犯罪嫌疑人的潜意识活跃起来，引发口误以便于讯问人员展开攻击。讯问人员如果注意暗示与设定连续惯性的条件，那么犯罪嫌疑人的口误就会汹涌而出。这种连续惯性的条件就是引发事件语言的内在联系。

在讯问的语言活动中，讯问语言所表述的语言是有所意指的，这就是讯问语言的意向性。讯问语言虽然是双向交替进行的，但是它们表述的每一句话不仅仅代表一种意思，更重要的是满足语言表达意义上的规范性、完整性和准确性，也就是说一句话的语词只能按照一定的规则在一定的时间范围内的链条上按排列顺序出现，也就是语言流动的完成状态。讯问活动中，直接引发语言流动的是讯问人员和犯罪嫌疑人的对抗交流意识，讯问人员不断地对犯罪嫌疑人释放语言信息，而犯罪嫌疑人不断地做出反应，随着讯问活动的情况不断发生变化，这种语言的连续性表现为前呼后拥，不能忽然停止，如果忽然停止就是说了半句话，出现了语言的不协调状态，语言的这种属性就像运动的物体有惯性一样，对于语言流动过程中出现的这种难以控制的并且按照既定方向运动的状态，我们称为语言的惯性。语言惯性是一切流动的语言所具有的本性，语言是心理意识的反映，心理意识的不断变化是语言流动的基本属性，心理的行为活动与心理的潜意识活动使语言具有两面性：一是“口是心非”，二是“口是心是”。从主观意识能够控制语言的情况来看，它能够自觉组织语言向前流动，语言是能够被控制、被意识的。但是，如果潜意识活跃起来，那么语言就会从意识中解脱出来，在语言惯性的驱动下，话会越说越多难以控制，“口是心非”的口误就会随着流动的语言破口而出，出现致命的语言失误，让讯问人员抓住话柄。

在讯问活动中，讯问人员总是要通过不同的角度来证明犯罪嫌疑人的犯罪事实，而犯罪嫌疑人总是用已编造好的谎言来掩盖自己的犯罪事实。但是令人十分惊奇的是，很多犯罪嫌疑人在说谎的时候都是由于语言方面的失误而“露馅”的，成为讯问人员的攻击目标和“切入点”。犯罪嫌疑人的这种失误并不是因为他没能仔细地编造好想说的话，而是说谎者在回答讯问时，常会受到理念的干扰。这就是我们常说的失言，即口误。这种失言并非是偶然的，它体现了说谎者内在的心理冲突。之所以说错话出现口误，乃是因为他的内心正在挣扎对抗。一旦讯问人员投入“关键语”，这种口误就会趁着犯罪嫌疑人不注意的时候突然出现，而这些内容正是说话人不想说或不愿说的事，所以一旦发生这种情形，它就成了暴露自我的一种印迹。

当然，也应注意在判断别人是否说谎时，不能简单地把任何口误都当作说谎的证据，需要上下联系来加以鉴别。也不能简单地认为没有口误的回答就是完全正确的，在有的情况下说谎者并不一定会出现口误，因为说谎者最为留意的也正是说话时言辞或字眼的选择，以掩饰、伪装别人最注意的地方。

讯问活动中犯罪嫌疑人的口误往往是一句完整的意思表述、是一句完整的语言表述行为，而不是某个词语的表述口误，通常犯罪嫌疑人的口误表述是：别人是什么样、怎么了，我是什么样等。在讯问活动中这一系列的话语就像流水一样被透露出来，当然在这些话语中有的话语与案件的情节没有关系，但是有的话语就与案件的情节有着密切的关系。案件与自己的犯罪行为有关的语言，通常情况下是在讯问人员的语言的刺激下产生的，当这种双向流动的语言发生了偏差的时候，也就是说讯问人员的语言带有标题性，犯罪嫌疑人围绕这种标题性语言回答问题的时候，随着语言的惯性向一个方向流动的时候，也就是犯罪嫌疑人为了更进一步地说明或者为了更进一步地证明自己语言内容的真实性，便会积极地组织语言进行维护，这就会出现惯性的语言流向，当这种语言流向出现偏差的时候，这便是口误。出现了语言流向的反差，也就是说文不对题。为什么会出现这样的一句话？讯问人员就需要让犯罪嫌疑人来做出回答！通常的情况下犯罪嫌疑人是回答不出来的，因为这句话本身就不是犯罪嫌疑人想要说的话，如果照实回答只能是把犯罪的有关情节暴露出来。举一段讯问中的问答予以说明：

问：你把认识阳光公司的张经理的经过讲一讲。

答：原来是通过一个朋友认识的，后来他参加了市政府综合办公大楼的工程招标就熟悉了，在招标的过程中我们都是按照规定的程序进行的，有人说我在招标的过程中拿了人家的钱（口误出现了），那是不可能的！

问：我刚才是让你说是怎么认识张经理的，并没有问到你拿别人钱的事！你这句话是什么意思？

答：我是说我在招标的过程中没有拿别人的钱。

问：我问你是怎么认识张经理的！你为什么要解释钱的事？

答：我是怕你们说我拿了别人的钱。

问：你还没有直接回答我的问题！我是问你为什么要扯到钱的事！

答：（不语）……

问：讲！

答：我确实没有拿别人的钱。

问：我问的你什么？

答：你问我是怎么认识张经理的。

问：你是怎么回答的！

答：（不语）……

问：讲！

答：我错了。

问：你错在哪里？

答：我不该说没有拿别人的钱。（又是口误）

问：拿了就是拿了，我可以肯定地告诉你——拿了！检察机关为什么不找别人来谈话，却偏让你来呢？错了就是错了还要编理由。

答：我是准备还给他的，后来一直没有看见他的人影。

问：还给他就对了！你又不缺吃少穿的要他们的钱干吗！

答：我退给你们可以吗？

问：你把经过的时间、数额重新讲一遍。

答：好……

以上的对话可以看出犯罪嫌疑人的口误，实际上是犯罪嫌疑人最关心的问题，是急于要开脱的问题。讯问人员在一个劲儿地兜圈子，犯罪嫌疑人自己就沉不住气了，就想尽快了结这种让人揪心的谈话，口误便一个接着一个地出来了。由此讯问人员的语言就是要围绕口误的语言背景，以起到诱发作用和控制作用。在犯罪嫌疑人的语言惯性产生之初，讯问人员的语言的首要任务是激起犯罪嫌疑人内在的心理状态的变化，使语言惯性沿着既定的方向连续地发展下去，直到满足限制犯罪嫌疑人的心理条件为止。

四、粘连经验表现的语言特征

语言的粘连规律是语言惯性的重要表现，当一个人在说话的时候，前一个词语出来的时候，后一个词语会紧跟着出现，以此保持着语言的连续运动状态。语言的粘连性是语言持续发展的基础，是保持语言惯性的条件。语言的粘连性就像一种无意识中自发形成的潜在的语言的有序性，自发地调节着语言的“语无伦次”到稳定的有序过程。正是这种语言的粘连性为讯问语言的发展提供了可喜的条件。当讯问语言仍然在泥泞的小路上徘徊的时候，语言的粘连规律无疑是给讯问语言的发展指明了方向。

什么是“粘连规律”？顾名思义就是以粘贴相连的方法，使一个物品与另外的一个物品连接起来，粘贴在一起。记得在孩提时代吃芝麻饼，芝麻散落在桌子上总会用手蘸着唾液，把芝麻粘起来吃掉。然而我们把这种粘贴的方法用在讯问犯罪嫌疑人活动中，更是妙不可言。从人的习惯上来看人们总是喜欢把同类的物品放置在一起，借助于人们的这一习惯方法，我们为了找到犯罪嫌疑人隐藏起来的贵重物品，那么只需要找出犯罪嫌疑人另外的贵重物品，那么需要找的贵重物品也就会被粘连出来了。

例如，有一起盗窃案件，犯罪嫌疑人将自己所盗窃的赃款和赃物全部转移到了外地的亲戚家里，在搜查犯罪嫌疑人的住宅时一无所获，就连犯罪嫌疑人平时的生活用钱都没有留下。讯问人员为了找到犯罪嫌疑人转移的赃款和赃物，对犯罪嫌疑人展开了讯问。

问：平时的生活来源是什么？

犯罪嫌疑人答：做点小生意。

问：做了多长时间的生意了？

答：有好几年了。

问：那可能挣了不少钱吧？

答：也没有挣多少钱，反正仅仅够吃饭的。

问：那你家平时的吃饭钱呢？

答：都临时存起来了。

问：那存折呢？

犯罪嫌疑人在这个时候才感觉到中计了，但是已经晚了。在讯问人员的追逼下，犯罪嫌疑人交代了存折放在自己内弟的家里。讯问人员在其内弟家里提取存折时，连同犯罪嫌疑人存放的赃款和赃物，全部被提取了回来，并且顺利地破获了这起盗窃案件。讯问中粘连法不仅适用于对物品的粘连，而且也适用于对事件的粘连。盗窃惯犯一贯以盗窃为业，在他们被抓获归案以后，对这些人的讯问就可以采用粘连的方法，用正常的事件把犯罪嫌疑人的犯罪事实粘连出来。针对这起盗窃案件可以用生活的来源去粘连犯罪嫌疑人盗窃的犯罪事实。当讯问人员问及犯罪嫌疑人的生活来源时，犯罪嫌疑人必然会编造谎言来应付讯问，谎言编得越多漏洞就越大，不能自圆其说，最后必然粘连出盗窃财物才是生活来源的犯罪事实。

讯问语言是为了满足讯问活动的需要，带有明确的意图和倾向性，讯问语言在每一个句子的组合上都有其非常明显的连贯性，无论是讯问语言还是日常交流的语言，都不是在零散的词和句子中发生的，而是在连贯的话语中产生的，也就是说，话语不是杂乱无章地从一个话题忽然跳到另外一个话题。语言的连续性表现在概念含义的统一上，由此，形成语言连续性的句子的粘连就应当是单一的意思、单一的概念。在讯问活动中犯罪嫌疑人处于被讯问的状态，在问答的信息交换过程中，完成语言的互动过程，完成问答的同一性。例如，讯问人员问犯罪嫌疑人某个时间在做什么？那么犯罪嫌疑人的回答就应该围绕着时间和行为做出反应，如果犯罪嫌疑人的回答是："今天的天气不好！"这种语言反应表现为不同一，讯问的语言互动过程受到了阻碍。讯问语言的不同也是讯问失败的重要因素，犯罪的心理事实是通过语言表现出来的，这种供述自己犯罪事实的语言是通过讯问人员的语言粘连出来的，犯罪嫌疑人能否出现供述性语言，讯问人员的讯问语言的粘连强度是重要的因素，语言互动过程中高度的同一性，是讯问人员发挥语言粘连作用的条件，不同一的语言是无法粘连的。因此，讯问人员必须打造语言互动的同一性，才能粘连出讯问人员所需要的语言。

讯问人员所表述的语言其句子的粘连是有一定的规律的，有其自身的特点，不是随意粘连在一起就能够达到与犯罪嫌疑人交流的目的的。句子的粘连形成有明确的意图和倾向性的语言，这是由讯问活动的语境和讯问语言所表达的目的决定的。讯问人员发送给犯罪嫌疑人的语言信息，要求犯罪嫌疑人立即做出相应的语言，这样的语言的表达目的只能是单一的，是能够让犯罪嫌疑人听明白的单一意思表述的语言。因此讯问语言不能是多元的，也就是说讯问人员在具体的时间、空间环境里，为了达到让犯罪嫌疑人供述认罪的目的，发出的语义完整、具有相对独立性的语言单位，是单一语义粘连的表述过程，因为单一语义的句子一般只能表达单一的目的。如果两个以上的句子粘连在一起，出现了语义的多元性，就有可能在其含义上出现矛盾，让犯罪嫌疑人无从做出反应，就有可能出现不同一的语义表述，阻碍了心理事实的语言表露。

粘连法在讯问活动中的运用是非常广泛的，其方法简单但效果显著，抓住与犯罪嫌疑人的犯罪密切的关系进行粘连，使犯罪嫌疑人在莫名其妙的过程中，走进了我们的圈套。粘连法应当灵活运用，切不可生搬硬套，在使用的过程中讯问人员应当注意隐蔽自己的意图，才能产生效果，在使用粘连法的方法上，选择的粘连关系应当与犯罪嫌疑人的犯罪有着密切的联系，如果是风马牛不相及，根本就不可能产生粘连作用和效果。

（一）讯问主题的语言粘连

讯问活动是围绕着提取犯罪事实而展开的，讯问语言也正是以这个主题为中心的。当然犯罪嫌疑人是不会主动告诉你犯罪事实的，尽管如此犯罪嫌疑人还是会在讯问人员的语言影响下交代自己的犯罪事实，在很多时候主题语言粘连法能够发挥重要的作用。主题语言也就是语言表述对象的核心或者主要问题，案件的特点不同，主题语言就不同。比如，贿赂犯罪的主题语言与盗窃犯罪的主题语言就有明显的区别。贿赂犯罪的主题语言是以职务行为为中心的，而盗窃犯罪的主题语言是以秘密获取他人财产行为为中心的。

案例：2006 年某检察院接群众举报市招标办主任章某，利用工程招标的一系列特权，向投标单位泄露标底，伙同没有工程资质或者不够资质标准的建筑单位，采取暗箱操作、违章操作、围标等方法，使许多不符合建筑工程要求条件的建筑单位中标，严重地扰乱了建筑市场的公平竞争秩序。与此同时章某利用招标办主任的职务之便，大肆收受贿赂，并且明码标价透露一个标底 5 万元，帮助围标成功 10 万元，透露有利于中标的信息 2 万元。近几年来章某收取的贿赂达数百万元以上，在社会上造成了极其恶劣的影响，严重损害了国家公务人员的形象，请检察机关引起重视严肃处理。

这样的案件其犯罪行为特征是：利用主管工程招标的职务之便，采取弄虚作假为他人谋取不法利益收受贿赂。这一犯罪的行为过程就是讯问的主题行为，讯问的语言必须围绕这样的主题展开，才能涉及中心的犯罪事实。弄虚作假获取利益，是这个案件因果关系的主题。讯问的主题是：这起工程的招标条件是三级资质的建筑工程单位，而中标的却是没有任何资质的乡镇工程队，这是为什么？讯问的主题语言为：某工程的招标为什么要弄虚作假？这里因为语言的粘连特征，回答的问题应该按照问话的原意回答，这是语言合作的基础。如果答非所问，就是语言的不合作。按照客观原意就是拿了别人的贿赂，这是全部犯罪行为的结果。这个结果是唯一的。如果其行为结果不是唯一的而是多项的，那么犯罪嫌疑人的回答就会有很大的退路，他会选择有利于自己的一项来进行回答。选择语言粘连的方法应当注意到前言和后语的唯一性，逼着犯罪嫌疑人只能选择单一的结果来进行回答。

问：你在哪个单位工作？什么职务？

答：市招标办办公室主任。

问：主要的工作范围？

答：负责全市的建筑工程招标。

问：工程招标有哪些条件？

答：根据国家关于《房屋建筑和市政基础设施工程施工招标投标管理办法》规定，工程施工招标应当具备下列条件：（一）按照国家有关规定需要履行项目审批手续的，已经履行审批手续；（二）工程资金或者资金来源已经落实；（三）有满足施工招标需要的设计文件及其他技术资料；（四）法律、法规、规章规定的其他条件。工程施工招标分为公开招标和邀请招标。依法必须进行施工招标的工程，全部使用国有资金投资或者国有资金投资占控股或者主导地位的，应当公开招标，但经国家计委或者省、自治区、直辖市人民政府依法批准可以进行邀请招标的重点建设项目除外；其他工程可以实行邀请招标。

问：你对业务还是非常精通的！

答：不能说精通，也只是应付工作的需要吧。

问：市税务局的办公大楼是你们负责招标的吗？

答：是的。

问：承建单位符合当时的招标条件吗？

答：不清楚……

问：你是招标的负责人，那么大的一项国家工程你不知道？

答：是不太符合条件。

问：为什么不符合条件的招标了？

答：（不语）……

问：我在问你话呢！（逼着犯罪嫌疑人进行单一的回答，把犯罪事实粘连出来）

答：我有责任，我检讨……

问：我在问你原因，不是追究责任！（始终围绕主题语言进行）

答：（不语）……

问：什么原因我们清楚！但是你更清楚！就那么一点钱就把你买走了？

答：我错了，我不该……

问：你错在哪里？

答：我不该收他们的钱！

问：一共给过你几次？

答：两次 3 万一次 5 万。

问：什么时间？什么地点？

……

利用主题语言的连续性进行粘连，重要的是选择好主题，主题语言能够起到承上启下的作用，才能够使主题语言不断发展，主题语言才能进行顺利的粘连，最后通向供述的主题。通常犯罪嫌疑人的供述和辩解，会涉及问题的不同方面和不同的角度，讯问人员应当注意捕捉有利于进行攻击的语言主题，利用语言的连续性，把讯问人员需要的主题粘连出来，控制起来，达到让犯罪嫌疑人供述的目的。

（二）逻辑情节的语言粘连

每一个人的犯罪都有行为的情节，情节是犯罪行为过程的重要表现，逻辑情节是以因果逻辑关系组织起来的一系列犯罪事件的发展过程。逻辑情节是根据逻辑思维主要遵循的传统形式的逻辑规则的思维方式推理判断的主观情节。逻辑情节是主观对客观再现的基础，犯罪的全部过程只有实施犯罪的行为人清楚，除此以外的其他人只能根据某些情节的相互关系，进行推理判定找出犯罪行为过程。作为实施犯罪的行为人对自己全部的行为过程记忆清楚，有的犯罪嫌疑人不仅对那些重要的犯罪情节记忆犹新，而且对那些细节过程都能够清楚地记忆。当外来的信息触及犯罪行为的某些细节的时候，犯罪嫌疑人会通过联想把全部的犯罪行为过程在自己的大脑里再现出来，并且按照事件发展的因果顺序排列起来，形成心理语言空间，在满足语境的合作状态下，讯问人员从犯罪行为过程中抽取某一个情节让犯罪嫌疑人回答下一个相联系的情节的时候，并且这个相联系的情节只有一种正确答案，那么犯罪嫌疑人只能根据自己的记忆来回答这一情节过程，因此逻辑情节的语言粘连功能发挥了作用。例如，在贿赂犯罪案件中，开发商李某为了承建商业大厦的建筑工程，为了接近掌握发包大权的张局长，托人从中搭桥引线，便找到了张局长的情妇许某，通过许某的介绍李某认识了张局长，并且通过许某的手送给张局长现金 20 万元，张局长接到 20 万元以后从中拿了 10 万元给了许某，于是开发商李某便轻而易举地中了商业大厦的建筑工程的标。办案人员首先传讯了开发商李某：

问：你是外地的开发公司，怎么能够在这么短的时间内认识张局长？（这里讯问的目的是要把介绍贿赂的中间人粘连出来）

答：是通过朋友介绍的。

问：哪个朋友介绍的？

答：是保险公司的一个朋友。

问：保险公司的哪个朋友？

答：保险公司的许某。

问：许某是怎么介绍的？

答：我让许某请张局长吃饭，在吃饭的时候介绍认识的张局长。

问：你为什么要找许某介绍呢？

答：我听人家说许某是张局长的情妇，办这类事情有分量。

问：那许某为什么愿意给你做中间介绍人呢？

答：开始是请许某吃了一顿饭，后来给她买了一件裘皮大衣。

问：裘皮大衣多少钱？

答：1.5 万元。

问：1.5 万元仅仅是介绍，认识了张局长以后给了多少钱？

答：没有给多少钱。

问：没有给多少钱是多少钱？

答：20 万元。

问：怎么给的？

答：我是交给许某，让许某转交的。

问：一共给了几次？

答：3 次。

问：3 次给了多少钱？怎么给的？

答：3 次一共给了 80 万元，第一次是 20 万元，是通过许某给的，第二次给了 30 万元是我直接给的，第三次的 30 万元也是我直接给的。

问：为什么后两次你要直接给呢？

答：主要是怕知道的人多不好，同时让许某转给张局长我也不放心，也怕张局长不高兴。

语言承上启下的粘连特征为获取犯罪情节提供了重要条件。语言承上启下的粘连特征，是以逻辑情节为发展方向的，反映了认识思维的方向。由于认识思维的方向问题，根据逻辑思维的多向性特点，心理思维又表现为语言的属性，同时也反映了语言空间的多向性，因此逻辑思维在反映逻辑情节的过程中也具有多向性。

1. **顺向性**。前面的案例所表现出的语言特征为顺向性，也是心理思维的顺向性，这种思维是以问题的某一条件与某一答案的联系为基础进行的，其方向只集中于某一个方面，对问题只寻求一种正确答案。也就是思维时直接利用已有的条件，通过概括和推理得出正确结论的思维方法。前面的案件情况：开发商李某是外地人，到本地来开发，与建设单位的发包负责人张局长不认识，必然有从中牵线搭桥的人，这是逻辑推理得出的结论，也是逻辑情节的依据。办案人员根据逻辑推理得出的结论，获得了逻辑情节，运用逻辑情节的语言，把语言方向集中在牵线搭桥的中间介绍人的身上，以此粘连出贿赂犯罪的情节。

2. **逆向性**。与顺向性思维方法相反，逆向性思维是从问题出发，寻求与问题相关联的条件，将只从一个方面起作用的单向联想，变为从两个方面起作用的双向联想的思维方法。逆向思维是一种重要的思维方式。逆向思维也叫求异思维，它是对司空见惯的似乎已成定论的事物或观点反过来思考的一种思维方式。敢于“反其道而思之”，让思维向对立面的方向发展。人们习惯于沿着事物发展的正方向去思考问题并寻求解决办法。其实，对于某些问题，尤其是一些特殊问题，从结论往回推，倒过来思考，从求解回到已知条件，反过去想或许会使问题简单化，这就是逆向思维和它的魅力。逻辑情节的发展关系通过逆向思维的方法，也能够使犯罪的逻辑情节粘连出来。例如，在查办贪污案件的实践中，有许多贪污犯罪的行为人为了隐瞒自己的犯罪事实，大多采取嫁祸他人的方法对抗讯问，自己贪污了公款谎称为了公务给了别人“好处费”。这样的案件就宜采取逆向思维方法找出逻辑情节。案例：2006 年市拆迁事务所负责旧城改造的拆迁过程，在对旧民宅的拆迁过程中，谎报拆迁户周某的拆迁面积截留拆迁款 4 万元。

问：你在拆迁事务所是什么职务？

答：负责拆迁业务的副所长。

问：周某的住宅是你负责拆迁的吗？

答：是的！

问：周某拆迁的住宅面积是你丈量的吗？

答：是的！

问：周某的拆迁补偿款是谁领走的？

答：因为当时周某出差，在他临走的时候让我帮助他代领的，当时他还给了我一份委托领款的委托书，周某的拆迁补偿款是我帮助代领的，周某回来后我就把代领的补偿款给了周某。

问：周某有几处拆迁房子？

答：有两处。

问：这两处的拆迁款都是你帮助代领的吗？

答：不是，第一次是周某自己领的，第二次是我代领的。

问：拆迁款是什么时间给周某的？

答：他回来后我就给他了。

问：他是什么时间回来的？

答：9 月 20 日左右。

问：你再想一想到底是什么时间。

答：9 月 22 日上午我在我的办公室门口交给他的。

问：多少钱？是用什么包装的？

答：4 万多元，当时有零钱我记不清了，钱是用报纸包着的。

问：是亲手交给周某本人的吗？

答：是的！

问：据我们了解周某下半年根本就没有回来过，你是怎么给他钱的？（这里是讯问人员假设的情节，也是逆向的逻辑情节，如果犯罪嫌疑人没有将钱给周某，那么他就不会知道在那个特定的时间段周某是否在本地。如果犯罪嫌疑人真的把钱给了周某，那么他会立即进行否定。看看犯罪嫌疑人的反应表现便可知钱的去向。）

答：（不语）……

问：说！钱哪里去了？

答：现在还放在我这里，我交给你们就是了。

问：实际上周某只有一处拆迁房，你利用周某搬家去了外地，伪造拆迁的手续和领款委托书，截留 4 万元的公款！这笔钱你是不可能给周某的！

答：（不语）……

上述讯问就是通过逆向思维的逻辑情节，粘连出犯罪的全部行为。

3. **横向性**。从本质上说横向性的讯问语言的粘连，是横向思维的感知过程与思维过程的结合。按照传统的心理学理论，感知与思维是不同的心理过程，感知是思维的基础，思维是高级的心理活动，语言是重要的心理行为表现。创造性感知和创造性思维是不能截然分开的。横向思维使人们首先通过横向扩大注意力的范围，获得全新的信息，使得信息搜索的过程更富于创造性。讯问活动中创造性的思维通过语言来达到创造性的结果。横向思维是指接受和利用其他事物的功能、特征和性质的启发而产生创造性思想的思维方式。简单地说，纵向思维是利用逻辑推理直上直下地思考，而横向思维是当纵向思维思考受阻时大脑急转弯，在横向思维中去发现富有创新性的目标或答案。

例如，在2007年某检察机关接群众举报称，市卫生局局长陈某在任用干部的问题上，认钱为亲买官卖官，市人民医院的刘某一贯的吹牛拍马，仅用了5万元就坐上了院长的宝座，群众呼声强烈，请检察机关依法查处。检察机关立即对上述事实进行调查，传唤了刘某，刘某承认在此之前送过5万元给陈局长，目的是加深感情。可是，在办案人员给其签字画押放回家之后不久，刘某又到了检察院跟办案人员说："我刚才的供述有误，那5万元我确实是送给了陈局长，可是在第二天晚上陈局长又把这5万元退回来了，因为当时我不在家，是我爱人收下的，所以我不知道，现在特地来更正的。"

这是一起明显的翻供案件，5万元也不是一个小数目。关键问题是刘某离开检察院之后，是不是与陈某进行了串供，受到了其他问题的干扰后悔了，用翻供的方法来维护自己和他人的利益。第二次的讯问是这样开始的：

问：你怎么又回来了？还有什么事情要补充吗？

答：我刚才的供述有误，那5万元我确实是送给了陈局长，可是在第二天晚上陈局长又把这5万元退回来了，因为当时我不在家，是我爱人收下的，所以我不知道，现在特地来更正的。

问：我就知道你要回来，你从这里出去以后给谁打电话了？（试探刘某是否与陈某进行了串供）

答：（不语）……

问：（确定了串供的存在）我们知道你与谁联系上了，我们就在这里等着你回来翻供呢。

答：我说的都是实话。（进一步维护自己的尴尬局面）

问：我们对你上一次的供述是比较满意的，因为你能够实事求是地把问题讲清楚，说明你已经认识到了自己的错误，我们可以对你进行批评教育使你以后不要再犯类似的错误。可是你从这里出去之后又干了什么呢！你是自己把自己往绝路上推。（为后面的横向拓展铺路）

答：（不语）……

问：关于你的问题有四点我们要提醒你，第一，你刚才说，送给了陈局长

5 万元，可是在第二天的晚上陈局长又把这 5 万元退回来了，这说明陈局长是廉政的好干部。你的行为是拉领导干部“下水”，你的思想作风是坏的，你根本就不具备当院长的条件！第二，你送钱的方法如此轻车熟路、出手如此大方，你那 5 万元是从哪里来的就可想而知了！你不但涉嫌行贿还涉嫌受贿，这是你的行为告诉我们的，本来这件事就是你的不是，你还要把别人的问题往自己的身上拉，这不是愚蠢到家了吗？第三，既然这 5 万元的行贿款又回到了你的家里，那么这笔行贿的钱你必须交到检察院来！第四，陈局长的行为是犯罪行为，你为其掩盖犯罪事实，你的行为是什么？同时你还教唆你的爱人，让她来证明陈局长的 5 万元是交给她的……（这是推理：刘与陈串供完了以后，必然要其爱人来证明钱已经收回了，不然不能自圆其说）

答：你们是怎么知道的？是我爱人说的？（推理已经获得了证明）

问：你爱人跟你可不一样！（避开对方的试探）你应该权衡利弊，你前面的翻供我们可以既往不咎，重新给你记录！但是你必须实事求是，后果你自己是明白的！

答：好！那我还是实话实说，我第一次的供述都是真的，在你们这里说完了以后，我感觉有些对不住陈局长，就打电话跟他说了这里的结果，是他让我这样跟你们说的，并且我还给我爱人说陈局长的钱是退还给她的，检察院要问就让她这样说。现在我知道了问题的严重性，我还是保留第一次供述的事实，第二次是陈局长让我翻供的，那是假的，陈局长的 5 万元根本就没有退还回来。

上述的这段讯问如果按照直线逻辑情节进行，那么只能根据刘某的供述与翻供的直线原因，进行逻辑情节的讯问。前后供述不一必然有其内在的直接联系，根据直线的逻辑推理，刘某必然是受到外来信息的影响才产生了变化的，那么是什么原因使刘某的供述产生了变化？供述的变化是真还是假？这是必须要弄清楚的，不然这样的一个案件是很难继续下去的，弄不好这个案件就可能中途夭折。

现在我们仍然选择上述的案例，以直线的逻辑情节进行讯问。

问：你怎么又回来了？还有什么事情要补充的吗？

答：我刚才的供述有误，那 5 万元我确实是送给了陈局长，可是第二天晚上陈局长又把这 5 万元退回来了，因为当时我不在家，是我爱人收下的，所以我不知道，现在是特地来更正的。

问：你从这里出去才一个多小时，变化就这么快？

答：我回去后把情况跟我爱人说了，我爱人说陈局长的5万元已经退回来了，她忘记告诉我了，所以我赶过来把这件事跟你们说清楚，不然还冤枉了人家。

问：5万元不是一个小数目，你爱人怎么能够忘记告诉你，这话恐怕连鬼都不会相信，你们编造得也太不巧妙了！既然这件事牵涉到你的爱人，那么我们只要把你的爱人请来，问她5万元陈局长是什么时间还的，现在钱在哪里，就一清二楚了！

答：（不语）……（不希望自己的爱人被牵涉进来）

问：我再问你一句，陈局长的5万元是什么时间还的？

答：我爱人说是我送去的第二天陈局长还回来的。

问：你是什么时间送去的？

答：2007年的元月份，快要过年了。

问：陈局长退回来的钱放在哪里了？

答：我不清楚，我们家里的钱都是我爱人保管的。

问：那么根据正常的逻辑推理，这笔钱不是存在银行就是放在家里。放在银行有记录，放在家里有现金，如果这两样都没有，就是你们说了假话，包庇犯罪的责任可是要你们承担的，包庇犯罪可是要判刑的！

答：是的，这话我懂！

问：你还要坚持我们去找你爱人核对吗？找了你爱人她还能够自圆其说吗？我想到时候你们夫妻俩都被牵涉进来，这件事本来不关你们的事情，你们是非要往自己的身上拉，摆着好日子不过！

答：我想我爱人也会实事求是的。（这样的回答显然是讯问人员所设置的情节，并没有对刘某产生威胁）

问：（在上述的情况下讯问人员只得再次组织逻辑情节）你从我们这里出去以后都跟谁取得了联系？

答：我没有跟谁联系！

问：你出去这段时间跟谁联系我们是能够查到的，电话是有记录的，等到了那个时候你就麻烦了！在这件事情上我们不想让你一错再错，希望你能够认真把握！

答：你们怀疑我给谁打了电话？我不想把事情惹到自己身上来。

……

可见上述两种不同的情节粘连方法，产生的效果也是不同的，因此在不同的犯罪案件中，应当选择有针对性的情节语言粘连方法，才能取得好的效果。

4. **发散性**。讯问活动的重要表现是语言技巧，这种语言技巧是以讯问人员的思维活动为基础的，讯问人员所运用的散向性思维，就是发散思维。在讯问活动中由于犯罪案件的性质、情节、犯罪嫌疑人的行为和性格特征不同，这就要求讯问人员采取的方法对策也不相同，发散思维是对要解决的目标，沿着不同方向和角度进行思考，从多方面找出对策和方案，通过联想、想象、灵感和直觉等思维形式，粘连出犯罪行为的某些情节，逐步推进犯罪嫌疑人供述动机的形成。通常最佳的思维形式包括多向思维、辐射思维、立体思维等。多向思维包括发散和转向两个思维阶段，发散是指在处理一个问题前尽量提出多种设想，扩大选择余地。转向是指思维在一个方向受阻时，立即转向其他方向，往往是多次转向，直到成功。辐射思维是根据最新科学原理或新发明，由点到面，想到与此相关的所有相关点，去开发它的新用途和对策。发散性思维一方面用外部言语来表达，另一方面也用内部言语进行思考。斯大林说："语言是直接与思考联系的，它把人的思维活动的结果、认识活动的情景，用词及由词组成的句子记载下来，巩固起来，这样就使人类社会中的思想交流成为可能。"讯问语言的灵活性正是建立在发散性思维的基础上的，也是通过思维的发散水平反映出来的。

运用发散思维的目的就是通过讯问语言的不同角度，去粘连犯罪嫌疑人把关不严的犯罪情节的语言信息。

首先，概念和语言发散。在涉案行为的同一个概念或情节上，运用不同的语言去描述，就会获取不同的粘连对象。例如，贿赂犯罪的行为结果是获取财产或者是银行的巨额存款，讯问人员需要问清犯罪嫌疑人在银行里是否有存款，如果直接讯问犯罪嫌疑人在银行里是否有存款，他会如实告诉你吗？显然不可能。同时直接讯问对方很容易直接否定。那么我们改变一种思维方式看看情况如何："你们家的存款是你爱人去存的还是你去存的？"这句话最起码对方不好直接否定，更为重要的是这句话能够扩展犯罪嫌疑人的联想，首先对方要想的是你问这句话的目的是什么？我去银行存款其结果会怎么样？我爱人去银行存款又会怎样？这一语言目的多半是能够引发对方对自己回答问题的结果的思考。但是更多的时候能够粘连出犯罪情节信息。

例如，在一起市委组织部部长受贿的案件中，当时是因为其他案件牵涉到这位组织部部长，讯问人员开始并没有直接涉及其受贿问题，而是讯问其有关自己家里的存款情况：

问：你们家的存款是你爱人去存的还是你去存的？

答：我家的存款都是我爱人存的。

问：在哪些银行存的？

答：这个我不清楚，是我爱人存的。

问：那好！你写个条子让你爱人把存折送来！

答：条子怎么写？

问：你说你在检察院，让她把银行存款的存折送过来！

答：（手里拿着笔却迟迟没有落笔）这个我不好写。

问：为什么？

答：我写了这样的条子我爱人会怎么想呢？

问：你是怕了吗？

答：我怕什么！

问：那为什么不写呢？

答：我是怕我爱人会误解？

问：误解什么？

答：（不语）……

问：你家的存款有问题吗？

答：没有！

问：那你怕什么呢？（根据推理如果存折拿出来就会暴露自己的犯罪问题）

答：我不是怕！

问：那是什么原因？

答：我的事情不想牵涉我爱人。

问：我们也不想牵涉你的家人，但是前面你说是你爱人存的。

答：实际上我家的存款都是我存的，与我爱人没有关系。（推理：这是为了隐蔽在他爱人那里的大笔存款，抛出自己的小笔存款）

问：你在哪里存的？

答：工商银行。

问：什么时间存的？

答：今年3月份。

问：存了多少钱？

答：5万元。

问：钱是从哪里来的？

答：平时放在家里准备用的，后来没有用就存起来了。

问：我是问你这5万元是从哪里来的？

答：平时的工资都是放在家里没有存，是集中起来存的。

问：这里的公务员发的工资都在银行的卡上，怎么会有现金发给你？

答：(不语)……

问：讲！是谁“发给”你的？

答：(不语)……

问：讲！这些事你是早晚都要讲的！不然今天为什么找你呢？

答：民政局的刘大某给了3万元，社会保障局的白相某给了2万元。

问：他们为什么给你钱？

答：他们两人都是为了这次的人事调整，想当副局长。

这是概念和语言发散的运用，顺利地粘连出犯罪的行为情节。

其次，条件和问题发散。根据犯罪行为的基本特征，设想出根据已知条件可以开展犯罪行为内在的各种问题，为讯问的主题拓展服务。在讯问活动中根据提取的某一情节特点，通过多角度、多方面的分析，找出问题变化的不同结果，在这些结果中进行分析总结，粘连出犯罪的情节信息。这种思维方式能够在讯问实践中，不断提高讯问人员分析问题、灵活运用已有的条件、全面观察问题的能力，最后达到制服犯罪的目的。

最后，思路和方法发散。侦查工作本身就要求侦查人员有开阔的思路，才会出现有效的方法。讯问活动是随时发展变化的，有的时候因为讯问人员能够有效地控制，这种发展变化能够朝着有利于讯问人员的方面发展。相反，就会朝着不利讯问人员的方面发展。思路和方法发散能够引导讯问人员从一个问题出发，根据所给条件，突破固有的思路和思维定势，去寻找不同的解决方法。

（三）行为习惯的语言粘连

人的行为习惯是由人的思维定势决定的，每一个人因为思维定势不同，其行为习惯也是不同的。但是人们的归类习惯是普遍存在的，这种习惯的特征是喜欢以同类物质放置在一起，是垃圾就与垃圾放置在一起，是贵重物品就与贵重物品放置在一起。那么在自己的家里存放的贵重物品被归类在一起，便是许多人的行为习惯。如存款、存折、金银、珠宝、首饰等，只要找到其中的某一种物品，其他的物品也就找到了。多年来在打击犯罪的活动中，犯罪嫌疑人藏匿的赃款、赃物，总是按照这样的行为特征进行隐匿，逃避侦查人员的搜查。例如，犯罪嫌疑人为了转移隐蔽巨额财产，就连平时自己戴的一个大戒指也一并随着其他的财产转移了。办案人员为了获取犯罪嫌疑人转移的赃款赃物，并没有直接让犯罪嫌疑人交出赃款赃物，而是运用行为习惯粘连法，让犯罪嫌疑人交代戒指的下落，那么其他转移的财产也就被粘连出来了。

行为习惯的语言粘连方法是以犯罪嫌疑人的行为习惯为前提的，讯问语言的运用表现在“借找此物粘连他物”，因此讯问的目的是清楚的，这样就要求讯问语言的本身要有粘连性和连续性，要有语言的空间概念。因为“借找的此物”与“他物”的粘连，如果不存在必然性，那么犯罪嫌疑人很快就会告诉你此物的下落。讯问人员需再重新更换“粘连物”，继续追讨。但是如果存在必然性，那么犯罪嫌疑人是不会轻易告诉你该物的下落，讯问活动只有持续追下去。这时讯问人员的语言就是围绕着选定的“粘连物”进行追讨。语言特征表现为关联的单一性，目的是让犯罪嫌疑人围绕着讯问人员设定的内容进行回答，在这双向的语言交流空间里，讯问人员不能留给犯罪嫌疑人思考的空间，当讯问人员向犯罪嫌疑人发出单向的语言信息之后，应仅仅留给犯罪嫌疑人获取信息的时间，尽量缩短犯罪嫌疑人思维的时间，隔离犯罪嫌疑人的联想帮助，因此讯问人员的这种语言必然是：连续的、语义单一的、紧追不舍的语言表述特征。这里讯问的语言必须保持语义的严谨性，只有如此才能控制语言的空间。否则犯罪嫌疑人会运用无赖的语言对策，导致僵局的失败结果。

讯问的语言与日常的社会交往的语言是不同的，虽然其他社会交往同样是以语言表达思维、互相沟通的社会行为，但是当你问起别人某一物品放置在哪里时，可能别人会很乐意地告诉你。讯问活动是在特殊的语境中进行的交流，当你问起犯罪嫌疑人的某一物品放置在哪里的时候，他会联想出很多的问题，而不会轻易地告诉你，更有时甚至会以非常敌意的态度与你发生冲突。所以讯问活动中为了不发生敌意的冲突，导致讯问僵局，就要注意把握对方的心理承受程度，控制好语调，用词得当，声音自然，音量适中，让犯罪嫌疑人无法借题发挥。

（四）行为细节的语言粘连

犯罪行为是由一系列的行为细节组成的，能够暴露犯罪事实的往往是犯罪的行为细节，犯罪嫌疑人在实施了犯罪行为以后，最担心的不是全部犯罪的行为整体，而是犯罪行为的某些细节。因为犯罪行为的细节最容易暴露，这些细节通过上下的联系，就能够把全部的犯罪事实粘连起来。犯罪细节的粘连功能为讯问语言的运用提供了条件。讯问语言根据犯罪行为细节的粘连特征也表现为语言的粘连性。例如，在一起凶杀案件中，凶手在一幼儿园后门不远处的厕所里，用砖头将一名男子砸死后离开了现场。这一男子在路过幼儿园后门时，无意中撞倒了一名儿童，儿童的家长与其发生了冲突，要求将被撞的儿童带往医院检查治疗，可是这位男子不但不予以治疗，还给了儿童家长脸部一拳，逃离了现场，造成这位儿童家长鼻骨骨裂，派出所接到报案后，立即对这名男子进行了调查，经过走访和被害人的指认，派出所传讯了这名男子：

问：你叫什么名字？

答：董于某。

问：是哪里人？

答：本市东门口的。

问：干什么工作的？

答：没有工作，自己做点生意。

问：你为什么撞倒人家的孩子不给治疗还打人呢？

答：他是想敲诈我，我才动手的。

问：他是怎么敲诈你的？

答：他的孩子我只是碰了一下，根本没有伤，他非让我带去检查治疗，不是敲诈是什么？

问：孩子你碰到了没有？

答：碰是碰到了。

问：跌倒了没有？

答：跌倒了。

问：跌倒了就难免会有伤，你不但不承认错误还打人，并且造成被害人鼻骨骨折，你应当对自己的行为负刑事责任！

答：我愿意承担责任，支付医疗费。（近日该派出所与市局刑警队配合，正在侦破发生在幼儿园后门厕所内的凶杀案件，凶手在逃。这两起案件的时间相吻合，是否属一个人所为想借此机会试探一下）

问：你是什么时间碰倒那个小孩子的？

答：那个小孩是从幼儿园的后门出来的，他的爸爸在后面跟着，我没有注意才碰倒了他。

问：你到那里去干什么？

答：我是路过那里。

问：那个时间（17点30分至17点40分）在那个地段发生了一起刑事案件，当时那里没有任何行人，在现场的只有你一个人！

答：不是我。

问：不是你是谁？

答：我不知道。

问：你是在离开现场的时候，因为行走匆忙才撞倒了那个小孩子，当时你在心理紧张恐惧之下，又打了那个孩子的家长，这是客观事实，你是无法否认的。另外，在你作案的现场有你的遗留物，时间、地点、物品都是你的，还有比这样的证据再充足的吗？你无须辩解，现在能够救你的只有你的态度！

答：那我承认了能不能算投案自首？（进入了临界状态）

问：这仍然取决于你的态度！

答：那我说，厕所里的那个人是我打的。

问：用什么打的？

答：用砖头砸的。

问：砸了哪个地方？

答：头部。

问：砸了几下？

答：就砸了两下。

问：为什么下这样的毒手？

答：我欠了他的赌资，他天天逼我要，还说要搞我的儿子，我一气之下就给了他两砖头。

这起案件就是通过相近的时间细节，以点追面，利用点滴的情节“滚雪球”，粘连出全部的犯罪事实。例如，犯罪嫌疑人采取收款不入账的方法侵吞公款，侦查过程中发现了一张没有入账的收据，逼其交出其他的收据，把其他的收据全部追出来，达到以点追面的目的。再有贿赂案件的犯罪行为不是一次受贿就停止的，通过某一次的受贿把其他几次的受贿粘连出来。

运用行为细节的语言粘连方法，应当把握住语言的速度和语言空间的跨度。

语言应当平稳地进行，对细节应当精雕细刻，一点一滴地剥离，粘连成完整的行为过程。运用语言空间的跨度不能太大，应当保持细节与细节之间的属性连接，语言空间的跨度过大，就会形成细节与细节间的脱节，偏离讯问目标。

五、分解经验表现的语言特征

说话总得一句话一句话地说，吃饭也只能一口一口地吃，一口不能吃成胖子，一句话也只能表达一个层面，虽然有的人说一句话有几个含义，但那也是在一个层面下所包含的背景含义，不是多层面的含义。在讯问的活动中让犯罪嫌疑人供述犯罪事实，犯罪嫌疑人不可能一句话就涵盖全部事件发展的全部过程。对多层面的问题，必须要通过分解的途径来解决，这就是人们在实践中处理问题总结出来的“分解经验”方法。语言思维也是通过分解后才表现出来的，如果我们的大脑在进行思考的过程中，同时就几个层面的问题进行讯问，那么它将是思维混乱的语言。只有在单一的一个层面上对问题进行思考，才会有明确的语言，把多个层面问题放在一个层面来思考，必然是杂乱无章的。即便是为了处理多个层面的问题，也应该将其分解开来，一个问题一个问题地解决，这样就会容易和明确得多。

由此可见，我们在针对犯罪嫌疑人的数个犯罪行为或者是针对重大的犯罪事实的时候，一步到位要犯罪嫌疑人交代全部的犯罪事实或者直接指向全部的犯罪行为，让犯罪嫌疑人一次性全部交给你，是不可能的。仅就人的语言思维特征来看，他也无法把那些多层面的东西交给你，更何况交代犯罪事实是对自己不利的行为，趋利避害的行为本能也会阻止他的配合。这种语言思维的分解规律为讯问活动提供了重要的方法，并成为重要的讯问技巧，有着很强的实用性。讯问人员在对犯罪嫌疑人的讯问中，有些案件特别是重大和特大案件，因为社会影响大，对犯罪嫌疑人造成的心理压力也大，如果让犯罪嫌疑人直接承认犯罪事实，其困难也是非常大的，有时根本就不可能。犯罪嫌疑人在作案以后，他知道自己所犯罪行的性质以及自己所要承担的法律后果，在被抓获归案以后，其心理压力是非常大的，尤其是在接受讯问的过程中畏罪的心理压力会随之增加。

讯问的实践告诉我们，犯罪嫌疑人畏罪心理压力越大，犯罪嫌疑人就越不会轻易地交代自己的犯罪事实。同时案件越大情节越严重，犯罪嫌疑人产生的心理压力也就越大，也就越不容易开口。因此在讯问活动中，为了减轻犯罪嫌疑人的供述压力，做到既要让犯罪嫌疑人交代罪行，又要减轻犯罪嫌疑人供述的心理压力，最为有效的方法就是“分解”。例如，强迫妇女卖淫罪，其罪行的核心要件是“强迫”。犯罪嫌疑人对这一点都是非常明白的，所以他们对“强迫”是很敏感的，为了避开“强迫”这个字眼，又能够达到提取“强迫”卖淫的证据，讯问的对策就是把“强迫”这个具有刺激性的字眼分解开来，使之成为“骗、控、奸、吓、打”五个情节，使每个情节看起来都不属于情节严重的罪行，然后把每个情节作为重点讯问的主题，一一落实固定。待上述每一个情节都落实了之后，再把五个情节合并起来，就能完整地证明犯罪嫌疑人强迫妇女卖淫的犯罪事实。

“分解经验”是将数个犯罪行为的案件和某一完整的案件或者某一重、特大案件分解开来，形成单一行为和有着内在联系的案件的片段或者情节，逐步地一个行为、一个片断、一个情节地突破，待这些单一的行为、片断和情节都解决以后，整个案件的事实也就全部解决了。这种方法虽然耗时耗力，但却有利于对整个案件的突破，有利于对犯罪嫌疑人的突破。使之在不太大的心理压力下供述交代犯罪事实。

“分解经验”是根据案件的具体情况来定的，没有统一的模式，它是通过分解的方法来更有效地证明犯罪。有的案件的分解方法是：犯罪嫌疑人有作案时间、去过发案现场、有作案的动机、有作案的工具、犯罪嫌疑人与该案的发生有因果关系、犯罪嫌疑人就是犯罪行为人，即时间、地点、行为、结果。在这些范围内还可以分解，关键是要以有利于案件的突破为前提。例如，某市发生的凶杀案件，被害人王某某，男，48 岁，市某电器公司的总经理，6 月 16 日 19 时在其父亲的一所房子里，被人用锐器刺入心脏，引起失血性休克死亡。经过排查发现该公司医务室的女医生欧某有重大犯罪嫌疑。犯罪嫌疑人欧某有杀人动机，有目击证人证明案发时犯罪嫌疑人欧某去过现场，并且欧某多次编造谎言未去过案发现场，在这起案件中，讯问人员并没有要犯罪嫌疑人直接交代杀人的经过，而是分解了杀人的细节各个击破，最后达到证明犯罪的目的。讯问人员从杀人的动机开始分解，第一步解决的问题是确定犯罪嫌疑人与被害人的特殊关系，犯罪嫌疑人有报复杀人的动机。第二步需要解决的问题是确定犯罪嫌疑人有作案的时间，并且在被害人死亡的时间里犯罪嫌疑人去过杀人现场。针对在调查过程中犯罪嫌疑人说的大量的假话，一一予以揭露，并且用这些细节把她与杀人的犯罪事实联系起来，然后把这些已经分解完成后的情节和片段再组合集中起来，形成一个有力的证据链，再次向犯罪嫌疑人发动攻势，使之交代全部的犯罪事实，最后取得这起疑难杀人案件的讯问成功。

这里应当注意的是，分解经验的语言的目的，是降低犯罪嫌疑人对特殊语境的警惕性，当讯问人员完成了对某一细节和情节的任务时，应当见好就收，不要再赤裸裸地追问，以免引起犯罪嫌疑人的警觉，出现当场翻供的情况。同时赤裸裸地追问容易暴露讯问的意图，在讯问活动中暴露讯问意图就等于在犯罪嫌疑人中间砌了一堵墙。

讯问语言的“分解经验”，第一是对犯罪嫌疑人所实施的犯罪行为特征的分解。分解的方法：由于案件的特点不同，有的案件案值大、影响大、涉及人员和触动的层面较多，在对其进行分解的分析研究中，必须在先吃透案情的情况下，再根据案件情节所指的方向、范围、方法、步骤等进行具体分析，做出周密计划，做好全案的整体布局的分解。（1）在数个犯罪行为的案件中选择近期的进行分解，逐一进行分解突破。（2）在犯罪行为隐蔽比较深的案件上，采取先外后内的分解方法，因为案件的隐蔽程度本身就表现出鲜明的层次性，外围的隐蔽程度与内部核心的隐蔽程度相比，内部核心的隐蔽程度要深得多。因为内部的核心问题与讯问的对象有直接的利害关系，在很多时候内部的核心问题就是讯问对象的犯罪证据，所以内部的核心问题比外围的问题隐蔽得要深，提取的难度要大得多，讯问时不容易一下子接触到最核心、最根本的证据，这就要求讯问人员必须灵活运用分解讯问的谋略，要有耐心地像剥竹笋一样层层深入。（3）根据犯罪行为的暴露程度，把已经暴露的和可能暴露的情况进行分解，把强弱分开，以弱项为“切入点”，侦查破案就是选择犯罪嫌疑人暴露的弱点来提取犯罪证据的。如果不分青红皂白，强弱、先后不分，就有可能给案件的突破带来不必要的麻烦。（4）根据犯罪行为的涉案关系，进行主次分解，把在案件中起次要作用的因素分解出来。在主要的犯罪行为中，分解出次要的行为作为重点目标。（5）在同等的行为情节上，分解出犯罪嫌疑人容易开口的问题或者是能够尽快获取的情节。例如，银行的存款记录、现金往来、汇款的时间地点、工程项目的审批等，这些证据都比较容易取得，犯罪嫌疑人就容易开口。（6）根据犯罪行为的实施时间和对犯罪行为的记忆程度，进行远近分解，由于犯罪嫌疑人多次实施犯罪的特点，按照先近后远的原则进行分解。因为时间越近人的记忆就越强，时间越近证据的真实性就越强，近期发生的案件与远期发生的案件相比较，从证人、证言、物证、书证提取的简易程度来看，近期发生的案件要比远期发生的案件容易得多。

第二是讯问人员的自我分解，进行语言的分解准备。讯问人员的语言思维分解是根据从犯罪嫌疑人那里获取的分解条件，准备有针对性的语言对策，围绕着分解的目标来选择语言的角度。同时也要根据对方可能选择的对抗的语言，做好对抗反应的分解对策，根据逻辑思维的特点，进行多轮次的语言准备，达到能够各个击破的目的。讯问人员的自我分解方法，是把主攻一个方向的语言思维的着力点，分解为攻击数个方向的语言思维着力点，实际上那些被分解出来的“点”，最终都是指向一个犯罪事实，分解击破最终的犯罪事实便会自然暴露。

例如，在讯问贿赂犯罪嫌疑人时，讯问人员选择了外围分解的方法，不去涉及受贿人的直接犯罪行为，把受贿犯罪行为的外围因素提取出来分解：行贿人与受贿人的关系进行分解，找出超常规的行为；受贿人与自己的爱人及亲属的关系，是否知道受贿人的钱的来历，是否有保存赃款的行为；家庭存款与受贿的关系，目标集中在家庭存款的数额与正常收入的对比关系，找出差额的来源；公务行为与客观的交往行为的差异等。例如，某市的城市建设局，在对城市的中心广场进行改造的工程建设中，该局的局长亲自负责这项工程，签订的合同注明先付工程款的 50%，另外 50% 待工程完结后，通过检验合格后付 40%，留 10% 的工程款作为对一年以后的工程质量不出问题的保证金。可是这位局长在全部工程还没有彻底完成时，就把全部的工程款付给了对方。该局长受贿的行为案发后，讯问人员把该局长提前支付工程款的行为，作为外围分解的攻击点，取得了全案的突破。

六、记忆经验反映的语言特征

人的意识是以记忆的储存形成的记忆经验为基础的，从记忆规律的特点来说，对自我个体影响重大的事件感知的记忆比较清楚和牢固，反之就会容易遗忘，一件无所轻重的小事随时都有可能被遗忘。例如，犯罪行为是社会的否定行为，自我个体实施了这种社会否定行为，客观事件与主观认识产生了比较强烈的记忆经验，一旦与此相关的信息出现，这种特定的记忆经验就会积极迅速地再现这种特定的情景。在讯问活动中，讯问人员只要发出了与犯罪嫌疑人实施犯罪相关的信息，犯罪嫌疑人的记忆经验就会让犯罪嫌疑人再现当时的犯罪情形，这是记忆经验对人的意识本能的反映。

关于记忆信息，心理学家们研究认为，信息在头脑中存在双重编码和双重储存系统，即表象编码的信息和语义编码的信息的储存系统。在讯问活动中让犯罪嫌疑人供述自己的犯罪事实，实际上就是提取犯罪嫌疑人对犯罪行为的记忆信息，对犯罪嫌疑人来说是记忆信息的输出，犯罪行为的记忆信息就是犯罪的情景，这种情景大多是以表象编码的信息储存。犯罪嫌疑人对自己犯罪行为信息的提取有两种形式，即再认和回忆。再认是指犯罪的情景或者是相关的材料再次出现，认为是自己熟悉的，能够识别和确认。回忆是过去的犯罪情景的记忆在头脑中的重新复现。这两种形式对犯罪记忆信息的提取都需要一定的外部条件。在实践中犯罪嫌疑人对犯罪行为的信息反映是再认与回忆交叉进行的，信息的提取是根据犯罪行为的信息特点，以信息刺激的系统条件，让犯罪嫌疑人进行记忆痕迹的搜寻，使犯罪的记忆痕迹活跃起来。

活跃起来的犯罪信息仅仅是有了信息提取的条件，没有供述动机是实现不了供述结果的。获取犯罪信息对犯罪嫌疑人来说就是再认的过程，这种再认的过程并不是一个简单的重复过程，它包含了知觉、回忆、联想、比较、认证等一系列的认知活动。当过去的犯罪情景经过反复的回忆和再认，被巩固到了非常精确的程度，而犯罪是社会的否定行为，大量的宣传和相关的信息，经常会刺激犯罪嫌疑人对犯罪情景的记忆，犯罪情景不断地被回忆和再认，一旦相关的情景出现，再认和回忆便能够迅速完成“对号入座”的过程，这一过程几乎是无意识的和自动的，并在极短的时间里完成识别的过程。储存在记忆中的犯罪情景，经过再认和回忆的过程，有两种情况：一种是没有通过或者是无须通过编码的转换过程，就能够获取言语的动机，大脑便指挥发音器把想说的语义内容用语音形式表现出来，形成可感知的外部言语形式，达到再现犯罪情景的供述目的；另外一种情况是经过再认和回忆的过程，需要通过编码的转换过程，在此过程中受到阻碍不能再认或者形成心理矛盾（因为供述了犯罪情景是要受到惩罚的），获得否定的语言。这种否定的语言实际上是心理语言系统控制的结果，是意识对语言表述的阻碍。但是有的时候再认的记忆情景产生的语言动机能够摆脱意识的控制表现出来，这就是我们通常在讯问活动中见到的“无意识中暴露了犯罪痕迹”。这就是“多情”的记忆经验，没有经过编码转换和意识的过滤，完成的直接再认的过程。

在讯问活动中，把记忆经验规律作为讯问的方法，主要是利用犯罪嫌疑人实施犯罪的情景中的某些细节的记忆经验，在犯罪嫌疑人没有警觉的情况下，让其犯罪的记忆经验在讯问人员语言信息的刺激下，通过潜意识的渠道自然地流露出来，真正吐出有悖于谎言的真实的犯罪情景。例如，在古时候有两个人来县衙告状，一个人说另外一个人欠自己十两银子。而另外一个人不承认自己欠对方的银子，并且告诉县衙自己根本就不认识对方，是第一次见到他。于是县衙问原告："你是在什么地方借给他银子的?"答："我是在城边不远的一棵大树下借给他银子的。"县衙说你再去那里一趟，把那棵树上的叶子带两片回来，我把它们当证人问一问，它们会告诉我真实情况的。原告去取树叶走了以后，不承认借银子的人留在了县衙，县衙一边让被告原地等着，一边处理自己的公文，过了一段时间县衙问被告："他现在走到那棵树下没有?"被告回答："依我看还没有走到。"县衙话锋一转："你既然没有去过那里，你怎么会知道?"被告无言以答，只得承认自己赖账的事实。从这里可以看出，记忆经验会如实地反映客观情景，这种记忆经验在很多时候是通过潜意识的渠道表现出来的。

七、阻止经验表现的语言特征

讯问活动是凭借语言和非语言符号系统作为承载信息和连接讯问人员与犯罪嫌疑人彼此之间的语言活动，是通过对抗关系的语言信息交流过程来完成的，这种信息交流有三个要素：信息的传递、接收的主体、信息的内容。交流过程的三个要素对语言的信息交流起着重要作用。讯问活动中的语言信息交流，从信息讯问者开始加工信息到被讯问者对信息处理完毕，要经过四个基本步骤才能完成全过程：一是信息编码，即信息讯问者用通用的或考虑到被讯问者可以理解的符号（语言符号或非语言符号，简称"码"），根据符号编排的规则（语法或使用非语言符号的一般惯例），将选择出来的"码"进行编排、组合（简称"编"）。二是信息解释，即信息发出的讯问者在编码中获得了由代码所表达的信息，并对此代码进行解释性处理，以预测被讯问者能否理解这一代码的信息意义，然后进行编码的调整，直到认为被讯问者能理解为止。三是信息译码，即信息接收的被讯问者受到符号刺激，产生接收"码"的欲望，并在接受"码"的过程中，根据自己的认知、经验，把代码翻译成有含义的信息。四是被讯问者对讯问人员信息的解释，即信息接收的被讯问者在译码中获得有意义的信息，然后，要通过这个信息的意义，理解信息发出者的真实意图、意愿和意思。讯问活动中的信息交流是以对抗的形式存在的，在全部的讯问活动中语言信息交流大多是双向交流过程，接收信息的讯问者在接收完信息后，发出自己的信息，交流的主客体由此转换，信息像滚雪球一样逐渐增多，此为双向交流过程。当然，讯问人员为了达到对犯罪嫌疑人的教育影响作用，有时候也会出现单向交流过程，即交流的主客体不发生转换。但是，无论是双向交流过程还是单向交流过程，讯问人员和被讯问人员发出信息，总是希望这些信息毫不遗漏地被接收信息的人全部接收到，但是在讯问活动中，由于对抗的语境下出现了对抗语言，使得这些信息在传递的过程中遇到各个方面的干扰，被消耗、减少，导致了语言信息的缺损，造成语言信息的交流障碍，引起语言信息交流的失败。

虽然讯问活动是语言信息的交流活动，犯罪嫌疑人也要在这一活动中取得对抗的成功，犯罪嫌疑人提供的对抗性的语言信息如果成功，那么相对而来的就是讯问人员的失败。因此，为了阻止犯罪嫌疑人的对抗行为，干扰其对抗语言信息的传递，破坏犯罪嫌疑人的语言对抗信息，以此强化讯问人员为其设定的信息。讯问活动中对抗性的语言信息交流大多是围绕谎言来进行的，讯问人员的目的是要揭露谎言，而犯罪嫌疑人是要维护谎言，因此犯罪嫌疑人大量的语言是以维护谎言为目的的。如果讯问人员不能立即证明谎言，就会强化犯罪嫌疑人的对抗心理，但是，在很多时候犯罪嫌疑人的谎言无法被立即证明，为了解决这一问题，只有在其谎言没有形成完整的语言的时候迅速予以阻止，进行信息干扰、消耗其谎言的信息量，使谎言中途夭折，以此来破坏犯罪嫌疑人的对抗语言。

在讯问实践中犯罪嫌疑人为了达到维护谎言或者完成某一行为目的，就会积极地通过语言或者行为来实现这一目标，当这一语言或者行为受到外来的信息阻碍的时候，尤其是受到强有力的阻碍时，语言的信息量就会被消耗，语言就会处于暂停状态，当这种暂停状态继续了一段时间之后，再次受到外来的信息阻碍的时候，或者其他的信息出现的时候，犯罪嫌疑人就会放弃对这一目标的实现。除此之外犯罪嫌疑人还会选择一些对自己有利的环节来应付讯问人员的讯问，当犯罪嫌疑人选择的环节和理由讯问人员无法否定的时候，这就强化了犯罪嫌疑人的对抗心理，犯罪嫌疑人的对抗心理越强就越不会供述犯罪事实。与此相反，当犯罪嫌疑人选择的环节和理由被讯问人员否定后，就会削弱犯罪嫌疑人的对抗心理，当起主导作用的对抗心理被削弱直至消失以后，供述的动机也就产生了。这种对犯罪嫌疑人的“环节选择”的否定方法，就是阻止经验。当犯罪嫌疑人利用某个环节为自己开脱的时候，讯问人员应当立即阻止，不能让犯罪嫌疑人把一句完整的话说完，达到“环节选择”的目的，使其处于暂停状态。当这种暂停状态继续了一段时间之后，被讯问人并不甘心就此放弃，他会组织第二次的对抗语言，讯问人员应当控制局面，不要使对抗语言再次出现，当被讯问人无法再次使用这一语言进行表述的时候，就会放弃对这一“环节选择”的目标的实现。一般而言，犯罪嫌疑人对某项概念的辩解，当遭到外来信息的拦截时他就会自动放弃。例如，在讯问初始阶段，讯问人员为了试探犯罪嫌疑人对犯罪行为记忆的心理痕迹的强弱，采取了直接告知的语言：

问：你已经涉嫌犯罪了！

答：你们凭……（立即阻止）

问：我很严肃地跟你讲你已经涉嫌犯罪了！

答：那……（再次阻止）

问：我知道你要说什么！但是已经不起作用了！

答：（不语）……（目的是使犯罪嫌疑人放弃对谎言的维护，强化犯罪事实已暴露的可信度）

上述情况可见，当其辩解的语言信息被干扰和阻碍后，犯罪嫌疑人准备发出的辩解对抗的信息量，就会发生损耗、减少，直到完全丧失，最后只得放弃。

八、联想经验反映的语言特征

联想是生理机制和心理机制结合的产物，它靠大脑中神经元模型的暂时联系去实现，这种联系能力越强，联想的范围也就越大。由此可见联想能力是一种天赋，但没有后天的发展又是不可能实现的，它必须依靠人们所学知识的合理结构和丰富的经验积累，使大脑中储存起众多的神经元模型，才能在联想的时候一闪即出。从联想的特征来看，它是使不同的概念相接近的一种智力活动，通过这种活动来克服两个概念在意义上的距离，把它们连接起来。联想是在两个概念之间进行的，概念要用语言符号去表现，那么联想能力也就突出地表现为词语的联想能力。善于联想既有助于言语表达，能使说出的话想象丰富、含义深刻，又有助于对言语的理解，使听者最大限度地理解对方生动形象的表达，所以联想是交际的双向活动，是言语交际不可缺少的能力和方法之一。联想是概念间相互牵连、相互激发的一种心理现象，是感知或回忆某一事物连带想起其他有关事物的心理过程，它是由于概念在时空中的接近而形成的，是一切心理过程的基本机制。由于任何犯罪过程都是有关人、事、物、时间相互联系相互制约的过程，这种过程是客观的，它通过联想反映在人们的头脑中形成带有规律性的心理活动。根据联想所反映的有关人、事、物、时间相互联系，事物的关系也不同，表现为：对事物发展规律的联想，即根据事物的发展规律和发展方向的联系所形成的。接近联想，即在空间或时间上接近的事物，在表象中容易形成联系，因而容易由一件事情想到另一件事情。对类似联想，即根据事物外部的、表面的特征所引起的联想。对比联想，即根据对比产生的联想，如提到善想到恶，提到天想到地。联想是一种内心的心理活动和心理过程，这种内部的心理活动可以通过人的外部行为和语言反映出来。这就为我们揭示犯罪嫌疑人的内部心理状态和这种心理状态所体现的事物之间的客观联系提供了方法。

在讯问活动中联想能够帮助讯问人员运用讯问的语言技巧使犯罪嫌疑人供述认罪，但同时联想也能够帮助犯罪嫌疑人进行语言的对抗，帮助犯罪嫌疑人摆脱困境。联想无疑是语言信息对抗活动中的能力表现，联想能力突出表现为词语联想能力。善于联想有助于语言的表达和理解，积极地进行联想是一个人富于智慧的表现。无论是在讯问活动中还是在日常的语言交流过程中，大量的语言是用词语联想方法去组织的。词语联想是语言背景中的独特思维方式，通过词语联想方式构成了语言信息反映，是对抗性讯问语言活动的重要条件，没有联想就不可能有对抗性的语言交流活动，因为联想不仅能够帮助语言的词语进行内在的逻辑联系，还给了语言空间的认知条件。因此在以言语交流活动为主要表现的讯问行为中，须具备语言的选择能力、控制能力、反馈能力、创造能力、记忆与联想能力等，这些能力体现了一个人驾驭和使用语言的水平。词语联想能力与人的思维、智力因素有关，职务犯罪嫌疑人的知识文化水平和智商都是比较高的，在讯问活动中最突出的表现是那些智力因素含量高的语言表达，而这种智力因素主要表现为词语联想，讯问虽然是对抗性的语言，但是谁能够充分地驾驭联想，谁就能够有效地运用语言技巧战胜对方。

联想规律不仅仅是为了发现犯罪嫌疑人的心理活动规律，更重要的是利用这一心理规律，达到制服犯罪的目的。在很多时候，讯问人员为了使犯罪嫌疑人形成一种概念，必须依靠犯罪嫌疑人的联想把他再次带入犯罪现场，犯罪现场的面貌、情景，就是依靠联想的帮助来实现的。例如，贪污贿赂犯罪，当讯问人员发出了钱的信息后，犯罪嫌疑人立刻就会联想到当时自己拿钱的情景。

当讯问人员传递的信息是钱的数量和去向的时候，犯罪嫌疑人这时就会联想到存款单上的阿拉伯数字和自己在银行的存款。

案例：某涉嫌受贿的犯罪嫌疑人，在接受讯问时拒不承认自己的犯罪事实，讯问人员为了让大量的犯罪事实占据犯罪嫌疑人的认知空间，充分地发动其联想：

问：现在银行都实行实名存款了，你现在有多少存款？

答：……那些钱是我儿子的。（联想到在银行的存款被发现了）

问：你儿子怎么会有那么多的钱？

答：他在北京工作工资比较高，有时还能弄到外快。（把退路选择在儿子身上）

问：你儿子刚参加工作不久，能有那么多的钱吗？能有那么多合法的外快吗？这么说是你儿子受贿了？

答：不是……

问：钱是怎么到你手里的？（让其联想钱是别人一次次送来的）

答：钱是我儿子从北京带回来的。

问：你儿子一共带回来多少钱？

答：有几十万吧。

问：你银行里的存款可不是这个数字。

答：那是我家里原来的存款积蓄。

问：你的银行存款是多少你清楚，我们也清楚，具体的数额你就不用说了。（强化联想）我只问你一个问题，你的存款为什么不集中在一家银行存储，其他的银行也有你的存款？（加强对犯罪嫌疑人银行存款已经暴露的联想，并且试探银行存款的方向，有多少存款在银行？）

答：主要是为了方便，有的时候走到哪里就在哪里存了。

问：你要那么多的钱干什么用？（我们已经知道了你的存款数额，进一步暗示，促其联想）

答：将来还不是给儿子用吗。

问：你不是说钱是你儿子的吗？根本就不存在是你给的问题！我们不想看到你把责任推到儿子身上，你儿子可没有义务替你承担责任，更不希望因为你而影响你儿子的前途。（让他联想到把事情推给儿子所产生的后果，堵住犯罪嫌疑人的退路）

答：那些存款是我的，不是我儿子的。

问：那你为什么说是你儿子的？

答：（不语）……

问：我们知道你害怕，怕我们问你那么多存款的来源，实际上你不说我们也知道来源，今天找你来的原因，你应该很清楚，我们不是随便找人谈话的，在你的问题上我们已经经过了大量的调查，询问了许多人，可能你也听说了（实际上他不可能听到或者知道我们的调查情况，目的是让其联想那些行贿的人是否有暴露的可能），我们直到今天才找你，不是让你说些什么，而是听听你对自己问题的态度，我们也好拿出处理意见。

答：你们让我考虑一下行吗？

问：我们现在可以这样跟你说，在你的问题上你是一点退路都没有了（不让他去寻找解脱的方法），你应该能够看得出来，这次对调查你的问题我们下了很大的决心，不查个水落石出是绝对不会停止的。（进一步去堵其退路）我们都不希望看到你被从重处罚，你能够认识到自己的问题，以后能够改正不是很好吗？你又不缺吃少穿的，以后千万不要再干这种愚蠢的事情了。

答：那我还是主动说……以后我再也不会干这种事了。

第四节　无声语言的讯问技巧

一、讯问中的无声语言空间

讯问活动是通过语言传递信息的活动，那么语言是传递信息的媒介，语言能够通过声音传递心理行为活动情况。可是在大量的讯问对抗过程中，常常出现无声的空间状态，这是否是作为语言对抗行为的停止呢？例如，讯问人员向犯罪嫌疑人提出一个问题，让犯罪嫌疑人做出回答，可是犯罪嫌疑人并没有张口，而是看了讯问人员一眼，把头转向别处，用鼻子哼了一声，嘴巴一斜，两眼斜视着天花板。这一系列的行为表现说明了什么？说明犯罪嫌疑人没有回答讯问人员的问话吗？不是的！这里犯罪嫌疑人已经用另外的一种方式来回答讯问人员的问题。并且这种回答方式是更深层次的意识表露：强烈的抵触情绪，是一种对抗行为的语言反映。语言学家们将这种形态表现称为“无声语言”。

语言包含有声的语言和无声的语言。很多沟通专家都认为，无声语言即通过体态行为所传递出的信息比有声语言所传递出的信息更真实。讯问活动中无声语言常常在不知不觉中反映出犯罪嫌疑人最真实的感受和最内在的需要与渴求。这是因为有声语言是表达者自觉地、有意识地发出的，它往往存在掩饰和选择，言不由衷的表述是司空见惯的。而无声语言多数是半无意识甚至无意识地显示出来的，因而传递的信息就更为可靠。

由此可见，无声语言能够真实可靠地反映出犯罪嫌疑人的内心世界，是讯问人员充分掌握犯罪嫌疑人真实的心理活动情况的重要条件。无声语言大多是对下意识心理活动的自然流露，无声语言和有声语言组成一个有机的整体，共同反映着人们内心世界的奥秘。在讯问活动中为了揭开犯罪嫌疑人心中的奥秘，就要认真地观察、提取、研究犯罪嫌疑人有声语言和无声语言传递出来的不同的甚至是矛盾的信息，通过分析研究犯罪嫌疑人的无声语言，能及时、准确地洞察其心理活动规律，从而为有效地采取相应的讯问策略提供依据。

无声语言为什么能够真实地反映人们内心世界的奥秘？从语言学家的研究成果来看，语言学的早期研究并未涉及无声语言，实际上无声语言比有声语言要早得多。人们在运用有声语言进行交际的时候，发现了语境和语言时，才意识到无声语言的存在。实际上，语言信息的表达本身就是有声语言与无声语言的有效结合。有些心理学家认为：人们在交际过程中有60%~70%的思想和感情都不是通过有声语言的词语表达出来的，而大量参与交流的是人们的身体形态、脸部表情、行为动作和空间距离。

心理学家对无声语言的生理和心理机制的研究认为：人的动作和表情是有机体对刺激的一种反应。这种刺激有的来源于内部，有的来源于外部。在人受到某种刺激时，就会引起神经冲动，这种神经的冲动沿着传入神经传达到中枢神经，通过中枢神经联系（分析与综合），再经传出神经传达到效应器官（肌肉或腺体）从而引起反应。大脑发出信息指令，神经中枢将指令传到相关的形体发生部位，并指挥和操纵这些部位根据信息指令的要求来构造形体动作并予以表现。据现代神经生理学的研究，人的大脑左半球接受别人的口头语言，即语言信息信号；而大脑的右半球则接受体态语言，即形象信号。当人们在使用有声语言时，推动了接受者大脑左半球的工作（分析与综合），引起了意识反应，同时推动了大脑的右半球也开展工作，出现了思想感情的体态动作。无声语言能够把自己大脑中的信号传播给外界，是因为人体的每一个活动部位，几乎都能传递出不同的信息。无声语言通过人的形态传递信息，也就是说人体的每一个动作，都是一种信息反映。美国的朱利叶斯·法斯特在《体态语言》中论述：“体态语言可以是一个人用身体的全部或一部分做出的任何反射性或非反射性行动，这些行动是用来与外部世界交流情感的信息。”因此我们在讯问活动中所观察到的犯罪嫌疑人的那些似乎莫名其妙的形体动作，实际上就是一种无声语言。

上述情况表明，犯罪嫌疑人的无声语言的信息反映，不是在任何时候、任何区域都有的，犯罪嫌疑人只有在特殊的情况下受到特殊的刺激才会形成。例如，犯罪嫌疑人遇到的不是办案的讯问人员，而是一般普通的与案件的侦查无关的人，那么即便是犯罪嫌疑人也不可能产生与犯罪有关的无声语言。因此，与犯罪有关的无声语言，是在讯问活动的空间里，在讯问人员的信息刺激下产生的，如果讯问人员的信息刺激与讯问活动的空间不对应或者相反，那么犯罪嫌疑人的无声语言，也会是相反的。例如，讯问人员在讯问活动中直接告知犯罪嫌疑人：“现在还没有掌握你的犯罪证据，一切的情况对你都是有利的，司法机关的传唤仅仅是了解情况，如果你不主动交代，司法机关是无法追究你的刑事责任的!”犯罪嫌疑人获取了这样的信息，在这样的信息刺激下，他是不会做出恐惧和紧张的无声语言反映的。因为犯罪嫌疑人所在的空间与犯罪嫌疑人所获取的语言空间的信息刺激相反，犯罪嫌疑人所在的空间是接受讯问的空间，因为自己涉嫌犯罪才会被讯问，讯问的目的没有涉嫌的信息，就不可能有相应的形态反映。

犯罪嫌疑人实施了犯罪行为，必须在相应的语言空间的刺激条件下，才可能有相应的无声语言出现。上述讯问人员的语言背景只是随便地问一问，没有犯罪嫌疑的背景含义，犯罪嫌疑人受到的心理刺激与讯问的空间不相适应，根本就无法做出自己有犯罪行为的形态反映。与此相反，如果讯问人员提供的语言背景是犯罪嫌疑人已经涉嫌犯罪，并且有了（掌握了）有关的犯罪证据，这种信息刺激与讯问的空间相一致，那么，犯罪嫌疑人的心理事实或者是犯罪的心理记忆，才会有与此相连的形态反映。所以讯问人员为了获取犯罪嫌疑人的无声语言，必须把握无声语言的空间，充分准备好相对应的信息材料。这里相对应的信息材料，就是犯罪嫌疑人供述的基本规律和讯问的方法、技巧和谋略。这些方法和技巧已经在其他章节做了专门论述，这里不再赘述。

二、犯罪嫌疑人无声语言的形态反映

犯罪嫌疑人无声语言的形态反映是指通过犯罪嫌疑人的表情或神态以及全

身或身体某个部位的动作传递出的一种特殊的代码，是对外来讯问信息的反映。心理学家莱恩德曾经说过："人们日常的各种习惯行为，实际反映了客观情况与他们性格间的一种特殊的对应变化关系。"无声语言对形态反映具有很强的稳定性，不是可以轻易改变的，这就为我们通过犯罪嫌疑人无声语言的形态洞察其心理活动提供了依据。

（一）无声的面部语言信息反映

人的面部肌肉和皮肤是富于活动性的，当情绪、情感发生时，总要伴随着一定的表情动作。一位德国哲学家说："人们的脸直接反映了他的本质，假如我们被欺骗，未能从对方的脸上看穿别人的本质，被欺骗的原因不是由于对方脸上没有反映出他的本质，而是由于我们自己观察不够。"由此可见，面部表情是人的内在心理活动的外部表现，也是思想情感的外部表现，是一种传递心理活动的媒介。但是人的面部表情既可以说实话也可以说谎话，而且常常在同一时间里既说实话又说谎话。在讯问活动中，犯罪嫌疑人时常利用面部表情，来作为掩饰和伪装其真实思想和犯罪事实的"假面具"。

一般而言，面部表情可提供两类信息：一类是犯罪嫌疑人想让讯问人员知道的信息；另一类则是犯罪嫌疑人想隐瞒的信息。有的面部表情可以帮助犯罪嫌疑人骗人，使讯问人员产生错误的印象和判断，而有的面部表情则一看就知道是假装的。那么怎样才能通过面部表情来发现犯罪嫌疑人的心理活动轨迹呢？从面部表情动作的两重性来看，它既包含了情不自禁下意识，这种表情是生理上的自然反应；也包含了有意控制的表情，这种表情是人为控制的。前者其面部表情是不自觉产生的，因此可以看到对方真实的表情，而后者是人为地加以控制的，从而是以虚假的表情来干扰真实的表情。不过要想通过控制面部表情来隐瞒真实的情绪并不是件容易的事，其面部表情与真实感受之间是难以和谐的，常会被人看出隐瞒的印迹。这是因为，当情绪发生时，生理上所发生的某些变化是自然而然的，而且往往来得极快，人无法加以控制，只能被动地加以感受。如果人为地要隐瞒自己的真实感情的时候，那么其面部表情也会明显地表现出来。例如，在掩饰恐惧的情绪时装出愤怒的样子来，因真实的恐惧所自然产生的面部肌肉动作和因伪装愤怒所控制的面部肌肉动作的变化趋向会发生矛盾或冲突。具体来说，在产生恐惧时眉毛会不自觉地抬起，而在伪装愤怒时却必须将眉毛往下压。但在某些时候，我们不能从表面上去判断对方的原因是：真正的情感和心理活动常常被隐藏在伪装之下，难以识别，所以我们要学会从不同的表情和形态中，探视对方的性格特征和真实意图。

罗曼·罗兰说：“面部表情是多个世纪培养成功的语言，比嘴里讲的更复杂到千百倍的语言。”如失去平衡的表情。如果犯罪嫌疑人的感情很激动，使得他的面部表情失去平衡，你会清楚地看到他的脸上是如何刻画这些变化的。如果对方的心情比较平静，他的面部肌肉就会松弛，而一旦遇到悲哀的事情时，那么他的面部肌肉就会绷直，并且一脸的“哭相”。要知道佯装一种与感情不符的表情，对于一般的人来说，是件非常不容易的事。因为内心的活动，倘若不呈现在脸部的肌肉上，那么人就会显得相当地不自然。讯问过程中犯罪嫌疑人不管如何压抑和控制强烈的对抗心理，如果你仔细观察他的面孔，你会发现他的脸色有不对劲的地方，会出现令人注目的僵直的面孔。例如，对抗心理的外在表现：表情上，脸色呆板、横眉竖目，目光集中、嘴唇紧闭，情绪激动，甚至咬牙切齿，有的犯罪嫌疑人则是情绪压抑、肌肉紧张、动作僵硬。

犯罪嫌疑人从抗审到交罪，总要经历错综复杂的心理过程，这种复杂的心理活动过程，通过脸色的细微变化表现出来。脸色的变化是极其复杂的，再加上眼睛、嘴和面部肌肉的配合，更是细微莫测，虽然如此，我们还是能在这些复杂细微的变化中找到规律。有经验的讯问人员大多采取“少说多看”的办法。一个小小的肌肉变动，应仔细观察、领悟，得出对方的心理活动特点，有针对性地去行动，比盲目地乱讲一通的作用要大得多。人的脸色随时随地都在变化，我们在观察对方的反应时，要注意时间、环境、事件、关键语的变化对脸色变化的影响。犯罪嫌疑人在恐惧的时候脸色发白，激动的时候脸色发红，并且停留在脸部的时间比较长。内心平静其脸部是舒展的，内心有矛盾冲突其脸部表情是不协调的。例如，犯罪嫌疑人动摇心理的外在表现：面部表情上，神态紧张、口干舌燥、双眼无神、眼皮下垂、面部肌肉不协调、坐立不安、下意识动作增多、不断抓衣角、抠手指抓头、弓腰抱头、唉声叹气等。再如，悲观心理的外在表现：面部肌肉松弛，眼角、嘴角下拉，神情呆滞，垂头丧气，松气下沉，全身松弛，有气无力，动作缓慢，摇头叹气，面如灰色，步履沉重。还有恐惧心理的外在表现：面色发白，目光低垂，神情紧张，肌肉抽动，手足无措。

形成面部表情的肌肉是多种多样并且是有区别的。但有些面部肌肉是可靠的测谎依据，同时也是心理活动轨迹的运动表现。因为装出来的表情不可能使其面部肌肉正常地运动；当它们正常运动起来的时候，要想加以控制，也是不太可能的。这些极难人为控制的面部肌肉，只有在人感受到某种情绪的情况下，才会自然地有所动作。比如，某些人虽然不能故意地把嘴角往下拉，但是在觉得悲伤、忧愁的时候，其嘴角却会自动下拉。因为这一类的肌肉难以用意志加以控制，所以情绪心理学家把它称为“可靠肌肉”。“可靠肌肉”的主要活动点是额头。当人们在悲伤、忧愁、焦虑以及产生负罪感时，面部最引人注意的是额头，其余的部分常常没有特殊的表情和动作。由于眉毛的里侧往上拉，常常就牵动上眼皮使之形成三角形，并且在额头中部形成皱纹。有人曾经做过实验，表明可以随意做出这种表情的人不到15%，因而有人即使想装出悲伤、忧愁、焦虑等情绪，也无法有效地牵运这些肌肉，相反，一旦对方真的感到悲伤、忧虑或产生负罪感时，想隐瞒也非常困难。当犯罪嫌疑人在害怕、恐慌、着急、担忧自己的事情败露时，眉毛会奇特地扬起来，这种面部肌肉动作是两类动作的混合结果，也是极难随意做出的。再者，脸上专门有一块肌肉可以把眉毛往下拉，而且是拉在一起，达尔文把它称为“困难肌肉”，一旦遇到困难、危险、难解的问题，搬起重物等，这种肌肉便开始出现了。在讯问时应时刻注意这种肌肉的变化。例如，侥幸心理的外在表现：表情上，貌似轻松自然，实则敏感戒备；动作上，讯问一般问题时，自然放松，触及实质问题时，则动作僵硬。

不说话的嘴传递的无声语言。犯罪嫌疑人的嘴唇颤动，其内心状态是非常激动的，大多是为了否认自己的罪行，为自己或别人的犯罪事实进行狡辩；嘴唇上提，是蔑视或看不起讯问人员，对这种情况采取两个极端的方法，一是给“下马威”，对其震慑，二是用卑谦之词“戴高帽”。嘴唇前伸，表现为询问，说明对方没有弄明白讯问人员提出问题的真正含义；嘴唇上下不住地接触，是在思考，讯问人员在这时就应送上“关键性”语言，让对方的思考顺着讯问人员的思路走；舔嘴唇，这是一种恐惧的表现，这种心理状态是不利于讯问的，因为与恐惧情绪伴随产生的戒备心理带有极强的防御机制，采取强攻难以奏效，讯问人员要及时判断，放慢速度，让其情绪缓和一下，在自由的交谈中发现矛盾；咬嘴唇，是一种猜疑的心理状况，出现这种情况，说明他一定是在关心着什么问题，并且与自己有很大的关系，如果讯问人员没有搞清楚对方关心着什么问题，就不要轻易透露与案情有关的情况，把不该透露的东西告诉了对方，就会给讯问带来不必要的麻烦。

（二）眼睛传递的无声语言信息

会说话的眼睛，被称为心灵的窗户，心理学实验表明，在情态语符号的面部器官中，眼睛是最重要的器官。从解剖学的观点来看，眼睛是大脑的延伸。眼睛是获取信息的主要来源，在人的各种感觉器官所获得的信息总量中，眼睛要占80%以上。所以在讯问中我们可以通过目光接触来洞察犯罪嫌疑人的心理活动，探究犯罪嫌疑人心灵深处的秘密。在大量的讯问实践中，我们通过犯罪嫌疑人的眼睛发现了其心理变化的奥秘。

讯问实践中眼睛的无声语言的信息反映：无罪的嫌疑人内心没有犯罪的记忆经验，没有内心的胆怯反映，眼光会炯炯有神；隐瞒罪行的嫌疑人，心理被犯罪的记忆笼罩着，产生内心的不安，眼神表现会暗淡无光，晦暗生涩；出现了眼神闪烁不定、漂浮游移的情况，不愿注视讯问人员，就可能是撒谎或内心的愧疚；在犯罪嫌疑人心中有愧疚或者隐瞒某些情况时，在被讯问人员注意时会移开视线，更多的时候犯罪嫌疑人的视线是分散的，不集中在讯问人员的身上；激烈的思考和矛盾的斗争，通过瞬息万变的眼神表现出来，是犯罪嫌疑人藏于内心深处复杂思想感情的不自觉的流露，眼睛闪烁不定，反映出精神上的不稳定，这时对手的心理状态是处在交罪和畏罪的矛盾斗争状态。

眼神呆滞，往往用眼睛盯着一个地方看，即便有所移动也显得呆滞，这是由于紧张的心情和思想矛盾而造成的。但是有时大脑在急剧思考时也会使眼睛反应呆滞，这时回答问题处于应付状态，讲话的声音也比较轻，速度也比较慢。讯问时应注意掌握讯问节奏，使用关键性的刺激语言，使其向着积极的方向发展。

犯罪嫌疑人定神关注讯问人员的面部，是因为被讯问人员的某句话引起了共鸣，想继续把这句话听下去。

在听讯问人员问话的时候，犯罪嫌疑人把眼睛眯成一条线的，说明某一件事情引起了他的注意；长时间看某一物品是在思考问题，是犯罪嫌疑人拿不定主意的表露。

斜视讯问人员后快速地移开，说明犯罪嫌疑人在说话的时候很在意讯问人员的反应。

眼睛下垂不敢正视，而又偷看讯问人员的，是想蒙混过关但又有所顾虑，或者是其交代的问题有出入，企图从讯问人员脸上观察自己的意图是否得逞。

眼睛转动较快是一种索求的眼神，这时的犯罪嫌疑人的心理状况多半是猜疑，说明他一定是在关心着什么问题，这个问题与他有着某种关系。如果讯问人员不能及时判断这种情况，可能会把一些不该告诉对方的话，在不知不觉中透露给对方，就会使讯问计划遭到破坏，带来不必要的麻烦。

内心高度紧张能够通过眨眼的速度表现出来，在通常的情况下犯罪嫌疑人的供述与其内心的强烈情感不相称时，眨眼的速度就会变快，说明其内心高度紧张，有可能在撒谎，也可能是表示羞愧或内疚；眨动的次数少甚至凝视不动，表示犯罪嫌疑人正陷于沉思，有的时候犯罪嫌疑人在编造谎言的过程中也会出现凝视不动的状态，或者在急剧恐惧的时候也会出现凝视不动的短时状态。

眼睛忽然睁大是一种激动的表情，犯罪嫌疑人的激动有真激动和假激动两种，即真激动是犯罪嫌疑人为了竭力否认或狡辩而伴随产生的，而假激动则是为了否认和狡辩、纠缠一些次要问题，以达到破坏讯问和搅乱事实真相的目的，应该予以揭穿，严厉打击嚣张气焰。

眼神的选用和变化要有一定的目的，首先要注意眼神注视时间的长短，犯罪嫌疑人注视的时间表达了犯罪嫌疑人的心理状态，犯罪嫌疑人想积极或者充分地表达某一情况，就会用很长的时间来注视着讯问人员；如果犯罪嫌疑人为了避开某一话题，其注视的时间就会非常短。

此外要把握“闭目”这一特殊眼神的运用，这里犯罪嫌疑人的闭目，并非是通常的闭目养神，这里有重要的心理行为，常见的犯罪嫌疑人的闭目是消极对抗的表现。

视线不仅能够把人紧紧联系在一起，视线的空间还能够反映出心理的奥妙变化。在讯问中，如果犯罪嫌疑人内心有什么欲望或情感，必然会表露于他的视线上。例如，犯罪嫌疑人的视线向下的，不仅是思考的表示，也是伤感、悔恨、胆怯、害羞的心理表示；而视线向上，则是沉思、漫不经心、高傲的心理反映；视线不敢接触别人，是心虚的心理表现；目不转睛地注视讯问人员的问话，是对问话的内容比较注意、比较关心。当对方的眼睛始终注视着讯问人员的眼和嘴之间回答问题，说明被讯问人员的心理状况是平静的，漫不经心的。这一情况表明其交代的问题，在他认为不是重要问题；用眼睛注视对方的眼和头顶回答问题，其心理状态是严肃认真的，态度比较坚定。对待这种情况讯问人员应认真地分析对方回答的问题，为下一轮讯问做准备；用眼睛看着讯问人员的眼和胸部之间回答问题，显示出对讯问人员的信任和好感。这是我们讯问得以成功的基础。

讯问活动中讯问人员常常通过犯罪嫌疑人的眼睛注视讯问人员的时间的变化，来判定犯罪嫌疑人的心理活动情况。根据观察，在讯问中犯罪嫌疑人用眼睛注视讯问人员的时间与说话的时间的比例均占全部说话时间的1/3～2/3，如果高于这个平均值，则表明犯罪嫌疑人对涉及的讯问内容是感兴趣的，愿意谈这部分内容。这是什么原因？因为犯罪嫌疑人觉得这部分内容对他利多弊少。如果低于这个平均值，则表示对手隐藏了实情，或有恐惧心理和敌对情绪，他不敢正视讯问人员，此时应设法判断对手隐藏了什么具体实情。由此也能看出犯罪嫌疑人对什么感兴趣对什么不感兴趣，讯问时就能辨别出重点。如果双方注视时间相等，那对手的心情是平静的，说明我们讯问的语言和内容对其刺激的力度不够，这时就要及时改变讯问力度和速度。

眼睛的偏移，眼睛偏移的方向表现为人的大脑的活动情况，当犯罪嫌疑人回忆某些事情时，他的眼睛经常会右移。这就是他的大脑正在刺激记忆中枢的外部表现。当他在思考某事时，他的眼睛会上移或左移，这是他的认知中枢正在活动的反映。讯问人员在讯问一些无关紧要的问题，犯罪嫌疑人需要回忆，需要回想，他的眼睛经常就会右移。当讯问人员的讯问涉及关键问题的时候，犯罪嫌疑人需要权衡利弊，需要找出最恰当的语言来回答，谎言是犯罪嫌疑人常用的语言，制造谎言就需要思考，即带有创造性的思维，他的眼睛就会因此而左移。通常讯问人员会选择几个有关犯罪事实的基本问题，来观察犯罪嫌疑人的反应并且将其与基准行为进行比较，判断他究竟在说真话还是在撒谎。如果讯问人员确定犯罪嫌疑人的反应是在撒谎，那么讯问人员就应当针对犯罪嫌疑人的谎言来准备讯问技巧。

心理学家告诉我们，人内心的隐秘、情感的流露、胸中的奔突，总是自觉不自觉地在不断变幻的眼神中流露出来。还有人说："只要你送我一个眼神，我会知道你想的是什么，你想说什么。"在中国汉语中表达"看"这一意思的词汇就非常丰富：看、瞧、观、望、瞅、溜、扫、视、览、相、盼、顾、张、瞩、眺、瞟、瞪、盯、瞄、眈、窥、睹、睁、眯、眨等。例如，"瞟"，是描述视线的一种脸部表情，虽然这一动作是非常短暂的，但是它实际上已道出了某种思想行为的含义，这通常是偷偷摸摸的人惯用的伎俩，他们想看却又怕被对方逮到，在讯问中学会了观察"眼神"，它就能帮助你看透犯罪嫌疑人心灵深处的奥秘，这是语言本身所无法代替的。

在讯问中与对方的眼神交流时，你务必要懂得双方的这种眼神不是无缘无故随便表现出来的，而是经历复杂的心理反应过程在大脑的支配下，通过他的主观意识的取舍后才注入他的眼睛，出现不同的神态反应。即他们的目光来自这样的渠道：首先是通过自己的眼睛看到对方是什么样的情况，然后表现出自己对对方的态度，同时又用眼睛捕捉对方对自己的态度。如互相正视，表示坦诚；互相瞪视，表示敌意、仇恨；斜着眼扫一下，表示藐视、鄙夷、憎恨、逼视；不住上下打量对方，表示挑衅；低眉偷觑，表示困窘心虚；注目正视，表示尊敬、关注；白他一眼，表示反感；双目大睁或面面相觑，表示吃惊、突然；眼睛眨个不停，表示疑问、思考；眯着眼看表示不高兴或者轻视。目光可以看出对方的内心"密码"，识别真假"心里话"。犯罪嫌疑人紧张心理的外在表现：表情上，脸上肌肉痉挛，面色发白，精神恍惚，两眼无神，不敢正视对方；动作上，坐立不安，频频搓手，身体颤抖。

眉毛的变化与面部情感能够有机地结合起来，是眼睛表达情感的重要帮手，眉毛的变化能够非常细腻地表现人的内心世界。例如，犯罪嫌疑人眉毛紧锁，有时会下意识地抿嘴咬牙，这种表情属于紧张的表情。犯罪嫌疑人的这种紧张情绪是怎样产生的？从常规的情况来看有两种产生的原因：一种是讯问气氛的自然紧张；另一种是说谎，思想矛盾，触及了要害问题。这两种紧张情况通过比较、细心观察才能分清。如果是谎言被戳穿，应趁热打铁，紧追不舍，迫使其丢掉幻想趋于交罪。

眉毛的位置稍稍改变，便可传达出全然不同的意思：一条眉毛扬起，是传统的怀疑信号。两眉扬起，则是惊讶的信号。两眉下垂，是沮丧、悲忧的信号。两眉横展，是愤怒的信号。眉毛上耸，表现出惊恐、惊讶、激动、否定状态。这是受特殊语言环境的刺激而产生的，其表现是竭力否认自己的罪行，为自己或别人的犯罪事实进行狡辩，或为自己受冤屈而辩解，上述的情况还要根据被审人所处的环境和外来信息的程度与整个讯问过程所反映的规律来比较才能确定。眉毛下拉，表现为恐慌、思考，这是在眼的配合下表现出来的。通常谎言被揭穿的瞬间出现这种情况，讯问时应加快讯问速度，不给对方留思考余地。双眉舒展，这是一种轻松的表情，讯问人员与犯罪嫌疑人经过激烈的交锋，犯罪嫌疑人交代了自己的问题，出现的轻松表现。这里应该注意两个要素：一是必须经过紧张的交锋；二是犯罪嫌疑人交代了自己的罪行，两者缺一不可。这是从心理学角度来分析的，但是犯罪嫌疑人究竟交代的彻底程度如何，还要具体分析面部肌肉的放松程度和血色的正常程度以及姿势恢复自然的程度。双眉微皱，是一种不满的情绪表现，在正常情况下，被审人认为处理不公正，对其人格不尊重，正当要求没有得到满足。这种情绪发展下去便是对抗情绪。看到这种情况讯问人员应主动控制这种情绪的变化。不满的表情是与满意的表情相对的，它是人们在接受刺激过程中的否定态度。由于否定态度存在，会使人们出现暂时的拒绝接受外界刺激现象，如果在预审中，被审人出现不满情绪，那么这时讯问人员的教育和讯问对其就没有多大的效果了。

因此，作为一名优秀的讯问人员，必须能够在讯问的整个过程中，主动控制犯罪嫌疑人的情绪变化，避免对立情绪、不满情绪的出现。当然有时犯罪嫌疑人出现不满情绪，不一定就是讯问人员造成的，也可能是自身的畏罪心理造成的。一个经常情绪不佳的人会不时地皱眉头，一个富有冒犯性的人，其脑袋总是向前伸出。不同的心理状态所引起的体态动作能变成一个人习惯的姿态，这种姿态反过来又能强化这种心理状态。

（三）形态动作的无声语言信息

人的形态动作是受其心理意识支配的，其特点包括有意识支配和无意识支配两种。当形态动作受其心理活动有意识支配时，其身体动作反映的心理活动易被认识、能够被感受。可是当体态动作受心理活动无意识支配时，往往不易知晓和察觉，是不容易被感受的。弗洛伊德学说认为：没人能保守他的秘密，虽然他的嘴巴保持沉默，但他的手指却在喋喋不休地说着，他的每一个毛孔都渗出他的背叛。要了解说话人的深层心理，即无意识领域，单凭语言是不可靠的，因为人类语言所传达的意识大多属理性层面，经过加工整理后表达出来的语言，往往不能直率地表达一个人的真正意向，这就是所谓的“言不由衷”。其原因就在于：当体态动作受心理活动无意识支配时，是不容易被感受的。正因如此，无意识表现的身体动作，能泄露心理活动的真实性。我们通常在讯问中发现，尽管犯罪嫌疑人嘴里不说，但其形态动作已经表现了出来。犯罪嫌疑人通过下意识的形态表现出的无声语言，为讯问人员深入了解犯罪嫌疑人的心理行为提供了可靠的条件，犯罪嫌疑人无声语言的形态表现有以下几种：

1. 头部形态变化的无声语言

从犯罪嫌疑人头部的形态变化来看，头向后微仰、两眼半闭，这是一种优势心理的信号，这时讯问人员就应迅速摸清对方定势心理的活动脉搏，打乱对方的定势心理防线，在一时找不准对方的定势心理时，采取迂回的方法，找出弱点，予以攻击。与此相反，头向前微低，两眼微上视，这是一种胆怯的心理表现。讯问人员应当抓住其胆怯的根源，传递出开导性语言信息，帮助犯罪嫌疑人放下包袱，促使犯罪嫌疑人交代。

歪头，将头从一侧倾斜到另一侧，这表明对方对讯问人员提的问题产生了某种兴趣，这时继续引导就有让对方交罪的可能。

摇头的形态变化。在讯问活动中的双向语言交流的空间，犯罪嫌疑人出现了摇头的形态变化。这种动作有时不仅代表反对，还常常是对方心理活动的外部反映，经过激烈的心理斗争，持反对态度，摇头便是下意识的反应，如果没有好的方法一举拿下时，应注意改变讯问的速度，因为这个时候犯罪嫌疑人在进行激烈的思想斗争，对外来信息吸收得少，因此对方在思考时就要放慢速度，才能够把每一个信息完整地传递给犯罪嫌疑人。

点头的形态变化。点头一般是表示赞同，点头动作的快慢、强弱，表示赞同的程度。频频点头，是犯罪嫌疑人为了保持这种对话状态的继续，因为在双向语言交流的空间，因有声语言的中途停止会给犯罪嫌疑人造成心理的不安，所以犯罪嫌疑人会一直通过频频点头来保持与讯问人员的交流状况。有的时候由于犯罪嫌疑人的联想活动，犯罪嫌疑人既要思考问题，又要维护当前的交流状态，常常会出现不注意时机的胡乱点头。在犯罪嫌疑人矛盾心理的作用下，犯罪嫌疑人常常会出现点头时眼睛东张西望，或者一边点头一边望着天花板或者地面，讯问中如果犯罪嫌疑人出现了这种形态，说明他有可能在编造谎言。犯罪嫌疑人伸头仰脖子，心理表现为自负高傲，有很强的对抗心理和侥幸心理。脖子缩着的，表现为恐惧心理。犯罪嫌疑人对与讯问人员的语言信息交流，能不断地表示点头赞同，这就是讯问成功的基础，讯问人员需要继续抓住对方的心理脉搏，促进供述动机的产生。

2. 双臂交叉形态的无声语言

双臂交叉在胸前的姿势后面的无声语言，是一种防御式的心理对抗表现，也是一种预防信号，他告诉讯问人员自己已经做好了心理准备。同时也反映了犯罪嫌疑人消极态度的存在，当犯罪嫌疑人听到他不喜欢或对他有威胁性的讯问时，就会将双臂交叉起来。如果对方将双臂紧紧地交叉在胸前，而且双手紧握，这就暗示一种很强的抗拒心理。如果稍微变换上述的手势，手掌放开，双臂交叉并且手握住两只胳膊，这就告诉我们他是不会轻易交代的。这种情况说明讯问人员的讯问方法不对路，应改变讯问方法。

3. 手指形态的无声语言

古罗马政治家西塞罗则更加明确地指出："一切心理活动都伴有指手画脚等动作。手势恰如人的一种语言，这种语言甚至连最野蛮的人都能认识。"十指交叉，在讯问的对抗过程中这是一种焦虑、沮丧的心理反应，有时也是敌对情绪的反映，一旦紧紧交叉的十指自动打开，心理上开始缓和，就可以再进一步讯问了。

塔尖式手势，这种手势显示了高傲的心理状态，由于客观条件产生的某种优势支持了犯罪嫌疑人的抗拒心理。讯问人员要立即消除这种心理状态，因为这种心理状态不利于我们的讯问。

双手插兜拇指伸出，这是一种自负的心理信号，这种手势同人的性格和社会地位有着一定的关系。从性格上来看，这是属于外向型，自认为有社会地位，有钱或有势表现出来的高傲态度。讯问时应注意张弛结合，利用矛盾揭露谎言、攻其锐气，同时还可采取动之以情、以柔克刚的方法。

4. 手部动作的无声语言

手的动作能自然地反映出内心的感情，讯问活动中能够通过犯罪嫌疑人的手势动作，来发现其内心及其情绪的变化。在语言的交流空间里，犯罪嫌疑人忽然用手搓后脖颈，是一种自行谴责的信号，这说明讯问人员发出的信息起到了作用；不断地搓手掌，常常是犯罪嫌疑人对结局的一种急切期待心理。犯罪嫌疑人对讯问人员提出了某些问题或发出的某种信息，急切想找到答案。讯问人员看到这种手势，应注意控制不该说的话，防止对方摸底；犯罪嫌疑人为了隐瞒或编造谎言时，其手势动作变化常常表现为：以手摸、捏、揉鼻子，或者轻轻地来回摩擦，以掩饰心中的不安；用手摸或者几只手指遮嘴，进行自我心理掩饰的表现；用手摩擦眼睛，是不想看到说谎引起对方的反应，还有的迅速躲开讯问人员的目光，避免与讯问人员的视线相遇；有的用手护嘴假咳嗽来掩饰自己的谎言；有的用手搔脖子，用手指搔抓耳部下方或脖子一侧——抓耳挠腮，这种形态表现犯罪嫌疑人的供述与事实可能不符。

5. 腿部形态的无声语言

潜意识活动最容易从腿部表露出来，在讯问的过程中，当犯罪嫌疑人焦虑不安的时候，便会出现轻轻地摇动或抖动腿部的形态焦虑。而频频移动双腿的犯罪嫌疑人，则说明其内心紧张或烦躁不安。通常双腿底位交叉、双脚相别，这是一种控制消极思维外流、控制紧张情绪和恐惧心理的姿势，通常还把紧握的双拳放在膝盖上，或用手紧紧抓住椅子的扶手，这时讯问人员应消除对方的紧张，采取“自由交谈”，利用有效的证据，使其坦白交代；摇足抖腿，这种动作表现为焦躁不安、不耐烦或是为了摆脱紧张感，讯问人员应注意对方出现这种动作的原因，一般说谎时经常也会有这种形态表现；大腿交叉、小腿相别，这一动作表明对方虽然认真倾听，神态庄重，但他“入耳”并没有“入心”，根据正常的心理状态，对方此时在想着与自己利害关系比较大的问题或者想到的是交代后的犯罪后果将会给自己带来什么样的结局和今后的退路问题，这时讯问人员应注意使用引导性的语言。

腿是较差的信息交流部位，但腿能更真实地反映出犯罪嫌疑人的心理活动：两腿分开，这是一种开放、放松的形态表现，说明犯罪嫌疑人心理比较稳定且自信；两腿交叉，这是一种防御心理的形态表现，表现为扭捏、胆怯，女性表现的比较多；两腿并拢，这是一种防卫心理表现，是犯罪嫌疑人处于紧张的心理状态下出现的腿部形态反映。

6. 脚部形态的无声语言

脚部动作反映相对来说是比较小的，可以说是一个人身上最差的信息交流部位，但是它能够非常真实地反映人的心理行为。例如，人在生气的时候“气得直跺脚”。心理学家认为在人的身上，信息系统最丰富的是人的头部和手，因为它们的机体感觉区的投射面积比较大，接收的信息也比较快。而脚接收到大脑的信息时间长，潜意识引发的变化也就相对少，也正因如此，脚能真实地反映出犯罪嫌疑人的心理活动。很多犯罪嫌疑人在恐惧紧张的时候，就会出现双脚回收的动作；当犯罪嫌疑人意识到某些情况对自己不利的时候，会用脚尖用力地顶地。脚尖表示人的运动方向，一个人脚尖的方向是他感兴趣的方向，一个人往什么地方去，首先是脚尖指出去的方向，例如，写字楼的电梯是分单双号的，在等电梯的时候，有些人站在两个电梯的中间，而脚尖却指向其中的一个电梯，说明他已经准备上那个电梯。讯问时如果犯罪嫌疑人的脚尖指向你，说明暂时还愿意与你谈问题，如果脚尖立起，或脚尖指向别处，那就是对讯问人员不感兴趣的信号。

7. 坐姿变化的无声语言

讯问活动中大量的时间是犯罪嫌疑人在座位上接受讯问的，虽然犯罪嫌疑人的坐姿是静态的表现，但它同样能反映犯罪嫌疑人的心理行为。坐姿根据对方的心理特点不同，其表现也是不相同的，可以说是千奇百怪、丰富多彩。尽管有时讯问人员要求被讯问人员正坐，但有时随着被审对象的心理变化，会下意识地引起坐姿的变化。不同的坐姿又反映出不同的心理状态，讯问中当犯罪嫌疑人内心紧张、不安时，表明讯问人员的问话击中了要害，引起了他的关注，其身体前倾坐在椅子的前半部；当犯罪嫌疑人心理平静、松懈的时候，就会坐在椅子的后半部，表现出伸足、靠椅的轻松坐姿；攻击性比较强的犯罪嫌疑人的坐姿直立，这种坐姿表明其拒供心理较强，一般是那些孤注一掷者的表现；坐姿后仰则表明犯罪嫌疑人定势心理比较强、侥幸心理严重；坐姿端正，表示庄重、严肃、认真，愿意接受讯问人员传递的信息；侧身而坐，表示一种抗拒心理，很多时候是对司法机关进行的侦查不服，认为是有意跟自己过不去而表现出来的对立情绪。

在讯问中经常发现被审对象将左腿交叠在右腿上，双手交叉放在左腿跟两侧，这类人此时带有很强的优势心理和自信心。另一种坐姿是将两腿和两脚的后跟紧紧地并拢，双手放于两膝盖上端端正正，这时被审对象的心理大多是顺从状态，愿意接受讯问人员的信息。相反两腿和两脚的后跟紧紧地并拢靠在一起，双手交叉放于大腿两侧，属于反感、厌烦、不愿接受信息的心理状态。还有一种坐姿，忽然将两腿的距离分开，两只手没有固定的搁放处，其心理活动处于激动的状态。与其相反，当对方自然将身体半躺而坐，双手自然下垂于两腿之间，其心理活动则是平静的。

在对犯罪嫌疑人进行讯问时，首先进入讯问室的应该是讯问人员，而被审对象多数在其后进入讯问室，当被审对象向椅子上坐下的一瞬间的动作能反映出其此时此刻的心理状态。当被审对象进入讯问室猛然坐下，表现出极端随意的态度时，其实内心深处隐藏着极大的不安。这是由于人不愿被对方识破自己心情的抑制心理，尤其面对讯问。舒适而深深坐入椅内的则表现出有很强的心理优势。还有些人小心翼翼地坐在椅子的前半部，其心理状态是紧张的。而当这种坐态逐渐向后移位，变成身体靠在椅背，两腿伸出的姿势，其心理状态是平静的。心理学家认为，坐着的人必然在潜意识中想着立即可站起来的姿势，心理学上称它为“觉醒水准”的高度状态，随着紧张的解除，该“觉醒水准”也会因此降低，这就是上述的原因所在。

以上是通过看人体动作的不同变化，判断其对手的内心世界，这就要求讯问人员集中思想注意观察，不放过对手细微的形体变化，掌握讯问的主动权。

（四）“哭”“笑”的空间语言信息

1. 哭的空间语言信息

哭是人类心理情绪的表露，是表达人类感情的一种方式。常常有人受了某种委屈，表现为悲诉状呜咽；有人因恐惧而发出低声抽泣；也有遭受创伤而表现的疼痛之哭；还有失去亲友的悲哀之哭。哭，首先是不愉快的情绪表现，从心理行为的角度去分析，流眼泪有心理和生理之分，美国生物学家弗雷的研究结果表明，人在悲痛时流的眼泪和伤风感冒及风沙入眼时流的眼泪，其化学成分是不同的。有些人无论心理是否悲伤都能够以泪洗面，哭号连天，这是假哭。这种假哭当然是为了获得某种目的。无论是内心极度痛苦做出的外在流露和伤风感冒及风沙入眼时流的眼泪，还是假哭的伪装，其最根本的问题是：哭对人的心理有保护作用，可达到伪装自己的目的。同时哭也常常是发泄悲伤的自我表现方法，作为一种发泄，人哭后可能心情会畅快些，达到缓解情绪的目的。

在讯问活动中，也会遇到犯罪嫌疑人哭诉的情况。例如，前些时候检察机关在讯问一位渎职犯罪嫌疑人时，犯罪嫌疑人掌管着某市的经济大权，因为自己严重不负责任，违反国家的有关规定，造成了5000万元的国家财产损失。这仅仅是案件的表面情况，在该案的更深层次里是否还有权钱交易，是讯问的主要攻击目标。在讯问的一开始犯罪嫌疑人就千方百计地为自己的渎职犯罪开脱，不仅把自己给国家造成5000万元损失的责任推得一干二净，而且对自己为什么会给国家造成5000万元损失的原因只字不提。讯问人员针对犯罪嫌疑人防卫的核心问题没有展开直接进攻，而是把外围的财产情况作为主攻目标。根据外围了解的情况，犯罪嫌疑人在两年内购置了三套住房，分别给两个儿子每人一套，自己一套。两个儿子都是刚刚参加工作的公务员，是不可能有现钱购置大面积住宅的。就在讯问人员追问犯罪嫌疑人三套住房来源的时候，犯罪嫌疑人足足顶了3个多小时，最后在实在不能自圆其说的情况下，忽然放声大哭，哭诉自己不应该干这种事情，对不起自己的爱人，对不起自己的家庭，更对不起自己几十年的辛苦业绩，晚年没有守住清贫，伸出了犯罪的手，导致了国家的巨大损失。这里犯罪嫌疑人的哭是对自己行为的悔恨，积聚的悔恨爆发出来以后，犯罪的行为也就跟着被述说了出来。

讯问活动中犯罪嫌疑人哭的表现是非常丰富的，有的是真哭，有的是假哭。痛哭流涕地故意装着可怜状，以博取他人的同情心，动摇讯问人员的信心，试探讯问人员对案件的熟知程度，打探讯问人员所掌握证据的多少。有的哭诉自己是被冤枉的，要求尽快查清案件，这些是许多人基于侥幸心理的假哭。讯问人员不能为犯罪嫌疑人表现的可怜相所动摇，一定要坚定信心，有一定的证据证明事情是他做的，这是不会错的，相信自己手中的证据。对有重大嫌疑的虽然证据无力，但是也应当相信自己的感觉，不能随着犯罪嫌疑人的眼泪而动摇，到任何时候信心都不能改变，要加大讯问的力度，表现出坚定的信心。在讯问的实践中还表现为对自己犯罪行为后果的恐惧的哭，这是畏罪心理极度严重的表现；还有对犯罪行为后果发生的悔恨悲伤的哭，表明其有严重的悔罪心理；再有是经过讯问人员的劝导，放下了包袱，思想上认识到自己犯罪的根源，得到了讯问人员的理解，内心感动的哭，这是讯问成功的最佳状态。

2. 笑的空间语言信息

在无声的语言空间里，形态语言占有重要的位置，形态语言能够提供人的思维信息，笑就是人们表现情感的形态语言。在人们的交流活动中，可以通过对方的笑，了解对方的心理活动，笑是人类的一种本能反应，是人类面部表情最主要的表现形式。在讯问活动中笑有时也成了犯罪嫌疑人反讯问的一种独特手段。例如，检察机关在对一名高级干部的情妇进行讯问时，这位高级干部的情妇不仅涉嫌共同受贿犯罪，而且还打着这位高级干部的名义进行索贿。在对其讯问的过程中，无论讯问人员提出什么样的问题，只要自己不想回答或者不能回答，就以无声的笑来回答讯问人员的提问。结果两个回合没到，讯问人员就被她笑“毛”了，这位犯罪嫌疑人用笑的方法激怒了讯问人员，这时这位讯问人员实在按捺不住心头的怒火，向犯罪嫌疑人训斥：为什么笑！可是犯罪嫌疑人的反应还是在笑。讯问人员出于无奈，只得草草收场，讯问以失败而告终。犯罪嫌疑人就是以这样莫名其妙的强笑，打败了讯问人员。

其实，上述犯罪嫌疑人的强笑，包含着许多心理行为，这种心理行为就是犯罪嫌疑人对讯问人员讯问的心理反应，讯问人员提供的不同信息，犯罪嫌疑人做出笑的反应。在讯问活动中犯罪嫌疑人做出笑的反应多达几十种：皮笑肉不笑、嘲讽的笑、歉意的笑、自嘲的笑、阴险的笑、无奈的笑、神秘的笑、愉快的笑等。笑是无声的语言，隐藏着丰富的心理活动，从犯罪嫌疑人笑的神态看，常见的笑有：“假笑”，这种假笑由于缺乏真实的感情，神情表现勉强，整个面部连动的肌肉干巴、病态，可以说是挤出来的笑。因为假笑所牵动的肌肉直接连动了嘴的肌肉，无法使眼睛发生变化，笑是通过眼睛表现信息的，眼睛与嘴巴之间不协调，是因为眼睛没有笑，这主要是缺乏真实情感的内在激励。假笑来得快，去得慢，保持的时间长，散去的形态不规则不协调。“偷笑”，犯罪嫌疑人在编造谎言的过程中，被讯问人员确信无疑，给讯问人员设置了障碍，为了庆贺谎言的成功而偷笑。“奉承的笑”，犯罪嫌疑人为了讨好讯问人员，掩盖自己的犯罪行为，表现出来的迎合、赞同、阿谀奉承。“放荡的笑”，犯罪事实已经被发现，内心极度地恐慌，以笑来掩盖歇斯底里的心态，反映出勉强和拒绝、愤怒和烦恼，甚至还可能潜藏着不可告人的阴谋，虽然表现为无所谓的态度，但是不排除“笑里藏刀”。

有的时候犯罪嫌疑人并不一定那么想笑，许多情况下的笑已经不大具有真正的意义，但是犯罪嫌疑人仍然以微笑来掩盖心理的紧张和恐惧。

三、讯问人员无声语言空间的把握与控制

讯问人员与犯罪嫌疑人共同活动在一个语言空间，除了有声语言之外，无声语言对信息的传递、刺激起到了重要的作用，无声语言的传递产生了相互的影响、相互的刺激，比有声语言更大、更广泛、更真实。在讯问室，讯问人员进入了犯罪嫌疑人所在的同一空间，就能够肯定讯问人员的执法地位，给犯罪嫌疑人造成紧张、不安、恐惧等心理负担。反之，则不会有此反应。所以，讯问人员必须重视对无声语言的把握，才能把握犯罪嫌疑人的心理脉搏，有效获取犯罪嫌疑人的真实供述。

（一）“势力范围”空间

当一个人以自我为中心，并向四周扩张时，便形成了一个蛋形的心理防御空间，这就是人体存在所形成的每个个体的“势力范围”，这一空间一旦被其他人侵入，他就会紧张、警戒甚至反抗。越是陌生的人，彼此之间心理距离越远。专家研究发现，每一个人都有一种心理上的“警觉”，即人的警觉心理越强其心理防御空间距离也就越大，反之，则心理防御空间距离就会逐渐缩小。

人对空间的感知是非常敏感的。例如，一名学生独自在某个空间里看书，别人无意坐在了他的近处，他就会感觉到不舒服，感觉到空间被别人侵犯了，只想让别人离开，在别人不能离开的时候，自己就会设法离开以更换为不被侵犯的空间。空间有现在的和过去的，有心理的和客观存在的，讯问室里的空间就是客观存在的，讯问人员不断地改变空间的位置，能够有效地促进犯罪嫌疑人情绪的变化。因为在讯问活动中，讯问人员和犯罪嫌疑人之间的相互交流具有对抗性，因此他们之间的心理距离比较大。讯问人员有意识地侵入犯罪嫌疑人的“势力范围”，一定会引起犯罪嫌疑人的不安，使其产生一种“压迫感”“威胁感”。当讯问人员走向犯罪嫌疑人的背后时，就会引起犯罪嫌疑人的恐惧感，我们把这种空间称为恐惧空间；当讯问人员走向犯罪嫌疑人的侧面时，就会引起犯罪嫌疑人的亲近感，我们将其称为情感空间；当讯问人员走下讯问台，

走向犯罪嫌疑人正面时，会引起犯罪嫌疑人理智的反应，我们将其称为理智空间。

另外，根据犯罪嫌疑人在实施犯罪以后的记忆经验，犯罪嫌疑人对犯罪情景也有很强的空间感。犯罪情景所涉及的空间条件与犯罪嫌疑人的感知，有着密切的关系，当犯罪情景所涉及的空间没有被讯问人员涉入，那么犯罪嫌疑人的感知是安全的、平静的。相反，如果讯问人员不同程度地涉入了犯罪情景的空间，那么他的安全感就会被削弱，恐惧感就会增强。犯罪情景的空间在犯罪嫌疑人的感知记忆中，被分成若干个相互联系的小空间，当每一个小空间没有被侵犯的时候，其整体空间是安全的，但是，当无论哪一个小空间被侵犯、被涉入的时候，其整体空间的安全感就会被削弱，当犯罪嫌疑人处在的某个小空间被侵犯时，就会积极地设法挽救，进行修补。在讯问过程中，讯问人员抓住犯罪嫌疑人的某个犯罪细节进行攻击的时候，犯罪嫌疑人的辩解就是这种修补的行为表现。在很多时候讯问人员为了阻止犯罪嫌疑人对小空间的修复，采取“关门落锁、堵其退路”的方法。

有的学者把人体范围空间加以分解，得出四种截然不同的区域：（1）亲密距离；（2）个人距离；（3）社交距离；（4）公共距离。讯问室里的人体空间范围是特殊的空间区域，也是个人的空间距离，当讯问人员朝犯罪嫌疑人走得太近时，他就会做出过激的反应，仿佛讯问人员就是“危险对象”。因此讯问人员在对犯罪嫌疑人讯问时，常常就利用了这一原理。为了充分利用空间，在一句话问完之后，马上走出讯问台，靠近犯罪嫌疑人，站在犯罪嫌疑人的面前，就会给犯罪嫌疑人造成一种压力和不安之感，从而能起到迫使其如实供述的作用。因为当一个人的空间范围被削弱、被侵入时，他的自信也就会变得更软弱无力。所以讯问人员对犯罪嫌疑人身体空间的侵犯，可以帮助讯问人员瓦解犯罪嫌疑人的对抗。

这种近距离讯问法，就是一种心理战术，要求讯问人员应当靠近犯罪嫌疑人坐下，在他们之间不能有桌子或其他障碍物，任何一种障碍物都会给犯罪嫌疑人带来一定程度的依靠和自信。讯问室里的讯问台和犯罪嫌疑人坐的椅子，虽然是相对稳定不动的，但是讯问人员可以改变这种空间，走近犯罪嫌疑人进入其个人空间。一个优秀的讯问人员除应具有娴熟的讯问技巧外，还必须善于使用自己的形态语言空间，促使犯罪嫌疑人的供述心理发生变化，达到讯问的目的。

讯问室内的无声语言空间，就是讯问人员的战场，讯问人员要运用各种形式的体态语，充分利用无声语言空间的作用，这种无声语言空间的作用是有声语言无法替代的。无声语言空间的作用首先是讯问人员的形象，犯罪嫌疑人最先反应的是讯问人员的外表形象。如果讯问人员给犯罪嫌疑人的第一印象反应是威严刚毅、机智敏锐、思维清晰、衣着整齐、体态端庄，这就能够使犯罪嫌疑人对讯问人员产生一种敬畏之感，就能给犯罪嫌疑人造成一种心理压力，让犯罪嫌疑人感到你是一个训练有素的职业的讯问人员。如果讯问人员不修边幅、衣着邋遢、敞胸露怀，这就会引起犯罪嫌疑人的蔑视。其次是讯问人员的精神状态是否饱满，饱满的精神状态带有很强的攻击力，对犯罪嫌疑人的心理能够产生一种强大的威慑力。最后是作为法律的代言人，要客观公正地树立自己的形象，尊重犯罪嫌疑人的人格，取得犯罪嫌疑人的信赖。

（二）形态语言的自我把握与控制

形态语言是通过人的身体姿态传递信息的一种无声语言，讯问活动中讯问人员的形态表现直接会对犯罪嫌疑人产生影响，讯问人员的形态变化随时随地都能够发出非常明确的信息，对犯罪嫌疑人产生强烈的心理影响。

首先，讯问人员坐的形态。讯问活动中坐的形态比较多，讯问人员大量的时间是在座位上讯问犯罪嫌疑人，因而必须注意正确使用坐姿，才能传递出正确的信息，满足对犯罪嫌疑人的心理影响。

端正坐姿，能够传递出庄重、严肃、认真的信息，使犯罪嫌疑人获取心理威慑的信息反应。但是应当注意这种端正坐姿容易产生视线冲突，造成对峙状态。

前倾的坐姿，表示对犯罪嫌疑人回答问题的兴趣，身体前倾不仅拉近讯问双方之间的心理距离，而且还告诉了犯罪嫌疑人愿意谈这方面的内容，也反映了一种强调语言的力量。在开导犯罪嫌疑人的时候坐姿前倾能够体现出关心、帮助、理解、真诚、可靠的情感。这里应当注意的是前倾的幅度不能过大，前倾的形态幅度过大容易给对方造成压迫感，产生心理紧张状态。

后倾的坐姿，这是一种消极不信任的形态反映，这种坐姿所传递的信息是不屑一顾，并且有轻视对方的成分，容易引起对方的反感。但是这种坐姿应当有选择地使用，在对方说谎的时候，运用这种姿态能够达到否定的效果，还有在表示不赞成的时候使用，能够达到强化否定的效果。

侧身斜坐，是一种放松、随便、平和的形态表现，易激发亲切感、爱护感，有利于缓解紧张气氛，对劝导犯罪嫌疑人有积极的作用。但是这样的坐姿容易产生轻浮的感觉，不利于对犯罪嫌疑人的心理震慑。

其次，讯问人员的站立形态。虽然在讯问活动中以坐姿为主，但是在很多时候需要讯问人员站立起来，在讯问室内来回走动，以此强化讯问室的空间气氛。因此讯问人员的走动、站立的姿势，又创建了一个新的无声语言空间，直接影响到犯罪嫌疑人的心理反应。讯问人员稳健、镇定、自信的站立姿势，能显示出讯问人员胸有成竹、具有控制和驾驭对方的能力。如果讯问人员走动、站立的姿势轻浮，则表明讯问人员心理无底、情绪激动烦躁，相反强化了犯罪嫌疑人的对抗心理，导致讯问的失败。因此，讯问中要尽量注意走动、站立的姿势，保持稳健、镇定、自信的站立姿势，尽量不要频繁地来回走动，忽起忽坐，这样容易分散犯罪嫌疑人的注意力，产生对新建空间的错觉，仿佛是讯问人员急躁不安。

这里讯问人员的站立要端正自然、目光正视、视线不要离开犯罪嫌疑人的身体空间，面部表情严肃端庄，让犯罪嫌疑人看到讯问人员身上的信念和威严，在犯罪嫌疑人的心理上形成一种态势。切忌讯问人员哈腰塌背、精神不振、目光松散呆滞，让犯罪嫌疑人一眼就能够看出讯问人员疲惫不堪、萎靡不振、信心缺乏、丧失了攻击力，这样的讯问空间无疑是给犯罪嫌疑人增加了一份对抗的信心。讯问人员离开讯问台无论是走动还是站立，都是为了通过讯问室这个特殊的无声空间，告诉犯罪嫌疑人应当知道什么！应当去干什么！目的是使其放弃对抗供述认罪。根据这样的宗旨，讯问人员就应该以自己的形象去影响犯罪嫌疑人，因此讯问人员的站立、行走，就应当表现出强烈的自信，昂首挺胸、目光平视，双手不能乱放，手放的位置应当能够充分地表现出威严和震慑。例如，双手后背、两手叉腰、双臂交叉于胸前、双手插入口袋拇指外露等，都能表现出讯问人员刚毅的形象。

再次，手势动作表现出来的无声语言。手势形态发展为无声的语言是人类在漫长进化历程中最早使用的一种交际工具。我们人类的祖先最早是依靠手势语进行交际的。随着社会的发展出现了有声语言和文字，手势语才降为辅助、补充有声语言的从属地位。但是这种指手画脚的动作仍然在表现心理活动中占有重要的位置。因为手势语是运用手指、手掌和手臂的动作变化来传递信息的，是一种具有很强表现力的体态语言，被称为无声语言。语言是由大脑支配的，而手势几乎能够表达所有的语言，聋哑人用手势语交谈能够表达完整的情感。

在讯问活动中手势形态能够起到有声语言无法起到的作用，因此我们在讯问活动中，应当利用手势形态的特点，发挥它无声语言的作用。

1. 手势形态的阻止作用。在讯问活动中犯罪嫌疑人常常以谎言来对抗讯问，通常犯罪嫌疑人在讯问的初始阶段，习惯用部分谎言来试探讯问人员是否掌握其犯罪证据，当犯罪嫌疑人的谎言刚刚说出一半的时候，讯问人员就应当迅速地用手势形态来阻止犯罪嫌疑人的谎言，如果让犯罪嫌疑人把一句完整的谎言说完，他就会以此来观察讯问人员的反应，因为这个时候讯问人员能够做出正确的反应是非常困难的，犯罪嫌疑人就会获取他所需要的信息。为了使犯罪嫌疑人无法在讯问人员的反应中获取他需要的信息，就应当在犯罪嫌疑人的谎言还没有说完、还没有形成完整意思的情况下，迅速地进行阻止，不能让犯罪嫌疑人把一句话说完，如果让犯罪嫌疑人把一句话说完，犯罪嫌疑人就会观察讯问人员的反应，达到强化谎言的信心。通常阻止的方法是在犯罪嫌疑人一句话没有说完或者是中途进行阻止，由于说完一句话瞬间就能完成，因此阻止必须要快，因为人的反应手要比说话反应得快，用手的动作阻止能够快捷地达到效果。手姿的阻止方法是：抬起手，手掌对着犯罪嫌疑人的嘴巴，就达到了阻止的目的。在通常的情况下只要连续地阻止，犯罪嫌疑人就会自动放弃谎言。

2. 手势形态的比喻。手势形态虽然错综复杂，但是手势形态能够准确地比喻出各种事物、情节、物品。例如，用拇指与食指和中指相搓擦，表示为数钱的动作。用这种动作就能够告诉犯罪嫌疑人，其实施的犯罪行为就是为了钱。竖起大拇指能够比喻赞同，通常讯问人员通过赞同别人，竖起大拇指来影响犯罪嫌疑人。讯问人员把手臂放在讯问桌上，十指交叉，是消极的情绪表露，做出十指交叉的手势，能够在心理上起到自我保护的作用。讯问人员十指相搭，是高傲自信的心理表现，表明讯问人员有坚定的决心。讯问人员攥紧一只拳头说话，是强有力的形态，显示的是一种果断、自信、坚定的信心和力量。讯问人员的手势下劈，是强调、肯定、不容置疑，以泰山压顶之势，强化自己的观点。例如，讯问人员告知犯罪嫌疑人已经涉嫌犯罪，这是不容置疑的，随着手势下劈达到强化的作用。双手平摊在讯问桌上，是以诚相待的形态表现，这里告诉犯罪嫌疑人自己所说的话是实话、心里话。双手合抱于胸前表示对外来信息的否定的态度，当犯罪嫌疑人说谎的时候，讯问人员双手合抱能够达到对犯罪嫌疑人谎言的否定表示。手指合并常常是理智与情感对抗的表现，是心理矛盾状态的体现。讯问人员把双手放在背后，是沉着老练的表现。手势形态可增加讯问语言的表现力，为讯问烘托气氛增加有声讯问语言的感染力，达到增强讯问效果的目的。讯问活动中手势形态的运用要注意协调自然、干净利落，切忌呆板、僵硬、做作，力求简单明了。

最后，面部神态表现。讯问人员的面部表情是犯罪嫌疑人观察的重点，因为，面部表情是心灵的镜子，是人情绪变化的“晴雨表”，心理活动都会通过面部丰富的表情显示出来，犯罪嫌疑人时刻都在捕捉讯问人员面部表现出来的信息，其目的就是获取讯问人员的心理行为信息，把握对抗的主动权。因此，讯问人员应当注意隐蔽自己的真实情感。犯罪嫌疑人时常用谎供和假供来试探讯问人员的反应，这就要求讯问人员不能把真实的心理活动情况暴露在脸上，应当注意收起面部表情，让犯罪嫌疑人看不到他需要的东西。

当然在讯问活动中讯问人员不光是要收起面部表情、掩盖面部表情，还要善于运用自己的面部表情。面部表情首先是通过眼睛表现出来的，俗语说：眼睛是心灵的窗户。眼睛最能倾诉感情，沟通心灵。可是眼睛是最不听话的，心理的活动情况很多是被眼睛出卖的。讯问活动中常常为了判定犯罪嫌疑人的心理素质，采取对视的方法，四目对视谁的眼睛先避开对方，谁多半就是弱者。因此，讯问人员运用和控制自己的眼睛在讯问活动中是非常重要的，在讯问的全部过程中时时刻刻都需要眼睛的配合，才能完成讯问的任务。讯问的全部过程是双方心理的对抗过程，是一个连续不间断的对抗空间，随着讯问事态的不断发展变化，讯问人员的眼睛不能离开犯罪嫌疑人的身体空间范围，眼睛离开了犯罪嫌疑人，犯罪嫌疑人的注意力就会偏离到别处，摆脱讯问人员的视线控制，讯问人员的眼神和视线的重要作用就在于，能够把犯罪嫌疑人的意识活动牢牢地控制在讯问活动的对抗空间里。

讯问人员的视线就像一根无形的绳子牢牢地捆在犯罪嫌疑人的身上，如果讯问人员的视线离开了犯罪嫌疑人，那么这根绳子就断了。在讯问中这种盯视作为心理战的招数使用，能够取得非常好的效果。盯视的特点是讯问人员的视线，始终集中在犯罪嫌疑人的眼睛上，讯问人员讯问一开始就用威严的目光长时间地拖住犯罪嫌疑人，能显示出强大的心理攻势，使其无法摆脱讯问人员的心理控制。

眼神的生动、复杂、微妙的作用不仅仅表现在它的控制特征，还表现在它的自我说明特征，“眼睛会说话，眉毛会唱歌”就是眼神的重要表现，不同的眼神能够传递不同的信息。例如，在讯问活动中讯问人员为了达到某一目的，以坚忍不拔的眼神告诉犯罪嫌疑人不达目的绝不罢休；在犯罪嫌疑人采取欺骗的手段对抗讯问的时候，讯问人员以轻蔑的目光告诉犯罪嫌疑人，其谎言已经被识破，对其拙劣欺骗不屑一顾。为了加深对犯罪嫌疑人说谎行为的鄙视，形成否定的心理压力，讯问人员常常采取昂头眯视的眼神传递给犯罪嫌疑人，达到对其行为否定的目的；讯问人员为了取得对方的信赖，可以用明澈坦荡的眼神告诉犯罪嫌疑人，讯问人员是心胸宽广、性格正直、待人宽容、办事公正的；对于通过教育、感化能够主动供述认罪的犯罪嫌疑人，讯问人员应当以肯定、赞许和鼓励的眼神送给犯罪嫌疑人。讯问人员与犯罪嫌疑人进行眼神交流，应当注意眼睛注视的角度，以犯罪嫌疑人两眼与嘴部的三角区部位为落点，表现为尊重对方，给对方以诚恳的感觉；以对方的双眼为落点，会给对方产生威慑力。讯问人员的眼神的运用要和有声语言及其他形态语言协调配合，相辅相成，以求发挥整体优势，取得最佳的讯问效果。

如果犯罪嫌疑人的肢体语言表示为：双手抱头，双肘置于膝盖上，肩膀耸动，这说明犯罪嫌疑人准备放弃抵抗了，讯问人员应当抓住机会引导犯罪嫌疑人招供，在这个过程中讯问人员应当注意趋利避害的引导，从犯罪的动机上选择两个反差性的主题，迫使犯罪嫌疑人选择一个犯罪理由。例如，一个是“你的行为是偶然的，是碍于情面、一时糊涂才拿了别人的钱”！另外一个是“你一贯把钱看得非常重，你的犯罪是必然的，这是你的品质决定的”！提出这样的两个动机，让犯罪嫌疑人进行选择，那么犯罪嫌疑人就会选择第一种动机。犯罪嫌疑人只要进入自己犯罪动机的选择状态，那么讯问的成功就在眼前。到了这一阶段，讯问人员千万不能麻痹大意，应当竭尽全力限制犯罪嫌疑人的思维，防止犯罪嫌疑人的联想帮助其进行突围，因此讯问人员不仅要注意有声语言的控制，更要注意与其进行目光交流的控制，目光不要离开犯罪嫌疑人，达到强化犯罪嫌疑人的心理压力及其想要摆脱这种局面的渴望。

这里应当注意的是，讯问人员在识别犯罪嫌疑人的形态语言时，还要注意不可孤立地观察犯罪嫌疑人的形态表现。必须认识到，作为形体语言，来源于自我的生活习惯、地域差异，因此不同的民族之间在形态语言方面也存在差别；因为社会阶层、教育背景、文化水平、职业、身份、地位等因素的不同，在形态语言的使用中也有相应的差异。例如，从事非体力劳动的人形态语言比较有分寸，其力度、幅度、频率、情感强度与从事体力劳动的人、文化修养较低的人的形态语言表现存在着比较大的差异。另外，形态语言虽然能反映一个人的内心世界，但是由于讯问活动的特殊环境，表达情感的目的不同，犯罪嫌疑人出于制造假象和保护自己的目的，难免会出现假面具，掩盖了真实的心理反应。再有，关于人的身体的任何一种姿态动作，本身都没有精确的意义，也就是说，不能孤立、一成不变地看待一切形态语言。所以讯问人员在识别犯罪嫌疑人形态语言的时候，应当加以综合分析研究，以准确可靠地加以分析解读。

第十九章　抗审中的谎言讯问技巧

第一节　谎言抗审的行为表现

在侦查活动中犯罪嫌疑人总是用谎言来对抗审讯，掩盖自己的犯罪事实，这是犯罪嫌疑人抗审行为的基本特征。心理学家认为：人们的行为规则，是通过“社会的交换理论”表现出来的。“社会的交换理论”阐述了人们的行为规则，就是趋利避害。利益关系是人们的行为关系，无论是社会的自然人还是犯罪后的犯罪嫌疑人，都会遵循着趋利避害的行为规则。

犯罪嫌疑人在实施了犯罪行为之后，为了逃避法律的惩罚，总会千方百计地实施掩盖行为，其特征反映出了人的趋利避害的本能。一个人一生中很难不说谎，为了利益关系人们有时需要说谎，谎言和趋利避害的行为是一对孪生兄弟，趋利避害的行为离不开谎言，这也是人在犯罪后的行为特征，犯罪嫌疑人在接受讯问的时候总是用谎言来掩盖自己的犯罪事实，这已经成为犯罪嫌疑人对抗审讯的行为规律。

谎言显然能够给犯罪嫌疑人带来利益，犯罪嫌疑人的对抗行为，正是模仿着这种谎言的规律而产生的，审讯中的对抗是谎言与揭露谎言的对抗，是犯罪嫌疑人掩盖犯罪事实的谎言与审讯人员揭露犯罪事实的对抗。在审讯室里如果犯罪嫌疑人都能够实话实说，那么审讯室内的对抗行为也就消失了。因此审讯人员的讯问目的就是要改变犯罪嫌疑人的谎言，使其说真话。

犯罪嫌疑人在抗审过程中的基本行为表现是谎言，谎言的基本特征是语用行为的矛盾表现，谎言的暴露表现就是矛盾的语用行为的存在。由于说谎而引起内心的焦虑，焦虑是一种不明确的忧虑的不安状态，通常不与特定的起因相联系，在焦虑状态下，矛盾的不平衡的心理状态在短时间内不能被修复，由此自我心理限制的压力就会增加，嫌疑人会因承受不住这种不平衡的心理焦虑的压力，继而产生释放的动机，选择如实供述。心理焦虑压力是嫌疑人供认的部分原因。虽然嫌疑人希望逃避真实供述的后果，但他并不希望以增加与欺骗相连的内心焦虑为代价换取这样的结果。焦虑的力量是供认的动机。审讯活动中由于犯罪嫌疑人供述矛盾的出现，其心理语用行为得不到发展，矛盾的语言不能自圆其说，心理焦虑急剧激化，导致了心理的不协调状态的出现。由于生理现象的协调本能，他会积极寻找能够平衡心理行为的条件，联想是重要的帮手，但是联想不是在任何时候都能够起作用的，一旦联想找不到平衡的理由和条件，其心理活动就会被强制在不协调的情景范围内，达到一定的程度，当联想的潜意识不能帮助其解脱困境的时候，便会产生强大的心理压力，犯罪嫌疑人为了摆脱这种心理压力，会产生减轻压力的心理需要的动机，实话实说便能够释放这种因为谎言造成的内在压力，供述动机便由此而生。

犯罪嫌疑人运用谎言抗审的基本方法有三个方面的选择，即直接否定、嫁祸他人、沉默否定。这三大选择涵盖犯罪嫌疑人对抗的基本行为特征。直接否定即直接否定自己实施了犯罪行为；嫁祸他人即自己实施了犯罪行为而谎称是别人干的；沉默否定即运用沉默的方法，面对客观存在的犯罪事实进行否定。这种谎言抗审的行为，来源于犯罪嫌疑人的“情景选择”。关于“情景选择”，本书在“审讯人员如何使用自己的耳朵”一节中已作了详细论述，此处不再赘述。

第二节　谎言的识别

犯罪嫌疑人隐瞒犯罪事实的抗审方法就是“谎言”，用“谎言”来掩盖犯罪事实是犯罪嫌疑人对抗审讯的基本行为，由此审讯中识别犯罪嫌疑人的谎言已经成为审讯活动的重要内容和任务，确定犯罪嫌疑人是否实施了犯罪行为，首先就要识别审讯对象供述语言的真实性与否，如贪污、贿赂犯罪，即一方说钱给了对方，对方称没有收到钱。那么到底钱是否给了对方？由此而引出了谁在说谎。只有确定了谁说谎才能确定谁是真正的犯罪嫌疑人，以此确定审讯的主攻方向，找出真正的犯罪人。再有，犯罪嫌疑人实施了犯罪行为，在接受审讯的过程中总是用谎言否定自己的犯罪行为，为了确定被审讯人是否有犯罪行为，就必须要识别其是否在说谎，找出事实真相。

审讯活动中识别谎言是一件极其困难的事，国内外的一些学者试图通过身体的某一部分，来进行谎言的识别，这种单凭身体或面部某一部分来确定是否存在谎言，具有很大的局限性和风险性。比如通过眼睛、鼻子、嘴巴、手的表情或动作来判断是否说谎，这种“典型说谎行为”是根据不同人的特点、不同的环境和不同的心理状态发生变化的，这种变化和特征告诉我们，在说谎者与非说谎者之间的差别往往很细微，目前也没有发现所谓的“典型说谎行为”，更重要的是非说谎者也会产生“奥赛罗错误”的心理变化。奥赛罗是莎士比亚作品中的人物，他的情人 Desdemona 被诬有不贞行为，由于她没有办法证明自己的清白而出现情绪波动，这种情绪波动的表现又正好和被言中的人表现一致，于是被看做是真有不贞行为。关于谎言的典型行为的结论，不是一概而论一成不变的，有些研究谎言的专家们试图通过说谎人的面部表情，找出说谎人的典型行为表现特征，很多人都把飘忽离散的眼神理解成典型的说谎标记，这种判定就会出现误差，因为飘忽离散的眼神很多时候与人的心理活动有很大的关系，例如，当你讯问犯罪嫌疑人是否在说谎的时候，而犯罪嫌疑人此时忽然联想到别的情景，那么他的行为表现就会出现另外的反映，与说谎与否的主题根本就不相干。所以我们说典型的说谎行为应当要考虑与眼神相关联的其他心理行为特征。

此外，如果某人在思考疑难问题时眼睛走神，这是人的心理认识过程的特征反映，并不意味着就是撒谎。这种单一的面部表情说，可能会导致对谎言判定的误差。因为人脸的 43 块肌肉可以组合出 1 万多种表情，其中喜怒哀乐的情绪表现就有数千种。因此准确地找出谎言的典型行为表现特征，是非常困难的。同时犯罪嫌疑人在抗审中的谎言行为，本身就是一种积极的掩盖行为，因此更为注意自己说谎时的行为表现，他也会像掩盖犯罪事实一样地掩盖自己的谎言行为。因此我们在识别谎言时应该对犯罪嫌疑人的谎言进行全面的分析、比对，不能单凭身体或面部某一部分，比如眼睛、鼻子、嘴巴、手的表情或动作来判断是否撒谎。

在审讯实践中，首先，审讯人员面对的是不同的犯罪嫌疑人，同样的犯罪行为，发生在不同人的身上行为表现就会不同。在这个人身上时会被视为诚实的表现，但在另一个人身上时，就会得到另外的一种表现。这种现象不会告诉你哪个是真哪个是假。解决的办法就是要对比，找出个体的特征反应。其次，谎言的典型行为反应是细微的动作反应。这种细微的动作瞬间即逝，很难被发现捕捉，尤其是犯罪嫌疑人对谎言特别敏感，为了防止谎言行为的外露，当觉察到细微的脸部表情可能暴露谎言的时候，就会作出积极的防备。再次，传统的识别谎言的方法大多是通过听声音的变化和观察眼神的接触频率来判定谎言。但是人的声音的变化和眼神最容易受人的思维控制，尤其当对方在对抗心理极强的情况下，眼神接触就会减少许多，想通过眼神来检测谎言就很困难。复次，就是靠直觉来感知谎言。在很多时候我们凭借感知能够猜测出谎言，也有的时候我们还会在无意识的情况下推理出谎言，在犯罪嫌疑人谎言情境出现的瞬间，在无意识的情况下感知到的谎言情境，比有意识有目的的效果更好。所以在通常都是有意识有目的的感知谎言的情况下，并不能放弃对在无意识的情况下感知到的谎言情境的回忆捕捉。最后，谎言对人的心理会产生焦虑和压力，因此说谎对人来说并非是一件容易的事情，他对人的心理素质要求非常高，因为说谎者需要面对心理焦虑的压力，不同的人承受压力的能力不同，在说谎时受到巨大沉重的压力打击时，如果说谎人没有足够的承受能力，谎言的典型行为便表现了出来，谎言很容易就会被识破。

由此我们说识别谎言是一套讲求细致灵活的工作，要求尖锐的判断力和观察力。谎言是伴随着人的基本情绪而产生的，人类有七种基本情绪，分别是悲伤、恐惧、高兴、愤怒、厌恶、吃惊和蔑视。犯罪嫌疑人在接受审讯的时候，就会导致这些基本情绪的产生，实践表明这些伴随谎言出现的欺骗行为，也会通过人的表情、声音、说话的方式和肢体行为暴露出来。首先，对被讯问人的面部表情进行观察。面部表现情绪的方式是生物进化的结果，当情绪发生时，生理上所发生的某些变化是自然而然地反映出来的，而且来得极快，人无法加以控制，只能被动地加以感受，所以，随着情绪而来的表情是难以通过自制力加以隐瞒的，旁观者可以明显地看出来。

例如，在产生恐惧时眉毛会不自觉地抬起，而在伪装愤怒时必须将眉毛往下压。当人在悲伤、忧愁、焦虑产生负罪感的时候，最引人注意的活动部位是额头；当人在害怕、着急、担忧之时，眉毛会奇特地扬起；伤心时嘴角下撇，欢快时嘴角提升，委屈时嘴巴微噘，惊讶时嘴巴张开；情绪激动时，瞳孔会扩大，这些都是说谎者无法控制的。人的面部表情变化是难以人为控制或掩饰的。当我们对犯罪嫌疑人进行信息刺激时，其中枢神经系统便会直接指挥面部表情发生变化。

讯问人员通常而言可使用“假定”的信息来作为刺激语。这种“假定”的信息刺激语，就是直截了当地假定某件事情的存在来进行刺激验证。当这种刺激语向对方施放以后，在对方没有任何心理准备的情况下，如果对方与犯罪有关，在接受信息刺激以后面颊的颜色最明显的是变红或变白，而这种表情的停顿时间也比较长，反之，正常、自然的表情停顿时间不会拖得那么长，如果对方与犯罪事实无关，在接受信息刺激以后，便会出现较大的反差，表现为惊讶的表情。而这种表情起始得快，消失得也快。

人们对谎言的研究发现，根据面部表情反应能够判断出谎言，当外来信息反应刺激出谎言的时候，面部表情两边不对称，两边脸的动作相同，但其中一边的动作强过另一边。科学家们发现，右脑似乎专司情绪处理，因此推想有一边脸可能更为情绪化。由于右脑控制左脸的许多肌肉，而左脑控制右脸，所以一些科学家认为，情绪在左脸上表现得应该比较强烈。我们在实际生活中不难发现，说谎人扭曲的表情能够很快被感知，就是因为说谎人的一边脸的动作比另一边来得大，显示情感可能并不是真实的，即不对称可以视为一种说谎线索。

审讯活动中犯罪嫌疑人与审讯人员不仅仅是语言的交流，更重要的是眼神交流，这种交流的时间长短能够反映出交流人之间的心理活动情况。当人们对交流的内容感兴趣的时候，交流的时间与眼神对接时间就长，相反就短，眼神与说话的时间有一个平均值，正常情况下平均值为60%，眼神交流的平均值低于60%多半是对交流的内容不感兴趣。犯罪嫌疑人在用谎言抗审的时候，当谎言说出的瞬间，眼神会迅速地避开审讯人员，避开与对方的眼神交流，表明不愿被你看穿自己的心理活动，不敢正视你，心虚。可是在很多时候当谎言的瞬间反应过后，犯罪嫌疑人的眼神又回到了与审讯人员的眼神交流状态，这个过程反应是犯罪嫌疑人需要观察审讯人员是否觉察到自己在说谎所作出的视线转移特征。

谎言的面部表情是很复杂的，这是心理活动反应的特征：人在笑的时候有真笑和假笑，识别真假重要的不是笑的次数多少，而是笑的质量。假笑是皮笑肉不笑，而发自内心喜悦的笑不仅需要嘴唇的运动，而且需要眼睛周围肌肉的配合，假笑时眼角是没有皱纹的。假笑的目的是掩盖恐惧、愤怒、悲伤或厌恶情绪，在审讯活动中这种情况也会出现在犯罪嫌疑人身上。当审讯人员提供的信息对犯罪嫌疑人产生刺激的时候，为了掩盖某些情绪而出现的假笑，审讯人员应当及时地做出判断，确定犯罪嫌疑人的真实情绪。

另外，还有假笑的笑容是不对称的，发自内心的微笑应该是均匀的，也就是说，脸部两边应该是对称的，并且在鼻子、嘴角和眼睛周围都会产生笑纹，而且真正的笑来得快，但消失得慢。伪装的笑容会有些轻微的不均匀，眼部的肌肉没有被充分调动，因而不会产生笑纹，假笑来得相对也会较慢；人的情感表现是以面部为重要表现基础的，眉毛的变化可以告诉我们的喜怒哀乐，眉毛上挑并挤在一起表示恐惧，明知故问的时候眉毛会微微上扬，眉毛上扬、下颚张开表示惊讶；在对外来信息表现为惊讶的时候，真正的吃惊表情转瞬即逝，超过一秒钟便是假装的，而假的惊讶表情会停留很长时间，很多时候当审讯人员直接涉及谎言的主题的时候，犯罪嫌疑人会通过惊讶的表情表现出来，但是这种惊讶大多是假装出来的；当人陷入悲伤的时候，额头、眼角都应该有纹路产生，而假悲伤却没有，这可以帮助讯问人员判断犯罪嫌疑人是真的悲伤还是假的悲伤；眼睛在很多时候会表现出不同的生理反应，害怕、愤怒都会使人的瞳孔放大，由于注意力太集中，他们的眼球开始变得干涩，这会让他们频繁地眨眼。

除此之外，可以在识别谎言的时候一直盯着说谎者的眼睛，看他眼球的运动方向。通常，当一个人编造谎言时，眼球会向右上方转动。当他们真的在回忆某事时，眼球则会向左上方转动。有的犯罪嫌疑人视线闪烁不定，左顾右盼，有的眼睛不住地向下看，寻找内心的稳定，以降低紧张程度，减轻心理压力。这种“眼动”是一种反射动作，是假装不来的。真实的情感是通过面部表情对称表现出来的，当面部表情两边不对称的时候，极有可能他们的表情是装出来的，是假情感；说话时嘴部的动作是为了表达的需要而表现出来，多余的嘴部动作便是内部心理活动的表现，如抿嘴表示对自己的话没有信心。犯罪嫌疑人在说谎的时候，会产生心理焦虑，这种焦虑会引发面部器官的特殊反应，有人说谎会脸红，这是因为多余的血液流到面部。鼻子其实也一样，因为鼻子里有海绵组织，当一个人说谎时，鼻子会因为海绵组织充血膨胀出现瘙痒，此时说谎者就会下意识地摸鼻子，这是谎言的生理反应。在审讯的实践中我们不难发现，当审讯人员针对犯罪嫌疑人的某个行为进行质问的时候，如果犯罪嫌疑人对你的质问显露出不屑一顾的神情，说明你的问题触到了对方的痛处，没有引起对方的积极反应。此外，谎言是一种虚假的行为，这种虚假的行为表情能够通过表情停留的时间长短来予以判断。涉及面部表情的持续时间，以及出现的快慢和消退快慢，这种时间因素都能提供说谎线索。一般来说，长时段的表情——有的长达十秒左右或更长，通常约五秒，差不多都是假的。真正发自内心的表情也只是瞬间的几秒钟，除非情绪达到了极点，如欣喜若狂、怒气冲天或悲哀至极等，此时真正的情绪表情在脸上顶多停留几秒钟。即使在极端的情况下，面部表情也很少能持续那么久，如果这种表情持续的时间过长就是假装出来的虚假表情。

不仅如此，表情与动作的配合有一定的顺序，虚假的表情与动作的配合会出现顺序的不协调。假设有人在心里不愉快，说了一句“你真是非常讨厌”，生气的表情若是在话讲过后才出现，大可断定表情是装出来的。但若在讲话的同时，甚至话还没讲之前，表情已经出现了，那么表情与语用行为是统一的。面部表情与肢体动作之间的相对顺序，回旋的余地更小，如当人在非常愤怒的情况下，表现出重重地捶打桌子和愤怒的肢体行为，如果愤怒的表情是在捶打桌子之后才出现，同样可以断定是装出来的。事实上，任何与肢体动作不同步的面部表情都很可能是说谎线索。

其次，从对被讯问人所表现出来的声音和说话方式上进行观察。在生活常态的情况下声音和说话方式表现为语速较快、声音响亮，而在说谎时却表现为说话缓慢轻柔。在正常情况下人的说话声调是平稳的，而回答问题时声调忽然升高都是说谎的表现。正常的语言交流很少需要词语重复的，说谎时就表现出语词重复的情况。例如：“你拿了她的钱吗?”“不，我没有拿她的钱。”对问题的生硬重复是典型的说谎表现。在侦查讯问中犯罪嫌疑人已经准备好了谎言，于是当审讯人员问其关键的犯罪行为情况时，犯罪嫌疑人能够很迅速地予以回答，谎言会脱口而出，在谎言突然说出时，很多人以为撒谎要花更多时间来反应，但如果谎言已提前准备好，就会迫不及待地说出来。从语言反应的时间上来看，回答与提问之间的时间差被称为反应潜伏期，反应潜伏期越长，说明回答者对真相有所隐瞒。更为重要的是犯罪嫌疑人在说谎时，由于受到内心焦虑的干扰，在谎言的输出过程中，内部焦虑会破坏正常的语言表述的声音和说话的方式，犯罪嫌疑人在正常的表述过程中，对那些关键性的问题所作出的声音和说话方式的反应表现出超正常的状态，这是对关键问题所涉及的情景有所隐瞒的表现，需要讯问人员的耳朵来识别。犯罪嫌疑人说谎的声音和说话的方式，讯问人员要用“耳朵”仔细地听来辨别。

最后，是对被讯问人的肢体行为表现进行观察。在审讯室这样的特殊空间里，讯问人员能够直接观察到犯罪嫌疑人说谎时所表现出来的手势与姿势。手势是指用手和手臂表示出的各种动作姿势，姿势指以躯干为主体的身体的各部位做出的各种姿势及呈现出的不同状态。手势和姿势根据内心活动的体验，能够表现出自我体验的行为特征。犯罪嫌疑人在回答一般问题的时候手势动作表现得比较多，但随着讯问的深入，当涉及案件的核心问题时，犯罪嫌疑人的手部动作减少了，那么犯罪嫌疑人就可能已经在说谎了，因为当犯罪嫌疑人把注意力集中在自己回答问题的内容上时，身体动作变得不再是自发而是刻意做出的时候，这些身体动作就会明显减少。

手部的动作是根据人体的不同反应而发生动作的，人体的哪个部位瘙痒了手便会自然伸向哪个部位。有科学家发现，人在撒谎的时候身体会产生一种叫茶酚胺的物质，这种物质会使鼻腔内软组织引起鼻子痒的感觉，于是人会不自主地摸鼻子。有的犯罪嫌疑人为了掩盖这种动作，在谎言说完的时候会用手在鼻子下沿部位很快地摩擦几下，又或者是非常轻微地触碰一下，这个细微的动作通常都表明了这个人在对自己的谎话进行掩饰。无论犯罪嫌疑人采取什么样的谎言表达方式，最终还是担心会被审讯人员识别出来，因此犯罪嫌疑人在说谎的时候会下意识地用手遮掩嘴巴部位，这表明说谎者想要抑制自己说出谎话。遮掩的方式也有多种，有的人会假借咳嗽来遮掩，有的人则会用拳头或者是手指来遮掩嘴巴，但是意图都是一样的。犯罪嫌疑人在说谎时因为内心的矛盾体验，还会用手指去抓挠自己耳垂下方脖子的那块区域，做出了这个挠脖子的动作，尤其是当说话的内容和手势不一致的时候，这种矛盾的感觉会很明显。说谎时除了鼻子会痒之外，脖子部位的神经也会产生刺痒的感觉，于是在说谎的时候便会去挠抓，来消除这种感觉。这也就是为什么说谎的人会挠脖子。同时他们在担心自己说的谎言会不会被识破的时候，也喜欢经常地拉拽自己的衣领。说谎需要绞尽脑汁编造事实，心理的不协调状态也会表现出手指指向一边，眼睛却朝另一边看，出现肢体完全跟不上的矛盾状态。犯罪嫌疑人在说谎时，为了避免直接注视到审讯人员的脸部，会稍微用力地揉眼睛，拉拉耳垂、揉揉耳背或将整只耳朵压向前以掩住耳孔，这是一种掩饰动作。犯罪嫌疑人在接受讯问时空间状态是坐在椅子上的，通常在心理平衡的状态下双手是放在大腿部的，当他在说谎的瞬间手会紧握椅子扶手，这种动作表明他对自己的表述是不认可的，不是客观事实。

说谎的脚部行为变化：犯罪嫌疑人处于心理平静的状态时，其脚部和腿部是处于伸展的放松状态，当谎言出现以后，其脚部和腿部会出现收蜷状态。在审讯犯罪嫌疑人的时候，讯问人员很少注意对方的脚部动作，脚部的动作变化也能够“说出”很多内容，通过观察对方移动脚的方式，可以一窥此人的内心世界。当对方说谎出现焦虑感觉的时候，会增加脚步移动来表达这种情绪。而女性则相反，如果她们感觉紧张，就会保持双脚不动。观察双脚，还能判断一个人是否在撒谎。如果一个人的双脚完全静止，安分得有点过分，那他正在说谎。不少人认为，一个人说谎时会因为紧张而增加动作，但事实上，说谎者往往会发出完全错误的信号。每个人都关注眼睛和脸部，但人们善于控制（那些部位的）动作，因此，是否说谎的可靠迹象是脚部动作，根据我们自己的内心体验，如果我们说谎，我们确实会压抑自己正在做的动作，包括脚部动作。脚部的行为特征在很大程度上表露出说话人的性格特征、对谈话对象的看法、情绪和心理状态。脚部行为能够表现出真实情感，其原因可能是因为它们是反馈最少的身体部位，我们判断别人说话时的情绪，大部分是依据面部表情来判断的，对方是真笑还是假笑，被掩饰的眼神能够让我们感知对方的情感，就是自己在说谎时有时也会注意到自己的手的特殊表现。但是我们很少注意到我们脚的特殊变化，除非你是在刻意地观察，尽管是刻意的观察，也很难感知到自己的脚会发生什么样的变化。

第三节 谎言的捕捉

审讯实践可以清楚地证明，犯罪嫌疑人说真话与说假话时的面部情绪状态是不同的。人在说谎话时常常会发生一系列生理上的变化，如呼吸与心跳节律加快、血压上升、消化液分泌减少、汗液分泌增加等。传说在我国古代官府为判别某个嫌疑犯是否说谎，就要他嚼一把米粉。如果吐出的米粉仍是干的，则说明他说的是谎话。因为，当他说真话时，他的情绪稳定，唾液分泌正常，嚼过的米粉就会是湿的或成团状的。而当他说谎话时，他的情绪一定紧张，唾液分泌因此受到抑制，所以嚼过的米粉仍是干的。同时还表现出说谎人的嘴唇是干燥的，不时地用舌舔嘴唇，嘴唇上下接触的频率也不断地增加，谎言大多能够从反常的行为中表现出来。

20 世纪世界上就有很多国家为了解决谎言的问题，研究出了很多测谎办法，最有代表性的就是“测谎仪”，即心理测试仪的问世，它象征着犯罪心理测试技术的发展。这种犯罪心理测试技术主要是用于犯罪调查和辅助侦讯，是运用现代心理学和实验技术成果以及神经生理学、生理电子学等学科研究成果，同时、同步记录人的多项心理生物反应指标，进而评判心理痕迹对应相关的技术。多年来人们把这项技术称为测谎技术，将这种技术的测试仪称为测谎仪。它是根据人的皮电、血压、呼吸、肌肉等指标的变异，把作案人、知情人或无辜人准确地分离开来。从犯罪心理测试的原理来分析，并非测试被测人是否在说谎，而是测评被测人有无违法犯罪事实的特殊事件的记忆痕迹。心理科学为此提供了依据：人的大脑对外界刺激都会留下一定的印迹，其主要表现为心理痕迹的记忆，实际上也是外界刺激的记录和储存，这种记忆从时间的层次来看，有瞬间的、短时的和长时的；从记忆的来源来看又可分为视觉的、听觉的、嗅觉的、感觉的、动作的等，其深刻程度取决于对个体生活刺激的强度。

对于作案人或知情人来说，因为犯罪是一种反社会行为，是被明令禁止的行为，在人们的脑海里会留下深深的不可磨灭的印迹。因为在犯罪以后，在受到外部信息刺激时，总会再现犯罪时的情景和某些行为的细节，出于畏罪的心理，作案人对于案件事实极端敏感，会极力回避“当时的犯罪情景”。一旦犯罪心理测试技术设计的相关问题被提起，作案人或知情人对作案事实的记忆痕迹立即就会在大脑的记忆区域恢复起来。复现并唤起被测试人相关的情绪记忆、动作记忆、视觉记忆等，这种大脑记忆区的复活兴奋性变化，必然会引发邻近的情绪中枢的心理生物反应，一般难以受别人的意识调控。被测试人皮电、血压、呼吸、肌肉等指标会出现变异，人的情绪中枢会发生心理生物反应。因此，即便是保持沉默，始终不回答问题，但在相同的语言测试题下，作案人或知情人心理生物指标的差异反应，比起无辜者会非常显著地表现出来，被实时同步地显现在电脑的屏幕上。

目前我们国家的公安部门使用的测试方法为“准绳问题测试法”“区域比较测试法”“知情、参与测试法”“犯罪情景测试法”“气象信息测试法”等。人在受到刺激的情绪反应下可以引起心率、血压、血容量、皮肤电位、肌电、脑电波和呼吸、体温、唾液、瞳孔、胃蠕动的变化。犯罪嫌疑人在作案的时候，心理处于异常紧张的状态，对一些细节问题都会留下深刻的印象。在审讯时，实际上是把犯罪人的记忆带入犯罪的特定情景中去，相应便会引起一系列的心理活动，受到刺激后的中枢神经系统的控制中心丘脑，又发出信息到自主神经系统，使机体做好应付心理和生理的刺激，导致适应性防御机制的变化。植物性神经系统所控制的人们机体、活动不是随意的，欲掩饰恐惧情绪的心理活动会在能记录放大生理信号的多道生理记录仪——测谎仪上显示出来，而且有时还能通过人的外部形体反映出来。在没有条件使用测谎仪的情况下（目前检察机关还没有普遍使用)，我们可以通过观察法来辨别犯罪嫌疑人是否在说谎，并通过这一手段来确认谁是真正的犯罪人，让真正的犯罪人如实地供述自己的犯罪事实。测谎设备所显现出来的生理的指标变化，依赖于能够引起犯罪行为人心理和生理变化的“信息刺激语”。

什么语言才是“信息刺激语”？这种刺激语能使犯罪嫌疑人产生心理和生理等反常的变化。经过多年的实践证明，将“仅罪犯才知道的问题”作为信息刺激语，才能使真正的罪犯产生反常的生理和心理变化。例如，某人是贪污犯罪的嫌疑人，将公款侵吞之后，谎称这笔钱给了某业务单位负责人。测试谎言时，只要让犯罪嫌疑人将如何把钱送给别人的细节描述出来，犯罪嫌疑人必然要用谎言来编造送钱的一系列细节。因为犯罪嫌疑人根本就没有把钱送给别人，而是自己贪污了，因而让其交代送钱的细节，那只能用编造的谎言来陈述所谓的送钱细节，而这一“细节”时常又是促使犯罪嫌疑人交罪的突破口，因而这种“细节”越客观、全面，越能暴露谎言的特征。

在审讯实践中，讯问人员常常采取编制细节、捕捉供述矛盾来捉谎。犯罪嫌疑人在用谎言编造某些情节的时候，最担心的是涉及情景的细节，正如“一根链条的强度取决于它最弱的那一环”。细节即是谎言链条上强度最弱的一环，于设谎者来说，是最容易对付的地方，而于说谎者来说，恰好就是可以利用的地方。要使对方暴露谎言，盯住其细节不放，是最好的捉谎方法。抓细节的同时利用细节再设置谎言，引发犯罪嫌疑人继续说谎，来扩大谎言的范围，达到充分暴露谎言的目的。贪污、贿赂犯罪的谎言经常表现为：自己将公款贪污了，而谎称公款已行贿给了别人。审讯时只要让犯罪嫌疑人反复叙述送钱时的细节经过，并且另外再设置虚假的情节混入细节中去，犯罪嫌疑人必然要用谎言来编造送钱的一系列细节，并且把审讯人员为其设置的虚假情节也编造了进去，这一假情节的设置使得说谎者的谎言暴露得淋漓尽致。

第四节　谎言的对策

1. 揭谎的逻辑环节审讯人员通过寻找犯罪嫌疑人的供述矛盾，达到揭露谎言，满足犯罪嫌疑人自我心理强制的形成，产生供述动机以达到使犯罪嫌疑人交代供述的目的。这种揭露矛盾的方法，不仅在国内被普遍使用，在国外尤其是在美国的司法部门，在审讯的方法上还仍然采用逻辑的途径进行审讯，矛盾的揭露在审讯中有着重要的作用。利用逻辑推理找出矛盾予以揭露，其目的是促进犯罪嫌疑人自我心理强制的形成达到供述的目的。

审讯中从矛盾的来源来看，应该将矛盾分成两大类。一类是与犯罪嫌疑人有直接联系的矛盾；另一类是审讯人员为其设定的矛盾。

在刑事案件中犯罪行为人都是为了达到某种目的，满足某一需要，伸出了犯罪的手。首先是由于道德品质上的自私、贪婪、忌妒、多疑，在相互关系上的地位不同、利益不同、作用不同决定了犯罪主体之间的矛盾结果。其次就是犯罪嫌疑人主观方面的心理矛盾，犯罪嫌疑人在接受正面审讯时，处于被指控的地位，由于法律规定使得审讯人与犯罪嫌疑人形成了特殊的语言对立关系，心理受到的影响极大，由于心理行为作用的结果，使其自发地与犯罪事实联系到一起，当审讯涉及犯罪事实的时候，便产生了两种对立的矛盾心理状态，即拒供还是供述，两种意念的此起彼伏，反映出反复动摇的矛盾心理。最后是犯罪嫌疑人的主观心理状态与客观存在的矛盾。犯罪嫌疑人实施了犯罪行为以后，犯罪时的情景总是不断在大脑的思维中迂回，被记忆的行为过程自发地储存了起来，形成心理事实。由于案发后的畏罪心理的行为结果，反映在审讯中犯罪嫌疑人大多采用谎言、假话来抗审，这些假话、谎言与客观事实的存在，必然会产生矛盾，供词与供词之间的矛盾；情节发展的内在联系的矛盾；证据之间的矛盾；行为人与某行为情节的矛盾等。

另一类是审讯人员为了促进犯罪嫌疑人供述而设置的矛盾，并且将其假设在某一犯罪情节中，让犯罪嫌疑人继续深化、发展这一矛盾，达到证实谎言暴露谎言的目的。犯罪嫌疑人在供述自己的犯罪事实时，总会涉及行为的前因后果，而在前因后果发生矛盾的时候，必然在因果关系的环节中表现出来，为了通过对供述矛盾的揭露，满足犯罪嫌疑人自我心理强制的条件，提取犯罪嫌疑人在供述中的矛盾的环节，组成完整的揭露矛盾的联合体系，我们将那些能够证明供述矛盾存在的环节称为“逻辑环节”。运用“逻辑环节”一般开始不涉及案件主题，而是寻找与主题相关的细节，根据逻辑推理，在犯罪嫌疑人谎言的语用行为过程中寻找逻辑矛盾。这里的语用行为就是语言的运用行为。一些有经验的审讯人员在审讯语言的习惯上，大多采取迂回的语用行为方法，来寻找案件陈述中的逻辑矛盾。语用行为表现是：首先从涉及讯问主题的外围步步深入，以情节找主干，从小到大，从案件发展的每个情节到细节，有间歇性地让犯罪嫌疑人重复、追问，从案件情节的不同角度、不同顺序进行深化细追，在整个情节中把关键性的细节抽出来，混杂在次要的问题中让其陈述，然后进行推理、比较来发现语用行为中的逻辑矛盾。

犯罪嫌疑人在谎供中的矛盾就是通过某一供述环节反映出来的，表现为违反了客观存在的规律性。例如，某副市长违反国家对走私汽车入户的管理规定，批条指示该市车管所给予走私车入户上牌，如果不是“有利可图”，这位副市长能愿意干这种既承担责任又违法的蠢事吗？审讯中为了证明“有利可图”的目的，首先必须证明矛盾的存在。矛盾的出现必然会引出矛盾的情节，而这一情节又隐蔽在事件发展的环节中，通过提取这些隐蔽的情节，来达到证明矛盾的目的。也就是说能够提取足以证明矛盾存在的环节，进行逻辑分析、推理来证明矛盾、揭露矛盾，这就是逻辑环节。

运用逻辑的方法设置逻辑环节的语用行为，应当选择有理、有据、有礼、有节的客观存在的事件和环节，能够直接推出存在的矛盾。例如，某银行的行长，违反信贷管理规定，对贷款的企业不考核，不按银行信贷规则遵循贷款要“贷前三查，贷后监督”的程序，由信贷员对贷款的单位或个人进行贷信调查，然后将结果上报信贷部门领导，最后一道程序才是由行长签字批贷。这位行长不是不明白，而是很清楚这里有“利”可图。他一次性贷款 200 万元给一个仅有 10 万元固定资产的某公司。此案讯问时提取逻辑环节应先从违反信贷规定，明知故犯环节中提取。这里的语用行为表述：

问：你们的银行贷款有哪些规定？

答：贷前三查，贷后监督。

问：贷款需要有一定的资产担保吗？

答：按规定需要。

问：你贷款的某公司是什么性质的公司？

答：不十分清楚。

问：你贷给对方公司 200 万元是做什么用的？

答：可能是做生意。

问：你贷给某公司的这笔款子是用什么来担保的？

答：没有担保。

问：那它如果亏损了怎么办呢？

答：估计不会亏的。

问：如果亏了还不上这笔款子怎么办呢？

答：没想过。

问：根据贷款的日期，这笔款子已经到期了，为什么还没有还呢？

答：我问过他们，款子占用在货上还没有回笼。

问：如果该款回不了笼呢？

答：不可能全部回不来，多少要回来一些。

问：这笔款子到期后你催讨过吗？

答：催过。

问：向法院起诉过吗？

答：没有。

问：为什么没有。

答：（不语）……

问：你敢吗？

答：（不语）……（在上述的语用行为的合作过程中，对逻辑环节的提取已足够证实矛盾存在的原因了）

问：你身为行长，违反规定对贷款的企业不验资、不检查、不监督、不调查、无担保，款子到期无回笼，无任何保全措施，后果出现不采取补救办法，不向法院起诉，你能说得通吗？这又说明什么？（提供满足对方产生自我心理强制的条件）原因你不用说谁都清楚！但这件事还要你自己说！

答：（沉默）……他们在贷款时给了我5万元的“好处费”。

问：对方拿5万元就换走了你200万元，你是银行行长，这笔账你是怎么算的。

答：谁知他们到现在还不还呢？

前面设置的语用行为已经充分证明了该行长违章贷款、收受贿赂的目的。这里运用逻辑的语用行为提取了犯罪嫌疑人无法抵赖的特定事实和环节，进行客观的联系和组合，使之能系统化地揭露供述矛盾，证明犯罪结果的过程。

2. 揭谎的情景环节谎言是犯罪嫌疑人抗审的基本方法，揭露犯罪嫌疑人的谎言就能够破坏对抗的心理结构。

（1）存在设立的语用行为特征，是审讯人员把与案件有特殊联系的人和物提取出来，假设他的存在或者不存在，并且将其放进案件的情节中去，让犯罪嫌疑人去自由发挥，因为犯罪嫌疑人本身就是在说谎，他对审讯人员为其设置的人或者物是否存在根本就不清楚，犯罪嫌疑人为了证明自己清楚，只有去编造谎言，审讯人员为其设置的人或者物的存在与否，正好符合犯罪嫌疑人说谎的心理需要，所以犯罪嫌疑人会在审讯人员为其设置的人或者物上再做“文章”、继续说谎，这样就扩大了谎言的范围，便于审讯人员的揭露。例如，犯罪嫌疑人在某一时间内，根本就没有见到某人或者某物，而犯罪嫌疑人则谎称自己见到某人或者某物，为了让犯罪嫌疑人的谎言暴露，审讯人员可以为其设立某人或者某物根本就不存在。语用行为方法：“你到某人的单位去看过某人的出差报销单吗？在你说的时间范围内某人根本就不在本地，这些我们已经调查过了，你是如何能见到某人的？”如果这时犯罪嫌疑人表示默认，审讯人员就可以直接来揭露犯罪嫌疑人的谎言，如果犯罪嫌疑人要狡辩，审讯人员应当立即阻止，并且直接告知犯罪嫌疑人不要再说谎了，以此来进一步证明犯罪嫌疑人被揭露的谎言，强化犯罪嫌疑人的心理认识。

（2）情景设立的语用行为特征，是审讯人员用假设的情景，放进案件的情节中去让犯罪嫌疑人用谎言去发挥，待其谎言全部暴露之后再予以揭露。例如，犯罪嫌疑人在某一特定的时间没有去某宾馆见过某人，而犯罪嫌疑人谎称自己在某一特定的时间去某宾馆见到过某人。情景设立的语用行为方法：例如，贪污犯罪行为人自己把公款贪污了谎称钱送给了别人，在接受讯问时，犯罪嫌疑人一再坚持钱是送到对方家里的。设立证明谎言的语用行为如下：问：你送钱时收钱人在干什么？答：在看电视。问：哪天？答：12 月 25 日晚上。问：正好那天晚上停电怎么能看电视？（设立的特定情景，实际上根本就没有停电）答：开始是停电点蜡烛的，后来有电了才看电视的。因为本身送钱的经过就是假的，这样他的谎言就能够被证明出来了。

（3）气象设立的语用行为特征，是根据天气情况来为犯罪嫌疑人设立的谎言证明方法。犯罪嫌疑人在实施犯罪以后，为了逃避法律的惩罚总是要进行情景的选择，有的选择自己没有去过现场，有的选择自己没有作案的时间等。那么犯罪嫌疑人在作案的时间范围内，人在什么地方？人在干什么？犯罪嫌疑人通常的语用行为表述：“当时我在什么地方，在干什么。”因为犯罪嫌疑人当时在犯罪现场，不可能在其他的什么地方，因此犯罪嫌疑人对他自己编造的地方的当时情况根本就不了解，为了证明自己在某地，只有编造谎言，这时审讯人员把气象情况加进犯罪嫌疑人的谎言里，让犯罪嫌疑人去充分地发挥，然后一举揭露。例如，审讯人员告诉犯罪嫌疑人某地在某时下了一阵小雨，并且问犯罪嫌疑人在下雨的时候你在干什么？因为当时犯罪嫌疑人根本就不在某地，所以对某地是否下雨根本就不清楚，因此犯罪嫌疑人就会采取默认的语用行为方法，再问："在下雨的时候打的是什么样的雨伞?"以此来逼着犯罪嫌疑人说谎，达到揭露谎言的目的。

（4）环境设立的语用行为特征，是犯罪嫌疑人为了掩盖犯罪事实，经常用谎言来描述某地的情况，以示自己曾经到过某地或者是从某地而来，环境设立是为犯罪嫌疑人设立某地的环境，以此证明犯罪嫌疑人对某地环境的说谎。例如，某位犯罪嫌疑人谎称自己于某年某月某日下午 15 时前往自己的朋友小李家，不在犯罪现场。当时的审讯人员为了摸查清楚对方到底是不是去了他的朋友小李家，采取了环境设立的方法来测试对方是真的去了他的朋友小李家还是在说谎。审讯人员的语用行为表述：你朋友当时在家做什么？当时在家里的人有几位？结果这位犯罪嫌疑人回答的完全不对。再如有的贪污贿赂案件，犯罪嫌疑人自己将公款贪污了却谎称送给了别人，由于是"一对一"的案件，一个人说给了，而另外一个人说没有拿，当审讯人员问及犯罪嫌疑人款子是怎么送的时候，犯罪嫌疑人称是送到对方的家里的，根据了解，犯罪嫌疑人根本就不认识对方的家，审讯人员便采用了环境设立的方法来进行证明，语用行为表述："你既然到对方家里送钱，就应该知道他们家放置在客厅里的沙发，是皮质的还是人造革的?"犯罪嫌疑人说是皮质的，当时我就是坐在客厅的沙发上的。而实际上客厅里根本就没有沙发，只有几把椅子。

总之，证明谎言的语用行为技巧，可以从不同的角度，借助一切可以借助的条件，放开来让犯罪嫌疑人充分说谎，并且有意识地帮助犯罪嫌疑人扩大说谎的范围，达到充分揭露谎言的目的。这里应当注意的是在设立情景和环节时，语用行为的涉入应当与犯罪嫌疑人的语言情境要统一，应当在顺应犯罪嫌疑人的语言情境的条件下，涉入证明的情景与环节，才能够被犯罪嫌疑人确认和借用，才能够被融入发挥。否则，如果对犯罪嫌疑人说谎的语用行为进行阻拦，或者，审讯人员的自我形态的表露，不能顺应犯罪嫌疑人说谎的语言情境，被犯罪嫌疑人认为他的谎言已经被怀疑或者已经被识破，那么审讯人员所设置的证明环节和情景，就不能起作用。

3. 揭谎的定向环节坚定的信念和态度，会对犯罪嫌疑人的心理产生重要的影响，坚定的语用行为能够强化坚定的信念和态度。犯罪嫌疑人对审讯人员行为态度的坚定程度的评价，是从审讯人员的语用行为中获取的。在犯罪嫌疑人接受讯问的时候，为了摸审讯人员的底，判断审讯人员到底掌握了哪些犯罪事实，总是会千方百计地从审讯人员的语用行为中获取信息。审讯人员的语用行为所反映出来的坚定程度，是犯罪嫌疑人分析判断的基础。如果审讯人员对某一事件的语用行为的表述不坚定，那么犯罪嫌疑人就会分析判断不坚定的原因。显然，语用行为的表述不坚定就是对某一事件不能充分地肯定！因此，也就是对犯罪行为是否存在的不肯定，获取了这样的信息，就会强化犯罪嫌疑人的对抗心理。

与此相反，如果审讯人员对某一事件的语用行为表述是坚定的，那么犯罪嫌疑人就会认为这种坚定的语用行为是对犯罪行为暴露的肯定。犯罪嫌疑人的侥幸心理的支点，就会被拆除。在审讯实践中审讯人员的语用行为越坚定，犯罪嫌疑人的对抗程度就越弱，与此相反就会导致讯问活动的失败。审讯人员语用行为的坚定程度，不是依靠讯问人员语言声音的高低表现出来的，而是依靠定向的语用行为反映出来的。

定向的语用行为反映出审讯人员对某一事实全力以赴的行为态势，是对语用行为目标的坚定态度和确认。语用行为目标是讯问活动的着力点，是对抗双方的重心，在双方的力量发生偏移的时候，重心就会发生偏移。例如，有一起贪污案件的财务人员，贪污了巨额公款后销毁了全部账目和财务凭证，被传讯后谎称财务账目被盗，自己不知账目的下落。

讯问人员开门见山地问：你保管的财务账目必须要交出来！（讯问人员表现出了坚定的语用行为）

答：我不知道账哪里去了！可能是被小偷盗走了。（这里回答的语用行为也是坚定的）

问：小偷要你的账干什么！你不要再编了！账哪里去了？（进一步强化坚定的态度）

答：（不语）……（这里否定的坚定程度开始减弱）

问：我现在就是问你账哪里去了！

答：（不语）……

问：你必须把账交出来！在这里你没有任何退路！

答：（不语）……

问：因为单位的财务账目不是你的私有财产，所以你必须要交出来！没有其他的余地！

答：账被我撕毁了。

问：那就请你把它恢复起来！

答：（不语）……

问：账是怎么撕毁的？

答：因为是小金库的账，钱被用了，就把账撕毁了。

问：撕毁的账在什么地方？

答：在我家的废纸桶里面。

问：账上的钱谁用了？

答：我用了。

问：用了多少？

答：可能有一二十万吧！

问：做什么用了？

答：平时用了一些，另外一些存银行了。

问：存折在哪里？

答：在我家卫生间顶棚的夹层里！

办案人员提取了被撕毁的账目和存折，成功地将该案交付了审判。这起贪污案件的审讯成功，表现出了审讯人员的准确判断和坚定的目的性，从而使犯罪嫌疑人不得不交出犯罪证据，起关键作用的是审讯人员全力以赴的定向语用行为。审讯活动中的语用行为的定向性，就是围绕审讯目标的定向语言活动，语用行为特征是审讯人员的坚定决心，即不把犯罪事实交代出来绝不罢休的决心，以此动摇犯罪嫌疑人的侥幸心理。例如，在审讯一起犯罪嫌疑人翻供的案件中，审讯人员为了查明翻供的原因和真实的犯罪事实，审讯人员围绕犯罪嫌疑人为什么翻供展开了追讯。

问：你为什么翻供？

答：（不语）……

问：为了证明你的认识态度和行为表现，我们必须要弄清楚你翻供的原因，这同时也是你的认识问题，所以你必须讲清楚，不讲清楚这件事情是不会结束的！

审讯人员的决心，使犯罪嫌疑人的心理受到了强制，不说明原因是过不了关的，说了原因就等于交代了犯罪事实，左右为难，因为眼前的难关犯罪嫌疑人只得选择交代放弃对抗。语用行为的定向作用能够有效地对犯罪嫌疑人的谎言实施心理干预进行定向震慑，完成犯罪嫌疑人自我心理强制的认知过程。

4. 揭谎的“特情”环节犯罪是一种行为关系，是一系列情景相互联系的行为关系，犯罪是一系列情景关系的行为结果，这种相互联系的情景行为关系，能够有效地证明犯罪行为。通常犯罪嫌疑人为了否定自己的犯罪行为，总是要在这一系列的犯罪情景相互联系的行为关系中，找出特定的情景关系进行歪曲、说谎，以此作为否定犯罪的理由。犯罪嫌疑人选择的特定的情景关系就是“特情”关系，审讯人员对犯罪嫌疑人“特情”关系的语用行为干预，就是为了矫正被否定、歪曲的行为情景关系。

“特情”关系的语用行为干预的作用在于通过提取某相互联系的个体情节和细节的存在与否的关系，予以证明另外一行为关系的存在与否。反过来，犯罪行为的存在与无必然联系的某些事件、物品、行为、语言的特定情景存在着关联性，这种关联性足以证明犯罪行为的存在，通过这种证明的过程来满足对犯罪嫌疑人的自我心理强制干预。这种干预或者证明的过程必须是充分的，如果这种干预或者证明不够充分，犯罪嫌疑人就可能会找出否定的理由，这个理由就能够帮助犯罪嫌疑人解脱自我心理强制。用来干预或者证明犯罪行为存在的某些事件、物品、行为、语言的特定情景必须真实可靠，才能揭露谎言，成为犯罪嫌疑人不可否定的理由。

例如，北京市公安局的预审官汲某在审讯外国派遣间谍李某时，就采用了证明法取得了审讯的成功。李某是以合法身份，通过合法手续进入我国进行间谍活动，合法的身份是他的护身符，为了剥掉李某的合法外衣，汲某针对李某自称是来自中国某大学专门进修先秦文学、研究管子的专家，巧引了先秦文学的历史典故，通过证明法，诱其深入。他对这位自诩为“管子专家”的李某提出问题发问道：“老马识途”，总该知道吧？李某只顾翻白眼，回答不出来。汲某代之作答：这个典故出自《韩非子·说林》。齐桓公曾带兵攻打孤竹国，孤竹国国君派手下的黄花元帅向齐军诈降，将齐军诱入迷谷。只见四周山崖陡峭，狂风怒吼，飞沙走石，寒气逼人。齐桓公见状忙叫人去找黄花元帅，岂料黄花元帅早已不见踪影。齐军大乱，左冲右突，自相践踏。齐桓公忙叫管仲献计。管仲说，老马能记住它所走过的路，我们可以利用马的这种灵性渡过难关。齐桓公叫人挑选了几匹从孤竹国的军队中俘获的老马，解开缰绳，让它们随意行走，各军的大队人马跟着这些识途老马，终于走出了可怕的迷谷，最后击退了孤竹国的军队，平定了边境的祸患。汲某运用有关管子的典故，使李某瞠目心慌、汗颜，汲某乘势进击，直指要害：“你这管子专家，对‘老马识途’却茫然无知，这不是很奇怪吗？看来你对管子的学问很不在行啊。”汲某进而又一针见血地对其揭露道：“你的功夫也没有使到学术研究上。你始终另有使命，你始终在从事一项见不得人的勾当。”汲某接着又乘势造势，猛烈攻心，对其施加心理压力，终于迫使李某这个巧于伪装的异国间谍，承认自己的间谍身份，并且交代了他收集我国情报的罪行。

“特情”关系的语用行为干预有：时间、地点、人物、常识、关系、情节、细节、环境、天气……例如，时间的干预条件，审讯人员为了证明犯罪，讯问犯罪嫌疑人在案发时间的行动和活动情况，以此来证明犯罪嫌疑人有犯罪存在的条件。例如，交通肇事逃逸案件，犯罪嫌疑人开车撞人后逃跑，经过目击者辨认，犯罪嫌疑人否认自己有肇事逃逸的行为，车辆上也没有明显的肇事痕迹，这里有当时的一段讯问笔录：

问：星期六的下午四时你在什么地方？

答：我在一家超市门口。

问：你是怎么知道当时的时间就是四点钟的？

答：我是问超市门口的一个修理自行车的老板，他告诉我是四点钟。

问：那天下午在那条路上发生了交通事故你知道吗？

答：我知道。

问：你是怎么知道的？

答：我是听别人跟我说的。

问：谁跟你说的？

答：我们家的邻居跟我说的。

问：在什么地方说的？怎么说的？

答：在我晚上回家的时候，在门口遇到他，他告诉我下午十字路口那边出了一起车祸。

问：你在问超市门口的一个修理自行车的老板时间的时候，是在车祸发生之前还是在车祸发生之后？（特情涉入了）

答：是在车祸发生以后。

问：车祸是什么时间发生的？

答：我不知道。

问：你既然不知道车祸的发生时间，怎么知道你问修理自行车的老板时间的时候，是在车祸发生以后呢？（语用行为的干预开始）

答：（不语）……

问：你根本就不是听别人说的发生了交通事故，你就是直接的交通肇事者！你不但知道交通事故发生的时间，而且你在车祸发生以后，迅速地逃离了现场，此后你又空手步行来到了超市的门口，问修理自行车的老板“现在几点钟了”？让修理自行车的老板证明你不在发案现场。

讯问人员的这段语用行为的干预，把犯罪嫌疑人推进了“自我心理强制”的领域，使其不得不供述自己交通肇事的逃逸经过。这里应当注意在运用“特情”语用行为干预的过程中，语用行为的节奏、语气和声调应当顺应选择的“特情”的语境条件，如果当时的语境条件不能顺应“特情”的语用行为，应当暂时放弃，待条件成熟时再实施。

因为如果“语境”条件不成熟，犯罪嫌疑人在没有退路的情况下容易形成激情状态出现僵局，导致语用行为的不合作状态。例如，前面的交通肇事逃逸案件，讯问人员开始组织运用“特情”语用行为干预：

问：星期六的下午四时你在什么地方？

答：我记不清了。（不合作的语境，条件通道受到阻碍）如果强行运用“特情”语用行为干预，便会出现下列情况：

问：（跨过前面的“特情”）我再问你那天下午在那条路上发生了交通事故你知道吗？

答：我不知道。（语境条件再次受到限制）

问：（自我组织“特情”）那天下午在那条路上发生了交通事故你知道！因为你就是直接的交通肇事者！你不但是交通肇事者，而且你还是交通肇事后的逃逸者！

答：绝对不可能！

问：怎么不可能？

答：不是我干的！（出现了激情状态）

问：就是你干的！

答：你们说是我干的，那就是我干的，随你们的便！（这里出现了僵局）

审讯人员只有再重新组织语用行为才能够使审讯活动继续发展下去。“特情”关系的语用行为干预的语境条件，应当是讯问人员自己创建的，自己能够控制的。

仍然是前面的交通肇事逃逸案件，审讯人员为了创建适应语用行为干预的语境条件，首先运用了无声语言的神态影响，产生情感的沟通。其次是使犯罪嫌疑人产生语言情境的对应反应，使之满足语用行为的语境条件。

问（和蔼的态度、手势告知犯罪嫌疑人）：你请坐！

问：你是做什么工作的？

答：没有具体的工作。

问：正常的生活来源靠什么？

答：家里有房屋出租，有时也做些小生意。

问：最近做了什么生意？

答：最近没做什么生意。

问：不做生意那你干什么呢？

答：跟朋友在一起玩。

问：平时都跟哪些朋友在一起？

答：比较要好的几个朋友。

问：星期六你跟哪些朋友在一起？

答：你说的是星期六的上午还是下午？

问：星期六的下午四时你在什么地方？

答：我没有跟朋友在一起，我在一家超市的门口。（以下的语境使犯罪嫌疑人无法进入激情状态）

问：你是怎么知道当时的时间就是四点钟的？

答：我是问超市门口的一个修理自行车的老板，他告诉我是四点钟。

问：那天下午在那条路上发生了交通事故你知道吗？

答：我知道。

问：你是怎么知道的？

答：我是听别人跟我说的。

问：谁跟你说的？

答：我们家的邻居跟我说的。

问：在什么地方说的？怎么说的？

答：在我晚上回家的时候，在门口遇到他，他告诉我下午十字路口那边出了一起车祸。

问：你在问超市门口的一个修理自行车的老板时间的时候，是在车祸发生之前还是在车祸发生之后？（特情涉入了）

答：是在车祸发生以后。

问：车祸是什么时间发生的？

答：我不知道。

问：你既然不知道车祸的发生时间，怎么知道你问修理自行车的老板时间的时候，是在车祸发生以后呢？（语用行为的干预开始）

答：（不语）……

问：你根本就不是听别人说的发生了交通事故，你就是直接的交通肇事者！你不但知道交通事故发生的时间，而且你在车祸发生以后，迅速地逃离了现场，此后你又空手步行来到了超市的门口，问修理自行车的老板“现在几点钟了”？让修理自行车的老板证明你不在发案现场。

这种变换过的语用行为的干预，同样能够把犯罪嫌疑人推进“自我心理强制”的领域。同样在上述交通肇事的“特情”语用行为的干预中出现的僵局，显然是语用行为的失败环节。如果当时的语境条件不能顺应“特情”的语用行为，就应当暂时放弃，经过语言情境的调整后，待条件成熟再实施。因为语境条件不成熟，说明没有语用行为合作的情态，也就是说丧失了运用“特情”的语用行为的条件。

通过前面的僵局过程可以看出：如果当时审讯人员感觉到语境条件出现了问题，就应该立即停止“特情”语用行为的干预，更换语用行为，就能够避免僵局的出现。通常更换语用行为的方法是在犯罪嫌疑人不知不觉中巧妙地把话题岔开，即便是已经进入了或者已经组织实施了“特情”语用行为的干预，也要立即把它拉出来，避免发展下去的僵局后果。

“拉出”或者“岔开”语用行为目标的方法：（1）接话而岔。就是接过对方的话题，岔开已经设立的语用行为目标。如前面的答话：“我不知道。”接话：“你知道什么？”岔开：“你的姓名知道吗？”为了尽快地进入更换的目标：“你家有几口人？”这样的话题犯罪嫌疑人无法做出否定性的回答，更不可能说自己不知道，这里虽然从一个目标转向了另外一个目标，但是，原来设立的语用行为目标的中心没有变，仅仅是语用行为范围扩大了，无论语用行为的范围扩大到什么程度，都要随时准备重新进入原来设立的目标，继续完成“特情”的语用行为干预。如：“你父母亲是做什么工作的？”答：“工人。”问：“你有兄弟姐妹吗？”答：“有！他们都在上学。”问：“他们上学你在做什么？”答：“我有时跟朋友做点生意，其他没有什么事。”问：“星期六你干什么去了？”

（进入了原先的目标范围）（2）眼前情景。把眼前的情景作为岔开话题的跳板。如前面的交通肇事逃逸案件，问："你手上的伤是怎么回事？"如果是旧伤，可以把它与过去骑摩托车联系在一起，逐渐把话题引向星期六的摩托车肇事的主题。如果是新伤，那么经过推理，正好能够与星期六的摩托车肇事联系在一起。（3）跨越结果。从对方回答的结果，进行反向顺应。如前面的回答："我不知道！"跨越结果的方法岔开："我知道你要说这样的话！"继续岔开："你知道是什么原因吗？"再继续："你可能还要说不知道！"继续深入："因为你是怎么想的我知道！"这样虽然拉开了范围，但是只要有条件出现，就能够向中心迂回。（4）及时阻止。当对方不利的语义出现，尚未来得及展开的时候，就要及时地阻止对方把话题展开。再如，前面的回答："我不知道！"及时阻止："你别说了，我只想告诉你一件事……"阻止完了以后，至于把话题岔向何处那就是自己掌握了。

第二十章　阳光监督下的讯问技巧

一切职务犯罪案件的侦查讯问活动，任何情况下都必须坚持保护人权的原则，任何情况下都不得强迫犯罪嫌疑人自证其罪，严禁刑讯逼供、暴力取证，只有坚持人道的科学的讯问方法，根据犯罪嫌疑人供述其罪的心理障碍，掌握嫌疑人心理活动导向，从心理矫治、心理疏导的角度出发，帮助犯罪嫌疑人转换自愿供述的心理条件，满足侦查讯问活动中嫌疑人自愿供述基础上的证据提取。

第一节　成功讯问促成犯罪嫌疑人自愿供述

2013 年 6 月，互联网上有人举报东北某市规划局局长王某，利用城市规划的审批权力，大肆收受贿赂，并在北京、海南、内蒙古等地购买商品房。举报引起该市检察机关的高度重视，反贪局经过初查发现王某于 2012 年 4 月，利用担任市规划局局长职务便利，接受时任东北某房地产开发集某有限公司法定代表人（董事长兼总经理）李某的请托，为他开发的房地产项目规划审批提供帮助，收受李某人民币 20 万元。检察机关于 2013 年 8 月对王某立案侦查，并对其采取强制措施，通过对王某的住宅搜查，提取了大量名人字画、名牌手表、珠宝玉器和金砖等贵重物品。

王某对刑法比较精通，接受讯问时除了供认检察机关已经掌握受贿 20 万元的犯罪事实之外，其他犯罪事实拒不供认。王某的对抗表现为，有证据就承认，没有证据就否认。该案初查获得的犯罪证据是有限的，不能有效地从嫌疑人那里转换成证明犯罪的证据，大量的犯罪证据被嫌疑人隐瞒。为了使王某能够彻底供述犯罪事实，讯问人员针对王某在初审时的对抗表现制订了再审计划。

（一）抗审行为分析：

1. 通过对王某案件的初查了解到，在被检察院查办之前，王某被当地纪检监察机关调查过一年，不但没有查到王某的受贿犯罪证据，甚至连违纪的问题都没有发现，调查的最终结果是“王某没有违纪违法问题，继续担任市规划局长职务”。纪检监察机关的调查结果从客观上强化了王某隐瞒犯罪的对抗心理，对其具体的对抗行为也有了明示的方向和经验。

2. 王某在规划局长的位子上经营多年，帮助别人办了许多事情，即便是自己受贿，别人也得到了好处，那些老板们也不会出卖他，不会把行贿的事情说出来的。王某已经建立了社会关系网，在涉嫌犯罪被调查以后，仍然对“后台”和“关系网”充满希望和幻想。

3. 王某曾经被调查过，有了被“打草惊蛇”的经历，王某已经与行贿人订立了攻守同盟，这种串供行为，无疑是对某一具体的犯罪行为的对抗心理的强化。

4. 根据王某在初审时的对抗行为反应，“供述后增加刑罚的处罚和自己利益的损失的顾虑”；“供述后的赃款赃物都会被没收，其日后自己和子女无法享用（子女今后的生活问题）”；“看重自己的名声，包含着多重性（别人会怎样看待自己）”，是王某认罪伏法的主要心理障碍。

5. 通过王某的对抗行为表现反应，可看出他既不是完全的一味抵抗（完全彻底的抵抗），又不会心甘情愿地放弃对抗，坚持有证据自己就供述（自愿供述），没有证据自己坚决不供（拒供），全力对抗逐步放弃（实在隐瞒不了的就放弃）。这种行为产生的原因来自对自己犯罪事实隐瞒条件的心理认识（有来自行贿人的信息影响，对行贿人和犯罪证据的来源心存幻想），同时对讯问人员还存在着“需求”的心理利益需要。

（二）侦查讯问计划：

1. 矫治王某的侥幸心理，寻找王某的犯罪踪迹。在初步的讯问过程中，王某对自己涉嫌违法犯罪的事实矢口否认，并且企图寻找各种借口狡辩。王某以“你们有证据我就交代”的抵赖心态，作为对抗的心理支点的行为表现比较明显。这种行为表现的心理基础是“你们说我抵赖我也不是完全抵赖，你们有证据我就说，没有证据我就不说”。这种心理行为的支点多为侥幸心理支配，心存侥幸的心理基础是犯罪行为的隐蔽性，其中有对涉案人员的幻想，认为赃款赃物没有暴露的可能性。

针对王某的心存侥幸，讯问时可以采取逐步推进的方法，通过王某的职务行为寻找其犯罪的蛛丝马迹。首先讯问王某的基本情况及家庭成员情况，然后讯问其平时的业余爱好，再问其经常与什么人谈事情，通过这些事情，一方面可以使王某开口讲话，与讯问人员进行基本的沟通；另一方面讯问人员可以从其供述中，以暗示的方式来破坏王某对涉案人员的幻想。比如说，“你进来有不短的时间了，你的朋友或者上级也应该来看看你呀！平时都很关心你的，现在也更应该来关心关心你呀，是不是人心隔肚皮，都是自保自啊?”注意观察王某此时此刻的反应，是否有短时间的“定神”，如果有，说明暗示起了作用。

其次从王某任职期间分管工作入手，找准王某特定时期的职权范围，哪些事情是他可以决定的，哪些事情是需要开会讨论才能决定的，哪些事情是需要请示报告才能决定的，查明这些情况，可以使外围调查更有针对性，从而使调查达到事半功倍的效果。从王某任职期间决定上马的工程、固定资产投资和招商引资工作等情况入手展开讯问，可以迅速找准王某与有关企业老板的利益点，为进一步突破其心理防线打下坚实基础。这一部分内容还包括土地拆迁、城区改造，这些都是社会矛盾的聚焦处，是社会利益焦点所在，知情人多，涉及面广，有利于办案人员捕捉信息收集相关证据。

讯问人员可以采取以下两种办法，了解和掌握王某对自己工作情况的认识：

(1) 与王某谈城市规划建设。讯问人员可以从王某感兴趣的问题入手，找到话题后，主要让王某讲，讯问人员适时发表点意见，在谈论的过程中，逐渐引导王某主动谈及自己的工作经历和进步发展状况。

第一，了解王某对本地区现实情况的认识，通过谈论对现实问题的看法，把握其思想观念。

第二，要把责任归结到王某身上，让其对引领、助推本地区的不良风气产生自责心理，从而为下一步督促王某交代涉嫌犯罪埋下心理伏笔。

(2) 复原王某的人格基调。从王某任职期间的政绩情况入手展开讯问，是防止王某不开口和能够与讯问人员沟通的有效策略，也有利于王某放松心理戒备。在王某洋洋自得地讲述政绩时，适时赞扬王某的人格基调，讯问人员必须明确认识，王某的人格水准对讯问活动至关重要，其人格基调越高，越容易接受讯问人员的心理影响，供述认罪的顺应性也越强；相反人格基调越低，越容易抵赖不认账。因此，要破除前期的人格“偏低”（王某百般抵赖和看守所的环境影响，已显现出较低的人格特征)，现在要设法抬高王某的人格基调，对顺利讯问突破有着重要作用。讯问人员可以通过语言上和行动上的措施，抬高王某的人格基调。讯问人员一方面要注意讯问语言的运用，做到“三不三多”：不歧视、不讽刺、不挖苦，多讲理、多启发、多鼓励；另一方面在行动上也要充分体现尊重和关怀，例如，帮助解决王某当下需要解决的生活和身体方面的困难，让王某产生被尊重的认识和感觉，在心理上逐渐将自己与社会无赖、流氓拉开距离（与看守所里的同号房的犯人拉开距离)，人格基调逐渐被抬高，保障王某不能轻易编制谎言，不再狡辩、抵赖，这是讯问突破王某自愿供述的基础。

此前对王某的讯问发现，“有证据就供，没有证据就抗”的行为，显示出王某的心理对抗支点是“心存侥幸”。讯问人员需要让王某认识到自己确实是因为涉嫌犯罪才被关押被讯问的，在心理上要让王某产生自己有罪的心理认识。产生这种认识的来源主要有两个方面：一是来自讯问人员，二是来自讯问室的环境。

讯问人员向王某施加有罪的心理影响，不是暴风骤雨式的狂轰滥炸或故作声势，而是从讯问人员的神态和语言中反映出对王某的惋惜和同情，让王某自己去感悟。讯问人员的这种心理影响不是被动地让王某去感悟，而是积极主动地尽力使王某觉得自己有罪。例如讯问人员可以对王某说：“你还年轻，还有很多年要干，凭借你的工作能力，还有许多进步的空间，我们真为你可惜……”；“关于你的问题，我们调查的结果已经得到证实，你不想谈谈原因吗……”；“你犯了错误，我们对你的母亲和儿子都很同情……”上述看似不经意的话语，实际上正是讯问人员提供信息，让王某联想产生自己有罪的感知。

讯问人员还可以利用讯问室的环境，对王某施加心理影响。在讯问桌上放置什么东西，平时可能不太被人注意，但这对王某来说却是至关重要的。王某会从讯问桌上放置的东西来判断自己的处境，寻找自己所需要的信息，摸清讯问人员的底线。在王某走进讯问室时，如果看到讯问人员桌子上只放着简单的两张纸，他会联想到检察机关还没有掌握多少犯罪情况，只是怀疑自己，因此会产生相对稳定的定势心理来应对讯问人员。为了避免王某产生上述想法，讯问人员事先应将一大堆材料都放在讯问桌上，尽力让王某把桌子上的卷宗与自己的犯罪行为联系到一起：“检察机关已经收集了大量的证据材料，这些材料是关于自己哪些方面的事实?”让王某越想心里就越没底，越发忐忑不安，达到弱化抗审支点的目的（讯问的原则：讯问人员向嫌疑人提供正确的信息，让其产生错误的认识）。

2. 帮助王某转变利益方向，促进王某自愿供述。转移嫌疑人获取利益的方向，让其把获取利益的方向转移到讯问人员身上，向讯问人员索要利益，是嫌疑人自愿供述的主要心理依据。讯问方法首先是拉近情感距离、强化信任度，尽快建立独立的对主审人员情感的依赖关系，让这种情感依赖直接转移到主审人员的身上。取得王某的信任是促成王某自愿供述的前提，只有充分信任讯问人员，才会有利益方向的转变，王某才会讲真话、实话，才有可能考虑把自己以后的命运交给司法机关。相反，如果王某不信任讯问人员，认为讯问人员是在欺骗他，那么他对自己的问题就会闭口不谈，或者轻描淡写，因此，取得王某的信任意义重大。讯问人员可以采取如下措施获取王某的情感依赖：

（1）利用抑扬关系，使王某与主审人员建立情感的依赖关系。近期讯问先由讯问人员对王某的对抗态度进行训斥，激化王某的对立情绪和孤独感，紧接着主审人员先从对王某关心的人讲起，给予王某心理暗示，表现出自己对王某的关心，使王某的心理依赖尽快转移到主审人员身上。主审人员也可以通过介绍王某子女或亲人的情况，拉近彼此情感的距离。

（2）以情感影响心理。讯问人员所设置的情感事例应当符合王某的心理需求，王某的对立情绪才会消除，才能够被王某信任，才能够使之更换出新的情绪、新的观点，把讯问人员看成可以接近的人，相信讯问人员讲话的真实性。目的是把讯问人员的要求转化为王某自己内心的动力，从而达到自愿供述的目的。

讯问人员应尽量避免使用“受贿”“以权谋私”“犯罪嫌疑人王某”等刺激性语言，可以改为“拿了钱”“办了事”“王局长”等比较缓和尊重的语言。对其一时糊涂犯了错误表示同情，从客观上满足王某畏罪的心理需要，使其情感方向顺应讯问人员的意图。

再有，针对王某自视甚高的心理特点，讯问人员可以与其谈历史、谈哲学、谈人生，使王某充分了解讯问人员的水平，在心理上让王某感觉到组织上是因为重视自己，才选派了高水平的讯问人员与自己谈话，从而对王某的心理产生积极影响，与讯问人员产生双向沟通和情感共识。

最后是树立并展示良好形象，光明磊落、实事求是、刚正不阿，既是讯问人员必备的素质，也是讯问人员需要留给王某的形象。这种形象的树立，还可以通过对王某供述的评价达到目的，对王某在讯问中的真实供述予以肯定和鼓励，作出实事求是的评价，表现出待人办事的公正性，是赢得王某信赖的有效措施。

3. 根据王某在讯问空间里的心理行为变化，挖掘隐瞒的犯罪踪迹，把握心理控制的主动权。讯问过程是讯问人员和讯问对象之间心理较量的过程，心理的需要依附于身体，不能脱离身体而独立存在。细心观察讯问对象的言行举止，包括肢体语言，观察讯问对象的有意识和无意识，对于我们掌握讯问对象的心理活动特点有着重要意义。有经验的讯问人员都会“多看”讯问对象，一个小小的肌肉变动，都会仔细观察、揣摩，从中探知对方的心理活动特点，有针对性地对其进行心理矫治。

为了探寻和准确把握王某的心理活动情况，探试王某对自身处境的认识和判断，讯问人员可以通过讯问王某对自己党籍问题的想法，来探明王某是否心存幻想，是否认识到自己问题的严重性。讯问人员可以通过王某接受讯问时的肢体语言，获取王某的心理认识。例如，讯问人员可以通过帮助对方打开手铐的动作，观察王某的肢体反应。打开手铐后，王某是否有稍微放松的肢体语言出现？面部表情等是否变得更加丰富？讯问人员应当注意到王某面部肌肉是否绷直、眉头是否紧皱，这说明王某的紧张程度；眉头经常下拉，说明其惊恐；将双臂紧紧地交叉在胸前，这表明存在很强的抗拒心理；进入讯问室时，王某猛然坐下，表明其随意的态度下隐藏着巨大的不安；深深坐入椅内后侧表现出较强的心理优势，坐在椅子的前半部分是一种服从的心理状态。

讯问过程中经过讯问人员的策略和信息交流，可能会产生动摇的心理状态。在这一阶段，如果王某表现出目光呆板、双眼无神、游移不定、不敢正视讯问人员，有时脸色苍白、肌肉紧张，低头深思欲言又止，且经常要求讯问人员提供香烟，在语言节奏上表现为缓慢梗塞、无节奏，下意识地唉声叹气，语言的声调变低，有气无力，在此阶段，讯问人员可采取如下策略：

（1）控制王某犹豫的心理状态，加大讯问力度，强化上述已发生作用的讯问方法和技巧。当王某就某一事实的供述产生犹豫时，要抓住不放，加强对这一领域的攻势；如果是逻辑矛盾引起的，要抓住矛盾点不放，限定在某一细节范围内作供述，形成心理证据的压力，促其向心理限制的方向转化。

（2）不轻易答应王某的要求。对于王某的要求，根据情况有针对性地解决，不随便承诺许愿，对于“让我见见我儿子”“让我回去想想再说”“这个问题下次再谈”等要求，不仅坚决拒绝，而且步步紧追，不中王某的缓兵之计。但对于“给支烟抽抽”“喝口水”“号房太冷，能不能想办法解决”“棉被太薄”等要求，则视情况予以解决，以便让其感受到人间温暖，避免产生自暴自弃进而耍无赖的心理。

（3）堵死退路，促其交罪。王某心理动摇阶段的表现，是来源于趋利避害的心理认识，交代还是不交代，是进是退，他需要权衡利弊，讯问人员这时应当抓住王某的这一心理特征，将退路堵死，让其别无选择，只有供述交代认罪。讯问人员常采用的堵退路的方法是：“你的问题已经很清楚，你交代还是不交代不过是迟早的事，还不如争取主动，早点交代，争取宽大处理。”又如“司法机关已经充分掌握了你的犯罪证据，你交不交代只能证明你的态度，而态度的好坏是司法机关处理你的重要依据之一”。

通过对王某言行的观察，讯问人员应当对王某的心理状态有个基本了解，如果还存在有一定的心理优势，讯问人员首要的任务就是去除其心理优势。

4. 复原王某的人格基调，促进供述动机的转变。首先，讯问人员从王某对组织负责的认识角度出发，告诉王某即使在现在这样的处境下，自己仍然可以为组织做一些事情，帮助组织挽救和教育更多的干部，激发起王某对组织的依赖和信任，让其认识到自己是受党教育多年的干部，回想起自己作为一名共产党员的光荣，促使王某在心理上和一般的犯罪嫌疑人拉开距离，复原王某的人格基调。

其次，讯问人员从对法律负责的角度出发，告诉王某其行为已经触犯法律，现在不能心存任何幻想，唯一的出路就是如实交代自己涉嫌的犯罪事实，争取法定的从宽、从轻的情节，这样才能够得到法律较轻的处罚。讯问人员还要明确告知王某，组织上对其本人仍然非常关心和关注，其现阶段认罪和配合的态度，会直接影响到最终的司法审判结果，讯问人员要告知王某司法机关根据认罪态度作出量刑处理的具体法律依据。同时，讯问人员要再次举例向王某说明，量刑的轻重并不完全依据涉案金额，并非涉案金额越大，量刑就越重，司法实践中有的涉案金额小的罪犯被处以重型，有的涉案金额多的罪犯被处以轻刑，认罪态度的好坏对量刑的轻重影响非常大。所以说对于在王某家搜查到的金条和手表等贵重物品，王某必须如实交代，交代清楚了，可能涉案金额会有所上升，但是若交代不清楚，那么就会被认为是不老实、不愿意配合、认罪态度不积极，而后者对量刑的影响更大。

再次，讯问人员从对事实负责的角度出发，让王某认识到，无论其承认也好、否认也罢，自己做过的事情是客观存在的，不会因为自己承认与否而无端消失，自己最好的出路就是实事求是，尊重客观事实，还原事情本来的面目。例如，“有的犯罪嫌疑人已经被判刑以后，因为还隐瞒一些犯罪事实，又被从服刑的监狱拉回来再次审判，被增加了刑期。如果他当时能够全部彻底交代罪行，不但不会加重处罚，而且还会因为认罪态度、自首表现，被从轻减轻处罚”。要对王某在供述方面出现的反复进行及时纠正。每当王某的讯问过程中出现不实事求是、不能如实供述涉嫌犯罪事实，或有选择性地忘记原来的供述时，讯问人员应当及时出示王某自己以前的供述，让其清楚地看到自己的笔录，从而让王某认识到自己态度的转变和思想上的反复不仅是错误的，而且是徒劳的；根据外围的调查情况及时揭露王某的谎言。每当王某企图以谎言蒙混过关时，讯问人员就要抓住时机，向其出示外围调查取得的证据，让王某认识到自己的问题已经铁证如山，不是几句谎话就可以抹杀掉的，只有继续配合，如实讲清楚才是唯一的出路；在生活上给予王某关心和关照。讯问人员要详细了解王某的吃饭、睡眠等生活状况，尽量给予其关照，也适当告知其家属的有关信息。例如，明确告诉王某，其儿子的学习、练习乐器的情况，其父亲母亲也在弟弟家供养，身体健康情况还好，让王某了解到家人的生活状况都还不错。同时讯问人员还要让王某认识到，家人目前还不错的状况，一方面是因为组织关心，另一方面是王某自己认罪态度好，能够积极配合司法机关的结果，只有王某自己首先把问题讲清楚、讲透彻了，才能最大限度地减少对家人工作和生活上的危害。

对王某身体上和生活上予以关心，是最直接的情感影响办法。由于王某被限制人身自由，当生活基本需要不能被充分满足时，讯问人员及时给予其以适当关照，会让王某产生感激之情。例如，在讯问中王某提出需要（比如看守所气温较低难以入睡），讯问人员也可以通过看守所给予解决。

讯问人员在讯问过程中采取的措施和方法，不能符合王某当时内心体验的需求，王某否定的内心体验就会被强化，造成讯问的僵局。只有采用的方式方法符合了王某的心理需求，对其进行帮助、教育、给予一定理解，在生活上给予关心，才能转变王某否定的内心体验，从而消除对抗心理。

最后是树立权威的形象和坚定的信心，给王某施加心理影响，促进供述动机的形成。嫌疑人在接受讯问的过程中，有许多认识决定来自于讯问人员的表现，讯问人员以什么样的形象出现在讯问对象面前，对被讯问人的认识结果会起到重要作用。

（1）讯问人员树立良好的形象和权威。良好的形象和权威是在良好的仪表和风度的基础上，采取以理服人、以法服人，通过对王某施加一定的影响和压力，从而在其心目中形成了威望、信誉和敬意。反之，讯问人员在王某面前蓬头垢面、语无伦次、狐假虎威，就会受到王某轻视，其就不可能心悦诚服地向讯问人员交代问题。讯问人员做到执法如山、刚正不阿、实事求是，能够对王某产生潜移默化的心理影响，有利于促进其彻底坦白交代。

（2）讯问人员面对王某时，必须表现出坚定不移的必胜信心。讯问犹如打仗，要打就打有准备的仗，让王某感受到讯问人员的信心，让王某产生“检察机关对我的问题已经掌握得比较清楚了，这次是做了充分的准备才对我立案调查”的想法。讯问人员可以明确告知王某在自己的“问题”上，一点退路都没有了，只有选择法律层面的谅解和从轻处罚才是最好的出路。

（3）讯问人员应当完全控制自身情绪，不得泄露负面影响。讯问人员的一言一行，都会被王某敏感地关注，因此讯问人员在讯问时，不得随意流露情绪变化，要做到不喜形于色、不怒形于容，镇定自若、沉着老练，语言生动、严密、合乎情理，富有逻辑，知识渊博、经验丰富，情绪饱满、明察秋毫，既让王某抓不住重点，摸不清楚讯问人员对什么感兴趣、对什么不感兴趣，又让王某肃然起敬，被讯问人员威严的力量所震慑，从而促使其感到只有完全交代问题才是唯一的出路。

5. 针对王某供述的心理障碍的应对方法。

（1）用攻击性来把握主动性，巧用联想反应讯问的方法。在对王某的续审阶段，讯问人员保持攻击性是把握主动的前提，也是制服犯罪的前提。攻击性就是积极、自觉、主动地发起进攻，牢牢把握讯问的主动权。在讯问技巧方面，讯问人员主动向王某灌输信息，使得其形成讯问人员所需要的观念，这种观念就是犯罪行为和事实已经被讯问人员掌握，只有如实交代罪行对自己才最有利。为了使这种观念对王某产生心理影响，需要帮助王某建立联想反应的平台，才能使这一信息在王某的心灵深处产生作用。在审讯实践中，嫌疑人意识形成的信息动力来源，产生于讯问人员积极的攻击性和信息刺激产生的联想。在很多问题上，需要王某形成一种观念，就需要依靠王某的联想来完成。讯问人员需要利用一些信息，使得王某产生被控的联想，从而失去赖以对抗的心理支点

（这里的错觉不是来源于欺骗，而是讯问人员利用正确的信息，促使犯罪嫌疑人主动产生对自身犯罪的联想，这是审讯方法的必胜法宝），促发王某产生供述动机。

（2）借助点滴客观的犯罪事实或者某一情节，对王某进行心理引导。利用已掌握的证据材料，抛出一点，牵出一条线，带出一个面。抛证据“点”的关键是时机的把握，时机的把握分三种层次：较低层次，抛出去的证据不仅起不到让犯罪嫌疑人交罪的目的，反而被其知晓司法机关掌握证据的底细；一般层次，抛出一点证据，犯罪嫌疑人交代一点问题；较高层次，抛出一点证据，犯罪嫌疑人交代一大方面的问题。例如，已经提取王某的手机通话记录可以做这方面的利用。

（3）借助法律规定的某一特定内容，展开对王某的疏导。讯问人员不喊老口号、不简单化、不程式化地运用法律，而是直接告诉王某，自己的处境非常不好，已无路可退，只有态度好、积极配合，走坦白从宽的道路才是正道。运用好这一策略，关键在于讯问人员所讲的话要被王某真正听进去，而王某能否真正听进去的关键，又在于讯问人员告诉王某的信息，是否能够使其确信，从而认识到讯问人员所告诉他的都是真实的，只有按讯问人员指明的路走才是唯一出路。例如，在初查时得知王某对刑法略知一二，常看报纸，就抓住机会告诉王某：“根据我国刑法的有关规定，受贿数额在人民币 10 万元以上且情节恶劣的，就有可能被判处很重的刑罚，但另外，刑法总则也规定了如果有自首、认罪态度好等情节，也可以从轻处罚。”讯问人员还应该让王某知道：“在执法实践中，对有些受贿数额多的犯罪嫌疑人的量刑，反而比受贿数额少的犯罪嫌疑人量刑轻，就是这个道理。有些干部被宣判后在报纸上都会刊登消息，既然你经常看报纸，对这方面的事情应该有充分了解。”让王某通过读报看新闻，对国内涉嫌职务犯罪公务员的处理结果有所了解，特别是宽严相济的案例。讯问人员提供给王某的信息要符合其内心的确认和判断，这样就得到王某的认可，讯问人员将法律依据明确告知王某，且为其指明出路（即争取自首、坦白、态度好），让王某自己觉得无路可退，只能坦白犯罪事实。

（4）寻找能使王某默认的环节充分利用。王某在接受讯问时，并非全部犯罪事实都能够直接承认，还有一部分要靠默认来确定。这是因为默认的心理压力要比直接承认的心理压力小得多，所以讯问人员在讯问时，设法让王某对某些事实表示默认，然后再让其直接承认，分为两步走，是一个有效的突破策略。

例如，王某对于某些犯罪事实，开始不会直接承认，只是表态“我记不清楚了，以你们调查的为准”，面对此情况，讯问人员不要急于求成，而是不动声色，先让其默认，过一段时间再针对该问题重新讯问，王某往往就会直接供述。在个别重要的犯罪事实上，王某防守得比较紧，从默认到承认，逐层递进撕开其心理防线，在心理上为王某提供缓冲平台，最大限度地降低王某的对抗情绪，反而比一味强攻的效率更高。讯问时要保持冷静，稳扎稳打，不急于求成。在讯问的对抗阶段，主要是稳定王某的心理，避免产生激烈的对抗情绪，讯问人员不要贪多、不急于求成、不立即揭穿，而是要立足于供述的准确性上，抓住主要矛盾稳步推进。

（5）巧用设谎（导谎）捉谎术。王某在整个的对抗阶段，难免会出现一些谎言。讯问人员不要直接训斥王某说谎，免得激起抗拒心理，需要做到既揭露谎言又不与其正面冲突，既让王某如实交代罪行又不摆出一副教训人的姿态，是讯问人员面临的挑战。讯问人员巧用设谎捉谎术，以达到巧妙揭露王某谎言的目的。说谎人最担心的是涉及事实的细节，细节是谎言链条上最薄弱的环节，对于讯问人员来说，也是最容易利用的一环。要使王某暴露自己的谎言，就应盯住细节不放，抓住细节的同时，再利用细节设置谎言进行导谎，从而扩大王某的谎言，最终达到暴露王某谎言的目的。

（6）降低王某对抗行为的对应能力，迂回前进，探明王某的顾虑，准确把握其心理状态。与王某谈贵重物品来源的初期，以轻松的方式与其交流，不施加压力，不强逼硬攻，甚至不坐在讯问台上，而是坐在王某身旁的椅子上与其谈话，也可以为其打开手铐，把香烟或者茶水放在王某的座位上，想抽烟喝水随时可以抽可以喝。在这种比平时讯问放松的气氛中，让王某谈谈心里话，谈谈对自己未来可能面临的各种情况的认识，通过王某自己的认识，了解王某的想法和顾虑，王某可能会把自己的量刑结果和涉案金额联系起来，产生“说的越大，对自己越不利”的顾虑，然后再帮助他去除心理障碍。

（7）意志坚定保持持久的攻击态势。有效的讯问策略离不开讯问人员坚定的意志力、持久的耐力和必胜的信心，轻描淡写、浅尝辄止和信心不足，都是讯问的大忌，从某种意义上来说，讯问工作最大的策略就是持之以恒。讯问的过程异常艰苦，它不仅是讯问人员与王某之间的智力较量，也是双方心理耐力的较量，谁能坚持到最后，谁就是胜利者。王某长期担任城市规划的领导职务，有显赫的身份和职位，也是其多年呕心沥血、发奋努力的结果，一旦接受讯问承认自己犯罪，将意味着自己多年奋斗所拥有的一切都会随之消失，后果不堪设想。因而，王某在讯问中表现出了坚忍的耐力和持久力，不到最后关头绝不会轻易举手投降。面对此情况，讯问人员以更加高昂的精神状态和更加顽强的斗志，以必胜的信心坚定地迎接最后的胜利。面对王某的顽抗，讯问人员表现出更加强大的心理耐力，既不急于求成，也不匆忙收兵，咬定青山不放松，稳扎稳打，逐步推进。

上述讯问计划制定以后，办案人员随即展开对王某的审讯。

讯问实施

××市人民检察院讯问犯罪嫌疑人笔录（第 5 次）

时间：2014 年 9 月 16 日 14 点 48 分至 16 日 19 点 41 分

地点：××市看守所

犯罪嫌疑人：王某，男，19××年××月××日出生，汉族，中共党员，大学本科学历。

身份证号：（从略），××市规划局党组书记、局长。

现住址：（从略）

问：我们是检察院反贪局的工作人员×××、××（出示工作证）。现在对你涉嫌犯罪的问题进行讯问，核实你涉嫌的犯罪的事实，你要如实供述与案件相关的情况，与案件无关的问题，你有拒绝回答的权利，本次讯问全程同步录音录像，你听清楚了吗?

答：我听清楚了。

问：这几天考虑得怎么样了?

答：我该说的都说了。

问：还有没说的呢?

答：我想不起来了，我感觉是没有什么要说的了。

问：王局长啊你还是认识上出了问题，一年前你被纪委调查过，从表面上看你没有受到处理是件好事，可是产生的后果却不是一件好事，这个结果更激发了举报人和一些相关的机关对你的问题的关注，导致了你的问题被移交给检察机关进行彻查的结果。如果当时纪委对你的问题调查时，你能够主动把问题说清楚，那么结果就不是今天的这个样子，对你来说可不是好事反而变成了坏事?

答：（低头不语）

问：你的那些问题也是客观存在的，你不说别人不说吗？举报人为什么对你的问题了解得那么清楚？那些老板们是心甘情愿地把钱给你的吗？如果你还采取过去的态度，那么结果会怎么样呢？那么结果肯定会引起省级领导的高度重视，把你的问题上提一级，让高水平的机关把你的问题彻底查清楚，到那个时候你就不是今天这样的结果了。因为你的问题是客观存在的，不是你自己能够回避了的。根据你目前的态度发展下去，省检察院很可能要派专案队伍查清你的所有问题，到了那个时候你的问题就会上升到“情节特别严重”的程度，那么处理的结果也就特别严重，那个时候你就会后悔了，就像以前你被纪委调查一样，后来升级到了我们市检察院。你现在还有退路，我们这是在帮助你，希望你能够通过我们的教育重新站起来，认识错误改正错误。

答：（不语）

问：你前面能够主动交代20万元的受贿问题，这很好！说明有了悔罪表现，会得到法律的从宽处理的。但是经过近一段时间的调查，你还有一些问题没有主动说，你刚刚有了功，又出现了过，你让别人想帮你也很难找到帮你的理由。我们不是为了让你交代许多的问题，而是让你能够对自己的问题有一个好的态度，能够有悔罪表现，得到从宽的处理，这是我们帮助你的出发点。

答：我想来想去也就拿过这一笔20万元，其他的我确实没有拿过。

问：你的问题是早说和晚说的问题，你现在的情况只能是拖延自己的时间，你的那些问题都是客观存在的，早晚你都是要说的，你为什么不争取时间，争取“取保候审”的条件，获得跟家人团聚的权利呢？你现在的情节已经达到刑法规定的最高标准，已经是定型了的，你现在唯一的希望就是设法获得法定的从宽条件，你现在处在一个人生的十字路口上，何去何从，需要你用自己的智慧去判断、去抉择，到底该以什么样的态度来解决自己的问题，把不利的方面转为对自己有利的方面。

答：除了上次跟你们交代的那20万元，其他的确实没有了！

问：你说的是哪一笔20万元？

答：就是2012年春节期间，巨华房地产开发的房地产项目规划审批我提供帮助，张巨某送给我的20万元，我上次都说过了。

问：还有呢？

答：没有了！

问：怎么可能没有呢？在你家里找出来的那些东西不会是你自己买的吧！

答：你们说的是什么东西？

问：你家里的东西你能不知道吗？

答：我不知道你们说的是哪些东西。

问：当时的扣押清单你不是签过字的吗？

答：你说的是手表那些东西？

问：你就说说那块劳力士吧！你该不会说那块表是你自己买的吧！

答：（不语）

问：谁买的？那一块表是有编号的，在哪里销售的都是有记录的！

答：是金煌房地产开发公司的张老板买的。

问：在哪里买的？

答：在我国香港特别行政区买的。

问：你是怎么知道在那里买的？

答：因为买表的时候我也在场。

问：你是怎么去的？

答：当时张老板邀请我去考察，实际上是去旅游的。

问：张老板叫什么名字？

答：叫张海某。

问：还有谁一同去的？

答：就我跟张老板一块去的，原来我爱人也准备去的，后来因为单位有事，走不开就没有去。

问：是什么时间去的？

答：大概是2013年5月份，具体时间我记不清楚了，这要查一下通行证。

问：张老板给你买的这块劳力士手表花了多少钱？

答：大概是11万多元，当时还打了折扣，价格发票上有。

问：发票呢？

答：发票当时张老板也一块给我了，回来后放在家里的什么地方我也忘记了。

问：张老板为什么给你买这么贵的手表？

答：因为他们开发的房地产的那块地，在规划上我给他们帮了忙，提供了一些帮助，他是为了感谢我。

问：张老板除此之外还给你买过什么？

答：还有就是那两根金条，当时在那边看到黄金比大陆便宜，张老板就给我买了两根。

问：两根金条多少钱？

答：我记不清楚了，以发票为准。

问：发票呢？

答：在我家里是我爱人保管的。

问：还有呢？

答：其他我想不起来了。

问：张老板还给你买过什么东西？

答：没有了！张老板就给我买过这两样东西。

问：除了在我国香港特别行政区买的东西之外？

答：没有了！

问：你还是有顾虑啊？

答：（沉默不语）

问：你是专门负责城市建设的规划局长，这几年本市的城市建设发展得很快，整个城市焕然一新，你做出了巨大的贡献，老百姓是不会忘记你王局长的。

答：谢谢！

问：我们对城市规划是外行，你能给我们讲讲吗？

答：在规划局干了一辈子了，大学毕业就在规划局了，酸甜苦辣都有，规划一座城市不是在图纸上画画就算完事的，它的牵涉面太大了，土地拆迁、旧城区改造、绿化、配套设施、资金都要跟上，这些都是矛盾的聚集点，说起来容易干起来难啊！

问：你在规划局长的位子上不是干得很好吗？关键是现在的社会风气出现了问题，我想你在这一方面一定会有深刻的认识的。

答：是的，我们处在这个位置别人来办事总是要给些好处，如果我们不收，他们就会以为我们不想给他办事，如果收了他们的好处又违法。

问：你在任职期间在城市规划建设方面给别人帮了不少的忙，别人回报你也是情理之中的事情，现在有些老板还是这样说，出于对你的感谢，送钱给你也是自己的一片心意，知恩图报是人之常理。在这一方面是你的认识出现了问题（双关语），我们通过你们的“通话”记录找到了他们，他们说得也比较客观，因为现在的社会风气，托人家办事不表示感谢情理上说不过去，他们付出的感谢在公司的账面上都有记录的，例如在金煌房地产开发公司的账目里，就有与你的“好处”往来，你不想说说原因吗？

答：我跟金煌房地产开发公司没有其他的经济往来，只有2010年春天，在他们公司购买了一套住宅和一个车库。

问：是哪里开发的住宅？面积是多大？

答：是张老板开发的××××，建筑面积是164.03平方米。

问：你是以什么价格购买的？

答：每平方米1400元的价格购买的。

问：当时开发公司对外的实际销售价格是多少？

答：每平方米2800元的售价。

问：为什么当时的销售价是2800元每平方米，而你只付每平方米1400元的价格买了这套房子呢？

答：情况是这样的，大概2010年年初的时候，我去张老板的办公室找他，准备给父母买一套房子，要楼层低点的。张老板说××××有套房子，是一楼还带个小院子，房价是2800元每平方米。张海某带我去看了这个房子，房屋面积有160多平方米，我看中了，就说给便宜点我要这个房子，在房子附近再给我找个车库。没过多久，我安排我弟弟去张老板的房地产公司交房款，房款按每平方米2800元的一半1400元钱的价格交的房款，房款交了229642元钱。

问：还有呢？

答：我还买了一间车库，建筑面积是23.81平方米，55000元购买的，车库市场价值为105000元，也是按照半价给我的。

问：车库和住宅房你总共付了多少钱？

答：28万多元。

问：应该付多少钱？

答：应该付的市场价不到60万元。

问：差价你付了没有？

答：没有。

问：为什么不付。

答：因为当时跟张老板说好的只付一半的房款，是便宜一半的价格卖给我的。

问：你的房产证办了吗？

答：办了，办到我弟弟的名下了。

问：实际这个房子是谁的？

答：是我的。

问：为什么要把房子办到你弟弟的名下？

答：因为我是规划局的领导，不想在自己的名下有那么多房产，怕影响不好。

问：买房子的这229642元钱、车库55000元钱及天然气2600元钱是谁出的？

答：是我给我弟弟的。让他去交的房款。

问：购房款、车库款钱的来源？

答：我生活的日常积累。

问：你在张海某开发这个项目时利用职务帮过他吗？

答：帮过，利用职务便利帮助办理规划手续审批顺利些。

问：你知道你上述低价买房属于什么行为吗？

答：这是违法违纪行为。

问：继续说！

答：其他的就没有了，我就低价买过这一处房产。

问：我们知道你现在还有顾虑，你还有许多的问题没有说，我们不希望你走老路，希望你能够被从轻处罚，这是我们的出发点。你也有不少的朋友，大家对你也是非常关心，包括那些曾经得过你好处的人，都希望你能够得到从轻处罚。他们也是出于对你的关心，问我用什么方法最好！他的意思是能够有自首的情节最好，我跟他的意见是一致的。因为你现在的问题已经达到了刑罚的最高极限，最好的方法就是降低这个极限，唯一的方法只有法定的条件。前不久一个杀人犯，因为主动交代了杀人的情节，被从轻处罚了，相反如果坚持对抗，那么处罚的后果要严重得多，所以这个杀人犯选择的方法是聪明的。我们国家的刑罚对犯罪人处罚的根据，主要是看对社会的危害性，这个危害性的标准主要是情节，受贿的情节主要是“数额和行为人的认识态度”，刑法为什么把受贿的数额只规定到10万元以上为最高刑，上没有封顶，也就是说只要达到10万元以上，无论数额是多少，是一样的量刑结果。还有一个因素就是行为人的认识态度，是情节的又一标准。刑法还规定情节的等级问题，情节特别严重的，处死刑，并处没收财产。再有关于行为的认识态度《刑法》第六十七条规定的自首，指犯罪以后，如实供述自己的罪行的，是自首。对于自首的犯罪分子，可以从轻或者减轻处罚。其中，犯罪较轻的，可以免除处罚。被采取强制措施的犯罪嫌疑人能够如实供述司法机关还未掌握的本人其他罪行的，以自首论。犯罪嫌疑人虽不具有前两款规定的自首情节，但是如实供述自己罪行的，可以从轻处罚；因其如实供述自己罪行，避免特别严重后果发生的，可以减轻处罚。

我们希望在处理你的法律文书上有“自首”这两个字。因为根据你现在的情况你是一点退路都没有了，事实情况都放在那里，唯一的方法就是如何来降低自己的损失，早一点回家，这是我们的希望。你儿子年纪还小，需要你的呵护和培养。你没有必要在这里硬撑着，耽误我们的时间，同时也耽误你自己的时间，我们每一个人都要学会趋利避害。过去古代的人都懂得“丢卒保车”，你需要保的“车”就是早日回家与家人团聚。现在在你的身上已经不是数额多少的问题了，因为你的涉案数额已经超过了刑罚规定的标准，安徽的原副省长王怀某，涉案的数额要低于原省委副书记王昭某，而王怀某却被判处了死刑，王昭某被从宽处罚，就是因为王昭某的认罪态度，有自首的情节。你应该学谁呢？隐瞒的结果只能是被重罚，你的那些事都是客观存在的，隐瞒已经失去了意义，检察机关如果不掌握你的问题，能把你送进看守所吗？

答：(不语)

问：在你接触的老板圈子里，你自己排排队与他们的经济关系，你交往的老板圈子我们也比较清楚，你就先从光华房地产开发集某公司的王某开始吧！

答：王某给过我一套复式楼房。

问：在什么地方？

答：××小区复式楼，还有车库一个。

问：是什么时间？

答：2012年6月。

问：这栋房子是他主动给你的还是你索要的？

答：不是我索要的，是他主动给的。

问：他为什么要给你房子？

答：光华公司在本市规划局办理规划审批需要我的帮助，没有我的帮助他们开发的项目审批不了，他是为了感谢我的帮助，就给了我这么套房子。

问：这套房子价值多少钱？

答：听他说市场价要值300多万元。

问：你付了多少钱？

答：他是送给我的，我没有付钱。

问：房产证办了没有？

答：房产证办了。

问：房产证办的是谁的名字？

答：是我父母亲的名字。

问：房子是你的为什么要办你父母亲的名字呢？

答：我怕在我的名下影响不好。

问：现在房子是谁在住？

答：现在还没有人住，因为那里距离我上班和孩子上学都比较远，所以暂时没有搬去住，我们现在还住在老房子里。

问：好！今天我们就谈到这里，对于以上所讲的还有需要补充说明的吗？

答：没有。

问：这次检察人员是否对你有侮辱、打骂或体罚等不文明行为？

答：没有。

问：你以上说的都属实吗？

答：属实。

问：（核对笔录）你看一下笔录，是否跟你说的一样，若没有修改或补充的地方，签字。

第二节　排除非法证据掌握自愿供述规律

排除非法证据是以证据的来源是否合法为重要体现，刑事诉讼中的证据来源是侦查阶段提取行为的主要目的，而证据的合法性与否，体现在获取证据的手段与程序是否合法上。在刑事犯罪案件的侦查活动中，很多时候证据的来源是依靠嫌疑人的口供，或者其证据的本身就是以言词证据为重要的表现形式。作为证明犯罪的言辞证据，需要嫌疑人自愿提供，也就是自愿供述的行为。刑事诉讼法规定“不得强迫自愿供述”，这是排除非法证据的法定条件。而在大量的侦查、提取犯罪证据的活动中，犯罪嫌疑人总是不愿意主动交代自己的犯罪事实、不愿意自愿供述。这里法定的取证条件与侦查实践中嫌疑人的对抗行为产生了矛盾和冲突，解决这个矛盾冲突的原则，是提取证据的手段和程序必须满足嫌疑人提供证据的自愿性，嫌疑人提供证据的自愿程度，直接反映出证据的合法性程度。因此，保障嫌疑人提供证据的完全自愿性，就是保障诉讼证据的完全合法性。故此，研究如何保障犯罪嫌疑人自愿供述的行为规律，以及通过侦查讯问从犯罪嫌疑人的自愿供述里合法提取证据，就是对非法证据排除规则落实的根本体现。

研究挖掘嫌疑人自愿供述的行为规律，掌握从犯罪嫌疑人的自愿供述里提取犯罪证据，是提取合法证据的重要基础，也是侦查讯问活动研究的重点和难点。根据国内和美国的一些侦查机构对此类课题的研究成果来看，“心理强制”做法已经是比较成熟的科学讯问方法，即通过揭示嫌疑人的谎言（谎言是嫌疑人不愿自愿供述的基本行为表现），转换嫌疑人自愿供述的供述行为，达到对犯罪证据的提取。其中美国的“九步讯问法”又被称作“里德方法”，由弗雷德・英博、约翰・里德和约瑟夫・巴克雷在 1986 年编写的《讯问与供述》一书中首次提出的。“九步讯问法”是当前美国侦查机构讯问嫌疑人的基本方法，也是美国侦查机构培训侦查讯问人员的基本教材，它的基本模式就是通过心理强制来转换自愿供述的动机，达到提取犯罪证据的目的，被美国公认为科学的成功方法。笔者曾在 2004 年《讯问心理学》一书中首次论述了讯问方法的“心理强制规律”。目前，仅仅依靠上述方法，已经不能满足不同类型条件下自愿供述行为的需要，因此，进一步研究如何成功运用人道、科学的讯问方法，对有效证明犯罪的侦查实践有着极为紧迫的重要意义。

侦查实践中的侦查讯问行为与嫌疑人对抗行为的冲突核心，是嫌疑人拒绝主动地自愿供述，这种对抗行为产生的直接根源来源于嫌疑人的心理障碍。捕捉嫌疑人的心理障碍，进行心理障碍的矫正和疏导，帮助嫌疑人转变对抗行为，是转换其对抗行为的主要条件。矫正、疏导了自愿供述的心理障碍，并不意味着嫌疑人就能够自愿供述。自愿供述也有其独立的行为规律，自愿供述的心理障碍与自愿供述的行为规律，是两个方面的问题，解决了对抗并不意味着就解决了自愿，侦查讯问的实践中掌握嫌疑人的自愿供述的行为规律，是取得嫌疑人自愿供述的基本条件，也就是要掌握在什么情况下嫌疑人能够自愿供述。

侦查讯问的目的是提取犯罪证据，如何有效、合法地提取，只有采取嫌疑人自愿供述的人道的科学讯问方法，这就要掌握嫌疑人自愿供述的行为规律，从而采取相对应的讯问方法改变嫌疑人的对抗行为，实现自愿供述的目的。通过分析嫌疑人人格的本质属性，观察其在犯罪以后接受讯问的心理行为过程，从强烈的对抗转换成自愿供述的行为中，揭示出犯罪嫌疑人自愿供述的心理行为。这种自愿性的心理行为能够有效瓦解自我隐瞒的心理行为，最终满足自愿供述的心理行为的实现。研究犯罪嫌疑人自愿供述的规律，不仅仅可以深化检察理论，更为重要的是对保障及时合法地提取犯罪证据、有效证实犯罪，有着紧迫重要的实践意义。

犯罪嫌疑人自愿供述的心理障碍。在大量的侦查实践中，除少数犯罪嫌疑人投案自首，能够主动自愿供述犯罪外，大多犯罪嫌疑人从接受侦查讯问开始，总是处于对抗状态，拒绝自愿供述，这是犯罪嫌疑人面对被侦查讯问的基本行为规律。抵制的根本原因是由供述的心理障碍所导致的。

供述的心理障碍，直接造成犯罪嫌疑人作出真实、完全的供述，其主要表现为人格特质情景（认识、情感、情绪、意志等因素）在心理活动过程中，不利于形成供述动机的心理因素。这种供述障碍来源于两个方面，一方面是主观的，即人格特征的判断、认识、情感、情绪、意志、记忆、需要、信念、能力、气质、动机等，是供述障碍形成的主导因素；另一方面是客观的，即客观情景对认识主体的影响，产生阻碍供述动机的因素。所谓客观情景，首先是讯问的空间环境对犯罪嫌疑人的心理影响，可能使其产生心理焦虑，导致出现本能的防卫行为；其次是讯问人员的态势对犯罪嫌疑人产生的直接影响，强化了嫌疑人不愿自愿供述的心理，导致其出现供述心理障碍；最后就是法律的惩罚性，使得犯罪嫌疑人怕承担法律责任，导致其出现供述障碍。

根据对20名职务犯罪嫌疑人受讯问的情况调查，结果如表所示：

犯罪嫌疑人不愿供述的原因及供述心理障碍

因　素		影响比例	
		是	否
1	恐惧心理、担心受到刑罚处罚	16人	4人
2	名誉影响、爱面子、担心外界的舆论	17人	3人
3	亲情关系、担心对家人的影响和家人的责备	15人	5人
4	被讯问人员的态度粗暴伤及自尊心	6人	14人

续表

5	心存侥幸能够蒙混过关	16 人	4 人
6	恐惧前途、事业、家庭的毁灭	18 人	2 人
7	反正就是这样了破罐子破摔的悲观心理	6 人	14 人
8	逃避现实自我封闭任其发展	14 人	6 人
9	不愿意涉及别人	3 人	17 人
10	讯问人员的讯问方法不恰当	12 人	6 人
11	自我保护的本能和谎言的习惯	16 人	4 人
12	受社会关系网的影响对后台保护心存幻想	8 人	12 人
13	案发后已订立攻守同盟别人不会出卖自己	11 人	9 人
14	供述后的赃款、赃物家人、子女无法享用	13 人	7 人
15	供述后社会舆论的负面评价	10 人	10 人
16	怀疑有人利用司法机关害自己	6 人	14 人
17	认为自己的犯罪证据还没被司法机关掌握	18 人	2 人

其中 15 人以上的供述心理障碍表现为几个方面："恐惧心理、担心受到刑罚处罚""名誉影响、爱面子、担心外界的舆论""亲情关系、担心对家人的影响和家人的责备""心存侥幸能够蒙混过关""前途、事业、家庭的毁灭""自我保护的本能和谎言的习惯""因为自己的犯罪证据还没被司法机关掌握"。调查结果表明，"恐惧心理、担心受到刑罚处罚"是自身安全受到威胁，产生的原因是对安全感的需要，对抗的行为反应是对自我安全的维护；"名誉影响、爱面子担心外界的舆论"是嫌疑人自尊心的需要受到限制，对抗行为是对自尊心的维护；"亲情关系、担心对家人的影响和家人的责备"，是亲情和归属感的需要激发的对抗的内驱动力；"心存侥幸能够蒙混过关"是趋利避害的人格本性产生的内驱动力；"前途、事业、家庭的毁灭"的心理认识，是嫌疑人对利益维护的本能的行为反应；"自我保护的本能和谎言的习惯"，这种认识行为的本身就是人的基本行为规则，无论什么样的人其行为的目的和意义，都是围绕"趋利避害"这个基本原则展开的；"因为自己的犯罪证据还没被司法机关掌握"，犯罪证据没有暴露当然还具备维护自身利益的条件，自然就会选择对抗，这是供述心理障碍的基本诱因。

归结犯罪嫌疑人拒绝自愿供述的原因及供述心理障碍，占主导地位的是趋利避害的安全需要和人格结构中的主体倾向，如"名誉影响、爱面子担心外界的舆论”是嫌疑人自尊心的需要受到限制，对抗行为是对自尊心的维护。除此之外还有嫌疑人对客观存在的心理认识，即犯罪事实是否暴露以及犯罪事实暴露的程度，直接导致供述心理障碍的产生——暴露的程度越大，对抗的心理障碍就越小，反之暴露的程度越小，对抗的心理障碍就越大，这是客观的对抗条件导致对抗心理障碍产生的原因。

犯罪嫌疑人不愿自愿供述的心理障碍，在讯问中的需要特征表现为复合的需要结构，集中起来就直接转换出对抗讯问的心理支点，表现出对抗讯问的行为。心理支点是犯罪嫌疑人不愿自愿供述的心理依据，犯罪嫌疑人从不愿自愿供述到供述认罪即自愿供述的过程，是心理支点的转化过程。犯罪嫌疑人接受讯问的心理过程表明，拒不供述的重要原因来自复杂的心理认识，根本原因是囿于利益关系和人格特征。

首先是利益关系的心理冲突与平衡。利益就是好处，也可以说是某种需要或愿望的满足。由于利益存在于不同领域，而有物质利益、政治利益、精神利益之分。在刑事犯罪的侦查活动中，刑事犯罪嫌疑人拒绝自愿供述的行为，就是围绕着物质利益、政治利益、精神利益展开的。犯罪的惩罚性告诉了犯罪嫌疑人在实施犯罪行为之后，将由此带来物质利益、政治利益、精神利益的损失。这是犯罪嫌疑人不愿自愿供述的重要心理依据，这种心理依据的来源是“社会交换理论”下的人的基本行为原则，即“趋利避害”的人的本性。人们的认识在于对自己有利的就会表现出积极的行为，对自己不利的就会表现出对抗行为。

在侦查讯问活动中，由于犯罪行为的应受惩罚性，犯罪嫌疑人自愿供述就意味着将会受到惩罚、利益将会受到损失。所以犯罪嫌疑人认识到这种后果的时候，就会选择拒绝自愿供述、不自愿供述。与此相反，如果犯罪嫌疑人意识到自己在实施犯罪行为之后，向司法机关供述不仅不会受到惩罚，而且还会得到奖励，那么犯罪嫌疑人就不会选择对抗了。

犯罪嫌疑人是理性人，在侦查讯问过程中嫌疑人的任何决定，都是他的一种理性选择，这是人的本性所决定的，任何人都有着趋利避害的本能。社会的每一个人，在做出某种行为的决定之前，都会在内心考虑并权衡该行为是否能给自己带来利益，若自己的判断为“是”，则会选择去实施该行为，反之则会选择不去实施该行为。犯罪嫌疑人在被侦查讯问的过程中，选择的拒供行为是一个理性选择决定自己行为的过程。在侦查讯问起始阶段，有罪的犯罪嫌疑人都会将自己如实供述犯罪事实后，随之而来的各种后果看得比较重，因为该行为将受到刑罚处罚而失去人身自由或生命权利；没收财产而失去自己原有的财产；失去现有的优越的工作机会；失去现有的社会地位和良好的声誉名誉；失去自己的亲情友情等。因此，犯罪嫌疑人不会轻易在侦查讯问开始时就供认犯罪事实。

在讯问活动中犯罪嫌疑人对自身利益关系的认知，可分为长远利益与眼前利益。犯罪行为的最终结果是刑法的处罚，犯罪嫌疑人一开始拒绝自愿供述，原因就在于担心这种长远利益的丧失。讯问活动中犯罪嫌疑人所面对的眼前利益，是指当前被讯问所带来的心理焦虑和心理压力。很多时候犯罪嫌疑人为了解脱这种心理焦虑和心理压力，就会选择放弃对抗而获取眼前利益。如果犯罪嫌疑人始终选择维护自己的长远利益，那么他就会坚持主动对抗。如果犯罪嫌疑人为了摆脱眼前的困境，为了当前利益，就可能选择顺应服从自愿供述。

在侦查讯问活动中犯罪嫌疑人所面临的利益关系，还表现为整体利益与局部利益。犯罪嫌疑人犯罪以后对自己、对家庭、对自己生活圈子所带来的伤害以及利益的损失，是整体的利益损失；因为犯罪行为给自己的局部利益或者给家庭某个成员带来伤害，是局部利益的损失。整体利益和局部利益这两种关系经常会发生冲突。犯罪嫌疑人在讯问中不想自愿供述，通常都是为了维护整体利益，可是很多时候犯罪嫌疑人为了维护局部利益就会放弃整体利益，例如，某犯罪嫌疑人在被采取强制措施以后，拒不交代犯罪事实，当得知由于自己进入看守所，导致女儿无心读书，难于参加两月之后的高考，可能会误了女儿一生。面对如此情境犯罪嫌疑人选择了积极配合，努力创造取保候审条件，尽快走出看守所，好让女儿顺利参加高考。这种对局部利益的维护使犯罪嫌疑人放弃了整体利益，从而放弃整体对抗。

犯罪嫌疑人所面临的利益关系，还有合法利益与非法利益的区别。犯罪嫌疑人拒绝自愿供述是为了维护非法利益，当犯罪嫌疑人认识到犯罪行为对社会造成的危害时，产生了悔过的认识，从而主动供述犯罪事实，从根本上来说就是对合法利益的维护，这种认识过程，也是从非法利益关系向合法利益关系转化的过程。

在讯问的过程中嫌疑人获取利益的来源，直接影响嫌疑人能否自愿供述的行为。获取利益有两个方面的来源，一个是掩盖罪行保护非法获取的利益；另一个是通过讯问人员而获取利益。

在犯罪嫌疑人的对抗阶段，嫌疑人如果把获取利益的来源放在自己身上，就是通过自己的力量来获取利益，这种心理行为的表现就是对抗讯问。再一个就是获取利益的方向被转移，嫌疑人不在自己身上获取利益，把获取利益的方向转移到讯问人员身上，向讯问人员获取利益，表现为如实供述，争取被从宽处罚。如果犯罪嫌疑人获取利益的方向没有发生变化，没有转移到讯问人员的身上，那么犯罪嫌疑人是不会自愿供述的。根据上述对20名受审嫌疑人的调查，其自愿供述的心理障碍，有6人是因为讯问人员的态度粗暴伤及自尊心所导致的，可见讯问人员的态度粗暴伤及自尊心会导致利益方向不能发生转移。

其次是拒绝自愿供述的条件的得失。犯罪嫌疑人不会轻易供述犯罪事实，是由不愿自愿供述的条件所决定的。侦查讯问实践中，犯罪嫌疑人很少主动向侦查机关供述犯罪事实。美国刑事司法学界和警察科学界著名的学者弗雷德·英博说："人类一般不会主动、自发地供认自己的罪行……期望作案人未经讯问的触动便因良心的折磨而供认罪行的想法是不切实际的。"侦查学鼻祖汉斯格罗斯也说过："希望每个人都能坦白自己的罪行，是残忍的至少是不人道的。"因为犯罪嫌疑人在具备自我保护的条件下，绝不会轻易放弃自己的利益。犯罪嫌疑人没有经过讯问人员的接触，就不可能知道自己是否存在自我保护的条件，趋利避害的行为本能告诉他，"无论是什么样的行为，只要是对自己不利的都要进行对抗"，这是犯罪嫌疑人很少主动地向侦查机关供述其犯罪事实的重要原因。

拒绝供述的条件是决定犯罪嫌疑人不愿自愿供述行为存在、发展的内部原因，拒绝供述条件也是制约和影响不愿自愿供述行为存在、发展的外部因素。有条件不自愿供述的犯罪嫌疑人才会选择不自愿供述，如果没有了不自愿供述的条件，犯罪嫌疑人就会放弃对抗而自愿供述。如同儿童与成年人进行武力对抗，显然儿童没有与成年人对抗的条件，通常只能选择放弃。由此，犯罪嫌疑人选择的不愿自愿供述，是在有条件对抗的基础上产生的。

犯罪嫌疑人不愿自愿供述的条件，是建立在犯罪事实没有暴露的认识基础上。如果犯罪事实已被侦查机关查清，自己即使不如实供述也不影响司法机关对自己的处罚，在无法逃避损失后果的情况下，就失去了拒绝自愿供述的条件，犯罪嫌疑人的对抗就失去了意义，自然会放弃对抗。对抗"条件"的认知程度决定了犯罪嫌疑人不愿自愿供述的行为方向。很多时候侦查讯问人员手里并没有掌握犯罪嫌疑人的犯罪证据，讯问犯罪嫌疑人的目的就是要让犯罪嫌疑人说出犯罪证据，犯罪嫌疑人也正是在这种情况下供述自己的犯罪事实的。如果犯罪嫌疑人明知侦查讯问人员没有掌握自己的犯罪证据，证明自己犯罪还要依赖自己的供述，自己还有条件拒绝自愿供述，那么犯罪嫌疑人能够选择自愿供述吗？显然是不会的。

什么原因能够导致犯罪嫌疑人在有条件拒绝自愿供述的情况下放弃对抗呢？这是由犯罪嫌疑人对“条件”认知的程度决定的，在讯问活动中，讯问人员的态度、行为、语言表现出的信息，足以使犯罪嫌疑人感知到讯问人员已经掌握自己的犯罪证据，或者犯罪信息，认知的结果是拒绝自愿供述条件的丧失，这实际上是对“条件”认知的错觉造成的，是误以为“条件”的丧失。这正是讯问人员在没有掌握犯罪嫌疑人犯罪证据的情况下，能够使犯罪嫌疑人自愿供述犯罪事实的重要原因。

“不愿自愿供述条件”的把握程度，决定了犯罪嫌疑人的不愿自愿供述的程度。对犯罪事实暴露程度的把握，实际上就是对不愿自愿供述条件的认知。全部犯罪事实的暴露与局部犯罪事实的暴露，多个犯罪事实的暴露与部分犯罪事实的暴露，是犯罪嫌疑人选择全部供述还是部分供述的重要基础。如果犯罪嫌疑人的认知是全部犯罪事实的暴露，那么就有可能选择全部的供述；如果犯罪嫌疑人的认知是部分犯罪事实的暴露，那么他就不可能供述全部的犯罪事实，而会选择暴露多少就供述多少。这是人的趋利避害本性所决定的。

在讯问活动中讯问人员如何组织“对抗条件”的认知？是全部“对抗条件”的丧失，还是部分“对抗条件”的丧失，是由讯问的目的所决定的。侦查犯罪是全部的犯罪行为，而不是局部的犯罪行为，所以讯问人员在组织对犯罪嫌疑人的信息影响时，是让犯罪嫌疑人产生对全部犯罪事实的认知，避免犯罪嫌疑人产生对局部犯罪事实的认知。如果让犯罪嫌疑人产生局部犯罪事实的认知，那么犯罪嫌疑人就只能供述局部犯罪事实，从而掩盖其他的犯罪事实。所以不愿自愿供述的对抗条件的丧失，是整体的还是个体的，对犯罪嫌疑人的对抗行为有着重要影响。

犯罪嫌疑人的供述心理障碍的形成，产生于多层次的复合条件和基础，其中犯罪行为的记忆是犯罪嫌疑人拒绝自愿供述条件产生的一个重要基础层面。侦查讯问是在讯问者预先认为犯罪嫌疑人有罪的前提下进行的，而这个前提的产生则是基于犯罪嫌疑人的犯罪记忆，犯罪嫌疑人实施了犯罪行为，因为这种行为是对社会的否定行为，是要受到法律惩罚的行为，由此才会引起不愿自愿供述，如果没有犯罪的行为记忆，那就不存在对犯罪行为的隐瞒和不愿自愿供述了。犯罪嫌疑人的不愿自愿供述条件依赖于犯罪的行为记忆，在犯罪嫌疑人实施犯罪活动的过程中，那些能够证明犯罪行为的因素和犯罪事实暴露的可能性，对犯罪嫌疑人心理的不愿自愿供述条件产生了重要影响。犯罪行为的记忆是犯罪嫌疑人自我确认的依据，犯罪嫌疑人在被讯问过程中的一系列行为都是从这里开始的。在讯问的空间里，对犯罪行为的记忆是模拟产生再现的，讯问人员对犯罪行为的模拟程度，对犯罪嫌疑人的拒绝自愿供述条件的认知有着重要影响。讯问人员模拟的犯罪事实与犯罪嫌疑人的行为记忆相吻合，犯罪嫌疑人的不愿自愿供述条件就会自动丧失，反之就会被强化。再有，犯罪的行为记忆在讯问人员外来的信息刺激下被激活，自然会通过不同的渠道反映出来（这是形体语言研究的结果）。例如，犯罪嫌疑人为了掩盖自己的犯罪事实，不愿自愿供述的基本方法就是说“谎言”，这种“谎言”在外来的信息刺激下，总会通过说谎者的语言、外部肢体语言或微表情反映出来，暴露出嫌疑人在说谎。另外说谎者引发的心理焦虑，促成了自我不愿自愿供述条件的降低和削弱，由此不难看出，犯罪行为不可磨灭的记忆是隐瞒犯罪事实的天敌。

最后是人格特征反映的拒绝自愿供述行为。讯问实践表明，犯罪嫌疑人的人格特征对自愿供述行为会产生重要影响。根据调查表中对20名职务犯罪嫌疑人接受讯问的情况调查来看，其犯罪以后没有选择悔罪而是选择主动对抗，根本原因就是人格特征决定的，是人格的社会化意识决定的。心理学家认为，个体人格的形成，主要受遗传与环境因素影响，由三部分组成，即本我、自我和超我。本我是人格结构中最原始的部分，从出生之日起就存在，构成本我的成分是人类的基本需求，是生之本能，也是促动个体求生活动的内在力量。自我是个体在现实环境中由本我中分化发展而产生的，由本我而来的各种需求，如果不能在现实中得到满足，他就必须迁就现实的限制，并学会如何在现实中获得需求的满足。这种需求对本我的冲动具有缓冲和调节功能。超我是人格结构中的道德部分，处于管制地位，是个体接受社会文化道德规范的教养而逐渐形成的。当超我不能对自我起到管制作用时，本我和自我会因为各种需求而产生内在的动力，从而采取实现需求的行为，这种行为就可能会违反社会文化的道德规范。因此犯罪嫌疑人的个性与经历和意识经验，直接影响犯罪嫌疑人的社会化程度和人格特征反映。

犯罪嫌疑人的成长过程也是一个社会化的过程，在他的社会化过程中，社会行为规则与价值观念都会内化在犯罪嫌疑人的行为模式与思维模式中，即使是在犯罪过程中，犯罪嫌疑人也摆脱不了社会化过程的影响。在侦查讯问中，犯罪嫌疑人也摆脱不了正常社会价值观念与行为规则的影响。这主要表现为由于犯罪而在嫌疑人心中形成的罪责感与内疚感，也即通常所说的良心受到折磨。根据犯罪学家的认识，在犯罪实施过程中，大多犯罪嫌疑人在控制侵害对象时，其内心有一个将对象非人格化或道德评价降低的现象，以求得自己内心的平静或平衡。因而，有些犯罪学家就此提出被害预防的对策，即被侵害对象在面临被侵害而无力反抗的情况下，要放弃无谓的反抗而不要放弃对犯罪人的劝说——让犯罪人将自己看作与他一样有人格的人、像他家人亲友一样的人，从而激起犯罪人的道德感，产生不平衡的内心冲突，而自动放弃犯罪。因而在讯问犯罪嫌疑人的活动中，讯问人员就要设法改变犯罪嫌疑人平衡的心理状态，使之出现不平衡的心理愧疚，出现社会规范要求下的道德感，从而使其放弃不愿自愿供述转而主动供述罪行。

人格特征在环境的影响和刺激下发生变化，是人格基本属性所决定的。讯问空间的环境，对犯罪嫌疑人来说是特殊的甚至是陌生的，面对这种特殊而陌生的环境，犯罪嫌疑人没有现成的经验储存，如何面对讯问空间的环境，犯罪嫌疑人只能调动以往的人格经验，来应对眼前所面临的环境。所以犯罪嫌疑人进入受讯问的空间之后，其相对稳定的人格特征会发生变化，原本是外向型性格的，却表现为沉默寡语；原本是内向型性格的，却表现出口若悬河，目的都是拒绝自愿供述。再有，随着讯问空间的信息刺激不断发生作用，犯罪嫌疑人原本是有较高品格特征的人，如优秀的公务员、高级领导干部、众人评价品格高尚的人，却在讯问室里表现出无赖相、谎言满口、狡辩抵赖等行为。由此看出，讯问空间能够改变犯罪嫌疑人相对稳定的人格特征，出现人格属性差异。在讯问的空间里，通过给予犯罪嫌疑人公允恰当的评价，完全可以复原犯罪嫌疑人的人格行为特征，激发其闪光的、优秀的人格品质，重新建立合法、合理的自我维护的心理行为，从而为犯罪嫌疑人搭建供述认罪的平台。

讯问人员必须坚定信念，无论犯罪嫌疑人能否理解或接受，讯问人员疏导说服他自愿供述，都是站在挽救他的人道立场上，站在帮助他合法自我保护的立场上，站在引导他重新做人的立场上，因为没有自愿供述就没有犯罪嫌疑人的自赎。

第三节 嫌疑人自愿供述的心理行为规律

自愿供述是合法获取犯罪证据的重要条件。这个自愿条件就是侦查讯问行为的目标选择，自愿条件的产生依赖于犯罪嫌疑人自愿供述的基本规律，研究犯罪嫌疑人自愿供述的规律，是获取该条件的重要途径。根据对20名职务犯罪嫌疑人通过讯问已经供述认罪的问卷调查，结果如表所示：

犯罪嫌疑人能够自愿供述的原因

因素		影响比例	
		是	否
1	办案人员掌握犯罪证据，对抗已经失去意义	17人	3人
2	涉案的其他人都说了，所以我也说了	12人	8人
3	为了能够得到从轻处罚	18人	2人
4	自己做的事情总是要负责的	9人	11人
5	说假话被发现了只能实话实说	15人	5人
6	感觉到说了比不说的要好	17人	3人
7	为了感谢办案人员的帮助	7人	13人
8	为了早一天离开这个地方（讯问室）说了算了	16人	4人
9	当时感觉到有一种压力不说不行	14人	6人
10	为了隐瞒其他的犯罪，说一部分留一部分	12人	8人
11	自己做的事早晚都会暴露的，不如早说了好	10人	10人
12	为了能够有一个好的态度	15人	5人
13	我也不知道自己怎么就一冲动交代了	4人	16人
14	无法隐瞒的事实只有交代	14人	6人
15	办案人对我很好，我就向他交代了	6人	14人
16	能够取保候审，早一点出去	14人	6人
17	办案部门没有掌握自己的犯罪证据，是因为自己误认为犯罪的证据已经暴露才交代的。	7人	13人

问卷结果显示，有10人以上的犯罪嫌疑人自愿供述犯罪事实。

首先是因为：“犯罪证据已经被掌握，对抗已经失去意义”，“无法隐瞒的事实只有交代”，“涉案的其他人都说了，所以我也说了”，“自己做的事早晚都会暴露的，不如早说了好”。这些嫌疑人能够自愿供述的基本原因是犯罪事实已经暴露，或者存在很大已经暴露的可能性，所以嫌疑人选择自愿供述，这是在证据面前嫌疑人选择自愿供述的重要规律。每个人的行为都有目的性，特定的行为是为了达到特定的目的，一旦特定行为不能达到特定的目的，其特定行为也就失去了行为的意义，行为人就会放弃此次的特定行为，选择其他行为来完成自己的目的。前面嫌疑人选择对抗的行为是为了隐瞒犯罪事实，目的是维护自己的利益，使自己的利益得到最大限度的保护，可是当他发现自己选择的对抗行为已经不能维护自己的利益时，就会选择其他方法来维护自身利益。在侦查讯问实践中，能够给嫌疑人提供维护自身利益的办法只有两种，一种是选择对抗讯问，隐瞒犯罪事实；另一种是选择服从讯问，自愿供述犯罪事实，以此达到最大限度的利益维护。当对抗隐瞒不能达到目的时，嫌疑人只能选择服从供述，从另外一方面来达到维护自身利益的目的，这是犯罪嫌疑人在犯罪事实暴露以后，选择自愿供述的基本原因。

其次是因为：“为了能够得到从轻处罚”，“能够取保候审，早一点出去”，“为了隐瞒其他的犯罪，说一部分留一部分”，“感觉到说了比不说的好”。由此可见嫌疑人的供述动机，来源于人的趋利避害本性，是利益关系的心理冲突的结果。

从嫌疑人选择自愿供述的行为来看，第一是对利益的确认，自愿供述能够获取利益，这个利益需要嫌疑人进行确认，通常讯问人员告诉犯罪嫌疑人，“你说了以后对你有好处”，但是能不能获得好处需要嫌疑人的确认，如果嫌疑人根本不相信自愿供述能够给自己带来利益，那么就是没有对利益的确认，自愿供述的行为就不会实现。只有犯罪嫌疑人自己对利益进行了确认，才会产生自愿供述行为，也就是说讯问人员告知犯罪嫌疑人，“你说了以后对你有好处”，嫌疑人采信了、确认了自己能够获取利益，那么自愿供述的行为就会实现。所以自愿供述能够获取利益，是要犯罪嫌疑人自己确认的，不是讯问人员代理他确认的。

第二是获取利益的方向，犯罪嫌疑人的对抗行为是建立在自我保护的基础上，获取利益的方向是自我。当犯罪嫌疑人发现自己不能够保护自己的时候，自己选择的方法在当前已经被否定，就会发生获取利益方向的转变，这种获取利益的方向自然会转移到讯问人员的身上，讯问人员能够给自己带来利益的时候，嫌疑人就会选择顺应性的行为，以自愿供述为代价，向讯问人员换取利益，这时自愿供述行为才会产生。如犯罪嫌疑人在准备进行利益方向转变之前，总要问讯问人员：“我说了能不能给我取保候审？”这就是利益方向准备转变的表现。

第三是利益的性质。从本质上看，讯问人员不可能给犯罪嫌疑人带来客观利益，因为讯问人员没有权利决定怎样处理嫌疑人。如讯问人员对犯罪嫌疑人说：“只要你说了，我就会放你回家，不判你刑。”这可以吗？不可以！讯问人员没有这个权利。侦查人员的职责只是对犯罪事实负责任，没有处理的权利。那么犯罪嫌疑人获取的利益是什么样的利益呢？是空间的心理上的利益，不是客观存在的利益。再有是利益的空间关系问题，侦查讯问人员给犯罪嫌疑人创建的是眼前的利益，而不是长远的利益，眼前的利益能够使犯罪嫌疑人产生立刻供述动机，而长远的利益需要犯罪嫌疑人对长远问题的理性思考，这不仅需要时间，更为重要的是这种思考能够让犯罪嫌疑人产生正确的认识。

正确认识是不能够使犯罪嫌疑人产生供述动机的，上述的调查问卷中就有7人是因为“办案部门没有掌握自己的犯罪证据，是因为自己误认为犯罪的证据已经暴露才交代的”，这是因为嫌疑人产生犯罪证据已经暴露的错觉而产生的供述动机，而在实地讯问活动中，讯问人员是不可能掌握大量犯罪证据的，如果讯问人员已经掌握犯罪证据，就可以直接交付审判了，何须再讯问呢？嫌疑人产生供述动机许多时候是在错觉条件下产生的，这是嫌疑人在被讯问活动中心理行为的基本属性。问卷调查中有16人选择供述的原因是因为“为了早一天离开这个地方（讯问室），说了算了”，这是嫌疑人选择了眼前利益，交代了自己的犯罪事实。有些讯问人员并不知道长远利益和眼前利益的关系，他告诉犯罪嫌疑人：“你要想想以后，你说了以后会怎么样……”讯问人员把他拉到了以后的长远利益上，以后的结果是犯罪嫌疑人是要被判刑的，既然要被判刑为什么我还要向你交代呢？这就强化了犯罪嫌疑人理性思考的能力，想到长远利益他必然就会产生对惩罚结果的焦虑，就会使他选择对自己有利的行为，强化了对抗行为。帮助犯罪嫌疑人思考眼前的利益、眼前的处境，弱化对长远利益的思考，淡化对被惩罚结果的焦虑，犯罪嫌疑人一旦选择获取眼前利益，就容易产生顺应行为。

再次是因为：“自己做的事早晚都会暴露的不如早说了好”，“无法隐瞒的事实只有交代”，“涉案的其他人都说了，所以我也说了”。嫌疑人之所以选择供述，是因为嫌疑人赖以对抗的条件丧失了。犯罪嫌疑人不愿供述犯罪事实，是由抗审的对抗条件所决定的，对抗条件既是嫌疑人拒绝供述行为存在、发展的内部原因，也是制约和影响对抗行为存在、发展的外部因素。犯罪行为的隐蔽性，就是犯罪嫌疑人的对抗条件，有条件对抗时犯罪嫌疑人才会选择对抗，如果没有了对抗条件，犯罪嫌疑人就会放弃对抗。犯罪嫌疑人的对抗条件，全部建立在犯罪事实没有暴露的基础上，也就是说犯罪证据没有被司法机关掌握的前提下，才会产生犯罪嫌疑人对抗讯问的基础。如犯罪事实已被侦查或已被司法机关查清，自己即使不如实供述也不影响司法机关对自己的处罚，在无法逃避损失后果的情况下，犯罪嫌疑人的对抗已经失去意义，大多会放弃对抗，选择自愿供述。

最后是因为："为了感谢办案人员的帮助"，"自己做的事情总是要负责的"，"感觉到说了比不说的要好"，"当时感觉到有一种压力不说不行"，"我也不知道自己怎么就一冲动交代了"。嫌疑人对上述供述原因的选择，是在一定的心理基础和意识条件下产生的，归结起来是人格上的原因，人格倾向决定了人的行为取向，行为的结果是在人格倾向的心理支点下产生的。

第一，从"为了感谢办案人员的帮助"而选择的供述行为来看，虽然说实现供述行为是为了感谢，实际上是在讯问人员帮助下产生的悔罪表现。嫌疑人为什么在被讯问之前没有悔罪，而是经过讯问以后才产生悔罪？这是因为嫌疑人的情势比较高。我们把情势称为情感交流的顺应程度。讯问人员与嫌疑人在讯问室这个特殊的空间里进行交流的时候，讯问人员的行为使嫌疑人的情感发生了根本变化，产生了情感的顺应和信任感，建立了情感的依赖关系。作为个体的嫌疑人处在被讯问的空间里，是孤独无援的，对外援的求助是嫌疑人的心理需要，在嫌疑人与讯问人员进行交流的时候，发现讯问人员是关心自己的、帮助自己的，不会给自己带来伤害，从而产生信任感，转变了自我情感的依赖，在求助的心理需要和感恩的心理驱使下，实现了自愿供述行为。通常每个人都有自己的隐私，不会轻易向外人诉说，只有对亲近的家人和可以信赖的人才会倾吐，因为自己信赖的人不会给自己带来伤害。倾吐隐私也是一种心理求助，希望被倾吐的对象帮助自己，不是伤害自己。显而易见，讯问活动中，嫌疑人与讯问人员建立了情感依赖关系，嫌疑人才会愿意选择自愿供述。

第二，从"自己做的事情总是要负责的"的行为特点来看，这里体现出人格的认识水平，职务犯罪嫌疑人来自公务员队伍，许多人是国家高级干部，人格、人品、道德水平和修养都是比较高的，对自己的犯罪行为也会以自己的道德水准来衡量评价，自己做了不应该做的、与自己身份不相符的坏事，内疚、悔恨会产生强大的心理压力，接受由此带来的惩罚无疑是自我解脱，这是犯罪嫌疑人选择自愿供述的根本原因。

第三，从“感觉到说了比不说的要好”产生的自愿供述的行为来看，嫌疑人感知自己做的事情是客观存在的，归根结底都要有了断的，到任何时候都是要说的，现在不说以后还是要说的，晚说不如早说，对自己也是一个交代。“感觉到说了比不说的要好”，不仅是自我悔罪，也是寻求谅解和从宽处罚的心理需要，面对自己的犯罪事实权衡利弊，如果不说心理压力太大，说了以后是自己的悔罪表现，自然也就满足了寻求谅解和从宽处罚的心理需要。

第四，从“当时感觉到有一种压力不说不行”产生的自愿供述的行为来看，嫌疑人是在心理压力下产生的自愿供述行为。在侦查讯问的实践中，嫌疑人的心理压力来源于三个方面，第一个方面是犯罪的心理记忆，在外来相关信息的刺激和控制下，引发恐惧和焦虑，导致产生心理压力；第二个方面是嫌疑人对抗讯问的谎言被揭露，诱发的心理焦虑和羞愧产生的心理压力；第三个方面是身处被讯问、被控制的空间，感知到犯罪结果即将受到的惩罚，导致产生心理压力。这种心理压力达到难于忍受的程度，只有通过释放才能放松身心，而释放的基本途径就是放弃对抗，选择顺应的供述。嫌疑人这种被心理强制而释放压力的供述行为，已经呈现出一种供述规律。嫌疑人被心理强制以后选择供述行为，这种讯问法称为“心理强制”方法，被国内外广泛运用，成为卓有成效的讯问规律。

第五，从“我也不知道自己怎么就一冲动交代了”产生的自愿供述的行为来看，嫌疑人的这种“冲动”行为，是行为系统不理智的表现。嫌疑人在讯问过程中的冲动行为，是在强烈的情感冲突下，理性控制非常薄弱的一种心理现象。引起这种冲动行为的原因，是嫌疑人在特定的被讯问的环境下，受到来自讯问人员的“心理强制”，情感需要得不到立刻满足，情绪发展受阻，产生强大的心理压力，这种心理压力在不能自控的情况下，瞬间丧失理智，造成心理失衡，继而出现异常的情绪激动，从而产生了供述冲动行为。从认识的角度上看有两种观点：一种认为冲动是与生俱来的，是蕴藏在人类基因中的财富，在最原始、最深层的本能和冲动的刺激下，人类才能使生理和心理上的各种基本需求得到满足。另一种认为冲动是负面的，其行为带来不好的结果被称为冲动。当冲动的行为带来了好的结果时，人们便不再称之为冲动，取而代之的是赞扬的说法，比如“反应迅速”“当机立断”等。嫌疑人的冲动供述就是在心理强制下行为转换的结果。这种冲动供述行为是由人格倾向的基本属性来决定的，什么样的人格倾向就会反映出什么样的行为结果，有的嫌疑人的冲动向激情对抗方面转换，而有的冲动向供述方面转换。

上述五种情况的自愿供述，是由人格基本属性对客观现实反应和付诸行为的基本态度和认识所决定的。例如，有的国家高级干部因自己的一念之差收受贿赂，构成了犯罪，当侦查人员对其进行讯问时，他能很快产生人格意识的自我评价，在悔罪冲动的动力支配下，承认自己的犯罪事实，不抵赖。而有的犯罪嫌疑人在铁的事实面前还抵赖不认账，要无赖。这里表现出的人格差异、思想觉悟的高低，就是超我的社会道德规范意识。如果犯罪嫌疑人超我的社会道德规范意识强烈，其犯罪的行为记忆被外来的信息刺激激活以后，就会产生强大的心理焦虑，为了缓解、释放这种压力，就会选择供述；如果犯罪嫌疑人的人格倾向是自我的认识特征，其社会道德规范意识就比较弱，很难产生悔过的心理焦虑，对抗讯问、隐瞒犯罪事实是其主导行为方向。只有改变嫌疑人自我的人格倾向，帮助嫌疑人从自我的人格倾向，向超我的人格倾向转移，才可实现自愿供述的目的。因为生活在统一的社会空间里，每一个人都有本我、自我和超我的人格特征，只是在特殊的讯问空间里，产生的认识反应不同，有的超我意识比较强，有的超我意识比较弱，这是个体的认识经验对空间的反应造成的。讯问人员如果能够把握、激发超我人格的空间，就能转变犯罪嫌疑人冲动的对抗行为。因此讯问人员必须注意调整犯罪嫌疑人的人格属性差异，使其人格特征达到正常的人格状态，满足于讯问所需要的人格特征，冲动才能转换成为自愿供述。

第四节　犯罪嫌疑人自愿供述的讯问方法

遵守不强迫自愿供述的规则，符合对侦查讯问活动的行为要求，就是自愿供述的侦查活动行为。侦查活动中能够满足自愿供述的侦查讯问行为规则，是针对犯罪嫌疑人的自愿供述的行为规律而展开的，即“利益”“条件”“人格”的融合规律，于此引出了犯罪嫌疑人的自愿供述的侦查取证方法。

利益关系支点的转移。首先作为被讯问人的犯罪嫌疑人其重要的特点是“犯罪嫌疑”，有犯罪的信息反映，这将是犯罪嫌疑人可能“丧失利益”的基本认识。“可能丧失利益”是前提，至于可能丧失多大的利益，在犯罪嫌疑人意识里还是个未知数。由此讯问人员帮助犯罪嫌疑人设置一个“小利益”和一个“大利益”来让犯罪嫌疑人自己选择，实际上是两难选择，是保护小的利益还是保护大的利益，必须选择其一，只要犯罪嫌疑人做出利益选择，他的行为就会做出“丢卒保车”的供述。例如巨额财产来源不明案，犯罪嫌疑人就是不愿意供述财产的来源，当讯问人员告知犯罪嫌疑人：你的财产的来源只有两个，一个是你自己受贿来的，另外一个就是你儿子受贿来的，不是你就是你儿子，二者必择其一，犯罪嫌疑人为了不把责任牵连到儿子身上，就只得如实供述自己的受贿行为。

其次是帮助犯罪嫌疑人建立趋利避害的平台，通过输入犯罪已经暴露的信息，来转变嫌疑人的认识基础。因为犯罪总是要留下痕迹的，如贿赂犯罪就存在着赃款赃物暴露的可能性，行贿人、受贿人主动供述交代的可能性，利用职务之便为他人谋取利益的行为暴露的可能性，反侦查行为暴露出来的再生证据等。这些都是犯罪嫌疑人对利益丧失认识的因素，是讯问空间对犯罪嫌疑人的心理影响而产生的。

最后是帮助犯罪嫌疑人建立起“利益方向的转移”，讯问人员应当在较短的时间里，与犯罪嫌疑人建立起情感关系和信任关系，当犯罪嫌疑人在对利益做出选择的时候，那个给付利益目标就是讯问人员，当犯罪嫌疑人向讯问人员索要利益的时候，犯罪嫌疑人就会做出自愿供述来进行交换。

对抗条件的心理支点转化。侦查讯问是以讯问者预先的“侦查假说”为基础的，而这个前提的产生则是基于犯罪嫌疑人的行为外露和内在的犯罪记忆，如果没有犯罪的行为记忆，那就不存在对犯罪行为的隐瞒和对抗。在讯问的空间里，犯罪行为的记忆是被讯问人员模拟产生再现的，讯问人员通过“侦查假说”对犯罪行为的模拟，能够对嫌疑人的对抗条件的认知有着重要影响。讯问人员模拟的犯罪事实与犯罪嫌疑人的行为记忆相吻合，犯罪嫌疑人的对抗条件就会自动丧失，反之就会被强化。

再有，人的生理和心理的特征反映，犯罪的行为记忆在讯问人员外来的信息刺激下被激活，自然就会通过不同的心理语言用行为反映出来（这是形体语言研究的结果），例如，犯罪嫌疑人为了掩盖自己的犯罪事实，对抗侦查讯问的基本方法就是“谎言”，这种“谎言”在外来的信息刺激下，总会通过说谎者的外部形体反映出来，自然就会暴露其说谎的行为。另外说谎者引发的心理焦虑，促成了自我对抗条件的降低和削弱，从而最后选择自愿供述。

人格特质行为的改造。在讯问的空间里，调整犯罪嫌疑人的人格行为特征，是通过对犯罪嫌疑人评价的方法来进行的。通过对犯罪嫌疑人的品格评价，激发其闪光的、优秀的人格品质，建立自我维护超我意识的心理行为，帮助犯罪嫌疑人搭建供述认罪的平台，进行人格特质行为的复原。

犯罪嫌疑人的成长过程同时也是一个社会化的过程，在他的社会化过程中，社会行为规则与价值观念都会内化在犯罪嫌疑人的行为模式与思维模式中，即使是在犯罪过程中，犯罪嫌疑人也摆脱不了社会化过程的影响。由于犯罪而在嫌疑人心中形成的罪责感与内疚感，也即通常所说的良心受到折磨。如西方社会里有许多人在干了坏事后到教堂找神父忏悔，这主要表现在犯罪嫌疑人的罪责感与内疚感上。

从受贿犯罪的行为来看，如果犯罪嫌疑人认为“谁都不愿意把自己的钱给别人，在无奈的情况下才不得不给钱”，那么嫌疑人就可能不会去拿别人的钱了。例如，一次某企业公司的经理为了找某领导办事，委托中间人向某领导送去5万元人民币，某领导当即就收下了，可是就在某领导准备拿着钱走的时候，中间人告诉他，那个公司经理在委托送钱的时候说：“怎么办呢！不给钱办不成事啊！”听到了这句话的时候，这位领导干部立即将钱退还给了中间人。这一行为说明，犯罪嫌疑人的犯罪行为是在心理平衡的状态下实施的，一旦心理不能平衡就会放弃犯罪行为。上述的某领导干部已经接受了中间人的5万元，但是听到中间人的传话之后，心理出现了不平衡状态，便放弃了拿钱的行为。根据犯罪学家的认识，在犯罪实施过程中，大多犯罪嫌疑人在控制侵害对象时，其内心有一个将对象非人格化或道德评价降低的现象，以求得自己内心的平静或平衡。因而在讯问犯罪嫌疑人的活动中，讯问人员就要设法改变犯罪嫌疑人平衡的心理状态，使之出现不平衡的心理愧疚，出现社会规范的道德感，而放弃对抗积极供述罪行。讯问活动中讯问人员通常采取昵称的方法，不直呼其名，而是称呼对方原来的职务，有效维护嫌疑人内心深处超我的闪光品质。同时对嫌疑人在职期间的丰功伟绩，进行评价和赞扬，使其产生超我行为的自我维护，培养出心理焦虑的悔罪行为，达到嫌疑人自愿供述的目的。

侦查讯问中讯问者在帮助嫌疑人建立心理焦虑的悔罪行为的同时，还应该把握住和控制嫌疑人的心理活动倾向，包括嫌疑人内心对于供述与否的判断。嫌疑人供述与否，主要取决于他对犯罪后果的担心和由犯罪所引起的罪责感两者的理性选择（即判断）。前者源于法律对其的影响，后者则源于其成长过程中的社会化影响。如果犯罪嫌疑人对各种损失后果的担心胜于罪责感，则会选择拒供或假供；如果嫌疑人的罪责感胜于其对后果的担心，则会选择如实供述。当然除此之外，还有一种情况应当引起讯问者的注意：在无法逃避利益损失后果的情况下，有的犯罪嫌疑人并不害怕法律的惩罚给其带来的利益损失，却很在乎其犯罪事实公开后形象或名誉受到损害，甚至宁愿死也不愿供述自己的犯罪事实（所以才有诸多的自杀现象），这种情况在老年犯罪嫌疑人或女性犯罪嫌疑人身上出现得较多。讯问人员就要设法改变犯罪嫌疑人的这种心理认识，用其他的行为关系来置换这种心理状态。例如，一位犯罪嫌疑人因为受贿在其接受调查期间就想到了自杀，讯问人员及时发现并且对其进行开导："你本人也是一名优秀的干部，也不是一个贪财的人，只是儿子出国需要钱，你也是为了你的儿子，不然你也不会伸手去拿别人的钱！"讯问人员的一席话使犯罪嫌疑人转变了心理状态、放弃了自杀念头，选择了如实供述。

第五节　刑讯逼供的语用行为及其矫正

一、刑讯逼供行为的语言特征及其存在的原因分析

刑讯逼供是指从事司法工作的人员，对被问话人、被告人使用肉刑或者变相肉刑，逼取口供的行为。从刑讯逼供的危害来看，它是制造冤假错案的祸根，它主要产生在问话人对被问话人的侦查阶段，古今中外以酷刑屈打成招的案例屡见不鲜，从封建时代官吏合法的刑讯，到近代国民党时期的酷刑，以及国外刑讯的问话理论，直到近年来我国刑讯逼供现象仍然时有曝光，这种情况值得我们深思。

司法实践中近几年来暴力型的刑讯逼供有所遏制，"浅度"的刑讯逼供还屡见不鲜，通常在问话中经常出现的含有刑讯逼供的语用行为，如"恐吓式"的语用行为有："不说就多判你几年！""不老实交代就把你关起来！""你不说就是不老实！"；

"诱骗式"的语用行为有："钱退出来就没事了！""别人都说了，你还不说？""你所有的事情我们都清楚！""我们调查过了，就是你干的！"；

"迷惑式"的语用行为有："快说吧，不就是拿了别人一点钱吗？""现在普

遍交往的形式就表现在‘钱’上？拿一点钱是正常的”“比你拿钱多的人有的是，不都没有事了吗”“只要你说出来，就会没事的”；

“交易式”的语用行为有：“事情说出来，算你自首！”“事情说清楚你就可以回家了！”“交代清楚就给你办取保候审”等。

上述的语用行为表现，势必会给被问话人的“翻供”创造了条件，为“冤假错案”提供通道，给“司法公正”带来负面影响。既然刑讯逼供是制造冤假错案的祸根，那为什么这么多年还仍然屡禁不止呢？究其原因，笔者认为刑讯逼供的存在有着坚实的心理基础。

首先，历史的原因。在人们的记忆里无论是古代的官吏审案子，采取的“大刑伺候”，还是当代司法机关审案子，认为棍棒底下出口供，速度快见效大，三拳两脚便能让被问话人老老实实地交代罪行；刑讯逼供虽然不合法但是有效，同时对被问话人无须合法不合法；为了惩罚隐匿行为可以不择手段，因而刑讯逼供在有些问话人的心里是必然的问话手段。联系到实际工作中，通过刑讯逼供的手段确实能够获得一些隐匿行为的线索和重要的证据，这又在一定程度上强化了刑讯逼供的隐匿行为心理。这样就会出现侦查人员办案有审就有刑的办案恶习。目前有些国家和地区仍然把“刑”与“讯”，作为问话的两大法宝予以信奉。

其次，问话技巧上的贫瘠。在侦查机关的内部，有很大一部分侦查人员，根本就不懂得什么叫问话。当这些人接触被问话人的时候，除了采取凶狠的态度逼被问话人交代罪行外，别无他计。当有的被问话人采取对抗方法刺激了问话人的时候，这时的问话人就会认为被问话人态度不老实、不讲实话，产生了心理冲突与心理失衡，从而形成一种心理压抑，在其达到一定程度的时候，压抑的情绪就会被激发，为了平息这种被激发出来的怒气，他就会用体罚、棍棒向被问话人展示自己代表的国家法律的权威。相反当问话人掌握了问话技巧进行问话的时候，他就会感觉到除了“刑讯逼供”之外，还有一门能够让被问话人交代认罪的科学，他就不会再采取那些粗暴、幼稚的行为了。

再次，因为问话人自身人格消极因素的失控，导致了粗暴行为下的刑讯逼供。因为我们每个人都存在着人格特征的差异，这种差异也表现出人格消极因素的不同，在这些人中间有的脾气暴躁、行为冲动、头脑简单、缺乏耐心、看问题片面、缺乏整体性和目的性，在问话过程中，被问话人的对抗行为最容易激发问话人的消极人格因素，如果问话人不注意控制自己的情绪，失控的情绪就会在瞬间爆发而产生攻击行为，导致刑讯逼供事件的发生。

最后，问话人的急功近利是刑讯逼供的又一心理基础。有的办案人员为了迅速破案，完成领导交办的任务，破案心切，心理上总是带着破案有功、破不了案受罚的认识来办案。因此为了满足自己的这种心理，必然要寻找他们认为是快速而行之有效的问话方法，那么刑讯逼供就会被作为首选。他们在对被问话人进行刑讯逼供的行为时，也曾想到这种行为的违法性，然而他们又在另外的一个思想基础的支配下，寻找到了心理平衡：我们采取的刑讯逼供不是为了泄私愤，而是为了工作，为了尽快破案，为了惩罚隐匿行为就应该不择手段。在这种思想支配下的办案活动，产生冤假错案是不可避免的。

二、刑讯逼供的心理矫正

从上面刑讯逼供的心理表现我们不难发现，刑讯逼供的产生与屡禁不止，有历史的、现实的、实践的、执法方面的、立法方面的种种原因，无论是哪一方面的原因，对刑讯逼供事件行为一方面要强化打击的力度，不姑息纵容。另一方面要加强问话人的心理矫正，就是笔者所称的问话人的心理矫正。

首先，应从办案问话人的心理矫正入手。刑讯逼供虽然在古今中外不乏成功的范例，但是它是我们国家法律所禁止的行为，既然是法律所禁止的行为，作为执行法律的工作者，就更应该依法来约束自己的行为，无论刑讯逼供对被问话人的作用有多大，效果有多显著，只要是法律禁止的，我们都必须杜绝。况且刑讯逼供所产生的社会危害巨大，屈打成招古今中外屡见不鲜，这里不再赘述。问话的目的，是让被问话人说实话，采取刑讯逼供的方法，有时也能使被问话人说实话，但是被问话人并不是心服口服，刑讯逼供从根本上是达不到对被问话人教育的目的的。实际上刑讯逼供反而是问话人无能的表现。问话就是要通过问话人与被问话人的语言交流，来使被问话人交代自己的罪行。如果我们的问话人不能用语言交流的方法，让被问话人如实地交代自己的罪行，那么这只能说明我们的问话人不具备对付被问话人的技能，不能用合法的方法解决被问话人的认罪问题，那么，就应该在自己的身上找原因，加强问话技巧的基本功训练，我们应当时刻告诫自己：“我们没有刑讯逼供打人的权力！”

其次，应纠正先入为主对被问话人进行有罪推定的错误观念。我们每一位问话人在接受问话任务的时候，该如何看待坐在我们对面的被问话人？有的问话人刚刚进入问话室，就把被问话人变成了隐匿行为人，认为对面的就是罪犯，因而把被问话人的正常辩解视为狡辩，由此而产生的对立情绪愈演愈烈，当这种冲突发展到一定的程度，这种冲突、对立的情绪就会导致刑讯逼供的结果。这里先入为主对被问话人进行有罪推定的错误观念，是公正执法的天敌。我们面对的是被问话人，而且他们也仅仅是被问话人，我们问话的目的，不仅仅是要确认被问话人犯了罪，而且还要排除被问话人的隐匿行为。能否确认与能否排除是问话的重要环节，具有同等的重要地位。

再次，应认识到被问话人的合法权益应当受到保护。刑讯逼供事件行为人总是以专政者、执法者自居，无视被问话人的法律权利和人格尊严，其实即便被问话人就是事件行为人，其被问话人的人格尊严也应当受到法律的保护，作为执法工作者的问话人，更应该尊重被问话人的人格权利，不能因其涉嫌隐匿行为就无视被问话人的人格尊严，随意侵犯他人的人身权利。作为司法工作人员首先要认识到自己的身份与被问话人的关系，对被问话人进行刑讯逼供，就是对国家法律的践踏。从事侦查工作的问话人首先要努力提高自己的业务素质，加强问话技巧的训练，要依靠我们自己的业务水平来战胜被问话人。问话人的刑讯逼供的心理，在某种程度上是受到某些人和某些单位的默认和支持，这样从根本上强化了问话人的刑讯逼供心理。针对这一特殊职业的人员，应当定期进行心理咨询和心理矫正，使其有着健康的职业心理。

最后，应消除刑讯逼供的不良心态，消除特权思想，建立人权平等的观念，不去片面地追求办案效率，不急功近利。消除倾向性，不先入为主，对被问话人的供述和辩解，做全面的分析和研究，找出正确的办案思路。消除违法办案的侥幸心理，根据调查、侦查工作的特点，对外不予公开的秘密性，是产生刑讯逼供的侥幸心理的基础。这里如果往更深处再想一想，就会不难发现：无论是内部场所或者内部人员共同办案，违法达到一定的程度终究会被暴露的，侥幸心理只能是“自欺欺人”“自食其果”。

三、刑讯逼供的心理矫治方法

刑讯逼供心理矫治的方法，应当从加强对侦查活动的监督作用入手，建立并完善中国的侦查问话制度，以此，禁绝刑讯逼供、实现司法公正的目的。

1. 开展心理培训，培养和完善健康和谐的人格。定期为办案人员开设心理健康知识培训，传授心理健康的保健方法，提供心理咨询服务，帮助他们缓解心理压力，维护他们的心理健康，有针对性地开展办案人员心理训练，提高办案人员的心理素质，加强办案人员的心理自我控制能力、环境适应能力，建立健全完整的心理健康保障体系。培养和完善健康和谐的人格，就是要培养办案人员完整、协调统一的道德、观念、理智、情感、意志、认知，使之不断地保持心理健康水平。

2. 调整心理压力，降低期望值。办案人员在面对被问话人对抗的时候，由于被问话人的不配合，使办案人员达不到自己期望的目标，与自己急于破案的心理交织在一起，产生了强大的心理压力，这种心理压力实际上就是刑讯逼供的心理动力源，办案人员感觉到自己即将爆发某一鲁莽行为的时候，应当立即采取措施进行自我调整，冷静地分析心理压力的来源，及时降低期望值。例如，原来期望的目标是要被问话人全部交代自己的事件行为事实，此时应该及时降低标准，只需要对方暂时交代某一事件行为事实或者某一事件行为情节。如果这一目标仍然达不到，那就再次降低标准，只要对方暂时能够回答问题或者能开口说话就行了。此后待自己的心理压力消除以后分析原因，再重新组织问话，不断地调整心理压力，形成心理健康的良性循环。

3. 变更位置，反向思维。从被问话人与办案人员的表现特点来看，被问话人是“逃”或者“避”，而问话人则是“追”或者“攻”。两者在调查、侦查活动中所处的法律关系是执法者与隐匿行为者的关系，随着这种关系的对立程度的不断增加，很容易引起办案人员的心理变化，诱发有心理问题的司法人员进行刑讯逼供。因此，办案人员在这种时候能够有效的采取“变更位置”和“反向思维”的方法，将自己与被问话人变更一下位置：“如果我是被问话人，为了逃避法律的惩罚，采取了一系列的对抗方法，办案人员对我进行刑讯逼供，我会怎么样呢?”这样通过反向思维的方法，有意识地与被问话人变换位置，有助于改善自己的思维方式和思维观念。

4. 转变认知，改变注意力。心理学家认为一个人的认知出现了问题，必然导致行为的问题。刑讯逼供行为的出现来源于认知的缺陷。刑讯逼供多是在被问话人不愿意交代自己的隐匿行为事实的情况下出现的，认知缺陷在于：被问话人有意跟自己过不去，不给他些颜色看看，不解我心头之气。如果我们改变认知，在气头上忽然刹车暗示自己：对被问话人动手是无能的表现，但凡对被问话人动手的人，都是业务能力低下的人。一名优秀的侦查人员，面对被问话人的对抗，首先应考虑的是：“对方为什么要交代自己的罪行?”“我们的办案人员是否有让被问话人供述认罪的理由?”如果我们没有让被问话人供述认罪的理由，那么被问话人根本就不会交代自己的隐匿行为事实。再者，“我如果是被问话人，那么我会不会主动交代自己的罪行?”

从办案人员认识的注意目标来看，通常都是把自己的注意力集中在被问话人对抗的态度上，从而诱发出被问话人有罪不供的狡猾评价，激发出强烈的心理压力。如果办案人员能够及时改变自己的注意方向，把自己注意的目标集中在被问话人“现在想的是什么?”“害怕的是什么?”“我们的办案人员应该做什么?”这样办案人员就会减缓心理压力，主动寻找让隐匿行为人交罪供述的方法和对策，就能避免刑讯逼供事件的发生。

5. 控制积累，减缓速度。刑讯逼供的行为，实际上是办案人员的消极情绪积累到了一定的程度，情绪发展不断受到被问话人的对抗和阻碍的时候，积累成强大的心理压力爆发出的攻击性行为。如果我们的办案人员在受到被问话人的对抗和阻碍的时候，能够注意做好消极情绪的调节与控制，给自己一个良性的心理暗示，阻止消极情绪积累，心理压力就会缓解。另外心理学家认为调整语言的速度，可以减缓自己的心理压力。当办案人员遇到被问话人的对抗，产生了心理压力，俗话说“上火了”，减缓问话的语言速度，有助于缓解自己的心理压力，起到“降火”的作用。同时，语言文字的内容和表述的语言速度，可以建立条件反射。例如，赞美的语言与挖苦批评的语言所产生的条件反射就不相同，和缓的语言可以帮助建立健康的行为。

6. 自我调整，分析对比。心理学家霍曼斯的社会交换理论认为：人的心理活动的特点在于交换关系，趋利避害是人的心理活动的重要特点。因此我们的办案人员因为自己工作的原因，进行刑讯逼供，触犯了国家法律，从人的趋利避害的本性来看，自己有必要以身试法吗？可以尝试着做以下对比：用合法的手段去完成工作任务或者没有完成工作任务与用非法的手段进行刑讯逼供，为了工作去触犯国家法律，这对自己来说何利、何弊？值得否？为此我们自己能否在发生冲动的时候，冷静地警示自己“慢慢来”，违法的事情我不能做，我有能力处理好目前的处境。这种自我调整的方法能够有效地进行理智控制。

7. 消除侥幸，以人为本。刑讯逼供事件行为在很大程度上表现为侥幸心理，通常侦查问话的环境、场所、时间，大都是秘密的，从办案人员的角度来看，最重要的问题是他们认为侦查活动的秘密性，刑讯逼供行为发现难、侦查取证难。同时有些领导还给予某些暗示，因为自己是为了工作，即使是有违法行为，领导也会睁一只眼闭一只眼的。这种侥幸心理强化了刑讯逼供的隐匿行为心理。但是，当你面对刑讯逼供的行为被侵害的对象的时候，你是否想到被侵害的对象随时随地都会控告你，如果造成严重后果或者致人死亡的，那后果更是不堪设想，最终是要以自己的前途和自由来做代价的，权衡利弊是否值得？以人为本，培养自己良好的社会适应性，应培养、完善和谐的人格，使道德、情感、观念、意志等方面协调统一。同时，应时刻提醒自己：被问话人与办案人员在人格上是平等的，我无权对其实施超越法律之外的行为。在此合理、有效的观念的支配下，实施心理矫治，便能够对消极的失控情绪进行有效的控制。

图书在版编目（CIP）数据

问话的科学：从纪检监察“问话”“谈话”到侦查讯问／吴克利著．—北京：中国法制出版社，2017.1（2024.12重印）

（司法实务技能培养丛书）

ISBN 978－7－5093－8059－8

Ⅰ．①问… Ⅱ．①吴… Ⅲ．①刑事侦察－预审－研究 Ⅳ．①D918.5

中国版本图书馆CIP数据核字（2016）第280205号

策划编辑 陈兴（cx_legal@163.com）

责任编辑 陈兴　　封面设计 周黎明

问话的科学

WENHUA DE KEXUE

著者/吴克利

经销/新华书店

印刷/三河市紫恒印装有限公司

开本/730毫米×1030毫米 16开　　印张/43.5 字数/623千

版次/2017年4月第1版　　2024年12月第16次印刷

中国法制出版社出版

书号 ISBN 978－7－5093－8059－8　　定价：128.00元

北京西单横二条2号　　值班电话：010－66026508

邮政编码 100031　　传真：010－66031119

网址：http://www.zgfzs.com　　**编辑部电话：010－66010405**

市场营销部电话：010－66033393　　**邮购部电话：010－66033288**

（如有印装质量问题，请与本社编务印务管理部联系调换。电话：010－66032926）